职业教育学基础

ZHIYE JIAOYUXUE JICHU

主　编　徐国庆

参　编（根据拼音排序）

蔡金芳　付雪凌　匡　瑛

李　政　陆素菊　郑　杰

周英文　周瑛仪

中国教育出版传媒集团

高等教育出版社·北京

内容提要

本书是结合新时期我国职业教育发展状况，系统反映职业教育领域和相关学科主要研究成果的职业教育学力作。

全书包括三个部分，共 16 章。第一部分是引论，梳理关于职业教育定义、使命的理论和观点，概述我国职业教育发展史；第二部分是职业教育的理论基础，包括政治学基础、经济学基础、社会学基础、哲学基础和心理学基础，通过对五大理论基础的梳理，为职业教育研究引入新的多学科理论体系，建立职业教育的多元研究视角；第三部分是职业教育的设计与实施，按照从宏观到微观、从核心到周边的顺序，安排了九个主题。全书内容兼顾知识性和学术性。

本书可作为教育学、职业教育相关领域本科高年级、研究生教材，也适合作为职业教育研究者、职业教育从业人员的参考用书。

图书在版编目(CIP)数据

职业教育学基础 / 徐国庆主编. —北京：高等教育出版社，2023.8

ISBN 978-7-04-060845-8

Ⅰ.①职… Ⅱ.①徐… Ⅲ.①职业教育—高等学校—教材 Ⅳ.①G71

中国国家版本馆 CIP 数据核字(2023)第 137041 号

策划编辑 孔全会 **责任编辑** 李光亮 周静研 **封面设计** 张文豪 **责任印制** 高忠富

出版发行	高等教育出版社	**网　　址**	http://www.hep.edu.cn
社　　址	北京市西城区德外大街 4 号		http://www.hep.com.cn
邮政编码	100120	**网上订购**	http://www.hepmall.com.cn
印　　刷	上海盛通时代印刷有限公司		http://www.hepmall.com
开　　本	889mm×1194mm 1/16		http://www.hepmall.cn
印　　张	29.5		
字　　数	681 千字	**版　　次**	2023 年 8 月第 1 版
购书热线	010-58581118	**印　　次**	2023 年 8 月第 1 次印刷
咨询电话	400-810-0598	**定　　价**	78.00 元

本书如有缺页、倒页、脱页等质量问题，请到所购图书销售部门联系调换

物 料 号 60845-00

前　言

经常收到职业院校老师来信,希望推荐一部系统的职业教育学书籍供学习。我们意识到,进入21世纪后,我国职业教育学术研究获得了迅猛发展,成果数量大幅度增加,质量也明显提高,产生了大量有重要价值的成果,需要对这些成果进行系统梳理,编写成教材,供理论研究和实践工作者学习。这一时期也是我国职业技术教育学硕博士点快速扩充的时期,学位点增加带来了研究生招生量的提升,硕博士生培养初具规模,新的力量源源不断地充实到职业教育学研究中。为了提升职业技术教育学硕博士生培养质量,也急需一部能系统总结现有研究成果的教材。同时,尽管近年来职业教育学研究水平有了很大提升,但相对于教育学其他分支学科而言,职业教育学研究的理论水平还需要进一步拔高。基于传统教育学的职业教育学研究范式已日臻成熟,研究潜力已被充分挖掘,难以再取得大的理论突破。新时期职业教育的发展面临巨大挑战,需要一部能拓宽研究视野、强化职业教育学研究知识基础的教材。这是我们撰写这部教材的初衷。

如何设计这部教材的总体知识框架?我国职业教育学教材建设的第一个高潮发生在20世纪90年代。当时我国职业教育学学科建设与研究生培养处于起步阶段,急需完成职业教育学基本知识体系建设。那一时期的教材编写正是基于这一出发点开展的。当时由于职业教育学自身的学术成果积累还非常有限,只能把普通教育学理论移植到职业教育学中,形成职业教育学基本知识体系。尽管学者普遍认为那一时期编写的职业教育学教材体现职业教育自身问题和理论的特殊性不够,但它们毕竟解决了职业教育学基本知识体系构建的问题。进入21世纪后人们认识到,要想进一步提升职业教育学学科建设水平,路径必须发生根本转变,即从构建“学”转向探索“理论”。仅仅移植普通教育学理论是不够的,必须深入捕捉职业教育特有的学术问题,构建职业教育学自身的理论体系。这一过程持续了20多年。职业教育学理论研究水平今非昔比,产生了系统整理职业教育学知识体系的迫切需要。这部教材的知识框架正是立足于这一背景设计的。

我们期望这部教材达到两个目的。一是系统反映迄今职业教育学领域的主要研究成果，二是系统梳理各相关学科的研究成果，拓宽职业教育学研究的理论视野，促进职业教育学研究水平进一步提升。基于这一考虑，本教材在内容框架上设计了三个部分。第一部分是引论，梳理关于职业教育定义、使命的理论、观点，概述我国职业教育的发展历史。第二部分是职业教育的理论基础，包括政治学基础、经济学基础、社会学基础、哲学基础和心理学基础，通过对五大理论基础的梳理，为职业教育学研究引入新的多学科理论体系，建立职业教育学的多元研究视角。第三部分是职业教育的设计与实施，按照从宏观到微观、从核心到周边的顺序安排了九大主题。教材的内容选取尽可能兼顾知识性和学术性。

本教材共十六章，第一、六、十二章作者徐国庆，第二、十五章作者付雪凌，第三、九章作者李政，第四章作者陆素菊、李政，第五、十六章作者郑杰，第七章作者周瑛仪，第八、十、十四章作者匡瑛，第十一章作者蔡金芳、周英文，第十三章作者蔡金芳。徐国庆担任主编，负责整部教材的内容策划和各章的编写指导。

编写团队在撰写过程中付出了很大努力。受研究水平限制，内容仍有不够完美之处，欢迎读者朋友提出宝贵意见。

徐国庆

2022 年 9 月 7 日于上海

目　录

1

第一部分

职业教育引论

第一章 职业教育的内涵与使命

学习提示

本章主要讨论职业教育的名称有哪些，最恰当的名称是什么，什么是职业教育，智能化时代职业教育的内涵面临什么样的深刻变革，发展职业教育对经济、社会、个体有什么意义等议题。学习中要注意理论构建与事实支撑相结合，仔细辨析职业教育的各种名称，选择更能准确表达这类教育的名称；认识到人才分类理论是研究职业教育内涵的关键性支撑理论；在多维度比较中深刻理解职业教育的本质；深入理解智能化技术的特征及其对职业教育内涵的深刻影响；深刻理解职业教育在促进经济发展、实现社会公平、降低失业率、提升个体就业竞争力等方面不可替代的重要作用，理解发展职业教育对国家的战略意义。

什么是职业教育？它的任务和使命是什么？它在个体发展与国家发展中有什么价值？如何看待职业教育在教育体系中的地位？这些是每一位职业教育理论研究者和实践者首先要认识的问题。仅从学校职业教育来看，2022 年全国中等职业学校招生 484.78 万人，占高中阶段教育招生总数的 33.85%；高职院校招生 546.61 万人，占本专科招生总数的 53.88%，另有五年制高职转入专科 54.29 万人。职业教育已成为一个规模庞大的教育体系，在现代社会中扮演着非常重要的角色。要运行好这样一个体系，需要对其内涵与功能进行深入研究。作为一种社会现象，教育的内涵与功能随着社会变迁而演进，职业教育也不例外。智能化技术的迅猛发展与应用，在深刻改变产业形态与工作方式的同时，也对职业教育的内涵、形态与功能产生了深刻影响，《国家职业教育改革实施方案》（国发〔2019〕4 号）明确把职业教育界定为一种教育类型，这是对职业教育性质的全新定位。如何在新的技术与产业背景下理解职业教育的内涵与功能，是我们面临的新课题。

第一节
职业教育的内涵

职业教育是职业教育学中最基本的概念，准确理解这一概念是开展职业教育理论与实践工作的前提。尽管这一概念我们已经非常熟悉，但要准确把握它的内涵与外延并不容易。究其原因，大概是因为职业教育有不同的来源，且职业教育体系还处于完善过程中，职业教育的具体形态受技术和产业形态的影响非常大，其变革往往会带来职业教育体系的重塑。

一、职业教育的名称

职业教育的名称目前还没有统一。名称差异从学校、组织、研究机构的命名方式上可以一窥，比如高职学院的名称，有的是“某某职业学院”，有的则是“某某职业技术学院”。美国有学者统计，在其不同州和组织中关于这一类教育的名称多达两百多种。从全球来看，职业教育的常用名称有实业教育、产业教育、职业教育、职业技术教育、职业和技术教育、技术与职业教育、职业教育与培训、技术和职业教育与培训、生涯与技术教育、劳动力教育等。

“实业教育”是我国在洋务运动时期使用的名称，虽然字面上看它可泛指关于农、工、商各业必备的知识和技能的教育，但其主要功能是培养技术工人和中初级技术人员[①]，因而可视为今天的职业教育。“产业教育”是日本对职业教育的称谓，1951 年 6 月 11 日日

① 顾明远 . 教育大辞典［M］. 上海：上海教育出版社，1991：234.

本公布《产业教育振兴法》,把自明治维新以来的“实业教育”改为“产业教育”。[①] 其实,“职业教育”这个名称使用得并不广泛,使用这个名称的主要国家是德国和中国。1904年,山西农林学堂总办姚文栋在《添聘普通教习文》中写道:“论教育原理,与国民最有关系者,一为普通教育,一为职业教育……”这篇文章被看作“职业教育”这一名词在我国最早出现的文献。1917年5月,教育界和实业界的黄炎培等48人在上海发起创办中华职业教育社,将“实业教育”正式改名为“职业教育”。“职业教育”在我国的广泛使用正是源于黄炎培等人的努力。1949年后我国一度使用技术教育、职业技术教育等名称指称这类教育,并就概念使用产生过激烈争论。1996年《中华人民共和国职业教育法》(以下简称《职业教育法》)颁布,重新使“职业教育”成为使用最广泛的名称。职业教育与培训是国际劳工组织使用的名称。“技术和职业教育与培训”(technical and vocational education and training,简称TVET)是世界银行和亚洲开发银行自20世纪80年代中期开始使用的名称。联合国教科文组织自20世纪70年代以来一直使用“技术与职业教育”,在1999年汉城(今首尔)召开的“第二届国际技术与职业教育大会”上,也开始转向使用“技术和职业教育与培训”。“生涯与技术教育”是美国对职业教育的特别称谓。这个名称虽然自1998年才开始广泛使用,但生涯教育(早期译为“生计教育”)早在1971年就由美国原联邦卫生、教育、福利总署署长西德尼·马兰(Sydeny Marland)提出。“劳动力教育”是20世纪80年代开始在美国得到广泛使用的名称,不过它除了包含传统的职业教育外,还包含企业人力资源开发,即包含了各种训练劳动力的途径。

虽然名称很多,但分歧并不很复杂。有些名称使用的目的是突出职业教育的特定功能,如实业教育、产业教育、生涯教育,它们或者是为了突出职业教育服务产业振兴的功能,或者是为了突出职业教育服务个体生涯发展的功能。这些名称有特定的价值取向,不适合作为通用名称使用。有些名称使用的目的是突出职业教育中的某种成分,如培训。“技术和职业教育与培训”是目前许多学者倾向使用的名称,其依据,一方面是这个名称为主要国际组织普遍使用,比如联合国教科文组织;另一方面是这个名称包含的范围最全面,囊括了该类教育的主要成分,即职业教育、技术教育和技能培训。当然,权威国际组织使用的名称未必是最科学的,因为其名称使用可能会有许多实践上的折衷考虑,而不完全是学术上的严谨表达,即其名称使用很可能是为了满足不同国家、不同教育类型的需要。我国许多学者主张把这类教育称为“职业和技术教育”,也回避不了改革开放初期我国的确存在两种办学形态差别很大的职业学校,即技工学校和中等专业学校这一实际情况。事实上,办学形态分割是特定历史时期职业教育的发展现象,即职业教育还没有成为一个统一体系,它是由不同类型的教育组成的。

二、职业教育与技术教育之争

这种教育应该称为职业教育、技术教育还是职业和技术教育,是职业教育名称使用和内涵界定的焦点问题。20世纪90年代初,我国学术界就这一问题进行了激烈争论。

一种观点认为没有必要区分职业教育和技术教育,只需把这类教育统称为职业教育,技术教育可以包含在职业教育中,因为技术是内容,人们从事技术活动时也是在从事职业活动。持这一观点的主要有中华职教社研究人员。他们认为黄炎培在中国倡导职业教育

① 顾明远.教育大辞典[M].上海:上海教育出版社,1991:234.

时，就只使用了"职业教育"这一名称，这一名称已能涵盖该类教育的所有范畴，没有必要单独列出技术教育。

另一种观点则极力主张把职业教育和技术教育区分开来①，认为通常所说的职业教育实际上包括了职业教育与技术教育两个部分，分别培养技能型人才和技术型人才。技能型人才与技术型人才的工作性质差别很大，培养规律也差别很大，因而对这类教育的准确称谓是"职业和技术教育"。如黄克孝 2001 年出版的《职业和技术教育课程概论》，著作名称明确把职业教育和技术教育区分开来。

有学者甚至抛弃"职业教育"，直接使用"技术教育"来指称这类教育。比如日本世界教育史研究会编的《六国技术教育史》，细谷俊夫编著的《技术教育概论》，华东师范大学教育科学研究所技术教育研究室编著的《技术教育概论》等。细谷俊夫编著的《技术教育概论》不仅把狭义的职业教育包含在内，而且把普通教育中实施的手工教育也包含在内。华东师范大学编著的《技术教育概论》既研究了技术员教育，又研究了技术工人教育，其研究范围与今天常说的"职业教育"没有实质区别，使用的名称则是"技术教育"。

争论产生的背景是改革开放以后，职业教育在管理体制上开始走向统一。1949 年以后，我国学习苏联教育模式，把中专教育和技工教育区分开来，使它们各自充分发挥自己的人才培养优势。中专教育集中进行技术型人才培养，培养了一大批在生产一线发挥重要作用的技术骨干；技工教育集中进行技能型人才培养，培养了一大批掌握技能绝活的工匠。1985 年颁布的《中共中央关于教育体制改革的决定》提出了建设职业教育体系的目标："逐步建立起一个从初级到高级、行业配套、结构合理又能与普通教育相互沟通的职业技术教育体系。"②统一的职业教育体系建设目标的提出，引发了如何处理各类职业教育之间关系的思考。

经过激烈争论，1996 年颁发的《职业教育法》最终使用了"职业教育"一词，从法律上确立了"职业教育"这一名称的官方地位。从此人们暂时搁置了名称争论，"职业技术教育"逐步被"职业教育"取代。2022 年修订的《职业教育法》继续使用了"职业教育"这一名称。"职业教育"这一名称虽然取得了法律地位，但并没有成为学术上的共识，把技术教育从职业教育中分离出来的呼声从来就没有中断过。比如 21 世纪初职业专科教育大规模发展起来后，许多有影响力的学者明确主张，应把职业专科教育的培养目标定位在技术型人才，而不是技能型人才。③职业本科教育作为一种新的高等教育类型在政策上被确立起来后，学者们继续选择从"技术型人才培养"的角度论证其培养目标。

使用什么名称更为合适？可否采用联合国教科文组织的组合命名思路？不行。无论是推动教育事业发展、深刻把握人才培养规律，还是系统推进学科建设，都需要有一个能统一指称这类教育的名称。把多种职业教育成分组合起来进行命名，既不利于把握这类教育的本质规律，也不利于理清各组成部分之间的关系，形成统一的教育体系。能否将之命名为"技术教育"？不能，技术只是教育内容，"技术教育"这一名称只能让人们认识到这类教育在培养对象与教育内容上的特殊性，不能让人们深刻理解其教育规律，更不具备

① 杨金土．对技术、技术型人才和技术教育的再认识［J］．中国高等教育，2002（8）．

② 教育部．中共中央关于教育体制改革的决定［EB/OL］．（1985-05-27）［2023-03-24］．https://public.zzsj.gov.cn/11BBC/1516293.jhtml.

③ 杨金土．论高等职业教育的基本特征［J］．教育研究，1999（4）．

整合职业教育中不同成分的功能，因为“技术教育”是排斥“技工教育”的。

最为合适的名称是“职业教育”。使用“职业教育”这一名称，并不意味着否定技术教育的内容。“技术教育”名称的放弃，的确一度给职业教育事业发展带来一定程度的负面影响，比如“技术教育”概念的缺失使得人们对高职教育的人才培养规律认识模糊，所提出的以高技能人才为培养目标的政策方向，在一定程度上导致了高职专科教育技术内涵不深的问题。但这一问题的产生，从根本上看并非由于名称的转换，而是对其内涵的阐释，因而这一问题是可以通过对各级各类职业教育人才培养目标的阐释来避免的。

因此，应该使“职业教育”这一概念跨越传统上限定于培养技能型人才的教育的观念，扩展到指称整个以技术和技能为教育内容的体系。它包括两种基本成分，即培养技能型人才的技工教育和培养技术型人才的技术教育。这两种职业教育成分既有区别，又可以建立内在联系，形成统一学制。各类人才类型边界的模糊为统一学制的建立提供了现实基础。

使用“职业教育”这一名称，有利于坚持这类教育的人才培养逻辑。职业教育区别于普通教育最为重要的特征是培养目标不同所带来的培养方法不同，即按照职业逻辑进行人才培养。这一特征不仅是普通教育所没有的，而且是普通教育坚决反对的。普通教育学者批评这种人才培养模式，认为它会让学习者局限于狭隘的职业中，失去其他领域的发展机会。他们的问题是没有看到，当脱离了职业这个载体时，教育内容就会缺乏进行固定和系统化所需要的纽带。正如杜威所说，职业“是知识和智力发展的组织原则”[①]。职业教育最缺的不是理论知识的含量，而是如何系统地按照职业逻辑培养称职的人。即使职业教育中出现了过度重视技能训练、理论知识不足的倾向，这一问题的解决也是比较容易的，且造成这一问题的原因并不是“职业教育”这一名称的使用。脱离普通教育人才培养逻辑的影响，系统构建按照职业逻辑进行人才培养的体系，是项极为困难、艰巨的改革工程。迄今为止，我国职业教育人才培养模式还是以理论知识为中心，没有从根本上转向以职业为中心。从这个角度看，有必要使用“职业教育”这一名称。

当前社会上流行一些污名化职业、职业教育的观念，甚至把教育中一些难点问题形成的原因归结于职业教育（如教育焦虑），并在此基础上提出去职业化的教育发展思路。极端的观点甚至主张放弃普职比大体相当政策，停止举办中等职业教育，把高中阶段教育全部办成义务教育。这一思路与现实情况不符，也对教育体系发展极为不利。职业教育经过改革开放以来 40 多年的发展，体系已开始形成，质量也已达到比较高的水平，相当比例的家长、学生在选择职业教育时已持理性态度。虽然局部地区出现了中职招生难问题，但大多数省市普职比总体处于比较稳定的状态。在高职教育阶段，还出现了不少优质高职专科院校的录取分数线甚至高于本科录取分数线的现象。这些观念的流行，与研究者对职业教育发展实际情况了解不深入，根据个别事件对职业教育整体发展状况进行判断有关。事实上，工业革命以后，教育的整体性质就已经发生了根本变化，教育的功能不再只是促进人的自由发展，它更要培养产业发展需要的各类实用人才，这已是教育理论家们的基本共识。[②] 开发个体适应职业需要的能力必须成为未来我国教

① 杜威．民主主义与教育［M］．王承绪，译．北京：人民教育出版社，1990：325.

② 贝尔．后工业社会的来临：对社会预测的一项探索［M］．高铦，王宏周，魏章玲，译．北京：新华出版社，1997：256.

育功能的基本价值取向。职业教育在办学中的确还存在许多问题，但方向应是如何解决这些问题，而不是否定、抛弃职业教育。从这个角度看，坚持使用“职业教育”这一名称有助于巩固职业教育的地位。

三、人才分类与教育分类

进一步理解职业教育，需要借助人才分类与教育分类理论。职业带理论是一种影响力很大的经典人才分类理论。该理论由弗伦奇（H. W. French）在其所著的《工程技术员：命名和分类的一些问题》一书中提出，该部著作被列入联合国教科文组织 1981 年出版的《工程技术教育丛书》。

联合国教科文组织将人才分为科学研究人才和工程技术人才两大类，将工程技术人才划分为三种类型：工程师（engineer）、技术员（technician）和技术工人（worker/craftsman）。研究型人才是专门从事理论研究的人才，即科学家、学者，他们的主要工作成果是著作、论文。各类人才中，学术型人才出现最早。工程型人才是专门从事工程规划设计的人才，即工程师，其主要工作成果是工程设计方案、技术路径、图纸。19 世纪初，工程师作为一种职业正式出现，标志是 1818 年英国土木工程师协会创立。技术型人才是在生产、服务一线从事技术指导、问题解决的人才，其工作成果是技术手册和有效的问题解决方案，他们是工程师与技术工人间的桥梁。20 世纪上半叶，随着技术问题日益复杂，为了使工程师的设计更为有效地得到实施，产生了对专门从事技术问题的人才的需求，并逐步发展出一种独立的人才类型，从而催生了技术教育。技能型人才是直接从事产品生产或服务提供的人才，其成果是消费者可直接享受的产品或服务。

职业带理论专门针对工程技术人才进行类型划分和知识能力要求界定。该理论把不同工程技术人才的职业范围看作一个连续的带即职业带所组成；每一种职业都包含“手工操作和机械操作技能与技术”与“科学和工程理论知识”两方面的要求。该理论依据不同职业“手工操作和机械操作技能与技术”与“科学和工程理论知识”所占比重，用图示将三类职业人才描绘为连续频谱，见图 1-1。工程师处于右边理论端，愈靠右边理论知识要求愈高，实践操作要求愈低；技术工人处于左边实践端，愈靠左边实践操作要求愈高，理论知识要求愈低；技术员居于这两类人才之间。

工程师理论知识要求高，实践操作要求低，运用通用和专业的工程知识，优化技术，分析和解决工程问题，进行需要审慎的思考与判断的智力活动。技术工人主要通过手艺进行劳动，同时也需要一定的理论基础，但他们的理论通常是有限的，且常为经验性质，与特定工艺的技能密切相关，有时被称为“工作知识”。技术员则居于他们之间，会覆盖技术工人和工程师的一部分，将成熟的技术与流程用于解决实际的工程问题，负责监督或技术支持，在特定技术领域发挥创造力。

在职业带理论中，每一类人才都用一个区域表示，这表明每类人才内部也存在技能与知识的比例差异，这种差异可能是能力水平导致的，也可能是行业差异导致的。在职业带上，各类人才交界处是模糊的、交叉重叠的，并无明确的分界线，随着科技的发展变化，各类人才在职业带上所占的位置会相应移动。

职业带理论的价值在于：提出了适应科学技术快速发展时期的人才分类方法，解释了技术型人才如何“从无到有”，也预示了今后的发展趋势；按理论知识和实践技能两个方面的要求进行人才分类，可以与课程的分类相一致，从而使人才分类与教育分类相对应。

社会人才分类体系非常复杂,各行各业的情况也不完全一样。职业带理论主要针对工程技术人才,其他行业和职业领域的人才也可以参照职业带理论按理论知识和实践技能两个方面的要求进行人才分类的思路,结合行业特点进行人才类型划分。

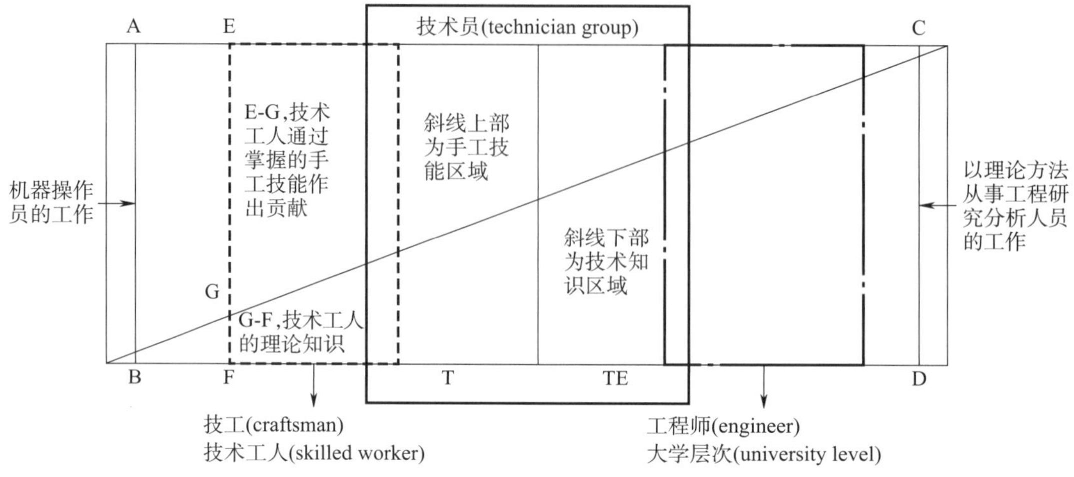

图 1–1 职业带理论①

四类人才因其能力要求与结构不同,人才培养模式不同,所需要的教育类型也不同,见图 1–2。

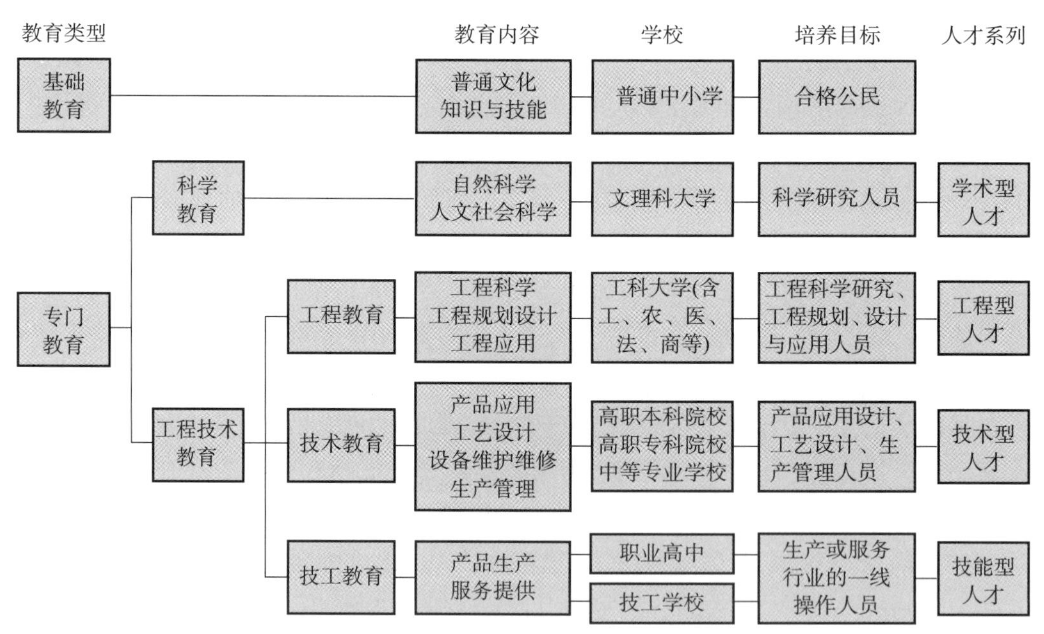

图 1–2 基于人才结构的教育类型图

根据培养目标与教育内容的差异,可以将教育分为基础教育与专门教育。基础教育在普通中小学实施,以培养合格公民为目标,主要传授普通文化知识与技能。专门教育是指向某一特定领域,培养特定类型人才的教育。按照人才分类,可以将专门教育划分为科

① FRENCH H W. Engineering Technicians: Some Problems of Nomenclature and Classification[M]. Paris: UNESCO, 1981: 15–16.

学教育和工程技术教育，工程技术教育进一步划分为工程教育、技术教育和技工教育。培养学术型人才的教育称为科学教育，包括各类文理科大学所实施的自然科学教育、人文社会科学教育。培养工程型人才的教育称为工程教育，或者在更广泛的意义上称为专业教育，包括培养工程师、医生、教师、律师等人才的教育。培养技术型人才的教育称为技术教育，实施院校有高职本科院校、高职专科院校、中等专业学校。培养技能型人才的教育称为技工教育，实施学校有职业高中、技工学校。技术教育和技工教育均属于职业教育。

四、职业教育的定义

如何定义职业教育？如何理解职业教育的内涵？职业教育的定义很多，主要包括以下四个维度。① 目标论，把职业教育定义成为特定职业培养人才的教育。比如《教育大辞典》把职业教育定义为“培养各层次的技术人员、管理人员、技术工人和其他城乡劳动者”[①]的教育。② 方法论，把职业教育定义为从职业要求出发，通过实践的方式传授职业所需知识和能力的教育，以培养个体胜任职业岗位的工作能力。③ 知识论，把职业教育定义为以工作所需要的实用知识与技能为内容的教育。比如《中国大百科全书·教育》把职业教育定义为“给予学生从事某种职业或生产劳动所需要的知识和技能的教育”[②]。④ 等级论，把职业教育定义为“在职业等级、教育程度和认知水平上处于大学学位以下的教育”[③]。

这四种定义从不同角度为我们提供了对职业教育的理解。其中，等级论具有很强的历史局限性，在职业教育突破本科办学层次后已不再符合办学实际情况。知识论虽然突出了职业教育在功能上直接服务产业发展，强调教育内容的实用性这一重要特征，但这一定义过于宽泛，对本质内涵揭示的深度不够，不能清晰地把职业教育作为一种教育类型与其他教育区分开来。一般地说，教育内容不是区分教育类型的决定性维度，因为内容往往是可变且可跨越的。目标论从教育类型界定的方法论上看更为合理。职业教育能够作为一种独立的教育类型而存在，正是因为它有着特定的人才培养对象。职业教育是教育实用化推动下的产物。工业革命以后人们意识到，工厂中的初级技能劳动者需要接受一定程度的教育和训练，普通劳动者也需要通过教育获得基本谋生技能。人们把培养技术员和技术工人的教育称为职业教育，并从教育目标角度把职业教育与其他专门化教育区别开来。

为什么技工教育和技术教育可以合称为职业教育，其他专门化教育，如科学教育、工程教育不能称为职业教育？职业教育更为本质的特征是什么？界定职业教育内涵更为关键的维度是什么？仅从培养目标角度出发无法回答这些问题，而这正是目前对职业教育内涵广泛存在误解的地方。职业教育最为本质的维度是其人才培养方法，这是把技工教育、技术教育与工程教育、科学教育区分开来的关键维度。技能型人才和技术型人才培养采取的方法是从职业的要求出发，依托工作过程展开人才培养过

① 顾明远．教育大辞典［M］．上海：上海教育出版社，1991：227.

② 中国大百科全书出版社编辑部．中国大百科全书（教育）［M］．北京：中国大百科全书出版社，1985：520.

③ GRAY K C，HERR E L．Workforce Education：the Basics［M］．Needham Heights，MA：Allyn and Bacon，2010：4.

程，引导学生积累知识、发展能力；而工程型人才与学术型人才培养采取的方法是从系统学科知识的学习出发，通过系统学科知识的应用来发展能力。两种人才培养模式形成的根源在于工作任务确定性程度的差异。确定性程度高的职业，知识与工作任务联系的线性程度高，其胜任力培养可以直接从岗位需求出发；确定性程度低的职业，知识与工作任务联系的线性程度低，其胜任力培养需要从系统的学科知识掌握出发。

对职业教育这一本质认识不清，导致了对职业教育内涵理解的两个误区。

（1）认为所有专门化教育都是职业教育。因为在中文中，职业教育中的“职业”一词有非常广泛的含义，人们的各种谋生、发展手段都被称为职业，科学家、企业首席执行官也是职业。任何人接受专门化教育后，都要尽力谋求与其所受教育对应的职业，因而有人认为所有专门化教育都是职业教育，即使学术型博士研究生教育也是职业教育。这种观点似乎抬高了职业教育的地位，却由于把职业教育与各类专门化教育混淆起来，抹杀了职业教育特有的人才培养定位和办学规律，因而对职业教育发展是不利的。对职业教育内涵的理解要限制在技术型和技能型人才培养范围内。其实，在美国、加拿大的职业分类体系中，“职业”一词对应的英文并非“vocation”，而是“occupation”。“occupation”是客观存在的职位，而“vocation”是有价值取向的，即神圣使命。西方国家，尤其是德国的劳动者把他们的工作看作神圣使命，因而把培养劳动者的教育称为“vocational education”。

（2）认为职业教育也是一种专业教育。由于职业教育的人才培养是以专业为单位展开的，人们往往把职业教育也看作一种专业教育。这是对专业教育过于泛化的理解，它也会导致职业教育边界模糊的问题，从而影响对职业教育内涵的准确把握。事实上，“专业教育”一词有特定的含义，并非所有培养学生掌握专门化知识和能力的教育都是专业教育。狭义上，专业教育指培养专业性人才的教育，这类人才的工作需要以系统的理论知识为基础，并具有很强的创造性、挑战性，比如培养医生、律师、教师、工程师的教育。在四类人才中，他们属于工程型人才。美国平等就业机会委员会（Equal Employment Opportunity Commission，EEOC）定义了专业性工作的几个条件：① 劳动者一般具有本科以上学历；② 一般不以时薪计算薪酬；③ 劳动者下班后依然无法脱离工作。而职业教育仅指培养技术员和技术工人的教育。基于这一人才分类理论，人们通常把专门化教育划分为学术教育、专业教育和职业教育。

五、职业教育的人才培养特点

（一）职业教育的人才培养内容特点

教育内容的差别源于对培养对象能力要求的差别。技能型人才、技术型人才与工程型人才的职能区别是什么？那就是工作成果指向不同，即是方案还是产品。技能型人才、技术型人才工作最为本质的特征是直接面向产品生产与服务提供，这是它们区别于其他类型人才最为本质的特征。工程师中有专门从事工程科学研究的人才，其工作成果与学术型人才接近，但对设计工程师来说，他们的工作也是指向产品或服务的，比如桥梁设计、飞机设计、物流体系设计等。他们的工作与技术型人才、技能型人才的工作有什么区别呢？区别就在于，工程师工作的最终成果虽然也是产品或服务，但他们的产品或服务是概念上的，他们的工作成果是图纸或方案，而技术型人才、技能型人才直接从事产品生产或服务提供，他们的工作成果是物化的产品或可体验的服务。这是他们职业活动的本质区别。至于现场工程师，其工作成果也是物化的产品或可体验的服务，这个角色的产生是当代职业朝扁平化、复合化方向发展的结果，其工作内容是工程型人才与技术型人才工作内容的交叉区域。

职业教育应该明确定位为培养直接从事产品生产或服务提供者的教育。当前产业发展的最大短板是什么？最缺的人才是什么？产业文化中最缺的精神是什么？不是理念、方案、图纸，也不是战略、管理，而是将理念和战略转化成高质量产品或服务的过程，是愿意把理念和战略转化为高质量产品或服务的技术与技能人才，是愿意从事高质量产品生产或服务提供的精神。这种趋势正在侵蚀以制造业为核心的产业发展。职业教育只要坚持这一办学方向，就一定能够形成自己独特的经济社会价值。基于这一理解的职业教育，并不意味着横向上以单个产品或服务为元素组织整个人才培养过程，只是强调在人才培养的基本定位上要立足产品生产或服务提供能力及其所需精神的培养；也并不意味着职业教育只是培养产品制作或服务操作的技能，产品生产或服务提供在纵向上包括一个系列过程，整个过程所需的人才都应纳入职业教育培养范围。纵向、横向跨职业构建培养方案是智能化时代职业教育人才培养的基本逻辑。

技术型人才、技能型人才在从事产品生产或服务提供时，有五种最为基本的活动。① 产品或服务的应用设计，即把工程师设计的产品或服务方案进行具象化，使之成为可消费的产品或服务。② 产品或服务试验，即通过试验掌握产品或服务的性能数据，分析产品或服务的可行性，设计产品或服务的改进方案，使产品或服务日臻完善。③ 产品生产或服务提供的工艺开发，即在企业运行机制下开发产品生产或服务提供的稳定的路径和方法，使得产品或服务可以根据消费市场需要按同样的质量标准源源不断地产出。④ 产品生产或服务提供，即运用设备、原材料、工艺方法与标准、人际关系等资源从事产品生产或服务提供，产出符合市场需求的产品或服务。⑤ 产品或服务的质量管理，即设计企业产品或服务的质量管理体系，分析企业产品或服务质量问题发生的原因，并设计质量改进方案。职业教育应主要围绕这五大基本任务进行课程开发。

（二）职业教育的人才培养方法特点

职业教育与一般专业教育人才培养目标的不同，导致了它们人才培养方法的不同。过去对职业教育内涵的理解中，“实践性”是人们描述职业教育特征时使用得最多的概念。其实，把实践性作为区分职业教育与其他教育的关键特征，对其他教育不公平，也无助于真正抓住职业教育的本质。对职业教育与一般专业教育的关系来说也是如此。因为实践性是当代各类教育人才培养的共同要求。那么在培养方法上，职业教育与一般专业教育最为本质的区别是什么呢？本质的区别在于教育过程展开所依托知识的性质不同，职业教育是基于职业知识的，而专业教育是基于科学知识的。尽管随着科学知识在实践中的应用越来越深入，技术型人才、技能型人才工作时所需应用的科学知识越来越多，但他们在工作时所应用的主要还是工作实践中产生的职业知识，即使需要应用科学知识，这种科学知识也是在实践中通过应用获得了功能的知识，是实践性科学知识。而一般专业人才工作时所使用的知识主要是科学知识，他们的工作内容本身就是综合应用科学知识获得符合科学原理的方案。技术型人才、技能型人才和专业型人才的工作都具有创新需求，但技术型人才、技能型人才的创新主要来自实践、观察和反思，而专业型人才的创新主要来自新科学理论的创造性应用。两类人才工作时所依托知识的性质的不同，导致了他们培养方法的根本性不同。职业知识是存在于职业结构中的，因而职业教育人才培养的逻辑起点是职业对人的要求；而科学知识是以学术性学科形式存在的，因而专业教育人才培养的逻辑起点是科学知识的系统掌握及应用。人才培养方法的不同，使得职业教育在办学形态上明显地区别于一般专业教育。

第二节 智能化时代职业教育的再定义

推动职业教育形态演进的根本因素是技术模式与产业形态变革。对当代经济与社会影响最大的技术是人工智能技术。关于智能化对人才需求的影响，人们有时只看到了机器取代人的现象。如果只朝这一个方向进行分析，会误判智能化时代的人才需求。智能化对人才需求的影响远比这复杂。智能化的确会导致技能型人才绝对数量的减少，但它大大提高了对技术型人才的需求。人才结构的变化对职业教育内涵的理解提出了全新挑战，同时为解决职业教育体系的内在逻辑一致问题提供了物质基础。

一、智能化技术及其影响

工业革命以后，出现了改变人类工作方式的三种典型技术，即机械技术、自动化技术和人工智能技术。机械技术的本质是用设备和系统代替人的体力活动。自动化技术通过与机械技术相结合，进一步把人解放出来，提高劳动生产率。人工智能是对人的意识和思维过程的模拟，即利用机器学习和数据分析方法赋予机器类人的能力。人工智能技术正在快速向金融、医疗、交通、制造、零售等领域渗透，在更广范围和更深层面改变着产业形态与工作过程。从范围看，人工智能技术应用的产业范围比自动化技术宽广得多；从深度看，人工智能技术与自动化技术相结合，正在创造新的生产过程。以汽车生产为例，自动化技术条件下的生产场景是，汽车生产线上只有少量工人，大量的装配、零件移位等工作由机器人按预置程序完成；人工智能的自动化生产线的生产场景是，其不但能根据预置的程序完成特定型号的产品装配工作，而且能代替生产线管理者，自主感知生产线工况和装配要求，自行调度周围的机器人来组合完成生产任务。

随着产品类型日益丰富，产品质量要求越来越高，生产技术越来越先进，尤其是人工智能技术应用越来越深入，制造业企业的人才分类呈新发展趋势。以工业机器人为代表的人工智能技术正深度参与制造企业的产品设计、生产制造、仓储物流等环节，对企业的岗位类型和人才需求数量产生了很大影响。技术对职业教育的影响有三个层次：① 技术水平提升使得劳动手段越来越复杂，从而提高了对劳动者知识、技能和素质的要求；② 技术演进导致产业类型的更迭，使得一部分旧职业消失，或需求锐减，一部分新职业产生，从而对职业教育的专业设置提出了新的要求；③ 在更深层面上，技术水平提升还会导致产业形态的根本变革，从而导致职业之间的关系发生根本变化，进而要求职业教育的内涵与形态发生根本变化。在分析智能化时代职业教育发展趋势时，对第三个层次最需要关注。

机械化时代的人才结构是由工程师、技术员和技术工人构成的金字塔型，这是科层制的人才结构，各层次人才之间的界限非常分明。自动化的出现开始打破这一人才结构，操作技能日益被机器取代，导致整个人才结构上移；同时技术越来越复杂，导致技术型人才队伍扩大，工程师内部也产生了分化，分化为工程科学人才、工程规划人才和工程应用人才。这就形成了所谓的橄榄型人才结构。这一人才结构的形成是由技能型人才上移、技术型人才增加和工程型人才下延三方面力量推动的。这一趋势不仅导致了中间型人才规模的扩充，而且两头压缩导致了从业者能力的大幅度复合。到了智能化社会，这一趋势被大幅度加强，人才结构呈现洋葱型，各类人才之间的关系有朝扁平化、网络化方向发展的趋势，体现在以下三个方面。

（一）技能型人才需求数量减少但技术含量提升

人工智能技术的特性，使得标准化、程序化技能岗位不断减少，如低技术含量生产线上的装配、质检等岗位和部分常规性认知工作岗位，如简单的数据统计和分析岗位等。比如采用了人工智能技术的汽车企业，智能机器人几乎存在于产品生产全过程中，相比传统汽车制造企业，人工智能技术对其内部岗位类型和数量的影响几乎是颠覆式的。传统汽车制造的冲压、烤漆、总装流水线都已被由智能机器人组成的流水线取代，相关常规体力与认知岗位数量呈大幅度减少趋势。同时，随着智能加工设备的引入，传统的部件切削与加工由智能加工设备一体化完成，包括刀具选用与原材料转运调度，都由预先设定好程序的机器人完成，使得以前需十多人共同完成的任务，现在可以由两名工业机器人操作员完成。技能岗位数量减少的同时，任务复杂度和广度显著提高，对员工能力的复合度要求增加。

（二）技术型人才分化加剧且需求量快速提升

技术型人才呈大幅度分化趋势，种类越来越多，且内部结构在进一步分层。比如随着新产品开发需求越来越大，对产品外观设计、详细结构设计等工作的要求越来越高，从而产生了大量新的技术岗位。同时随着高新技术在制造企业中应用的快速推进，企业需要大量对高新技术设备进行安装、运维和维修的人才。随着智能机器人与相关设备引入越来越多，相应技术型人才的需求也就越来越大。这类技术岗位的产生主要是人工智能技术应用的结果，如物联网技术员、大数据技术员、云计算技术员、工业机器人系统运维员等。由于新的技术岗位与传统技术岗位相比，工作内容更复杂，技术要求更高，进而对教育要求也更高，有必要对技术型人才进一步分类，把它划分为普通技术型人才和高级技术型人才。

工程应用型人才、高级技术型人才和普通技术型人才合称中间型人才，即衔接科学理论、工程规划方案与实践操作的人才。中间型人才类型日益分化，需求量日益增加，使得人才结构从机械化时代的金字塔型转向智能化时代的洋葱型，见图 1–3。

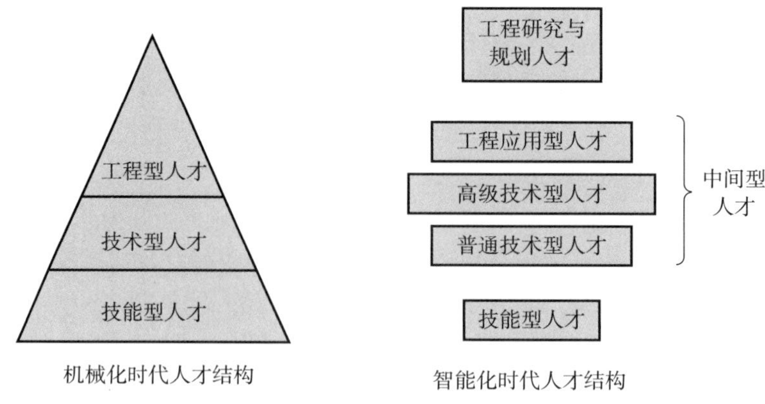

图 1-3　智能化时代人才结构转型

技术型人才横向分化也在加剧，进一步加强了技术型人才结构的复杂性。社会生活日益复杂多样，使得技术与现实生活相结合的过程中产生了非常多样的技术形态。这是智能化时代实体技术非常重要的发展趋势，其结果是在同一技术平台支撑下，会产生非常多样化的技术形态；由于这些技术形态非常复杂，不同行业的同一技术相关工作需要由不同从业人员来承担，从而导致技术型人才的横向分化。这一趋势反映在人社部公布的新增职业中。比如 2022 年，人社部公示了 18 个新增职业，包括机器人工程技术人员、增材制造工程技术人员、数据安全工程技术人员、退役军人事务员、数字化解决方案设计师、数据库运行管理员、信息系统适配验证师、数字孪生应用技术员、商务数据分析师、碳汇计量评估师、建筑节能减排咨询师、综合能源服务员、家庭教育指导师、研学旅行指导师、民宿管家、农业数字化技术员、煤提质工、城市轨道交通检修工。这些新职业，有的是新技术直接催生的，如机器人工程技术人员；有些则是新技术在与行业结合过程中的分化的结果，许多职业是由信息技术的广泛应用衍生出来的，如数据安全工程技术人员、数字孪生应用技术员等。

（三）各类人才之间边界模糊

工业化时代，人们构建了分工细致、边界清晰的职业体系。智能化时代，这一体系正在被彻底解构。无论从纵向上还是横向上看，不同类型人才之间的关系都不再像工业社会流水线上不同岗位人才之间的关系那样泾渭分明，而是相互交叉融合，呈现出相对独立的特点。从纵向上看，工程应用型人才、技术型人才和技术性技能人才之间的边界已经非常模糊，许多从业者甚至会在这三类职业之间根据实际就业情况往返流动。比如一个企业的产品设计师很可能转入车间负责生产质量。从横向上看，在同一技术平台上，不同行业的从业者间相互流动更是非常普遍的现象。比如一位物联网工程师，很可能跨到金融行业从事网络安全工程师工作。

二、智能化时代职业教育的形态重塑

智能化时代重塑职业教育，将首先改变职业教育在教育体系中的地位。在传统观念中，职业教育被理解为培养低技能人才的教育、低水平的教育。其功能是为普通教育轨道上学习失败的学生提供谋生技能，人们并没有真正把它看作为教育体系中在结构上不可或缺的一种教育类型。从教育平等角度看，人们会否定这一观点，但这种否定往往只是情感上的，缺乏理性基础。

传统职业教育观念的形成与特定的技术和经济条件有关。职业教育成为正式的教育，以把职业教育纳入学校教育范围为起点。在这之前以学徒制形式培养技能的活动，不是现代意义上的职业教育。人们很早就开始了用学校形式进行职业训练的努力。11、12 世纪，西欧国家出现了行会举办的培养职业人才的城市学校。到了 17 世纪中期，人们已经开始了建立职业学校的思想探索与实践。比如英国医学家、经济学家培蒂（W. Betty）主张建立“语言工场”和“实业专科学校”，语言工场除了开设读写课程外，还要开设车削加工、钟表制造、玻璃装饰、园艺、造船、建筑等课程。实业专科学校的办学宗旨是聘请各行业中著名的工匠为教师，培养掌握高超技艺的劳动者。这些构想在 17 世纪末开始实施，如德国弗朗凯（A. H. Francke）创办的弗朗凯学院，该学校开设了车削加工、玻璃研磨、铜板雕刻等手工作业课程，是一所培养贵族子弟的高等预备学校。1696 年创办的“孤儿之家”是一所具有突破意义的学校，开设了缝纫、刺绣、制图、研磨、纺织等课程，同时设立了简易工场，让学生从事作业活动。18 世纪初，泽姆拉（C. Semler）开办了面向普通市民进行职业教育的“实科学校”，以代替学徒制濒临消亡所带来的职业人才培养体制的缺失。① 这些学校的人才培养功能与今天的职业学校非常接近，因而可以看作早期的职业学校。1868 年莫斯科帝国技术学校校长奥斯（Della-Vos）创立俄罗斯制，采取对工艺过程进行分割的方法设计课程，应用班级组织形式对学生集体授课，建立实习工厂训练操作技能，确立了现代职业学校人才培养的基本模式。

然而此后职业教育的发展并不顺利。职业教育早期探索者的理想并没有得到实现。人们对职业教育逐步形成了低等教育的印象，认为职业教育只是培养低级技能的教育、提升普通劳动者谋生技能的教育，是主流教育体系中失败者的另一种选择。在某些历史时期政府可能非常重视职业教育发展，但其出发点往往只是为了降低青年失业率，为产业发展提供高素质技术工人。在这样一种认知框架中，人们不可能真正重视职业教育。职业教育成了一种补充的、片段的、边缘的教育，只是获得了教育的基本形式，却没有获得教育应有的内涵。其在教育体系中的合法地位一直没有真正确立起来，甚至不被认可为一种教育类型。尽管职业教育承担了培养普通教育不再愿意培养的学生的职责，但它仍然要受到学者们的批评，有的学者甚至根本不认可职业教育是一种教育，因为他们认为这种教育过于功利。在他们看来，教育是一种培养人的活动，虽然被培养的人最终都要从事各种职业，但教育活动的基本出发点是人的培养，个体的职业胜任能力是在从业以后逐步发展起来的，教育只是为这一能力的发展奠定基础。即使在古代社会，中外都曾把培养统治人才作为教育的重要目的，但这种教育只是笼统地提出对统治者知识和能力的要求，然后据此展开教育活动，不是把某个具体职业的知识和能力要求作为教育的基本出发点。在主流教育思想中，“教育”这个词本身的含义是排职业性的。

以上就是迄今为止人们对职业教育的基本理解，它构成了现有职业教育的基本含义。可见，职业教育的含义是其实践发展所赋予的，而非学术建构的结果。职业教育这一含义的形成，与两个因素有关。一是劳动过程分工导致生产、服务技能要求降低，以致职业教育培养的技能难度上并不高，教育质量无法和普通教育相媲美。早期职业教

① 细谷俊夫．技术教育概论［M］．肇永和，王立精，译．北京：清华大学出版社，1984：41–44.

育探索者的理想是通过学校形式培养工匠，然而工厂生产广泛地采取由机器组合在一起的流水线生产方式，这种生产方式的生产力水平更多地取决于机器的技术含量，而不是技术工人的操作水平。其劳动过程的内部分工，使得每位工人只需要完成其中一个环节的操作，进一步降低了对技术工人操作水平的要求。以这样一种技能为内容的教育，自然难以在教育体系中确立起举足轻重的地位。二是把提升劳动者的谋生技能作为举办职业教育的主要出发点。职业教育的发展动因往往是就业困难的经济社会背景。比如民国时期是我国职业教育获得较大发展的时期，而当时发展职业教育的主要出发点是许多底层劳动者缺乏基本的谋生技能，生活极度贫困。当代西方国家发展职业教育，无不以缓解青年就业困难为主要动因。提升劳动者的谋生技能是职业教育必须承担的社会责任，但仅仅停留于这一层面则会阻碍我们深刻把握现代职业教育的含义，充分挖掘其功能。促进就业的需要推动了职业教育发展，但也制约了职业教育内涵的提升。

技术朝自动化、智能化方向发展，人才结构发生了重大变化，职业教育的培养对象与要求发生了根本变化，职业教育的内涵自然也应发生根本变化。有些国家在20世纪70年代就意识到了这一变化，并开始着手进行变革职业教育内涵的探索。比如英国的新职业主义。新职业主义的“新”是相对于过去狭隘的、针对某一具体工作进行训练的旧职业主义而言的。二战后，英国的社会、经济发生了深刻变化，自动化生产技术得到广泛应用，旧职业主义已无法适应工作世界新的要求，整个社会，包括政府、雇主，对新的教育形式的呼声日益高涨，新职业主义应运而生。它提出了核心技能概念（有的国家称关键技能），以提高劳动者在工作中的迁移能力。到了21世纪初，技术所带来的工作世界变化与教育应对策略，一度成为职业教育界的核心研究课题，其基本理论取向是提升劳动者的就业适应能力。这些改革主要发生在课程层面。进入21世纪10年代，一种新的职业教育人才培养模式开始在我国出现，并迅速扩展开来，即贯通培养模式。贯通培养模式的出现不仅仅是为了解决中等职业学校的发展问题，更为重要的原因是人们越来越认识到，一个学制层次已无法提供技能人才培养所需要的充足时间。这就把职业教育内涵变革从课程推进到了体系。2019年印发的《国家职业教育改革实施方案》，在国家政策层面把职业教育确定为一种教育类型。职业教育类型地位确立的前提是自身要成体系，因而完善职业教育体系建设是当前职业教育发展的重要课题。2021年全国职教大会提出的一项具有历史意义的改革内容，是确立了稳步发展职业本科教育的政策，这一政策使职业教育体系建设迈出了一大步。

生产技术及其组织模式变革带来了职业教育内涵变革的内在需求，这一变革已经在实践层面发生，理论层面的变革急需跟进，不然将严重迟滞职业教育的发展，职业教育应有的地位和它实际承担的功能之间的矛盾就会很难消除。“民众看不起”是职业教育发展中的最大困境。这一问题形成的根源是什么？从1949年以来我国职业教育的发展历程来看，这一问题总体呈强化趋势。改革开放以前，职业教育虽然遭到了比较严重的破坏，但那时人们鄙视职业教育的观念并不强烈，中专、技校是人们非常向往的学校。20世纪80、90年代，教育的总体规模得到了大幅度扩充，中等职业教育也得到了恢复。由于这一时期发展起来的职业高中教学质量比较差，升学途径很窄，鄙薄职业教育的观念开始蔓延开来，如何消除人们的这一观念成了职业教育中的一个重要研究课题。进入21世纪，人们鄙薄职业教育的观念不仅没有得到消除，反而急速高涨起来，其重要刺激因素是高等教育扩招与限制中职学生升学两大政策产生的合力。针对这一问题，虽然国家层面采取了许多措施，比如把发展职业教育纳入国家战略，提升高技能人才的社会地位和待遇，使问题在短期内有所缓解，但问题并没有从根本上得到解决，外部稍有诱导因素，就会使该问题朝非常极端的态势发展。这是因为导致该问题产生的根本性因素没有得到消除。这一根本性因素是什么？从以上对1949年以来我国职业教育史的简单回顾来看，它是教育体系发展过程中，普通教育体系快速朝上延伸，而职业教育体系发展缓慢导致的职业教育的比较优势的丧失。这就是职业教育内涵探索落后实践发展所带来的问题。

今天，我们应该这样理解职业教育。① 它是一种培养复杂能力的教育。诚然，现代社会仍然存在大量只需要简单技能就能胜任的职业，如美发师、餐厅服务员、电子产品装配工，而且这些职业还会长久存在，提供其所需劳动者的教育也是职业教育的任务。但大多数职业对劳动者的知识、能力要求越来越复杂，劳动者要具备较为完善的理论知识和综合分析问题、解决问题的能力，才能较好地胜任这些岗位。这是职业教育发展的主流趋势。因此，首先要赋予职业教育的新含义是，它不再只是培养简单技能、适应谋生需要的教育，而是承担现代社会人才结构中技术型、技能型人才培养任务的教育，是一种包含复杂内容的教育。② 它是一种需要在更高学制层面举办的教育。过去的职业教育是一种让个体主要通过训练获得技能的教育，教育内容对理论知识的要求很少。这种教育只需通过短期培训或是在中等教育层次举办便可完成。技术型、技能型人才知识能力要求的根本变化，使得短期技能训练和中等教育层次已经远不能满足其培养要求，必须把职业教育高移到高等教育层次，对有些要求更高的职业，甚至还要把其教育高移到本科教育层次。职业本科教育发展是职业教育高移化的关键环节，因为本科教育才具备高等教育的完整特征。职业专科教育只能视为职业教育高移化中的过渡形式。③ 它是一种需要多个学制层次连续培养才能达成目标的教育。把职业教育高移到高等教育层次，并不意味着不再需要中等职业教育。过去的职业教育给人们的印象是学生只需要通过短期训练便能达到培养要求。尽管也有中等职业学校和高等职业学校，但它们之间并没有内在逻辑关系，是各自独立的。许多发达国家的职业教育目前还是这种存在状态。新的职业教育则是一个连续进行人才培养的体系。体系化是21世纪以来职业教育发展的另一个重要趋势，是我国对国际职业教育发展的重大贡献，也是最终使得职业教育能够被确立为一种教育类型的前提。

三、智能化时代职业教育的一体化趋势

构建职业教育体系，不仅要区分技工教育和技术教育，还要寻找技工教育与技术教育的内在逻辑联系，并实现技术教育与工程教育的沟通衔接。智能化时代技术型人才和技能型人才能力之间交叉区域的出现，使得技工教育和技术教育之间建立了内在逻辑联系，形成了完整的职业教育体系，奠定了知识论基础。技术型人才与工程型人才能力之间交叉区域的出现，则为职业教育与工程教育的沟通衔接提供了知识论基础。

机械化时代，各种类型人才之间的工作任务和职业能力要求边界非常清晰。技术工人普遍文化知识水平低，他们掌握了操作技能，却处理不了操作中的技术问题，而工程师没有那么多时间去帮助技术工人处理技术问题，技术员岗位应运而生。技术员在身份上有别于技术工人，二者之间的身份界限基本不能跨越，因而其教育也是完全分开的。技术

员虽然是工程师助手，但二者之间的能力要求有质的区别。到了信息化时代，许多操作被自动化设备所替代，教育整体水平也有了很大提升，许多技术工人掌握了良好的文化知识和专业理论知识，人才结构开始朝橄榄型方向发展，工程型人才、技术型人才与技能型人才的工作内容与能力要求出现了交叉区域。智能化时代，人才结构的科层制被进一步打破，工程型人才、技术型人才与技能型人才的工作内容与能力要求出现了大范围交叉区域。未来职业教育体系建设应努力寻求技工教育与技术教育的内在一体化，使职业教育成为完整的教育体系，并与工程教育建立沟通衔接关系。正如美国学者桑德斯（M. Sanders）在实证研究基础上提出的："尽管在过去的一个世纪中，一直努力把技术教育和职业教育区别开来，但本研究的大量证据支持刘易斯（William Arthur Lewis）所暗示的某种'边界跨越'。"①

第三节
发展职业教育的意义

发展职业教育的意义，包括促进经济发展与社会公平、提升社会总体就业水平与个体就业竞争力等方面。从促进经济发展角度看，职业教育是与经济发展关系最为密切，对经济发展起着基础性支撑作用的教育，因为经济发展需要通过职业教育培养高素质劳动者和技术与技能型人才；从促进社会公平角度看，职业教育能使大量社会地位低下的劳动者获得收入增长所需要的技能，因而有利于促进社会公平；从提升社会总体就业水平角度看，职业教育一直被作为促进就业的政策工具使用；从提升个体就业竞争力角度看，对于未能进入学术教育体系的学生来说，职业教育为他们提供了获得在劳动力市场具有竞争力的专门技能的机会。

一、职业教育促进经济发展

促进经济发展是职业教育的首要功能，是职业教育赖以存在的前提，是职业教育其他功能发挥作用的基础。职业教育这种教育形式是工业革命导致现代产业出现和发展的结果，推动职业教育发展的根本动力是经济发展，因此发展职业教育的首要出发点是服务于产业对技术与技能型人才的需求。

人力资本理论为职业教育的经济功能提供了良好的解释。人力资本理论认为，人

① SANDERS M. New Paradigm or Old Wine? The Status of Technology Education Practice in the United States[J]. Journal of Technology Education, 2001(2).

和金钱、土地、设备一样，也是一种资本，甚至是更重要的资本，对人力进行投资可以获得很高的经济回报。关于教育对国民收入的贡献率，舒尔茨（Theodore W. Schultz）的计算结果是33%，丹尼逊（E. F. Denison）的计算结果是23%，科马洛夫（B. E. Komalob）的计算结果是37%。[①] 人力资本中不仅有科学家、工程师、管理者，也有技术员和技术工人，后者有时更为重要，因为他们是使科学技术转化为现实生产力的最后环节。职业教育不仅可以培养娴熟掌握工艺设计、设备操作的技术与技能型人才，使他们使用同样的设备可以更快地生产出更高质量的产品，而且可以培养他们良好的职业精神和愿意从事操作性工作的态度，从而降低管理成本，提高生产效益和产品质量。现代社会，这些知识、技能和态度仅通过短期培训已很难获得，必须有学校职业教育做支撑。因此，职业教育是产业发展的基础，良好的职业教育体系提供了高质量产业体系运行的基本人才保障。当然，也有研究得出了职业教育对经济发展基本没有什么贡献的结论。这一结论的得出与其选择的样本有关，比如所选择的专业技术含量不高，所选择的学校专业教学质量低，这些因素都会影响职业教育服务经济发展功能的发挥；也与其比较的对象有关，比如往往把职校生与普高生进行比较，然而合理的比较对象应该是同等学习能力条件下受过职业教育的人和没有受过职业教育的人。

黄炎培说："职业教育之旨三：为个人谋生之准备，一也；为个人服务社会之准备，二也；为世界、国家增进生产力之准备，三也。"[②] 在他看来，职业教育的最高目的是提升生产力，促进经济发展。1985年的《中共中央关于教育体制改革的决定》指出，提高生产力的关键在人才，人才的获得靠教育，其中包括职业教育。大力发展职业教育，为经济发展提供技能人才保障，是关于我国教育政策的一条基本认识。在德国，职业教育被视为实现经济腾飞，超越英国，使"德国制造"成为高质量产品代名词的秘密武器。德国工商总会曾在一项调查中发现："德国双元制职业教育是成功的模式，同时也是德国国民经济的支柱。企业通过培养学徒保证企业持续发展，是企业未来的竞争力。和劳动力市场精准对接使德国的青少年失业率处于欧洲国家的较低水平。对于青少年而言，双元制职业教育为他们提供了多样的发展前途、良好的就业与工资收入前景，以及相比大学毕业生更低的失业率。"美国发展职业教育的许多原理来自20世纪40年代的查尔斯·普罗瑟（Charles Prosser）。普罗瑟和奎格利（Quigley）共同提出了职业教育的普罗瑟原理。它主要从如何提高社会运行效率角度阐述职业教育的重要意义，理论要点有：① 每份职业对个体来说，都有一个最低的生产能力要求，个体必须具备这种能力以确保就业，如果职业教育不能为个体提供这种能力，那么职业教育对个体和社会都是无效的；② 职业教育要认识到，必须培训个体以满足劳动力市场需求，即使现代职业有了更多的提高效率的方式，以及对更好的工作条件的呼吁；③ 当职业教育提供的培训符合群体要求并能使其从中获益时，它就提供了更有效的社会服务；④ 当职业教育的方法更加贴合学习者，能考虑到所服务群体的特征时，将更有社会效益。[③] 美国学者约翰·汤普森（John Thomson）也深入论述了职业教育的经济功能：① 职业教育能培养可市场化

① 邱渊. 教育经济学导论[M]. 北京：人民教育出版社，1992：247–248.

② 中华职业教育社. 黄炎培教育文选[M]. 上海：上海教育出版社，1985：59.

③ SCOTT J S, SARKEES-WIRCENSKI M. Overview of Career and Technical Education[M]. [S. l.]: American Technical Publishers, 2008: 418.

的个体，开发他们的能力来展现技能，使他们成为生产的工具；② 职业教育是个体获得在劳动力市场中公平竞争所需基本能力的手段；③ 职业教育是经济教育，因为它指向劳动力市场需求，因此能为国家经济实力提升做出贡献；④ 职业教育是服务经济系统的生产教育，具备社会效用。[①]

经济发展需要职业教育支撑有两个前提。① 这种经济是以工业为核心的。以农业、服务业为核心的经济虽然也需要技术与技能型人才，但技术与技能型人才在其人才体系中所占比重相对较小，而且其技能易于在工作中获得，因而对职业教育的依赖度不高。而以工业为核心的经济则必须有强大的职业教育体系做支撑。这就是为什么我国、德国和日本都非常重视职业教育。② 这种经济必须走高技能、高质量、高收入的发展路线。以工业为核心的经济可以走两种发展路线，一种是低技能、低质量、低收入的发展路线，一种是高技能、高质量、高收入的发展路线。前一种模式是新福特主义，后一种模式是后福特主义。只有走后一种发展路线的经济才真正需要职业教育体系的支撑。这就是为什么进入 21 世纪，我国经济实现产业升级后，对职业教育的需求越来越大。如果职业教育发展政策与产业发展政策不相匹配，落后的职业教育就会成为产业发展的极大阻力。

党的二十大为未来产业发展确定了基本方向："加快建设制造强国……推动制造业高端化、智能化、绿色化发展。"当前我国经济发展的主要任务是实现产业升级，即由劳动密集型、资源密集型产业转向技术密集型产业，通过企业技术升级重点发展高端制造业。这是提升国家竞争力的必由之路，是对国际产业发展经验进行总结得出的基本结论。建设制造强国，发展高端制造业，是在经历了改革开放 40 多年来劳动密集型、资源密集型产业的发展模式后，对下一个时期我国产业发展模式的战略选择。要注意理解的是，我国所定位的高端制造业，不是美国那种完全基于先进生产线的制造业，而是以先进生产线为基础、需要依赖人的技能的制造业，即德国、日本的制造业模式。美国模式竞争力的衰退已为我国提供了重要经验。

目前我国职业教育发展的主要矛盾有以下三点。① 国家高度重视发展职业教育。以高端制造业为核心的产业形态需要大量高素质技术与技能型人才，产业界把其对技术与技能型人才的需求传导到了政府，政府立足国家产业发展需要提出要加快发展职业教育，构建现代职业教育体系。② 学习者接受职业教育的积极性不强。由于路径依赖，我国尚未建立起保护个体潜心磨炼技能的制度体系，学习者主动接受职业教育的需求未被普遍激发出来。近年来政府在改善技术与技能型人才待遇和工作环境方面做了大量努力，取得了比较大的成效，但由于这一问题非常复杂，全国范围内的改善情况并不乐观。③ 高度自由化市场运行模式强化了人们追求高学历的愿望。为了激发创新活力，我国经济采取了高度自由化市场运行模式。这一模式的资源分配机制进一步刺激了人们追求高学历的愿望，降低了人们对职业教育的需求。因为当前的分配机制更倾向于产品与技术创新，而产品与技术创新需要的教育基础是高等教育。在如此复杂的矛盾下，职业教育要走出发展困境，成为支撑我国产业顺利实现转型升级的基础力量，需要政府在其中发挥关键作用。

---

① SCOTT J S, SARKEES-WIRCENSKI M. Overview of Career and Technical Education[M].[S. l.]: American Technical Publishers, 2008: 425.

二、职业教育促进社会公平

职业教育的社会功能是多方面的，比如促进劳动者职业角色意识的形成。职业教育是一种专门化教育，它是以职业或职业群为单位展开人才培养的，其教育内容指向特定职业，专业课程学习展开过程会逐步强化学习者的职业角色意识，培养他们职业所特有的能力和品质，增进他们对职业的认同。职业院校要对学习者进行专门的专业思想与职业指导教育，为学习者提供工作本位学习机会，这些教育活动会进一步促进学习者职业角色意识的形成。中职生与普通高中学生相比有一个明显优势，即他们的职业角色意识要强得多，社会化程度更高，更愿意从事技能工作。

职业教育的社会功能中，备受争议的是社会分层。职业教育有着很强的经济功能，而经济收入差距是导致社会分层的关键因素，因此职业教育在承担经济功能的同时，必然要发挥社会功能。职业教育是促进了社会分层，还是阻止了社会分层？有些学者，尤其是新韦伯主义者和新马克思主义者，认为职业教育所传授的技能对雇主和雇员均无大价值，这些技能在工作中很容易学会，而职业教育的毕业生往往只能从事较低层次的工作，因而其作用是阻止了工人阶级子弟接受高等教育并获得级别较高的工作。他们认为职业教育的经济发展功能有限，却在复制世代相传的社会不平等。"由于中等职业教育最终导致大部分毕业生进入一些社会较为低层的工作，那么中学阶段的分流政策实际上成为不可逆转的社会分层的起端。"[①] 最终产生的问题是，接受过真正职业教育的职工的个人收入，普遍会低于接受过普通教育和高等教育的职工。福斯特（Philip J. Foster）也认为职业学校教育是一种谬误，因为职业教育只导向低地位的工作，家长和学生视之为次等教育。职业学校的毕业生难以在他们受训的专业领域找到工作；在工作中，他们的专门技能没有充分发挥，因而他们的教育投资大多被浪费掉了。他称这种现象为"技术浪费"。

以上结论的得出，忽视了发展职业教育的两个前提。一是发展职业教育必须有相应的产业基础，既包括产业必须达到一定规模，也包括产业应用的技术必须处于较高水平，它们的确形成了对技术与技能型人才的需求。在缺乏产业基础的地区发展职业教育，职业教育的经济功能不能得到发挥，大量职业学校毕业生只得进入低层次就业岗位。这些地区的职业岗位往往被分割为两个层次，一个层次是政府部门官员、教师、医生等，这些职业岗位要求从业者拥有大学学历；另一个层次是各类劳动者，这些工作甚至不需要从业者接受过正规教育。导致以上问题的原因不是学习者接受了职业教育，而是当地产业只能给职业教育学生提供低层次就业岗位。这些学生如果没有接受职业教育，很可能只能进入层次更低的岗位。在产业发展水平过于低下的地区，比如产业以传统农业为主，只有少量低端加工制造业的地区，其教育的重心应该是普及读写算基本技能。如果这些地区在实施职业教育的同时实施创业教育，加强产业经营管理人才的培养，则可以使职业教育成为这些地区推动产业发展的重要因素。中国精准扶贫中有不少这方面的成功案例。

二是接受职业教育的学生是经过考试选拔，至少在当时情况下已难以继续接受普通教育的学生。对这些学生来说，面临的选择不是进入普通学校还是职业学校，而

① 萧今，黎万红．发展经济中的教育与职业［M］．天津：天津人民出版社，2002：10.

是进入职业学校还是离开教育体系。对2021年全国31个省(自治区、直辖市,不含港、澳、台)普通高中最低录取分数线的分析发现,未达到及格线的有21个,占比为67.74%。其他达到及格线的10个省(自治区、直辖市),最低录取分数线也处于非常低的水平,往往只比及格线高几分。没有中等职业教育,我们所看到的不是更多学生升入大学,而是大量无法再继续学业的学生因缺乏技能而失业,或者从事简单的、不需要技能的工作。简单地把中等职业教育学生与普通高中学生进行比较会得出错误结论。在普及了高中阶段教育的教育体系中,发展中等职业教育,实现高中阶段教育多样化,是教育体系的内在需求。

以上研究结论还有一个问题,即都是以中等职业教育为研究对象得出的,这一结论不能推广到整个职业教育。第二次世界大战以后,随着产业升级,国际上就开始出现了职业教育高移化现象,即把职业教育的举办层次提升到高等教育层面。我国在20世纪90年代末开始大力发展职业专科教育,随着产业技术全面升级,企业对技术与技能型人才的要求越来越高,2021年又进一步把职业教育提升到了本科教育层次,现代职业教育体系基本形成。高等职业教育提升技术与技能型人才社会地位的能力远高于中等职业教育。20多年来,高等职业教育培养了大量高水平技术与技能型人才,许多毕业生依托技能获得了体面工作。

在具备一定产业条件的地区,职业教育是阻止社会分层的重要手段。研究发现:职业教育有助于中低收入水平的脱贫户家庭增收。职业教育赋予了低收入群体谋生的技能和依靠自身实现可持续生计的可能性,能够形成人力资本的快速积累,直接带动收入水平的提升。① 从缩小收入差距视角看,职业学校教育和普通高中教育均能够缩小贫困与非贫困居民之间的收入差距,但是相比普通高中教育,职业学校教育缩小收入差距的效果更为明显。与初中教育相比,接受过普通高中教育和职业学校教育的农村贫困居民,其年收入分别增加12.6%和38.3%。对于农村非贫困居民而言,接受过普通高中教育和职业学校教育的劳动力,其年收入分别增加12.9%和19.2%。② 职业教育投入对乡村振兴具有高回报率,整体贡献率高达16.19%,显著高于农村居民固定资产投入和农村劳动力投入的贡献率;但职业教育对乡村振兴的贡献存在地域差异,整体表现为东部地区最高,少数民族地区、西部地区次之,中部地区最低,中部"塌陷"明显。③

三、职业教育提升社会总体就业水平

从政府角度看,发展职业教育是提升就业水平的重要政策工具。无论是提升青年就业率,还是促进下岗人员再就业,职业教育都在其中发挥着重要功能,而且这种功能可以在短期内见到成效。

降低失业率,尤其是降低青年失业率,提升就业质量,是大多数国家发展职业教育的一个重要出发点。比如20世纪90年代在世界范围内广泛开展的一项职业教育行动,即

① 孙晗霖,王倩茹,刘新智.教育对欠发达地区脱贫群体生计可持续的影响研究:基于货币效应与非货币效应的分析[J].西南大学学报(社会科学版),2021(6).

② 李强谊,钟水映,曾伏娥.职业教育与普通教育:哪种更能减贫?[J].教育与经济,2019(4).

③ 朱德全,杨磊.职业教育服务乡村振兴的贡献测度:基于柯布–道格拉斯生产函数的测算分析[J].教育研究,2021(6).

学校到工作过渡（STW），其出台背景就是许多发达国家的青年失业率一直居高不下，且明显高于成人失业率，如表 1–1。从表 1–1 可以看到，有些国家，特别是德国和日本，不仅整体上有着令人羡慕的低失业率，而且相对其他国家，其青年失业率与成人失业率之间的差距小得多。2008 年以来的欧债危机，对欧洲经济发展带来了严重负面影响，许多欧洲国家青年失业率攀升，德国仍然能够独善其身。

表 1–1　某些发达国家的分年龄失业率[①]

项目	1979 年失业率（%）		1983 年失业率（%）		1990 年失业率（%）		1993 年失业率（%）	
	年龄（岁）		年龄（岁）		年龄（岁）		年龄（岁）	
	15~24	25~54	15~24	25~54	15~24	25~54	15~24	25~54
澳大利亚	12.2	3.7	17.9	7.3	13.2	5.1	18.6	8.5
加拿大	12.8	5，7	19.7	9.8	12.7	7.3	17.6	10
法国	13.5	4.1	19.7	5.7	19.1	8	24.6	9.9
德国	4	2.7	11	6.9	5.6	5.7	8.2	8.4
意大利	25.6	3.5	30.5	4.5	31.5	7.3	30.6	6.9
日本	3.4	1.7	4.5	2.2	4.3	1.6	5.1	2
美国	11.8	4.2	17.2	8	11.1	4.5	13.3	5.8

为什么德国和日本的青年失业率低？基本认识就是它们的职业教育发达，为青年就业提供了技能支持。德国学者认为，顺利进入并且完成双元制职业教育的年轻人获得了劳动力市场认可的培训质量标准，通常可以顺利进入职业工作中，它是青少年融入社会工作的通道。为此，许多国家开始借鉴德国发展职业教育的经验。一份研究报告提到，欧盟目前有 570 万名 25 岁以下的青少年没有工作，希腊和西班牙这个年龄段的青少年失业率达到 50% 以上，类似这种情况的国家寻找方法改善学校到职业过渡，往往都会关注到双元制职业教育。职业学校的理论反思与企业实践经验相联系保证了企业拥有紧密联系实践的专业技术工人，同时也是从学校向职场成功过渡的秘诀。对德国职业教育经验的借鉴，还推动了现代学徒制的产生。“通过工作本位学习获得的经验为劳动者未来工作打开了大门”[②]，这句话充分反映了欧洲大多数国家对发展职业教育的基本信念，他们认为对个体就业和未来发展来说真正有实际价值的因素是经验和技能。研究表明，青年的高失业率和他们缺乏工作经验密切相关。国际劳工组织阿克斯曼（M. Axmann）和霍夫曼（C. Hofmann）的这段话充分代表了这一认识：“对学徒体系兴趣的重燃在国际劳工组织的三方会谈中得到了回应，因为拥有学徒制的国家的青年失业率更低。研究表明，对青年人来说，学徒制是沟通学校与工作世界的有效手段，因为这可

① STERN D，WAGNER D A. International Perspective on the School-to-Work Transition［M］. New Jersey：Hampton Press，1999：7.

② 孙玉直．欧洲现代学徒制［M］．北京：中国劳动社会保障出版社，2016：12–13.

以使他们在接受技术与专业训练的同时获得工作经验。”[①]

职业教育促进就业的机制包括以下方面。

（一）通过缓解结构性失业促进就业

职业教育能促进就业，不是因为职业教育能创造就业机会，而是因为劳动力市场普遍存在着严重的供给与需求结构失衡。在普通教育占绝对优势的背景下，许多国家教育政策制定缺乏人才结构平衡观念，没有充分意识到教育不仅有培养人的功能，而且承担着重要的社会人才分流功能。它们一味大力发展普通教育，甚至大幅度扩充学生进入普通大学的机会，从而造成严重的高学历青年失业问题。比如 20 世纪 70 年代，在人力资本理论影响下，许多国家实施教育先行政策，教育先于经济发展[②]，大力发展高等教育，结果不仅没有带来经济繁荣，反而造成严重的大学生失业现象。事实上，产业人才需求中，更大比例的需求是一线技术与技能型人才，而不是高学历人才。我国许多企业长期处于技术与技能型人才严重短缺状态。在本科生就业率总体走低的背景下，职业院校学生的就业率一直处于 90% 以上水平。职业院校学生就业面临的主要问题不是能否就业，而是如何提高就业质量。发展职业教育有助于把更多社会人口导向就业机会富余的技术与技能岗位，从而达到促进就业的目的。因此教育政策制定非常重要的考虑维度是基于产业人才需求结构的普职比平衡。

（二）通过职业针对性培养模式促进就业

与其他专门化教育相比，职业教育人才培养模式的显著特点是直接面向特定职业岗位的能力需求，并且把职业岗位的工作任务与职业能力作为教学的逻辑起点。由于教育内容的职业针对性非常强，所学与所用密切相关，职业院校毕业生在就业时有明确的职业岗位面向，减少了就业过程中的摩擦，因而有利于促进就业。此外，职业教育在人才培养观念上非常强调紧跟劳动力市场技能人才需求进行专业与课程设置。职业院校在设置专业和确定招生规模时，通常都要进行深入的产业分析与人才需求调研，紧跟劳动力市场的人才需求变化。对于已经没有需求的专业，职业院校要尽快淘汰；对于新的技术与技能型人才需求，职业教育则会通过专业目录动态调整机制及时将其反映到人才培养体系中。这种人才培养模式使得职业院校教师与产业界建立了紧密合作关系，他们能及时掌握企业的人才需求变化。这个机制在很大程度上保障了职业教育人才培养与外部需求的对接，缓解了结构性失业，从而有利于促进就业。

面向特定职业的人才培养模式是否会影响学生就业时的职业选择面，提高他们的失业风险？这一问题通过人才培养结构的科学设置已经得到解决。当前职业教育实施的是职业群集化教育，专业设置面比较宽，每个专业要覆盖一个相当广泛的职业群。《职业教育专业目录（2021 年）》中，中等职业教育专业数为 358 个，高职专科教育专业数为 744 个，高职本科教育专业数为 247 个，而根据《中华人民共和国职业分类大典（2022 年版）》，我国职业有 1 639 种。这些职业是按大领域分类的，如果进行更细分类，可达几万种。每个职业教育专业之间并非泾渭分明，许多专业的职业面向之间存在很大程度交叉。

① AKOOJEE S. Apprenticeship in a Globalized World: Premises, Promises and Pitfalls[M]. Berlin: LIT VERLAG Dr. W. Hopf, 2013: 19.

② 联合国教科文组织国际教育发展委员会. 学会生存：教育世界的今天和明天[M]. 华东师范大学比较教育研究所，译. 北京：教育科学出版社，1996: 35.

因此，学习完一个专业的学生，可以在比较大的范围内就业。

（三）通过增强工作经验促进就业

青年失业率高有一个重要原因，那就是缺乏工作经验，在就业中竞争力不足。因为企业往往倾向于聘用有工作经验、能直接承担工作任务的熟练技术员和技术工人，这样不仅可以降低企业对员工的培训成本，而且有助于保证产品质量，提升生产效率，降低对员工的管理成本。当然，聘用非熟练青年员工可以付出更低报酬，但与产品质量和生产效率提升相比，企业更倾向于选择后者。在劳动者就业流动率高的地区，企业为青年员工投入的培训成本还很可能因为员工的离职而付诸东流，这会严重影响企业聘用非熟练青年员工的积极性。

如何破解这一难题？德国的经验是在职业教育中加强校企合作、工学结合。德国职业教育采取了非常独特的双元制模式，即在法律支撑下，由企业和职业学校联合进行人才培养。学徒每周 3~4 天在企业学习，只有 1~2 天在学校学习，企业在人才培养中发挥更为重要的作用。这种人才培养模式使得学徒在毕业时具备了非常娴熟的工作技能和相当丰富的工作经验，能够直接胜任工作岗位。这就是德国双元制能大幅度降低青年失业率的重要原因。其他模式的职业教育，如我国的学校职业教育中，虽然企业的参与没有德国双元制那么深入，学生的实践性学习时间没有德国双元制那么长，但要求学生在企业的连续顶岗实习时间不少于半年，此外还有许多伴随课程学习的实践性学习机会，校企合作的深入推进为这些学习机会的获取提供了保证。这些学习机会大大增加了学生的工作经验，使他们在就业中有明显优势。

（四）通过提高职业认同度促进就业

职业教育除了培养学生的职业能力，还能提高学生对技术与技能性职业的认同度，从而促进就业。在经济发展处于良性状态时，造成失业的主要原因是结构性失业，而结构性失业形成的重要原因之一是青年人不愿意从事技术与技能性工作。过去 20 年，我国经济实现了腾飞，经济总量极大提升，2022 年人均国内生产总值已达 12 700 美元。随着经济水平快速提升，产业技术也获得了迅猛发展，用四亿件衬衫换一架波音飞机的时代已经过去，中国自己正在制造大飞机，且在大飞机的核心部件——发动机的研制上取得成功。经济发展对职业教育发展的影响具有双重性。一方面，高水平经济需要大量技术与技能型人才，同时也能通过劳动环境、工资待遇的改善提高对技术与技能型人才的吸引力；另一方面，由于家庭经济条件改善，越来越多的年轻人不愿意从事技术与技能性工作。后一影响的作用力更大，造成一方面，许多企业技工短缺的问题长期得不到改善，有动摇我国以制造业为基础的产业根基的风险；另一方面，许多青年进入非积累性就业状态，即从事不需要专门技能、不能积累技能的工作，如快餐店服务员等。这种矛盾怎么解决？青年不愿意从事技术与技能性工作，很大程度上源于他们不了解这些职业，而职业教育可以通过专业教学培养学生对技术与技能性工作的了解与认同，把更多青年引向这些职业，从而达到促进就业的目的。

四、职业教育提升个体就业竞争力

从个体角度看，发展职业教育的目的是提升他们在劳动力市场中的竞争力。就业竞争力是个体就业时具备的优势条件。任何工作组织在招聘各岗位的人员时，均对应聘者有一定要求，以使新录用的员工能使该岗位的工作效益最大化。这些要求可划分为职业道德、通用技能和专门技能三个层面。职业道德是从事职业时要遵循的道德规范。通用技能指读写算、人际交往、信息技术等具有普遍适用性的技能。专门技能是特定职业拥有的、具有一定专业水准的技能。劳动力市场中的基本观念是：人们在就业时往往会面临激烈的竞争；期望获得工资水平越高、工作环境越好、生涯发展空间越大的职业岗位，面临的竞争也就越大；个体要获得期望的职业岗位，必须最大限度地提升自己在劳动力市场中的竞争力。

职业教育中流传一种来自主观推测的观念，即企业对职业院校学生的要求主要在职业道德方面，比如吃苦耐劳、爱岗敬业、服从安排，对专门技能没有什么要求，即使有要求，毕业生也可以在岗位上习得。在这一观念影响下，许多职业院校对加强专业建设的必要性产生怀疑，认为职业院校不应该把教学中心放在专业教学上，而应当放在对学生职业素养的培养上。这其实是一种非常片面的观念。

的确，有的职业主要要求从业者具备良好的职业道德，对专门技能几乎没有要求，甚至对通用技能也只要求达到最低水平，如搬运工；有的职业要求从业者在具备良好职业道德的基础上，具有比较好的通用技能，但对专门技能没有要求，如流水线上的简单技能操作工；但要看到，当代社会大多数职业不仅要求从业者具备良好职业道德、通用技能，而且要求他们具备高水平的专门技能。即使是理发师的技能，其掌握也至少需要 2~3 年时间，更高层次的职业，其专门技能掌握的时间就更长，如精密零件生产的操作工，而职业教育专业面向的均是对专门技能有很高要求的职业，对专门技能没有什么要求的职业所需要劳动者，通常由社会机构、工作场所通过短期培训为其提供。

只对职业道德有要求的职业属于低技能职业，相应地这些职业的工资水平也比较低，且劳动者的就业流动性很大，劳动条件比较差。劳动者就业的劳动力市场往往属于非正式劳动力市场。在职业道德基础上对通用技能有要求的职业也属于技能偏低的职业，其工资水平也比较低，劳动者的就业流动性虽然与低技能职业相比要低一点，但其流动性也处于比较高的水平，劳动条件也比较差。只有在通用技能、专门技能基础上，要求劳动者还必须具备专门技能的职业才是高技能职业，这些职业的工资水平高，就业稳定，劳动条件好，劳动者往往有底气与雇佣者商讨工资。劳动者就业的劳动力市场往往属于正式劳动力市场。技能的专门化水平越高，劳动者的工资也越高，就业也越稳定，劳动条件也越好，见图 1–4。声称只要求职业院校学生具备良好职业道德的企业，或者是对自己所要求的劳动者的素质缺乏清晰认识，或者是由于其技能要求尚处于低水平，所需人才并非学校职业教育服务对象。职业院校对企业的这一观点要有正确判断，不能任它引导自己的专业建设方向。

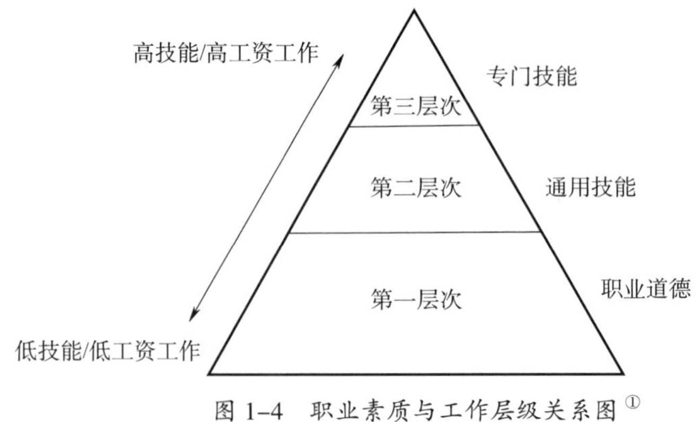

图 1–4　职业素质与工作层级关系图①

① GRAY K C, HERR E L. Workforce Education: the Basics[M]. Needham Heights: Allyn and Bacon, 2010: 74.

与这种片面性观念相反,随着经济与社会发展水平提升,现代社会中,只需要体力、顺从、简单技能的职业已大幅度减少,大多数职业岗位都需要接受过系统专门化教育的人才,不仅专业性职业岗位如此,技术或技能性职业岗位也是如此。要提升个体在劳动力市场中的竞争力,不仅大学教育要发挥非常重要的功能,职业教育也同样处于不可替代的地位。它给大量没有机会接受普通高等教育的学生提供了另一条获得体面工作、进入良好生涯领域的路径。发展职业教育,不仅可以满足企业对技术与技能型人才的需求,使各种生产、服务工作能顺利地、高质量地进行,而且可以提升个体在劳动力市场中的竞争力,使他们获得更加符合期望的工作。职业教育发展水平如何,会在很大程度上影响一个国家的经济发展水平,以及人们的就业质量。

关键概念

职业教育;实业教育;人才分类理论;技术型人才;技能型人才;智能化时代;新职业主义;人力资本理论;普罗瑟原理;就业竞争力

思考与讨论

1. 除本章列举的职业教育相关名称外,是否有更好的词来指称职业教育这种教育类型?
2. 如何理解人才分类理论是研究职业教育内涵的关键性支撑理论?
3. 智能化技术给职业教育传统内涵带来的最本质挑战是什么?
4. 一个国家或地区应当如何根据经济发展水平制订职业教育发展规划?
5. 如何合理设计职业教育课程,以提升个体就业竞争力?

参考文献

[1] AKOOJEE S. Apprenticeship in a Globalized World: Premises, Promises and Pitfalls [M]. Berlin: LIT VERLAG Dr. W. Hopf, 2013.

[2] FRENCH H W. Engineering Technicians: Some Problems of Nomenclature and Classification[M]. Paris: UNESCO, 1981.

[3] GRAY K C, HERR E L. Workforce Education: the Basics[M]. Needham Heights: Allyn and Bacon, 2010.

[4] SANDERS M. New Paradigm or Old Wine? The Status of Technology Education Practice in the United States[J]. Journal of Technology Education, 2001(2).

[5] SCOTT J S, SARKEES-WIRCENSKI M. Overview of Career and Technical Education [M].[S.l]: American Technical Publishers, 2008.

[6] STERN D, WAGNER D A. International Perspective on the School-to-Work Transition[M]. New Jersey: Hampton Press, 1999.

［7］中华职业教育社．黄炎培教育文选［M］．上海：上海教育出版社，1985.

［8］贝尔．后工业社会的来临：对社会预测的一项探索［M］．高铦，王宏周，魏章玲，译．北京：新华出版社，1997.

［9］孙晗霖，王倩茹，刘新智．教育对欠发达地区脱贫群体生计可持续的影响研究：基于货币效应与非货币效应的分析［J］．西南大学学报（社会科学版），2021（6）.

［10］孙玉直．欧洲现代学徒制［M］．北京：中国劳动社会保障出版社，2016.

［11］朱德全，杨磊．职业教育服务乡村振兴的贡献测度：基于柯布－道格拉斯生产函数的测算分析［J］．教育研究，2021（6）.

［12］李强谊，钟水映，曾伏娥．职业教育与普通教育：哪种更能减贫？［J］．教育与经济，2019（4）.

［13］杜威．民主主义与教育［M］．王承绪，译．北京：人民教育出版社，1990.

［14］杨金土．对技术、技术型人才和技术教育的再认识［J］．中国高等教育，2002（8）.

［15］杨金土．论高等职业教育的基本特征［J］．教育研究，1999（4）.

［16］细谷俊夫．技术教育概论［M］．肇永和，王立精，译．北京：清华大学出版社，1984.

［17］联合国教科文组织国际教育发展委员会．学会生存：教育世界的今天和明天［M］．华东师范大学比较教育研究所，译．北京：教育科学出版社，1996.

［18］萧今，黎万红．发展经济中的教育与职业［M］．天津：天津人民出版社，2002.

［19］中国大百科全书出版社编辑部．中国大百科全书：教育［M］．北京：中国大百科全书出版社，1985.

［20］邱渊．教育经济学导论［M］．北京：人民教育出版社，1992.

［21］顾明远．教育大辞典［M］．上海：上海教育出版社，1991.

第二章 我国职业教育发展史

学习提示

本章主要梳理我国职业教育发展史，分为三个阶段——古代职业教育的发展、近代职业教育的发展、新中国职业教育的发展；主要讨论不同历史时期职业教育发展的背景与动因、职业教育的样态与特征、职业教育的历史贡献与价值。学习中要注意理解不同历史阶段职业教育的内涵与外延，把握职业教育的特征；运用辩证方法对我国职业教育发展史进行客观评价，总结不同历史发展阶段职业教育发展的经验与教训，为今天职业教育的发展提供历史经验借鉴。

我国职业教育源远流长、历史悠久，是在物质生产和社会生活实践中产生和发展起来的。职业教育是传承人类在生产和生活中积累的经验和技术的重要载体，对保证历史延续和促进社会发展发挥着重要作用。依据中国史对历史阶段的划分，本章将我国职业教育发展史划分为三个阶段：古代以学徒制为主要形式的职业教育发展、近代以建立现代职业学校制度为主要任务的职业教育发展、新中国成立后中国特色职业教育体系的逐步建立与完善。

第一节 古代职业教育的发展

人类社会形成伊始并不存在正规系统的教育，教育活动通常渗透在日常生活与劳动过程中，通过口授、示范－模仿等形式进行生活、生产经验的传授与代际传递。

随着生产力和生产方式的进步，社会分工逐渐出现，伴随着每一次社会分工，相继出现了攫取劳动、农业生产、畜牧业生产、手工业生产、商业交换、原始科技等诸多领域的劳动教育。[①] 社会分工催生了职业分工与阶级分化，随之发展出面向不同阶层、不同职业的不同教育类型。《周礼》提出“国有六职”[②]，即王公、士大夫、百工、商旅、农夫和妇功；春秋时期管仲进一步提出“士、农、工、商”四民分业定居论，由此建立了中国封建社会的基本结构。教育在稳定与承续封建社会结构上发挥了重要作用。国家面向士阶层，通过“兴学养士”“学在官府”“学术官守”，建立官学体制，设置教育机构，以儒学为基础培养统治人才；古代职业教育则面向农、工、商阶层，通过“畴人世学”“劝课农桑”、师徒传承等形式培养劳动人民。融入生产劳动过程的学徒制、设立专门学校实施技术教育的职官教育，是分析古代职业教育发展的两个重要载体。

一、古代学徒制的演进

学徒制是在中国古代延续时间最长的一种职业教育形式。师徒传承的教育形式广泛存在于农、工、商等各阶层中，但在手工业生产中尤为凸显。我国古代手工业发展载体分为官营手工作坊和私营手工作坊，学徒制的发展因而出现了不同的样态与模式。

（一）官营手工业学徒制的发展

从夏开始，官营手工业制度就是服务和保证封建社会统治阶级生活所需物品供给的重要经济制度，《国语》中就有“处工，就官府”[③]、“工商食官”[④] 的记载。官营手工业中的

① 路宝利．中国古代职业教育史［M］．北京：经济科学出版社，2011：3.
② 崔高维．周礼·仪礼［M］．沈阳：辽宁教育出版社，1997：77.
③ 左丘明．国语［M］．上海：上海古籍出版社，2015：149.
④ 左丘明．国语［M］．上海：上海古籍出版社，2015：248.

学徒制经历了从萌芽到确立的过程。

1. 工师：官营手工业学徒制的萌芽

西周时期，随着手工业迅速发展，分工门类越来越齐全，生产劳动中的分工协作越来越重要，“知者创物，巧者述之，守之世，谓之工”[①]，孕育出学徒制的萌芽。西周时期专门设立“工师”，古代“师”多指掌握某一技艺者。《礼记·月令》中记载“命工师，令百工，审五库之量”，对“工师”的注释为“工官之长也”[②]。官营手工业中的工师，因其具有的高超技艺，不仅要对百工进行管理以组织生产，而且要负责传授技艺、培养技术人才。官营手工作坊逐渐成为培养技术工人的“大学校”，在其中也产生了我国最早的学徒训练。

2. 均工：官营手工业学徒制法度的建立

秦汉时期的手工业门类齐全，生产技术达到较高水平，官营手工业体系亦越来越庞大，且制度逐渐完备：官营手工业工场规模浩大，征用大量工匠，“一家聚众或至千余人”，其中包括工匠与工师；秦汉在中央和郡、国、县等地方机构中，设置了主管手工业的官吏工官；此外，还建立了有关调度手工业劳动者的法律规定——《均工律》《工人程》和《工律》。《均工律》建立了官营手工业中工师带徒的法度，比如，“工师善教之，故工一岁而成，新工两岁而成。能先期成学者谒上，上且有以赏之。盈期不成学者，籍书而上内史”[③]，规定了工师带徒的对象与期限要求，以及相应的奖惩机制。

3. 艺徒制：官营手工业学徒制的正式确立

隋唐时期手工业非常发达，生产技艺水平高超，对手工业的管理制度更加完备，其中尚书省工部是中央管理部门，下设少府和将作监负责具体组织实施营造计划，并建立世袭匠籍制度保证手工业劳动力供给。唐代官营手工业建立了完备的培养技术工人的艺徒制，由少府和将作监管理，“少府……掌百工技巧之政”“将作监……掌土木工匠之政”[④]，培养了大批能工巧匠。唐代对“艺徒”的学习年限进行规定，《新唐书》中有记载：“钿镂之工教以四年，车路乐器之工三年，平漫刀稍之工二年，矢镞竹漆屈柳之工半焉，冠冕弁帻之工九月。”[⑤]工师的“立样”与“程准”，为艺徒模仿提供模板、标准和典范，规范了师带徒的传授方式。《新唐书》还规定了艺徒考核方式，“四季以令、丞试之，岁终以监试之，皆物勒工名”[⑥]。艺徒制让唐代技艺传播开放，官府用权威在全国征用“精师”，并让其拿出家传绝技进行传授，有助于突破家传技艺的封闭性和保守性，极大地促进了技术交流和技艺水平的提高。

4. 法式：官营手工业学徒制的制度化

宋代是官营手工业学徒制的大发展和制度化时期。中央掌管手工业的部门除“掌百工伎巧之政令”的少府监和“掌宫室、城郭、桥梁、舟车营缮之事”的将作监，还增设了“掌监督缮治兵器什物”的军器监。三监均承担学徒训练职责，如少府监“庀其工徒，察其程课、作止劳逸及寒暑早晚之节，视将作匠法，物勒工名，以法式察其良窳”[⑦]；将作监“庀其

① 李文炤. 周礼集传[M]. 长沙：岳麓书社，2012：524.

② 礼记[M]. 陈澔，注. 金晓东，校点. 上海：上海古籍出版社，2016：180-181.

③ 高敏. 云梦秦简初探[M]. 郑州：河南人民出版社，1979：215.

④ 许嘉璐. 二十四史全译 新唐书 第2册[M]. 上海：汉语大词典出版社，2004：1013，1016.

⑤ 许嘉璐. 二十四史全译 新唐书 第2册[M]. 上海：汉语大词典出版社，2004：1013.

⑥ 许嘉璐. 二十四史全译 新唐书 第2册[M]. 上海：汉语大词典出版社，2004：1013.

⑦ 脱脱，等. 百衲本二十四史 宋史44[M]. 北京：商务印书馆，1937：40.

工徒而授以法式，寒暑蚤暮，均其劳逸作止之节”[①]；军器监“凡利器以法式授工徒，其弓矢、干戈、甲胄、剑戟战守之具，因其能而分任之，量用给材，旬会其数以考程课，而输于武库，委遣官诣所隶检察”[②]。

宋代官营手工业学徒制的制度更加完备，以“程课”和“法式”为内容，有学习周期和时限的要求，有严格的考核制度为保证，大大提高了师徒相授的质量与技艺的传承度。从《宋史》记载中能看出，“法式”是宋代学徒训练的特色与重要内容。所谓“法式”，是指应统治者诏令编撰的技术制作规范，宋代著名的“法式”有李诫的《营造法式》、军器监奉旨编订的《熙宁法式》和《弓式》等。《营造法式》包括“名例”“制度”“功限”“料例”“图样”五个部分[③]，系统总结了建筑方面的“工作相传，经久可用之法”，一方面促进生产技术的标准化和定型化，另一方面对于传授技艺有极大的指导作用。

明清时期，随着资本主义萌芽与私营手工业的日益繁荣，官营手工业的范围和规模逐渐缩小，但学徒制持续承担着技艺传承的任务。此外，随着科学技术的进一步发展，涌现出一大批总结手工业生产经验的著作，最著名的是明代宋应星的《天工开物》，它对我国古代农业和手工业生产的技术和经验进行了全面系统的总结和记述，被誉为“百科全书之祖”。此外，明代计成的《园冶》、王徵的《新制诸器图说》、黄成的《髹饰录》，明末清初孙云球的《镜史》，清代雷发达的《工部工程做法则例》等均是明清时期科学技术方面的经典著作，发挥了“法式”的作用，对当时的技术教育和技艺传播产生了极大的推动力。

（二）私营手工业学徒制的发展

私营手工业一直是官营手工业的重要补充，明清时期官府放宽对民间手工业发展的限制后，私营手工业得到了更好的发展。私营手工业中的技艺传承也主要通过师带徒的方式进行，随着私营手工作坊形态的演变，发展出了不同的师带徒样态。

1. 世袭家传：家庭手工业中的技艺传承

世袭家传、父子传艺是私营手工业学徒制的最初形态，存在于家庭手工作坊中，家技代代相传，“族有世业”。《国语·齐语》中记载：“令夫工，群萃而州处，审其四时，辨其功苦，权节其用，论比协材，旦暮从事，施于四方，以饬其子弟，相语以事，相示以巧，相陈以功。少而习焉，其心安焉，不见异物而迁焉。是故其父兄之教不肃而成，其子弟之学不劳而能。夫是，故工之子恒为工。”[④]这体现了管仲四民分业定居的思想，通过分业定居、父子传艺的方式，实现了技艺的传承与社会阶层的固化。在相当长的历史时期中，技艺传授只能以“家传世学”的方式进行，禁止工匠公开传授技术，要求匠户们遵循父兄之教、子弟之学的原则。世袭家传保证家庭手工业靠“独门秘技”获得竞争优势，但是其技艺传授对象局限于家族范围，不利于技艺的交流传播与革新发展。

2. 拜师授徒：私营手工业作坊的社会化技艺传承

随着私营手工业的社会化发展，拜师授徒使传艺活动突破了家族的限制，形成了社会性的师徒之教。私营手工作坊主雇佣帮工或者学徒，以让其直接参与生产劳动的方式教授其技艺，通过反复的劳动学习掌握生产技术，进而成为熟练的生产者。民间的拜师授徒存在约定俗成的仪式，比如拜师学艺的程序和仪式、拜师钱的数额等。师徒关系一旦建

① 脱脱，等．百衲本二十四史 宋史44［M］．北京：商务印书馆，1937：42.

② 脱脱，等．百衲本二十四史 宋史44［M］．北京：商务印书馆，1937：46.

③ 李诫．营造法式［M］．北京：商务印书馆，1933.

④ 左丘明．国语［M］．上海：上海古籍出版社，2015：149-150.

立，类似父子关系，故而师傅又被称为师父，形成了“一日为师，终身为父”的传统。民间学徒制中，徒弟无偿为师傅工作，师傅有责任传授技艺给徒弟，使其能够自立；师傅是技艺传授的绝对主导，传授对象、教学内容与水平、教学方式等，都取决于师傅。

3. 行会学徒制：私营手工业行会的制度化技艺传承

唐代已经出现类似行会的组织，且内部保持着有尊卑长幼的师徒关系，存在行东、行会师傅、帮工及学徒一类的阶层[①]，但并未建立关于学徒制的严格规定和完备制度。到了宋代，“行”这一联系官府与客商的中间组织出现[②]，是我国古代行会的最初形态。真正意义上的行会出现于清朝前期，又称会馆、公所、帮、行或堂，主要分布在工商业发达的城市。

行会的产生促进了民间学徒制的制度化，由行会共同制定学徒的入徒、学习、生活和出徒等行规。清朝学徒制一般是一师一徒，学徒期限为三年，但是不同的行业有不同的规定。师傅与学徒的关系仍延续民间学徒制类似父子的人身依附关系，师傅负责教授学徒手艺，负责学徒的吃、住、穿等生活必需，学徒无偿为师傅工作并承担杂务。学徒满师之后经过一定的仪式，可以当师傅，并在行会制度规定的条件下自己经营作坊。行会管理在一定程度上保证了学徒的规格和培养质量。

二、古代职官教育的演进

中国古代在天文立法、农业生产管理、医学等领域存在专门的技术类职官，他们承担管理职责，还兼具“教民”责任。技术官守、官师合一是职官教育的重要背景。古代职官教育存在两条路径：其一，世袭家传；其二，专科学校教育。

（一）世袭家传

职官教育起源于夏商周时期的“畴官制度”。“家业世世相传为畴。律，年二十三傅之畴官，各从其父学。”[③]畴人世家世代传承一种技艺，父子相继、世代相袭，形成了世袭职官制度。畴人职官涉及的职业多与科学技术有关，主要负责宗教祭祀、天文历法相关工作、农业畜牧业管理、手工业管理等。[④]

“学术官守”“学在官府”是夏商周时期教育的重要特点，掌握一种技艺并管理相应职业活动的畴人职官，其教育也体现出了“技术官守”的特点。畴人世业将“官守”与“世业”合为一体，其技术知识和技能的教育与传承主要靠父子相传、家传世袭。春秋以后，“畴人世学”的职官教育体制被打破，世家之外的技术人才可以通过师徒传承、私学等路径进行培养，但世袭家传仍是天文、历法、医学等技术职官教育与传承的重要路径。

（二）专科学校教育

魏晋南北朝时期，以培养专门科技人才为目的的专科学校出现，职官教育进入新的历史发展阶段。专科学校打破了自西汉以来儒学一统天下的传统，研究与传授专门知识，培养专门人才，可以认为其是中国封建时期的官方职业教育机构，意义深远。[⑤]书学、算学、律学、医学、麟趾学在这一时期成为独立的专科教育门类。

至隋唐时期，专科学校教育渐成体系，有两种类型。① 属于国家官学教育体系的正规学

① 张泽成．唐代工商业［M］．北京：中国社会科学出版社，1995：348.

② 魏天安．行商坐贾与宋代行会的形成［J］．中州学刊，1997（1）：141–145，99.

③ 张文虎．校刊史记集解索隐正义札记［M］．北京：中华书局，2012.

④ 米靖．中国职业教育史研究［M］．上海：上海教育出版社，2009：14.

⑤ 路宝利．中国古代职业教育史［M］．北京：经济科学出版社，2011：137.

校，如隋代中央官学设国子学、太学、四门学、书学和算学，唐代中央官学设六学，包括国子学、太学、四门学、书学、算学和律学，其中书学、算学和律学有别于以儒学为主要学习内容的国子学、太学和四门学，以专业知识和专门技术为主要学习内容。隋唐时期建立了完备的官学教育管理制度，包括入学制度、学礼制度、教学制度、考核制度、惩罚制度和休假制度等。② 附设于行政机构的专科学校，比如附设于太医署的医学专科学校，附设于太史局的天文历法专科学校，附设于太乐署的音乐专科学校等，行政机构承担专门人才的培养职能，同样建立了入学资格、学生名额、学习年限、教学内容、考核等方面的教学管理制度。

宋代更注重科学技术的发展，因此重视专门科技人才的培养。宋代的专科学校隶属于中央各专职部门，主要有太史局下设的算学、太医局下设的医学、翰林局下设的书学和画学等。专科学校的规模迅速扩大，且实施分科教授，对学生定额、课程、考核方式等进行了明确规定。

元代的医学专科学校和天文历法专科学校发展较为迅速，医学专科学校共分 13 种科目进行教授，并建立医学考试制度，通过国家考试者可以任职。

明代非常重视儒学，专科学校的发展非常缓慢，对天文历法、医学等专门人才的培养回到畴人世业、家传世学的方式为主，由相应的职能部门行使人才培养的职能。明代与外界交往频繁，需要大量的翻译人才，因此设立了专门培养外语人才的学校——四夷馆，并建立翻译考选制度，培养了大量外语人才。

清代统治阶层对算学、天文历法的重视使得算学、天文历法专科学校一度勃兴。钦天监设有专门的教学机构，称助教厅，负责管理和教授学生，对学生定额、学习期限、教学内容、考核方式等都进行了明确规定。

我国古代社会以农耕为基础，官方教育以儒学为根基，以科学技术为主要内容的技艺教育并不受重视，尽管规模在扩大，设科也更加细分，但是相对于“儒学”的显学地位，专科学校教育的发展仍然受到了很大的限制。

第二节

近代职业教育的发展

近代职业教育是外来因素刺激下的产物。鸦片战争以来，西方列强对中国发动了军事、政治、经济、文化等多方面的侵略，激发了中国人奋发图强、振兴中华的决心，职业教育作为与经济发展密切相关的教育形式，在教育界和实业界有识之士的大力推动下，成为近代中国教育改革的必然选择。中国近代职业教育的产生和初步发展历程可以概括为“兴办实业学堂”“建立实业教育制度”“建立职业教育制度”三个阶段。黄炎培的职业教育思想对近代中国职业教育发展产生了极大的影响。在中国共产党领导下的革命根据地，职业教育也发挥了重要作用。

一、兴办实业学堂

（一）洋务运动与新式技术学堂

第二次鸦片战争以后，清政府面临严重危机，“师夷长技以制夷”的观念成为普遍共识，以奕䜣、曾国藩、左宗棠、李鸿章与张之洞等为代表的洋务派官僚，发起和推动了影响近代中国发展的洋务运动，谋求“自强”“致富”。洋务运动主要涉及军事和经济方面的改革，包括制造枪械、船炮，编练新式海军，兴办近代工矿、交通企业等，这些改革都对专门的技术人才提出了迫切需求。因此，在张之洞提倡的“中学为体，西学为用”方针的指引下，政府开办了大量新式学堂，并向海外派遣留学生，培养大批新式人才，这是中国近代学校职业教育的开端。

新式学堂主要包括语言学堂和军事学堂。语言学堂的代表是京师同文馆，后其培养目标从一开始的翻译、外交人才，进一步扩大为熟练掌握自然科学知识并能加以应用的专门人才，因此开设的专业从英文、法文、俄文等语言类专业扩展到算学、天文、地理、矿学等。

军事学堂主要包括水师学堂、武备学堂和军事技术学堂。真正意义上的近代技术学校有左宗棠奏请设立的福建船政学堂（又称“求是堂艺局”），是福建船政局附属学校，培养船舶制造和驾驶人才。学堂的宗旨是“习学洋技”，前学堂学习法文及造船，后学堂学习英文及驾驶，学制 5 年，前 3 年学习专业理论，后 2 年进行实践训练。福建船政学堂还开设了培训技术工人的“艺圃”，从各厂招收艺徒，开设课程，讲授专业基础理论，提升其操作技术水平；后续又开设了练船学堂和管轮学堂。①

京师同文馆主要从八旗子弟中招收学生，福建船政学堂则不论出身、地位，考试合格者均可入学，体现了新式学堂的特点。洋务学堂借鉴西学，建立了系统的、循序渐进的课程体系，教学注重理论与实践结合，学堂往往附属于企业，产学一体，培养了中国第一批掌握现代专业技术的人才，为中国现代学校制度的建立奠定了基石。

（二）维新变法运动与农、工、商实业学堂

19 世纪末期，西方列强加紧侵略中国，以康有为、梁启超为代表的维新派在光绪皇帝的支持下发起维新变法运动。他们不仅主张发展实业，而且主张“创新政，废科举，强新学，广设学校”。发展实业学堂被认为是开启民智的重要途径。康有为指出“西人商务皆本于学……丝业则有蚕桑学堂……每创一业，必立一堂”②，强烈呼吁“创农政商学，以为阜财富民之本”③，开办“农商矿林机器工程驾驶”等专门学堂④，并将其纳入学制体系。

维新变法运动开始后，光绪皇帝数次下诏要求各地兴办各种实业学堂及专门学堂，在清政府的推动下，农业技术学堂、工业技术学堂和其他技术学堂在全国各地迅速兴办起来。农业技术学堂包括教授“中国农政诸书及西人种植之学”的农务学堂和蚕桑学堂，工业技术学堂包括矿务类学堂和工艺学堂。维新变法运动以失败告终，上述实业学堂大多被废止，只有个别学堂以其他形式保留下来。

---

① 米靖．中国职业教育史研究［M］．上海：上海教育出版社，2009：131–137.

② 汤志钧．康有为政论集［M］．北京：中华书局，1981：328.

③ 汤志钧．康有为政论集［M］．北京：中华书局，1981：207.

④ 汤志钧．康有为政论集［M］．北京：中华书局，1981：306.

二、建立实业教育制度

实业学校的兴办积累了学校举办技术教育的经验，而实业教育制度的建立则得益于清末近代新学制的实施。清朝末年颁布过两次学制：一次是1902年的壬寅学制，但未付诸实施；另一次是1904年的癸卯学制，由张百熙会同荣庆、张之洞重订壬寅学制形成的《奏定学堂章程》颁布后，即正式在全国统一推行实施。

（一）癸卯学制与清末实业教育制度

癸卯学制（图2-1）以“端正趋向、造就通才”为总的教育宗旨，以“中学为体，西学为用”为指导思想。张百熙、荣庆、张之洞共同拟定的《学务纲要》指出“实业学堂，意在使全国人民具有各种谋生之才智技能，以为富国富民之本”，要求“各省宜速设实业学堂。农工商各项实业学堂，以学成后各得治生之计为主，最有益于邦本”[①]。

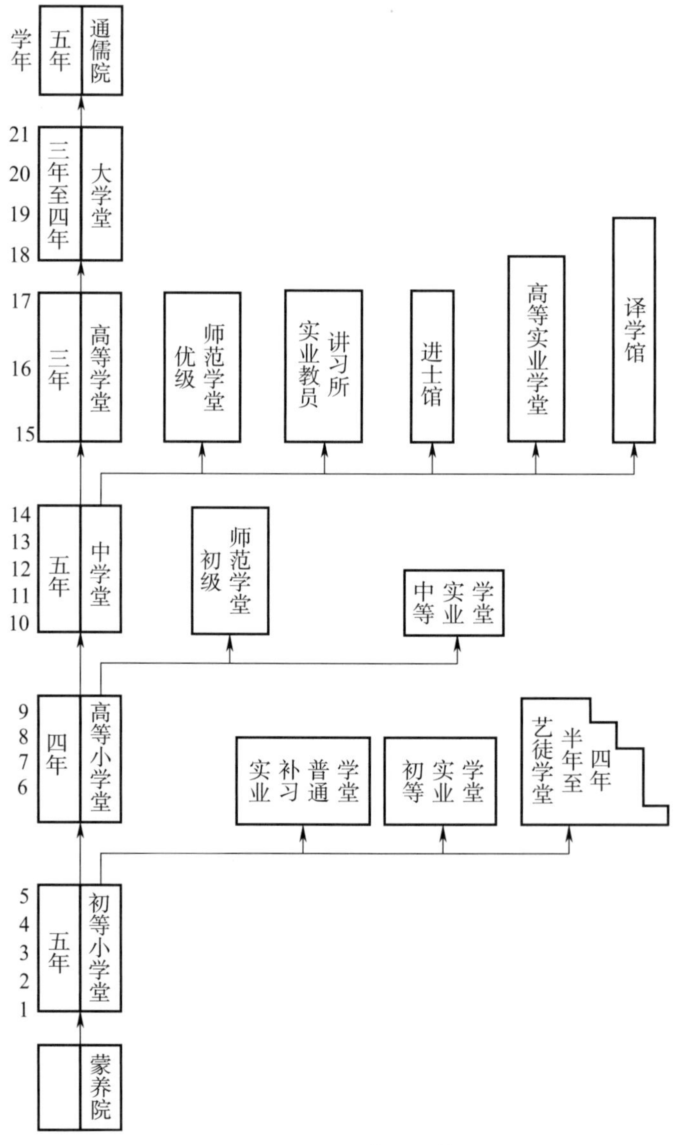

图2-1 癸卯学制图[②]

① 张百熙．张百熙集［M］．谭承耕，李龙如，校点．长沙：岳麓书社，2008：40-42.

② 李蔺田．中国职业技术教育史［M］．北京：高等教育出版社，1994：23.

癸卯学制设计了初等、中等和高等三级实业学堂。初等实业教育包括初等农业、商业和商船学堂，以让学生从事农业、商业、商船之简易执务为宗旨，此外还开设实业补习普通学堂和艺徒学堂；中等实业教育包括中等农业、工业、商业和商船学堂；高等实业教育包括高等农业、工业、商业和商船学堂，以让学生经理实业事务，充任实业学堂教员、管理员为宗旨。各级实业学堂学制与分科情况见表 2–1。

表 2–1　各级实业学堂学制与分科情况 ①

教育层级	种类	学制	分　　科
初等	农业	3 年	农业科、蚕业科、林业科、兽医业科
	商业	3 年	
	商船	2 年	航海科、机轮科
中等	农业	预科 2 年 本科 3 年	农业科、蚕业科、林业科、兽医业科、水产业科（海捞类、制造类、养殖类、远洋渔业类）
	工业		土木科、金工科、造船科、电气科、木工科、矿业科、染织科、窑业科、漆工科、图稿绘画科
	商业		
	商船		航海科、机轮科
高等	农业	农学 4 年 其他 3 年	农学科、森林学科、兽医学科、土木工学科
	工业	3 年	应用化学科、染色科、机织科、建筑科、窑业科、机器科、电器科、电气化学科、土木科、矿业科、造船科、漆工科、图稿绘画科
	商业	预科 1 年 本科 3 年	
	商船	航海 5 年半 机轮 5 年	航海科、机轮科

癸卯学制制定了系列实业学堂章程，包括《奏定实业学堂通则》《奏定初等农工商实业学堂章程》《奏定中等农工商实业学堂章程》《奏定高等农工商实业学堂章程》《奏定实业补习普通学堂章程》《奏定实业教员讲习所章程》《奏定艺徒学堂章程》，对各级各类实业学堂的培养目标，课程设置，入学要求，教员、管理员要求，屋场、图书、器具等均做出了详细规定。

在清政府的推动下，各地开始兴办各级各类实业学堂，1909 年已有初等实业学堂 123 所、中等实业学堂 51 所、高等实业学堂 13 所 ②，为近代中国培养了一批实业人才，对推动近代农、工、商业的发展发挥了重要作用。

（二）民国初期的实业教育制度

1912 年 1 月，中华民国临时政府成立，蔡元培出任教育总长，在教育领域推行了一系列改革措施，提出公民道德教育、军国民教育、实利主义教育、世界观教育和美感教育“五育并举”的教育方针。其中，以实业教育为主要内容的实利主义教育“以人民生计为普通教育之中坚。其主张最力者，至以普通学术，悉寓于树艺、烹饪、裁缝及金、木、土、工之中” ③，将重视实业教育的思想反映在民国教育方针中。

① 张百熙．张百熙集［M］．谭承耕，李龙如，校点．长沙：岳麓书社，2008：315.

② 璩鑫圭，童富勇，张守智．中国近代教育史资料汇编：实业教育 师范教育［M］．上海：上海教育出版社，1994：51–66.

③ 蔡元培．蔡元培教育论著选［M］．北京：人民教育出版社，1991：2.

1913年，民国政府发布《实业学校令》和《实业学校规程》，延续了癸卯学制中实业教育的宗旨，将实业学堂更名为实业学校。《实业学校令》将实业学校分为甲、乙两种，甲种实业学校实施“完全之普通实业教育”，与中学并行；乙种实业学校实施“简易之普通实业教育”，与高等小学并行。实业学校的种类仍分为农业、工业、商业和商船学校。

民国政府非常重视实业学校为地方经济发展服务的职能，要求按照地方发展需要设置实业学校的课程及科目，要求各省设立实业学校时“须先就地方原有之利，加以考究……为实业改进之先导，国家社会，胥利赖之”①。在民国政府的大力筹划和推动下，实业教育发展比较迅速，学校数量不断增加，办学质量有所提升。

三、建立职业教育制度

从实业教育到职业教育，不仅仅是称谓上的简单迭代，更体现了当时对职业教育性质与目的、职业学校办学理念的深刻思考。

（一）从实业教育转向职业教育

清末民初兴办新式学校教育时主要效仿日本学制，“实业教育”的称谓也源自日本，但是亦存在“职业教育”的提法。“职业教育”理念的出现，源自中国民族资本主义工业发展对具有一定技能的劳动力的现实需求，还受到实用主义教育思潮的影响。②

1. 区别之辨

20世纪20年代前后的新文化运动，推动了实业教育向职业教育的转型。新文化运动的主要引领者陈独秀在《今日之教育方针》中指出：“今之教育，倘不以尊重职业为方针，不独为俗见所非，亦经世家所不取。”③黄炎培经过调查研究，针对现实教育的弊病提出“语以抽象的实用教育，不若语以具体的职业教育之惊心动魄”“今后之富国政策，将取径于职业教育”④，提倡并推进职业教育发展。

同时期围绕实业教育与职业教育的区别，理论界与实践界展开了系列讨论，论及二者差异的角度大致包括：第一，层次差异，将实业教育定位于高于职业教育；第二，目的差异，实业教育旨在发展各类实业，以国家和社会需求为本位，而职业教育立足于民众生计，以个人需求为本位。经过论辩，以及针对实业教育发展中存在的“上之不足以言知识，下之无可用之技能”的弊病，学界就发展职业教育基本达成共识，并对职业教育如何兼顾个人与社会等问题进行了深入讨论。

2. 实践推动

职业教育发展的动力主要来自两个组织：全国教育联合会和中华职业教育社。成立于1915年的全国教育联合会致力于推动职业教育的切实推行，包括提出将实业学校逐渐向职业学校转型，提出《中学校改良办法案》《职业教育进行计划案》《拟提倡职业教育意见书》《教育会应联络农工商会以期教育实业并进案》等重要提案，推动职业教育发展。

1917年中华职业教育社在上海成立，《中华职业教育社宣言书》中提出“曰推广职业

---

① 璩鑫圭，童富勇，张守智．中国近代教育史资料汇编：实业教育 师范教育［M］．上海：上海教育出版社，1994：201.

② 俞启定，和震．中国职业教育发展史［M］．北京：高等教育出版社，2012：79.

③ 陈独秀．独秀文存［M］．合肥：安徽人民出版社，1987.

④ 田正平，李笑贤．黄炎培教育论著选［M］．北京：人民教育出版社，2018：137.

教育，曰改良职业教育，曰改良普通教育为适应于职业之准备”。中华职业教育社通过调查研究、宣传鼓动、联络沟通、积极办学等教育实践，逐步形成了以职业教育、职业补习教育、职业教育理论研究、职业指导、职业介绍及改进农村教育为主要内容的事业体系，对职业教育发展做出了重要贡献。

（二）壬戌学制与职业教育制度的建立

1922 年，北洋政府颁布实施学制改革案（史称“壬戌学制”）（图 2-2），正式用职业教育的概念取代了原来的实业教育。学制仿效美国，初、中、高三级教育采用“六三三四”制：初等教育的修业年限从七年缩短为六年，即初级小学义务教育四年，高级小学两年；中等教育修业年限从四年延为六年，初、高两级各三年，初级中学实行普通教育，高级中学实行分科制；高等教育阶段，大学四至六年，不设预科，实行选科制，专门学校三至四年，大学与专门学校附有专修科。

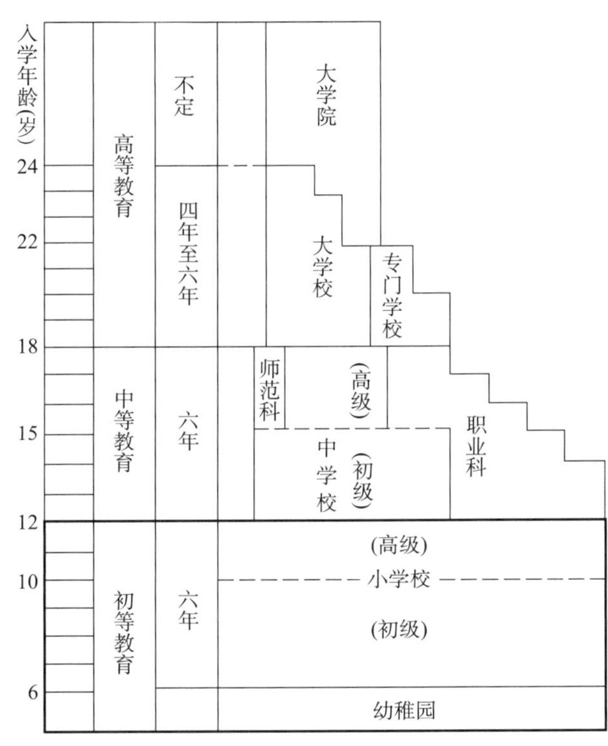

图 2-2　壬戌学制图[①]

清末与民初的学制在初等小学以后即区分普通教育与实业教育两轨，壬戌学制则初、中、高一脉相承，设置融合职业学校、师范学校与普通中学的“综合中学”。壬戌学制将职业教育融合到普通教育中，主要基于两方面考虑：一是采取选科方式以适应学生的兴趣和个性发展，同时兼顾升学与就业两个目的；二是使职业教育与普通教育立于同一基础上，以此提高社会对职业教育的评价，消除轻视职业教育的心理，但其效果有限。

新学制规定实施职业教育的途径有两种：一是专设的职业教育机构，如职业学校、专门学校等；一是合并于普通学校中的职业教育课程和科目，如小学高年级的职业课程，初级中学的各种职业科，高级中学的农、工、商、家事等科。

依旧制设立的甲种实业学校，改为职业学校或高级中学农、工、商等科；乙种实业学

① 李蔺田．中国职业技术教育史［M］．北京：高等教育出版社，1994：119.

校改为职业学校，接收高小毕业生或相当年龄的接受过初小教育的学生。职业学校的修业期限与程度，依据各地实际需要酌定。

壬戌学制规定普通学校实施职业教育的具体安排是：小学根据地方需要，在高年级增置职业科准备教育；初级中学施行普通教育，可根据地方需要兼设各种职业科；高级中学设有农、工、商、师范、家事等职业科，可根据地方情形决定单设一科或兼设数科；大学与专门学校附设的专修科，供有相当程度、志愿修习某种职业者入学。

壬戌学制体现了新文化运动教育改革的新思想，树立起职业教育在教育体系中的重要地位，推动职业教育发展出现新高潮。但是，学生“但知升学以为荣”的升学导向、职业学校改办普通学校的“职业教育普通化”等现实问题对当时职业教育的发展产生了较大的限制。

（三）《职业学校法》

国民政府时期的学制基本沿袭了壬戌学制的框架。1932 年 12 月 17 日，国民政府教育部颁布《职业学校法》，共 17 条，规定职业学校应遵照《中华民国教育宗旨及其实施方针》，以培养青年的生活知识与生产技能为宗旨。职业学校分为初级、高级，初级招收小学毕业生或具有相当程度者，修业年限为 1~3 年；高级招收初级中学毕业生或具有相当程度者，修业年限为 3 年，若招收小学毕业生或具有相当程度者，其修业年限为 5~6 年。办学以不收学费为原则。

职业学校设立以单科为原则，但有特别情形的可设数科，并酌情附设各种补习班。职业学校按所设科别，称高级或初级某科职业学校。兼设两科以上者，称高级或初级职业学校，合设两级者，称职业学校。职业学校可以由省、市、县，以及私人或团体设立，其设立、变更或停办，由省（市）教育行政机关呈请或核准后转呈教育部备案。各级职业学校的教学科目、设备标准、课程标准及实习规程由教育部规定。职业学校校长由省级政府或省教育厅任命，学校教员由校长聘任，应为专任，有特别情形者，可被聘为兼任教员。

根据《职业学校法》的要求，国民政府教育部于 1935 年颁布《职业学校规程》，全面规定了职业学校的任务、设置、经费、教学、实习、教职员及管理制度等，对规范和推动国民政府时期职业教育的发展发挥了积极作用。

四、黄炎培的职业教育思想

黄炎培是我国近现代著名的政治活动家、教育家，是我国近现代教育改革的核心人物之一，中华职业教育社的创始人，中国职业教育改革的先驱。黄炎培的教育思想对中国近代教育改革，尤其是职业教育改革产生了深远影响。

（一）沟通教育与职业，全面系统改革教育

黄炎培倡导教育改革是以中国社会的实际状况、需求和教育的社会功能为出发点的，改革的核心是沟通教育与职业，以建立适应中国社会需求，推动社会、经济发展，理论联系实际的现代教育体系。“凡教育皆含职业之意味，盖教育云者，固授人以学识技能而使之能生存于世界也。”[①]

黄炎培从其哲学观和教育观出发，从研究社会职业与教育两方面着手，寻找教育与职业之间的结合点。一方面，他提出“职业一名词，包括对己谋生与对群服务，实是一物两

① 田正平，李笑贤. 黄炎培教育论著选[M]. 北京：人民教育出版社，2018：170.

面”“外适于社会分工制度之需要，内应天生人类不齐才性之特征”[①]，从个体与群体两个方面阐述了职业的功能与价值；另一方面，他认为教育既要在发展人的天赋能力和个性特长的基础上传递与发展人类的生产生活知能，又要基于对群的义务培养个人为群体服务的精神，增进个人的人生修养。基于此，黄炎培以人与职业和人与教育的关系为纽带，构建了教育与职业相沟通的基点。针对当时中国教育发展的弊病，黄炎培提出“救济之主旨三端：曰推广职业教育；曰改良职业教育；曰改良普通教育，为适于职业之准备”[②]，提出各级各类教育都要与职业相沟通，在学制中要体现职业教育的重要地位，其他各级各类教育也要包含职业的内容。

（二）建立职业教育理论体系

从 1914 年起，在大约两年的时间内，黄炎培深入国内外考察教育，坚信“提倡爱国之根本在职业教育”。1917 年，黄炎培联络全国教育界、实业界知名人士成立了中华职业教育社，倡导、研究、试验、推广职业教育，不仅培养了一批技术和管理人才，而且推进了中国教育制度改革，并形成了极具影响力的中国职业教育理论体系与实践范式。

1. 提出职业教育的目的

《中华职业教育社宣言》中明确提出：“职业教育之定义，是为‘用教育方法，使人人依其个性，获得生活的供给和乐趣，同时尽其对群之义务’。而其目的：（一）谋个性之发展；（二）为个人谋生之准备；（三）为个人服务社会之准备；（四）为国家及世界增进生产力之准备。”[③]职业教育的终极目标是“使无业者有业，使有业者乐业”。

2. 明确职业教育办学方针

1925 年，经过在中华职业教育社八九年的实践，黄炎培针对职业教育发展的弊端，提出了“（一）只从职业学校做功夫，不能发达职业教育；（二）只从教育界做功夫，不能发达职业教育；（三）只从农、工、商职业界做功夫，不能发达职业教育”的论断，明确了“大职业教育主义”的发展方针，要求职业教育办学一切“着重在社会需要”。“办职业学校的，须同时和一切教育界、职业界努力地沟通联络。提倡职业教育的，同时须分一部分精神，参加全社会的运动。”[④]同时，黄炎培反复强调要用科学的态度和方法来处理职业教育办学中的种种问题，因地制宜，注重调查和试验，勤于总结，逐步推广，倡导科学化办学方针。

3. 强调做学合一的教学原则

黄炎培受到杜威的影响，提出“职业教育的一个原则，就是要手脑并用，做学合一”，即“理论与实习并行，知识与技能并重。如果只注重书本知识，而不在实地参加工作，是知而不能行，不是真知。职业教育目的乃在养成实际的、有效的生产能力。欲达此种境地，需要手脑并用”[⑤]。这一教学原则贯穿在中华职业教育社的办学实践中，并体现在《职业学校规程》中，对近代职业学校的人才培养产生了积极的影响。

4. 重视职业道德教育

黄炎培认为职业教育“一方授予学生以谋生的知能，一方仍注意社会服务的道

① 田正平，李笑贤．黄炎培教育论著选［M］．北京：人民教育出版社，2018：481.

② 田正平，李笑贤．黄炎培教育论著选［M］．北京：人民教育出版社，2018：146–147.

③ 田正平，李笑贤．黄炎培教育论著选［M］．北京：人民教育出版社，2018：424.

④ 田正平，李笑贤．黄炎培教育论著选［M］．北京：人民教育出版社，2018：302–304.

⑤ 中国民主建国会中央委员会，中华职业教育社．黄炎培职业教育思想研讨会专刊 1987［M］．中国民主建国会中央委员会，中华职业教育社，1987：49–50.

德。……谋生与做人，二者本应同时并重”[①]。这一原则集中反映在“敬业乐群”上：“敬业”是深刻理解自己所从事职业的重要性，“对所习之职业具嗜好心，所任之事业具责任心”“劳工神圣”；“乐群”指“具有优美和乐之情操及共同协作之精神”，具备“利居人后，责在人先”的精神，服务社会。

黄炎培的职业教育思想与改革实践，直接促成了1922年学制改革中职业教育地位的确立，极大地推动了职业教育的发展，对当下的职业教育改革仍有指导作用与积极影响。

五、中国共产党领导下革命根据地的职业教育发展

革命根据地是中国共产党进行革命斗争的基础和依托。教育是根据地建设的重要内容之一，实行新民主主义教育是革命根据地的教育宗旨。

（一）土地革命时期苏区的职业教育

1934年，第二次全苏区工农兵代表大会将“使教育与生产劳动相联系”确定为教育总方针的重要内容之一。发展与实际生产劳动紧密联系的职业教育，适应紧张的革命战争需要是这一时期发展职业教育的重要目的。

1934年，中央教育人民委员部颁发《短期职业中学试办章程》，规定“职业中学以完成青年的义务教育，使能了解马克思列宁主义的最低限度常识，及实际的生产劳动之一种为任务”[②]；制定《中央农业学校简章》，培养农业建设中下级干部，进行农业技术传播，推动苏区农业建设；创办无线电学校、红色护士学校、红色医务学校、红色卫生学校、高尔基戏剧学校等技术学校，培养专业人才。

（二）抗日战争时期敌后抗日根据地的职业教育

抗日战争时期的根据地教育继承了苏区教育为革命斗争服务和教育与生产劳动相结合的方针。1937年8月，洛川会议提出实行抗日的教育政策，强调培养具有民族意识、胜利信心、战争和生产所直接需要的知识技能的干部是迫切需要。

根据地创设并扩大、发展了各种干部学校，其中中等干部学校以培养专业技术人员为主要任务，包括农业学校、工业学校、卫生学校、财经学校、师范学校等。此外，小学教育和民众教育中也渗透了职业教育内容，开设劳动课及生产技术培训课。

（三）解放战争时期解放区的职业教育

解放战争时期，随着解放区不断扩大，对能负责军事、政治、经济、党务、文化、教育等项工作的干部的需求是巨大且迫切的。解放区继续执行“干部教育重于群众教育”的方针，十分重视在职干部教育和新办干部学校（班），大力培养干部。如1946年，东北行政委员会在《关于改造学校教育与开展冬学运动的批示》中指出“在中等教育中的比重，应该是师范教育占第一位，职业教育占第二位，普通中等教育占末位”。

各解放区普遍重视职业教育，明确职业教育主要培养专业干部，鼓励行业部门办学，职业教育迅速发展，工农类学校数量迅速增长。解放区新设了一批专科学校，接收改造了原有的专科学校和职业学校，为中华人民共和国成立做出了重要贡献。

---

① 中国民主建国会中央委员会，中华职业教育社．黄炎培职业教育思想研讨会专刊1987[M]．中国民主建国会中央委员会，中华职业教育社，1987：50.

② 李蔺田．中国职业技术教育史[M]．北京：高等教育出版社，1994：226.

第三节 新中国职业教育的发展

新中国成立以来，在不同的历史发展阶段，随着外部经济社会环境的变化及教育系统内部的改革，职业教育定位在变化，职业教育体系也随之呈现出不同样态，以适应不同时期经济社会发展的需求。

一、新中国成立到改革开放前职业教育制度的建立

（一）新中国成立初期职业教育基本制度的建立

从新中国成立到1957年第一个五年计划完成，我国政治稳定，经济发展比较快。1949年12月的第一次全国教育工作会议强调，教育必须为国家建设服务。根据经济建设对技术技能人才的需要，我国学习、借鉴苏联经验，建立了职业教育基本制度。

1953年，国家开始实施发展国民经济的第一个五年计划，提出了党在过渡时期的总路线。在第一个五年计划的经济建设中，我国建立了工业化所需的基础工业，从苏联等国引进了技术装备和高级技术人才，生产一线迫切需要能从事现代企业组织生产施工与安装、检测等工作的中等技术、管理人才及大量的技术工人。第一个五年计划提出："五年内，国民经济各部门和国家机关需要补充的各类高等和中等学校毕业的专门人才共约100万人；同时，中央工业、运输业、农业、林业等部门需要补充的熟练工人约为100万人。"① 职业教育对加快恢复国民经济的重要作用日益凸显，党和国家尤其重视职业教育的发展。1952年原中央人民政府政务院《关于整顿和发展中等技术教育的指示》指出："我们的国家正在积极地准备进行大规模的经济建设。培养技术人才是国家经济建设的必要条件，而大量地训练与培养中级和初级技术人材尤为当务之急。"②

当时，我国缺乏与社会主义工业化建设需求相匹配的职业教育发展经验，通过借鉴和引入苏联经验，建立职业教育基本制度：全面调整职业教育总体布局，发展中专和技校，建立中等专业教育制度和技工教育制度；学习苏联的学校管理制度，健全各项规章制度，包括学校设置、专业设置、专业划分、管理定额的确定等方面；聘请苏联专家来华提供咨询、指导，帮助改革教育教学制度，拟定重要制度或教学文件；大范围地引进、翻译除文化课以外的苏联中专教材，充实各专业教材教学内容；等等。

1. 中等专业教育制度

根据国家在过渡时期的总任务和第一个五年计划的基本任务，提供为国家经济建设服务的理论与实践相一致的专业教育，有计划地培养中等专业干部，是建立中等专业教育制度的初衷。1954年，原高等教育部发布《中等专业学校章程》，明确中专的任务是"培

① 人民出版社编辑部．中华人民共和国发展国民经济的第一个五年计划［M］．北京：人民出版社，1955：85.

② 何东昌．中华人民共和国重要教育文献［M］．海口：海南出版社，1998：146–147.

养具有马克思列宁主义基础知识、普通教育的文化水平和基础技术的知识，并能掌握一定专业的身体健康、全心全意为社会主义建设服务的中等专业干部”。

（1）突出“专业化”导向。

中等专业教育改革原本的综合性“通才”教育，将其变为专业教育，在专业设置上坚持专业化原则。参照苏联中等专业教育的经验，原高等教育部于1953年7月4日颁布《关于中等技术学校设置专业的原则的通知》，要求：各业务部门在制订所属中等技术学校（中等专业学校）专业设置计划时，以中央各业务部门集中统一计划为原则，学校之间适当分工，所设专业力求集中单一；同一学校所设专业以性质相近为基本原则，原有条件比较好的学校所设置专业，以不超过4个为宜，新办或条件比较差的学校，最好暂设1~2个专业，最多不超过3个；各校所设置专业，应以学校附近有与专业性质相同的工厂、矿山及其他企业机关为依据。

（2）理论联系实际培养专业人才。

中等专业学校十分重视生产教学（包括教学实习与生产实习），以加强教学中理论与实际的联系。中等专业学校在制订教学计划与教学大纲时将理论学习与生产教学联系成为一个整体的教学过程，并使生产实习的每一个阶段都与理论课程有关部分的学习相衔接。中等专业学校教学实习与生产实习的时间占理论教学时间的25%~35%。①

为了加强对生产实习工作的组织与领导，1953年4月，国家专门成立了原中央生产实习指导委员会，原中央人民政府政务院发布了《关于加强高等学校与中等技术学校学生生产实习工作的决定》，原高等教育部制定了《高等学校与中等技术学校学生生产实习暂行规程》《中等工业学校在教学实习工厂内进行教学实习的办法的通知》等文件，对生产实习进行统一安排。中等专业学校的生产实习由业务部门负责筹划，在与学校有固定联系的企业中进行，学校教师负责教学，企业指派专家负责生产技术指导。

（3）建立管理体制。

在原中央人民政府高等教育部统一领导下，各类中等专业学校均归中央各有关业务部门主管。为提高领导工作效率，原则上中央各有关业务部门对下属中等专业学校实行集中统一的直接领导。中央各有关业务部门由部长或副部长负责领导其下属中等专业学校的工作，并根据下属学校及所设专业的多少，设立学校司（局）、处或科，或在教育局、教育司内设立学校处或科，专责管理各部下属中等专业学校的工作。

2. 技工教育制度

新中国成立后，处于恢复时期的国家经济发展急需技术工人，这与技术工人队伍十分薄弱，分布很不均衡的现实局面形成较大反差。大量失业工人也需要转业培训。为了解决上述问题，国家创办技工学校，其基本任务是为国民经济各部门培养和输送具有社会主义觉悟、掌握现代化生产知识和技能、身体健康的技术工人。

（1）凸显“服务生产”功能。

1953年5月，原中央人民政府劳动就业委员会、原中央人民政府劳动部等部门联合召开劳动就业座谈会，提出劳动部门应根据生产发展的需要培养技术工人，不应把技工

① 中央人民政府政务院关于加强高等学校与中等技术学校学生生产实习工作的决定[J]. 山西政报，1953（15）.

训练作为单纯安置失业人员的手段。1954 年，原中央人民政府劳动部颁发文件规定技工学校以培养四、五级技工为主，各产业管理部根据实际需要，培养技术等级可以适当地予以增减，但培养目标不得低于三级技工。1956 年原中华人民共和国劳动部（以下简称原劳动部）颁布的《技工学校标准章程草案》要求技工学校“培养出掌握一定专业的现代技术操作技能和基础技术理论知识、身体健康、全心全意为社会主义建设服务的中级技术工人”，突出技工教育为生产建设服务的特性。

（2）人才培养突出实践。

技工教育非常强调培养学生的基本操作能力和解决实际问题的能力。技工学校的课程分为文化、技术理论课和生产实习课，而生产实习教学是技工学校教学工作的最主要部分，是培养学生掌握生产技能的基础。技工学校教学以生产实习教学为主，学习时间占总学时的一半或以上。生产实习教学可以在校内的实习工厂进行，也可以到有关企业中进行，由实习教师根据教学大纲的要求组织实施。

（3）建立技工教育管理体制。

我国在 1953 年以前并没有将技工教育划归任何单一国家部门进行管理，技工教育管理呈现“多头分散”的局面。为加强对技工教育的统一管理，加快技工学校建设，提高技工教育服务生产的效率，1953 年，原中央人民政府政务院决定由原中央人民政府劳动部对全国的技工学校进行综合管理，我国技工教育管理开始走向系统化和规范化。1954—1956 年间，原中央人民政府劳动部和原劳动部相继出台了一系列相关文件，对技工学校的领导管理、工种设置、机构设置、人员编制、经费管理等方面做出了明确要求。1954 年 4 月 25 日，原中央财经委员会转批原中央人民政府劳动部制定的《技工学校暂行办法（草案）》，规定技工学校按产业管理部门分别设置，各产业管理部门根据对技工的需要设立技工学校，技工学校的开办、变更与停办由其产业管理部门征得劳动部同意后审查批准。由此，技工教育确立了由各产业主管部门领导，受劳动行政部门业务指导的管理体制。

这一时期，由于发展环境稳定，领导、管理集中高效、职业教育发展呈现出制度规范、秩序稳定、质量较高的态势，中等专业教育与技工教育适应国家大力开展经济建设的需求，蓬勃发展。

（二）“二五”计划和国民经济调整期间职业教育的调整与发展

这一时期，国民经济发展经历了全面跃进和调整恢复两个阶段，教育随之经历了大发展、调整和恢复发展。积极发展职业教育是这一时期教育发展的重要任务。1958 年，中共中央在《关于发展国民经济的第二个五年计划的建议报告》中指出教育的首要任务是“为国家培养各项建设人才，首先是工业技术人才和科学研究人才”；教育与生产劳动相结合、“两条腿走路”办教育是职业教育办学的重要方针。1958 年，中央召开教育工作会议，提出党的教育方针是“教育为无产阶级政治服务，教育与生产劳动相结合”。同年 9 月，中共中央、国务院发布《关于教育工作的指示》，提出“两条腿走路”办教育事业，主要有教育部门办学和业务部门办学并举，中央办学和地方办学并举，国家办学和厂矿、企业、农业合作社办学并举。

总体上看，1958—1965 年是新中国职业教育的稳步发展时期，原有的中专、技校进一步发展。为适应经济社会发展对职业教育的要求，党和政府结合中国国情创造性地实施了两种教育制度和两种劳动制度，推动了农业中学、城市职业学校的创办与发展，使职业教育是我国学制的一个重要组成部分的观念逐步建立，并提出了逐步建立完备的职业教育体系的目标。

1. 兴办农业中学

农业的恢复和发展有力地支持了社会主义建设,但面向农村的职业教育非常薄弱,难以满足农村学生的升学需求和农业生产发展的需要。1958 年,原中共中央宣传部部长陆定一提出了创办农业中学的倡议。经过试办、经验总结推广,农业中学在全国得到迅速推广。

农业中学多数由公社举办,招收应届和往届高小毕业生,学制一般为三年,实行教学与生产劳动相结合的制度,培养有社会主义觉悟、有文化,又有一定生产技能的劳动者。农业中学的形式主要有三种:由大队单办或几个大队联办的小型、分散的农业中学;由公社兴办的住宿与走读相结合的农业中学;学生学习、劳动、生活都在学校,实行"三集中"的农业中学。除了以上三种类型的农业中学,还有全日制中学、小学附设的农中耕读班,"长短结合"班,即在三年制的农业中学开设的、为生产队培训技术人才的短期培训班。

2. 推行两种教育制度和两种劳动制度

1958 年,刘少奇在视察天津时指示:要试办半工半读学校,试行新的教育制度和劳动制度。同年 5 月 30 日,他在中共中央政治局扩大会议上指出:"中国应该有两种主要的学校教育制度和工厂农村的劳动制度,即一种是全日制的学校制度和全日制的工厂、机关劳动制度;一种是半工半读的学校教育制度和半工半读的工厂劳动制度。"① 在刘少奇的提倡下,1958 年 5 月,全国第一所厂办半工半读学校——天津市国棉一厂半工半读学校开学,半工半读学校由此在全国开始试办。

1964 年,中央工作会议提出实行两种劳动制度和两种教育制度,通过建立领导管理机构、制定发展规划等方式快速推进该项制度的实施。各种形式的半工半读学校蓬勃发展:半工半读的中等技术学校招收初中毕业生,学制一般为四年,举办主体以工厂、企业为主,主要从生产需要出发,解决劳动后备力量的补充问题;全日制中专学校和技工学校改办半工半读学校,生产劳动和教学时间各占一半;半工半读中学招收高小毕业生,学制多样,学生主要学习普通初中的一般课程,兼学技术知识,获得一技之长。此外,国家还试点在职工中实行半工半读,利用每天、每周的一定生产时间或者业余时间,统一组织职工学习。

3. 发展城市职业学校

三年困难时期后,国民经济经过调整、整顿逐步恢复。城市经济恢复,产业发展,对具有一定技能的劳动者的需求大增,小学和初中教育的快速发展也增大了升学和就业压力,在这样的背景下,在城市中举办职业学校,实行普通教育与职业教育"两条腿走路"的举措被提上议程。1963 年 3 月,中共中央《关于讨论实行全日制中小学工作条例草案和对当前中小学教育工作几个问题的指示》要求在城市中举办各种类型的职业学校,还要组织一部分不能升学的初、高中毕业生接受短期职业技术训练,以便就业。在政策推动下,城市职业学校快速兴办起来,主要有三种办学类型:普通学校改办职业学校、依托工厂办校、依靠企事业单位办校。

(三)"文革"期间职业教育的调整

1966 年 5 月,《中共中央关于无产阶级文化大革命的决定》发布,"文革"使党、国家

① 李蔺田. 中国职业技术教育史[M]. 北京:高等教育出版社,1994:296.

和人民遭受了中华人民共和国成立以来最严重的挫折和损失。“文革”给新中国的教育带来了灾难性的影响，职业教育的发展也遭到了严重的破坏，学校减少，规模缩小，办学效益低下。此外，半工半读、两种教育制度被废止，农村职业教育受到毁灭性的破坏，中等教育结构单一化，脱离了建设需要，降低了职工队伍的素质，影响了社会经济的发展。

在“文革”期间，职业教育仍然有缓慢的发展和恢复。面向企业职工的“七二一”大学是这一时期职业教育办学恢复的表现。1968年，“七二一”指示肯定了上海机床厂从工人中培养技术人员的做法，由上海机床厂率先建立的“七二一”大学迅速被推广到全国。1972年开始，中专技校因袭大专院校通过推荐录取工农兵学员的办法，恢复发展。1973年国务院批转《关于中等专业学校、技工学校办学中几个问题的意见》，明确了中专培养“中等专业人才”、技校培养“技术工人”的定位区别。尽管如此，“文革”对职业教育发展的破坏和造成劳动力素质下降的影响仍是深远和持久的。

二、改革开放到20世纪末职业教育的恢复与调整

1977年8月党的第十一次代表大会宣告“文革”结束。1978年12月党的十一届三中全会作出把全党工作重点转移到社会主义现代化建设上来的战略决策。改革开放到20世纪末，既是我国经济、社会快速发展变革的时期，又是我国职业教育取得历史性成就的时期。

（一）中等教育结构调整背景下职业教育的恢复与发展

“文革”结束后，我党的工作中心转移到经济建设上来，经济的快速发展迫切需要大量技术人才，这成为职业教育发展的重要动力：一方面，社会主义建设需要大批科学家和工程师，更需要千百万名负责一线生产、服务、管理的高素质实用型人才，而当时的职业教育在培养规模和培养质量上均难以满足需求；另一方面，“文革”和人口高峰造成大量适龄青年的上学、就业需求爆发，原有的教育规模有限，且以普通教育为主、以升学为导向的单一教育结构不符合国情和需要，亟需进行结构性调整。

1980年10月7日，国务院批转教育部、原国家劳动总局《关于中等教育结构改革的报告》，重申“三个并举”，普通高中增设职业课程，部分高中改办职业（技术）学校，职业中学、农业中学、各行各业举办职业（技术）学校，有条件的大中城市试办职业技术教育中心，积极发展和办好技工学校，努力办好中专。这一时期职业教育一方面恢复中等专业教育制度和技工教育制度，另一方面建立职业高中，回应中等教育结构调整的要求。

1. 恢复中等专业教育制度和技工教育制度

1980年11月5日，教育部发布《关于全日制中等专业学校领导管理体制的暂行规定》，提出“对中等专业学校实行分工分级，按系统归口的管理制度”。中等专业学校按照领导关系，分为国务院部属学校和地方学校。根据我国经济、文化发展不平衡和中专专业门类多、要求不一的情况，中专学制呈现多样化特征：招收初中毕业生，学制一般为四年，个别为五年，有的专业仍保持三年；招收高中毕业生，一般为两年，医科和工科等有些专业可为两年半或三年。中专学制多样与其层次定位不清有直接关系，其在行政管理归属、办学模式和学生身份待遇等方面与高等教育性质更为接近，导致中专出现升格、向高等教育靠拢的问题，引发持续讨论。1982年，教育部将原中等专业教育司改为原职业技术教育司，综合管理中专、职业学校和农业学校，在管理体制上确定了中专的职业教育属性。1985年，《中共中央关于教育体制改革的决定》指出职业教育发展要“发挥中等专

业学校的骨干作用”，明确中专在职业教育中的地位。1985 年以后，中专逐步变为以招收初中毕业生为主。中等专业学校除全日制中专外，还可举办半工（农）半读、业余和函授教育等，有条件的学校还承担干部轮训工作。

1979 年 2 月 20 日，原国家劳动总局发布《关于颁发〈技工学校工作条例（试行）〉的通知》，明确技工学校是培养技术工人的学校，培养掌握现代生产技能的四级技术工人（实行八级技术等级标准的工种）。招收初中毕业文化程度学生的学制一般为三年，招收高中毕业文化程度学生的学制一般为两年。学校教学理论联系实际，以实习教学为主。在办学体制上，地方办的技工学校由地方有关业务部门管理，国务院各部门办的技工学校由国务院有关部门管理。原国家劳动总局和地方劳动部门负责技工学校的综合管理工作，鼓励部门、企业兴办技校。厂办技工学校发展迅速，占全国技校总数的 50% 以上。

2. 兴办职业高中

《关于中等教育结构改革的报告》在推动中专、技校数量增长的同时，提出“要将一部分普通高中改办为职业（技术）学校、职业中学、农业中学”，从而催生了一种新的中等职业教育机构，体现了“联合办学、服务当地、灵活多样、不包分配”的办学新思路。职业高中招收初中毕业生，学制多为三年，主要进行职业教育，同时开设有关普通文化课。这类学校由教育部门和业务部门联办，隶属关系不变。职业高中充分体现了服务当地的办学思想，培养面向专业设置，有效为地方经济社会发展服务，保障学生就业。职业高中的专业设置原则有别于中专、技校的专业化原则，灵活多样，特别注重面向社会所需的各类服务行业办学。职业高中与中专、技校的另一个重要区别在于毕业生不包分配，单位按照“三结合”的就业方针择需、择优录用。职业高中对促进中等教育结构调整、奠定中等职业教育发展基础、缓解升学压力发挥了重要的历史作用。但是，由基础薄弱校改建职业高中又导致职业高中的发展中存在先天不足，存在诸多弊端。

3. 试办职业大学

1982 年，第五届全国人民代表大会第五次会议提出“要试办一批花钱少、见效快、酌收学费，学生尽可能走读，毕业生择优录取的专科学校和短期职业大学”。1983 年，《国务院批转教育部、国家计委关于加速发展高等教育的报告的通知》提到“积极提倡大城市、经济发展较快的中等城市和大企业举办高等专科学校和短期职业大学”[①]。

部分大中城市开始试办职业大学，主动为当地培养一线实用型人才。学制主要为两年，少数为一年和四年。学校实行全新的办学机制，采取走读、收费、毕业生不包分配、企校联合办学等重大改革措施。1980 年全国共出现 7 所职业大学，金陵职业大学、合肥联合大学、江汉大学就是其中最早创办的一批。职业大学发展很快，至 1985 年已达到 118 所。职业大学实行新办学机制，社会上对此缺乏足够了解，教育界内部也有不少人对它缺乏足够认识，办学方针一度出现过犹豫不定的情况，这类教育的管理归属也长期得不到明确和落实，很多政策制度一时又难以配套，以致学校发展困难重重。

（二）社会主义市场经济体制转轨时期职业教育的发展

1984 年，党的十二届三中全会正式通过了《中共中央关于经济体制改革的决定》，提出进行经济体制改革，主要目的是改变束缚生产力发展的经济体制，建立充满活力和生机的社会主义经济体制，增强企业（尤其是全民所有制的大中型企业）的活力，并在管理上

① 国务院批转教育部、国家计委关于加速发展高等教育的报告［J］. 中国高等教育，1983（6）：2–3.

实施政企分离，权责明确。[1]1992年，党的十四大报告进一步明确提出：我国经济体制改革的目标是建立社会主义市场经济体制，发展以“公有制为主体，多种所有制经济共同发展”的社会主义初级阶段的经济制度，必须集中力量把经济建设搞上去。由此，建立社会主义市场经济体制成为这一时期我国经济领域的新目标和重要发展任务。

经济政策的变化、政治民主和管理制度的改革对职业教育提出了新的要求，也对职业教育的作用和地位赋予了新的内涵。1991年10月，国务院发布《关于大力发展职业技术教育的决定》，明确提出“要高度重视职业技术教育的战略地位”，它不仅对经济，而且对我国社会主义制度的建设有积极作用。这一时期，我国经济社会高速发展，国力迅速提升，职业教育也迎来了大发展，规模不断扩大，在管理制度和法制建设方面取得重要突破，办学体制、培养模式不断创新，人才培养质量和办学效益显著提升。

1. 改革职业教育的领导管理体制

1985年，原国家教育委员会（以下简称原国家教委）成立，统筹整个教育事业的发展。1987年，《关于全国职业技术教育工作会议情况的报告》中明确：原国家教委在国务院领导下，从宏观上统筹管理全国职业教育事业，并协同计划、经济、财政、劳动人事各部门分工管理有关职业教育的各项工作；在地方，除必须实行垂直管理的行业以外，职业技术教育的规划、计划、布局、学校设置、人才合理使用等，应以地方政府为主进行统筹领导。技工学校、就业培训中心和学徒培训工作，在原国家教委的统筹指导下，仍由劳动人事部门管理。

2. 确立职业教育的法律地位

改革开放以来，职业教育快速发展，但即时性政策难以保障其持续、稳定发展，出台配套的法律法规迫在眉睫。1994年，《中华人民共和国劳动法》颁布，第八章为“职业培训”，规定“国家通过各种途径，采取各种措施，发展职业培训事业”。1995年，《中华人民共和国教育法》颁布，第19条规定“国家实行职业教育制度”，要求“各级人民政府、有关行政部门以及企事业单位应当采取措施，发展并保证公民接受职业学校教育或者各种形式的职业培训”。1996年，《中华人民共和国职业教育法》颁布，共40条，明确了职业教育在国民经济和社会发展，以及实施科教兴国战略中的重要地位和作用；规定了政府、行业、企事业单位组织实施职业教育的职责；明确了我国职业教育体系的总体框架、保障条件和管理体制。这一系列法律法规的出台，标志着职业教育走上了依法建设的道路，职业教育的法律地位得以确立。

3. 规范中等职业教育办学并推动市场化改革

改革开放以来，中等职业教育快速发展，规范办学行为、提高人才培养质量被提上议程。1986年，原国家教委颁布了《普通中等专业学校设置暂行办法》，规范中等专业学校办学，提出了学校设置的八条标准；原劳动人事部和原国家教委联合颁布《技工学校工作条例》，规定了技工学校办学形式，规范了教育教学制度安排。1990年，原国家教委印发了《普通中等专业学校办学水平评估指标体系（试行稿）》，1994年又颁布了《国家级重点职业高级中学标准》，建立了中等职业学校评估制度，明确了职业学校发展方向与办学标准，进一步推动规范化办学。

国家经济体制从计划经济向社会主义市场经济体制转轨，对教育体制改革提出了要

① 中共中央关于经济体制改革的决定[J]. 经济体制改革，1984(26)：3-14.

求。1985年，《中共中央关于教育体制改革的决定》提出“发展职业技术教育，要充分调动企事业单位和业务部门的积极性，并且鼓励集体、个人和其他社会力量办学”，推动了对职业教育多元化办学体制的改革和探索，体现了市场导向的发展思路。其中，要求中专办学走将教学、服务、生产实践相结合，广泛接触社会进行技术推广、服务和社会实践等工作的基本路子；允许重点职业高中大胆探索，积极发展公办民助、民办公助、一校两制、中外合作办学等多种办学模式的改革试点，提高办学效益。

1994年，《国务院关于〈中国教育改革和发展纲要〉的实施意见》中要求“积极推进高等学校和中等专业学校、技工学校的招生收费制度改革和毕业生就业制度的改革，逐步实行学生缴费上学，大多数毕业生自主择业的制度”。至此，中等职业教育的统招统分制度逐渐被打破，招生实行国家任务计划和调节性计划相结合的方式，根据不同招生方式实行择优录用、委托单位就业、自主择业等多元化的就业制度。

4. 推进农村职业教育发展

改革开放以来，农村社会经济发生了深刻改变，生产经营方式的改变、产业结构调整和乡镇企业的异军突起都对发展农村职业教育提出了客观需求。1993年，国务院下发《关于在全国积极实行农科教结合推动农业和农村经济发展的通知》，在全国大力提倡农科教结合、三教统筹。三教统筹是指基础教育、职业教育和成人教育统筹，其中职业教育是核心。农业中学、农村技工学校主要承担了农村职业教育的实施工作，普通高中也开办了职业技术班，成人教育设施则面向成人提供相关培训。在这样的背景下，县级职教中心开始发展，我国第一个县级职教中心于1991年在河北获鹿（今石家庄市鹿泉区）成立，办学效果良好。经过不断改进和反思，县级职教中心的“河北模式”逐步定型，在原国家教委的支持下，开始在全国范围内得以推广。

5. 试办五年制高职

这一时期的职业大学发展较为缓慢。为了更好地培养生产第一线的技术、管理和业务人员，在推动专科和中专共同发展的同时避免出现中专“升格热”，原职教司提出了试办“初中后五年制的技术专科学校”的实施方案。1985年，原国家教委决定在上海电机制造学校、西安航空工业学校、国家地震局天水地震学校这三所中专学校的基础上采用“四五套办”的方式试办五年制技术专科，同时提供中专教育和专科教育。五年制高职招收初中毕业生，学生前两年为中专学籍，两年学习结束后，按照考核成绩和学生意向择优选拔部分学生升入专科，学生经过三年的专业学习并通过考核后取得专科文凭，对未升入专科的学生，继续按照原来的中专计划培养，学生两年后通过考核取得专科文凭。这一模式以初中毕业为起点，学生年龄较小、可塑性较强，中专和专科连续培养使得学习时间更长、内容更系统，为更好地培养学生职业意识、实践技能提供了保障，是对高等职业教育办学实践的有益探索。

6. 开展国际交流合作

改革开放后，中国积极融入世界，国际关系持续回暖。在职业教育方面，我国积极开展国际交流合作，引进国外先进职教模式和资源。20世纪80年代，中国与联邦德国开展了大规模合作，包括：引进“双元制”职教模式，原国家教委在苏州、无锡、常州、芜湖、沙市（今湖北省荆州市沙市区）、沈阳六市推进区域性“双元制”试点实验；援建职业教育研究机构，包括教育部职业技术教育中心研究所、上海和辽宁职业技术教育研究所。1989年，加拿大国际开发署提供了750万加元，资助设立“中加高中后职业技术教育项目”，指导中方 29 所职业院校开展 CBE 教育和 DACUM 职业教育课程开发实践。[①] 此外，世界银行、联合国教科文组织通过贷款、赠款等方式，对我国职业教育装备水平、师资队伍建设等发挥了促进作用。

（三）世纪之交职业教育的调整

根据 1996 年提出的《中国经济和社会发展"九五"计划和 2010 年远景目标纲要》的基本精神及 1997 年 12 月中央经济工作会议提出的"稳中求进"的基本方针，为积极应对亚洲金融危机的影响，世纪之交，我国的经济工作继续以调整优化产业结构、加快国有企业改革、保持较为快速稳定的发展速度为基本任务。其间，我国开始实施"科教兴国"战略，强调加快发展教育和科技，使其更好地为市场经济发展、社会主义现代化建设服务。这一时期，高等教育大扩招政策引发中职招生大滑坡，同时也为高等职业教育大发展提供了重要契机。

1. 中等职业教育招生大滑坡及其应对

1995 年，中职招生数占整个高中阶段招生数的 57.4%，其达到历史峰值后开始迅速下滑，到 2000 年，这一比例下滑到了 46.5%，2001 年进一步下滑到了 41.8%。[②] 这一事件影响很大，引发了激烈讨论。中职招生下滑的原因主要有：其一，社会主义市场经济体制改革逐步深化，经济结构调整、国有企业转制及关停并转，使传统的吸纳中职毕业生的就业岗位大幅减少，就业困难对初中毕业生选择职校产生了抑制效应；其二，与经济体制改革配套的教育体制改革使中职原有的统招统分计划培养模式的基础丧失，中职对初中毕业生的吸引力显著下降；其三，国有企业改革后剥离了社会职能，部门办职业学校被撤销、合并、划转，也导致了中职招生规模的下滑；其四，1998 年教育部出台了《面向 21 世纪教育振兴行动计划》，提出使更多高中毕业生有接受高等教育的机会，推动高等教育大规模扩招，引发了普通高中规模增长的连锁反应，对中职招生而言无异于雪上加霜。在上述因素的综合影响下，世纪之交，中等职业教育的发展受到了很大冲击。

举办综合高中是实践中应对中职招生滑坡的策略之一，具体模式包括普通高级中学举办综合高中（班）、中等职业学校举办综合高中（班）、普通高级中学和中等职业学校联合举办综合高中（班）。综合中学被宣称是一种学生既能升学又能就业的学校，受欢迎程度比较高。但事实上，我国的综合中学是将职业教育"嫁接"在普通教育之上的，本质上是升学导向的，而兼顾学术课程与职业课程的设计最终导致学生在升学和就业方面均乏力，经过十多年的实践后，综合中学自动停办。

2. 高等职业教育大发展

高等职业教育在这一时期迎来了跨越式的发展。有关高等职业教育发展的政策相继出台，并开始推进实质工作开展。根据 1996 年国务院组织召开的全国第三次职业教育工作会议上提出的积极发展高等职业教育的基本任务，1998 年的《面向 21 世纪教育振兴行动计划》提出发展高等职业教育，建立初、中和高级相互衔接的职业教育体系。"高等职业教育必须面向地区经济建设和社会发展，适应就业市场的实际需要，培养生产、服务、管理第一线需要的实用人才，真正办出特色。主动适应农村工作和农业发展的新形势，培养

① 俞启定，和震．中国职业教育发展史［M］．北京：高等教育出版社，2012：184–185.

② 徐国庆．从分等到分类：职业教育改革发展之路［M］．上海：华东师范大学出版社，2018：38.

农村现代化需要的各类人才。”①

1999年，教育部和原国家计委印发《试行按新的管理模式和运行机制举办高等职业技术教育的实施意见》，提出举办高等职业教育的五条路径：一是开办短期职业大学、职业技术学院、具有高等学历教育资格的民办高校；二是开办普通高等专科学校；三是在本科院校内设立高等职业教育机构（二级学院）；四是对经教育部批准的极少数国家级重点中等专业学校进行改办；五是开办办学条件达到国家规定合格标准的成人高校。最终，由中等职业学校升格举办高等职业教育成为主要模式。

1999年教育部和原国家计委在当年高等教育的招生计划中，安排了10万个名额，专门用于各种不同管理和运行模式的院校举办高职教育。1999年，我国高等职业学校有474所，2001年达到628所，2002年又增加到767所；招生规模和在校生规模也同步大幅扩大，1998年的招生规模是43万多人，到2002年达到111万人，在校生规模从1998年的117万人迅速增长到2002年的500万人左右。②

在管理体制上，高职管理逐步走向放权和市场化。按新的管理模式和运行机制举办的高等职业技术教育为专科层次学历教育，招生计划为指导性计划，资金来源以学生缴费为主，政府补贴为辅。毕业生不包分配，不再使用普通高等学校毕业生就业派遣报到证，由举办学校颁发毕业证书，与其他普通高校毕业生一样实行学校推荐、自主择业。国家主要负责高等职业技术教育的统筹规划、综合协调和宏观管理，逐步把高等职业教育方面的责权下放给省级政府和学校。

这一时期高等职业教育办学目标的基本趋势是去学术化，突出职业化特色，努力改变本科和普通专科的模式影响，面向地区经济和社会发展，契合市场需要，培养第一线的生产、服务和管理人才。但是高等职业教育的发展偏重规模扩张，高职院校发展的基础不够深厚，面向市场办学的经验和能力不够，且对高等职业教育的培养定位与办学规律尚在摸索，导致高等职业教育大发展初期普遍存在定位不准确、财力不足、办学质量低下等问题。

三、新世纪职业教育的改革与发展

在胜利实现社会主义现代化建设前两个战略目标的基础上，21世纪，我国开始进入全面建设小康社会的新的发展阶段，加快推进社会主义现代化建设、加快经济结构调整和优化、提高经济效益、完善社会主义市场经济机制、继续扩大对外开放等举措是第三个战略目标实现的重要保障。发展职业教育是我国实现工业化、现代化的迫切需要，对建设社会主义现代化有重要作用。

（一）新世纪第一个十年职业教育的改革与发展

进入21世纪，国家对教育发展确立了“普及和巩固义务教育、大力发展职业教育、提高高等教育质量”的战略方针，大力发展职业教育被认为是解决就业这一重大问题的重要战略。2002年国务院召开第四次全国职业教育工作会议，会后颁布了《国务院关于大力推进职业教育改革与发展的决定》；2005年再次召开全国职业教育工作会议，并颁布了《国务院关于大力发展职业教育的决定》。国务院短时间内连续召开两次高规格的职业教

① 面向21世纪教育振兴行动计划[J]. 四川政报，1999(6)：3-7.

② 王明伦. 中国高等职业教育发展的实证分析[J]. 职业技术教育，2007(25)：5-9.

育会议，提出“把发展职业教育作为经济社会发展的重要基础和教育工作的战略重点”，首次从教育整体发展战略的高度确立了职业教育的重点地位，凸显了国家对职业教育的高度重视。这一时期，职业教育确立了“以服务为宗旨、以就业为导向”的办学方针，从计划培养向市场驱动转变，突出了服务就业的重要职能，以建立中国特色的现代职业教育体系为发展目标。

1. 稳定中等职业教育规模

中等职业教育发展以稳定规模为工作重点。2005 年，教育部发布了《关于加快发展中等职业教育的意见》。国家对职业教育的重视及由此推动的一系列中等职业教育改革发展举措，使得中等职业教育招生规模自 2002 年开始全面回升且保持相对稳定的态势。

其间，中等职业教育的改革包括：一是推动专业设置与产业需求对接，匹配国家职业分类，教育部 2000 年颁布了《中等职业学校专业目录》，不再按照学科，而是按照产业设置专业，并于 2010 年发布了修订版，体现了三大产业职业岗位需求的变化，专业类由 13 个增加到 19 个，专业由 270 个增加到 321 个，专业（技能）方向由 470 个增加到 927 个；二是加大专项投入，开展国家级重点中等职业学校调整认定和示范专业建设，开展“县级职教中心建设计划”“高水平示范性中等职业学校建设计划”等专项改革，实现对职业教育专业教育资源的合理配置，提高整体效益；三是推动教学改革，教育部印发了《关于进一步深化中等职业教育教学改革的若干意见》《关于制订中等职业学校教学计划的原则意见》，提出加强学生实践能力的培养，推动课程教学从学科本位向能力本位转变；四是建设全国重点建设职教师资培养培训基地，国家 2006 年开始实施中等职业学校教师素质提高计划，开展中职师资、管理人员和校长培训，开展中等职业学校教师在职攻读硕士学位项目，提高职教师资队伍水平；五是通过实施“职业教育实训基地建设项目”“推进职业教育发展专项建设计划”等，提升中等职业学校办学水平；六是建立和完善覆盖整个中等职业教育的贫困家庭学生助学制度，并逐步实行中等职业教育免费政策，缓解部分学生接受职业教育时背负的经济压力。

2. 大力发展高等职业教育

这一时期是高等职业教育规模快速扩张的大发展时期，高职（高专）院校从 2000 年的 442 所增加到 2010 年的 1 246 所，在校生人数从 100.9 万增加到 966.2 万，占普通高等学校在校生人数的比例从 18.14% 增加到 43.29%。①

人才培养定位问题是当时困扰和影响高等职业教育发展的重要问题。2002 年，《教育部关于加强高职高专教育人才培养工作的意见》提出高职高专教育以“培养高等技术应用性专门人才为根本任务”；2004 年，《关于以就业为导向深化高等职业教育改革的若干意见》又提出“高技能人才”是高等职业教育的培养目标。由于对高等职业教育的高等性与职业性定位不够准确、清晰，“高技能人才”培养目标的提出对高职的办学方向产生了一些不良影响，并持续至今。②

高等教育的培养质量与路径是另一个影响高等职业教育发展的问题。围绕这一问题，教育部采取了多项取得明显成效的改革行动，包括：其一，2000 年发布《高等职业学校设置标准》，规范了高职院校的基本办学条件；其二，2004 年印发《普通高等学校高职

① 中华人民共和国国家统计局．中国统计年鉴 2016［M］．北京：中国统计出版社，2016：682–683.

② 徐国庆．从分等到分类：职业教育改革发展之路［M］．上海：华东师范大学出版社，2018：101–102.

高专教育指导性专业目录(试行)》,设置 19 个专业大类、78 个二级类、532 个专业,引导高职院校遵循经济发展和职业岗位变化规律调整和设置专业;其三,2006 年开始实施 100 所国家示范性高等职业院校建设计划,推动课程、师资、人才培养模式等办学核心要素改革,2010 年启动 100 所国家骨干高等职业院校建设,并以此带动地方开展示范性高职建设计划,不仅使一大批高等职业院校的办学条件得到极大的改善,而且使高等职业院校的内涵建设水平大幅提高,提高了整体办学水平和培养质量;其四,2008 年启动高等职业院校人才培养工作评估,通过评估引导高职院校办学方向,推进教学改革和人才培养模式改革,形成了高职教学的质量保障体系。

(二)近十年职业教育的改革与发展

党的十八大以来,国家高度重视职业教育,把职业教育作为国民教育体系和人力资源开发的重要组成部分。2019 年,《国家职业教育改革实施方案》开宗明义地指出"职业教育与普通教育是两种不同教育类型,具有同等重要地位",确立了职业教育类型教育的定位。职业教育主动适应经济结构调整和产业变革,不断增强对经济社会发展需求的适应性,在规模和内涵两个方面都取得了极大进展。

1. 加快建设现代职业教育体系

2014 年,《现代职业教育体系建设规划(2014—2020 年)》发布,提出以现代职业教育体系建设为抓手,推动职业教育从规模扩张向内涵发展转变。现代职业教育体系强调不同层次职业教育有效贯通、职业教育与普通教育相互融通、职业学校教育与职业培训并重。

我国已建立涵盖中等职业教育、高等职业专科教育、高等职业本科教育不同层次的职业教育体系,确定了"中职基础地位进一步巩固,专科高职的主体地位不断强化,职业本科教育稳步发展"的发展战略。中等职业教育通过"国家示范性中职校建设计划"深化内涵建设,提高办学水平,明确了为高等职业教育输送具有扎实技术技能基础和合格文化基础生源的发展方向;专科高职进一步实施"中国特色高水平高职学校和专业建设计划",培育一批高水平高职学校和专业,引领专科高职创新实践,打造职业教育发展的主体骨干力量;本科层次职业教育打破了职业教育止步于专科层次的"天花板",职业本科教育作为一个新的职业教育学制层次,在新修订的《职业教育法》中被确立。

职业教育与普通教育相互融通,为所有学生提供了更加公平、更高质量的教育机会。国家推动职业教育与其他教育类型互相渗透发展,通过开展劳动教育实践、职业启蒙教育等推动普职渗透。2014 年,《国务院关于深化考试招生制度改革的实施意见》颁布,高职分类考试制度逐步探索建立,"文化素质 + 职业技能"的考试招生办法不断完善,为中职学生和普通高中学生提供了多样化的成才路径。

党的十九大提出要完善"职业教育和培训体系",国家先后出台《职业技能提升行动方案(2019—2021 年)》《职业院校全面开展职业培训　促进就业创业行动计划》等,中高职院校承担了上亿人次的各类培训,基本形成了学历教育与培训并举并重的办学格局。

2. 调整专业目录,增强职业教育适应性

面向市场、服务产业是职业教育的基本功能,也是推动职业教育发展的基本策略。专业目录是联系教育与职业的重要桥梁。在 2010 版中职专业目录、2015 版高职专业目录修订的基础上,2021 年,教育部发布了《职业教育专业目录(2021 年)》。新版专业目录对接现代产业体系，体现了数字化与智能化发展方向，全面支撑现代职业教育体系，首次统一采用专业大类、专业类、专业三级分类，一体化设计中等职业教育、高等职业教育专科、高等职业教育本科专业，全面覆盖了国际通行的 41 个工业门类，对接了最新发布的新职业，设置专业大类 19 个、专业类 97 个、专业 1 349 个，其中，中职专业 358 个，高职专科专业 744 个，高职本科专业 247 个。①

3. 以标准体系建设为抓手推进内涵发展

教育部积极推进职业教育标准体系建设，先后发布了包括专业目录、专业简介、专业教学标准、公共基础课程标准、岗位实习标准、专业实训教学条件建设标准等在内的国家教学标准，这些标准与中等职业学校设置标准、教师专业标准、校长专业标准、高等职业学校设置标准等共同组成了较为完善的国家职业教育标准体系，为依法治教、规范办学奠定了基础，对于规范教学、提高教学质量、深化人才培养模式改革具有重要的基础性意义。

教育部持续推动职业院校内涵建设。2015 年的《教育部关于深化职业教育课程改革全面提高人才培养质量的若干意见》、2020 年的《职业教育提质培优行动计划（2020—2023 年）》等都聚焦内涵建设和人才培养质量，提出“三教”改革等重要改革行动，整体推进职业教育提质培优。

4. 深化产教融合，健全多元、融合、开放的办学格局

国家出台并实施了《关于深化产教融合的若干意见》《建设产教融合型企业实施办法（试行）》《职业学校校企合作促进办法》等，开展现代学徒制、新型企业学徒制、产教融合型城市等一系列改革试点，建立健全政府主导、行业指导、企业参与的办学机制；鼓励行业企业全面参与教育教学各个环节，通过联合办专业、办二级学院、共建实训基地、产业学院、集团化办学等方式，实现校企互利共赢；服务“一带一路”倡议，在“引进来”和“走出去”中优化职业教育对外合作交流机制，探索“中文 + 职业技能”发展模式，逐步形成多元、融合、开放的办学格局。

关键概念

畴人世学；艺徒制；法式；行会学徒制；职官教育；实业学堂；癸卯学制；壬戌学制；综合中学；黄炎培职业教育思想；中专教育制度；技工教育制度；两种教育制度和两种劳动制度；半工半读学校；“七二一”大学；职业高中；职业大学；高等职业教育；产教融合；现代职业教育体系

思考与讨论

1. 如何理解不同历史时期职业教育与经济社会发展的关系？
2. 如何分析我国古代学徒制的制度化形成过程？

---

① 陈子季．编好用好新版职业教育专业目录 服务“十四五”高质量发展［J］．中国职业技术教育，2021（7）：5–8.

3. 如何理解黄炎培职业教育思想的历史贡献与当下价值?
4. 新中国职业教育发展有哪些基本经验?

参考文献

[1] 礼记[M]. 陈澔,注. 金晓东,校点. 上海:上海古籍出版社,2016.

[2] 陈梦越,楼世洲. 中华职业教育社史[M]. 重庆:西南师范大学出版社,2021.

[3] 陈英杰. 中国高等职业教育发展史研究[M]. 郑州:中州古籍出版社,2007.

[4] 陈子季. 编好用好新版职业教育专业目录 服务"十四五"高质量发展[J]. 中国职业技术教育,2021(7).

[5] 李文炤. 周礼集传[M]. 长沙:岳麓书社,2012.

[6] 董存才. 中国大百科全书(教育)[M]. 北京:中国大百科全书出版社,1985.

[7] 何东昌. 中华人民共和国重要教育文献[M]. 海口:海南出版社,1998.

[8] 璩鑫圭,童富勇,张守智. 中国近代教育史资料汇编:实业教育 师范教育[M]. 上海:上海教育出版社,1994.

[9] 李蔺田. 中国职业技术教育史[M]. 北京:高等教育出版社,1994.

[10] 路宝利. 中国古代职业教育史[M]. 北京:经济科学出版社,2011.

[11] 米靖. 中国职业教育史研究[M]. 上海:上海教育出版社,2009.

[12] 上海职教论坛秘书处. 对职业技术教育若干问题的基本认识:上海职教论坛十年论文集[M]. 北京:高等教育出版社,2005.

[13] 石伟平,徐国庆. 对我国城市中职办学模式的反思与探索[J]. 教育研究,2000(12).

[14] 孙培青. 中国教育史[M]. 上海:华东师范大学出版社,2008.

[15] 田正平,李笑贤. 黄炎培教育论著选[M]. 北京:人民教育出版社,2018.

[16] 脱脱,等. 百衲本二十四史 宋史44[M]. 北京:商务印书馆,1937.

[17] 王星. 技能形成的社会建构:中国工厂师徒制变迁历程的社会学分析[M]. 北京:社会科学文献出版社,2014.

[18] 魏天安. 行商坐贾与宋代行会的形成[J]. 中州学刊,1997(1).

[19] 闻友信,杨金梅. 职业教育史[M]. 海口:海南出版社,2000.

[20] 吴洪成,等. 中国近代职业教育制度史研究[M]. 北京:知识产权出版社,2012.

[21] 吴玉琦. 中国职业教育史[M]. 长春:吉林教育出版社,1991.

[22] 谢长法. 中国职业教育史[M]. 太原:山西教育出版社,2011.

[23] 徐国庆. 从分等到分类:职业教育改革发展之路[M]. 上海:华东师范大学出版社,2018.

[24] 薛喜民. 高等职业技术教育理论与实践[M]. 上海:复旦大学出版社,2000.

[25] 严雪怡. 论职业技术教育[M]. 上海:上海科学技术文献出版社,1999.

[26] 杨金土. 30年重大变革:中国1979—2008年职业教育要事概录[M]. 北京:教育科学出版社,2011.

[27] 杨金土. 职业教育兴衰与教育思想更替:百年职业教育回顾[J]. 教育发展研

究，2004（24）.

［28］俞启定，和震．中国职业教育发展史［M］．北京：高等教育出版社，2012.

［29］张泽咸．唐代工商业［M］．北京：中国社会科学出版社，1995.

［30］章学诚．校雠通义通解［M］．王重民，通解．傅杰，导读．田映曦，补注．上海：上海古籍出版社，2009.

［31］职业技术教育杂志社．20 年回眸与见证［M］．长春：职业技术教育杂志社，1999.

［32］中华书局编辑部．云梦秦简研究［M］．北京：中华书局，1981.

［33］中华职业教育社．黄炎培教育文选［M］．上海：上海教育出版社，1985.

［34］左丘明．国语［M］．上海：上海古籍出版社，2015.

［35］中国民主建国会中央委员会，中华职业教育社．黄炎培职业思想研讨会专刊 1987［M］．中国民主建国会中央委员会，中华职业教育社，1987.

第二部分

职业教育的理论基础

第三章
职业教育的政治学基础

学习提示

本章主要从政治学的视角审视职业教育的现象和本质，关注职业教育作为一种教育类型，其内部蕴含的政治元素和背后的政治博弈，以及不同政治体制对职业教育发展的影响。学习中要注意拓宽研究视野，认识到政治性是职业教育的关键属性，要对职业教育的办学保持高度的政治敏感性。同时要能够用阶级理论、政党理论、知识与权力关系理论等分析职业教育办学过程中的现象，尤其是不同国家职业教育的治理结构和决策机制。

作为一种教育类型，职业教育既有着所有教育共有的政治属性，又凭借技能这一载体，与政治制度形成了独特的关联。不同国家的政治制度会影响该国的技能形成体系和职业教育发展模式。更重要的是，一个国家技术技能人才所拥有的政治地位，往往决定了该国职业教育的本质属性和发展方向。因此，研究社会系统中的职业教育，需要政治学视角的启发和镜鉴。本章首先分析技能与教育天然具有的政治属性，以及政治和职业教育之间的双向互动关系，在此基础上介绍与职业教育相关的政治学理论，并分析政治视角下职业教育的发展路径。

第一节 职业教育的政治学视角

探讨职业教育与政治之间的关系，首先需要回答的问题就是职业教育为何、以何、如何与政治制度产生关联。这需要回归职业教育的两大基本要素：作为职业教育核心载体的技能，以及作为职业教育核心属性的教育活动。在历史的长河中，技能和教育均展示出了强烈的政治属性，并在政治场域中扮演着至关重要的角色。

一、技能与教育的政治性

（一）技能的政治性

人习得技能的首要目的是认识世界和改造世界。从有生存记录以来，人类就通过对外在环境的认知、利用和探索，以及对自身条件的认识、规训和提升，不断地积累技能。作为人类认识和改造世界的中介，技能的形成和使用具有强烈的目的性，因此受到人类主客观世界的深度影响，并带有鲜明的政治性。

技能的政治性根源于技能的持有者——人。技能可以为个体带来改造世界和自食其力的能力，一些独占或优势技能甚至能为个体赢得相对于其他人的优势，并通过剩余价值的产生推动阶层的分化和形成。技能从而具有了资本性。最为典型的便是古代师徒制所附带的人身依附关系。由于彼时生产技术落后，信息传递和人口流动的效率低、阻碍大，技能的学习和传播成本高，拥有技能的个体往往通过门派的形式，形成技能垄断的发展格局。师傅与徒弟之间不仅是教学和学习的关系，更是利害绑定的人身依附关系。这种门派会形成独特的政治力量，参与彼时社会政治格局的塑造。最早的门派政治可能始于古希腊时期的智者派。智者所授不限于数学、科学、历史等，有的智者还会教授制鞋这样的实践技艺。[①] 不论所授内容为何，每位智者都具有政治上的倾向和立场，尤其是从不同角度对民主制进行阐述、维护或改良。英国中世纪时期的行会学徒制也具有相似的特征，行会内部严格的等级制度和垄断特权为师徒之间建立稳定的可信承诺提供了制度支持，而中世纪时期英国行会组织在经济治理上的管制力背后是强大而稳定的中央集权式王权支撑。[②] 可见，在尚未进入机器大工业生产阶段的社会中，技能作为生产资料所带来的不仅是经济资本，更是社会资本、政治资本。

机器的大规模普及、科学对技术影响的不断加深，以及福特式生产模式的广泛应用，使工场手工劳动方式逐渐转型为机器化劳动方式。尽管这种转型意味着生产力的进步，但是机械化生产过程废除了手工艺生产劳动过程中的技术分工，熟练工人逐渐被机器取代，同时也终结了生产劳动过程的其他组织形式[③]，最终导致具身式的技能在生产中逐渐失去优势，技能优势的丧失在实质上削弱了技能工人所拥有的政治话语权。对技能的资本性和政治性做过系统性论述的莫过于马克思（Karl Heinrich Marx）。在《资本论》中，马克思区分了劳动的自然形式和社会形式：自然形式的劳动是“人以自身的活动来中介、调整和控制人和自然之间的物质变换的过程”[④]，而社会形式的劳动——分工则是推动社会发展的关键力量。马克思讨论了两种形式的分工：工场手工业生产和机器大工业生产。在工场手工业生产中，生产过程被人为划分为若干个局部的动作，由于没有机器的介入，整个生产过程的效率仍然取决于每个工人在局部岗位上的力量、熟练度、速度和准确性，因此马克思认为这种生产组织方式的最终形态是“一个以人为器官的生产机构”[⑤]。而机器大工业生产中的工人甚至被剥夺了仅有的自身技艺发挥的空间，工人的局部技巧在机器大生产中作为“微不足道的附属品而消失了”[⑥]。当工人沦为机器运转的组成部分时，他们被剥夺了作为人的最后一点参与，这促使他们转化为无产者的工人，思考作为人应有的地位，从而掀起了反对生产工具、争取权力和推翻资本主义框架的三重斗争。[⑦] 在争取自由和权力的过程中，技能实际上起到了革命“催化剂”的作用。技能是劳动与管理关系中的重要变量。它既是生产过程中的投入要素，同时又影响了管理与劳动双方对生产过程控制权的争夺。[⑧] 由机器带来的“去技能化”本质上剥夺了工人作为自然人的自由权和作为社会人的发展权，技能作为生产资本的本质属性衍生出了其政治资本的附加属性，并逐渐成为技能持有者争取更大政治话语权的砝码。由于各国政治制度存在的差异及其导致的劳资对立程度的不同，各国形成了不同的职业教育基本制度和模式。例如德国在魏玛共和国时期实施的劳资共决制，允许工会组织与行会组织调和彼此的利益冲突，从而形成了德国独特的职业教育合作主义治理传统，为德国“双元制”奠定了坚

---

① 陈伟．西方政治思想史［M］．北京：中国社会科学出版社，2020：24.

② 王星．技能形成中的国家、行会与劳工：基于英国行会学徒制演化的社会学分析［J］．华东师范大学学报（教育科学版），2020，38（4）：96–106.

③ 王星．技术的政治经济学：基于马克思主义劳动过程理论的思考［J］．社会，2011，31（1）：200–222.

④ 马克思．资本论（第一卷）［M］．北京：人民出版社，2004：207–208.

⑤ 马克思．资本论（第一卷）［M］．北京：人民出版社，2004：392.

⑥ 马克思．资本论（第一卷）［M］．北京：人民出版社，2004：487.

⑦ 任帅军，肖巍．马克思恩格斯论工人阶级上升为无产阶级［J］．复旦学报（社会科学版），2021，63（2）：1–9.

⑧ 封凯栋，李君然．技能的政治经济学：三组关键命题［J］．北大政治学评论，2018（2）：42.

实的制度基础[①]；而英国工业革命后劳资关系的冲突、企业和受训者间可信承诺关系的瓦解[②]，以及完全自由的市场经济运行模式，导致了英国所建立的是一个市场导向、学校色彩很浓的职业教育体系[③]。

社会主义国家的建立彻底打破了阶级性对职业教育的束缚，劳资矛盾也不再成为制约职业教育发展的关键变量。在社会主义社会中，工人地位的显著提升，以及对劳动的社会价值和育人价值的重视，使职业教育脱离了单纯经济价值导向的发展思路。杜威（John Dewey）赋予职业教育的"文雅教育"的功能，以及让每个人在职业方面各得其所的功能，在社会主义社会中将得以真正落实。因此，在对待国外职业教育的发展经验时，我们需要清晰地鉴别其中蕴含的资本主义思想及背后的社会运作逻辑，取其精华、去其糟粕。要让职业教育扎根社会主义社会，真正发挥其服务每个人的全面发展、促进社会和谐的本真功能。

技能的政治属性与技能的复杂度、专有性及其所处环境的政治制度、社会制度等有着密切联系。技能不仅对宏观的政治事务起到催化的作用，更在微观的社会生活中影响着个体的判断、决策。尽管人工智能时代的生产和服务开始具有"智能化"的色彩，然而具身式的技能并未被机器所替代。相反，一些高端产业和产业高端中的生产服务环节依然离不开寄居于肢体操作之中的技能。此外，现代产业中复杂的工作情境和任务越来越需要从业人员实现心智技能和操作技能的配合，技能的专有性在一些行业也有加强之势。因此，这就需要我们基于技能发展的时代特征，深刻分析技能在当前世界政治场域内扮演的独特角色，为政治现象提供更多元的解释。技能的政治性是分析职业教育的政治学基础的逻辑起点之一，是思考职业教育与政治关系的重要哲学基础。

（二）教育的政治性

自古希腊、古罗马时期，建制化的教育活动就被用来服务于政权的稳固。斯巴达的美德教育致力于为保卫国家提供英勇善战的战士，而雅典的教育则是为了培养民主社会的合格公民。苏格拉底（Socrates）的名言"美德即知识"，暗含着政治家的首要任务就是使公民有知识、有教养、有理性。即使是他的慷慨赴死，也充满着启发、教育雅典民众的政治感。现代国家的教育体系更是被视为国家机器的重要组成部分，它在强化国家凝聚力、凸显民族特质和培养民族情感、培养适应本国政治制度和服务于阶级斗争的公民中扮演着无可替代的角色。统治阶级对教育事业的渗透和把控，被视为延续其统治地位、维护社会稳定和发展的重要手段。从以犬为师的犬儒学派到伊壁鸠鲁（Epicurus）的花园乌托邦，从英国空想社会主义者欧文（Robert Owen）举办的"新学院"到我国陶行知先生推行的"乡村教育"，这些试图通过"超政治"的形式和理念改革社会的行动无一成功，根本原因就在于他们把教育作为去政治化、脱离社会的行动体系。正如保罗·弗莱雷（Paulo Freire）所言，"教育既是获取知识的途径，也是一种政治行为，所以，没有教育学是价值中立的"[④]。

① 王星．技能形成的社会建构：德国学徒制现代化转型的社会学分析［J］．社会，2015，35（1）：184–205.

② 张竽予．近代后期英国学徒制为什么会走向衰落？［J］．职教通讯，2020（9）：112–117.

③ 徐国庆．我国二元经济政策与职业教育发展的二元困境：经济社会学的视角［J］．教育研究，2019，40（1）：102–110.

④ FREIRE P. A Pedagogy for Liberation: Dialogues on Transforming Education [M]. South Hadley: Bergin and Garvey Publishers, Inc, 1987: 12.

教育的政治性源于教育活动所处社会的阶级性。社会阶级是根据不同社会成员占有的生产资料多少或权力大小而形成的存在严格高低之分的等级或秩序，而社会的阶级性是生产力发展不足的情况下，社会中存在与发展的客观现实。阶级斗争是社会变革和发展的动力，社会发展的价值目标就在于消灭阶级间的不公正现象。[①]早在古希腊罗马时期，柏拉图（Plato）就构建出了一个以统治者、护卫者和生产者三个阶层为主体的“理想国”，通过每个人各守其位、各司其职、和谐统一，实现他理想中的“正义之邦”。在资本主义从萌芽到发展的过程中，受资本逐利性的影响，社会各阶层之间占有生产资料和剩余价值的差距越来越大，工人阶级、农民阶级被资产阶级无情剥削，社会阶级矛盾不断积累，最终引发了社会变革。社会变革的力量主要源于阶级间的激烈斗争，而阶级内部的力量聚合、思想统一和革命队伍建设，主要是依靠不同类型的教育活动。需要注意的是，教育内部存在着普通教育和职业教育的类别区分，这两种教育具备的政治属性、政治目的也存在一定差别。在大多数国家，接受职业教育的多为经济资本、社会资本和文化资本相对薄弱的阶级群体。在资本主义社会，无产阶级由于不占有生产资料，始终处于被资产阶级剥削的地位，这使得职业教育和特定弱势阶级之间形成了“绑定”的社会印象，职业教育无法摆脱工具化的命运，甚至被认为是“低等的教育”。然而，无产阶级政权的建立彻底从政治层面解决了职业教育“被阶级化”的问题。职业教育和普通教育一样，都是为社会主义国家培养建设者和接班人的教育，都是让个体实现全面发展的教育，都是能够将国家需求和个人需求紧密联系的教育。可以说，职业教育的发展过程是劳动者和统治者、无产阶级和资产阶级博弈的过程，是争取劳动者自身权力的过程。

教育的政治性还源于教育活动自身的文化性。人类自有文化以来，就有了教育活动。教育一直是保存、传递并不断创造人类文化的重要活动方式。[②]教育的过程不仅是一个知识传递和思想碰撞的过程，更是一个把个体纳入文化共同体的过程。[③]文化是人类代代生存和发展中积淀下来的固定化的生活模式及其制度产物。大到个体对国家和民族的认同，小到个体生活中的行为习惯和观念表达，都体现了其所在文化环境的内涵特质。这些文化的传承势必通过代际间的传递行为——教育活动来完成。这里的教育活动既有重要群体的潜移默化的言行影响，更有代表国家意志的制度化学校教育的显性介入。因此，教育活动本质上可被视为文化的浸润和传播，是特定观念、理论、思想指导下的社会行为。从古代苏格拉底的“产婆术”，到如今制度化学校教育中的师生互动，其中无不渗透着教师和教育环境对学生在身心方面的深刻影响。不同类型的教育活动所传递的文化内容不同，有普世性强的科学知识，也有具备区域或民族特色的地方知识，这些知识本身是社会认同逐渐生成和固化的结果。即使是那些看似“无政治的”科学技术知识，其使用情境、使用目的等也都会受文化的影响。因此，教育活动自身的文化特质决定了教育并非与政治无涉，而是无时无刻地受到政治的关照，并服务于政治社会的构建。

---

① 张磊，刘长庚．我国公共支出的群体利益归宿研究：基于马克思主义社会阶级结构的视角［J］．财经科学，2021（2）：56–70.

② 朱小蔓．论教育与教育研究的文化性［J］．教育研究，2003（1）：9–10.

③ 陈坎．教育政治性与超越性的关系及其启示：以政治哲学的视角［J］．南昌航空大学学报（社会科学版），2018，20（1）：13–18.

二、政治对职业教育的影响

正是技能和教育天然的政治属性，带来了政治和职业教育间的双向影响关系。职业教育自诞生以来，就凭借技能带来的政治资本和教育内在的政治功能，深深地嵌入了特定的政治场域之中。总的来看，政治制度主要从办学方针、办学形态、人才培养目标和内容四个方面影响职业教育的办学。

（一）影响职业教育的办学方针

办学方针指的是教育的办学方向和目标。职业教育应该怎么办学，在不同时期会受到政治方面的影响，有时甚至是决定性的影响。一般情况下，办学方针主要体现了统治阶级对发展职业教育的期待，而统治阶级对职业教育的看法又会受到多重因素的影响，如民众对职业教育的看法、彼时的经济社会发展对职业教育办学的需求等。因此，政治因素影响办学方针的内部逻辑比较复杂，但总的目标是巩固统治阶级或政治力量的地位。

政治因素影响职业教育办学方针的前提是职业教育从一个私人领域的事务变成了公共事务，且和政治的发展具有一定的利害关系。因此，政治因素影响职业教育办学应追溯至行业协会的兴起。行业协会具有学徒训练、组织、认证、使用等功能，通过构筑行业壁垒和内部的治理体系，实现对某一技术领域的占领和维护，其出现是以商业和手工业阶层的出现为前提的。这一阶层的出现、技术壁垒的建立，以及行会私人关系的公共化，势必对彼时的政治力量、社会治理等产生影响，因此也就产生了以学徒制为特色的职业教育与政治之间千丝万缕的联系。随着行会的日益没落，日益上升的国家权力开始弥补行会留下的权力空缺，例如英国出台的一系列针对贫民安置的法规，使传统的以现场和家庭为阵地的职业训练逐渐成为政府经济政策的领地，政府干预为学徒制由行业约束走向法制奠定了基础。① 而世俗化的学校职业教育的出现，不仅体现了科学对技术的日益渗透，更反映了教育事业日益显著的公共性特征。各国陆续将职业教育纳入公共教育体系，并通过政策性拨款等方式影响职业教育的办学方向，比较典型的是美国的《莫雷尔法案》《帕金斯法》等，尤其是《莫雷尔法案》及根据其建立的赠地学院，开启了美国“国家财政干预—各州自主决策”的职业教育发展模式。

政治对职业教育办学方针的影响，使得职业教育具有了准公共产品的性质。这一点在社会主义国家中体现得尤为明显。中华人民共和国成立以来，党和政府针对不同时期经济社会发展的形势，对职业教育的办学方针做了不同的指示和安排。中华人民共和国成立初期，我国职业教育的办学方针是服务社会主义经济建设，尤其是针对社会建设的紧缺领域培养专业人才，并坚持教育工作服务革命工作的基本方针。改革开放以后，我党工作转向以经济建设为中心，对职业教育的发展更强调其面向全行业、服务劳动技术大军培养的基本方针。新世纪以来，党中央、国务院对职业教育的发展方针做过数次调整，2005年颁布的《国务院关于大力发展职业教育的决定》中明确了“坚持以服务为宗旨、以就业为导向的职业教育办学方针，积极推动职业教育从计划培养向市场驱动转变，从政府直接管理向宏观引导转变，从传统的升学导向向就业导向转变”；2014 年的《国务院关于加快

① 贺国庆，朱文富，等．外国职业教育通史（上）［M］．北京：人民教育出版社，2014：41.

发展现代职业教育的决定》中则将职业教育的办学定位描述为“坚持以立德树人为根本，以服务发展为宗旨，以促进就业为导向”。将立德树人摆在服务发展和促进就业之前，表明党中央国务院对职业教育育人功能的更大期待和更高要求。这一办学方针延续到了2019年的《国家职业教育改革实施方案》及2021年的《关于推动现代职业教育高质量发展的意见》中。

（二）影响职业教育的办学形态

职业教育办学形态指的是职业教育在现实生活中的外在表现形式，它是从具体的、可见的、实体的角度来解释的。[①] 办学形态的形成是一个不断演进的过程，产业结构、社会结构、政治制度等都会对其产生影响。一般而言，很多研究更多地关注经济层面的因素（如生产力变革、生产组织方式变革、技能的投资与回报率等）对职业教育办学形态的影响，然而政治因素往往混杂于经济因素之中，并成为经济因素影响职业教育办学形态的中介因素。在特定的场合中，政治因素还会因意识形态斗争、阶级斗争的激烈程度，而对办学形态的选择起到决定性的作用。

关于政治因素对职业教育办学形态的影响，一些研究主要聚焦于从对政党代表群体的利益的角度进行分析，其背后的逻辑在于政党为维护特定群体利益而采取不同类型的职业教育与培训发展策略。独特的政治斗争和党派联盟共同形塑了一国职业教育和培训体系的基本结构。[②] 桑贾克（M. Sancak）通过对文献的梳理，发现发展中国家的政党可以通过两种方式影响职业教育系统：一是与不同社会政治团体有联系的政党会推动实施不同的职教政策，解决其选民的利益问题[③]；二是政党可以发挥积极作用，通过“政治衔接”为职教创造必要的联盟，并相应地制定职教政策[④]。因此，具有不同党派联盟和政治竞争的中等收入国家会有不同的职教体系。而先进工业国家的三个主要政党，即社会民主党、基督教民主党和世俗保守党的主导地位，导致了具有不同社会经济结果的“人力资本形成的三个世界”：北欧国家的社会民主党在职业教育和培训系统中优先考虑工人的利益，这形成了国家主义/一体化的初始职业教育和培训系统；由于基督教民主党是以工人和雇主之间的跨阶级联盟为基础的，他们被认为会发布解决两个群体利益的职教政策，因此，以基督教民主党政府为主的国家，如德国，开发了具有高公共承诺和高企业参与的初始职教系统，这导致产生了更多的具体培训，限制了人们继续接受高等教育的可能性[⑤]；拥有世俗保守党的政府，如英国和美国，在职教系统中优先考虑企业的利益，并旨在维持有限的税收，这就导

① 郭月兰，徐国庆. 多样化：职业教育办学形态的基本特征[J]. 职教论坛，2014(22)：81-85.

② BUSEMEYER M R. Skills and Inequality: Partisan Politics and the Political Economy of Education Reforms in Western Welfare States[M]. Cambridge: Cambridge University Press, 2015.

③ IVERSEN T, STEPHENS J D. Partisan Politics, the Welfare State and Three Worlds of Human Capital Formation[J]. Comparative Political Studies, 2008(41): 600-637.

④ DE LEON C, DESAI M, TUĞAL C. Political Articulation: Parties and the Constitution of Cleavages in the United States, India, and Turkey[J]. Sociological Theory, 2009(27): 193-219.

⑤ BUSEMEYER M R, TRAMPUSCH C. Introduction: The Comparative Political Economy of Collective Skill Formation. In: The Political Economy of Collective Skill Formation[M]. Oxford: Oxford University Press, 2012: 3-38.

致在拥有这些政府的国家中，职教系统的国家承诺和企业参与程度都很低[①②③④]。布斯迈耶（Marius Busemeyer）的研究还指出：与社会民主党人提倡的职教体系相比，基督教民主党人提倡的职教体系导致了更高的不平等水平，而与世俗保守党人薄弱的职教体系相比，他们创造的收入不平等程度较低。上述研究结论也被桑贾克用于分析土耳其党派政治对该国职业教育体系的影响，他的研究结果指出：执政的正义与发展党在土耳其职业教育和培训体系的变化中发挥了关键作用。中小企业和劳动力市场的局外人，即政治和经济制度的局外人，组成了正义与发展党的主要选民。与以往的政党不同，正义与发展党关注的是局外人的经济利益，职业教育和培训成为处理这两个群体利益的重要工具。21世纪的正义与发展党政府将中小企业和工人的利益保障纳入职业教育和培训政策，形成了具有国家高度承诺的职业教育和培训体系。[⑤]

也有研究认为，政治制度决定职业教育办学形态并不是以中介变量的方式进行，而是以自变量的形式进行的。例如马凯慈等人的研究构建了“政治制度→产业关系系统→职业教育系统”的分析模型，其中包括两条传导路径。一是一个国家的政治制度影响了政府在技能培训中承担的义务和雇主管理培训的能力，多党制与单一制的政治制度会促使政府在公共服务上承担更多的义务，而在比例代表制国家，企业愿意承担更多的赋税，因为它们认为自己的利益可以得到更好的代表。二是政治制度还通过影响产业关系系统间接影响职业技能培训系统，因为不同的政治制度造就了三种不同形式的产业关系系统：大法团主义、行业法团主义、多元主义。不同的产业关系系统会形成不同类型的职业教育与培训架构。[⑥]张文玉等人的研究考察了政府介入公共技能和可转移技能培训方面的动机，认为政治对职业教育办学形态的影响是出于执政者对自身的经济及政治利益的考量，以及企业与个人对执政者所施加的压力。[⑦]

一些研究还关注到了工会作为变量在政治和技能形成之间发挥的功能。在西方发达资本主义国家，工会主要作为社会性存在，在社会治理场域作为社会性力量而参与国家的政治活动[⑧]，一般情况下，西方国家的工会在政党间独立，具备

---

① BUSEMEYER M R. Skills and Inequality: Partisan Politics and the Political Economy of Education Reforms in Western Welfare States[M]. Cambridge: Cambridge University Press, 2015.

② BUSEMEYER M R, SCHLICHT-SCHMÄLZLE R. Partisan Power, Economic Coordination and Variations in Vocational Training Systems in Europe[J]. European Journal of Industrial Relations, 2014(20): 55–71.

③ IVERSEN T, STEPHENS J D. Partisan Politics, the Welfare State and Three Worlds of Human Capital Formation[J]. Comparative Political Studies, 2018(41): 600–637.

④ THELEN K. Vocational Education and Training: Varieties of Liberalization and the New Politics of Social Solidarity[M]. Cambridge: Cambridge University Press, 2014: 71–111.

⑤ SANCAK M. Partisan Politics of Skills in Middle-income Countries: Insiders, Outsiders and the Vocational Education System of Turkey[J]. Competition & Change, 24(3–4): 291–314.

⑥ 马凯慈，陈昊．政治制度、产业关系与职业教育的起源与发展：基于西方国家的比较研究[J]．北京大学教育评论，2016，14(3)：2–19，188–189.

⑦ 张文玉，刘明兴．职业教育成本分担的政治经济逻辑分析[J]．职教论坛，2016(22)：5–10.

⑧ 宋道雷．国家与社会之间：工会双重治理机制研究[J]．上海大学学报(社会科学版)，2017，34(3)：121–133.

谈判的资格。不同国家的工会会凭借其对企业、行业劳动力资源的协调权力，在多党派之间谋取政治利益，以影响执政党的劳工政策和产业政策[①]，进而在客观上形塑本国职业教育的发展模式。凯瑟琳·西伦（Kathleen Thelen）通过对德国、英国、美国和日本的技能形成体系的比较研究发现，不同国家在职业技能培训体系上存在差异的原因可以追溯到工业化早期，独立工匠、产业技术工人与技能密集型产业中的雇主之间所达成的政治妥协安排不同。英国和美国的工业化是在专制色彩较弱的政治体制下生成和发展的，有利于技术工人联合起来掌控技工市场以保护自己的权益。但是这种工会的出现使技能形成模式处于一种阶级分化抗争的境地，工会和雇主之间围绕对技能供给的操纵问题形成了激烈的对抗关系，从而削弱了雇主参与投资培训的内在动力。相反，德国和日本的工业化基于其强有力的威权主义政体，现代工会组建的目的不在于对技能供给的掌控，而在于在与传统手工业部门的竞争中，塑造现代工业体系中独立的、稳定可靠的技能资格认证权。[②]

可以看出，现有的研究勾勒出了政治因素影响职业教育办学形态的基本路径及外部可能的影响因素，其核心分析逻辑主要是基于政党政治所代表的利益诉求，以及特定政治制度下议事、决策的规则和习惯。这些都会从不同方面形塑一个国家职业教育的办学，最终实现办学形态、政治制度和产业关系之间的动态平衡。

（三）影响职业教育的人才培养目标

人才培养目标回答了教育机构“为谁培养人”和“培养什么样的人”这两个基本问题。教育的对象是人，而人本身具有极强的主观能动性和可塑造性。从维护统治地位和社会稳定的角度出发，政治介入职业教育的核心目的，就是规定人才培养的目标，从而为统治阶级的意识形态建设和经济社会发展服务。

讨论人才培养目标，就不得不涉及教育的目的论。教育目的是一定的社会对教育所培养人才的质量规格的总要求，一般由两部分组成：一是就教育所要培养出的人的身心素质作出的规定，即指明受教育者在认知、社会性、情感等方面的发展，以期受教育者形成某种个性结构；二是就教育所要培养出的人的社会价值作出规定，即指明这种人符合什么样的社会的需要或为什么阶级的利益服务[③]，而后者往往是人才培养目标政治性的体现。古希腊时期的城邦政权旨在培养民主社会的公民和骁勇善战的士兵，实现对不同类型城邦政治制度的巩固；中世纪时期的神学教育则强调通过教育培养“上帝的子民”，实现人人顺乎上帝旨意地发展；世俗化国家则通过国家对教育的介入，满足统治阶级对人才培养的需求。

中华人民共和国成立以来，对包括职业教育在内的各级各类教育人才培养目标的确定，都显示出了意识形态要求和政治立场。《中央人民政府教育部关于第一次全国工农教育会议的报告》中就明确了高级知识分子的“工农出身”，1958年的《中共中央、国务院关于教育工作的指示》中明确指出教育的目的是培养有社会主义觉悟的有文化的劳动者，

① 陈沛然．中西方企业工会维护职能的特性及当代形态［J］．甘肃社会科学，2018（3）：248–255.

② 西伦．制度是如何演化的：德国、英国、美国和日本的技能政治经济学［M］．王星，译．上海：人民出版社，2010：21–22.

③ 王全宾．教育功能、教育价值、教育目的论［J］．山东师大学报（人文社会科学版），2001（5）：39–41.

这是全国统一的。[①] 改革开放后的每一份教育改革文件,也都始终强调教育的政治方向,并把“立德树人”作为人才培养的首要目标。闫广芬等人曾对中华人民共和国成立以来职业教育的人才培养定位做了梳理,她认为职业教育人才培养目标大致经历了“奠基期、重建期、探索期、变革期和繁荣期”五个阶段的发展,分别形成了“技术工人、熟练劳动者、专门人才和实用人才、技能型人才和拔尖创新人才、高技术技能人才”五个人才培养目标。这些目标调整的背后,有着充分的对政治因素的考量,尤其是新中国成立初期对“巩固与发展人民民主专政”、社会改造等的强调,转变至改革开放以后对“提高民族素质和推动社会进步”的强调,显示了不同时期统治阶级对社会发展主要矛盾的判断,以及对职业教育人才培养目标的规定。[②]

(四)影响职业教育的内容

教育内容是教育实施的载体,也是政治对教育事业影响最直接的领域。统治阶级通过对教育内容的倾向化选择、结构化设计、政治化加工,划定了进入学校教育领域的知识的合法性边界,并最终实现了其特定的政治意图。阿普尔(Michael W. Apple)著名的“谁的知识最有价值”之问,就揭示了知识合法性的“价值选择”问题,暗含着意识形态与教育的关系。[③]

合法知识地位的认定是在可界定的阶级、种族、性别和宗教团体之间存在的复杂的权力关系和斗争的产物。因此,教育和权力是不可分割的两个概念。……学校知识的选择和组织是一个意识形态过程,满足的是特定的阶级和社会团体的利益。然而,这并不说明,整个的学校知识是“统治阶级意志的镜面反映,以一种毫不妥协、强制的方式强制执行”。相反,“文化的融合的过程是能动的,它反映了占统治地位文化的持续性和矛盾性以及那种文化真实性系统的持续再造和再合法化”。

——节选自迈克尔·阿普尔著,曲囡囡、刘明堂译:《官方知识——保守时代的民主教育》(第二版),华东师范大学出版社 2004 年版

职业教育的内容是否受意识形态的影响?有人认为,职业教育的内容更多的是所谓“客观、中立”的科学技术知识,不具有太多的意识形态色彩。但实际上,进入学校课堂的知识本身就是经过筛选、设计和组织后的知识,就已经带有了统治阶级审视世界的视角。知识本身的普适性、客观性并不影响知识选择、表述和使用的价值倾向性。总的来看,政治对职业教育的内容的影响主要表现在以下几个方面。

一是强化了职业教育的思想政治教育功能。学校职业教育的出现,以及国家将职业教育纳入国民教育体系,都强化了统治阶级干预职业教育内容的选择、组织和呈现的权力。其中,对思想政治教育的渗透便是最为突出的表现。西方国家的职业教育体系中大都包括公民教育的内容,其中就涉及对国家政治制度、政治思想的宣传和认同。我

---

① 中央档案馆.中共中央文件选集(第 29 册)[M].北京:中共中央党校出版社,1989:37.

② 闫广芬,李文文.新中国成立 70 年来职业教育人才培养目标的“中国特色”[J].中国职业技术教育,2019(36):27-33.

③ 张万红,冯琦,周治国.官方知识与权力的关系新论:基于阿普尔的批判教育思想[J].教育评论,2016(5):23-25.

国政府主导的学校职业教育体系也承载着思想政治教育的功能，例如通过设置独立的思想政治教育课程体系并配备师资、实施课程思政项目并通过“三全育人”实现思想政治教育的全覆盖，实施不同形式的职业素养教育以培养学生爱岗敬业、奋斗报国的职业精神等。

二是以课程和教材为中介规范了职业教育教学内容的政治立场。“文本不仅仅是‘事实’的‘传递系统’，它们是政治、经济和文化活动、斗争以及妥协的产物。它们是由那些有着特定利益取向的特定的人所酝酿、设计和完成的。它们的出版是在市场、资源与权力的政治和经济的制约之下进行的。”① 阿普尔剥离了披在文本之上的客观性外衣，道出了文本作为文化传播载体背后的意识形态倾向性，而学校教育正是通过课程和教材这两类最直接的载体，实现了对统治阶级教育思想的贯彻。职业教育课程的内容主要源于工作任务和职业能力分析，然而什么样的工作任务和职业能力会进入课程开发的视野，不仅会受到产业界意见的影响，而且会受到意识形态方面的影响。国家或省级教育行政部门通过开发指导性或者强制性的专业教学标准、课程标准等规范化的课程文件，规定职业院校课程内容的选择范围和教学方式，从而实现对统治阶级人才培养目标的贯彻。教材中的地图使用、案例选择、观点倾向，编者的政治立场等都会受到政治性因素的影响，国家通过对部分教材编写权的限制、对教材编写者的政治审查、对教材出版和发行的审查，实现对职业教育教学内容政治立场和意识形态要素的规范。

三是以专业设置制度为依托规范了官方知识的边界。专业设置也是一种知识合法性边界的设定途径。专业设置主要通过实体性控制和程序性控制来实现官方知识的控制：实体性控制指的是通过国家层面的专业设置和调整来对知识进行选择、通过专业目录对知识进行框限、通过专业布点对知识进行空间分布的安排和对专业的课程设置提出要求；程序性控制指的是规定专业设置条件、审批权限和设置程序。② 各国对职业教育专业设置的管理方式各有不同，例如德国设有《培训职业目录》，其中的每个“培训职业”都有一份《职业教育条例》，内容包括教学年限、教学内容要点、考试要求及在企业实施教学的“企业教学大纲”。我国则有教育部公布的中高职专业目录，主要规范专业设置的范围、名称和规则。专业目录具有实施层面的强制性，但是为了保证不同地区专业内涵建设的自由度，也在专业的开设上做了一些松绑的措施，例如允许在专业名称后加方向的形式，细化专业建设内容；从过去的审核制改为目前的备案制，提升职业院校专业调整的灵活性和及时性等。

三、职业教育对政治制度的影响

上文在分析中涉及了技能的特性对政治话语权的影响，以及政治制度对职业教育办学形态的影响。实际上这几个变量之间呈现的是交互式的影响过程，职业教育也会通过人才培养的方式，反作用于政治力量。这种影响体现在三个方面：一是职业作为教育载体所具有的公民教育的功能，二是本国的职业教育模式对阶层的影响，三是职业教育作为智库的决策咨询功能。

① 阿普尔．官方知识：保守时代的民主教育［M］．2版．曲囡囡，刘明堂，译．上海：华东师范大学出版社，2004.

② 樊平军．专业设置：一种官方知识的控制［J］．中国高教研究，2010（7）：40-44.

（一）职业作为教育载体的公民教育功能

职业教育的公民教育功能源于职业自身的社会性和综合性。凯兴斯泰纳（Georg Kerschensteiner）的劳作学校理论，可以被理解为“公民教育的职业化”和“职业教育的公民化”。他认为，传统学校过于注重记忆的训练和知识的灌输，忽略了教育和社会的联系，忽略了工业社会对人才的需求。在《工作学校要义》一书中，他做了一个这样的比喻：“如果人先把‘正当的知’学来了，不怕没有机会去学那‘多知’。但是‘正当的知’若不从他的眷属和实行上着手，是永远学不到的。”[①] 因此，他认为培养“有用的国家公民”，应该致力于培养学生扎实的职业技能和公民道德，通过职业陶冶的伦理化和团体生活的道德化，实现将职业能力的培养与公民教育融合。[②] 而实现二者融合的基础在于工作本身的理实一体、德技并修的功能。

杜威认为，为职业开展的唯一恰当的训练，就是通过职业本身来训练。这种判断是基于其教育的无目的论来阐述的，即职业教育不应局限于把让学生从事某种职业作为其固定的目的，这种做法“有损于他当下发展的可能性，也有损于为未来合适的职业做充分的准备……（因为它可能使人厌恶、反感和不上心），这将会牺牲诸如敏锐的观察和连贯、细致的计划等特质，而正是这些特质，使职业在理智上得到回报。对于独裁统治的社会来说，约束自由和责任感的发展往往是有意为之的；少数人编制计划、下达指令，其他人则遵从指令，而且被有意地束缚在有限的、规定好的奋斗道路中。不管这种方案多么有益于提高某个阶级的声望和利益，它都明显地约束被统治阶级的发展，也使统治阶级通过经验来学习的机会变得僵化而有限”[③]。这种基于构建民主社会的目的而对职业教育所做的解读，揭示了职业作为一种教育载体的思想引领、道德培养的功能。

（二）职业教育模式对阶层的影响

一国职业教育模式的生成会受到党派政治模式的影响，而这种影响所产生的利益格局也会反作用于个体的政治观念及其党派选择。尽管这方面的研究数量并不多，但仅有的一些实证研究也提供了一些证据，例如蒙克通过定量分析 2013 年国际社会调查（ISSP2013），发现决定英国公民是否支持本国公投退出欧盟的最主要因素不是通常所认为的社会阶级地位和反移民倾向，而是个体所具有的技能专有性：与通用型技能工人相比，专用型技能劳工更有可能支持国家退出欧盟。这是因为专用型技能工人失业后再就业的可能性更小，因此其更倾向于反对加剧市场竞争从而增加失业风险的欧洲一体化进程。[④] 而库尔特（Coulter）以英国为对象的研究也发现，2004 年后，英国大量来自东欧和中欧的移民通过削弱公司投资培训的动力，帮助维持了制造业和服务业的低成本。这与英国技能体系的普遍失败结合在了一起。该体系在很大程度上倾向于培养具有一般技能的毕业生，但忽视了劳动力市场中低层的需求。因此，欧盟一体化加剧了高生产率部门和

① 克申什太奈．工作学校要义［M］．刘钧，译．上海：商务印书馆，1935：18.

② 陈爱江，何振海．凯兴斯泰纳的“劳作学校”理论及其现实意义［J］．河北大学学报（哲学社会科学版），2007（3）：53–56.

③ 杜威．民主与教育［M］．俞吾金，孔慧，译．上海：华东师范大学出版社，2019：372.

④ 蒙克．技能专有性、福利国家和欧洲一体化：脱欧的政治经济学［J］．世界经济与政治，2016（9）：123–154，159–160.

低生产率部门之间的技能分歧，并可能促成了导致英国脱欧的社会分裂。[①] 可见，掌握技能的人才会凭借其理性判断，在政治场域中作出利己的选择，并影响本国已有的政治生态版图，从而影响国家的政治走向。

（三）职业教育作为智库的决策咨询功能

作为嵌入社会系统的子系统，职业教育内部也存在着直接影响政治的能量和方式。这种影响主要体现在基于科学研究的决策咨询上。在西方国家，职业教育机构通常会通过学会、协会、研究中心等具有明显利益代表特点的机构，基于游说、宣讲等方式实现对决策者的影响。例如美国的社区学院协会（AACC）就是典型的为美国社区学院争取资金和政策支持的独立机构。[②] 我国职业教育的决策咨询功能则更多地带有公共性和问题导向的特征，一方面研究型大学自主建有各类研究机构或学科点，通过论文、报告等形式向社会公开研究成果，推动对职业教育问题的思考和解决，并依托学派形成影响决策的学术力量；另一方面政府部门也会根据自身工作需求，通过设立研究机构、设立招标课题等形式委托职业教育研究组织承担特定科研任务。这种决策咨询的功能既源于职业教育自身的专业化发展水平，也源于职业教育政治表达的内在需求。

四、职业教育与政治制度间的双向互动关系模型

在技能和教育政治性的支撑下，政治和职业教育之间形成了如图 3-1 所示的双向互动关系模型。

（一）以技能形成体制为中介的政治对职业教育的影响

政治对职业教育的影响存在两条路径。一是通过颁布政策、下达指令等强制性的方式，对职业教育直接产生影响。例如国家通过制定专业目录规范职业院校的专业设置行为，通过开发专业教学标准规范职业教育的基本内容等。二是基于技能形成体制这一中介发挥对职业教育的影响。在两党制或多党制的国家中，不同党派代表不同社会群体的利益。当一个党派执政后，它会根据其对劳工阶层的态度、对企业劳工政策的倾向性、本国产业政策等因素，通过政策等形塑本国的技能形成体制，包括哪些人有权利接受职业教育、国家是否深度介入职业教育、政府和市场主体按照何种机制投资职业教育、公共技能和特殊技能供给的比例和方式等。对这些问题的判断和解决会直接影响到本国职业教育的发展形态和方式。

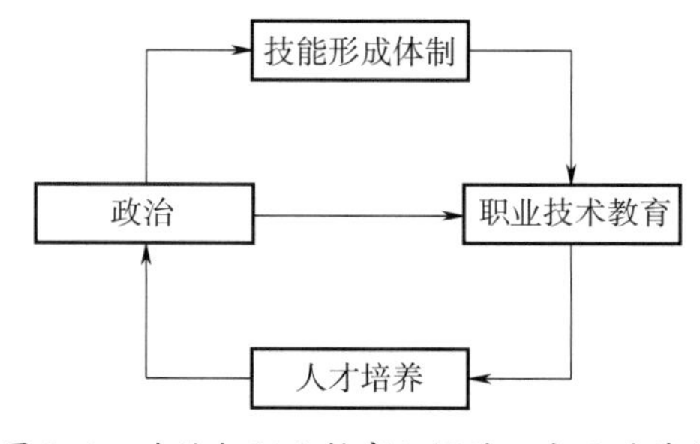

图 3-1　政治与职业教育之间的双向互动关系

（二）以人才培养为中介的职业教育对政治的影响

职业教育具有反作用于政治最重要的中介——人才。职业教育往往会通过人才培

① COULTER S. Skill Formation, Immigration and European Integration: the Politics of the UK Growth Model [J]. New Political Economy, 2018, 23(2): 208-222.

② 陶军，王雍铮．美国社区教育智库影响力：来自社区学院协会的启示［J］．现代远程教育研究，2015（6）：55-61.

养，进一步强化已有的技能形成体制，尤其是不同类型技能的供给对象和供给方式、政府和市场主体在技能供给中的角色和权责关系等，进而强化本国的利益分配格局、阶层分布和政治派别，最终固化已有的政治制度。当然，除了固化作用，在外部因素（如改造职业教育的社会职能、在职业教育的内容中渗透其他意识形态教育、强化职业教育对象的阶级意识等）的作用下，职业教育也可以消解乃至推翻已有的政治制度，形成一国新的政治格局。这一点充分体现在中国共产党建党初期对工人教育的改造，以及在社会主义建设时期高度重视职工教育的政治性、思想性上，其目的均是通过对职业教育功能、方向、内容的改造，实现对工人阶级的意识和行动的影响，以推翻旧有的社会制度，建立工人阶级领导的、以工农联盟为基础的人民民主专政的社会主义国家。可见，技能作为生产要素并非全由市场决定，技能为个体带来的收入保障、为企业带来的资本增值、为劳工带来的阶级特性，使其具备了在政治场域中获取话语权的基础。公共技能和特殊技能、简单技能和复杂技能、通用技能和领域技能等的差别，使技能赋予个体和组织不同的经济利益和政治话语权，从而产生了社会诉求、政治观点乃至价值体系的区别。

第二节 职业教育相关政治学理论

从政治学的视角审视职业教育，需要我们了解与之相关的重要政治学理论。政治学理论可以为我们剖析社会现象提供有效的工具，尤其是在对若干政治体制差异较大的国家进行比较研究时，政治学的视角往往能映射出有独特价值的结论。本节将重点介绍与职业教育密切相关的三个政治学理论：阶级理论、政党理论、知识与权力的关系理论。

一、阶级理论

（一）阶级的本质与发展

阶级是社会权力结构中的主体，是占有某种资源或资本，因而具有某种权力的社会群体或社会集团。同理，阶级也是以追求社会资源和生活机会及相应的社会权力为目标的利益集团[①]，因此，阶级首先是一个经济概念，任何阶级作为一个经济实体的存在，都先于其作为政治实体的存在。而从经济实体到政治实体的转变，需要经历一个从自发到自觉的过程。这种自觉会使阶级产生政治上的觉醒，进而提出本阶级的政治要求并将其付诸

① 李路路，杨娜．社会变迁与阶级分析：理论与现实［J］．社会学评论，2016，4（1）：3-11.

实践。因此，阶级划分被视为政治划分的基础。①

很多学科均涉及社会阶级的研究，政治学视角下的阶级理论重点关注阶级背后的政治倾向、利益诉求及权力斗争。马克思主义认为，阶级是生产力发展到一定历史阶段的产物②，生产力发展使得社会上出现了剩余产品，这为剥削行为和阶级的分化提供了前提条件。同时，生产力的不断发展又会使阶级对抗的现象持续存在。早在几千年前的古希腊时期，亚里士多德（Aristotle）就在他的《政治学》中论述了不同的经济地位、社会阶层对人们的政体选择偏好的影响。近代的资产阶级经济学家最早分析了阶级和阶级斗争现象，尽管他们的分析更多地局限于本阶级的立场，但体现出了透视政治的视角正在发生转移，阶级成为分析纷纭复杂的政治矛盾的基本范畴。③资本主义生产方式下，社会阶级的对立主要表现为资产阶级和无产阶级之间的对立，且呈现出阶级对立简单化、表现为劳资对立和政党对立等特征。无产阶级专政是阶级斗争的必然产物，是无产阶级实现其伟大历史使命的必然途径，而生产力的高度发展则是阶级消亡的条件，这一过程漫长而又复杂。

（二）职业教育发展背后的阶级性

阶级理论是分析教育政治性的重要理论工具。马克思主义认为道德始终是阶级的道德，教育的发展中一定存在政治性。④教育的政治功能表现在教育为一定的阶级、一定的政治路线服务，为巩固和发展一定社会的政治经济制度服务。⑤无论是一类教育、一所学校，还是一份课程标准、教学计划，都或多或少地带有阶级色彩。在资本主义国家中，职业教育呈现出鲜明的阶级性特点，表现在职业教育重在培养为资本家服务的工人而非独立发展的人、职业教育自身呈现出浓厚的商品属性、职业教育成为不同阶级争取利益的博弈点等。因此，在分析一个国家的职业教育发展模式、透视该国学校和企业的合作关系及其本质时，应善于运用马克思主义理论解释各国职业教育发展中的现象和问题，充分借鉴阶级理论及其分析问题的思路，从劳资关系、阶层结构、阶级分析等视角入手，透视一个国家职业教育的发展历程及其内部的政治角力。

二、政党理论

（一）政党是阶级斗争的产物

政党在现代政治的运作中发挥着基础性作用，它是现代政治的主要组织原则。现代意义上的政党起源于近代西方国家。在近代西方国家及其资产阶级民主制度日趋成熟的过程中，当社会开始足以容忍政治分裂、容忍为权力而进行的有组织的竞争并力图将其制度化时，政党就产生了。⑥政党可以被理解为为赢得执政权力的人们组成的团体。⑦马克思主义认为，政党是阶级的组织，是阶级斗争发展到一定阶段的产物，其首要任务就是组织

① 王沪宁．政治的逻辑：马克思主义政治学原理［M］．上海：上海人民出版社，2016：99–100.

② 杜利娜．马克思主义阶级理论的时代价值与创新路向［J］．毛泽东思想研究，2019，36（4）：130–137.

③ 王沪宁．政治的逻辑：马克思主义政治学原理［M］．上海：上海人民出版社，2016：83.

④ 冉亚辉．马克思主义教育思想与当代中国教育的发展［J］．教育评论，2012（1）：3–5.

⑤ 曾繁铬．对教育的阶级性及其政治功能的再认识［J］．中国高等教育，1990（12）：8–11.

⑥ 杨光斌．政治学导论［M］．5版．北京：中国人民大学出版社，2019：145.

⑦ 海伍德．政治学［M］．张立鹏，译．3版．北京：中国人民大学出版社，2013：164.

本阶级的成员进行阶级斗争。[①] 资产阶级政党是资产阶级的政治组织，它不是超阶级的组织，而是资产阶级进行政治统治的工具，其首要目的和核心任务就是维护有利于资产阶级统治的政治秩序及社会利益分配机制。无产阶级政党是无产阶级组织的最高形式，具有阶级性、先进性和斗争性三个基本特点。[②]

政党一般具有代表、培养和录用精英、制定目标、利益表达和聚合、社会化和动员、组建政府等多个功能。[③] 而当政党之间产生了互动关系，并对国家政治体系产生影响时，政治制度就产生了。政治制度对一国的政治发展、政府稳定等有着显著的，乃至根本性的影响。现代政治中的主要政党制度有一党制、两党制、多党制等。我国实行的是中国共产党领导的多党合作和政治协商制度，中国共产党是执政党，民主党派是参政党，这是符合中国国情的社会主义政党制度。

（二）职业教育发展背后的政党角力

第一节中呈现的部分研究揭示了国家职业教育发展模式背后的政党因素。这里的政党因素本质上源于政党所代表的阶级或群体利益。在西方资本主义国家，政党制度确立了内阁和议会部门之间的关系结构，决定其偏向冲突还是合作，塑造政治文化的一般品格。桑贾克、马凯慈等人的研究架起了政党制度和职业教育发展模式间的桥梁[④]，较好地揭示了不同类型党派政治背后权力的运作关系与技能供给和使用模式间的内在互动机制。然而，关于这两个变量间的关系仍缺乏更多的理论思考和实证研究。尤其是我国实行的中国共产党领导的多党合作和政治协商制度，关于如何塑造具有中国特色的职业教育发展模式，仍未见系统、深刻的研究。

除了政党，西方资本主义国家的社会中还存在大量的利益群体。这些利益群体代表成员的利益并试图影响政府的政策和法律的组织及社会运动。[⑤] 这些利益群体，包括宗教组织、大学、公司等，都有其自身的政治利益，它们往往会通过院外活动（指利益集团对议院和政府进行的游说活动）来寻求施加影响。与职业教育发展有关的社会团体也会通过这种形式推进符合自身利益的政策，例如大企业的游说活动往往指向降低用工成本，而工会对政府的游说则倾向于维护员工的权益，一些由同类学校成立的全国性的协会则扮演着为组织争取集体利益的角色。

身处"百年未有之大变局"和"国际国内双循环格局"的时代大背景下，全过程民主和新型政党制度在中西对比过程中建构出了一套具有中国特色的话语体系，展示出了中国民主政治的旺盛生命力。[⑥] 中国的政党制度能够真实、广泛、持久地代表和实现最广大人民的根本利益、全国各族各界的根本利益，有效避免了旧式政党制度代表少数人、少数

---

① 王沪宁．政治的逻辑：马克思主义政治学原理［M］．上海：上海人民出版社，2016：311.

② 王沪宁．政治的逻辑：马克思主义政治学原理［M］．上海：上海人民出版社，2016：331.

③ 海伍德．政治学［M］．张立鹏，译．3版．北京：中国人民大学出版社，2013：182.

④ 马凯慈，陈昊．政治制度、产业关系与职业教育的起源与发展：基于西方国家的比较研究［J］．北京大学教育评论，2016，14（3）：2-19，188-189.

⑤ 波普诺．社会学［M］．李强，等，译．11版．北京：中国人民大学出版社，2007：543.

⑥ 阙天舒，方彪．国家治理场域中全过程民主与新型政党制度：基于新时代中国话语建构的视角［J］．社会主义研究，2021（4）：80-87.

利益集团的弊端，创造了和谐稳定、各司其职的政党关系。[①] 深刻分析中国共产党的治国理念和行动方略如何影响中国技能供给体系的构建，以及职业教育发展模式的确立，对于构建有中国本土特色的职业教育政治学理论具有重要意义。

三、知识与权力的关系理论

（一）阿普尔的“官方知识”理论

阿普尔首次提出了“谁的知识最有价值”的学术问题，其核心论著和学术成果集中于对“知识与权力的关联”这一论题的探讨之中。在保守主义复兴的时代，阿普尔基于彼时美国教育重组和改革所导致的政治化倾向，揭露了资本主义社会经济杠杆背后的教育伦理悖论，探讨和思索了知识与权力的复杂关系。[②]

在《官方知识：保守时代的民主教育》一书中，阿普尔较为系统地阐述了官方知识的相关理论。阿普尔聚焦于教育过程中的“文本”，认为它是意识形态和教育冲突的重心。文本不仅是事实的传递系统，更是政治、经济和文化活动，斗争和妥协的产物。阿普尔指出，学校知识的选择和组织是一个意识形态过程，满足的是特定的阶级和社会团体的利益。然而这并不说明，整个的学校知识是“统治阶级意志的镜面反映，以一种毫不妥协、强制的方式强制执行”。相反，文化融合的过程是能动的，它反映了占统治地位文化的持续性和矛盾性，以及那种文化真实性系统的持续再造和再合法化。课程安排在美国这样的国家不是强制推行的，它们经常是冲突和谈判的产物，是统治阶级试图重建霸权政治而将非统治阶级的知识关键整合到统治阶级话语权的保护伞之下过程的产物。[③] 此外，教师和学生对于“官方知识”也会存在能动的反应，阿普尔指出，“我们不能假设（课本中）文本的内容在实际上得到了传授，我们也不能假定所传授的内容就一定得到了接受。……当教师在教室中运用文本材料的时候，他们经常会对其进行改变和加工。学生在接受时也带有特定的阶级、种族、宗教和性别经历。他们也会有选择地接受、解读和拒绝那些所谓的合法知识”[④]。

（二）福柯的知识－权力关系理论

斯宾塞（Herbert Spencer）提出了“什么知识最有价值”，阿普尔提出了“谁的知识最有价值”，福柯（Michel Foucault）则提出了“知识（或者权力）如何运行才最有价值”[⑤]。福柯对权力有独到的见解，他认为权力是多形态的，它不仅表现为常见的司法、暴力机关及其运作方式，同时还渗透到社会的不同领域，在工厂、学校等组织中，以话语、知识、肉体

---

① 吕楠．新型政党制度对马克思主义多党合作思想的发展及其世界意义［J］．当代世界与社会主义，2021（6）：81–89.

② 张万红，冯琦，周治国．官方知识与权力的关系新论：基于阿普尔的批判教育思想［J］．教育评论，2016（5）：23–25.

③ 阿普尔．官方知识：保守时代的民主教育［M］．曲囡囡，刘明堂，译．2 版．上海：华东师范大学出版社，2004：56–57

④ 阿普尔．官方知识：保守时代的民主教育［M］．曲囡囡，刘明堂，译．2 版．上海：华东师范大学出版社，2004：62

⑤ 李孔文，王嘉毅．福柯知识权力理论及其教育学意蕴［J］．华东师范大学学报（教育科学版），2011，29（3）：1–9，32.

等多种形式表现。[①] 此外,他还将权力视为一种交错的复杂网络。“权力以网络的形式运作,是去中心化的存在。在这个网上,个人不仅在流动,而且他们总是既处于服从的地位又同时运用权力。”[②] 福柯对权力的这一认识挑战了传统的知识与权力观,即知识和权力并非两个独立存在的主体,实际上,知识的发展过程伴随着权力的产生和实施。权力产生知识,而知识则以权力的形式发挥功能,进一步传播权力的影响力。本质上,“知识就是权力”,不存在任何客观、公正、价值无涉的知识,知识仅仅是规训、控制人的工具。权力和知识的合谋,构成了福柯知识 - 权力关系理论的核心观点。

阿普尔和福柯的知识 - 权力关系理论从不同视角揭示了知识背后的权力色彩,以及知识和权力之间的融合机制。因此,看似客观中立的知识,在政治权力的渗透和介入中产生了价值倾向性。这是环境影响教育的必然结果,也是在分析职业教育现象、总结职业教育模式、探索职业教育发展道路时所必须考虑的现实基础。例如常被提及的“职业教育标准化”,其实就反映了职业知识与权力的复杂关系。当标准成为各国职业教育治理的重要载体,标准化构成政府、产业、社会等不同利益相关主体的博弈场域时,职业教育标准化需要解决的首要问题即谁具有制定标准的权力。这一问题涉及谁拥有对“官方知识”的界定权。例如在“政府组织 - 产业 / 行业介入”的标准开发模式中,如何协调不同规模企业和地域的雇主对地方性知识的不同诉求?在由行业或企业主导的标准开发模式中,如何协调不同企业之间,以及企业和学校之间对标准的不同理解?不同类型和功能的标准应该由谁来牵头制定和实施?不同主体主导的标准,暗含着对标准功能定位和内容选择的不同取向。

四、关于职业教育政治性的经典论述

(一)马克思、恩格斯和列宁关于职业教育政治性的论述

马克思和恩格斯(Friedrich Engels)对职业教育政治性的论述,是以分工带来的人的片面发展作为切入点的。恩格斯认为“生产本身,它也像人们的智力发展和体力发展一样,只有在城乡之间、工农业之间的旧有分工消除之后,才能达到高级程度”[③]。而马克思指出了资产阶级统治下的工人“行动不自由,他们在很多场合……不能理解自己孩子的真正利益或人类发展的正常条件……但不管怎样,最先进的工人完全了解他们阶级的未来,从而也是人类的未来,完全取决于正在成长的工人一代的教育……从这一点出发,我们说,如果不把儿童和少年的劳动和教育结合起来,那无论如何也不能允许父母和企业主使用这种劳动”[④]。列宁(Lenin)曾深刻地批评资本主义社会职业教育的“不问政治”。资产阶级从人性论的角度出发,用“爱”“发展个性”的论述维护职业教育的非政治性。然而列宁认为这是资本主义伪善的说法[⑤],是试图将工人阶级培养成资本奴仆的意识形态灌输,是片面的职业教育。正因为如此,列宁认为社会主义社会发展职业

---

① 吕振合,王德胜.知识与权力:从福柯的观点看学科场域中的权力运作[J].自然辩证法研究,2007(9):41–45.

② 福柯.必须保卫社会[M].钱翰,译.上海:上海人民出版社,1999:28.

③ 人民教育出版社教育室.马克思、恩格斯、列宁论教育[M].北京:人民教育出版社,1993:111.

④ 人民教育出版社教育室.马克思、恩格斯、列宁论教育[M].北京:人民教育出版社,1993:104.

⑤ 中共中央马克思恩格斯列宁斯大林著作编译局.列宁专题文集:论社会主义[M].北京:人民出版社,2009:29.

教育，必须为无产阶级政府服务，坚持党的政治领导原则，并与生产劳动相结合，借助综合技术教育的方式培养人的核心能力，从而实现人的全面发展。[①]关于综合技术教育，马克思认为“综合技术教育旨在弥补分工所造成的缺陷，因为分工妨碍学徒获得本身业务的牢固知识”。

（二）杜威关于职业教育政治性的论述

杜威对于职业教育的政治功能也有独到见解。杜威从构建民主社会的角度，分析了彼时对教育“职业性”和“非职业性”割裂认识的缺陷，认为工业训练的过程并不是一个只会教人在社会上生存、忍受社会不公的过程，而应被视为一个促进个体文化素养和综合发展的过程。而且随着工业性职业在社会发展中的重要性的提升，以及工业性职业自身科学化的发展，工业训练本身获得了“更多的理智内容和更大的文化可能性”。工业生活在教育上的应用，将使那些从事工业相关职业的人有能力参与社会控制，成为掌握工业命运的主人，增强其参与社会建设的责任意识。[②]

假如职业教育的方案以现行的工业体制为出发点，很可能承载并保持这种体制的弱点和阶级分层的特征，从而蜕变为实行社会预定论的封建教条的手段。那些处于随心所欲地位的人，会要求一种自由的、文化性的职业，一种适合于他们直接关心的青少年有指导能力的职业。把教育体系分裂开来，为那些处境没那么幸运的其他人提供特定的行业预备训练，这就等于把学校看成将旧有的劳动与闲暇、文化与服务、心灵与身体、受管理阶级与管理阶级的划分移植到名义上的民主社会中去的一个机构。这样一种职业教育，必然会低估所处理的材料与程序之间的科学的、历史的、人性化的关联。试图把这些关联囊括进狭隘的行业教育中，是徒劳无功的……但是，如果一种教育认可职业有充分的理智的和社会的意义，那么，它就必须既包含对当下状况的历史背景的教育，也包含有关科学方面的训练……还包含对经济学、公民学和政治学的学习……从而使它们不轻率地对强加给他们的命运逆来顺受”。

——节选自约翰·杜威著，俞吾金、孔慧译：《民主与教育》，
华东师范大学出版社 2019 年版

（三）黄炎培关于职业教育政治性的论述

黄炎培对职业教育政治性的认识，源于其在国家和民族受难之时忧国忧民的情怀。黄炎培提倡发展职业教育之时，正是第一次世界大战结束前后。彼时的中国面临战后重建、振兴生产和改善民生的重任，因此黄炎培做出了“欧战终了以后，正职业教育大发展之时期也”的判断。他认为，谋教育应有国家思想、有世界眼光，通过职业教育可以实现民富国强的愿景。他曾有言“今若扩张职业教育而改良之，且并普通教育而改良之，此后予取予求，习商者投之商，习工者投之工，其学识足适于新事业，其道德无间于旧社会，所以助成职业之改良与进步，俾得与列国竞争，而不至为天演淘汰，岂不甚善？”[③]此外，他对职业教育政治性的认识，还可以从他对职业教育与政治、经济、社会发展紧密关系的判

① 张华．论列宁的职业教育思想［J］．湖南师范大学社会科学学报，2015，44（6）：76-81.

② 杜威．民主与教育［M］．俞吾金，孔慧，译．上海：华东师范大学出版社，2019：382.

③ 成思危．黄炎培职业教育思想文萃［M］．北京：红旗出版社，2006：35.

断中看出。黄炎培认为,职业教育不能关门办教育,而应该积极回应政治、经济和社会各方面的诉求;政府部门也应该积极参与职业教育的办学,实现人才的供需对接和办学资源的协调。作为社会中的个体,也应该将自己的命运和社会、国家、民族和世界紧密结合。在中华职业教育社第十三届年会的答词中,黄炎培指出:"要知道职业教育,不是职业教育的教育,而是和人家极有关系的教育,与其他各机关都有连带的关系。如民政厅需要县长人才,应在大学中政治系去培养。再举例,如财政厅需要征收员人才,即应在教育中去办理,即政府会同大家办理,要将一切足为职业教育与其他社会团体隔离之障碍打破来做彻底的整个中国问题之解决。"[①] 在《职业教育的基本理论纲要》一文中,他基于对"群利"人生观的深刻阐述,以及对职业教育历史思想的简要梳理,提出了职业教育的七个新使命,其中就包括"在民主政治制度下,应养成富于平民精神、自立立人、自治治人而兼能自养养人的公民"[②]。

第三节 政治学视角下职业教育的发展路径

当我们习惯了从经济学的视角讨论职业教育问题时,往往会过于强化职业教育的经济功能,或单纯地将职业教育视为人力资本提升的一种手段,而忽视了职业教育作为社会子系统本身具有的多重属性和其他功能。前两节的分析揭示了职业教育背后的政治逻辑,虽然其中带有经济的元素,但很显然同我们用经济学视角分析问题的逻辑存在本质区别,即政治逻辑更强调从利益代表和权力博弈的角度分析职业教育现象,分析了藏在"人力资本增值"这一经济学现象背后的更深层次的行动逻辑。政治视角在我国职业教育研究中的长期缺失,某种程度上会影响对职业教育问题的准确判断。未来的职业教育研究和实践,应该积极将政治学的理论和思想纳入视野,在构建技能型社会的过程中充分考虑政治、技能、教育三者之间的互构性,为促进职业教育的发展提供更多元的决策视角。

一、匹配与本国政治制度相适应的职业教育发展模式

(一)我国的学校职业教育体系是与政治制度相匹配的发展模式

一国的职业教育发展模式会受多个因素的影响,本章提供的政治视角,为我们揭开了

① 成思危.黄炎培职业教育思想文萃[M].北京:红旗出版社,2006:46.

② 成思危.黄炎培职业教育思想文萃[M].北京:红旗出版社,2006:76.

技能特征、技能形成体制、政治制度和职业教育发展之间复杂的关系。中国共产党领导的多党合作和政治协商制度是我国的基本政治制度，民主集中制是中国政治制度、政治体制的核心机制，也是党和国家最根本的组织制度和领导制度。在这一制度的影响下，我国建成了世界上规模最大的学校职业教育，形成了自上而下的一体化现代职业教育体系。我国形成的这一职业教育发展模式，其核心特点在于由国家作为技能供给的主体，向各行业输送具备较高素质和能力的技术技能人才；同时在集体性技能供给的框架内，吸收行业企业形成若干个专有技能的供给子系统，向有特殊需要的行业企业输送定制化的人才，从而构成了“公共技能供给体系＋专有技能供给子系统”的嵌套式发展模式。各级各类公办职业院校在其中扮演着技能供给的基础设施的角色，代表国家为社会培养人才。这种职业教育发展模式，与德国、英国、澳大利亚等国的发展模式存在显著差别，这里既有产业形态、职业教育发展和经济运行模式之间保持协调的因素，也体现了中国共产党作为执政党贯彻以人民为中心的发展思想，以及我国作为社会主义国家的生产资料公有制。它减轻了企业，尤其是中小微企业作为市场主体在人力资本投入上的成本，增加了普通大众公平接受教育的机会，提高了教育质量，为改革开放至今我国经济的飞速发展提供了强大的人力资源支撑。

（二）要动态地、历史地看待政治制度影响下职业教育发展模式的演变

在理解各国的职业教育发展模式时，除了要从产业形态、经济运行模式等经济视角进行分析，还应关注该国的政治制度，尤其是党派政治的发展格局，着重分析两党制和多党制国家中不同的利益群体代表机制，探寻技能的公共性和专有性如何与该国的政治制度间产生互动作用，并最终形塑出一国独特的职业教育发展模式。此外，还应从历史的、动态的角度看待一国政治制度和职业教育之间的关系。一些国家在历史发展过程中经历了政治制度的彻底变革，其职业教育也产生了发展模式的变化。因此，应该将政治制度的发展，尤其是西方资本主义国家党派政治的发展逻辑纳入对职业教育演进的分析框架之中，分析国家政治的基本格局及其背后的利益代表，把握政治力量以不同方式影响职业教育发展模式的行动规律和特点。

中国近代意义上的职业教育肇端于西方社会化工业生产方式进入中国之后。晚清时期产生了中国第一批近代职业学校，这些学校为洋务运动的实施提供了重要的人才保障，而包括职业教育在内的各级各类教育的政治目的均在于维护清政府统治，所谓“师夷长技以制夷”的办学方针、“经世致用”的人才培养目标，以及“自强求富”的政治愿景，决定了彼时职业教育办学浓厚的实用主义和封建主义色彩。民国时期的职业教育主张通过“工读结合”的方式对平民进行“实科教育”。这一思想体系的形成与发展是农耕经济的凋敝与社会贫困的加剧、“三民主义”思想不断深化，以及西方“实用主义”职业教育思想中国化等多重因素共同作用的结果。职业教育改革者希望通过职业教育解决民众的基本温饱问题，且“救国图强”的政治色彩十分强烈。显然，尽管职业教育发展脱离了封建主义的政治禁锢，但这种带有实用主义理念的职业教育发展模式有其阶级思想的局限性，也受彼时社会发展形势的影响，并在民族独立战争后期归于沉寂。新中国成立以来，职业教育发展的政治基础发生了根本性的变化。《中华人民共和国宪法》（以下简称《宪法》）规定了国家的“一切权力属于人民”，中国共产党领导全国各族人民旨在“把我国建设成为富强民主文明和谐美丽的社会主义现代化强国，实现中华民族伟大复兴”。国家发展包括职业教育在内的各级各类教育的目的在于提高全国人民的科学

文化水平,服务社会主义建设。教育内部存在的阶级差异已经失去了其生存的制度土壤,无论是普通教育还是职业教育,均是为社会主义建设贡献不同类型人才的教育。在一个工人阶级领导的、以工农联盟为基础的人民民主专政的社会主义国家中,职业教育的意义更具政治价值。

二、在正确的政治方向上培养技术技能人才

技能和教育的政治性表明职业教育必然带有浓厚的政治色彩,受意识形态的深刻影响。因此,职业教育的发展必然要“讲政治”。

(一)政治对职业教育领域的影响具有现实合理性和历史必然性

统治阶级通过设置专业目录、开发专业教学标准和课程标准、控制教材编写和审核等,划定进入学校职业教育的官方知识的合法性边界,是具有其现实合理性和历史必然性的。教育本身并非超政治的社会系统,而是深深地嵌入于政治社会的演进之中,在阶级斗争中承担着重要的宣传、组织、教化等功能。无论是宗教力量统治还是世俗化统治,无论是资产阶级革命还是无产阶级革命,其领导者都认识到职业教育在特定阶层的生产、公民教育等方面扮演着至关重要的角色。因此,任何时代的职业教育都会带有政治色彩。办好职业教育,一定要充分考虑本国政治制度、政治体制的基本特征,在政治原则上不动摇、不含糊,加强对学习者的政治思想教育,尤其是严防历史虚无主义、无政府主义等错误思潮对职业院校学生的渗透,时刻筑牢职业教育的思想防线。

在社会主义的政治制度下,职业教育不仅是为个体提供谋生手段的载体,更是促进个体全面发展的社会活动。我国《职业教育法》中明确规定“职业教育必须坚持中国共产党的领导,坚持社会主义办学方向,贯彻国家的教育方针,坚持立德树人、德技并修”。其中,“立德树人、德技并修”可以被视为政治制度在职业教育人才培养方向上的反映。近年来,职业院校加强了思想政治教育的实施,注重对学生正确价值观的引导,进一步巩固了公共课在职业教育课程体系中的地位,并鼓励学校通过课程体系设计、育人模式改革等完善学生的核心能力体系,帮助学生形成对未来职业情境的适应能力。这些既是教育自身阶级性、政治性的体现,又是社会主义的制度优势,为职业教育全面发挥其育人功能提供了坚实的制度保障。

(二)协调好官方知识与非官方知识在职业教育中的关系

受产业发展地区差异的影响,职业教育具有较强的地域性,企业对独占技能的重视和对产权保护的疑虑,也使得很多知识难以进入官方知识范围。在有限的课时和环境的影响,以及对人才培养话语权的争取之下,官方知识和非官方知识就会形成潜在的“博弈”关系。处理好二者的关系,需要在坚持政治性的原则下,赋予非官方知识合理的发挥空间。阿普尔认为,“国家,正如一个社会,是一个阶级间进行斗争和妥协的场所。这种协商和妥协也会一定程度上导致‘进步’。重要的是形成一个保护伞式的协调,伞下可以容纳很多人,但是基本上还是处于统治团体的指导原则之下”[①]。因此,协调二者关系的智慧,就是去构筑“伞下”的治理机制。在职业院校的办学实践中,官方知识和非官方知识之间的潜在矛盾会在很多情境中得以体现,例如企业介入职业院校课程建设的过程、企业师傅

① 阿普尔.官方知识:保守时代的民主教育[M].曲囡囡,刘明堂,译.2版.上海:华东师范大学出版社,2004:68.

参与学生评价的过程、职业技能等级证书和已有课程体系的融合等。解决这些矛盾，迫切需要推动宏观和微观层面职业教育治理体系和结构的变革，发挥两种知识在职业教育场域中各自的优势。

近年来在协调两类知识的关系上，理论研究和实践层面均有相关成果和行动。例如关于专业教学标准的开发，有学者认为应该建立"国家—省"两级的专业教学标准开发和使用体系，向区域和学校开放职业能力及学习内容开发的权限，形成国家的官方知识和区域的地方知识之间的互补[①]；关于企业参与职业教育人才培养，有学者认为应该从企业技术技能水平、专业技术人员水平、企业工艺条件等方面对参与职业教育课程开发的企业进行资质认证[②]，或构建以权力清单、责任清单与负面清单为基础的清单机制，作为划定政府与市场权限、规范政府规制与市场调节行为的治理方式，解决企业参与人才培养的合法性和行为边界的问题[③]。现代学徒制也被视为学校和企业双主体开展人才培养的制度设计或模式设计，学校和企业可以根据知识的性质划分人才培养的权限，发挥各自人才培养的优势。[④] 在现实层面，很多学校都与企业合作搭建了各类产教融合平台，如产业学院、企业学院、研究机构等，并构建了具有自组织性的校企合作机制。教育部等六部门于 2018 年出台了《职业学校校企合作促进办法》，为协调二者在人才培养、社会服务等领域内的关系奠定了制度基础，其中明确规定了"开展校企合作应当坚持育人为本，贯彻国家教育方针"。因此，各类机制的核心目的是在确保职业教育政治方向不偏差的前提下，协调学校、企业、政府、行业等主体在职业教育中的权责关系，让各方优势在人才培育的行动中最大化。

三、重视教育在增强工人阶级政治参与中的重要作用

（一）工人阶级政治意识的提升需要教育的参与

技术技能人才是专业人才，也是社会公民，他们会基于自身的利益形成参政议政的意愿，并试图影响政府的政策。例如西方国家出现的工人罢工行为，本质上即借助自身对生产和服务技能的占有和垄断，实现影响政府政策的目的。因此，技能，尤其是专有技能不仅具有经济资本的属性，而且具有政治资本的属性，是技术技能人才政治话语权的基础。尊重和保护技术技能人才的政治权益，就必须提升技术技能人才，尤其是工人阶级的政治意识。一个国家的工人阶级往往形成于阶级斗争之中，以阶级意识的获得为基本标志，且形成后往往产生两个结果：一是工人阶级在先锋队的带领下摧毁旧政权，建立新政权；二是国家向工人阶级妥协并将其整合进资本主义秩序中。福利国家的兴起和选举政治的出现，正是削弱工人阶级意识、破坏工人阶级组织性的主要手段的体现。[⑤] 在列宁看来，工人阶级政治意识的培养离不开经济关系和经济斗争，但又不能仅仅局限于此，政治意识必须通过接受革命理论灌输，通过受政治宣传和政治鼓动才能获

① 徐国庆．国家专业教学标准建设是实现职业教育现代化的基础［J］．中国职业技术教育，2019（7）：62-66.

② 陈萍．企业如何参与职业院校课程开发［J］．中国职业技术教育，2019（23）：75-80，87.

③ 李政．职业教育的产教融合：障碍及其消解［J］．中国高教研究，2018（9）：87-92.

④ 李政．职业教育现代学徒制的价值研究［D］．上海：华东师范大学，2019.

⑤ 汪仕凯．工人阶级的形成：一个争议话题［J］．社会学研究，2013，28（3）：207-228，245.

得。[①] 因此，工人阶级的政治意识和政治参与，需要外部环境的推动和制度保障。教育正是提升工人阶级政治意识、领导能力的重要载体。也正是我国社会主义国家的基本性质，以及工人阶级作为领导阶级的地位，才使得职业教育在我国具有了立德树人的基本属性。

（二）我国增强工人阶级政治参与的举措

中国共产党是中国工人阶级的先锋队，我国是工人阶级领导的、以工农联盟为基础的人民民主专政的社会主义国家。作为领导阶级，中国共产党历来重视提升工人阶级的政治觉悟和政治参与度。社会主义建设时期，工厂高度重视工人的政治教育工作，工人入厂即对其进行政治思想教育，“以阶级教育为纲、正面教育为主”，还发动老工人积极参与新工人的政治教育工作。[②] 2017 年印发的《新时期产业工人队伍建设改革方案》中也明确提到了在制度层面提升工人队伍政治参与度的具体做法。此外，还有一些学者认为，如何切实保障产业工人在公司法人治理结构中民主参与、民主管理、民主监督的权利，大力提高一线工人，包括进城务工人员入党的比例，是保障工人政治参与的重点和难点。[③]

解放后上海工人阶级的政治地位是否起了变化呢？是起了变化。不是枝节的变化，而是本质上的变化，从被压迫阶级一变而为领导阶级。……时代变了，工人阶级的地位变了，我们的斗争任务，也应由推翻帝国主义、封建主义、官僚资本主义的统治，转而为巩固自己的政权，努力生产，支援前线。这些变化虽然绝大多数工人都了解了，但也还有一部分人不了解，这就需要我们反复地给他们讲清楚。……工人阶级要提高政治觉悟。上海工人是有革命传统的，但也有少数特务分子隐藏在里面，他们别有用心地提出过高的经济要求，强调局部的暂时的利益，似乎他们最能代表工人的利益。我们要戳穿他们的诡计，告诉全体工友：代表工人利益，不是单靠讲，要拿出事实来看。

——节选自陈云著：《陈云文选》（第二卷），
外文出版社 1999 年版

要加强和改进产业工人队伍思想政治建设，一是强化和创新产业工人队伍党建工作，加大在产业工人队伍中发展党员力度，把技术能手、青年专家、优秀工人吸收到党组织中来。适应新技术新业态新模式发展，探索不同类型企业党建工作方式方法。二是突出产业工人思想政治引领，加强理想信念教育、职业精神和职业素养教育，大力弘扬劳模精神、劳动精神、工匠精神。三是健全保证产业工人主人翁地位的制度安排，适当增加产业工人在党的代表大会代表和委员会委员、人民代表大会代表、政协委员、群团组织代表大会代表和委员会委员中的比例，探索实行产业工人在群团组织挂职和兼职等。四是创新面向产业工人的工会工作，进一步改进工会组织体制、运行机制、活动方式、工作方法，保持和

① 王平，董骏．列宁关于工人阶级政治意识和革命积极性的理论及其意义［J］．长白学刊，2000（5）：18-19.

② 娄国和．培养新工人，政治要先行［J］．劳动，1959（4）：22-23.

③ 淡争艳，王春玺．试论扩大我国产业工人政治参与的有效途径［J］．中国劳动关系学院学报，2009，23（1）：66-69.

增强工会组织的政治性、先进性、群众性。

——节选自《新时期产业工人队伍建设改革方案》

需要注意的是，由于持有技能的专有性程度不同，不同层次和类型的技术技能人才可能会基于自身的利益秉持不同的政治观点，这种现象在两党制和多党制的国家比较常见。这启发我们可以通过技能这一切入点窥视一国政治的发展脉络，并为一些政治现象（如选举、社会运动等）提供合理的解释。未来在与一线产业工人相关的调研中，也应关注持有不同类型技能工人的立场差异性，为职业教育治理体系的优化、职业教育的课程开发、中国特色学徒制体系的构建提供政治视角的诠释和理论支撑。

在已有的研究中，职业教育更多与经济发展和社会发展相联系，无论是研究的视角、研究的主题，还是研究的内容，都主要探讨职业教育在技能形成、技能提供、技能评价等领域中与产业界之间的关系，较少关涉职业教育的政治意涵，分析二者之间的关系。近年来，随着政治经济学视角的广泛引入，以及对将技能作为生产要素的研究的重视，相关研究的数量也开始逐渐增加，但显然仍不足以支撑对这一主题的认识。未来该领域仍需要大量的理论分析和实证研究，尤其是结合中国特色社会主义政治制度，探索本土化的职业教育的政治学理论。

关键概念

职业教育；政治性；阶级；政党；官方知识；办学方针；治理结构；权力；技能形成体制；工人阶级

思考与讨论

1. 如何从政治体制的视角看待不同国家的技能形成体制？
2. 如何评价“职业教育的发展必然要讲政治”？
3. 如何看待职业教育标准化治理过程中官方知识与非官方知识之间的博弈？
4. 如何看待我国形成的以学校职业教育为主体的职业教育发展模式？
5. 如何分析我国职业教育和西方资本主义国家职业教育在政治属性上的本质差别？

参考文献

[1] BUSEMEYER M R. Skills and Inequality: Partisan Politics and the Political Economy of Education Reforms in Western Welfare States[M]. Cambridge: Cambridge University Press, 2015.

[2] BUSEMEYER M R, SCHLICHT-SCHMÄLZLE R. Partisan Power, Economic Coordination and Variations in Vocational Training Systems in Europe[J]. European Journal of

Industrial Relations, 2014(20).

[3] BUSEMEYER M R, TRAMPUSCH C. Introduction: The Comparative Political Economy of Collective Skill Formation[M]. Oxford: Oxford University Press, 2012.

[4] COULTER S. Skill Formation, Immigration and European Integration: The Politics of the UK Growth Model[J]. New Political Economy, 2018, 23(2).

[5] DE LEON C, DESAI M, TUĞAL C. Political Articulation: Parties and the Constitution of Cleavages in the United States, India, and Turkey[J]. Sociological Theory, 2019(27).

[6] IVERSEN T, STEPHENS J D. Partisan Politics, the Welfare State and Three Worlds of Human Capital Formation[J]. Comparative Political Studies, 2008(41).

[7] SANCAK M. Partisan Politics of Skills in Middle-income Countries: Insiders, Outsiders and the Vocational Education System of Turkey[J]. Competition & Change, 2020, 24(3-4).

[8] THELEN K. Vocational Education and Training: Varieties of Liberalization and the New Politics of Social Solidarity[M]. Cambridge: Cambridge University Press, 2014.

[9] 阿普尔.官方知识:保守时代的民主教育[M].曲囡囡,刘明堂,译.2版.上海:华东师范大学出版社,2004.

[10] 柏拉图.柏拉图全集(第二卷)[M].王晓朝,译.北京:人民教育出版社,2003.

[11] 波普诺.社会学[M].李强,等,译.11版.北京:中国人民大学出版社,2007.

[12] 陈爱江,何振海.凯兴斯泰纳的"劳作学校"理论及其现实意义[J].河北大学学报(哲学社会科学版),2007(3).

[13] 陈坎.教育政治性与超越性的关系及其启示:以政治哲学的视角[J].南昌航空大学学报(社会科学版),2018,20(1).

[14] 陈沛然.中西方企业工会维护职能的特性及当代形态[J].甘肃社会科学,2018(3).

[15] 陈萍.企业如何参与职业院校课程开发[J].中国职业技术教育,2019(23).

[16] 陈伟.西方政治思想史[M].北京:中国社会科学出版社,2020.

[17] 成思危.黄炎培职业教育思想文萃[M].北京:红旗出版社,2006.

[18] 淡争艳,王春玺.试论扩大我国产业工人政治参与的有效途径[J].中国劳动关系学院学报,2009,23(1).

[19] 杜利娜.马克思主义阶级理论的时代价值与创新路向[J].毛泽东思想研究,2019,36(4).

[20] 杜威.民主与教育[M].俞吾金,孔慧,译.上海:华东师范大学出版社,2019.

[21] 樊平军.专业设置:一种官方知识的控制[J].中国高教研究,2010(7).

[22] 封凯栋,李君然.技能的政治经济学:三组关键命题[J].北大政治学评论,2018(2).

[23] 福柯.必须保卫社会[M].钱翰,译.上海:上海人民出版社,1999.

[24] 郭月兰,徐国庆.多样化:职业教育办学形态的基本特征[J].职教论坛,2014(22).

[25] 海伍德．政治学[M]．张立鹏，译．3版．北京：中国人民大学出版社，2013.

[26] 贺国庆，朱文富，等．外国职业教育通史（上）[M]．北京：人民教育出版社，2014.

[27] 克申什太奈．工作学校要义[M]．刘钧，译．上海：商务印书馆，1935.

[28] 李孔文，王嘉毅．福柯知识权力理论及其教育学意蕴[J]．华东师范大学学报（教育科学版），2011，29（3）.

[29] 李路路，杨娜．社会变迁与阶级分析：理论与现实[J]．社会学评论，2016，4（1）.

[30] 李政．职业教育的产教融合：障碍及其消解[J]．中国高教研究，2018（9）.

[31] 李政．职业教育现代学徒制的价值研究[D]．上海：华东师范大学，2019.

[32] 娄国和．培养新工人，政治要先行[J]．劳动，1959（4）.

[33] 吕楠．新型政党制度对马克思主义多党合作思想的发展及其世界意义[J]．当代世界与社会主义，2021（6）.

[34] 吕振合，王德胜．知识与权力：从福柯的观点看学科场域中的权力运作[J]．自然辩证法研究，2007（9）.

[35] 马凯慈，陈昊．政治制度、产业关系与职业教育的起源与发展：基于西方国家的比较研究[J]．北京大学教育评论，2016，14（3）.

[36] 马克思．资本论（第一卷）[M]．中共中央马克思恩格斯列宁斯大林著作编译局，译．北京：人民出版社，2004.

[37] 蒙克．技能专有性、福利国家和欧洲一体化：脱欧的政治经济学[J]．世界经济与政治，2016（9）.

[38] 阙天舒，方彪．国家治理场域中全过程民主与新型政党制度：基于新时代中国话语建构的视角[J]．社会主义研究，2021（4）.

[39] 冉亚辉．马克思主义教育思想与当代中国教育的发展[J]．教育评论，2012（1）.

[40] 人民教育出版社教育室．马克思、恩格斯、列宁论教育[M]．北京：人民教育出版社，1993.

[41] 任帅军，肖巍．马克思恩格斯论工人阶级上升为无产阶级[J]．复旦学报（社会科学版），2021，63（2）.

[42] 宋道雷．国家与社会之间：工会双重治理机制研究[J]．上海大学学报（社会科学版），2017，34（3）.

[43] 陶军，王雍铮．美国社区教育智库影响力：来自社区学院协会的启示[J]．现代远程教育研究，2015（6）.

[44] 汪仕凯．工人阶级的形成：一个争议话题[J]．社会学研究，2013，28（3）.

[45] 王沪宁．政治的逻辑：马克思主义政治学原理[M]．上海：上海人民出版社，2016.

[46] 王平，董骏．列宁关于工人阶级政治意识和革命积极性的理论及其意义[J]．长白学刊，2000（5）.

[47] 王全宾．教育功能、教育价值、教育目的论[J]．山东师大学报（人文社会科学版），2001（5）.

[48] 王星.技能形成中的国家、行会与劳工:基于英国行会学徒制演化的社会学分析[J].华东师范大学学报(教育科学版),2020,38(4).

[49] 王星.技术的政治经济学:基于马克思主义劳动过程理论的思考[J].社会,2011,31(1).

[50] 文学国.马克思、恩格斯、列宁论教育[M].北京:中国社会科学出版社,2016.

[51] 西伦.制度是如何演化的:德国、英国、美国和日本的技能政治经济学[M].王星,译.上海:人民出版社,2010.

[52] 徐国庆.国家专业教学标准建设是实现职业教育现代化的基础[J].中国职业技术教育,2019(7).

[53] 闫广芬,李文文.新中国成立70年来职业教育人才培养目标的“中国特色”[J].中国职业技术教育,2019(36).

[54] 杨光斌.政治学导论[M].5版.北京:中国人民大学出版社,2019.

[55] 曾繁铬.对教育的阶级性及其政治功能的再认识[J].中国高等教育,1990(12).

[56] 张华.论列宁的职业教育思想[J].湖南师范大学社会科学学报,2015,44(6).

[57] 张磊,刘长庚.我国公共支出的群体利益归宿研究:基于马克思主义社会阶级结构的视角[J].财经科学,2021(2).

[58] 张万红,冯琦,周治国.官方知识与权力的关系新论:基于阿普尔的批判教育思想[J].教育评论,2016(5).

[59] 张文玉,刘明兴.职业教育成本分担的政治经济逻辑分析[J].职教论坛,2016(22).

[60] 中共中央马克思恩格斯列宁斯大林著作编译局.列宁专题文集:论社会主义[M].北京:人民出版社,2009.

[61] 中央档案馆.中共中央文件选集(第29册)[M].北京:中共中央党校出版社,1989.

第四章 职业教育的经济学基础

学习提示

本章主要从经济学的视角分析职业教育与经济发展之间的关系，并重点介绍了与职业教育密切相关的若干经济学理论，同时围绕近年来我国经济发展的基本特点，重点讨论了职业教育的三个核心议题，进一步阐释了经济学视角在职业教育问题分析中的作用。学习中要注意形成用经济学视角和思维审视职业教育现象的意识，并辨别西方经济学理论在解释中国职业教育发展时的适用性和局限性，要基于中国特色社会主义市场经济制度的内在规律和基本特征分析问题。

经济学产生于稀缺性,是关于资源配置的学科。西方经济学的根本任务是通过优化资源配置,提升资源的使用效率。发展职业教育是实现劳动力资源配置、促进劳动力有序流动的有效途径,是人力资本投资的重要形式。作为与经济发展最紧密的教育类型,职业教育的发展本身就是一个经济学问题。目前已有许多成熟经济学理论被运用到职业教育研究中,比如劳动流动理论、人力资本理论。了解一定的经济学知识,可以为我们深入开展职业教育研究提供理论和思维支撑。本章将首先分析职业教育的经济属性,解构职业教育和经济发展之间的关系,然后梳理与职业教育相关的经济学理论,最后呈现当前职业教育研究的经济学议题。

第一节 职业教育的经济学视角

职业教育与经济社会发展的紧密关系源于职业教育的核心产品——劳动力。劳动力是最重要的生产要素,以人力资本的形式参与生产和服务。知识经济和智能化生产对高质量劳动者的需求,使职业教育以更高水平参与经济社会建设,构成了人力资源形成和使用的新格局,也形塑了多元主体参与职业教育的治理逻辑。

一、以经济学视角审视职业教育的价值和可能

(一)经济学视角的意义

经济学始终围绕人类对物品和服务的需求与供给展开研究。资源相对需求存在稀缺性,因此就产生了如何利用稀缺资源生产物品和服务,以更好地满足人类需求的问题。所以经济学的本质是如何解决资源的合理配置与充分利用问题。无论是宏观经济学还是微观经济学,理论经济学还是应用经济学,都在不同层面和维度提出了资源配置问题的不同解决思想和方法。

在职业教育研究中引入经济学视角,既源于经济学作为分析事物的工具所具有的价值,更源于职业教育自身鲜明的经济特性。一方面,经济学是研究人的行为的科学,它主要基于"理性人"的基本假设,运用严密的逻辑构建庞大的数理体系,用于解释经济行为和结果。尽管这一体系可能存在问题或约束,但经济学理论本身也在不断完善和进步,它对于一国制定经济发展政策,以及帮助个体从经济学视角理解社会现象等均具有重要意义。职业教育的发展深深嵌入周围的经济环境之中,与不同类型的经济主体产生广泛互动,因此需要经济学视角的介入和分析。另一方面,职业教育中充满经济现象和行为,例如通过人才培养支持经济发展、社会向职业教育投入资源、企业参与职业教育。相关问题

都需要从经济学的角度予以解释和回答。

（二）职业教育经济属性的根源：劳动力资源的稀缺性

用经济学视角审视职业教育的可能，源于职业教育的性质及其产品的特殊性。尽管职业教育在古代就已经存在，但职业教育深层次介入经济发展仍源于现代工业的发展。马克思提出“劳动是价值的唯一源泉”“在生产力中人是最有活力的因素”。西方经济学家把职业教育看作一种投资活动，把职业教育的成果看作一种资本。人力资本理论从经济增长的角度明确提出，具有知识、技能的劳动力是一种资本，是经济增长的决定性因素。与其他类型的生产要素相同的是，劳动力作为生产要素同样具有稀缺性，这种稀缺性有多重含义：一是相对于社会和个人的无限需要和愿望而言的相对稀缺性；二是由社会和个人的无限需要和愿望的增长、变化而决定的绝对稀缺性；三是在市场经济下，劳动力资源稀缺性在本质上是消费劳动力资源的支付能力、支付手段的稀缺性。社会上的失业与就业不充分现象便是劳动力资源闲置的典型表现，其根本原因是资源稀缺性的本质，即支付能力的有限性。由劳动力资源的稀缺性而引起的选择问题，即劳动力资源的配置问题。一般情况下，劳动力的稀缺性表现为显性稀缺和隐性稀缺两个类型，其中显性稀缺指的是制约企业发展的关键性人力资源供给不足，隐性稀缺指的是不同组织在人力资源的开发中存在的选择和配置的差异造成的人力资源稀缺。

劳动力资源的稀缺性为职业教育的发展带来了很多根本性的问题。① 职业教育究竟是私人产品（服务）还是公共产品（服务）。一方面，个体接受教育能够为个体带来人力资本的增值，因此职业教育可以被视为一种私人购买的商品；另一方面，一个国家的人力资源配置是具有公共性和宏观性的，即使是深受新自由主义思想影响的经济学派，也不否认政府具有优化人力资源配置、促进人力资源高效利用的责任。更重要的是，职业教育具有鲜明的就业导向的性质，是维护个人就业权益、促进社会稳定的重要载体。这些都影响着职业教育的投资和收益，以及职业教育发展中政府与市场权限的划分问题。② 劳动力的培训成本和收益如何分配。技能的稀缺性是劳动力稀缺性的重要维度，而技能是完全依附于劳动者个体的。这就带来了职业教育与培训的成本和收益分配问题。如何解决企业投资职业教育和人才流动之间的矛盾？如何看待公共职业教育和企业职业培训间的协作关系？校企合作背后的经济学动因是什么？职教集团、产教共同体蕴含着什么样的经济学逻辑？③ 职业教育在促进人力资源供求平衡中是否存在功能边界。教育和人力资源需求之间必然存在一定的时间差，且职业教育虽然具有就业导向的特色，但教育自身也有其特殊的社会责任和价值追寻。如何更好地通过产教融合和校企合作，提升职业教育人力资源供给的有效性？这些都是经济学视角为职业教育带来的值得思考的问题。

二、职业教育支撑经济发展的内在逻辑

（一）职业教育通过通用性培训为社会提供基础劳动力

与其他类型教育一样，职业教育通过提升人力资本促进经济社会发展。有研究显示，人力资本投资结构中职业教育投资占整个教育投资的比例越大，地区经济增长率越高。[①]

---

① 刘万霞．人力资本投资结构与地区经济增长：对职业教育发展的启示［J］．中国人口·资源与环境，2014，24（S1）：235-238.

但是和普通教育不同的是，职业教育促进人力资本的增值主要体现在职业能力的提升上，其中技能是最为核心的要素。王彦军根据技能与时间的关系，将技能分为三种类型。技能Ⅰ属于最为基础的技能类型，主要依靠身体素质和体力劳动的付出而形成，因此水平很难随着时间的推移而提升，主要是通过医疗保障、饮食水平提升、基本生存技能传授等方式维持。技能Ⅱ属于中低层次的技能。这类技能通过中短期的职业教育和培训即可获得，但技能本身的复杂度不高、专有性特征弱，因此随着时间的推移难以获得更大的提升。技能Ⅲ属于"知识性技能"，是较为复杂且具有发展潜力的技能。这类技能需要通过连续的职业教育与技能培训方可获得，且对组织的依赖性较高，企业专有性人力资本特征较强，需要在实践过程中不断地打磨和精进，从而不断实现熟练度和创新度上的突破。[①] 通用性培训指的是就是技能Ⅱ的培训。通过这类培训所获得的技能对多个雇主同样有用，例如基本阅读、使用文字处理软件、进行机加工等。

对于一国经济发展而言，基础劳动力的培养有赖于职业教育对个体中低层次技能的培训。这类技能通用性强，形成的效率较高，能在较短的时间内向市场集中输出，对于维持产业的基本运行状态、降低社会失业率、降低中小微企业的人力资源投资成本有重要意义。但由于这类技能专有性不强，企业往往不愿意为员工提供适用性很强的普通培训，这一类培训任务往往交给各类职业技术学校完成。当然，在存在交易成本的情况下，企业也并非完全不会从通用技能培训投资中获益，其收益的大小不仅与企业和雇员双方的培训投资有关，而且与双方的合同安排有关[②]，例如员工愿意接受培训期间只有比本来能获得的工资低的起点工资。

基础劳动力的供给有两种形式。一是通过正规的学制教育，由学校根据岗位任务和职业能力分析的成果，确定专业课程体系和教学模式，依靠标准化的课堂教学和评价，实现人才的标准化培养和周期性输出。这种制度化的供给模式有利于以中低端产业为主的国家实现一线技术技能人才的稳定供给。二是通过中短期的职业培训，围绕某一特定的任务传授知识并训练操作技能，从而使受训者快速形成岗位胜任力并谋得相关职业。

（二）职业教育通过专用性培训为企业提供人才支持

专用性人力资本被普遍认为是雇员在某企业工作的过程中，通过学习和经验积累形成的一些适合该企业特定环境的特殊知识和能力，但培训中所获得的技能只对提供培训的企业有用，或者说能使提供培训的企业的生产率比其他企业高得多。[③] 相关研究认为，这种专用性人力资本主要体现在行业或职业之中，脱离职业后将起不到促进生产力发展的作用[④]；也有学者认为，职业和行业无法解释专用性人力资本转移过程中的变

① 王彦军．劳动力技能形成及收益模式分析［J］．人口学刊，2008（6）：49-52.

② 张元阳，亓来华．人力资本专用性对企业培训投资的影响［J］．经济师，2004（10）：25-27.

③ 杨玉梅，宋洪峰，赵军．企业专用性人力资本：源起、发展及展望［J］．劳动经济研究，2019，7（6）：95-109.

④ DEREK N. Industry-Specific Human Capital：Evidence from Displaced Workers［J］. Journal of Labor Economics，1995，13（4）：653-677.

化，并提出了"任务专用性人力资本"这一概念来衡量劳动力市场中技能的可转移性[①]。不论专用性人力资本的载体如何，其核心特征主要是知识和能力的情境性，资本价值的发挥需要依托特定的条件。与上述的一般性培训不同的是，专用性培训的成本和收益由提供训练的企业和获得训练的员工分享。在此条件下，员工的辞职率要低于普通培训条件下的员工的辞职率，因为受训员工承担了一部分培训成本，而且由此得到的特殊技能不被其他企业所接受。同样，企业也不愿解聘员工，此类员工的离去会给企业带来损失。双方往往会协商各自承担的成本与分享收益，例如企业和雇员双方签订一份显性合同，明确双方对培训的成本分担、收益，以及意外情况出现时的再谈判程序，或者可以通过签订隐性合同的方式来制止企业的机会主义行为。同时还可以通过建立内部劳动力市场来加强企业和雇员双方的信任与合作，促进双方对专用性人力资本进行投资。[②]

（三）职业教育通过研发活动为市场提供技术生产要素

科学技术是第一生产力，如今技术，尤其是专有技术越来越成为企业之间效率差异的根源，在各类生产要素中占据重要地位。而技术的应用离不开各类带有原创性质的研发活动。技术创新成果可以诞生于专业化的研究或技术转化机构中，也可以产生于一线生产和服务过程中的自发性的创新实践中。前者往往遵循科学理论向实践领域的迁移运用规律，经历"假设—建模—实验—中试—应用"的过程；而后者则大多遵循的是由实践经验向理论过渡的过程，由个体的实践产生针对问题的解决方法，并最终固化为系统的解决方案。这两条路径也决定了职业教育向市场提供技术生产要素的方式主要有两种。一是通过人才培养向劳动力市场输出具有技术开发能力的人才。近年来，很多职业院校注重创新创业教育，希望通过人才培养模式、课程体系和师资团队的改革，提升技术技能人才的创新意识和能力。这在本质上可被视为提升学生在技术创新领域的人力资本水平，强化学生的就业创业能力。二是通过教师、学生等直接参与研发活动，向企业输出具有革新意义的技术产品或方案。例如一些学校通过独自成立，或与高校和企业联合成立技术研发中心，面向行业企业提供技术难题攻关、技术方案设计、产品研发等服务。

三、经济规律影响职业教育办学的内在逻辑

（一）职业教育的准公共产品属性及其多元办学格局的形成

正如亚当·斯密（Adam Smith）所说，职业教育投资"对于他个人自然是财产的一部分，对于他所属的社会，也是财产的一部分"。由此可见，职业教育投资的收益具有多重性，而对于投资者而言，这种收益的多重性就使这种投资具有了"外部经济"的特性，对职业教育的投资有利于投资者，也有利于他人。这也是人们对职业教育到底是公共产品（服务）还是私人产品（服务）争论不休的原因。[③]一些学者提出了职业教育属于"准公共产品"的观点，认为职业教育虽然具有较强的公共产品性质，但并不像纯公共产品那样具

① GIBBONS R，WALDMAN M. Task-Specific Human Capital［J］. The American Economic Review，2004，94（2）：203-207.

② 张元阳，亓来华．人力资本专用性对企业培训投资的影响［J］. 经济师，2004（10）：25-27.

③ 华志丰．职业教育的经济学思考［J］. 学术界，2005（1）：41-49.

有非竞争性和非排他性。[①]

职业教育的产品属性，尤其是其准公共产品的性质，决定了职业教育的多元办学格局。一方面，个体接受职业教育是为了实现自身人力资本的增值，从而凭借形成的就业能力，以及各类证书及其背后的信号价值，在人力资源市场中获得就业机会。这种投资是无形的，表现为凝结在人身上的知识、技能等，因此，它也就具有了与人身的不可分割性。[②]企业会基于对成本收益的考量，通过不同方式投资于企业内的人力资本，从而提升企业的竞争优势。这种市场主体参与职业教育办学的行为在国内外十分普遍，且市场主体越来越成为职业教育发展的重要力量。

另一方面，职业教育投资的结果是形成人力资本，这种人力资本具有收益的多重性特点。一定规模的人力资本进入市场，可以显著地推动经济发展，并促进更大规模和更高水平市场的形成。随着科学技术和社会生产的不断发展，人们认识到发展教育是使经济发展、国家富强的重要条件。20世纪初民主运动推动者蔡元培、黄炎培等提出教育促进国家富强，提出发展实业教育和职业教育的主张，把职业教育作为解决生计问题的根本，重视职业教育在发展生产和解决生计问题上的作用。改革开放以来，我国将教育投资作为一种最基本、最有价值的生产性投资。在“教育—劳动生产率—经济增长”这个因果链条中，可以明显看出教育的经济价值。尤其对主要依靠科技进步推动的现代经济增长来说，教育投资的经济价值比单纯的物质资本和劳动力数量投入的经济价值要高得多。战后发达国家的经济增长也正是依靠教育投资在内的人力资本投资的强有力推动。因此代表公共利益的政府也是职业教育的办学主体。

（二）人力资本投资的长期性和终身职业教育与培训体系的发展

人力资本有着形成、使用、消耗、维护并最终报废的变化过程。[③]尽管经验告诉我们，工资随着工作年限和年龄的增长而增长，然而这并不代表人力资本不需要更新，只是与物质资本的整体或间断的局部更新方式不同，人力资本以多次的小幅度局部更新替代整体更新。人力资本投资本身是一个长期的过程。由于外在的技术水平不断提升，工作岗位中遇到的问题情境的复杂度也不断提升，个体拥有的人力资本必然会遇到价值无法发挥之时。只有当学习和创新程度高于折旧程度时，人力资本才能表现出增值性。有研究显示，具备高胜任素质的个体，其人力资本贬值程度较低。部分原因在于他们能通过高水平的知识创造减缓人力资本贬值。[④]

职业教育大致可分为职前教育和职后教育两个阶段。职前教育也被称为职业准备教育，是为进入岗位提供基本资质的教育，通常由系统化的学校教育结合行业企业的参与完成。对于接受职业教育的个体而言，学校阶段的学习仅提供了初步胜任岗位的能力，尤其是在公共技能供给为主的国家，公办学校教育提供的公共技能教育不一定能满足企业独特的生产服务需求，因此还需要进行职后岗位培训。此外，岗位中应

---

① 李政，徐国庆．我国职业教育治理结构转型：内涵、困境与突破［J］．西南大学学报（社会科学版），2020，46（4）：78-85.

② 华志丰．职业教育的经济学思考［J］．学术界，2005（1）：41-49.

③ 向志强．人力资本生命周期与人力资本投资［J］．中国人口科学，2002（5）：13-19.

④ 黄维德，柯迪．知识员工胜任素质与人力资本贬值关系研究［J］．管理评论，2020，32（3）：190-202.

用的技术手段的改进、生产组织方式的变革、消费模式的升级等，都会带来员工工作环境的变化。先前学习的知识和形成的技能，可能难以满足新技术、新工艺、新设备的要求。因此岗位的多阶段培训成为很多员工提升人力资本适应性的主要手段。且处于不同发展阶段的员工，对人力资本投资的需求不同。我国构建“纵向贯通、横向融通”的现代职业教育体系的核心目的，就是为技术技能人才搭建一个持续、可靠和系统的人力资本投资渠道。但在体系运行的过程中，仍有很多问题亟待解决，例如职前教育和职后培训究竟如何协作，以促进个体人力资本的有序、系统、高效形成和更新；职前的学校职业教育究竟应该为个体提供哪些人力资本的增值，职后培训又应如何设计，以满足不同阶段人力资本提升的需求；在行业和企业提前介入职前教育，学校学生兼有学徒身份的情况下，如何发挥学校和企业在学徒人力资本提升中各自的功能，学校、企业、政府、个体等多元主体如何围绕人力资本的劳动价值分享进行有效博弈以达成理想状态。① 当我们以系统、发展的眼光看待职业教育在人力资本投资中的价值和机制时，可以发现，现代职业教育体系的建设远未结束，很多制度内部的细节和规律仍有待研究和探索。

（三）知识经济的发展与职业教育办学改革

关于“知识经济”概念的定义，人们一般引用经济合作与发展组织（OECD）的定义，认为知识经济是以知识为基础的经济，是指建立在知识的生产、分配和使用基础上的经济。② 知识经济时代的到来，对于一线生产和服务最直接的影响就是导致了技术和生产方式的变革。一方面，生产和服务所依托的技术更为复杂，使用技术需要更多的理论知识做支撑，一些技术含量低的重复性工作日益被智能化设备所取代；另一方面，生产组织方式也更为扁平化和去中心化，柔性生产、岛式生产的广泛运用，消解了福特制流水式生产和泰勒制垂直管理带来的极致分工，综合化的任务和团队式的合作，使得生产和服务中的每一位从业人员都需要掌握更多的知识和技能。

知识经济时代的到来，对职业教育办学有两大重要影响。一是职业教育更加重视通用技能、核心能力的培养。知识经济时代从根本上改变了传统的福特制和泰勒制的生产组织与管理模式，大大增加了员工所要面对工作情境的不确定性。为了培养能够应对新技术革命和劳动力全球化竞争的高质量技术技能人才，各国职业教育均面向学习者提供更一般性的和更理论化的技能学习 ③，并衍生出了关于通用技能、核心能力、未来技能培养的新议题。有研究人员对世界各国开发的 99 个相关技能框架进行了梳理，总结出了这些框架中共有的若干种重要技能：高阶思维能力、对话技能、数字和 STEM 素养、价值观、自我管理、终身学习、创业技能、领导技能、适应性。如今这些技能正在以不同方式进入制度化的职业教育内容之中，而这一举措的本质是改变职业教育学习者的人力资本结构，使其更好地适应知识、技术的广泛应用带来的工作模式的变革。二是学校职业教育办学层次逐渐提升。知识经济的兴盛提升了大

① 赵鹏飞，刘武军，罗涛，等．职业教育学徒人力资本投资机制研究［J］．中国职业技术教育，2021（30）：27–35.

② 董仁忠．知识经济时代的职业教育［J］．教育学报，2009，5（1）：122–128.

③ 唐智彬，石伟平．生产方式发展与职业教育办学模式变迁［J］．河北师范大学学报（教育科学版），2013，15（5）：63–68.

众接受高等教育的意愿。职业高等教育的价值也日益引起社会关注。各国均通过不同方式提升职业教育的办学层次，或加强职业教育在人才培养中的学术性、知识性。例如英国在学徒制体系中开发出“学位学徒制”项目，美国争取技术学位独立性，中国在本科层次举办职业教育等。这些举措既回应了民众对接受更高质量职业教育的需求，同时也是职业教育在知识经济时代、智能化时代走向体系化、高移化的必然结果。

第二节 职业教育相关经济学理论

从古代经济学的萌芽到重商主义经济哲学的出现，再到古典主义、新古典主义、凯恩斯主义、新自由主义经济学等不同阶段和学派的发展，经济学已经发展出了较为成熟的理论体系。这些理论对于分析与职业教育相关的现象有着重要的指导意义。本节将介绍与职业教育相关的六大理论，分别为劳动力的供给与需求曲线理论、凯恩斯学派的政府干预理论、人力资本理论、劳动力市场分割理论、筛选理论和技术进步下的就业理论。

一、劳动力的供给与需求曲线理论

（一）劳动力的供给与需求的内涵和影响因素

马克思曾经指出：“我们把劳动力或劳动能力，理解为人的身体即活的人体中存在的，每当人生产某种使用价值时就运用的体力和脑力的总和。”[①] 这就是说劳动力有三个特点：第一，劳动力存在于活的人体之中，不能离开人体而独立存在；第二，劳动力是体力和智力的总和，劳动力的质量与数量构成一国的劳动力资源；第三，劳动力只有在劳动过程中才能表现出来。劳动力供给是在一定的市场工资率的条件下，决策主体（家庭或个人）愿意并且能够提供的劳动时间。劳动力供给者提供一定量劳动时间所愿意接受的工资率成为劳动力供给价格。影响劳动力供给的因素主要有社会人口规模及其增长速度、人口年龄构成变化、社会劳动年龄规定、劳动力参与率，尤其是劳动力参与率，即实际在业的劳动者人数占进入规定劳动年龄的人数的比例，会受到教育事业的发展情况、社会保障等制度的完善程度、宏观经济状况等多种因素影响。劳动力需

① 马克思，恩格斯．马克思恩格斯全集（第23卷）［M］．中共中央马克思恩格斯列宁斯大林著作编译局，编译．北京：人民出版社，1972：190.

求是指用人单位在某一特定时期内，在某种工资率下愿意并能够雇佣的劳动量。[①] 劳动力需求属于资本需求的派生现象，它取决于对商品和劳务的需求。影响劳动力需求的因素从宏观上来看，主要有社会生产规模的大小、国家的经济体制、经济结构状况和科学技术进步程度等；从微观上看，主要有企业劳动生产率的变化、企业经济结构规模变化和企业技术构成变化、劳动力的边际生产率递减规律、劳动力市场价格（工资）变化等。

（二）劳动力的供给与需求曲线理论的基本内容

劳动力的供求在劳动力市场上遵循一定的规律，即劳动力的供求规律，这是劳动力市场运行的基本规律，也可以称为劳动力价格规律，因为在劳动力市场上劳动力供求与价格相互作用、双向运动。劳动力供求遵循的规律是：当劳动力需求大于供给时，劳动力价格（工资）呈上升趋势，劳动力需求小于供给时，劳动力价格呈下降趋势；同样，当劳动力价格提高，劳动力供给增加，劳动力价格下降，劳动力供给减少。[②] 通过劳动力市场运行，劳动力的供求在劳动力价格变化的调节下趋向相对平衡。如图 4–1，横轴为就业量，用 L 表示；纵轴为工资率（单位时间内的劳动价格），用 W 表示，D 为劳动力的需求曲线，S 为供给曲线。当工资率 $W=W_1$ 时，由供给曲线 S 可得劳动力供给量为 L_b，由需求曲线 D 决定的劳动力需求量为 L_a，L_b 大于 L_a，供大于求。这时，在市场的作用下，工资率开始下降，导致供给减少，需求增加。当供求相等时，即劳动力供给曲线与需求曲线相交时，工资率 $W=W_e$，就业量 $L=L_e$，此时就业量 L_e 为均衡就业量。

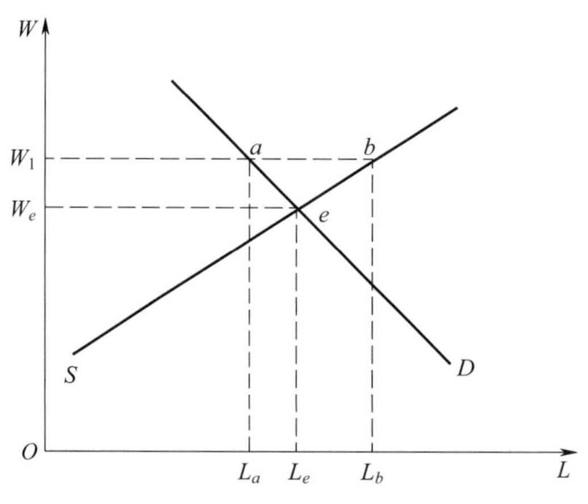

图 4–1　劳动力供求曲线图

然而，现实情况往往并不如理论预期所言，均衡就业和均衡工资的理想状况很少能够达到，因为经济环境总是在不断地发生着变化，工资也总处于一种“刚性”状态，即工资水平在短期内，并不总是处于一种或者快速上升，或者快速下降的状态。因此，在任何一个时间点上，短缺和冗余这两种相悖的状态都同时存在于劳动力市场中，这也意味着会出现有的雇主找不到能够填补职位空缺的人才，有人却处于失业状态

① 袁伦渠．劳动经济学［M］．5 版．大连：东北财经大学出版社，2017：27.

② 范先佐．教育经济学理论与实践问题研究：范先佐自选集［M］．武汉：华中师范大学出版社，2012：4–5.

的现象。图 4–2 显示的是供给曲线位移而需求曲线没有移动的情况（例如一段时间内大量职业院校开办同类专业，但市场上相关的岗位数量并没有增加），这会导致一部分就业者始终处于失业的状况，解决这一问题的办法是增加市场中相关岗位的供给；图 4–3 显示的是需求曲线位移而供给曲线没有移动的情况（例如短期内政策变动带来了市场对某类产品或服务的大量需求，然而生产产品或提供服务的岗位专业性很强，短期内难以实现人才供给的大幅度提升），在工资没有相应提高的前提下，这种情况会导致劳动力的短缺，解决的方式是实现新的工人持续大量供给，或提升工资水平。

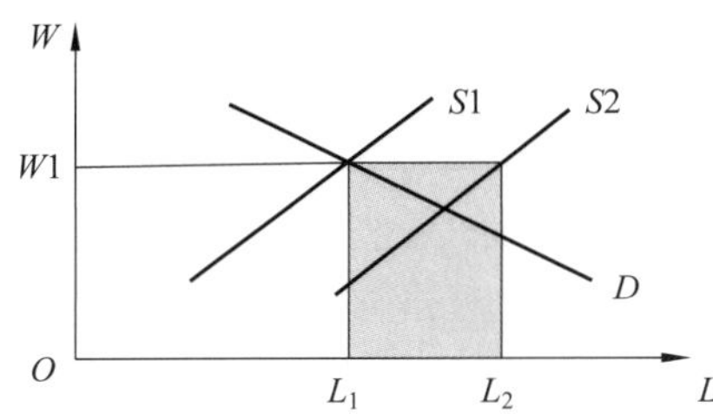

图 4–2　劳动力需求曲线的位移

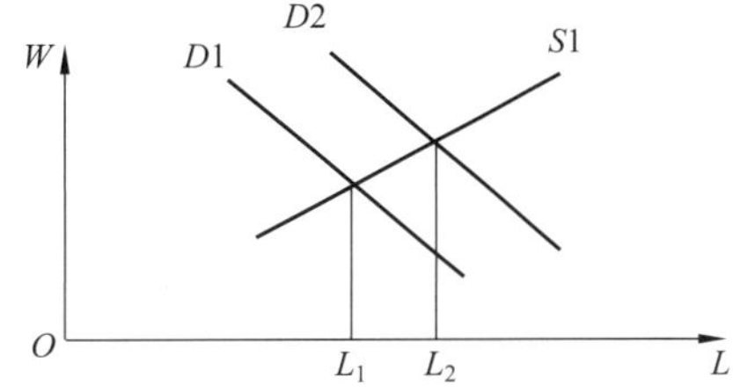

图 4–3　劳动力供给曲线的位移

（三）劳动力的供给弹性

劳动力的供给还涉及供给弹性的问题。所谓劳动力供给弹性是劳动力供给变动对工资率变动的反映程度。[①] 某些职业具有高技能的特征，因此其劳动力供给曲线具有非弹性供给曲线的特征，即当这些高技能职业从业者的工资有了很大的提升后，从劳动力市场也仅仅能够获得较少的可用工人。有些职业（尤其是技术技能含量较低、专业性不强的职业）拥有较为有弹性的供给曲线，这意味着一个较小的工资涨幅，就会导致较大规模劳动力供给的增加（图 4–4）。这带给我们的一个启示是：如果某种职业的供给曲线是非弹性的，短时间内满足增加的劳动力需求将比较困难。这种非弹性部分是这些职业较为困难的任务和长期的学习曲线所造成的。随着技术岗位和非技术岗位边界的日益融合，更多的职业的劳动力供给曲线将具有非弹性供给曲线的特征。因此，职业教育必须充分考虑学制体系、课程设计、学分体系等的改革需求，以适应千变万化的劳动力市场。

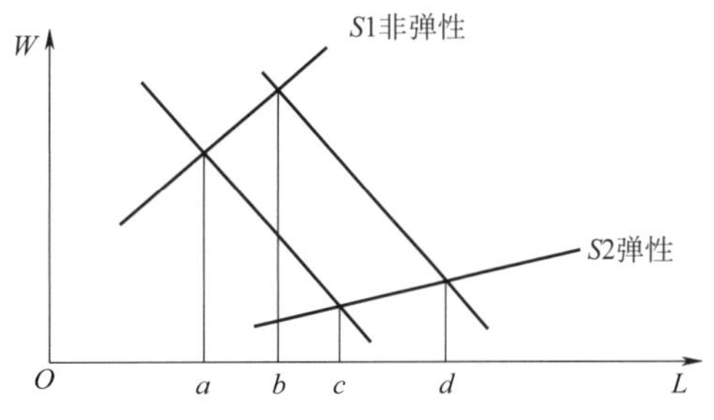

图 4–4　劳动力供给弹性示意图

图 4–2，4–3，4–4 中，*S* 代表供给曲线，*D* 代表需求曲线，*Q* 代表岗位数量，*W* 代表工资水平。*S*1 和 *S*2 代表劳动力供给曲线的位移，*D*1 和 *D*2 代表劳动力需求曲线的位移，*Q*1 到 *Q*2 代表岗位数量的变化，*a*，*b*，*c*，*d* 分别代表不同的劳动力供给、需求所对应的岗位数量。

① 黄宁阳，金大凡，吕学聪．我国城镇劳动力市场供给分析：兼论“民工荒”的成因及对策[J]．乡镇经济，2009，25（3）：72–75.

二、凯恩斯学派的政府干预理论

凯恩斯经济学理论诞生之前，以马歇尔（Alfred Marshall）、庇古（Arthur Cecil Pigou）等人为代表的新古典经济学占统治地位，他们从萨伊定律出发，认为失业是劳动力市场供求不相称的结果，如果工资可以随劳动力供求变化而自由涨落，那么市场价格机制的自发调节作用，可使一切可供使用的劳动力资源都被用于生产，实现充分就业①，反对政府干预经济。1929—1933 年资本主义国家爆发世界经济危机，给西方各国带来了空前规模的失业，打破了新古典经济学家所颂扬的"通过市场均衡自动实现充分就业"的神话，"凯恩斯革命"应运而生。1936 年，约翰·梅纳德·凯恩斯（John Maynard Keynes）最主要的著作《就业、利息和货币通论》出版，核心观点是反对自由放任，主张国家干预。凯恩斯认为，有效需求不足是造成经济危机的根源，要减少失业、扩大就业，就必须采取国家干预经济的政策，刺激有效需求，主要方式为增加政府投资。

20 世纪 60 年代末，各主要资本主义国家的经济相继陷入"滞胀"的困境，凯恩斯理论失灵。于是新古典综合派（又称后凯恩斯主流经济学派）继承并重新阐释了凯恩斯《就业、利息和货币通论》中宏观经济理论与政策的思想，主要代表人物有保罗·萨缪尔森（Paul A. Samuelson）、詹姆斯·托宾（James Tobin）、罗伯特·索洛（Robert M. Solow）等。新古典综合派经济学家认为，结构性失业是现代发达国家中常见的一种现象，所谓结构性失业是指因产业结构的变化，劳动力的供给和需求在职业、技能、产业、地区分布等方面不协调所引起的失业，结构性失业的存在必然导致失业与工作空位并存。② 其代表人物托宾认为，要解决失业问题，单靠宏观的财政政策和货币政策是不够的，必须利用劳动力市场和人力政策来实现充分就业。③ 其提出的解决结构性失业的人力政策主要有：① 进行劳动力的再培训，对劳动力进行多层次、多领域、多种形式的继续培训，使非熟练劳动者具备适应劳动需求的条件，使技术过时的劳动者能够掌握新技术；② 发展职业介绍机构，提供劳动市场的信息，帮助企业和失业者及时了解准确情况，最终使企业和求职者实现充分的信息沟通。20 世纪 80 年代，新凯恩斯主义者对劳动力市场进行了许多探索，提出了劳动力市场上的工资黏性，进一步强调政府干预具有稳定经济的作用，主要代表人物有斯坦利·费希尔（Stanley Fischer）和约翰·泰勒（John B. Taylor）等。

从中国目前的就业形势来看，凯恩斯学派的就业理论和政策对于解决我国现阶段有效需求不足与就业结构调整问题具有重要的借鉴作用，政府可以从理顺收入分配关系、完善社会保障体系、整顿市场经济秩序三个方面扩大内需。④ 同时，有学者从我国的现行经济体制和劳动力供求现状出发，指出在社会总需求大于总供给的条件下，我国劳动者失业的原因不是有效需求不足，而是有效供给不足⑤，政府应加强劳动力供给侧改革。

---

① 汪继福，罗恩立．西方就业理论与实践及其对我国的启示［J］．西安交通大学学报（社会科学版），2000（4）：70–74.

② 陈浩天，楚明锟．西方就业理论演进的历史轨迹及启示［J］．现代经济探讨，2008（2）：34–37.

③ 金玉秋．西方就业理论及其实践对我国的启示［J］．学术论坛，2008（8）：121–125.

④ 杨贤才，张世晴．凯恩斯学派就业理论及其政策主张对中国的启示［J］．现代管理科学，2014（11）：36–38.

⑤ 厉以宁．凯恩斯主义与中国经济［M］．哈尔滨：黑龙江人民出版社，1991：104–105.

三、人力资本理论

人力资本是一个较为古老的概念,我国春秋时期的政治家和思想家管仲就曾提到过教育投入对于促进社会发展的重要价值。马克思主义经济学、新古典经济学等也均有关于人力资本的相关论述,只是彼时并未形成完整的理论体系和方法论体系。[①]二战后各国经济的飞速发展,引发了人们对这一概念的关注。舒尔茨在这一方面作出了重大贡献。而后经济学家贝克尔(Gary S. Becker)、丹尼森(Edward F. Denison)、罗默(Paul M. Romer)等人进一步发展了这一理论,并在人力资本的内涵阐述、人力资本测度研究等方面取得了显著进展。中国要最终实现在经济上对发达国家的追赶,就必须优先实现教育发展和人力资本积累上对发达国家的追赶。[②]

(一)舒尔茨的观点

舒尔茨被称为“人力资本之父”。他的伟大贡献在于将人真正作为经济学的核心内容,认识到人对自我的投资在经济发展中的重要影响。[③]舒尔茨关于人力资本的核心观点主要集中于以下五点。

(1)人力资本存在于人的身上,表现为知识、技能、体力(健康状况)价值的总和。一个国家的人力资本可以通过劳动者的数量、质量及劳动时间来度量。

(2)人力资本是通过投资形成的。投资渠道有五种,包括营养及医疗保健费用、学校教育费用、在职人员培训费用、择业过程中所发生的人事成本和迁徙费用。

(3)人力资本投资是经济增长的主要源泉。

(4)人力资本投资是效益最佳的投资。

(5)人力资本投资的消费部分的实质是耐用性的,甚至比物质的耐用性消费品更加经久耐用。[④]

(二)贝克尔的观点

贝克尔是人力资本理论发展的主要推动者之一,其著作《人力资本》被西方学术界认为是“经济思想中人力资本投资革命”的起点。在论述人力资本投资理论时,贝克尔对于在职培训进行了系统而详细的分析,而对于学校教育、信息和健康投资只进行了简要的分析。他认为通过在职培训可以清晰地阐释人力资本对于收入、就业和其他经济变量的影响。[⑤]贝克尔将培训分为一般培训与特殊培训,这与本章第一节提到的通用性培训和专用性培训相似。他认为“一般培训在提供这种培训之外的许多企业都是有用的”[⑥],而那些能更大地提高提供培训的企业的生产率的培训可以称为特殊培训。对于特殊培训,贝克尔认为企业必须支付培训费用,而企业将以利润的形式得到这种培训的收益,利润的增加

---

① 闵维方.人力资本理论的形成、发展及其现实意义[J].北京大学教育评论,2020,18(1):9-26,188.

② 胡鞍钢,熊义志.大国兴衰与人力资本变迁[J].教育研究,2003(4):11-16.

③ 杜育红.人力资本理论:演变过程与未来发展[J].北京大学教育评论,2020,18(1):90-100,191.

④ 舒尔茨.人力资本投资:教育和研究的作用[M].蒋斌,张蘅,译.北京:商务印书馆,1990:25,40-43.

⑤ 曹夕多.一般培训与特殊培训:贝克尔的观点[C]// 中国教育学会教育经济学分会.2006 年中国教育经济学年会会议论文集.出版者不详,2006:65-73.

⑥ 贝克尔.人力资本[M].梁小民,译.北京:北京大学出版社,1986:10.

来源于更高的生产率。只有在收益至少等于成本时，企业才会提供培训，长期竞争的均衡要求收益的现值完全等于成本。[①]

对于学校教育，贝克尔把学校定义为一种专门从事教育生产的机构。学校正规教育与企业在职培训之间并不一定总是有明显的区别，在某些方面，可以把学校看作一种特殊企业，把学生学习看作一种特殊培训[②]，因为一些类型的知识学习要求有长时间的专门教育，从而要求用正规学校教育代替学徒制的在职教育；而当一些类型的知识在工作情境中有更好的学习效果时，它最好是在企业内学习；还有一些技能的发展既要有专门教育又要有经验，从而需要部分由企业提供，部分由学校提供。[③]

（三）雅各布·明塞尔（Jacob Mincer）的观点

明塞尔在人力资本理论研究方面的贡献主要是建立了人力资本投资收益率模型，论证在均衡条件下人力资本投资量与个人终生挣得的贴现值相等，把收入分配问题引入人力资本理论框架。[④]他在人力资本投资与劳动力市场，以及技术与人力资本需求两个方面提出了相关见解和理论。在人力资本投资与劳动力市场方面，明塞尔认为包括劳动者所接受的正规学校教育，以及在工作中工作经验的积累在内的人力资本的投资，才是劳动者收入差异的决定因素。他在1958年发表的《人力资本投资与个人收入分配》一文中首次建立了个人收入分配与其接受培训量之间关系的数学模型。他把劳动者的受教育年限作为衡量人力资本投资的唯一指标，而这一指标凭借其易于获得性和可比性，在后续的研究中被普遍使用。在技术与人力资本需求方面，明塞尔认为，技术变动与人力资本之间具有更大的互补性，技术进步对于人力资本需求有着很强的影响力。在补偿假说的前提下，明塞尔通过使用多要素或全要素生产力增长指数来测量技术的变化程度，从而揭示了技术与人力资本需求之间的关系。测量结果显示：一个产业部门中急剧的技术进步会产生日益增长的该部门劳动力对于教育和培训的需求。所以技术变化也是影响人力资本需求的因素。[⑤]

（四）罗默的观点

1986年，美国经济学家罗默发表了《收益递增与长期增长》，提出“收益递增型的增长模式”。在罗默的模式中，特殊的知识和专业化的人力资本是经济增长的主要因素，它们不仅能形成递增的收益，而且能使资本和劳动等要素投入产生递增收益，从而使整个经济的规模收益递增，递增的收益保证着长期经济增长。[⑥]罗默在1990年发表的《内生技术进步》中进一步提出了“人力资本存量决定了经济的增长率”的观点。该研究认为，经济规模不是经济增长的主要驱动因素，人力资本的规模才是至关重要的，其存量的多少决定了增长率的高低。新知识生产与劳动力受教育时间对于经济增长尤为重要。[⑦]

---

① 贝克尔．人力资本［M］．梁小民，译．北京：北京大学出版社，1986：21.

② 李守身，黄永强．贝克尔人力资本理论及其现实意义［J］．江淮论坛，2001（5）：28–35.

③ 陈光金，刘小珉．新经济学领域的拓疆者：贝克尔评传［M］．太原：山西财经出版社，1998：68–69.

④ 潘清．人力资本理论综述：探究人力资本的成因［J］．浙江工商大学学报，2008，92（5）：78–83.

⑤ 方芳．明瑟尔人力资本理论［J］．教育与经济，2006（2）：16–18.

⑥ ROMER P M. Increasing Returns and Long-run Growth［J］. Journal of Political Economy，1986：94（5）：1002–1037.

⑦ 郑联盛，李欣格，于臻谞．保罗·罗默的学术思想和政策启示［J］．金融博览，2018（11）：36–37.

（五）罗伯特·卢卡斯（Robert E. Lucas，Jr.）的观点

卢卡斯于1988年发表了以人力资本为核心的另一种新增长模型，把舒尔茨的人力资本理论和索洛的技术决定论的增长模型结合起来并加以发展，形成了人力资本积累增长模型，即专业化人力资本积累增长模式。该模型的贡献在于承认人力资本积累不仅具有外部性，而且与人力资本存量成正比，人力资本积累是经济得以持续增长的决定性因素和产业发展的真正源泉，强调了外部溢出效应对人力资本积累的作用，认为特殊的知识和专业化的人力资本是经济增长的主要因素。[①]

人力资本理论强调教育是人力资本的存量，具备多维的经济价值，是经济现代化发展的核心内容[②]，这为大力发展包括职业教育在内的各级各类教育提供了有力的理论支撑。中国是世界上拥有最为丰富的人力资源的国家之一，因此如何通过职业教育来提升人力资源总质量、发展专业化人力资本是当前亟需解决的问题。一些研究揭示了现阶段职业教育在提升人力资本中的特点，例如有研究发现1985—2017年我国职业教育对经济增长率的贡献率为7.428%，占整个教育贡献率的一半，其中高职为4.833%，中职为2.595%。在东部或较发达地区接受高等职业教育者具有显著更高的人力资本回报[③]；改革开放早期接受职业教育者比接受普通高中教育者拥有较高的回报，1990年后接受职业教育者的收入回报已没有优势[④]。这些研究既证明了职业教育在提升人力资本上的价值，又揭示了现阶段我国职业教育在人力资本增值和促进经济发展中存在的“后劲不足”。因此，必须在职业教育体系设计、教育内容改革等方面整体提升新时代职业教育的内涵水平，对标“教育现代化2035”的远景目标，在体系内涵的现代性、制度嵌入的现代性和育人模式的现代性三个方面实现“嵌入现代化的高质量发展”的阶段性目标[⑤]，让职业教育由低技能教育转向专业性、系统性技能教育[⑥]。

四、劳动力市场分割理论

分割理论的基本观点是劳动力市场由若干有着不同的工资和就业机制的部门组成，这些部门中有些工作条件好，工资报酬高，被称为主要部门，有些工作条件差，工资报酬低，被称为次要部门[⑦]，其本质含义是同等能力的人由于所从事的工作不同而不能获得同等的报酬。1954年，针对社会中存在的不同劳动力提供了同样数量和质量的劳动，但他们的工资水平仍可能因为歧视或是否加入工会组织等而存在巨大差异的问题，

---

① LUCAS R E. On the Mechanics of Economic Development［J］. Journal of Monetary Economics，1988（22）：3–42.

② 李舟，周超．对舒尔茨人力资本理论的理解与思考［J］．江南论坛，2019（6）：21–23.

③ 陈钊，冯净冰．应该在哪里接受职业教育：来自教育回报空间差异的证据［J］．世界经济，2015，38（8）：132–149.

④ 陈伟，乌尼日其其格．职业教育与普通高中教育收入回报之差异［J］．社会，2016，36（2）：167–190.

⑤ 李政．谋高质量发展 为现代化奠基：我国职业教育“十三五”回顾与“十四五”展望［J］．中国职业技术教育，2021（10）：5–10.

⑥ 徐国庆．什么是职业教育：智能化时代职业教育内涵的新探索［J］．教育发展研究，2022，42（1）：20–27.

⑦ 赖德胜．教育经济学［M］．北京：高等教育出版社，2011：59.

美国经济学家克拉克·克尔（Clark Kerr）追溯了英国古典经济学家约翰·穆勒（John Stuart Mill）和凯尔恩斯（J. E. Cairnes）关于工资差别源于非竞争集团的思想，认为现实中的工资差别是劳动力市场分割化的结果，从而最先提出了有关劳动力市场分割和非竞争性，以及企业内部劳动力市场的思想。[①]1971年，美国经济学家多林格尔（P. B. Doeringer）和皮奥里（Micheal Piore）在总结和吸收以往研究成果的基础上发表了《内部劳动力市场与人力资源管理》，劳动力市场分割理论正式诞生。该理论认为，工人的工资出现差异化的分布，本质上源于劳动力流动的局限性。那些被长期限制于次要部门中的劳动力将在工资上长期处于劣势地位。这与人力资本理论关于能力和工资相匹配的判断存在本质差异。

根据分割理论的出发点和分析方法的不同，可以将分割理论分为传统观点和现代观点两部分。传统观点认为，劳动力流动的障碍来自各种制度性因素，由若干个不同的理论所组成，主要包括二元劳动力市场理论、职位竞争理论和激进主义理论等。二元劳动力市场理论是劳动力市场分割理论中应用最广泛的理论。一般认为，劳动力市场存在内部和外部两个部分，其中外部劳动力市场指的是受劳动力价格、分配、教育变化等市场经济变化直接影响的市场，企事业单位面向社会公开招聘即被视为从外部劳动力市场获得人力资源。内部劳动力市场存在于企事业单位内部，是企事业单位内部各种劳动合约与就业安排的制度总和。内部劳动力市场较少受到市场人力资源供求的影响，遵循的是系统内部的人力资源配置方式、制度安排和隐性契约。在内部和外部劳动力市场的基础上，多林格尔和皮奥里第一次明确地按照工资决定方式、福利水平和升迁机制的不同将整个劳动力市场划分为主要和次要两个部分。主要劳动力市场具有以下特点：第一，就业环境稳定，员工一般而言从事的是资本或智力密集型的大规模的生产；第二，分工严密，等级森严，员工的收入非常可观；第三，提供专业的培训与可预见的晋升阶梯。次要劳动力市场的情况则刚好与之相反。[②]尽管随着市场经济发展，中国城乡之间的劳动力市场分割有所减弱，但在诸如户籍、所有制、体制、行业等多种因素的影响下，劳动力市场分割情况依旧错综复杂，而且这一现状直接阻碍了劳动资源的合理配置，造成了劳动要素扭曲。[③]现代观点是指20世纪70年代末80年代初，应用博弈论与信息经济学领域中的委托代理理论、议价理论对分割理论做的进一步解释。现代观点认为劳动力流动存在障碍是信息不完全或者垄断（工会）的原因[④]，包括效率工资理论、“偷懒”模型和“内部人－外部人”模型等。

劳动力市场分割是一个世界性的普遍现象，上述的主次市场、内外市场，以及因性别、种族、地域等差异形成的市场划分等都属于此类，劳动力市场制度性分割则是转型国家，特别是中国的一个特有现象。劳动力市场的制度性分割是中国特殊的制度变迁过程的产物，有一定的历史功绩，但在社会主义市场经济的发展过程中，其负面效应更为明显。如何使分割的劳动力市场整合成一个统一的劳动力市场，是我国当前所面临的难题。深化

① 张凤林，代英姿．西方内部劳动力市场理论评述［J］．经济学动态，2003（7）：69–73.

② 林菁璐．劳动力市场分割背景下的家庭高等教育决策［M］．上海：上海财经大学出版社，2014：34–35.

③ 刘劭睿，李钊，樊佳琪．中国劳动力市场分割的时空演化研究［J］．人口学刊，2021，43（6）：14–27.

④ 赖德胜．教育经济学［M］．北京：高等教育出版社，2011：60.

改革是唯一出路，尤其应当注意深化户籍制度改革、国有大中型企业的用工制度改革、社会保障和住房制度改革。[①]

五、筛选理论

筛选理论，又被称为文凭理论。该理论认为，教育可以帮助雇主识别不同能力水平的求职者，以便将他们安置到不同工作岗位上。[②] 20世纪60年代，人力资本理论成为许多国家扩展教育、加速国民经济发展的基础，在世界范围内迅速出现了教育大发展的高潮。然而，经过十几年的实践，教育扩张不仅没有带来劳动生产率和经济的快速增长，而且带来了“文凭膨胀”“过度教育”、劳动生产率下降和青年严重失业等现象。进入20世纪70年代，首先对人力资本理论进行批判的是筛选理论。1973年，迈克尔·斯宾塞（A. Michael Spence）发表的《就业市场信号》一文系统地阐释了这一理论，成为该理论形成的重要标志。包括斯宾塞在内的很多学者认为，教育只是被用来作为区别个人能力的手段，它未必提高了生产率。[③] 教育所产生的各类证书仅仅是为了让个体向人力资源市场发出信号。

筛选理论由过滤论、筛选论和信号论等组成。在劳动力市场上，求职者都有许多看得见的个人特征，比如性别、年龄、种族、婚姻状况、受教育程度等，其中有些特征是与生俱来、难以改变的，如性别、年龄、种族，还有一些特征是个人可以控制的，如受教育程度。筛选理论的倡导者把与生俱来的看得见的特征称为标识，把个人可以控制的看得见的特征称为信号，筛选理论考察的就是教育的信号功能。在教育的信号功能下，筛选理论提出了下面三个基本假设。第一，劳动力市场中存在信息不对称。雇主在招聘员工时并不能直接看到求职者的生产能力，只能根据求职者看得见的个人特征和资料，即信号和标识，对求职者的生产能力进行预测，然后决定是否雇佣、工作岗位如何分配、给予多高的工资等。对求职者而言，标识是难以改变的，只能通过调整信号来增加自己求职成功和提高工资的概率，如进行教育投资。第二，信号成本与生产能力负相关。不同的个体接受教育的信号成本是不同的，生产能力较高的人能轻松地进入更高一级的教育，教育成本也较低，这样能力较高的人在收益大于成本的情况下会投资更高级别的教育。因为只有当信号成本与生产能力负相关时，才能有效地通过信号把求职者区分开。第三，劳动生产率因人而异，不受教育影响。教育只是一种反映求职者能力高低的信号，并不像人力资本理论所主张的那样能提高个人的生产率。[④]

国内外学者都对筛选理论进行了实证检验，形成了威尔斯假说与羊皮纸假说、强筛选与弱筛选等多种观点，在不同的假说和条件下，筛选理论有的被证实，有的被反驳，但至今也没有在此基础上建立起比较完整的教育经济学理论体系。因此筛选理论还远不能替代人力资本理论，它对人力资本理论只能起到修正和补充作用。[⑤]

---

① 赖德胜．论劳动力市场的制度性分割［J］．经济科学，1996（6）：19–23.

② 苗庆红．西方主要教育经济理论分析与比较［J］．经济经纬，2003（4）：21–24.

③ STIGLITZ J E. The Theory of “Screening”, Education, and the Distribution of Income［J］. The American Economic Review, 1975, 65（3）：283–300.

④ 赖德胜．教育经济学［M］．北京：高等教育出版社，2011：55.

⑤ 苗庆红．西方主要教育经济理论分析与比较［J］．经济经纬，2003（4）：21–24.

六、技术进步下的就业理论

技术进步与就业的关系是经济学中一个古老而又常新的议题。自18世纪英国开始工业革命以来，技术进步在大幅度提高劳动生产率、转变各国经济结构及改善人们生活水平的同时，越来越趋向于在生产过程中用自动化设备代替劳动力。这种现象是否可能导致失业问题的加剧，抑或有利于就业机会的增加，一直是人们关注的焦点。

（一）李嘉图之谜

所谓“李嘉图之谜”，指的是英国古典政治经济学家大卫·李嘉图（David Ricardo）对机器大规模使用可能带来的对传统工作的影响的矛盾认识。18世纪末的机器大规模使用，让各国政府和经济学家产生了“机器换人”的忧虑，劳工集团也有组织地反对企业对机器的使用。而李嘉图最初反对这一观点，他认为机器的使用只会为各个阶级的消费者带来好处。然而后来，他的观点又有所转变，他认为机器的使用对劳动阶级产生负面影响，是符合政治经济学原理的，但负面影响产生的前提是新机器被突然引入。这种前后关于机器使用影响的矛盾说法，被称为“李嘉图之谜”。这一矛盾说法的背后，实际上暗含了技术进步带来的两面效应：技术进步势必会导致一部分旧工作的消亡，但同时新工作也会因新技术的应用而出现。这种毁灭和创造的交织，形成了技术进步对就业市场的“破坏效应”和“补偿效应”。当技术进步的破坏效应大于补偿效应时，就业总量减少，失业率上升；技术进步的破坏效应小于补偿效应时，就业总量增加，失业率下降。[①] 长期看，就业创造效应将超过就业毁灭效应，但是这种“补偿”不是自动、无痛苦和立即实现的。[②]

然而，这一理论忽视了补偿机制的作用取决于各国经济的制度环境（如新产品引入和扩散的作用及速度、真实工资在劳动力市场及有效需求构成中的地位）和一些关键变量（如需求弹性、竞争程度、要素替代弹性等），由此它们的影响在性质与程度上都不相同，故难以预料总体补偿机制的综合就业效应。[③]

（二）马克思的“产业后备军”理论

“产业后备军”最早见于马克思的《资本论》第一卷，是基于马克思对资本主义生产力和生产关系之间矛盾的深刻认识而形成的概念。技术的进步导致劳动生产效率的提升，而生产资料资本家所有制也必然会导致工人受雇于资本，资本天然的剥削性导致受雇的工人始终处于被盘剥的地位。机器的广泛使用导致资本出现集聚趋势，资本有机构成不断提高，从而产生了资本对劳动力的相对或绝对排斥，并产生“相对过剩人口”，这些过剩人口的不断积累则形成了可供现代资本主义部门雇佣的“产业后备军”。[④]“产业后备军”是与“现役劳动军”相对应的概念，它的出现，表明资本主义统治权从根本上实现了对所有人的全方位控制。资产阶级与无产阶级之间的对抗逐渐被遮蔽并转化为“现役劳动军”与“产业后

---

① 赵利，张红霞，王振兴．技术进步对劳动就业影响的作用机理分析［J］．山东财政学院学报，2012（5）：101–110.

② 李嘉图．政治经济学与赋税原理［M］．郭大力，王亚南，译．北京：商务印书馆，1987：387，392.

③ 李正友，毕先萍．技术进步的就业效应：一个理论分析框架［J］．经济评论，2004（2）：21–24.

④ 郭友群，封小花．探析马克思“产业后备军”理论的现实意义［J］．广东外语外贸大学学报，2011，22（2）：31–33，38.

备军”之间虚假的对抗性关系。[①] 在资本主义制度下，技术和社会组织各自的演变发展必然导致失业和无产阶级贫困化，使资本主义矛盾加剧，并最终走向灭亡。[②]

（三）熊彼特的创新 – 经济周期理论

真正从理论上研究技术进步的就业效应的作用机理是从熊彼特（Joseph Alois Schumpeter）开始的。熊彼特在1912年出版的《经济发展理论》一书中首次提出“创新理论”，他认为创新就是建立一种新的生产函数，把从未出现的生产要素和生产条件的新组合引入生产体系。进而他指出，技术创新和生产方法的变革才是资本主义经济增长的主要源泉，而不是资本和劳动力。他认为，由于技术进步的特性是不规则和不平衡的，创新导致经济出现结构变动，因而造成国民经济体系中的周期行为和失业危机，并且这种技术性失业是社会固有的弊端，无法消除。[③]

不可否认的是，熊彼特的创新 – 经济周期理论在技术进步的就业效应的机理研究上取得了重大突破。但是，熊彼特的创新概念主要属于技术创新范畴，主要聚焦于经济增长的研究，没有深入研究在经济长期波动中社会经济系统保持平衡的机制。[④] 新兴经济体在世界经济兴衰中的作用逐渐增强，也导致了对以分析先进经济体来研究世界经济周期的该理论的适用性的质疑。[⑤] 该理论忽视了技术进步也可以创造出新的职位，增加新的劳动力的需求，同时也无法解释在经济长期波动中，技术在不断地进步，却并没有出现大范围的失业现象。

（四）新熊彼特学派的技术 – 经济范式理论

在资本主义经济经历了滞胀危机之后，沉寂多年的技术进步理论被重新重视并更多地进入研究者的视野。自熊彼特之后，创新理论大致分为两个学派：一是以兰斯·戴维斯（Lance E. Davis）、道格拉斯·诺斯（Douglass C. North）等为代表的制度创新学派，另一个是以克里斯托弗·弗里曼（Christopher Freeman）和卡洛塔·佩雷斯（Carlota Perez）为代表的技术创新经济学派（又称新熊彼特学派）。他们提出了技术 – 经济范式理论，明确阐述了技术 – 经济范式的演变对就业影响的作用机理，从而修正并发展了熊彼特有关技术进步就业效应的研究。技术 – 经济范式发源于熊彼特的创新理论，但并非将创新理论套在技术创新之上，而是将熊彼特的理论和方法与微观经济理论相结合，用于技术创新的研究。技术 – 经济范式是相互联系的技术、制度和管理变革的组合，其变迁过程就是打破常规和建立新范式，技术创新是技术 – 经济范式发生变化的主要原因。在技术 – 经济范式的演变过程中，经济必然会出现周期性繁荣和萧条的波动，萧条时期必然出现经济增速放慢、失业上升等现象，同时由于新范式刚刚兴起，受旧有社会制度因素的制约，新产业中投资的就业创造效应还十分强大，不足以弥补结构性失调带来的就业损失。[⑥]

---

① 王庆丰，苗翠翠．“产业后备军”的生命政治［J］．国外理论动态，2019（4）：16–25.

② 马克思．资本论：政治经济学批判［M］．郭大力，王亚南，译．北京：人民出版社，1963：1–394.

③ 熊彼特．经济分析史（第2卷）［M］．杨敬年，译．北京：商务印书馆，1996：515，574.

④ 李正友，毕先萍．技术进步的就业效应：一个理论分析框架［J］．经济评论，2004（2）：21–24.

⑤ 曹希敬，胡维佳．熊彼特及其新熊彼特主义学派关于创新 – 经济周期研究的述评［J］．中国科技论坛，2014（11）：20–24.

⑥ 多西，弗里曼，纳尔逊．技术进步与经济理论［M］．钟学义，沈利生，陈平，等，译．北京，经济科学出版社，1992：179.

第三节 经济学视角下职业教育的核心议题

随着我国现代职业教育体系建立，职业教育对经济社会发展的重要性越来越受到学界的关注，职业教育与培训的研究视野和研究领域也在不断拓展。加强职业教育经济学问题研究，构建一个合理、完善的职业教育经济学理论框架体系，不仅是职业教育学科自身发展的需求，而且是职业教育主动适应外部经济发展规律的需要。经济学视野下的职业教育研究已经成为职业教育重要的研究领域，二者相结合的研究视域不断拓展，对解释职业教育现象、探索职业教育规律、促进劳动力资源合理配置有重要意义。本节将介绍经济学视野下职业教育发展的三个关键议题：结构性失业、人力资本投资和智能化时代的人才培养。这三个关键议题关涉职业教育人才培养、专业设置和内涵发展，也是职业教育能够深度参与并提供问题解决方案的领域。

一、结构性失业与职业教育

随着产业结构调整的逐步完善和劳动力市场配置资源的作用不断增强，东南沿海地区的“民工荒”、全国范围的“技工荒”和大学生就业难等结构性失业问题引起经济和教育学界的普遍关注。长期以来，我国经济发展很大程度上依靠的是人口红利。但是近年来，很多东南沿海城市，尤其是劳动密集型城市出现了招工难的问题，“普工荒”和“技工荒”并存。与此同时，以大学生失业为代表的“知识失业”现象也在中国长期存在。以上现象均属于结构性失业的问题，这也是未来一段时间内我国就业市场将长期存在的问题。解决结构性失业的问题，需要从岗位供给侧实施改革，更需要人力资源供给侧的联动变革，这其中职业教育将扮演不可或缺的角色。

（一）结构性失业的表征和原因

结构性失业问题是经济结构和劳动力结构不对应，使工作岗位与劳动者文化技术水平不相适应而产生的就业问题。原因不在于缺乏足够的劳动工作岗位，而在于一方面社会上存在着空闲工作岗位，另一方面现有失业者的受教育程度和技术水平不适应这些工作岗位的需要。其特点是持续周期长，失业者缺乏现有空缺职位所需要的知识与技能，即技能型失调。结构性就业矛盾的生成逻辑在于，劳动力市场的调整速度滞后于产品市场调整速度，劳动力供给结构不能及时响应产品市场派生的内在需求。[①] 此外，劳动力供给

① 张彬斌．就业扩容提质 促进共同富裕：以加快破解结构性就业矛盾为抓手［J］．产业经济评论，2022（2）：168–185.

的结构性变化，尤其是老龄化程度和教育供给结构失衡交织，会导致结构性就业矛盾更加突出。

一些本土化的研究提供了关于中国结构性失业原因的具体描述。孙乐通过对我国技能型人才结构性短缺的原因进行探讨发现，我国分配体制不合理所导致的技工劳动力价格偏低、中专或技校生与大学生进企业后工资待遇差距大，是造成职业教育与培训需求长期低迷、高技能人才匮乏的一个重要原因。[①] 也有研究认为，我国的户籍制度和劳动力保障制度等带来的劳动力市场分割是大学生"知识失业"的重要成因。[②] 一些地区就业难与用工荒并存的内在原因是产业结构不合理，存在城乡二元结构、城市内部存在的"新二元"结构，以及人力资本不足。[③] 对于进城务工群体而言，中国农村劳动力流出和回流过程中存在的户籍制度、社会保障体制等制度障碍，对农村劳动力的迁移结果具有决定性的影响。 也有学者将结构性失业的原因指向了教育和培训体系，即劳动力人口整体素质较低、缺乏合理的教育培训体系等。[④]

（二）缓解结构性失业中的职业教育作为

解决结构性矛盾，一个重要措施是将教育结构与劳动力市场需求结合，以缓解劳动者的技能水平和岗位需求不匹配的矛盾。其中，提升我国基础劳动力的教育水平，以及面向市场培养高水平的技术技能人才，是改善结构性矛盾的关键之举。职业教育在这些方面均能发挥独特的功能。

首先，职业教育能通过灵活的学制教育和中短期培训，为进城务工人员、下岗职工、失业青年等就业弱势群体提供高效率的人力资本提升服务，这对于我国接近 9 亿的庞大劳动年龄人口，尤其是数量庞大的进城务工群体而言具有十分重要的现实意义。新型城镇化进程中的人力资本缺失是影响我国进城务工人员市民化的主因，而职业教育培训是促进农民工人力资本形成和积累的主要途径之一。[⑤] 职业教育作为精准扶贫的有效方式，能帮助进城务工人员改善就业、扩充社会关系网络和认同城市文明，在消除物质贫困、消解能力贫困和消弭精神贫困方面有着巨大价值。[⑥] 一项基于对 416 户家庭 2007 年度基本情况的抽样调查和实证分析发现，农村职业教育对于提高农村家庭收入有着显著作用，平均回报率约为 27%。[⑦] 而基于陕西省 22 个县 590 户农户的调研结果显示，培训供给、内在个体特征和培训投入显著影响农民的职业教育总体满意度。因此，制定体现新时代我国农村发展战略、适应新生代进城务工群体特征的职业培训体系，是未来改善我国结构性失业、提升劳动力供需匹配度的重要之举。

其次，职业教育通过自身内部的体系构建，提升职业教育的办学层次和育人水平，弥

① 孙乐．浅析我国高技能人才的培养与开发［J］．人口与经济，2010（S1）：37–38.

② 赖德胜，田永坡．对中国"知识失业"成因的一个解释［J］．经济研究，2005（11）：111–119.

③ 袁霓．用工荒与就业难并存的经济学分析［J］．改革与战略，2011，27（1）：163–164，174.

④ 孙强．我国结构性失业原因与对策研究［J］．经济问题，2009（4）：43–46.

⑤ 马建富．新型城镇化进程中农民工人力资本提升的职业教育培训路径［J］．教育发展研究，2014，34（9）：7–14.

⑥ 朱德全，吴虑，朱成晨．职业教育精准扶贫的逻辑框架：基于农民工城镇化的视角［J］．西南大学学报（社会科学版），2018，44（1）：70–76，190.

⑦ 周亚虹，许玲丽，夏正青．从农村职业教育看人力资本对农村家庭的贡献：基于苏北农村家庭微观数据的实证分析［J］．经济研究，2010，45（8）：55–65.

补教育回报较低的短板，让职业教育学生具有上岗就业的能力，更具有生涯发展的潜力。

最后，职业教育通过加强与市场主体的合作，满足市场上对不同类型的高技能人才的需求。这种基于供需主体间直接合作的办学模式，相较普通教育而言更具有灵活性，更能响应市场对人才需求的变化，从而能有效缓和就业市场的结构性矛盾。

正是由于职业教育对于改善劳动力结构和社会就业结构的重要作用，新中国成立后，尤其是改革开放以来，我国实施大力发展职业教育的政策，适应了经济建设对人才的需要，极大地缓解了市场领域掌握中级技术和管理知识的中等人才的短缺，缓解了一般劳动力素质低下而引起的现代科技向生产力转化的阻滞。21 世纪初，我国高技能人才数量只占技能总人才队伍的 4%，如今这一比例已超过 20%。[①] 在顶层设计、政策供给、产业进步等多种因素支撑下，我国技能人才队伍与发达国家技能人才队伍的差距在逐步缩小。

近年来，我国劳动力市场供需情况出现了以下几个典型特征：一是劳动年龄人口规模持续下降，新生人口同比下降，劳动力供给结构有所转变；二是产业转移和落后产能出清导致从业人员转移安置压力较大；三是技术进步和产业升级带来了大量传统就业岗位的消失。这些都有可能成为我国新时期结构性就业矛盾的诱因。2021 年第二季度，全国 83 个城市公共就业服务机构的市场供求信息显示，市场对具有技术等级和专业技术职称劳动者的用人需求较大，高级技师、技师的求人倍率分别高达 3.11 和 2.68，技能型人力资本需求缺口较大。[②] 未来一个时期，“结构性就业矛盾”将成为我国就业领域的主要矛盾，高质量劳动力短缺的结构性矛盾可能会更加尖锐。二元经济结构的长期存在、社会就业压力的不断增加、产业转型升级对高技能人才的需求，均要求将职业教育作为开发我国人力资源的战略选择。

二、人力资本投资的新趋势与职业教育发展

人力资本理论重新证明了人，特别是具有专业知识和技术的高层次的人才是推动经济增长和经济发展的真正动力。[③] 人力资本结构因素的增长模型表明，经济主体的增长，不仅取决于其物质资本总量和人力资本总量的增长，而且取决于不同类型人力资本的相对增长水平，这种相对增长反映着人力资本结构的变动。因此，人力资本结构是经济增长的重要因素，人力资本通过数量水平和结构水平两方面影响经济的增长水平。[④] 当前我国人力资本投资仍存在若干问题，如人力资本水平存在显著城乡差异，熟练工人人力资本无法满足产业结构调整和需求，儿童和老龄人口人力资本开发不足。[⑤] 近年来，受外部经济环境的影响，人力资本投资也呈现出一些新的趋势，例如有研究发现数字经济对实现高质量就业有促进作用，人力资本投资则对二者之间的作用关系有明显的正向调节效应[⑥]；在人口老龄化背景下，教育人力资本投资、健康人力资本投资、科研人力资本投资会对老龄

① 余观平．有效破解结构性就业矛盾［N］．经济日报：2022-3-22（1）.

② 周灵灵．数量压力与结构矛盾：新发展阶段的就业特征、挑战与应对［J］．行政管理改革，2022（4）：64-75.

③ 左聪颖，杨建仁．西方人力资本理论的演变与思考［J］．江西社会科学，2010（6）：196-199.

④ 李雪艳，赵吟佳，钱雪亚．人力资本异质性、结构与经济增长［J］．商业经济与管理，2012（5）：82-88.

⑤ 赵忠．适应新时代发展的人力资本和教育［J］．中国发展，2022，22（2）：70-74..

⑥ 丛屹，闫苗苗．数字经济、人力资本投资与高质量就业［J］．财经科学，2022（3）：112-122.

人口的就业产生正向作用[①]。在随机匹配问题和不稳定雇佣关系的情况下，政府培训补贴能够有效提高高技术技能型人力资本存量，进而提高企业使用先进技术和机器设备的能力，增强企业引进新技术和新设备的意愿，从而有助于企业技术创新；而企业在职培训对高技术技能型人力资本的作用不显著，一定程度上会挤出其他创新投入，不稳定雇佣关系的加强会对企业技术创新产生负向作用。[②]在不完全契约成为一种常态及偏好专用性人力资本投资的情况下，企业只有清晰地界定员工人力资本产权，明确谁拥有剩余控制权并做好剩余索取权的安排，有效解决人力资本产权残缺问题，通过事后盈余分配影响事前人力资本投资决策，才能使人力资本投资的整体交易费用最低，提升组织效率。[③]这些研究结果无不显示出新经济模式和管理模式对于人力资本形成的复杂效应，并对职业教育办学产生了直接或间接的影响。

（一）校企双主体育人过程中的投资成本－收益问题

在鼓励产教融合、校企合作的政策背景下，各级各类职业院校通过不同形式引入市场主体，通过要素投入、课程共建、实体共建等形式参与人才培养。这就产生了人力资本投资的成本和收益分配问题。成本与收益是影响企业培训的决定性变量，近年来随着企业发展策略的转变，企业的培训策略开始由成本偏好性向技能偏好性变迁[④]，因此有越来越多的企业对于介入职业院校人才培养产生了兴趣和内在动机。有研究发现企业参与职业教育办学的成本和收益主要为人力成本和人力收益；企业参与职业教育办学总体处于盈利状态，但在接收学生顶岗实习前，企业处于亏损状态；企业参与职业教育办学的成本收益之间有着巨大的差异性，有近一半的企业处于亏损状态。[⑤]为了维护企业的权益，学校、学生和企业之间往往会签署具有一定约束力的三方协议。同时政府会通过购买服务、为学生提供直接的现金补贴等形式，降低企业人力资本投资的成本。也有研究指出，阻碍企业参与职业教育的因素包括大集团下的完全劳动力市场及企业职业培训标准的缺失[⑥]，同时政府的一些鼓励举措缺乏细化和可执行的规定。[⑦]

（二）面向技能型社会建设的人力资源开发

老龄化社会的到来，以及数字时代的深度发展，已经为人力资源开发带来了新的机遇和挑战，发展银龄经济，开发老年人力资本，弥补不同群体间的数字鸿沟，进一步提升进城务工群体、刑满释放人员、身障人士等就业弱势群体的人力资本水平，是建设人力资源强国、缓解就业压力和解决招工难问题的迫切需求。2021 年印发的《关于推动现代职业教育高质量发展的意见》提出了建设“技能型社会”，正是希望通过建设一个国家重视技能、社会崇尚技能、人人享有技能的社会形态，消除技能开发水平不高、技能应用效率不高、技

① 王敏，邢明强．人口老龄化与人力资本投资对就业的影响研究[J]．中国人事科学，2021(12)：61–69.

② 孙早，侯玉琳．政府培训补贴、企业培训外部性与技术创新：基于不完全劳动力市场中人力资本投资的视角[J]．经济与管理研究，2019，40(4)：47–64.

③ 赵振宽，邹昭晞．新常态下企业创新型人力资本投资研究[J]．湖北社会科学，2016(5)：84–91.

④ 潘海生，高常水．企业参与职业教育策略变迁机理及政策启示[J]．教育研究，2016，37(8)：64–69.

⑤ 冉云芳．企业参与职业教育办学的内部收益率分析及政策启示[J]．教育研究，2017，38(4)：55–63.

⑥ 李俊．我国企业参与职业教育的困境及其突破：基于公共选择理论与劳动经济学的分析[J]．教育发展研究，2015，35(3)：52–58.

⑦ 姜蓓佳，冯子宜．企业参与职业教育人才培养的现状与问题：基于 88 家企业 286 份《企业参与职业教育年报》的分析[J]．职业技术教育，2020，41(21)：17–23.

能社会地位不高的顽瘴痼疾，让技能真正成为生产和生活中至关重要的要素。按照技能从开发到使用，再到发展的逻辑，技能社会内部包含三个相互影响和嵌套的结构要素——技能形成层、技能功能层和技能环境层[①]，而职业教育是技能形成层中的核心主体。未来的学校职业教育要解决适龄学生的就业能力培养问题，还要面向广大弱势就业群体、数字技能短缺群体、普通教育学生群体等，做好农村职业教育、普惠职业教育、技能素养教育。除了制度化的学校职业教育，自发性的工作场所学习、促进民间传统技艺传承的师徒制、社会公众基本生存与互助技能的传播等非制度化的技能形成行为也是十分重要的技能形成手段。

（三）新经济下的就业新形态与职业教育办学

新经济是由新一轮产业革命和供给侧结构性改革所生成的新经济形态[②]，新经济催生了很多灵活就业、非正规就业的现象。我国早期的灵活就业以被动型非正规就业为主要形式，以纾缓数量型就业矛盾为目的，可以采用相对松散的规制原则。而新经济下的灵活就业在就业动机、就业属性、就业质量及劳动者权益诉求等方面均已发生转变，以主动型正规就业为主要形式，以舒缓质量型就业矛盾为目的[③]，例如更关注展现自身特长、拓宽成长边界，更重视工作的灵活性和自主权，部分工作的技术含量高等，由此产生了“零工经济”“斜杠青年”的就业新概念。一般而言，这一现象可被视为人力资源的一种新型分配形式，是数字经济时代的线上线下联动分工带来的人力资源的高效利用，同时也是雇主和劳动者在面对未来就业市场不确定性时作出的理性选择。对于新型的灵活就业人员而言，个体化的经营行为要求他们具备“全息”的特征，不仅要不断提升自己的核心人力资本，而且要将原本在科层组织中被分配到不同部门的职能收归到一起，重建一种更加全面的能力。[④]因此，职业教育要更加重视对学习者综合能力、核心技能、通用能力的培养，以及跨岗位乃至跨领域知识和技能的教育。

三、数字化、智能化与职业教育变革

以互联网、大数据、云计算、人工智能等为代表的新一代信息技术发展日新月异，并加速向各领域广泛渗透，不断催生新产业、新模式、新业态。数字化、智能化正在成为带动新兴产业发展壮大、推动传统产业转型升级、实现包容性增长和可持续发展的重要驱动力。新一轮职业教育专业目录修订结果也显示，很多专业在名称和内涵上已经向数字化、智能化方向转型，开始面向新业态、新技术培养技术技能人才。然而，数字化、智能化不仅带来了人才需求结构的改变，更带来了人才培养理念、模式和方法上的变革。数字技能逐渐成为技术技能人才成长和发展的核心能力，课程形态和教学模式也在新技术的渗透下呈现出开放性、互动性、情境性、灵活性等新的特征。

---

① 李政．增强职业技术教育适应性：理论循证、时代内涵和实践路径［J］．西南大学学报（社会科学版），2022，48（2）：133-143.

② 师博，张冰瑶．新时代、新动能、新经济：当前中国经济高质量发展解析［J］．上海经济研究，2018（5）：25-33

③ 丁守海，夏璋煦．新经济下灵活就业的内涵变迁与规制原则［J］．江海学刊，2022（1）：98-104，255.

④ 韩巍．新经济时代灵活就业的结构性转向：一个生产控制权的分析框架［J］．学习与实践，2017（1）：23-28.

（一）智能化与数字化的技术特征

数字化是将许多复杂多变的信息转变为可以度量的数字、数据，再根据这些数字、数据建立起适当的数字化模型，把它们转变为一系列二进制代码，引入计算机内部，进行统一处理的过程。[①]智能化是指事物在网络、大数据、物联网和人工智能等技术的支持下所具有的能动地满足人的各种需求的属性。智能化和自动化的最大区别在于知识的含量。智能制造是基于科学而非仅凭经验的制造，科学知识是智能化的基础。因此，智能制造包含物质的和非物质的处理过程，不仅要有完善和快捷响应的物料供应链，而且要有稳定且强有力的知识供应链和产学研联盟，源源不断地提供高素质人才和工业需要的创新成果，发展高附加值的新产品，促进产业不断转型升级。

在生产技术方面，智能化数字化变革带来的技术改革主要体现在以下三个方面：一是制造过程中工业机器人成为核心部件与主体结构生产的主要力量；二是拥有相对独立的软件生态，并能实现软件系统的持续改进；三是数据驱动贯穿产品从生产到服务的全过程。在生产组织方式方面，智能制造企业的生产组织方式具有以下特征。第一，刚性生产系统转向可重构生产系统，客户需求管理能力的重要性不断提升。第二，大规模生产转向大规模定制。未来，满足消费者多样化的需求成为制造企业竞争的核心，在数据互联与反馈即时的条件下，以及工业机器人高效生产加持下，智能制造企业定制化生产成为大势所趋。第三，企业内部组织结构调整以提高数据要素的附加值。制造业智能化显著提高了生产的复杂度，对企业管理的能力也提出了更高要求。企业内部治理结构的扁平化和企业间网络的不断增强是智能制造企业发展的重要特征。第四，工厂制造转向社会化制造，产能呈现出分散化的趋势。[②]企业组织的主要功能是降低生产的信息成本，随着大量物质流被数字化为信息流，生产组织中的各环节可被无限细分，从而使生产方式碎片化，企业的信息成本大幅度增加，生产出现了"去企业化"，从而呈现出社会化制造的势头。

（二）数字化智能化背景下的职业教育发展定位

数字化、智能化背景下，职业教育的战略地位将体现在未来支撑我国主导全球智能化产业链。新冠疫情发生以来，全球产业链、供应链地位的重要性逐渐提升，尤其是与国家战略发展密切相关的高技术产业链，事关国家安全和民生福祉。数字化、智能化是未来我国生产技术变革和生产组织方式创新的核心动力，智能化产业链的健全程度，事关我国制造业转型升级的成功与否。与过去我国低端、粗放式的产业结构和发展方式不同，数字化、智能化生产对一线员工的要求更高，主要体现在对理论知识的需求、对编程能力的需求、对数据的敏感性、对复杂问题情境的即时判断等，这在一定程度上巩固了职业教育的地位，同时也对职业教育的发展提出了新的要求。职业教育要从低技能培训转向专业性、系统性技能教育，成为维持产业链健康运转的重要支撑。

未来职业教育的功能定位主要聚焦在三个方面：一是培养具有数字化、智能化思维的一线从业人员，促进我国产业工人队伍能力与素质结构的全面升级，自下而上支撑产业整体转型升级；二是培养数字化、智能化设备设计、运行和维护的一线人才，促进数字化、

① 林军."数字化""自动化""信息化"与"智能化"的异同及联系[J].电气时代，2008(1):132-137.

② 黄阳华.工业革命中生产组织方式变革的历史考察与展望：基于康德拉季耶夫长波的分析[J].中国人民大学学报，2016，30(3):66-77.

智能化生产与服务的普及、应用；三是全面提升我国产业工人的生涯发展能力和国际竞争力，借助世界智能产业发展的风口，打造全球数字化、智能化从业人员的培养培训高地。

（三）数字化、智能化对职业教育的学制体系和专业布局的影响

数字化、智能化对职业教育学制体系的影响主要表现在两个方面。一是职业教育的办学层次高移。对学生适应复杂问题情境的职业能力的培养需求，以及对理论分析、数据思维、编程能力等高阶能力的需求，使得职业教育必须从过去的低技能培训转向高端技能教育。办学层次高移是职业教育作为一种教育类型的必然选择。我国目前已经在建制层面确立了职业专科教育和职业本科教育，未来在办好职业本科教育的同时，应主动探索与专业研究生体系的对接，如英国的学位学徒制允许各类高校开设职业本科专业，按不同的模式培养学生，发同样的学位证书。二是中等职业教育重点开展职业基础教育，并与职业专科和本科教育构成贯通培养体系。贯通培养并不是变相升学，其根本目的是希望通过完整的长学制设计，让人才能够在一个系统连续的过程中实现能力的高质量积累。中等职业教育要从过去的就业导向转向就业和升学并重的办学方向，并且注重中职在组织、课程等层面与专科和本科的贯通，通过托管、附属等各种方式强化中等和高等职业教育间的衔接，把学生计算能力、编程能力、全盘问题解决能力等核心能力的培养前置，从而高效率、高质量地实现高技能人才的培养。

数字化、智能化对专业布局的影响主要存在三条路径和三种结果：一是智能化创造了新产业，导致专业门类增加；二是智能化改造了传统产业形态和核心技术，导致专业内涵的改革和专业门类的增加；三是智能化改进了产业内的部分生产技术或环节，导致专业内容增加。

我们既要主动捕捉数字化、智能化对专业布局的影响，又要分辨这种影响体现在哪个层面，不能从主观层面过度扩大专业的人才培养内涵，避免简单的“数字化/智能化+传统专业”改造。此外，还可探索通过升学制度让学生自由选择专业，开展交叉专业人才培养，并注重在职业高等教育中布局技术学科建设。

关键概念

职业教育；经济学；劳动力资源的稀缺性；准公共产品；知识经济；劳动力供求；人力资本；劳动力市场；技术进步；结构性失业；智能化；通用性技能；专用性技能；劳动力市场分割

思考与讨论

1. 请用相关经济学理论分析，为什么企业参与职业教育办学的程度和水平各有不同。

2. 如何理解职业教育的“准公共产品”属性？

3. 人力资本理论的发展大致呈现何种特征？这对我国职业教育改革有何指导意义？

4. 劳动力供给弹性如何影响职业教育的专业设置和人才培养？

5. 数字化、智能化如何影响职业教育的人才培养模式？

参考文献

[1] DEREK N. Industry-Specific Human Capital: Evidence from Displaced Workers[J]. Journal of Labor Economics, 1995, 13(4).

[2] KOTSIOU A, FAJARDO-TOVAR D D, COWHITT T, etc. A Scoping Review of Future Skills Frameworks[J]. Irish Educational Studies, 2022, 41(1).

[3] LUCAS R E. On the Mechanics of Economic Development[J]. Journal of Monetary Economics, 1988(22).

[4] ROBER G, WALDMAN M. Task-Specific Human Capital[J]. The American Economic Review, 2004, 94(2).

[5] ROMER P M. Increasing Returns and Long-run Growth[J]. Journal of Political Economy, 1986: 94(5).

[6] 贝克尔.人力资本[M].梁小民,译.北京:北京大学出版社,1986.

[7] 蔡昉.劳动力迁移的两个过程及其制度障碍[J].社会学研究,2001(4).

[8] 曹希敬,胡维佳.熊彼特及其新熊彼特主义学派关于创新–经济周期研究的述评[J].中国科技论坛,2014(11).

[9] 陈光金,刘小珉.新经济学领域的拓疆者:贝克尔评传[M].太原:山西财经出版社,1998.

[10] 陈浩天,楚明锟.西方就业理论演进的历史轨迹及启示[J].现代经济探讨,2008(2).

[11] 陈伟,乌尼日其其格.职业教育与普通高中教育收入回报之差异[J].社会,2016,36(2).

[12] 陈钊,冯净冰.应该在哪里接受职业教育:来自教育回报空间差异的证据[J].世界经济,2015,38(8).

[13] 丛屹,闫苗苗.数字经济、人力资本投资与高质量就业[J].财经科学,2022(3).

[14] 丁守海,夏璋煦.新经济下灵活就业的内涵变迁与规制原则[J].江海学刊,2022(1).

[15] 董仁忠.知识经济时代的职业教育[J].教育学报,2009,5(1).

[16] 杜育红.人力资本理论:演变过程与未来发展[J].北京大学教育评论,2020,18(1).

[17] 多西,弗里曼,纳尔逊.技术进步与经济理论[M].钟学义,沈利生,陈平,等,译.北京:经济科学出版社,1991.

[18] 范先佐.教育经济学理论与实践问题研究:范先佐自选集[M].武汉:华中师范大学出版社,2012.

[19] 方芳.明瑟尔人力资本理论[J].教育与经济,2006(2).

[20] 顾明远.教育大辞典[M].上海:上海教育出版社,1991.

[21] 郭友群,封小花.探析马克思"产业后备军"理论的现实意义[J].广东外语外

贸大学学报，2011，22（2）.

［22］韩巍．新经济时代灵活就业的结构性转向：一个生产控制权的分析框架［J］．学习与实践，2017（1）.

［23］何承金．劳动经济学［M］．6版．大连：东北财经大学出版社，2020.

［24］胡鞍钢，熊义志．大国兴衰与人力资本变迁［J］．教育研究，2003（4）.

［25］华志丰．职业教育的经济学思考［J］．学术界，2005（1）.

［26］黄宁阳，金大凡，吕学聪．我国城镇劳动力市场供给分析：兼论“民工荒”的成因及对策［J］．乡镇经济，2009，25（3）.

［27］黄维德，柯迪．知识员工胜任素质与人力资本贬值关系研究［J］．管理评论，2020，32（3）.

［28］黄阳华．工业革命中生产组织方式变革的历史考察与展望：基于康德拉季耶夫长波的分析［J］．中国人民大学学报，2016，30（3）.

［29］姜蓓佳，冯子宜．企业参与职业教育人才培养的现状与问题：基于88家企业286份《企业参与职业教育年报》的分析［J］．职业技术教育，2020，41（21）.

［30］金玉秋．西方就业理论及其实践对我国的启示［J］．学术论坛，2008（8）.

［31］赖德胜，田永坡．对中国“知识失业”成因的一个解释［J］．经济研究，2005（11）.

［32］赖德胜．教育经济学［M］．北京：高等教育出版社，2011.

［33］赖德胜．论劳动力市场的制度性分割［J］．经济科学，1996（6）.

［34］李嘉图．政治经济学与赋税原理［M］．郭大力，王亚南，译．北京：商务印书馆，1987.

［35］李俊．我国企业参与职业教育的困境及其突破：基于公共选择理论与劳动经济学的分析［J］．教育发展研究，2015，35（3）.

［36］李守身，黄永强．贝克尔人力资本理论及其现实意义［J］．江淮论坛，2001（5）.

［37］李雪艳，赵吟佳，钱雪亚．人力资本异质性、结构与经济增长［J］．商业经济与管理，2012（5）.

［38］李正友，毕先萍．技术进步的就业效应：一个理论分析框架［J］．经济评论，2004（2）.

［39］李政，徐国庆．我国职业教育治理结构转型：内涵、困境与突破［J］．西南大学学报（社会科学版），2020，46（4）.

［40］李政．谋高质量发展 为现代化奠基：我国职业教育“十三五”回顾与“十四五”展望［J］．中国职业技术教育，2021（10）.

［41］李政．增强职业技术教育适应性：理论循证、时代内涵和实践路径［J］．西南大学学报（社会科学版），2022，48（2）.

［42］李舟，周超．对舒尔茨人力资本理论的理解与思考［J］．江南论坛，2019（6）.

［43］厉以宁．凯恩斯主义与中国经济［M］．哈尔滨：黑龙江人民出版社，1991.

［44］林菁璐．劳动力市场分割背景下的家庭高等教育决策［M］．上海：上海财经大学出版社，2014.

［45］林军．“数字化”“自动化”“信息化”与“智能化”的异同及联系［J］．电气时代，2008（1）.

［46］刘劭睿，李钏，樊佳琪．中国劳动力市场分割的时空演化研究［J］．人口学刊，2021，43（6）．

［47］刘万霞．人力资本投资结构与地区经济增长：对职业教育发展的启示［J］．中国人口•资源与环境，2014，24（S1）．

［48］马建富．新型城镇化进程中农民工人力资本提升的职业教育培训路径［J］．教育发展研究，2014，34（9）．

［49］马克思，恩格斯．马克思恩格斯全集（第 23 卷）［M］．中共中央马克思恩格斯列宁斯大林著作编译局，编译．北京：人民出版社，1972.

［50］马克思．资本论：政治经济学批判［M］．郭大力，王亚南，译．北京：人民出版社，1963.

［51］苗庆红．西方主要教育经济理论分析与比较［J］．经济经纬，2003（4）．

［52］闵维方．人力资本理论的形成、发展及其现实意义［J］．北京大学教育评论，2020，18（1）．

［53］潘海生，高常水．企业参与职业教育策略变迁机理及政策启示［J］．教育研究，2016，37（8）．

［54］潘清．人力资本理论综述 ：探究人力资本的成因［J］．浙江工商大学学报，2008. 92（5）．

［55］冉云芳．企业参与职业教育办学的内部收益率分析及政策启示［J］．教育研究，2017，38（4）．

［56］师博，张冰瑶．新时代、新动能、新经济：当前中国经济高质量发展解析［J］．上海经济研究，2018（5）．

［57］舒尔茨．人力资本投资：教育和研究的作用［M］．蒋斌，张蘅，译．北京：商务印书馆，1990.

［58］孙乐．浅析我国高技能人才的培养与开发［J］．人口与经济，2010（S1）．

［59］孙强．我国结构性失业原因与对策研究［J］．经济问题，2009（4）．

［60］孙早，侯玉琳．政府培训补贴、企业培训外部性与技术创新：基于不完全劳动力市场中人力资本投资的视角［J］．经济与管理研究，2019，40（4）．

［61］唐智彬，石伟平．生产方式发展与职业教育办学模式变迁［J］．河北师范大学学报（教育科学版），2013，15（5）．

［62］汪继福，罗恩立．西方就业理论与实践及其对我国的启示［J］．西安交通大学学报（社会科学版），2000（4）．

［63］王敏，邢明强．人口老龄化与人力资本投资对就业的影响研究［J］．中国人事科学，2021（12）．

［64］王庆丰，苗翠翠．“产业后备军”的生命政治［J］．国外理论动态，2019（4）．

［65］王彦军．劳动力技能形成及收益模式分析［J］．人口学刊，2008（6）．

［66］向志强．人力资本生命周期与人力资本投资［J］．中国人口科学，2002（5）．

［67］熊彼特．经济分析史（第 2 卷）［M］．杨敬年，译．北京：商务印书馆，1996.

［68］徐国庆．什么是职业教育：智能化时代职业教育内涵的新探索［J］．教育发展研究，2022，42（1）．

［69］杨贤才，张世晴．凯恩斯学派就业理论及其政策主张对中国的启示［J］．现代

管理科学，2014（11）.

［70］杨玉梅，宋洪峰，赵军．企业专用性人力资本：源起、发展及展望［J］．劳动经济研究，2019，7（6）.

［71］袁伦渠．劳动经济学［M］．5版．大连：东北财经大学出版社，2017.

［72］袁霓．用工荒与就业难并存的经济学分析［J］．改革与战略，2011，27（1）.

［73］张彬斌．就业扩容提质 促进共同富裕：以加快破解结构性就业矛盾为抓手［J］．产业经济评论，2022（2）.

［74］张凤林，代英姿．西方内部劳动力市场理论评述［J］．经济学动态，2003（7）.

［75］张元阳，亓来华．人力资本专用性对企业培训投资的影响［J］．经济师，2004（10）.

［76］赵利，张红霞，王振兴．技术进步对劳动就业影响的作用机理分析［J］．山东财政学院学报，2012（5）.

［77］赵鹏飞，刘武军，罗涛，等．职业教育学徒人力资本投资机制研究［J］．中国职业技术教育，2021（30）.

［78］赵振宽，邹昭晞．新常态下企业创新型人力资本投资研究［J］．湖北社会科学，2016（5）.

［79］赵忠．适应新时代发展的人力资本和教育［J］．中国发展，2022，22（2）.

［80］郑联盛，李欣格，于臻谞．保罗·罗默的学术思想和政策启示［J］．金融博览，2018（11）.

［81］周灵灵．数量压力与结构矛盾：新发展阶段的就业特征、挑战与应对［J］．行政管理改革，2022（4）.

［82］周亚虹，许玲丽，夏正青．从农村职业教育看人力资本对农村家庭的贡献：基于苏北农村家庭微观数据的实证分析［J］．经济研究，2010，45（8）.

［83］朱德全，吴虑，朱成晨．职业教育精准扶贫的逻辑框架：基于农民工城镇化的视角［J］．西南大学学报（社会科学版），2018，44（1）.

［84］左聪颖，杨建仁．西方人力资本理论的演变与思考［J］．江西社会科学，2010（6）.

第五章
职业教育的社会学基础

学习提示

本章主要介绍了社会学视角与研究对象，综述了西方社会学的三大经典流派及其在当代的发展，并结合中国职业教育研究中的部分当下社会学议题，展示如何透过社会学视角探究职业教育。学习中要注意对社会学发展史的了解，了解不同流派的核心思想与研究方法；拓宽思路，联系职业教育的现实与问题，培养社会学的想象力及对职业教育相关社会问题的洞察力、分析与解决能力。

职业教育作为一种独特的教育类型，其发展程度与社会环境、经济发展模式、文化传统等息息相关。社会学常被称为“社会的科学”，在当代被视为对“社会群体，整个社会及人类世界本身的科学研究”，且作为一门独立的学科在社会科学中处于中心位置。[①]“社会学的想象力”及社会学宽广而深邃的视角常常能为我们提供看待世界的另一种方式与解决问题的智慧。而作为现代意义上的教育研究学科的教育学需要有哲学、心理学及社会学等多种坚实的理论基础，于是，教育哲学、教育心理学与教育社会学作为教育学的基础学科应运而生。[②] 本章试图从社会学视角与研究对象、主要理论与部分当下议题出发来探讨职业教育的社会学基础。

第一节
社会学视角与社会学的研究对象

作为一门学科，社会学是动态的，但承载着其历史上的知识积累。它由一定的知识体系和基于其知识体系的应用实践构成。那么，其知识体系和应用实践具有怎样的特征？社会学究竟是研究什么的？什么是社会学视角？齐格蒙特·鲍曼（Zygmunt Bauman）和蒂姆·梅（Tim May）就此曾谈及社会学与其他人文社会科学的区别。他们认为对知识主体的区分必须反映其研究领域的不同，而对知识主体的划分恰恰考虑了人类行为差别这一事实。例如，在他们看来，史学关注的是过去发生的行为，而社会学则关注当前的行为。人类学说明的是以往人类社会与当前人类社会所处的不同发展阶段，政治学倾向于讨论与权力和政府有关的行为，经济学则倾向于处理资源使用的相关行为，即在特定意义上被认为是“理性”的个人效用最大化，以及商品的生产与分配。诚然，社会学依据其自身认知视角为探索人类行为提出了一系列问题和诠释原则。这门学科将人类行为视为广阔图景中的要素，即一个相互依存网络中锁定的非随机的行为者的集合。依存被视为一种状态，在这种状态下，人们采取行动的概率和成功的机会将随着其他行为者及其行动的变化而改变。在这种相互依存的社会网络中，社会学家会探究其对人类行为者、人们所进入的关系及人们所属的社会有何影响。反过来，这也形塑了社会学的研究对象。[③]

社会学常被理解为字面的意思，即“社会的科学”。而就什么是社会，安东尼·吉登

① GIDDENS A, SUTTON P W. Sociology [M]. 9th ed. Cambridage: Polity Press, 2021.

② 吴康宁. 教育社会学 [M]. 北京：人民教育出版社，1997：16.

③ BAUMAN Z, MAY T. Thinking Sociologically [M]. 3rd ed. [S.l.] Wiley Blackwell, 2019：3–4.

斯（Anthony Giddens）和菲利普·萨顿（Phillip Sutton）指出社会不仅包括居住在疆域内，拥有语言、价值观和基本行为规范等共同文化特征的群体，而且包括各种制度，如特定类型的政府、教育系统和家庭形式，以及它们之间相对稳定的关系。而基于人、群体和制度之间的关系形成的持久的模式又构成了一个社会的基本社会结构。所以，当我们开始透过社会、制度和社会结构来思考我们的社会生活，我们就已然在运用社会学的想象力进行社会学思考了。

提及社会学视角，必须谈到美国批判社会学家米尔斯（Charles Wright Mills）的“社会学想象力”。米尔斯认为社会学的想象力会帮助人们理解更宏大的历史场景之于不同个体的内部生活与外部生涯的意义，能促使人们思及其通常如何在混杂的日常经历中对自己的社会地位产生不实的认识。而正是于这种混杂当中，人们追寻现代社会的架构，并在这一架构下形成了不同性别的心理。也借由此，个人的不安聚焦于明确的问题，而公众的冷漠则转化为对公共问题的参与。[①] 这种社会学想象力首先催生了这样一种观念：一个人只有把自己定位于自己的时代中，才能理解自己的经历并对自己的命运作出判断；人只有开始意识到自己的处境中所有人的机会，才能明白自己的人生机会。其次，社会学的想象力能使人们领略历史与传记，以及二者在社会中的关系。米尔斯认为没有一项社会研究不回归至传记、历史及二者在社会中的交叉点问题上来。他甚至大胆地指出，无论社会学家研究的具体问题是什么，也无论其研究的社会现实多么有限或者多么广泛，富有想象力的研究者们总是会探究这样三类问题：① 该特定社会的整体结构问题，社会的基本构成及其相互关联的问题，其社会秩序与其他类型的社会秩序有何不同，其某一特征之于其延续与变化的意义；② 该社会在人类历史中的地位，其社会变革的机制，其在整个人类发展中的地位和意义，其特征如何影响了其所迈向的历史阶段，且前者又如何受后者影响，该历史阶段的基本特征及其与其他历史阶段的不同，以及其创造历史的独特方式；③ 聚焦于社会微观个体的问题，如什么样的男性和女性现在及将来会成为主要类型，他们是如何被选择并形成的，如何被解放和被压制、被变得敏感或者迟钝，我们在某一时期所观察到的社会行为与性格揭示了怎样的“人性”，我们所研究的社会特征之于“人性”的意义。[②] 他指出社会学的想象力最有成效地区分了“源于周遭情境的个人困扰”与“社会结构的公共问题”，而这也是社会学的想象力的一个基本工具及社会科学经典著作的共同特征。米尔斯作为20世纪的“反叛者”，将个人境遇想象为公共议题，在历史中发现人与社会的交织互动。他批判了社会科学对根本性结构和历史意识的忽视，并重申了对人、社会与历史展开思考的意义。

如乔纳森·特纳（Jonathan Turner）所言，许多社会学家都是一开始为社会学这门学科所吸引，因为它研究的是社会中的问题，并且似乎是为了解决这些问题。例如，查尔斯·泰勒（Charles Taylor）作为加拿大当代最负盛名的思想家之一，研究领域涵盖人工智能、语言、社会行为、道德，以及多元文化等，其著作已被译为20多种语言。[③] 泰勒不光在

① MILLS W. The Sociological Imagination［M］. 40th Anniversary ed. New York：Oxford University Press，2000：5.

② MILLS W. The Sociological Imagination［M］. 40th Anniversary ed. New York：Oxford University Press，2000：6–7.

③ TURNER H J. Theoretical Sociology：A Concise Introduction to Twelve Sociological Theories［M］. Thousand Oaks：Sage，2014.

学术上做出了杰出贡献，除了担任麦吉尔大学教授，他本人还三次参与了国家元首的竞选，致力于将理念付诸实践。曾任美国哥伦比亚大学社会心理学系主任的奥托·克兰伯格（Otto Klineberg）关注种族与文化环境对儿童智力发展的影响。他通过研究种族隔离时期美国北部和南部黑人和白人儿童的智力差异发现，当南方黑人儿童进入取消种族隔离的学校后，其智力水平急剧上升。1954年，美国最高法院在一项著名的判决中宣布公立学校拒绝黑人入学的行为违反宪法，直接促使了美国南部学校取消种族隔离政策，克兰伯格的研究在其中起到了至关重要的作用。不过，特纳也指出人们必须接受一个经验事实，即社会学是一门非常多元的学科。它是最广泛的社会科学，涵盖了人类行为、互动和组织的所有方面；此外，它还吸引着不同价值取向的人。社会学家争论不休并不奇怪，因为他们对认识论、道德和对社会现实的实质性探究有不同的偏好。有的学者从人际交往过程的微观层面开始，然后转向更多的中观或宏观层面的现象。而有些学者终其一生从不离开他们的起点。例如，许多符号互动论者停留在更微观的层面，冲突理论家和功能主义者可能专注于宏观层面。此外，有些学者致力于对社会现实的所有层面进行理论化。特纳对社会现实揭示的层面做了如下归纳：① 面对面的人际微观层面；② 聚焦于社团单位（团体、组织、社区）和类型单位（阶级、种族、性别等）的中观层面；③ 社会的宏观层面，社会的系统、制度（如经济、政治、法律、亲属关系、宗教、科学等）和分层。[①]

鲍曼和梅认为理解是社会生活的核心。在他们看来，运用社会学思考不仅会帮助我们理解彼此和我们自己，而且一般会为社会及社会关系动态提供重要的解释。[②]我们如何与他人相处、相处方式如何关乎作为个体的我们，以及一般情况下社会条件和社会关系如何影响我们的生活，对这些问题的社会学思考能使我们更好地应对日常生活中遇到的问题。确定需要采取行动解决的问题并找到合适的解决方案是一个持续性的任务，而社会学思考在这个过程中发挥着核心作用，因为其提供了对一般社会生活至关重要的东西，即通过理解和解释的过程对经验进行诠释。如果将社会学描述为对社会生活的评论，那么其在为我们的经历提供一系列解释性脚注的同时，对我们的生活方式也产生了影响。社会学既能帮助我们审视日常生活是怎样的，又可以将这些细节定位于一张超越直接经验的“地图”上，将自我与更大的世界联系起来。[③]

就研究的维度而言，又有微观社会学与宏观社会学之分。前者聚焦互动情境下的日常行为研究，后者则关注对社会结构和历时社会变迁过程的分析。不过二者又是相互联系的。通常在中观层面能够看到微观与宏观层面的现象的影响与效果。社会学的诸多应用研究发生在社会事实的这一中观层面上。[④]总的来说，社会学家常常会提出这样四类问题：事实性问题（发生了什么？）、比较性问题（这种现象是广泛存在的吗？）、发展性问题（这种现象随时间推移而发展吗？）、理论性问题（这一现象的背后是什么？）。从社会学的视角去思考于自己、他人和社会环境都有非常重要的意义。[⑤]社会学因丰富的理论呈

① TURNER H J. Theoretical Sociology: A Concise Introduction to Twelve Sociological Theories［M］. Thousand Oaks: Sage, 2014.

② BAUMAN Z, MAY T. Thinking Sociologically［M］. 3rd ed.［S.L.］Wiley Blackwell, 2019: Ⅷ.

③ BAUMAN Z, MAY T. Thinking Sociologically［M］. 3rd ed.［S.L.］Wiley Blackwell, 2019: 162–163.

④ GIDDENS A, SUTTON P W. Sociology［M］. 9th ed. Cambridge: Polity Press, 2021.

⑤ GIDDENS A, SUTTON P W. Sociology［M］. 9th ed. Cambridge: Polity Press, 2021.

现出多样化的视角。例如，在对北美土著人民的研究中，持功能主义社会学视角的学者可能会关注土著人民在其国家或整个社会中的作用，互动论者则可能关注土著人民与其他种族人民的互动行为，马克思主义者可能会探究在土著社群里是否存在阶级关系，而新马克思主义者如关注性别研究的女性主义者可能会去探究土著社群中女性与男性的社会权益和地位是否存在不平等这样的问题。

第二节 社会学的主要理论

正如特纳所言，从一开始，试图将社会学发展为自然科学且成为一门解释性科学的做法就受到了诸多学者的质疑。至今，仍有诸多学者不认为社会学可以成为一门自然科学，理论社会学也因此被视为不能提供像"硬"科学那样的对现象的解释。特纳认为在这些批评者看来，人类有能力改变宇宙的本质，但是不可能存在像物理学甚至生物学那样的关于社会动力学的普遍规律。此外，历史上诸多事件的发生是偶然的，且产生了不可预测的结果。因此，社会学理论充其量只能在一段时间内对社会万象进行描述，但随着社会万象的基本特征发生变化，旧的理论终将为新的理论所代替。在过去的50年里，理论上的争议与辩论一直没有结束，正因为这场辩论是关于认识论的，而且往往也是关于道德的，所以它永远不会结束。[①] 无独有偶，吉登斯与萨顿认为社会学必须是与时俱进的，否则就只能依靠过时和不充分的理论去诠释处于千变万化中的世界来回应当代的问题与关切。这也是社会学理论层出不穷，始终处于更新迭代的状态的原因。

一、社会学的主要理论传统

继奥古斯特·孔德（Auguste Comte）最早提出"社会学"（sociology）这一术语后，社会学随工业化、法国大革命等重大社会变迁而兴起。卡尔·马克思、埃米尔·杜尔凯姆（Émile Durkheim）及马克斯·韦伯（Max Weber）三位社会学先驱基于自身所处的社会大变革时代从不同理论视角建构了社会学，缔造了经典的社会学理论，也逐渐形成了西方社会学的三个传统流派，即以马克思为代表的冲突理论学派、以杜尔凯姆为代表的功能主义学派和以韦伯为代表的社会行动或"互动论"学派。[②]

① TURNER H J. Theoretical Sociology: A Concise Introduction to Twelve Sociological Theories [M]. Thousand Oaks: Sage, 2014: 3.

② GIDDENS A, SUTTON P W. Sociology [M]. 9th ed. Cambridge: Polity Press, 2021.

马克思的博学与真知灼见赋予了社会学深邃的洞察力。他对政治、经济与社会制度的论述至今影响着世界，为社会变革和社会运动提供了智慧与启示。马克思的批判精神、对阶级斗争的看法及对共产主义社会的畅想唤起了全世界人民对自由平等的渴望。马克思对社会学的贡献和影响是难以估量的。

如果说孔德曾试图使社会学成为一门如同物理、化学那样有着严谨研究方法的实证科学，那么杜尔凯姆不但延续了实证主义思路，突破对哲学的迷思，而且提出了许多诸如社会团结、社会凝聚、劳动分工、社会事实等新的社会学概念，对社会学的发展影响深远。因其所处的历史情境，他特别强调社会团结与凝聚，以及集体意识。他将社会看作一个非常复杂的系统，类比为人体，视之为由各个器官组成的有机整体，任何一个器官出了问题，都会影响整个系统的功能。他还提出了一个重要概念，即“社会事实”，意为“固定的或者非固定的能够对个人施加外部约束的每一种行为方式；或者说，普遍存在于一个特定的社会中的每一种行为方式，其自身的权利独立于个体表征而存在”①。简言之，社会事实就是“约束和引导人类行为的所有制度与行动规则”②。杜尔凯姆主张基于社会事实开展实证主义研究，他曾提倡“要把社会事实当作物来探究”。这有力推动了社会学的研究从对哲学的迷思转向实证主义探究，进而追求像自然科学领域那样在研究中使用客观严谨的方法。社会学也因而与其他社会科学区分开来，并由此确立了学科地位，奠定了研究基础。杜尔凯姆强调社会的道德秩序与教育系统对社会再生产的重要性，并提出了三个重要的道德元素，即依恋、规训和自主。作为功能主义的代表人物，杜尔凯姆更多关注社会结构中各部分的功能与联系，而非个体。

与杜尔凯姆对作为整体的社会及人的社会性的关注不同，同时代的马克斯·韦伯更加注重对个体的诠释，着眼于社会行动，即人类面向他人的主观意义的行动。韦伯认为社会行动不能通过所谓的客观标准、方式来分析、衡量。如果说杜尔凯姆引导了社会学的实证主义转向，那么韦伯则发展了社会学的质性诠释研究方向，更体现了人文主义。韦伯不否认经济因素对社会发展的重要性，但在他看来，思想观念和价值观也会影响社会变迁。韦伯对社会学的另一个贡献是提出了对理想型的假设，即基于观察到的案例的特定方面建构出一个理想型，用于探究分析一些社会现象。此外，在欧洲朝着现代性发展的过程中，韦伯关注了人的社会行动模式的改变。他将科学、现代技术与科层制的出现描述为理性化，并指出科层制的潜在不足，即过度的监管对人的发展的束缚与禁锢。

二、社会学理论的发展动态

如前文所述，社会学是动态的，社会学的理论也随着时代的发展而持续丰富、创新。上文提到的三个西方社会学经典理论传统影响启发了20世纪及当代的社会学发展。以下结合部分代表性人物加以说明。

（一）功能主义社会学

按照吉登斯和萨顿的说法，直到20世纪60年代都是功能主义社会学占据主导地位。因为对社会结构与功能的重视，功能主义社会学强调道德共识对维持社会稳定和秩序的意义。功能主义社会学理论也随着社会的发展和后人的智慧而得以发展、充实。例如，

① DURKHEIM E. The Rules of Sociological Method［M］. 8th ed. New York: The Free Press, 1964: 13.

② GIDDENS A, SUTTON P W. Sociology［M］. 9th ed. Cambridge: Polity Press, 2021.

作为结构功能主义代表人物的美国社会学家塔尔科特·帕森斯(Talcott Parsons)就认为资本主义社会不能完全用经济术语来解释,他与韦伯和杜尔凯姆一样关注宗教价值取向对政治和经济问题的影响。此外,他终身关注自然科学与社会科学之间的联系。时至今日,帕森斯的理论似乎已经变得默默无闻,但无可否认的是他在理论化方面具有相当大的影响力,因为他的许多思想早已融入后世主流社会学当中。他将韦伯和帕累托(Vilfredo Pareto)的思想引入了美国社会学界,并着眼于社会秩序问题,建构了自己的宏大结构功能主义理论,之后又转向对社会系统的研究。他提出任何社会系统的存在都必须满足一定的"功能性先决条件",即要有发展常态化的人际安排(结构),阐明与外部环境的关系,确定边界,招募和控制成员。在社会系统方面,帕森斯与合作者尼尔·斯梅尔塞(Neil Smelser)认为一个社会系统的运作涉及(潜在的)模式维护(包含张力管理)、目标达成、适应与整合这样四个基本问题,并鉴于社会系统的功能需求建构了 AGIL 模型。[①] 他们强调系统必须通过对环境的控制获取所需要的资源,系统有自己的目标导向,系统必须是一个整合的系统,系统必须有方法维系运作,以将其自身的价值和文化传承下去。

罗伯特·默顿(Robert K. Merton)曾师从帕森斯,是功能主义的另一位代表人物。他于 1941 年开始在美国哥伦比亚大学工作,开始了与他的同事保罗·拉扎斯菲尔德(Paul Lazarsfeld)长达数年的互补合作。一方面,拉扎斯菲尔德将量化与质性研究方法相结合,并在概念上澄清逻辑,且影响了默顿在历史方面的研究。而另一方面,默顿的理论天赋影响了拉扎斯菲尔德对社会学的哲学理解。在 1941 年至 1976 年间,他们的学术合作提高了社会科学的教学标准。在《社会理论与社会结构》一书中,默顿发展出了一种基于不同类型社会适应的越轨行为理论。他定义了社会理论和实证研究之间的关系,提出了社会研究的结构功能方法,并提出了显性和隐性功能和负功能障碍概念。[②] 默顿认为彼时美国文化的特点仍然是高度强调财富是成功的基本象征,却没有相应地阐明实现这一目标的合法途径。生活在这种文化背景下的个体该如何应对?简言之,在一种文化的社会结构中,人们的行为受到了怎样的影响?在这种文化中,对占主导地位的成功——其对目标的强调与对追求这些目标的制度化过程的重视是否越来越割裂?[③]

默顿提出了个体适应的五种类型,对应文化上的合法目标及达成目标的制度化手段。① 顺应型:一个社会的稳定程度,很大程度上取决于有着一致的文化目标和社会认可的制度化手段,否则社会的稳定性和可持续性就不能维持。② 创新型:文化上高度强调成功目标,个体通过使用制度上被禁止但往往有效的手段,通过自己创新的方式获得成功、财富和权力。这种类型的个体认同文化目标,但没有将制度规范和获得成功的途径内化。③ 仪式型:涉及放弃或缩小崇高的文化目标,近乎强制性地遵守制度规范。④ 退缩型:默顿认为退缩型可能是最不常见的类型。这种类型的人因为没有共同的价值观,从社会学意义上来讲,并非真正意义上的社会成员。诸如精神病患者、长期酗酒或吸毒者、流浪者等,他们并非否定社会结构,而是他们的行为无法应对制度规范。

---

① PARSONS T, SMELSER J N. Economy and Society: A Study in the Integration of Economic and Social Theory[M]. London: Routledge, 1956: 18.

② BRITANNICA, THE EDITORS OF ENCYCLOPAEDIA. Robert K. Merton[C/OL]// Encyclopedia Britannica.(2023-02-19)[2023-03-09]. https://www.britannica.com/biography/Robert-K-Merton.

③ MERTON K R. Social Theory and Social Structure[M]. New York: The Free Press, 1949.

个人被切断了与合法和有效手段的联系，最终导致其"逃离"了社会的要求。失败主义、安静主义等均为逃避机制的表现。⑤ 叛逆型：这种适应型使环境中的处于社会结构之外的人设想并寻求重新建构社会结构，因而预示着与统治者目标和标准的疏离。

此外，默顿也是角色理论结构主义传统的倡导者。在角色理论中，角色是指人们所处的社会地位（如教师、母亲和客户）以及与该地位相关的行为。角色常常会带来某些风险和利益，这些风险和利益可能因个人特征、历史和文化背景而有所不同。角色可以提供与他人的联系和获取资源的途径，这反过来又可以促进安全感、自我满足感和地位的提升。默顿还对社会的运作作出了显性功能与隐性功能之分，并指出前者是可观察到的，而后者是预见不到的。而通过对隐性功能的研究，更能了解社会运作方式。他曾以美国印第安人部落的祈雨舞为例，其显性功能是祈求下雨，一般情况下，祈雨都以失败告终，部落成员却乐此不疲。在默顿看来，这些做法其实都是为了维护群体的团结。此外，默顿提出了负功能一说，认为社会制度也包含某些负功能。

默顿的结构功能主义理论借鉴了马林诺夫斯基在社会人类学中所倡导的功能主义思想和杜尔凯姆等人对社会进行结构分析的方法。但不同于同时代的其他社会学家只关注社会的宏观层面或者微观层面的社会互动，默顿指出了这种学术关注的局限性，即宏观与微观的割裂，他因此倡导在某些领域就某些主题开展中层理论的探讨，例如他对工人阶级犯罪和越轨的研究。相比宏大理论和对作为整体的系统及系统的需要，他的功能主义关照到了利益的根本冲突，更具批判性，他被称为中观社会学研究的奠基人是不为过的。

总的来说，帕森斯、默顿等结构功能主义学者基于结构的功能对其作出分类，这一方法流派也常被称为结构功能分析（又名系统理论），甚至被一些社会学家推崇为社会组织的科学研究。[①] 不过结构功能主义社会学在学界的超然地位在 20 世纪 60 年代不复存在。对社会结构和社会秩序的坚守与维护引发了学者们对功能主义观点的批判与挑战，并指出其僵化的一面：为维持现状的合法性呈现出保守主义的意识形态，依靠社会结构与层级划分会导致社会固化，忽视个人在社会中的能动性，进而阻碍社会发展与变革。此外，社会的存在取决于社会制度的实践，将社会与生物有机体做类比，将社会变革视为适应性反应，诸如此类观点都有失偏颇。二十世纪六七十年代民权运动和反战运动的宏大社会背景下，新的社会与发展问题不断涌现，随着人们对如全球化、多元文化主义、性别取向的复杂性、对环境与可持续发展等议题的关注，新的社会学思潮与理念不断涌现与兴起，与时俱进，如"冲突社会学"。

（二）互动论视角下的社会学

马克斯·韦伯的理论符合社会学思维的重要标准，带有反直觉性，能够另辟蹊径，发展出对问题的另一种解释。例如，韦伯在宗教与资本主义起源之间建立了联系，从宗教伦理的视角诠释了为什么资产阶级在个人积累了大量财富后依然崇尚节俭的生活方式。韦伯在社会学领域的贡献在于为后人的研究提供了洞见，影响了后人的符号互动论。

美国哲学家和社会理论家乔治·米德（George Herbert Mead）试图展示人类自我是如何在社会互动过程中产生的，他强调人类社会的重要地位，但没有对人类社会的特征作出具体的描述。他认为人类群体生活是意识、心智、物体世界、作为有机体的人类的自我

① BRITANNICA, THE EDITORS OF ENCYCLOPAEDIA. Structural functionalism [C/OL]//Encyclopedia Britannica. (2022-02-07) [2023-01-29]. https://www.britannica.com/topic/structural-functionalism.

和人类行为以建构行为方式出现的必要条件。他将人视为拥有自我的有机体，人类不仅可以感知外在世界，对外界作出回应，而且可以感知自己，与自己交流，反思并对自己采取行动。他认为人类的行动经由一个自我互动的过程而形成。为了采取行动，个人必须明确自己想要什么，确立目标，为未来的行为制定路线，留意并解释他人行为，估量自己的处境，适时审视自己，在其他时候想好该做什么，并经常激励自己面对拖沓的性格或令人沮丧的环境。米德还指出了分析社会互动的两种方式，即非符号互动和符号互动。他本人主要关注的是符号互动。符号互动涉及识别或解释另一个人的行为或言论的含义、定义，或向他人传达行动指示。在米德看来，人类交往包括这样一个解释和定义的过程。通过这一过程，参与者使自己的行为与他人正在进行的行为相适应，并指导他人这样做。[①] 如此，他的思想颠覆了传统哲学、心理学和社会学中的传统假设。米德被视为符号互动论的奠基人。

美国社会学家赫伯特·布鲁默（Herbert Blumer）继承并进一步发展了米德关于社会互动的思想，并发展出符号互动论理论视角。在布鲁默看来，所有社会行动都是有目的的行为。他在《符号互动论：观点与方法》一书中曾提到，尽管符号互动主义已在研究人类群体生活和人类行为方面被贴上了独特的方法论标签，且诸多学者如米德、杜威、威廉·托马斯（William Issac Thomas）、罗伯特·帕克（Robert Ezra Park）等学者都曾为符号互动主义的方法和知识基础做出了诸多贡献，但对符号互动论的立场一直没有明确的表述。布鲁默认为米德的思想为符号互动论提供了基础。不过"符号互动论"一词是其在《人与社会》一书中即兴创造的，且后来被广泛使用。"符号互动论有三个前提。第一个前提是，人类对事物的行为基于事物之于其义。这类事物包括人类在其世界中可能观察到的一切实物，如树或椅子；其他人，如母亲或店员；不同类别的人，如朋友或敌人；学校或政府等机构；指导理念，如个人独立或诚实；其他人的活动，例如命令或请求；以及个人在日常生活中遇到的情况。第二个前提是，这些事物的意义源自或产生于一个人与同伴的社会互动。第三个前提是，这些意义是在一个人处理他遇到的事情时于诠释过程中被处理和调整。"[②] 布鲁默符号互动论的立场是，事物对人类的意义本身就是其核心。意义既不来自有意义的事物的内在构成，又不通过与人的心理因素的结合而产生。意义产生于人与人之间的互动过程。对于一个人来说，一件事的意义来自其他人对自己的行为方式。他们的行为为这个人定义了事物。因此，符号互动论将意义视为社会产品，视为在人们互动过程中通过定义活动形成的创造物。[③] 在方法论方面，有别于彼时人文社会科学采用的科学分析方法，布鲁默提出了对经验性研究的自然探究模式，即探索和检视。就探索而言，它是一个弹性的过程，在这个过程中，学者可以从一个探究转向另一个探究，随着研究的进展采用新的观察点，朝着以前没有想到的新方向前进，具有探索性特征，并随着获得更多的信息和更好的理解而改变对相关数据

① BLUMER H. Symbolic Interactionism: Perspective and Method [M]. Berkeley and Los Angeles: University of California Press, 1969.

② BLUMER H. Symbolic Interactionism: Perspective and Method [M]. Berkeley and Los Angeles: University of California Press, 1969: 2.

③ BLUMER H. Symbolic Interactionism: Perspective and Method [M]. Berkeley and Los Angeles: University of California Press, 1969: 4-5.

的认识。而关于检视，他认为从事直接调查研究的学者应致力于将其问题转化为理论形式，挖掘一般关系，打磨其概念的内涵，并形成理论命题。检视指的是对被用于分析目的的分析要素的经验性内容的密集的重点考察，以及对这些要素之间关系的经验性质的考察。检视包括以各种不同的方式接近给定的分析要素，从不同的角度进行观察，并提出许多不同的问题，再基于这些问题对其进行重新审视。

作为芝加哥学派的代表人物，加拿大社会学家欧文·戈夫曼（Erving Goffman）被认为是最有建树的符号互动论学者，他也是微观社会学的先驱之一。他在多伦多大学社会学系完成本科学习之后，在美国芝加哥大学获得社会学博士学位。期间，他接受了芝加哥大学社会学系的传统训练，进行民族志研究，学习符号互动理论。他以研究面对面交流和相关社交仪式而闻名，发展了符号互动论和戏剧艺术的视角。他曾在《日常生活中的自我呈现》中阐述了他如何在研究中使用戏剧视角。在《框架分析》和《谈话形式》中，他关注人们在交际过程中“框架”或界定社会现实的方式。他通过“拟剧理论”将生活比喻成“戏剧化表演”，隐喻生动，使社会学的理论视角和研究方法都得到了创新。

（三）冲突理论视角下的社会学

1. 马克思主义流派

马克思主义在社会主义国家得到了发展，在西方也得到了学者的持续关注。安东尼奥·葛兰西（Antonio Gramsci）是学者，也是政治家。作为意大利共产党创始人，其思想对意大利共产主义产生了重大影响。葛兰西对霸权的研究源于他对诸多发达西方国家中资本主义政权统治的关注。他将统治的主导模式理解为阶级统治，并对解释具体的制度形式和物质的生产关系的显性方式感兴趣。他认为一个阶级的至高无上地位及其相关生产方式的再生产可以通过野蛮统治或胁迫获得。不过，葛兰西的主要观察结果是，在发达资本主义社会，阶级统治的延续主要是通过知识和道德领导的共识手段实现的。因此，葛兰西对霸权的分析涉及资本主义思想如何被传播并为大众当作常识来接受。在他看来，霸权既是一种强权，又是一种受认同的权力关系。这一关系体现为统治阶级时不时地对被统治阶级施加强力制裁，使其不能反对统治，同时，统治阶级还利用自己的资源在公民社会领域如舆论界、公共言论地带制造一种霸权，使得被统治阶级认同统治阶级的统治。在霸权的构造上，统治阶级不只依靠阶级自身的力量，而是会建立一个所有与统治阶级绑定利益关系的、跨阶级的利益集团。[①]

虽然皮埃尔·布迪厄（Pierre Bourdieu）在世时从未标明自己是马克思主义者，但称其为批判性地继承了马克思主义的重要的近代思想家是不为过的。20 世纪 80 年代，布迪厄除了在文化、阶级和权力领域展开研究，还在于法国巴黎高等师范学校任教期间担任了《科学社会》期刊的编辑，旨在传播最先进的社会研究成果，坚持从严谨的科学立场探讨社会问题。20 世纪 80 年代之后，他继续拓展自己的研究领域，关注社会苦难、男性统治、国家的历史起源、经济的政治建构、媒介、欧洲社会政策的制度手段等。他的研究回应了彼时因市场化和霸权主义加剧的社会冲突与不平等问题，并呼吁新形式的知识干预。[②]1989 年他创立了《自由评论》。正如其他学者所评论的，布迪厄意在“使社会科学

① ROSAMOND B. Hegemony［C/OL］//Encyclopedia Britannica.（2020-05-06）［2022-06-30］. https://www.britannica.com/topic/hegemony.

② WACQUANT L. Pierre Bourdieu［M］// STONES R. Key Sociological Thinkers. Houndmills：MacMillan，1998.

成为有效的抗衡象征力量,成为社会正义和公民道德的社会力量的助产士"[①]。布迪厄认为那些拥有高度社会和文化资本(或地位)的人是品位的仲裁者,而一个人的独特品位来自他所生活的环境和社会阶层,也就是说,他所在的场域。一个人几乎与生俱来的关于如何在这个场域生活和导航的知识就是他所说的惯习。他在著作《实践理论大纲》中系统地阐述了场域、惯习、资本及实践等理论核心概念。可以说,布迪厄围绕场域、惯习和资本及三者之间的关系构建了其社会实践理论。他继而以实践理论考察社会文化现象,提出"文化再生产"理论。在布迪厄看来,文化再生产是文化通过代际被再生产,尤其是被主要机构的社会化影响的社会过程。文化再生产是更大的社会再生产过程的一部分。总的来说,布迪厄的社会学理论批判了被承袭的范畴和已然被世人接受的思维方式,以及以文化和理性之名为技术官僚和知识分子所运用的微妙的统治形式。此外,布迪厄的批判是双重的,他不仅对既定的权力和特权模式进行了批判,而且对背后支持这些模式的政治进行了批判,进一步揭示了社会秩序背后的任意性及使其永久化的路径。[②]

2. 新马克思主义流派

20世纪的马克思主义思潮已朝着不同方向发展,在西方马克思主义学者的研究中,法兰克福学派是颇有影响力的一个学术流派。法兰克福学派主要由德国法兰克福社会研究所的研究人员组成,这些研究人员将马克思主义应用于较为激进的跨学科社会理论。社会研究所由卡尔·格林伯格(Carl Grünberg)于1923年成立,是法兰克福大学的附属机构,是一个面向马克思主义的研究中心。

尤尔根·哈贝马斯(Jürgen Habermas)是当代德国社会哲学家,其批判理论对当代社会学产生了相当大的影响。作为一位极具影响力的社会和政治思想家,他普遍认同德国法兰克福学派从20世纪20年代发展而来的批判社会理论,属于法兰克福研究所的第二代代表人物。哈贝马斯因其对社会批评和公共辩论的显著贡献而闻名学术界内外。他在大量学术论文中论述了现代社会及其自由的可能性,并对此形成了全面的看法。他的学术思想有力地影响了许多学科,包括传播学、文化研究、道德理论、法学、语言学、文学理论、哲学、政治学、宗教研究、神学、社会学和民主理论。他认为,人类互动的一种基本形式本质上是"交际性"的,而不是"战略性"的,因为它旨在相互理解和达成一致,而不是实现个人的自利目标。然而,只有在个人参与的交流互动能够抵制所有形式的非理性胁迫的情况下,这种理解和一致才有可能。例如,他关于"理想沟通社区"的概念可以作为指南,正式应用于规范和批判具体的言语情境。使用这种规范性和批判性的理想型时,个人将能够提出、接受或拒绝对方对真理、正义和真诚的主张,完全基于理性和证据,在沟通中所有参与者都完全出于获得相互理解的愿望。尽管理想的沟通社区从未完全实现,但其内无约束沟通行动的预期视野可以作为自由民主社会内自由开放的公共讨论的模式。类似地,这种规范性和批判性的理想可以作为审议性自由民主政治体制的理由,因为只有在这些体制内,才有可能进行不受约束的沟通。此外,哈贝马斯的诸多发现具有广泛的规范意义。在《道德意识和沟通行为》一书中,他阐述了"话语伦理"或"沟通伦理"的一般理

① WACQUANT L. Pierre Bourdieu[M]// STONES R. Key Sociological Thinkers. Houndmills: MacMillan, 1998: 217.

② WACQUANT L. Pierre Bourdieu[M]// STONES R. Key Sociological Thinkers. Houndmills: MacMillan, 1998: 217.

论，该理论涉及理想沟通社区必须援引的理想沟通的伦理前提。不过哈贝马斯也因为坚信理性讨论可以解决重大国内和国际冲突而受到后现代左派和新保守右派的批评。一些批评者认为他在教育、道德和法律等领域的规范批判理论具有危险的欧洲中心主义倾向，其他人则谴责其乌托邦式、极端民主或左翼自由主义的特征。马克思主义者、女权主义者和种族理论家批评他放弃社会主义，或者认为他放弃了对社会不公正和压迫的有力批评。在一些反全球化社会运动的学者看来，即使是哈贝马斯的左倾政治自由主义和协商民主改革主义也不足以消除现有民主制度中明显存在的文化、政治和经济扭曲现象。

3. 女性主义流派

加拿大社会学家多萝西・史密斯（Dorothy Smith）可以说是当代女性主义社会学流派的代表人物之一，她本人受马克思和阿尔弗雷德・舒茨（Alfred Schütz）的影响颇多。史密斯在加拿大不列颠哥伦比亚大学任教期间适逢加拿大 20 世纪 60—70 年代女权运动，不过她在社会学理论与方法论上的突破更多与自身经历有关。她在著作《日常世界是有问题的：女性主义社会学》中指出社会学忽视了女性并将其客观化，使女性成为“他者”。她认为，女性的经历是女性主义知识的沃土，通过关注女性的日常经历，社会学家可以提出新的问题。例如，她指出，由于女性在历史上一直被赋予社会的“护理员”角色，男性能够将精力投入到思考被视为更具有价值和更重要的抽象概念上。因此，女性的活动与参与是世人看不到的、被视为理所当然的，且不被视为人类文化和历史的一部分。她认为如果社会学家从女性的角度出发，可以提出诸多具体问题，例如为什么女性被分配去从事这些活动，以及这对教育、家庭、政府和经济等社会机构的影响。她从女性主义观点出发，进一步指出了意识的二元分歧，从概念上区分了我们所经历的世界和我们通过某些既定的主导的概念框架所认知的世界。① 例如，因为男性对世界的主导，女性会习惯于从占据主导地位的男性的视角来看待世界。而这种来自主导地位群体的视角也常常被视为“客观”现实，如此，女性的视角就得不到彰显甚至被忽视。

史密斯的研究涉及妇女研究、心理学、教育研究和社会学的子领域，包括女性主义理论、家庭研究和方法论。她建构了女性主义立场理论和制度民族志的社会学分支学科。从社会学激进批判的女性视角，史密斯提出的问题之一是“从女性的角度来看，社会学会是什么样的”。她主要关注的问题之一是对主流社会学的批判，她认为主流社会学含蓄或明确地采用了以男性为中心的方法，在以男性为主导的社会学中，女性的知识是被边缘化的。对史密斯来说，所有知识都是就特定视角而言的知识，而被称为社会客观知识的东西掩盖了男性偏见。② 这也引发了人们的进一步思考：如果所有的知识都是有立场的，那么是否所有的知识都是有偏见的？哪些女性的声音被聆听了？她们会以一个声音还是多个声音谈及自己的经历？她还提出意识分歧这一概念，在概念上对我们感知的世界和我们要去了解的世界加以区分。③ 此外，不同于 20 世纪 80 年代曾占据

① SMITH D. The Everyday World as Problematic: A Feminist Sociology [M]. Boston: Northeastern University Press, 1987.

② SMITH D. The Conceptual Practices of Power: A Feminist Sociology of Knowledge [M]. Boston: Northeastern University Press, 1990.

③ SMITH D. The Everyday World as Problematic: A Feminist Sociology [M]. Boston: Northeastern University Press, 1987.

社会学研究主导地位的实证主义研究方法，她倡导质性研究方法在社会学研究中的应用，以期通过对社会学研究方法的重构让女性现实的直接经历成为活跃的批判声音。

4. 后现代 / 后结构主义流派

虽然米歇尔·福柯生前并没有给自己贴上后现代 / 后结构主义的标签，但学术界普遍承认其在这个领域的重大贡献。话语在福柯的思想中占有中心地位。福柯认为权力通过话语形塑大众的态度。福柯反对唯物主义倾向，并反对将任何知识，甚至是最错误的将知识与权力等同起来。他呼吁人们认识到，在历史特定的情境中，知识和权力总是相互纠缠，形成了他所谓的"权力知识"的复杂动态。对福柯来说，统治并不是这些动态的唯一结果。另一个是"主体化"，这是一种特定于历史的分类，将个人塑造成各种"主体"，包括英雄和普通人、"正常人"和"异常人"。福柯的大多数研究致力于对具体的历史的考察，由此发掘出众多富有冲击力的思想主题，进而激烈地批判现代理性话语；同时，福柯的行文风格具有鲜明的文学色彩，讲究修辞，饱含激情，这也是他在学术界产生巨大影响的一个重要原因。此外，福柯生前在研究主体化过程中未完成的关于治理术的探究给后人开辟了一个开阔的研究领域。福柯提出这个问题的背景是政府理性，为此他经常使用"统治术"一词。该术语指的是引导人们朝着积极的政治目标行事的特定艺术或理性，如繁荣、活力、安全等。①

齐格蒙特·鲍曼是现代性与后现代性问题研究领域最重要的社会理论家之一。例如，他将知识分子的角色和地位变迁问题放在现代性和后现代性的文化背景下进行了探讨，他在《现代性与大屠杀》（1989）中通过对犹太人经历的大屠杀对现代化社会进行了反思，在《流动的现代性》（2000）中考察了消费型经济的影响、社会制度的消失，以及全球化的兴起。鲍曼认为社会学不仅需要一种新的诠释模式，而且需要一种新的呈现风格，提出将解释学与文学和社会学相结合。②

5. 批判理论与文化研究流派

出生于牙买加，后在英国展开学术生涯的斯图尔特·霍尔（Stuart Hall）是当代著名的文化理论家和社会学家。与主流社会学的探究路径不同，霍尔的研究具有明显的跨学科色彩，在批判理论、政治、文化、媒介、种族、流散和后殖民主义等研究领域的影响力举足轻重。

霍尔本人深受马克思主义影响，他打破传统的文化与文学观念，将文化与政治联系在一起，并对此进行了长期、深入的探究。他是《新左派评论》的创始人，也是英国伯明翰大学当代文化研究中心早期的重要研究人员，领导了该研究中心于二十世纪六七十年代进行的马克思主义转向。基于马克思主义的文化视角、葛兰西的霸权理论和阿尔都塞（Louis Althusser）的概念"作为国家机器的媒介"，霍尔关注大众媒介，探究占据主导地位的意识形态的再生产，而文化被其视为诠释博弈的空间。在霍尔看来，媒介不仅是对现实的反映，而且是对占据主导地位的文化秩序的再生产。③ 他在《电视话语中的编码与解码》

① BARTH L. Michel Foucault［M］// STONES R. Key Sociological Thinkers. Houndmills：MacMillan，1998：263.

② BLACKSHAW T. Zygmunt Bauman［M］// STONES R. Key Sociological Thinkers. 3rd ed. New York：Bloomsbury，2017：336–350.

③ BARRETT M. Stuart Hall［M］// STONES R. Key Sociological Thinkers. Houndmills：MacMillan，1998：266–267.

一文中谈及文化回路这一理念，说明文化生产与消费之间的循环关系。霍尔不仅关注大众文化，而且对亚文化、少数族裔文化、多元文化等不同类型的文化做了深入探索。二十世纪七十年代末期，霍尔加入英国开放大学，担任社会学系教授，以期更为广泛地传播自己的批判性思想。他对社会学课程进行了两次革新，围绕着西方现代性的历史兴衰重新概念化了这一学科的核心主流，并开设了与文化研究相关的课程，将表征、意义、身份与文化差异等概念引入社会学课堂。他的研究促进了文化研究与社会学的融合，推动了社会学的多元发展和社会学中的文化研究转向。他的学术思想可以从《现代性的形成》《文化认同问题》《文化表征与象征实践》等著作中窥见一斑。

除了以上介绍的部分社会学代表性学者，还有一些学者致力于社会学理论的整合，如诺贝特·埃利亚斯（Norbert Elias）、曼纽尔·卡斯特尔（Manuel Castells）、安东尼·吉登斯（Anthony Giddens）、查尔斯·泰勒等。例如：很难将查尔斯·泰勒准确地定位在任何一个特定的流派中。事实上，他经常被描述为架起分析英美和欧陆哲学风格之间的桥梁之人。受 20 世纪德国哲学家马丁·海德格尔（Martin Heidegger）和汉斯 - 格奥尔格·伽达默尔（Hans-Georg Gadamer）的影响，泰勒对社会的研究采取了解释学的方法，坚持认为社会科学必须考虑人类之于其行为的意义。例如，在泰勒看来，人们无法简单地通过个人的自利计算来解释其投票行为。人们还必须考虑到，对许多人来说，投票是他们参与民主社区的重要表现。泰勒被称为社群主义者，因为他强调自我的社会性，以及个人对所居住社区的义务。在其著作《承认的政治》一书中，泰勒试图提供一个更深刻的哲学解释，诠释为什么在西方社会中，无论是基于性别、民族还是种族，各类群体都越来越多地要求公开承认他们的特定身份。

（四）社会学的理论困境

不过，诚如吉登斯与萨顿指出的，社会学自古典社会学家的时代开始就产生了一些至今仍被争论不休的议题与理论困境，这关乎两个一般性问题，即如何能够和应该怎样“做”社会学。而持久的理论困境之一则为社会结构与人类行动应被赋予怎样的权重。例如，杜尔凯姆就认为社会优先于个人，强调社会秩序和社会结构。而关注微观层面个人行动的社会学家们则认为，只研究社会而不关注构成社会群体的个人是不够的。例如，对互动论学者而言，人们居住在一个为文化意义渗透的社会世界，人们并非社会的产物，而是社会的缔造者。不过，在吉登斯与萨顿看来，社会结构与个体行动之间的矛盾与分歧被夸大了。埃利亚斯和吉登斯在弥合二者的矛盾方面都提出了新的解决思路。埃利亚斯认为人类是“开放的人”，社会学的研究对象是人类，而人总是处于网络或相互依赖的关系中，他将这些相互依赖的网络称为过程，以此发展出过程社会学。埃利亚斯倾向于将社会整体视为诸多有意行为的一个无意的结果。不过，埃利亚斯的理论思路也遭到了一些质疑，就是在某种程度上其对国家、社会运动和跨国公司等社会干预力量有所忽视，因为人们并非都处于一种扁平化的社会结构之中。吉登斯也建构性地提出“结构化理论”，指出“结构”与“行动”并非二元对立，而是相互联系的。一方面，只有人们的行为有规则且可以预测时，社会、社区或群体才有了“结构”。另一方面，只有个体拥有了丰富的先于个体存在的社会结构化知识，“行动”才有可能。他将“结构化”概念化为“控制结构的连续性或嬗变的条件，从而控制社会制度的再生产”，并进一步阐述“对社会系统结构化的分析意味着研究这些系统在互动中被生产和被再生产的模式，这些系统以情境行动者的知识活动为基础，这些行动者在行动背景的多样性中利用规则和资源"[①]。然而，吉登斯的理论因过于强调行动者的机构化力量在形塑社会生活中的作用也受到质疑。例如，结构化理论认为无论已然建立的结构如何强大或者持久，人类行动都能够改变和重塑之，这在现实中还需要通过对具体案例的经验性研究来说明。

第二个持久的理论困境关乎共识与冲突。例如，强调社会结构的功能主义学者认为社会的维持依赖于和谐共处、彼此合作，社会成员对基本价值有着普遍共识或认同，他们的关注点在于社会如何组织在一起。而对于关注点在冲突上的冲突论者来说，社会不可避免地充满了矛盾、不同与张力。同第一个理论困境相似，当代的社会学家们也认为将共识与冲突完全对立起来解读是不明智的。吉登斯和萨顿认为"意识形态"这个概念有助于分析冲突与共识的内在关系。所谓意识形态，即以损害权力较小的群体为代价来保障权力较大的群体地位的观念、价值观与信仰。如此，权力、意识形态与冲突被紧密联系在一起。而占据主导地位的意识形态常常能够促使共识的出现，因为在某一意识形态内化的过程中，人们接受了机会、地位与条件的不平等。

第三节 社会学视角下的职业教育议题

相较其他类型教育，职业教育与各行各业的关系最为密切。正如黄炎培所言："职业教育从本质上说来，就是社会性；从其作用说来，就是社会化。"就杜尔凯姆的功能主义视角而言，职业教育被认为是一种社会制度，因此是社会有机整体的一部分，社会需求高于个人需求。同时，作为教育系统的一个子系统，职业教育与经济、政治、文化甚至家庭都密切相关，在社会发展中起着关键作用。不过，在现代社会中，将职业教育与社会结构紧密联系在一起的主要是经济。因为这种联系，职业院校必须通过选择和培训合适的人来应对经济变化。此外，职业教育还可以通过研究促进经济变革。当然，功能主义理论在当今也受到了很多批判。因为教育机构从来不是一个能够处于中立地位的机构，意识形态和冲突在社会中的作用不应被忽视。尤其是 20 世纪 60 年代以来学术界对社会分层和社会地位的关注，例如，学生的社会背景在多大程度上影响其学校教育体验，以及学业的成功和失败如何影响其以后的生活机会。这些都极大挑战了理想化了的功能主义视角。

冲突社会学则为探讨与职业教育相关的问题提供了更有批判性的理论视角与路径。

① GIDDENS A. The Constitution of Society: Outline of the Theory of Structuration [M]. Cambridge: Polity, 1984: 25.

虽然马克思本人没有直接对教育进行论述，但其对意识形态的阐述对研究职业教育体系具有启发意义，即职业教育体系的形成、知识的传授如何为国家意识形态所形塑。此外，技术在当今已完全融入职业教育。马克思显然预见到了技术对劳动分工的巨大影响，而职业教育直接面对劳动分工。在马克思畅想的无产阶级社会中，教育将引领变革。如此，教育将打破传统的学术和职业模式，服务于现代分工，在这种分工中，人们各司其职。就教育结果而言，马克思认为，个人将拥有多种职业，并根据社会的需要，甚至根据自己的倾向，从一个生产部门转移到另一个生产部门。基于此，社会将实现超越阶级的社会流动。又如，布迪厄的“文化再生产”理论视角帮助我们意识到教育的负面功能，即维持阶级不平等和社会结构不平等的各纬度的长期存在。他对影响这些不平等如何以各种方式再现或改变的社会实践的关注对研究职业教育极具启示意义。资本除了是一种经济因素，还可以以社会、文化和象征性资本的形式存在。特权社会群体通常享有权力和威望所带来的明显的优势，而这些优势又可以代代相传。不过，只有在这些优势能够从潜在利益转化为实际利益的情况下，这些优势才是有效的。对于布迪厄来说，一个人的家庭背景和社会环境有助于形成“惯习”（性格）或根深蒂固的经验倾向，影响他们在特定类型的社会情境（他称之为互动的“场域”）中的选择和行动。借鉴冲突社会学理论视角，可以聚焦职业院校中的学生或是从业者，可以对学生选择职业教育的动机和缘由及其在后续学习和职业生涯中的流动等加以探讨，可以就性别问题开展职业教育研究，等等。

互动论的奠基人韦伯认为社会不能独立于人的思想、动机和行动而存在，他以个人为着眼点研究社会关系，同时也强调了作为个体的人的能动性。韦伯的思想影响了诸多互动论流派的学者，促进了微观社会学的发展。例如，以特纳为代表的过程角色理论适合用于微观情境下的职业教育研究。有学者认为角色的概念涉及社会分化和选择性行为，并指出角色作为概念有三种不同的使用方式：角色是个人对互动情况的调整；角色是在单个特定情境中执行的短期互动模式；角色是文化规定的一种成熟的互动模式。简言之，即“个人角色”“情景角色”和“文化角色”。[①] 角色理论主要关注人的行为的社会影响，以及人的行为模式背后的认知和情感现象。因此，使用角色理论探究微观情境下的教学是可行的。例如，就研究职业教育教学行为而言，最为现实的方法就是观察实际课堂上的教师行为，教师和学生的行为可以成为“角色”概念的焦点，教师可以被视为思考和感受的社会行动者，他们在教学中表现出行为模式。因为影响教学行为的因素颇多，教学行为一直是一种复杂而难以研究的行为。这些因素可能包括社会、教师自身的个性、所教学生的类型、教学主题和内容及周遭物理条件。

鉴于社会学与职业教育的密切联系，借鉴社会学视角研究职业教育具有社会与教育意义。以下结合部分当下议题加以阐述。

一、社会结构与职业教育

在社会学中，社会结构可以被理解为一种独特的、稳定的制度安排，使社会中的人相互作用并共同生活。[②] 杜尔凯姆认为社会的各个部分是相互依存的，这种相互依存性对机

---

① BEEZER B G. Role Theory and Teacher Education［J］. Journal of Education，1974，156（1）：5–21.

② FORM W，WILTERDINK N. Social Structure［C/OL］// Encyclopedia Britannica.（2022–11–13）［2022–12–16］. https：//www.britannica.com/topic/social-structure.

构及其成员的行为施加了结构。社会结构通常与社会变革关联在一起，社会变革涉及改变社会结构和社会组织的力量，社会变革被认为是对社会系统内某种紧张关系的适应性反应。虽然人们普遍认为“社会结构”一词指的是社会生活中的规律性，但在其应用中并非一直如此。例如，当习俗、传统、角色或规范等其他概念能更为准确地表述时，该术语有时会被不恰当地混用。

社会结构研究试图解释、融合不平等趋势等问题。在对这些现象的研究中，社会学家分析组织、社会类别（例如年龄组）或比率（例如犯罪率或出生率）。这种方法有时并不直接涉及个人行为或人际互动。因此，对社会结构的研究不被认为是一门行为科学。因为在这个层面上，分析过于抽象。不过，那些研究社会结构的人在研究、方法论和认识论上遵循经验性方法，如观察。①

社会结构有时被简单地定义为模式化的社会关系，即特定社会实体成员之间互动的规则和重复方面。即使在这种描述层面上，这个概念也是高度抽象的：它只从正在进行的社会活动中选择某些元素。考虑的社会实体越大，概念就越抽象。因此，与宏观社会的社会结构相比，小群体的社会结构通常与其个体成员的日常活动更为密切相关。在对更大社会群体的研究中，选择的问题是尖锐的，且在很大程度上取决于社会结构的组成部分。对于如何确定一个社会群体的主要特征这一问题，各种理论提供了不同的解决方案。② 例如，有学者从社会结构的视角专门论述了职业教育是现代社会个体改变社会地位、优化社会结构、促进社会和谐的重要手段。③ 还有学者基于对中国职业教育发展历程的考察，借鉴新制度主义的分析视角，对其市场化取向的兴衰加以分析，发现中国职业教育的发展轨迹是外部力量和内部力量相互作用的结果，不仅有作为外部力量的政府的作用、高等教育“市场化”制度变迁的影响和市场的作用，还有职业教育组织内部一些重要条件的缺失。④

二、社会正义与职业教育公平

对教育工作者和学者来说，探究社会正义意味着探索社会公平的教育体系是什么样的，以及教育如何在发展和维持社会公正的社会中发挥作用。这个词的现代定义来自各种学科、理论和社会运动。神学、政治、哲学和社会著作都可以宣称对现代社会正义的定义产生了影响——正是社会正义的多学科性和多行动性，经过数千年的发展，使其难以被单独定义。

20 世纪 90 年代和 21 世纪之初，通过“公平视角”对教育系统进行探究开始成为学术界关注的焦点。与之相伴，学术界对“公平”这一概念做了进一步诠释。基于较为新近的一些研究，一些学者认为“公平”不仅仅是“平等”，而是具有超越了这一含义的更抽象、更广泛的概念化意义。它包含了“社会正义”，因而没有将自身局限于“平等”的实

① FORM W, WILTERDINK N. Social Structure [C/OL]// Encyclopedia Britannica.(2022-11-13)[2022-12-16]. https://www.britannica.com/topic/social-structure.

② FORM W, WILTERDINK N. Social Structure [C/OL]// Encyclopedia Britannica(2022-11-13)[2022-12-16]. https://www.britannica.com/topic/social-structure.

③ 庄西真. 从优化社会结构的角度论职业教育对构建和谐社会的作用[J]. 教育与职业，2007(15)：5-7.

④ 赵琳，冯蔚星. 中国职业教育兴衰的制度主义分析：“市场化”制度变迁的考察[J]. 清华大学教育研究，2003，24(6)：41-46.

践中，而后者在理论上并不一定意味着“公平”。在教育领域，早在20世纪60年代，詹姆斯・科尔曼（James Coleman）曾从“教育机会均等”的视角对教育公平做了四个维度的探讨，即进入教育系统的机会均等，参与教育的机会均等，教育结果均等，教育对生活前景机会的影响均等。[①] 刘复兴等对教育公平的理念做了义务教育领域和非义务教育领域的区分，认为非义务教育领域的教育公平并非绝对意义上的平等，“而应是使所有的人面对同样的评价标准和同样的被选拔的机会”，继而指出“机会均衡、同等标准、能力本位、就学条件平等、尊重差异、学业成功的机会均等……高等教育大众化和终身教育”等应是非义务教育领域中的“教育公平”表现。而有学者进一步指出，高等职业教育领域的教育公平需考察“入学准备公平、入学机会公平和成功达成学业目标上的公平”[②]。

例如，有学者聚焦德国就业制度和职业教育的持续变化及其对社会公平的影响，揭示了传统的德国职业教育体系中的结构性社会不平等，即普通教育与职业教育的割裂。这种割裂实际上贬低了职业教育，进而带来等级差异和性别上的隔离。其基于文献研究的结果表明，有中产阶级背景、普通教育水平高于职业教育水平的学生正在赢得越来越少的学徒制教育机会。就高中毕业成绩而言，女性与男性相比呈下降趋势，且在就业系统里表现得并不很成功。在相当长的时间里，德国的双元制是男性主导的，因为它植根于手工艺传统。男性工作文化占据优势，妇女曾一度被排除在职业教育之外，虽然能就业，但只能作为非技能型工人就业。这个研究指出，随着社会发展，尽管德国职业教育中影响社会公平的传统结构的作用正在减弱，但新的矛盾正在出现。大量从低水平学校毕业的学生或没有毕业的学生与持有高水平学校毕业证书的候选人相比，正在失去越来越多的学徒机会。这一过程表明，普通教育的毕业证书正成为进一步获得学徒教育的必要条件。这个研究也发现雇主们正在放弃企业 - 国家这种职业教育组织模式。学位对于以后的职业机会越来越重要。因此，教育系统在德国的分层会越来越明显，从而加剧社会的不平等。[③]

三、全球化与职业教育

无论学术界如何争论，现实情况是全球化理论已然成为理解21世纪社会变迁的主导理论框架。[④] 不过，全球化的起源、维度和概念在学术界极具争议，直到20世纪90年代，全球化作为一个概念才为非学术界所熟悉。[⑤] 从修辞角度来看，我们可能会发现历史学家和地理学家倾向于在世界历史的背景下探索全球化，并将全球化视为一系列历史进程。罗比・罗伯逊（Robbie Robertson）就认为，全球化远远超出了西方化，是关于人与人之间的相互联系的。他否认全球化只是“一种现代的权力战略”，但断言“全球化作为一种人

① COLEMAN S J. The Concept of Equality of Educational Opportunity［J］. Harvard Educational Review, 1968, 38(1): 7–22.

② BAILEY T R, MOREST V S. Defending the Community College Equity Agenda［M］. Baltimore: The Johns Hopkins University Press, 2006: 1–27.

③ KUPFER A. The Socio-political Significance of Changes to the Vocational Education System in Germany［J］. British Journal of Sociology of Education, 2010, 31(1): 85–97.

④ GIDDENS A, SUTTON P W. Sociology［M］. 9th ed. Cambridge: Polity Press, 2021.

⑤ JONES A. Dictionary of globalization［M］. Cambridge: Polity, 2006.

类动态一直伴随着我们,即使我们直到最近才意识到它的存在"[①]。罗兰·罗伯逊(Roland Robertson)描述了全球化的五个阶段,认为全球化可以追溯到15世纪初。他指出20世纪60年代末至90年代初的全球化第五阶段因为出现了新现象与此前的阶段不同,例如,全球信息和通信技术的发展加快了商品、资本、服务、思想和人员的流动,增强了人们的全球意识和对全球环境问题的关注。[②]有学者则进一步认为当今的全球化趋势必须从演进的视角来审视。[③]沃里克·默里(Warwick Murray)从地理学的角度揭示,"地理学有着悠久的'全球传统',这在全球化作为一个社会科学概念出现之前就很明显了。这使地理学家在从历史角度看待全球化方面处于有利地位"[④]。他还谈到了殖民全球化,他认为殖民全球化是基于西方霸权理念构建而成的,全球规模及全球化的兴起都源于人类的建构。而经济学家则推动全球化,并将其视为"通过商品、资本、劳动力和思想的流动,国家变得更加一体化的过程。国际贸易和资本流动是全球化发生的主要渠道"[⑤]。

随着二战后国家间经济、政治和文化交流的加强,学者、研究人员和决策者从不同角度探讨全球化,关于全球化的历史、意义、维度和影响进行了辩论。不同视角的倡导者赋予了全球化特殊的含义。例如,"工业化""现代化""普遍化""自由化""西方化""文化帝国主义""资本化""市场化"和"国际化"通常是与全球化相关的词语。因此,全球化的定义和关于全球化对社会的影响的主张都极具争议性。然而,正是这种巨大的争议使得全球化成为学术界和其他领域争论的焦点。[⑥]而诸多社会学家,如曼纽尔·卡斯特尔等将全球化视为"体现社会关系和交易的转变,从而产生跨洲或跨区域的流动以及活动、互动和权力网络"的过程。[⑦]不过,正如克里斯蒂安·福克斯(Christian Fuchs)指出的,"这些定义不仅有一个共同点,即它们强调社会互动的数量、规模和速度不断增加,而且将全球化描述为一种普遍现象"。这些一般性定义可能会导致我们专注于全球化的积极方面,而忽视当代全球化进程的负面后果。[⑧]例如,全球化一度为新自由主义所主导,但在极端社会情况下,例如全球性公共卫生紧急情况的发生,随着国与国之间边境的关闭、贸易的中止,国家的力量仍然强大。尽管仍然受制于跨国组织与国际组织的干预,但国家权力没有完全被这样一种国际力量架空。当前,随着本土主义、排外主义等极端思潮的涌现,新自由主义主导的全球化受到了极大的冲击。

---

① ROBERTSON R. The Three Waves of Globalization: A History of a Developing Global Consciousness[M]. Black Point: Fernwood, 2003: 3.

② ROBERTSON R. Globalization: Social Theory and Global Culture[M]. Thousand Oaks: Sage, 1992.

③ FLYNN O D, GIRALDEZ A. Globalization Began in 1951[M]// GILL B K, THOMPSON W R. Globalization and Global History. London: Routledge, 2006.

④ MURRAY W E. Geographies of Globalization[M]. New York: Routledge, 2006.

⑤ BLOOM D. Globalization and Education: An Economic Perspective[M]// SUAREZ-OROZCO M M, QIN-HILLIARD D B. Education, Culture and Globalization in the New Millennium. Berkley: University of California Press, 2004: 59.

⑥ ZHENG J. Exploring Internationalization of Higher Education (IHE) Policy and Reality in China: Neoliberal Globalization, State Formation, and Higher Education[D]. Montreal: McGill University, 2017.

⑦ JONES A. Dictionary of Globalization[M]. Cambridge: Polity, 2006: 112-113.

⑧ FUCHS C. A Contribution to Critical Globalization Studies[Z/OL]. (2009)[2022-08-25] http://fuchs.uti.at/wp-content/uploads/CriticalGlobalizationStudies. pdf.

谈及全球化所带来的影响，经济领域发生了从福特主义到后福特主义的工作场域组织形式的转变，国际化营销和消费模式的兴起，对商品、工人和投资跨境自由流动的障碍的移除，以及工人和消费者在社会中的角色所面临的新压力的产生。政治领域发生了民族国家主权的某种丧失，或至少是民族自治的侵蚀，以及相应的对"公民"概念的削弱（如角色、权利、义务和地位方面）。在文化方面，全球化带来了更多标准化和文化同质化方式之间的紧张关系，同时也会因本土化运动的兴起带来更多的分裂。而在教育领域，教育社会学家们常常关注我们现在面临的一系列问题：全球化进程在多大程度上影响了教育事业，这些进程如何影响国家教育系统的自主性和民族国家作为民主社会最终统治者的主权，等等。因此，全球化进程的起源、性质和动态是教育哲学家、社会学家、课程开发者、教师、决策者、政治家、家长和许多其他参与教育工作的人关注的焦点。全球化进程，无论其定义如何，似乎都会对教学的变革产生显著影响，因为人们在具有高度民族性的教育实践和公共政策的背景下理解了这一过程。[①] 就发展中国家而言，有学者指出，全球化对发展中国家教育的最明显影响来自结构调整政策的实施。结构调整政策与全球化有着直接的联系，以至于所有发展战略现在都与为外国资本创造稳定的必要条件相联系。换言之，鉴于在内部筹集足够资金方面存在无法克服的障碍，没有其他选择，只有适应系统地削弱政府制定教育政策的能力，以加强教育平等或寻求在研发方面发展某种程度的民族自主权。在这方面，尤其是在财政紧缩和经济结构改革的背景下，双边和多边组织，如世界银行和联合国教科文组织在制定教育政策方面发挥了重要作用。[②]

全球化作为一个持续性的学术议题，也为研究职业教育的学者们所关注。例如，王莫林以全球化和中国社会主义市场经济为背景，探讨了全球化和社会主义市场经济对中国高等职业教育在政治及意识形态、结构和功能运作上的影响，并采用案例研究策略，以上海交通大学附属高职院校（简称 VCSJTU）为案例，通过深度的参与性观察、深度访谈，试图解释高等职业院校在宏观背景下发生变化的原因，及高等职业院校如何为社会主义市场经济和全球化所形塑。案例研究的目的被明确为不仅仅是提供一份"事实报告"，去说明每年有多少学生入学，以及学校从政府处获得了多少资金。她认为虽然这类数据有助于了解学校的背景，但更重要的是分析导致 VCSJTU 在过去几十年中发生变化的因素，并追踪发生变化的原因。她的案例研究不仅提供包括对学校背景和历史细节的介绍，还有对实践中教与学的性质与质量的呈现，并试图通过对全球化与高等职业教育之间关系的讨论，向人们展示如何在学校层面解释全球化，并且对案例学校过去几十年在教与学决策方面遇到的问题进行了批判性的反思。她的案例研究提出并回答了以下几个问题：VCSJTU 的学校使命、教育目标、跨机构合作，以及课程开发与全球化的关系是什么；学校的主要文化和核心价值观是什么，这些价值观是如何被明确的，还有哪些其他因素促进了该机构的文化建设；根据 VCSJTU 的经验和实践，全球化与中国高等职业教育之间的关系是怎样的；相对于中国文化、教育和全球化方面的研究，VCSJTU 的经验揭示了怎样的地

① MORROW R A, TORRES C A. The State, Globalization, and Educational Policy［M］//TORRES N B. Globalization and Education: Critical Perspectives. New York: Routledge, 2000.

② MORROW R A, TORRES C A. The State, Globalization and Educational Policy［M］// BURBULES N C, TORRES C A. Globalization and Education: Critical Perspectives. New York: Routledge, 2000.

方 - 全球相互作用。[1]

除了聚焦国别的案例研究，还有学者开展全球迁徙流动与跨国主义理论范式大背景下对具有移民特征的社会的调查。例如，通过对加拿大新移民的经验性研究，郭世宝揭示出一些移民经历了职业转换和向下流动，从以前从事的科学、工程、商业和管理职业转变为从事销售、服务和制造等对技能要求相对较低的职业。去技能化影响熟练的移民工人，并阻碍他们凭技能获取充分的收益。即使将知识和技能合法化，受过国际培训的专业人员的技能和工作经验也常常会遭受质疑或被认为不佳。因为通常，技能是带有“颜色”的，它更多地与移民的肤色相关，这也导致了这一群体的去技能化和先前学历与工作经验的贬值。[2]

四、信息时代与职业教育

社会变革、时代转型是社会学家们持久关注的议题之一。吉登斯曾评论，我们今天生活在一个激烈而令人费解的转型时期，这或许预示着我们将完全超越工业时代。21 世纪第一个十年的危机和冲突使我们迫切需要用一种新的方法来理解我们生活中的经济、文化和社会现象。而卡斯特尔则基于对美国、亚洲、拉丁美洲和欧洲的研究指出，20 世纪末开始，一些重大的社会、技术、经济和文化变革汇集在一起，形成了一种新的社会形式，即网络社会。全球经济尤其表现为信息、资本和文化的瞬间流动与交换，而这些流动对消费和生产是有秩序和条件要求的。同时，我们对新的信息流模式的依赖给了那些掌控这些资源的力量操纵社会的机会，媒介也成为主要的政治竞技场。与其他国家相比，凭借技术优势和先进的管理，美国在过去几十年间一直是全球化的主导者，因为其认为一个开放、一体化的全球经济对美国公司和以美国资本为主的公司有利，从而对美国经济有利。美国的跨国公司遍布全球，影响着全球金融和贸易机构，这也影响着世界各地的教育与就业。

网络社会见证了信息时代的到来。由于通信技术革命，通信领域发生了根本性的变化，虚拟性也成为社会现实的一个基本维度，信息时代的数字网络技术为社会和组织网络提供了动力。当前世界主要大国正在竞相开发和部署人工智能和量子计算等新技术，这些技术可以影响我们生活的方方面面。其中，“人工智能”是指基于机器的系统，该系统可以针对给定的一组人类定义的目标，做出影响真实或虚拟环境的预测、建议或决定。对人工智能的开发已经给我们的日常生活带来了日新月异的变化，例如地图技术、语音辅助智能手机、邮件递送手写识别、金融交易、智能物流、垃圾邮件过滤、语言翻译等。人工智能的进步也为社会公共事业带来了巨大福利，如更为精确的医学诊断、环境的可持续性发展、教育和公共福利等领域的技术进步。

不过，从社会学和职业教育研究的角度，我们可能会关注人工智能的发达会给工作、就业带来怎样的变化。诸多需要人力的工作是否会被人工智能就此取代？卡斯特尔基于早期技术革命的历史经验对这一社会关切作出了回应。他指出，总体上技术革命并没有

---

① WANG M L. Globalization and Higher Vocational Education（HVE）in China：A Case Study in Shanghai［D］. Montreal：McGill University，2006.

② GUO S. The Colour of Skill：Contesting a Racialised Regime of Skill from the Experience of Recent Immigrants in Canada［J］. Studies in Continuing Education，2015，37（3）：236–250.

破坏就业，因为一些职业被淘汰的同时，另一些职业已经被大量引入。总体而言，劳动力的技能和教育水平得到了提高。在他看来，新技术确实改变了我们社会的职业结构。但这种转变的过程和形式是技术变革、制度环境和资本与劳动关系在特定社会背景下的演变与相互作用的结果。①

基于对1920年至1990年间七国集团国家（G7）就业结构演变的经验性观察研究，卡斯特尔发现了这些国家的一些共同特征，这些特征也近乎信息时代社会的特征：农业领域的就业已退出历史舞台；传统制造业就业持续下降；生产性服务业和社会服务业兴起，第一类侧重于商业服务，第二类侧重于卫生服务；作为就业来源的服务活动日益多样化；管理、专业和技术岗位的迅速增加；形成由文员和销售人员组成的"白领"无产阶级；零售业中相当大一部分的就业具有相对稳定性；职业结构的上下层级同时增加；随着时间的推移、职业结构的相对升级，要求更高技能和高等教育的职业所占比例越来越大，远高于低级别类别职业的增长。卡斯特尔继而也尝试性地提出了不同的社会模式，即是以美国、加拿大、英国为代表的"服务型经济模式"和以日本和德国为代表的"工业生产模式"。服务型经济模式强调一种全新的就业结构，其中各种服务活动之间的差异成为分析社会结构的关键因素。这种模式强调资本管理服务，而不是生产性服务，并不断扩大社会服务部门，医疗保健工作岗位大幅增加，教育就业也在较小程度上增加。它的另一个特点是管理类别的扩大，其中包括相当数量的中层管理人员。而工业生产模式的国家在减少其制造业就业份额的同时，继续以更为渐进的方式将其保持在相对较高的水平，以便将制造业活动重组为新的社会技术范式。这种模式在加强制造活动的同时减少了制造业岗位。生产性服务业比金融服务业重要得多，而且似乎与制造业企业有着更直接的联系。这并不是说金融活动在日本和德国不重要。然而，与其他信息社会相比，日本社会在社会服务方面的就业水平也明显较低，这可能与日本家庭的结构及一些社会服务在企业结构中的内部化有关。对就业结构的多样性进行文化和制度分析似乎是解释信息社会多样性的必要条件。而在这两种模式之间，法国似乎倾向于服务型经济模式，但保持了相对强大的制造业基础，同时强调生产者和社会服务。法国和德国在欧盟经济体之间的紧密联系可能会在管理和制造活动之间形成分工，从而最终使新兴欧洲经济体中的德国部分受益。意大利的特点是将近四分之一的就业为自雇职业状态，这或许可以成为第三种模式，强调不同的组织安排，以中小企业构成的网络为基础，适应全球经济的不断变化，从而为从原始工业化向原信息主义的过渡奠定基础。②卡斯特尔的这项研究无疑为从社会学视角探究职业教育提供了一个经典范例。

关键概念

社会；社会事实；社会结构；社会学视角；社会学想象力；冲突理论；功能主义；互动论；马克思主义；新马克思主义；女性主义；后现代/结构主义；全球化；社会正义；教育公平

① CASTELLS M. The Rise of the Network Society [M]// CASTELLS M. The Information Age: Economy, Society, and Culture: Volume I. 2nd ed. West Sussex: Wiley-Blackwell, 2010: XXIV.

② CASTELLS M. The Rise of the Network Society [M]// CASTELLS M. The Information Age: Economy, Society, and Culture: Volume I. 2nd ed. West Sussex: Wiley-Blackwell, 2010: 244-246.

思考与讨论

1. 什么是社会学的想象力？你如何评价自己的社会学想象力？

2. 请从社会学视角思考你观察到的职业教育中的现象与问题。

3. 分享你了解的社会学研究方法，谈一谈它们的特点和局限性及在职业教育研究中运用的可能性。

4. 你如何看待职业教育中的性别问题？

5. 你如何看待全球化对职业教育发展的影响？

6. 你如何看待信息时代人工智能对职业教育发展的影响？

参考文献

[1] BAILEY T R, MOREST V S. Defending the Community College Equity Agenda[M]. Baltimore: The Johns Hopkins University Press, 2006.

[2] BAUMAN Z, MAY T. Thinking Sociologically[M]. 3rd ed. [S.l.] Wiley Blackwell, 2019.

[3] BEEZER B G. Role Theory and Teacher Education[J]. Journal of Education, 1974, 156(1).

[4] BLUMER H. Symbolic Interactionism: Perspective and Method[M]. Berkeley and Los Angeles: University of California Press, 1969.

[5] BURBULES N C, TORRES C A. Globalization and Education: critical Perspectives[M]. New York: Routledge, 2000.

[6] CASTELLS M. The Rise of the Network Society[M]// CASTELLS M. The Information Age: Economy, Society, and Culture: Volume I. 2nd ed. Wiley-Blackwell, 2010.

[7] COLEMAN S J. The Concept of Equality of Educational Opportunity[J]. Harvard Educational Review, 1968, 38(1).

[8] FORM W, WILTERDINK N. Social Structure[C/OL]// Encyclopedia Britannica. (2022-11-13)[2022-12-29]. https://www.britannica.com/topic/social-structure.

[9] GIDDENS A, SUTTON P W. Sociology[M]. 9th ed. Cambridge: Polity Press, 2021.

[10] GIDDENS A. The Constitution of Society: Outline of the Theory of Structuration[M]. Cambridge: Polity, 1984

[11] GILL B K, THOMPSON W R. Globalization and Global History[M]. London: Routledge, 2006.

[12] GUO S. The Colour of Skill: Contesting a Racialised Regime of Skill from the Experience of Recent Immigrants in Canada[J]. Studies in Continuing Education, 2015, 37(3).

[13] JONES A. Dictionary of Globalization[M]. Cambridge: Polity Press, 2006.

[14] KUPFER A. The Socio-political Significance of Changes to the Vocational Education System in Germany[J]. British Journal of Sociology of Education, 2010, 31(1).

[15] MERTON K R. Social Theory and Social Structure[M]. New York: The Free Press,

1949.

［16］MILLS W. The Sociological Imagination［M］. 40th Anniversary ed. New York: Oxford University Press, 2000.

［17］MURRAY W E. Geographies of Globalization［M］. New York: Routledge, 2006.

［18］PARSONS T, SMELSER J N. Economy and Society: A Study in the Integration of Economic and Social Theory［M］. London: Routledge, 1956.

［19］ROBERTSON R. Globalization: Social Theory and Global Culture［M］. London: Sage, 1992.

［20］ROBERTSON R. The Three Waves of Globalization: A History of a Developing Global Consciousness［M］. Black Point: Fernwood, 2003.

［21］SMITH D. The Conceptual Practices of Power: A Feminist Sociology of Knowledge［M］. Boston: Northeastern University Press, 1990.

［22］SMITH D. The Everyday World as Problematic: A Feminist Sociology［M］. Boston: Northeastern University Press, 1987.

［23］STONES R. Key Sociological Thinkers［M］. Houndmills: MacMillan, 1998.

［24］SUAREZ-OROZCO M M, QIN-HILLIARD D B. Education, Culture and Globalization in the New Millennium［M］. Berkley: University of California Press, 2004.

［25］TAYLOR C. The Politics of Recognition［M］//GUTMANN A. Multiculturalism: Examining the Politics of Recognition. Princeton: Priceton University Press, 1994.

［26］TORRES N B. Globalization and Education: Critical Perspectives［M］. New York: Routledge, 2000.

［27］TURNER H J. Theoretical Sociology: A Concise Introduction to Twelve Sociological Theories［M］. Thousand Oaks: Sage, 2014.

［28］WANG M L. Globalization and Higher Vocational Education（HVE）in China: A Case Study in Shanghai［D］. Montreal: McGill University, 2006.

［29］ZHENG J. Exploring Internationalization of Higher Education（IHE）Policy and Reality in China: Neoliberal Globalization, State Formation, and Higher Education［D］. Montreal: McGill University, 2017.

［30］吴康宁．教育社会学［M］. 北京：人民教育出版社，1997.

［31］赵琳，冯蔚星．中国职业教育兴衰的制度主义分析：“市场化”制度变迁的考察［J］. 清华大学教育研究，2003，24（6）.

［32］庄西真．从优化社会结构的角度论职业教育对构建和谐社会的作用［J］. 教育与职业，2007（15）.

第六章 职业教育的哲学基础

学习提示

职业教育的核心内容是技术。技术哲学，尤其是技术哲学中关于技术本质与技术知识的研究成果，是职业教育学术研究与实践非常重要的理论支撑。技术哲学流派众多，研究成果丰富。本章内容主要包括技术的本质，技术的发展，技术知识的内涵、结构和性质。学习中要借助对科学、工程与技术的比较，深入理解什么是技术这一根本问题。要以职业活动分析为载体，深入理解技术知识的结构。要通过对科学知识与技术知识的比较，深入理解技术知识的性质。要注意运用相关概念和原理分析职业教育问题，获得对职业教育问题及其解决方案更为深刻的理解。

哲学的根本任务是探索世界观和方法论，理解世界本原。掌握一定的哲学知识，可以为职业教育学术研究与实践开展提供理论与思维支撑。哲学研究的内容非常广泛，已有许多哲学理论成功应用到了职业教育中，推动了职业教育理论研究的深化。比如自亚里士多德以来的实践哲学、20世纪的人本主义哲学，以及21世纪以来广泛受关注的默会知识理论。职业教育的目标是培养职业岗位胜任能力，其核心内容是技术，因此对职业教育研究者和实践者来说，最需要掌握的哲学是技术哲学。技术哲学是对技术进行哲学反思的一门学科，产生于19世纪末。第一部以"技术哲学"命名的著作是卡普（Ernst Kapp）1877年出版的《技术哲学纲要》。著名技术哲学家卡尔·米切姆（Carl Mitcham）认为技术哲学存在两种传统，即工程传统的技术哲学与人文传统的技术哲学。本书所涉及的技术哲学主要是工程传统的技术哲学，问题有什么是技术，什么是技术知识，技术知识的结构是什么样的，技术知识的性质是什么等。

第一节
什么是技术

一、技术的传统定义

什么是技术？这是技术哲学中的一个基本问题，在不同情境中具有不同含义。20世纪初以来，哲学家、经济学家、科学家、工程技术专家、技术史家们从各自的角度，给技术下过各种各样的定义，总数可达百种之多。比较常见的有：① 方法技能说，认为技术是完成某种任务所采取的手段、技能；② 劳动手段说，认为技术是劳动手段的总和。比如哥特尔-奥特里连菲尔德（Friedrich Von Gottl-Ottlilienfeld）对技术下过这样的定义："在主观上是达到目的的正确途径的艺术……在客观上是人类活动的特定领域中所用方法和手段之总和。"① 这些定义常常把技术和物质生产联系起来。这些定义存在以下不足。

首先，把技术无限泛化到一切手段不合理。严格地说，一切有意识、有目的地进行的活动都遵循一定方法论模式，不管这种模式多么粗浅。这样定义技术，就不得不把一切有目的的活动（个人的和社会的）都归结为技术活动，显然这超越了关于技术的常识。因此，必须把这个相当广泛的"技术"同狭义的以科学理论为基础的技术，即工程技术人员所从事专业活动中的"技术"区分开来。

其次，把技术仅仅局限于物质领域（苏联学者多倾向这一观点）是狭隘的。"常常会

① 拉普.技术哲学导论[M].刘武，康荣平，吴明泰，译.沈阳：辽宁科学出版社，1986：3.

碰到把技术同物质生产联系起来解释技术概念的情况。简言之,技术是由物质生产手段组成的。可是,稍加思索,人们就会意识到这种解释必然要得出令人怀疑的结论:这样一来,甚至连石器时代最原始的石锥都成了技术,而电话、电视和火箭由于不是物质生产手段,却肯定不属于技术之列。"[①] 现代技术在范围上早已不仅仅局限于物质生产领域,航空、医疗、生物、教育等领域也同样存在技术,特别是随着第三产业在经济总量中所占比重越来越大,第三产业中的技术已日益重要,"技术"这一概念的外延需要拓展。

严格地说,"技术"仅指以科学为基础的现代"技术",它与以往社会的技艺有着本质区别。英语中,"technology"一词19世纪后期才出现,指把科学知识应用于制造或使用人造物,这本身就说明不能把传统的技艺也称为技术。从词源上看,技术一词来源于古希腊语中的"technologia",指系统地加工、制作工艺品。它的其中一个词根"techne"结合了艺术与技巧两个词的含义,既指相关原理知识,又指达到所期望结果的能力;它的另一个词根"logos"的意义更为广泛,包含了观点、解释和原理等含义,但其中最为相关的含义是"求诸理性"。因此,在对技术做出界定时,许多学者不仅强调技术是人造物,是技巧,而且非常强调技术中的知识、原理成分。这是理解"技术"这一概念时必须首先把握的。当然,经常可以见到古代技术、经验技术、工匠技术等概念,这是"技术"这一概念的广义用法,它们实质上指的是"技艺"。

这样,可以简单地把技术定义为"以现代科学为基础的为了达到某种目的的手段"。尽管这一定义能提供一些关于"技术"的有用信息,但"技术"是一个复杂的话语体系,不可能用一个简短陈述对其内涵作出清楚界定,只有在更广泛的话语体系中才能把握其本质。

二、技术话语

在一些技术哲学家试图对技术作出明确定义的同时,另一些技术哲学家则试图从多维度对技术进行描述。

(一)戈罗霍夫的技术观

戈罗霍夫(Vitali Gorokhov)认为技术存在三个方面的含义。[②]

(1)技术是人类已经使用的所有人造物的集合,它包括从原始工具到最为复杂的技术体系。

(2)技术是所有技术活动的集合,它包括发明与发现活动;研究与开发活动,其中包括初步设计;最终设计与实际应用,包括生产设备的组织;成功的技术发明的步骤;富有思想的设计与规划;模式的具体化与实际使用;技术的大规模推广。

(3)技术是所有技术知识的集合,它包括从最为专门化的技巧和实践到理论的、科学的技术体系。

(二)金塔尼拉的技术观

金塔尼拉(Miguel A. Quintanilla)也认为技术存在三个方面的含义,即认知的、工具的和

---

① 拉普.技术科学的思维结构[M].刘武,等,译.长春:吉林人民出版社,1988:11-12.

② GOROKHOV V. A New Interpretation of Technological Progress[J]. Society for Philosophy & Technology,1998,4(1).

人类行为学的。[1] 不同观点对技术与技术进步实质的看法不同。

（1）认知的观点。技术是某种形式的基于科学的实践知识，它使得人们能够设计有效的人造物以解决实践问题。技术革新主要通过应用科学研究及技术知识的进步来获得。技术进步由技术知识的增长构成，并在很大程度上依赖科学进步。

（2）工具的观点。技术是一组人造物，这些人造物是按照特定目的设计和制造的，以实现某种功能，满足人类的需要。技术进步包括人造物数量和种类的变化。

（3）人类行为学的观点。最本质的技术既不是知识体系，又不是一组人造物，而是人造物与操作者构成的某种复杂体系。可以把技术体系看作指向特定目的的行动体系。技术进步是人类控制现实的力量的增加，即把新的、更为有效的技术体系应用到新的、更为广阔的现实中。

（三）米切姆的技术观

米切姆认为技术应当包括下列四个方面。[2]

（1）作为物体的技术。把技术看作特定的人造物，如工具、机器、电子设备、消费品等。

（2）作为过程的技术。在更为本质的意义上，与其说技术是制造和使用的物体，不如说技术是制造和使用的过程。把技术看作过程或活动是工程师和社会学家这两个不同专业群体的共同观点，只不过工程师把重点放在制造方面，社会学家把重点放在使用方面。对工程师来说，技术的基本要素是发明和设计；对社会学家来说是产品和应用，即技术的公共使用，这是最为重要的。

（3）作为知识的技术。认为技术是一种特定形态的知识，这种知识有着自己特有的结构和性质。

（4）作为意志的技术。认为技术自身无好坏之分，它是中性的。它的价值完全取决于人们对它的使用。因此，技术中包含了目标、意图、愿望及选择的成分。不管技术目的在内容上如何千差万别，它们或者是为了获得物质产品，或者是为了提供服务，即实现人们的某种意志。

（四）佩斯的技术观

佩斯（Aronld Pacey）从文化学的角度对技术做出了界定。他认同把文化划分为三个层面，即器具层面、制度层面和观念层面。在他看来，技术也是一种文化。拉普（F. Rapp）也赞同把技术看作文化，他写道，“正如我想说的，技术的文化方面是最重要的。既然正如实际情况那样，现代技术已经创造了第二自然，那么它就不可避免地也要形成我们的世界观，我们的生活方式；总之，它正在形成我们的文化”[3]。佩斯依据文化三元结构理论，把技术文化划分为三个方面，即文化方面（指文化观念方面）、组织方面和技术方面，见图 6-1。

---

① QUINTANILLA M A. Technical Systems and Technical Progress: A Conceptual Framework[J]. Society for Philosophy & Technology, 1998, 4(2).

② DURBIN P T. A Guide to the Culture of Science, Technology, and Medicine[M]. London: Collier Macmillan, 1980: 306.

③ F. Rapp. The Material and Cultural Aspects of Technology[J]. Society for Philosophy & Technology, 1999, 4(3).

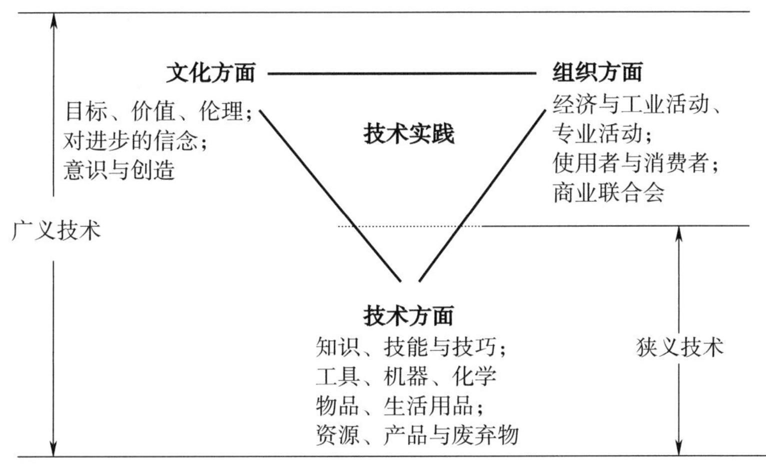

图 6–1　技术文化的三个方面[①]

对上述四种观点的比较可以发现，戈罗霍夫和金塔尼拉的观点基本上是一致的，即认为可以从物体、知识和过程三个维度来理解技术。米切姆的观点和他们相比要宽泛些，他在上述三个维度基础上增加了"意志"这个维度。佩斯的观点最为宽泛，他在上述几个维度基础上增加了"技术的组织方面"这一维度。

四、技术系统

虽然可以从物体、知识和意志等方面来理解技术，但它们都仅仅是技术的一个方面，这些方面都要统一于特定的技术过程或技术活动中，最终形成产品。技术是一个系统，各要素之间的关系可用图 6–2 表示。

技术不是这些要素简单、机械的叠加，而是它们有机、动态的组合。当知识、能力、技

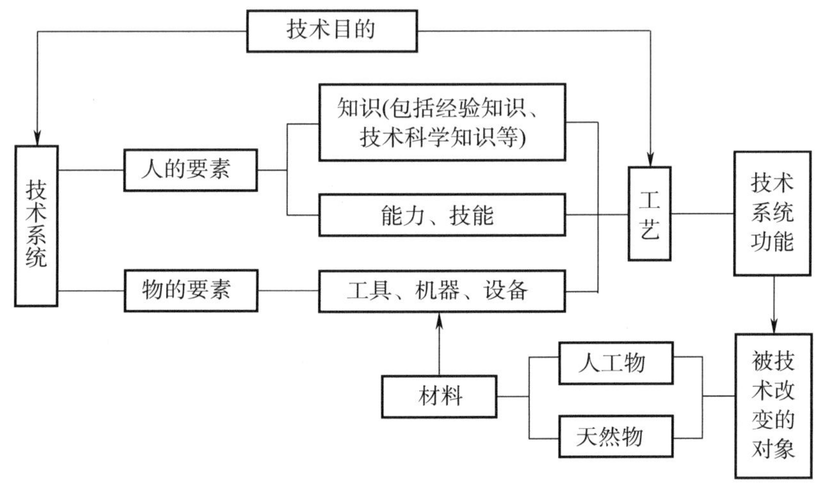

图 6–2　技术的要素及其相互关系[②]

① PACEY A. The Culture of Technology[M]. Southampton: The Camelot Press Ltd, 1983: 6.

② 远德玉，陈昌曙．论技术[M]．沈阳：辽宁科学技术出版社，1986: 70.

能和工具等要素在一定技术目的指导下有机地组合起来，对材料施加某种影响时，便构成了技术过程，或者说技术活动。因此，在最根本的意义上，技术是一个过程、一种活动，而不仅仅是某一个孤立的、静态的物体要素。正如伦克（Hans Lenk）所说："技术不仅仅包括机器、工具，以及其他技术产品；技术过程、技术操作和技术程序已越来越重要，这一重要性正加速增长。过程控制与程序管理是现代技术和工业生产与开发的突出特征，这仅仅是加强了早期的一个趋势，那时能量转化机器与系统，以及流水生产线得到广泛应用。更近的技术，'真正的部分是程序'。至少就解释而言，这是现代技术最主要的特征。"①

上述这些要素结合过程中，物的要素是静态的，要使技术成为动态的过程，起主导作用的只能是人，具体地说，是人的知识、能力与技能。只有人才能使这些静态、孤立的要素成为动态的、相互有机联系的要素，从而产生出现实的技术。因此，在使用同样设备的条件下，具有不同知识、能力与技能水平的人，会取得完全不同的技术效果。

三、近代理论技术的形成

（一）什么是理论技术

理论技术是区别于古代经验技术、工匠技术的一种技术，指以科学为基础的技术。经验技术指以经验为基础的技术。

根据各个历史时期占统治地位技术的不同，可以把技术发展史划分成以下几个阶段：① 机会的技术；② 工匠的技术；③ 工程科学的技术。② 机会的技术是史前人类和当代原始部落人的技术。在这个阶段，技术还完全包含在自然生命的无思维的动物性活动中。没有熟练的工匠，发明只是偶然的事情，并不是有意识进行的。工匠技术是古代和中世纪的技术。各种技术工艺在这个时期发展到十分复杂的程度，从而引起了劳动分工。但是特定过程的技术知识和实践还只限于特定行业。现代技术中则完全是技师和工程师占主导地位。最重要的差别是工具，如机器有了一定的自主性，它们不再由人直接操纵，而是与人相分离。这就是理论技术。

理论技术作为以科学为基础的技术，其含义包括两个方面：① 从内容上看，指现代技术应用了科学研究成果；② 从方法论上看，指现代技术的发明过程采用了科学研究所使用的实验方法，包括应用定量的数学方法和设计全面的理论，通过引入适当条件，演绎出人们感兴趣的个别结论。比如航空技术从一开始就是一种理论技术，这不仅指理论在这一技术的开发中起了关键作用，而且指从方法论上讲，飞机的最早设计者采用了科学实验的方法进行研究。

（二）理论技术的形成过程

根据克罗恩（Wolfgang Krohn）的研究，科学与技术的第一次交锋发生在意大利米兰大教堂的设计与建造中。③ 从古希腊一直到文艺复兴早期，理论与实践之间的紧张关系主要存在于道德领域，即在上帝眼里，是理论的生活方式还是劳动的生活方式更令人快乐。

---

① LENK H. Advances in the Philosophy of Technology: New Structural Characteristics of Technologies[J]. Society for Philosophy & Technology, 1998, 4(1).

② 拉普.技术哲学导论[M].刘武，康荣平，吴明泰，译.沈阳：辽宁科学出版社，1986：23.

③ KROHN W. The Dynamics of Science and Technology[M]. Boston: D. Reidel Publishing Company, 1978: 219.

而在米兰大教堂设计的辩论中,所涉及的不是生活方式,也不是世界观,而是理论知识在实践中的应用,以及用传统知识解决新问题的有效性。这样,理论与实践之间的紧张关系就体现为科学与技术之间的紧张关系。

中世纪,基督教大教堂的建造是由建筑师与工匠们承担的。建筑师和工匠们的技艺都依赖传统知识,这些知识被控制在行会之内,具有神秘性,人们很少对这些知识进行创新。1386 年开始建造的中世纪晚期最大的教堂——米兰大教堂的建造,提出了当时从未遇到过的数学和静力学问题。当时米兰市的经济和政治地位获得了很大提高,因此想建造那一时期最大型的建筑,并且它的设计不能仿照北欧传统建筑。人们认为北部的哥特风格建筑拱型太高,并且那些支柱也让人感到很零乱。这一建筑风格是以当时已定型的建筑原理为基础的,即规定教堂的高度要等于它的宽度。但是,米兰的建筑师和工匠们决定设计一个等边三角形作为横跨部分。他们希望较矮的拱型设计能消除支柱的零乱感,使大教堂在规模上超过哥特式建筑。

北部的哥特式建筑代表了当时最先进的知识和经验。设计之初,米兰大教堂的建筑师和工匠们没有意识到,突破这些知识和经验将给他们带来严重问题。首先,他们需要跨过建筑知识,利用数学知识来决定等边三角形的高度;其次,即使有了这些数学知识,也无法运用哥特式建筑中的简单测量方法施工。为此,建筑师们向附近一位数学家请教。幸运的是,在经过一些计算后,他提供了一个令人满意的解决方案。

接下来是静力学问题。设计这么大规模的一个建筑,却又不采用哥特式建筑中的拱壁技术,是一项很大的冒险。建筑师们疑虑重重,并向科学家们求援。一位法国工程师持尖锐的批评态度,认为按照静力学中的几何理论,整个建筑是不稳固的。这一理论要求建筑有许多强有力的支撑物。然而,当地一些著名工匠认为可以采用伦巴底传统方法来解决这一问题。他们坚持,把伦巴底支持技术用于更为宏伟的建筑的设计,并不会遇到不可克服的困难。最后,在和外国专家的辩论中,本地的工匠们取得了胜利,尽管在理论上他们的想法不能获得很好的支持。对他们想法最有力的支持是,米兰大教堂至今仍然屹立在那里。因此可以说,在米兰大教堂的成功建造中,数学原理和建筑经验的贡献各占一半。但是随着技术的进一步发展,科学理论对技术发明的贡献越来越大。

15 和 16 世纪,在许多领域中出现了科学与技术相结合,并形成新型科学的趋势。达·芬奇(Leonardo da Vinci)是第一位试图把科学理论与制造技术联系起来的科学家。[①] 他在水流管理(如开挖渠道、河流管理、人工灌溉)中遇到了一些新问题。通过解决这些新问题,以及观察自然中的气象和流体现象(比如云的形成,以及水流旋涡的形成),他提出了流体物理学方面的一些新观点。他的这些观点既是自然规律,又是操作规则。

笛卡尔(René Descartes)阐述了这一新的自然知识观。他说,“当我一获得一些关于物理学的普遍观念,并且在不同问题中应用它们时,我就开始观察,在哪一点上它们能指导我们,和那些迄今为止我们已应用的原理相比,它们有多大不同。我相信,我无法对它们置之不理而又不严重地违反规律。……因为它们让我看到,要获得生活中非常有用的知识是可能的,并且和学校所教授的那些思辨哲学不同,我们可以发现一门实践哲学,通

① KROHN W. The Dynamics of Science and Technology[M]. Boston: D. Reidel Publishing Company, 1978: 221.

过它可以了解火、水、空气、星星、天空，以及其他实体的力量和活动，它们明显地存在我们周围，正如我们清楚地知道工匠的技艺存在差异一样。同样我们可以在恰当的场合不同地运用它们，并使我们成为自然的掌握者和拥有者”①。

科学的实用化为理论技术形成奠定了基础。但是，科学进步与技术革新之间的关系在19世纪仍然是不系统的。在当时，科学与技术之间的关系主要还是偶然因素所决定的，如科学家与实践者之间的个人交往、刺激科学家个体的技术与经济利益，以及技术人员受过的科学教育等。其实，著名的工业革命受科学的影响也很小。可以说，工业革命是由坚硬的头颅和灵巧的手指完成的。英国的工业发展动力来自非专业人员和那些白手起家的人，如工匠发明家、磨房主和铁匠等。象征着英国霸主地位的水晶宫由一名非专业人员设计也绝非偶然。在英国工业崛起过程中，英国的大学没有介入，各种正规教育对英国工业的成功没有起太大作用。

19世纪末至20世纪，资本主义和战争所刺激的技术发展，导致了工业研究与开发的发展，以及独立的应用研究机构的产生，并使得技术教育从车间培训转向了学校学习。新的技术成了基础研究的产物。“如果说直到19世纪中叶，蒸汽机、液压轮和机床的改进，主要是工程师、工头和机器设计师们的孤军奋斗的行为，那么电和内燃机的发展只有依靠系统的科学方法才能达到成功。”②“到了20世纪，和以前相比，在许多领域科学对技术有了广泛和快速得多的影响。”③

此后，自然科学与技术不再仅仅是在研究方法上等同，也不仅仅是通过知识结构联系起来，它们逐步在理论层面达到统一。20世纪，通过科学理论的建构开发实用技术成为可能。和19世纪的科学不同，这时的科学不仅涉足机械理论，而且涉足电子力学和化工理论。对移动物体、热、光、电流这些现象来说，科学已经解决了其中最为基本的问题，而这些问题的解决可用于建立特定的理论模型，解释复杂的技术现象。通过特定理论模型把技术现象与基础理论联系起来，存在相互补充的两方面，既包括为技术结构提供理论支持，又包括一般科学理论的具体化。

借助化工技术案例，可以更为具体地看到理论技术形成过程。19世纪末，化工生产过程的工程设计仍然主要建立在个人的经验和试误基础之上。到了20世纪中叶，化学工程科学这一门理论科学在化工技术发展中起了重要作用。化工技术在20世纪的发展经历了三个阶段。

第一阶段持续到第一次世界大战，其标志为工程师和化学家在化学工程领域的合作。这一时期，新的生产过程的开发越来越依靠工程研究实验室的实验研究。但是在这里，化学和工程并没有完全融合，因此对真实技术过程中的复杂操作进行直接的科学研究仍然不可行。

第二阶段是一战以后。这一阶段人们以操作单元为基础对生产过程进行了划分。划分的技术操作单元有蒸馏、过滤、混合、压碎、碾磨等。这些操作都按照科学方

① KROHN W. The Dynamics of Science and Technology [M]. Boston: D. Reidel Publishing Company, 1978: 223.

② 雅科米. 技术史[M]. 蔓菁，译. 北京：北京大学出版社，2000: 252.

③ SHAPERE D. Building of What We Have Learned: the Relations between Science and Technology [J]. Society for Philosophy & Technology, 1998, 4(2).

法进行，但这些方法并不是以分子化学等基础科学层面上的理论分析为指导的。约至1930年，化学工程作为一门科学学科终于建立起来，它有自己的方法和理论。

第三阶段自20世纪30年代起，并在二战以后加速发展。这一阶段，化学工程被整合到了物理学和化学的理论框架中。这一阶段的特征是，化学反应器中的真实过程，在热力学、流体动力学、气体动力学、动力学等理论的框架中，借助微观理论被越来越清楚地展示出来。对科学家来说，在物理学和化学研究之后，继续进行化学工程问题研究成为可能。他们建立了一些特定概念和数学模型，把更为复杂的技术过程和操作与基础科学中的理想物体联系起来。比如发展了微观动力学以理解化学反应过程，而这一过程是受物理传递（热传递、能量传递等）现象影响的。化工技术在这一时期达到了理论技术阶段，对技术装置和技术过程进行理论思考已成为可能。

第二节 什么是技术知识

技术中包含知识。亚里士多德便已经使用“技术知识”这一概念，指工匠的知识。在当代，要完整地描述技术知识，首先必须突破“只有理论知识才是知识”的知识观。对知识的这一狭隘理解是科学知识垄断所致。科学知识垄断地位的确立，基于人们对科学的社会贡献的过高评价。但是，将科学作为知识转型的主要推动者这一观点是不正确的，因为它漏掉了技术在其中的作用，在知识生产和科学发展中都是如此。[①] 技术发展给人类带来的不仅仅是丰富的物质产品，更重要的是人类知识观的转变。

一、技术知识的内涵

亚里士多德用技术知识这一概念来指工匠在建造过程中使用的技能、经验，这是技术知识的“方法观”，即认为技术知识是技术活动中的各种方法、技能、技巧。当代有学者仍然持这一观点，如科恩瓦克斯（Klaus Kornwachs）认为：“除了社会和组织的知识，我们还经验和积累了如何使用手边的物品的知识，如何生产有用的物品的知识，如何设计人造物以实现我们所期望的功能，并获得达到不同目的的手段的知识，我们称这些为技术知识。”[②]

① PITT J C. What Engineers Know[J]. Society for Philosophy & Technology, 2000, 5(3).

② KORNWACHS K. A Formal Theory of Technology?[J]. Society for Philosophy & Technology, 1998, 4(1).

对技术知识内涵的这种界定,确实抓住了其非常重要的部分,有利于理解技术知识的本质,区分技术知识和科学知识。但是对于现代理论技术而言,这种理解又是不够的,以这种技术知识观为基础开发职业教育课程,容易陷入训练主义而遭到批评。因为现代理论技术与古代工匠技术有一个本质区别,那就是其不再是通过经验摸索偶然获得的,而是建立在一定技术原理基础之上的,现代技术知识中必然包含理论知识。这样,不仅那些直接控制技术过程的要素应当被看作技术知识,那些用于理解技术过程的要素也应当被看作技术知识;前者即是技术实践知识,后者即是技术理论知识。对技术过程来说,它们有不同功能,拥有同等重要地位。

把握技术知识的内涵,仅仅把握其内容不够,还必须把握其性质,即要突破传统的静态知识观,用动态知识观来理解技术知识。把技术知识与技术过程截然分开,把技术知识仅仅理解为静态符号体系的行为在技术哲学家中也广泛存在。比如米切姆把技术划分为四个方面,即作为物体的技术、作为过程的技术、作为知识的技术和作为意志的技术。按照这一观点,技术知识不是技术活动的工具和产品,也不是技术过程,更不是技术目的。技术工具、技术产品、技术目的不属于技术知识的范畴是显然的,问题在于技术过程能否与技术知识截然分开。拉普也认为,"如果按照技术是有效的定向活动这种观点作进一步考察的话,可以区分出技术的两个方面:作为工艺知识的技术和作为实际执行的技术"①。这里显然是把技术知识仅仅局限于存在个体外部的静态知识。

这种技术知识观对于研究职业教育课程理论非常不利:① 仅仅把技术知识局限于静态层面,不利于揭示技术知识所特有的动态性质,从而揭示其在职业教育中的意义;② 有些技术知识只有在技术过程中才能表现出来,比如默会知识,如果仅仅把技术知识局限于静态层面,就无法把这些知识纳入研究范围,这无疑是一个很大的缺失;③ 职业教育的根本目的是形成个体的技术实践能力,既如此,就不能仅仅分析外在于个体的技术知识,必须进一步分析技术知识被个体掌握后所形成的技术知识,但以往的研究往往仅仅关注外在于个体的静态技术知识。这对职业教育的影响是,一方面,课程内容与评价过于强调知识的标准化、统一性;另一方面,看不到知识被个体掌握时的个体化过程,同时也看不到经验等具有个人意义的知识的重要价值。技术知识只有个体化后,才会对个体技术实践具有生成意义。

可以把技术知识定义为生产某种物品,或是提供某种服务所需的知识,它不仅包括用于理解技术过程的技术理论知识,而且包括直接用于控制技术过程的技术实践知识。技术知识不仅体现在符号的、静态的层面,而且体现在过程的、动态的层面。

二、技术知识与实践知识的关系

与技术知识比较相近的一个概念是实践知识。技术知识是技术哲学中常见的概念,而实践知识是知识论和教育学中常见的概念。这两个概念所属的话语体系不同,内涵也不完全相同。

首先,技术中的知识不全是实践知识。技术知识中包含技术实践知识,也包含技术理论知识。对以科学为基础的理论技术来说更是如此。"科学发展成特定的技术理论知识,以及技术发展成特定的关于自然结构的理论表明,在科学与技术发展了四百年以后,它们

① 拉普.技术哲学导论[M].刘武,康荣平,吴明泰,译.沈阳:辽宁科学出版社,1986:27.

的统一不再仅仅是一个哲学主题。”①

其次,实践知识也不完全存在于技术活动领域。技术知识中包含实践知识,但技术仅仅是一种实践活动。除了技术实践活动,人类还有大量其他形式的实践活动。比如政治活动、伦理活动、日常生活,但其中的许多内容不属于技术活动。因此,技术实践知识仅仅是实践知识的一部分。

技术知识与实践知识这两个概念之间是交叉关系,不是包含关系,更不是同一关系,见图 6-3。

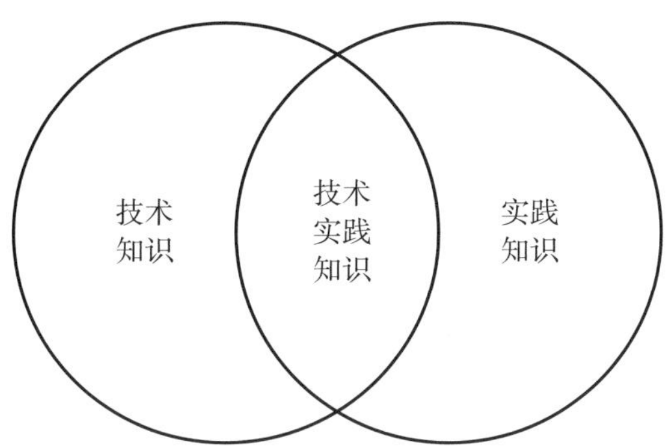

图 6-3 技术知识与实践知识的关系

三、技术知识与科学知识的关系

今天,大多数技术学者接受了这样一种观点,即技术知识不同于科学知识。② 然而学者们对技术知识性质的分析主要通过与科学知识的比较进行,这容易给人另一种错觉,即技术知识与科学知识是完全对立的。并非如此。

首先,技术知识与科学知识不是同一的。一方面,技术是一个行动体系,技术知识的内容不可能全是科学知识,其中包含大量直接用于控制行动过程的实践知识;另一方面,科学知识不可能全部纳入技术中,有些科学知识的价值仅仅在于科学本身的发展,可能永远无法纳入技术中。

其次,技术知识与科学知识在内容上不可能毫不相干,技术中的许多知识来源于科学知识,有的可能是某个科学知识的直接具体化,有的可能是多个科学知识综合应用所产生的新知识。因此技术知识与科学知识之间也不是对立关系,而是交叉关系,见图 6-4。交叉部分构成了技术理论知识。

技术知识与科学知识之间的交叉关系,仅仅是就其内容而言的。就知识的性质来说,技术理论知识与纯粹科学知识仍然有所区别,纯粹科学知识仅仅是个符号体系,其功能在于理解,而技术理论知识是获得了行动意义的知识,其功能在于行动。

① KROHN W. The Dynamics of Science and Technology[M]. Boston: D. Reidel Publishing Company, 1978: 244.

② DE VRIES M J. The Nature of Technological Knowledge: Extending Empirically in Formed Studies into What Engineers Know[J]. Journal of the Society for Philosophy and Technology, 2003, 6(3).

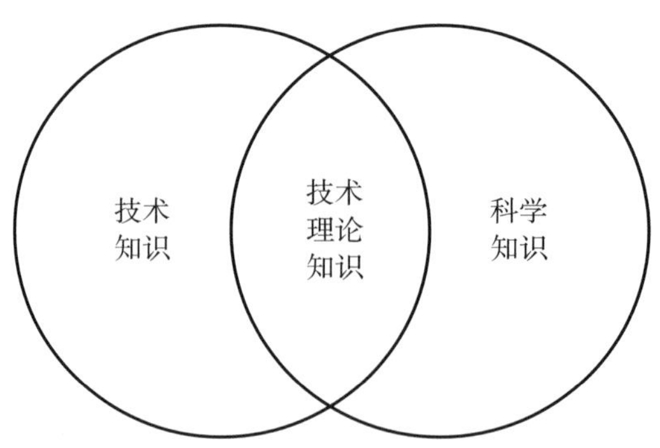

图 6-4　技术知识与科学知识的关系

四、技术知识的定位

分析技术知识在整个人类知识体系中的定位，有助于进一步把握技术知识这种特殊类型知识的性质，见图 6-5。

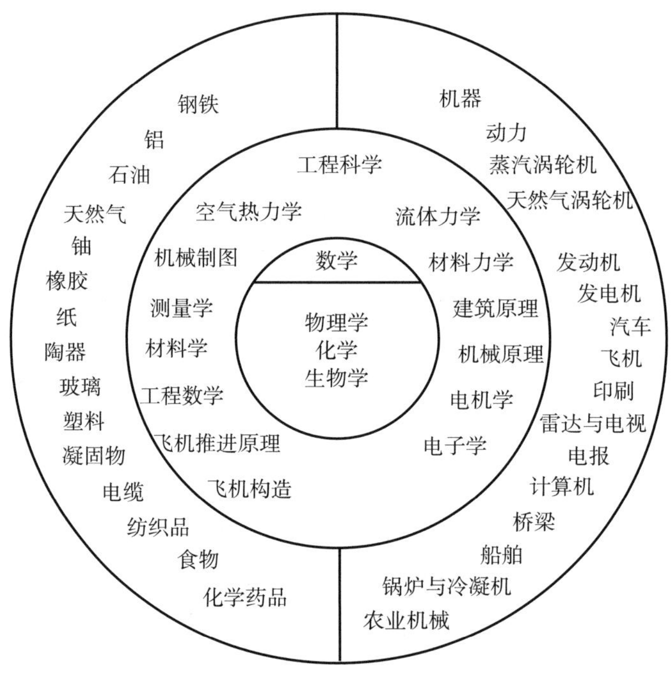

图 6-5　技术知识在知识体系中的定位①

人类活动可以划分成三个层面，即科学活动层面、工程活动层面和技术活动层面。不同的活动层面有自己特有的知识内容与结构。技术知识属于技术活动层面的知识。在图 6-5 中，罗杰斯（G. F. C. Rogers）用三个同心圆表示了人类知识体系的分层。同心圆的最里面一层是数学和科学知识，比如物理学、化学、生物学。中间层是工程科学知识，比如空气热力学、流体力学、电子学。最外面一层是技术知识，包括物质技术知识和生产技术知识两个方面。这幅图清晰展示了技术知识的外延及其在人类整个知识体系中的位置。

① ROGERS G F C. The Nature of Engineering: A Philosophy of Technology［M］. London: The Macmillan Press Ltd, 1983: 53.

第三节
技术知识的结构

技术知识的结构指技术知识包括哪些成分,以及这些成分之间的关系。深入理解技术知识,仅仅下定义不够,还需要进一步研究技术知识的结构与性质。这是技术研究的实体方法论,它通过具体存在的结构问题来解决它自身的存在问题①,重点考虑结构如何决定存在。与之相对应的另一种技术研究方法论是本体论,它是通过对自身的思考来解决自身的存在问题。

一、技术知识结构研究概况

米切姆认为,至少有两个领域可作为技术知识研究的灵感源泉,一个是技术史,另一个是设计方法论。历史学家们已经对技术知识的性质进行了研究,而技术哲学家也开始对关于技术发展的经验资料感兴趣。这就是当前所谓的技术哲学研究的经验转向。有两个名字特别值得一提,分别是康斯坦特(Edward Constant)和文森蒂(Walter G. Vincenti)。他们都对飞行技术的发展进行了研究,并且都强调工程师设计不仅仅需要科学知识,另外还有一种设计时需要的知识,它不同于科学知识,那就是技术知识。

在设计方法论这一领域,已出版了许多关于设计过程中的知识的研究文献。经常被引用的一篇是克罗斯(Nigel Cross)的《设计者的认知方法》。在这篇论文中,他集中探讨了问题解决技能及其默会特征,这种知识类似文森蒂所说的"实践思维"。这一领域的另一部著名文献是舍恩(Donald Schön)于1983年出版的著作《反思性实践者》。在这部著作中他研究了过程导向的技能。巴雅兹特(N. Bayazit)则对程序性知识和陈述性知识进行了区分。另外,他还提到了情感知识以及合作的设计知识。他没有对最后一种知识做出定义,只是指出,在小组合作中形成的知识与个体独立工作形成的知识是不同的。

哲学家们较少对技术知识分类进行研究,罗泼尔(G. Ropohl)是少量研究者中的一个。他有一本名著,题目是《技术专家知道什么以及他们是如何知道的》,这一名称显然参考了文森蒂的名著《工程师知道什么以及他们是如何知道的》。罗泼尔像文森蒂一样,区分了大量的技术知识,这些知识包括技术规律、功能规则、结构规则、技术的知道如何做

① LADRIËRE J. The Technical Universe in An Ontological Perspective[J]. Society for Philosophy & Technology, 1998, 4(1).

以及社会-技术理解。他的分类和文森蒂的分类有很大重叠,仅仅多了最后一项。贝尔德(D. Baird)则专门研究了“物性知识”,他认为技术哲学对技术知识的物质方面没有给予足够关注。①

二、经典技术知识分类理论

下面阐述几种代表性技术知识分类理论,这些理论有的是从技术史角度研究的成果,有的是从设计方法论角度研究的成果。

(一)邦格和卡彭特的分类

邦格(M. Bunge)和卡彭特(S. Carpenter)在技术知识分类的观点上比较一致。他们把技术知识划分为下列几类。②

(1)无意识的感知动作技能。由于它是无意识的,严格意义上并不把它看作知识。它只能在实践中,通过学徒制形式,采取直觉训练的方式来获得。

(2)卡彭特称为技术格言,邦格称为拇指规则,也就是经验型技术知识。大多数的烹饪秘诀,以及从服装缝制到飞机模型制作,都包含了这些规则。技术规则不同于科学定律。在科学意义上,定律是对现实的描述,而规则是对行动的规定。

(3)卡彭特称为描述性定律,邦格称为实用定律陈述。通常采取“如果A,那么B”的形式。用卡彭特的术语来说,描述性定律“当被明确地描述,且对行动规定得不明确时,与科学定律类似,但它们不是科学的,因为能够解释这一定律的理论框架不明确”。它们是从经验中归纳出来的经验定律,从中可以演绎出技术规则,形式为“为了得到B,做A”。如建造挡土墙的经验定律,它不是建立在工程地质学和物理学基础之上的,而是根据对这类墙的大小和形状的观察得出的。还有许多这类定律,如泰勒(F. W. Taylor)在时间-动作研究基础上得出的定律。

(4)技术理论知识。它或者是描述性定律的系统化,或者提供了一个解释它们的理论框架。技术理论知识,就邦格来说,有两种类型,即实体性的和操作性的。实体性理论在本质上是科学理论在现实情境中的应用,例如,飞行理论是流体动力学的应用,就是所谓的“工程科学”。操作性技术理论知识从一开始关注的就是人的操作以及人-机复杂性,例如决策理论和操作研究。实体性理论要运用科学的内容和方法,操作性理论只用科学方法,把这些方法运用于行动中,开发出行动的科学理论。实体性技术理论知识总是在科学理论之后产生,操作性技术理论知识则产生于应用研究之中。

(二)费雷的技术知识分类

费雷(R. E. Frey)认为存在不同层次的技术知识,并且他看到,“当技术知识的复杂程度提高的时候,零散知识的数量也会增多”③。他认为技术知识可分为以下几个层次。

(1)工匠技能。工匠技能是最低水平的技术知识,因为这类知识大部分是默会的,少

① DE VRIES M J. The Nature of Technological Knowledge: Extending Empirically in Formed Studies into What Engineers Know[J]. Journal of the Society for Philosophy and Technology, 2003, 6(3).

② DURBIN P T. A Guide to the Culture of Science, Technology, and Medicine[M]. London: Collier Macmillan, 1980: 313-314.

③ HERSCHBACH D R. Technology as Knowledge: Implications for Instruction[J]. Journal of Technology Education, 1995, 7(1).

部分是规定性的，描述性的更少。由于工匠技能的高度默会性，它最好是通过观察、模仿和试误的方式来学习，而不是通过言语的方式来传递。例如一位高水平的焊接工，他知道如何焊接，但是很少能准确地说出他是如何焊接的。

（2）技术格言。技术格言是第二层次的技术知识，它是对技能的概括。但是，没有默会知识相伴随，技术格言是不完整的。正因为如此，对技术格言、规则、工艺，最好是在工作中通过活动来获得。

（3）描述性定律。高一层次的技术知识是描述性定律。它们直接来源于经验，是像科学一样明确的、普遍化的公式。由于来源于经验，人们通常把它们看作经验定律，主要通过尝试与观察形成。描述性定律仍然不是科学，因为它们缺乏足够的解释理论，尽管它们可能非常精深，甚至除言语描述外，还常常使用公式和数学方程。描述性定律可以通过形式化教学进行传授。

（4）技术理论知识。最高水平的是技术理论知识，它是科学知识应用于特定情境的结果，由大量定律系统地构成，并且提供了内在解释框架。现代技术的特征之一是由大量理论知识构成，正是在这个意义上，它有点类似"学科"。虽然理论知识在技术知识中的比重越来越大，但没有削弱通过实践经验获得的规定性知识和默会知识的重要性，也没有改变技术理论知识的情境性这一特征。

（三）文森蒂的技术知识分类

文森蒂对技术知识分类的研究卓有成效。他采用设计方法论研究了飞机工程师的知识类型，发现工程师的设计知识包括基本的设计概念（运行原理和常规结构）、设计标准与规格、理论工具（数学、推理、自然规律）、定量资料（描述的和说明的）、实践考虑与设计手段（程序性知识）。他还研究了这些不同类型的知识的起源，发现科学对于工程师知识的贡献是非常有限的，而设计过程本身也是一种知识，它产生活动。①

文森蒂根据知识性质不同区分了三种技术知识，即描述性知识、规定性知识和默会知识。② 描述性知识和规定性知识都是明确的技术知识，描述性知识的功能是描述事物是什么，规定性知识的功能是规定为了实现预期目标必须做什么。默会知识是存在于活动中的不明确的知识。

1. 描述性知识

描述性知识是对事实的陈述，比如材料性质、技术信息、工具特征等。这些知识给个体活动提供了一个框架。这些知识通常是科学知识应用的结果。如上所述，费雷认为，尽管在科学知识与描述性技术知识之间可能存在关系，但是就技术知识而言，某些知识显然不是存在于或来源于科学理论的。③ 但是无论如何，描述性知识是形式化知识，它可能采取规则、抽象概念和一般原理等形式进行表述，通常有内在一致的、普遍性的结构。像所有技术知识一样，描述性知识只有在人类活动中才能获得意义。

① DE VRIES M J. The Nature of Technological Knowledge: Extending Empirically in Formed Studies into What Engineers Know［J］. Journal of the Society for Philosophy and Technology, 2003, 6(3).

② HERSCHBACH D R. Technology as Knowledge: Implications for Instruction［J］. Journal of Technology Education, 1995, 7(1).

③ FREY R E. Another Look at Technology and Science［J］. Journal of Technology Education, 1991, 3(1).

2. 规定性知识

规定性知识是希望获得更大效率而继续努力的结果，比如改善工艺流程或操作方法。当经验越来越丰富时，就可以获得或改变这种知识。规定性知识不是简单的、非心智的“知道如何”，它可以与心智知识相媲美。规定性知识是通过实验、试误、测试等途径获得的，它处于前科学水平。规定性知识与科学原理联姻还不够，并且它又是特定应用的产物，因此不容易用一般形式对它编码，脱离了具体活动，就难以传授这类知识。只有越容易编码的知识，才越容易被传授。

3. 默会知识

默会知识是不明确的知识，主要是个体判断与实践的结果。默会知识不容易用通常的形式进行表达，图表、图片有利于帮助解释默会知识，但它主要来源于个体的实践与经验。在实践中，默会知识与规定性知识密切相关。它们都与过程相关，都是程序性的。大部分默会知识不能通过书面语言或口头语言进行传授。它是个人知识、主观知识，是因时因地而有所区别的特定知识。默会知识主要通过与有经验的技术人员一起工作而获得，这种学习只能个别地进行。操作知识基本上是默会的，操作知识不能叙述得过快，人们不可能说出个体操作成功所需的所有知识；为了保证操作过程的连续性，不能过多地注意细节。

文森蒂认为，相对前两类知识，默会知识更多地体现在技术活动中。另外，默会知识不会随着以科学为基础的高技术的出现而消失。相反，罗森伯格（Nathan Rosenberg）和文森蒂强调，即使在所谓的高新技术产业，比如飞机制造、电子和通信产业，都很大程度上要依赖通过经验获得的默会知识。[①] 大量革新是通过无法编码的技艺获得的。波兰尼（Michael Polanyi）认为，人类所有活动中都存在某种形式的默会知识。

（四）德弗里斯的技术知识分类

德弗里斯（Marcde de Vries）在实证研究基础上，把技术知识区分为功能性知识（材料能实现的功能）、物理性知识（材料的物理特性）、目的—手段知识、行动知识（如何建立一个程序以生产某种物品的知识）四类。

通过比较他认为，文森蒂所划分的技术知识都包括在了上述几类技术知识中。功能性知识与文森蒂的基本设计观念和实践思维相类似，这是关于人造物能用于做什么的知识。物理性知识包括了文森蒂所说的理论工具（就科学定律而言），以及定量资料（描述的），它是关于人造物的自然特性的知识。目的—手段知识包括了文森蒂的标准与规格知识，以及说明性的定量资料，这种知识指某一人造物能否满足功能方面的期望。行动知识类似于文森蒂的理论工具（就推理和数字的应用而言）及设计工具，它指如何行动以达到预期结果的知识。他认为这一分类不是对文森蒂分类的补充，而是技术知识的另一种分类体系。[②]

三、基于技术实践活动的技术知识分类

以上四种技术知识分类理论基本上根据两个标准对技术知识进行分类：① 技术

① HERSCHBACH D R. Technology as Knowledge: Implications for Instruction[J]. Journal of Technology Education, 1995, 7(1).

② DE VRIES M J. The Nature of Technological Knowledge: Extending Empirically in Formed Studies into What Engineers Know[J]. Journal of the Society for Philosophy and Technology, 2003, 6(3).

知识的理论化程度，比如邦格和卡彭特的分类，以及费雷的分类；② 技术知识的功能，比如文森蒂和德弗里斯的分类。这两种分类方法分别属于技术史和设计方法论。这些分类理论就其作为职业教育研究的理论基础而言存在不足。首先，邦格、卡彭特、费雷基于技术知识理论化水平的分类，有助于把握不同层次技术知识的性质，但不能把握技术实践活动中不同技术知识之间的功能关系。其次，文森蒂和德弗里斯的分类虽然为把握不同技术知识之间的功能关系提供了思路，但他们是在"大技术"范畴内做的分析。文森蒂所分析的是工程活动。德弗里斯关注了技术行动，但由于他也是在"大技术"范围内做的分析，技术行动只是其中一个环节，他的分析也没有真正聚焦到个体技术行动层面。这使得他们的分析结果在应用到职业教育研究时具有局限性。

下面以技术活动为对象，对技术知识结构做进一步分析。首先通过对个体层面技术活动的分析，找到构成个体技术活动的基本单元，完整的技术活动是由许多单个技术活动单元组成的活动链。然后通过对技术活动单元的分析，找到技术活动单元的基本结构。最后以技术活动单元基本结构为载体，确立技术知识的结构。通过对技术活动单元的分析可以发现，构成技术行动的要素主要是三个，即操作、标准与情境。操作是技术活动的主要内容，而操作是按照某种技术规则在特定情境中进行的，因此可以把技术活动单元的基本结构概括为技术规则与特定技术情境相结合，产生特定技术操作，见图 6-6。

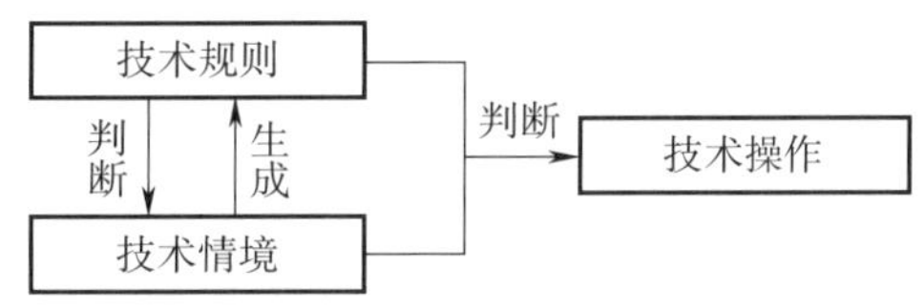

图 6-6　技术活动单元的基本结构

这一模型的内涵是：① 技术操作是个体的技术规则与特定的技术情境相结合的结果，技术规则规定了对技术情境实施什么技术活动；② 技术规则与技术情境如何结合，需要由判断过程来做出决定；③ 当个体对技术情境不是很熟悉时，还需要运用相关技术知识来对技术情境的特征做出判定；④ 如果个体找不到与特定技术情境相适合的技术规则，那么他就必须创造新的技术规则，这就是问题解决。

这一模型中，技术操作是一个受知识控制的肢体活动过程，本身并不包括知识。虽然有些技术对动作技能要求很高，但动作技能本身并不是知识。需要知识的环节有四个，第一是技术规则，第二是技术情境，其后是两个判断过程。可以把相应的技术知识分别称为技术规则、技术情境知识和判断知识。与技术活动直接相关的知识是技术规则、技术情境知识和判断知识，而不是技术理论知识。技术理论知识要对技术过程发生作用，需要以这些知识为中介。由于技术规则、技术情境知识和判断知识是与技术实践活动直接相关的知识，可以把这些知识统称为技术实践知识。这样，技术知识从总体上可以划分为技术实践知识和技术理论知识。

（一）技术实践知识

技术实践知识主要包括技术规则、技术情境知识和判断知识。

1. 技术规则

技术规则是对技术行为方式的规定，是一种按一定顺序采取一系列行动以达到既定技术目标的知识，它说明为了实现预定目的应当如何去做。人类技术实践活动是合目的性的、合规范的、在一定技术规则的规范下进行的，因此，技术规则是技术实践知识的核心成分。技术规则这一概念比安德森（John Robert Anderson）的"程序性知识"要广泛。"程序性知识"这一概念仅仅局限于明确知识，技术规则把范围拓展到了默会知识。

邦格把规则划分为以下几种：① 行为规则（社会规则、道德规则和法律规范）；② 前科学劳动规则（艺术、手艺和生产中的经验规则）；③ 符号规则（句法和语义规则）；④ 科学和技术的规则（研究和行动的有根据的规则）。[①] 这四种规则中，前科学劳动规则与科学和技术的规则属于技术规则。

康德把规则划分为技术规则、实用规则和道德规则。技术规则是关于目的和手段之间关系的规则，即为了实现给定目的，要使用什么样的手段。这种目的和手段的关系的基础是一种结果和原因之间的关系。这种关系是非常确定的，因此康德说表述技术规则的命题是“分析的”。实用规则是以幸福的实现为目的的规则。实用规则像技术规则一样也是一种关于目的和手段关系的规则。其区别在于，幸福常常因人而异，因而幸福和达到幸福的手段之间的关系是不确定的，这与技术规则不一样。但技术规则和实用规则都是有条件的规则——如果你要实现什么样的目的，你就应当怎样行动，在这一点上它们都区别于道德规则。道德规则是无条件的规则，它所规定的是作为理性主体的人无条件地应当做的事情，这就是康德所说的“绝对命令”。

在内容上技术规则主要包括技术实践方法、程序、技术要求等方面，根据性质不同，可把技术规则划分为三类，即以技术理论知识为基础的理论技术规则、以经验为基础的经验技术规则和难以言明的默会技术规则。

经验技术规则和默会技术规则不仅存在于传统的经验型技术活动中，而且同样存在于现代的理论型技术活动中。理论技术规则和技术实践之间的关系，就好比地图和地貌之间的关系。地图是根据人类的某种需要对地貌脉络的描绘。尽管地图有利于从更高、更清晰的层面把握地貌，并能用来规定行动，但地图毕竟不等于地貌，地貌要比地图复杂、丰富、生动得多。使理论技术规则复杂、丰富、生动的知识便是经验技术规则和默会技术规则。正如 C. 科勒（C. Keller）和 J. D. 科勒（J. D. Keller）所深刻看到的，“为了特定任务所组织的知识不可能足够详细、足够精确，以至可以准确地预测行动的条件和结果。行动从来就不完全是由行动者控制的，而是受各种各样的物理和社会因素影响的。因此，在任何例子中，知识一直被经验所精练、丰富，甚至完全被推翻”[②]。他们所论述的知识与经验的关系，正是理论技术规则与经验技术规则、默会技术规则的关系。

传统经验论中，经验是一个与“思想”“推理”“理性”对立的概念。其背后的认识论假设是，经验是局限于感觉、知觉和记忆的；经验提供了输入内容，理性则使它有序，并以经验为基础进行推理。但是杜威认为，经验并不受这一古老观念的束缚，它富含推理，不存在没有推理的有意识的经验；反思是经验的本性，并且是持续不断的。经验可能是非理性的，也可能以理智和推理为基础。就杜威来说，正确的比较不是在经验与理性之间，而是在以过程及心智活动结果为基础的经验和缺乏这些基础的经验之间。因此，不能以经验缺乏理性基础为依据否定经验技术规则的重要性。没有经验技术规则，就不会有灵活的、随机应变的技术实践。仅有理论技术规则为指导的技术实践是机械的、僵化的。对默会技术规则来说也同样如此。理论技术规则只能指明技术实践活动的一般方向，经验技术规则和默会技术规则构成了技术实践活动

① 拉普．技术科学的思维结构［M］．刘武，等，译．长春：吉林人民出版社，1988：40.

② CHAIKLIN S, LAVE J. Understanding Practice［M］. Cambridge: Cambridge University Press, 1993: 127.

的大量细节。

2. 技术情境知识

技术情境知识是关于技术实践活动对象、所使用的工具等技术活动情境中的要素，以及这些要素之间的关系的知识。比如对于汽车维修活动来说，关于汽车构造的知识便属于技术情境知识。广义的技术情境知识还应当包含与技术活动情境中社会要素相关的知识。

著名技术哲学家克罗斯（Peter Kroes）和梅杰斯（Anthony Meijers）认为技术对象、技术工具等技术物体具有二元性质，并提出了“技术人造物的二元性质”理论。米切姆对这一理论给予了高度评价，他写道，“我首先要表扬这个我正在评论的研究项目，那就是‘技术人造物的二元性质’。这个始于彼得·克罗斯和安东尼·梅杰斯，基于代尔夫特理工大学的项目，是推进技术哲学的一项重要成就”[①]。

什么是技术人造物的二元性质？克罗斯写道：“技术物体，比如电视机或螺丝刀，具有二元性质。一方面，它们是物理客体，拥有物理结构，其运动由自然规律控制。另一方面，技术物体的关键方面是它的功能。技术物体拥有功能，这就是说，在人类活动的情境中，它能被作为达到目的的手段。”[②]

技术物体具有二元性质，因此对技术物体的描述有两种模式，即结构模式和功能模式，它们之间的关系见图 6–7。这幅图中间的箭头是双向的，表明两种模式之间不是逻辑上的演绎关系。“它们之间的联结是以因果关系及建立在因果关系基础上的行动的实用规则为基础的。”[③]

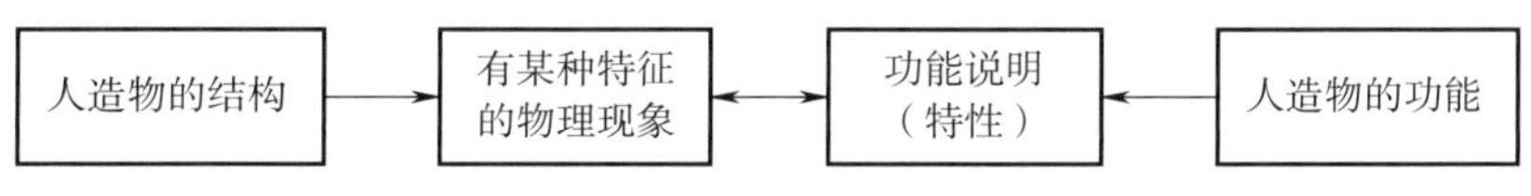

图 6–7　技术物体的结构模式与功能模式

按照克罗斯的这一划分，技术情境知识应当包括技术物体的结构知识与功能知识两个方面。但技术情境的外延远不止此。这里使用“技术情境知识”，没有使用“技术对象知识”或是“技术工具知识”，是因为技术情境这一概念在外延上要远远大于技术对象、技术工具。除了技术对象和技术工具，它还包括构成技术情境的时间、空间、人际关系等要素，以及这些要素之间的结构关系。

技术实践过程是技术规则与技术情境相结合的过程。在技术实践中，需要根据具体情境灵活地运用技术规则，因此，对情境的深刻洞察与细微了解非常重要。可以说，对情境了解越深，对情境的变化经历越多，个体的技术实践能力就越强；反之就越弱。

3. 判断知识

判断知识也是技术实践知识的重要成分。这里的判断主要是实践判断，它是与理论

① MITCHAM C. Do Artifacts Have Dual Natures? Two Points of Commentary on the Delft Project[J]. Society for Philosophy & Technology, 2002, 6(2).

② KROES P, MEIJERS A, MITCHAM C. The Empirical Turn in the Philosophy of Technology[M]. New York: Elsevier Science Ltd, 2000: 8.

③ KROES P, MEIJERS A, MITCHAM C. The Empirical Turn in the Philosophy of Technology[M]. New York: Elsevier Science Ltd, 2000: 39.

判断不同的另一种判断，是实践智慧的关键体现。

杜威指出了实践判断的一系列特征。① 实践判断是在情境中做出的判断。如果把这种判断从相应情境中抽象出来，就无法理解这种判断的逻辑。② 判断本身是完成情境任务的一个要素，并且是一个决定性要素。③ 实践判断意味着，要在如何达到目标的手段之间做出区分。④ 实践判断需要根据目的和手段来做出。它需要找出在特定情境中所遇到的障碍、排除这些障碍的手段，以及所要达到的目标。⑤ 实践判断是尝试性的和假设性的。⑥ 实践判断可能有效，也可能无效。[①]

从性质上看，判断知识与前几种知识明显不同。当判断是否把某个技术规则运用于一个特殊情境时，不可能依赖另一个技术规则，否则就会陷入永无休止的逻辑困境。因为当试图提出另外一个新的技术规则，以帮助决定在该情境中应当使用什么技术规则时，必然还会继续需要另一个技术规则。因此，判断知识不可能用语言来描述，它属于"无法言述的默会知识"，不是"没有言述的默会知识"。对默会知识的认可不会陷入认识论上的神秘主义，其意义仅仅在于提示人们，知识表征的手段是多种多样的，除了语言外，还有行动等方式。

（二）技术理论知识

以实践智慧为基础的技术实践，需要以技术理论知识为辅助；没有技术理论知识辅助的技术实践是机械的重复或简单的操作活动。在知识社会，要培养个体灵活地适应工作岗位的能力，以及继续学习的能力，更需要把实践能力置于相关技术理论知识背景下去培养。因此，在强调技术实践知识是技术知识核心成分的同时，绝不能忽视技术理论知识的重要作用。

这里的技术理论知识，与费雷的"技术理论知识"在内涵上有所不同。费雷的"技术理论知识"仅仅局限于"科学理论在特定情境中的应用"，这里的"技术理论知识"的外延要广泛得多，把用于解释技术实践知识的知识都称为技术理论知识，不管这种知识是源于科学理论的应用，还是源于经验的归纳。比如为了使钢变硬，要把钢加热到 900 摄氏度，然后在油中淬火，这是一个技术规则。当研究揭示了统一的原理，能够解释这些规则为什么有效，这些起解释作用的知识便构成了技术理论知识。因此，这里的"技术理论知识"与邦格和卡彭特的技术理论知识也不完全相同，除了他们所说的技术理论知识外，还包括了卡彭特所说的描述性定律，或是邦格所说的"非实用性陈述"。

按照邦格的观点，"理论之所以与行动有关，或者是因为它提供了关于行动对象的知识，如关于机械的知识；或者是因为它提供了关于行动本身的知识，如关于在制造和使用机械之前和之中的决策活动的知识"[②]。比如飞行理论属于前一种理论，而关于在一个区域配置飞机的最佳决策理论属于后一种理论。因此技术理论知识可以被划分为实体性理论和操作性理论。

技术理论知识与科学理论在性质上有本质区别，这一区别在于它们与技术实践情境联系的紧密程度。从这个角度看，把技术理论知识称为"实践化了的技术理论知

① BERNSTEIN J R. Praxis and Action[M]. Philadelphia: University of Pennsylvania Press, 1971: 215–216.

② 拉普．技术科学的思维结构[M]．刘武，等，译．长春：吉林人民出版社，1988：30–31.

识”更准确。所谓技术理论知识的“实践化”，指它是根据技术实践需要选择的知识，技术理论知识必须在与实践情境的结合中才能得到理解，成为能真正指导技术实践的知识，从而导致其所属的知识形态发生根本改变。尽管技术理论知识与科学理论同属理论知识，但它们的知识形态、心理表征方式完全不同，因此，它们要求的课程模式也完全不同。

第四节 技术知识的性质与特征

知识的性质与特征是决定课程、教学模式的关键因素。“课程开发中的模糊不清，常常源于不充分的对所涉及科目的知识分析，这种分析的不充分，会导致对知识在学习与课程中的角色的误解。”[①]

一、技术知识的“学科”之争

关于技术知识的性质，争论的焦点问题在于，技术知识是否与物理学、化学之类的科学学科相似的学科。存在两种完全对立的观点。

(一) 技术知识是学科

一种观点认为技术知识也是学科。“技术是应用科学”这一范式，便包含了把技术知识看作学科的观点。许多技术教育工作者有一个强烈信念，认为技术知识是一种形式化知识，这些知识可以编制到课程中。技术既然有它自己的知识和结构，那么对技术知识的学习方式，与学校中其他学科(如几何与物理)的学习方式就是相似的。例如加格尔(C. Gagle)就主张，技术教育工作者有两个责任，首先是阐明技术的学科结构，其次是在课程中真实地表述技术。达格(W. E. Dugger)也认为，技术应当被看作一门形式化的学术科目。[②] 同样，瓦特扬(W. B. Waetjen)坚决主张，技术教育“必须采取一些具体的步骤，以建立它自己的学术科目”[③]。

艾里克森(T. Erekson)也坚决主张技术是学科。按照他的研究，早在 1964 年德沃瑞

① HERSCHBACH D R. Technology as Knowledge: Implications for Instruction[J]. Journal of Technology Education, 1995, 7(1).

② HERSCHBACH D R. Technology as Knowledge: Implications for Instruction[J]. Journal of Technology Education, 1995, 7(1).

③ WAETJEN W B. Technological Literacy Reconsidered[J]. Journal of Technology Education, 1993, 4(2).

(De Vore)就在他的专著《技术：一门理智学科》中，对这一观点做出了有力的论证。[①] 德沃瑞论证"技术是学科"这一观点，是以薛米斯(Shermis)1962年提出的五个标准为依据的。根据德沃瑞的叙述，理智学科的五个标准如下。① 有可辨认的、重要的传统，以及明确的历史。② 有一个有组织的知识体系，各部分之间联系紧密，形成结构。这些知识是通过可证实的、意见一致的方法客观地获得的；经受了时间的考验，具有持久性；是逐步累积的；是有着理论基础的观念和思想。③ 与人类的活动和期望相关，有助于解决人类及其社会的极为重要的问题，因而对人类来说极为重要。④ 是传统与历史的一部分，大量的成就可归功于杰出人物及其思想。⑤ 能激励人们继续去探索思想，并达到目标，因而与人类的未来相关。通过把技术知识与这五个标准进行比较，德沃瑞认为技术知识也是学科。

与对技术知识性质的看法一致，主张技术是学科的学者认为，技术教育的目标是培养学生的技术基本素养。什么是技术基本素养呢？要回答这一问题，首先要回答什么是"基本素养"。瓦特扬认为，"基本素养是对信息进行编码和解码的能力。如果一个人能够很好地编码和解码，那么他就获得了最好的教育，或者说至少他能很好地读和写"[②]。可见，编码和解码意味着能够理解和使用词汇及其意义。瓦特扬认为，这一定义同样适用于技术基本素养，那就是说，"技术基本素养要求个体能够对技术信息进行编码和解码"[③]。加格尔也认为，"某种熟练程度的用技术语言进行读和写的能力，是促进技术基本素养的课程的显然目标"[④]。他们把技术教育的目标停留在符号层面，而不是行动层面。

（二）技术知识不是学科

另一种观点则认为技术不是学科，在性质上，技术知识和物理学、化学等学科知识有本质区别。赫施巴赫(Dudley Robert Herschbach)是坚决主张这一观点的学者，他明确指出，"在技术知识中，我们并不能找到物理学、生物学和经济学中的那种普遍化结构。技术知识在特定人类活动中获得形式和目的；它的特征是根据它的应用来定义的；它的目标是效率而不是理解。尽管技术中包含了知识，但它是应用于具体技术活动的特定形式的知识，这与形式化知识的普遍抽象性特征形成鲜明对比"[⑤]。

赫施巴赫反对把技术知识看作学科的主要依据是，技术知识是与活动紧密联系的，是情境性的。技术知识的明显特征是它与活动的关系。尽管技术知识也有它自己抽象的概念、理论和规则，有它自己的结构和革新动力，但本质上这些要素都是和情境相联系的。技术知识源于并且体现在人类活动中。这一点与对自然世界进行描述与理解的科学知识完全不同。技术知识只有通过活动才能得到明确界定，正是这些活动建立了技术知识得以产生和被使用的框架。

基于这一认识，"由于要与特定活动相联系，技术知识不像科学知识那样，容易归类

---

① EREKSON T. Technology Education from the Academic Rationalist Theoretical Perspective[J]. Journal of Technology Education, 1992, 3(2).

② WAETJEN W B. Technological Literacy Reconsidered[J]. Journal of Technology Education, 1993, 4(2).

③ WAETJEN W B. Technological Literacy Reconsidered[J]. Journal of Technology Education, 1993, 4(2).

④ GAGEL C W. Literacy and Technology: Reflections and Insights for Technological Literacy[J]. Journal of Industrial Teacher Education, 1997, 34(3).

⑤ HERSCHBACH D R. Technology as Knowledge: Implications for Instruction[J]. Journal of Technology Education, 1995, 7(1).

和编码。把特定知识应用于特定技术活动，是对技术的最好表达。正因为如此，不能把技术看成数学、物理那种意义上的学科。没有统一的技术思维模式，特定的技术有特定的思维模式。技术应用需要整合大量不同种类、不同层面的知识。因此，技术是对形式化知识的应用，但这种应用是跨学科的，并且是针对特定活动的"①。

罗伊（R. Roy）也非常反对把技术看作学科，他明确指出，"技术知识并不是与传统学术科目相似的一种形式化的知识。它有它自己明显的认识论特征，这使得它与形式化知识明显不同。要编制出合适的技术课程，必须对技术知识有更深的理解"②。为此，他对科学与技术进行了较为细致的比较，见表 6–1，6–2。

表 6–1 科学与技术的比较③

项　目	科　学	技　术
性质	人类对自然的研究与理解（自然哲学）	使用人力与自然资源去达到所期望的目标。技术与人类社会一样古老：陶器、弓箭、珠宝都是技术的体现
方法手段	古典科学中，观察和反思是主要的研究手段。现代科学为其增加了实验方法	经验试误是经受了时间考验的技术革新的方法
特点	科学内在地是演绎的。在没有反馈回路、完全隔离的条件下也可以进行研究	技术始终是自然 + 人类 + 人造物的体系，拥有多种反馈方式

表 6–2 现代科学与现代技术的比较

项　目	现代科学	现代技术
普遍程度	普遍	受特定环境的强烈影响
精确程度	精确	模糊
性质	简单的真理、公式、观念	复杂信息组成的复杂集合体
传播	极短的时期内就可在世界范围内得到广泛传播	传播需要几年时间，并且只针对特定群体
应用难度	单一的个体也能够理解和应用新的科学知识	需要整个体系（即文化）去应用新的科学或技术
迁移难度	迁移比较容易	迁移非常复杂
文化依赖程度	许多文化都能很好地接受并研究科学	需要个体之间的合作，形成共同体。技术对这种文化的依赖很强

① HERSCHBACH D R. Technology as Knowledge: Implications for Instruction[J]. Journal of Technology Education, 1995, 7(1).

② ROY R. The Relationship of Technology to Science and the Teaching of Technology[J]. Journal of Technology Education, 1990, 1(2).

③ ROY R. The Relationship of Technology to Science and the Teaching of Technology[J]. Journal of Technology Education, 1990, 1(2).

（三）技术知识学科性质的辩证理解

以上两种观点具备辩证统一关系。

首先，技术知识确实不可能成为数学、物理学那样的学科。技术知识在性质上是与科学知识完全不同的一种知识，对理论技术来说同样如此。科学与技术的目的不同。科学的目的是寻求理解，其结果是用语言和数学符号来表达的思想和观念，是符号体系。技术的目的是寻找制作物品的方法，是过程，是行动体系，以“制作”为目的，用物品来表达其结果。目的不同导致了两类知识性质的不同。技术知识必然是与活动紧密联系的，技术知识的复杂程度与技术活动的类型与层次相关，离开了活动与实施情境，大部分技术知识便丧失了意义，这决定了它不可能是完全形式化的学科知识。

其次，技术知识中除了抽象的概念、理论外，大部分是规定性的和默会的，难以被编码和概括化。正如史缔文森（J. Stevenson）所说，“大量的职业知识具有波兰尼所建立的默会知识的性质，当然，许多技能也是被默会地认知的。但是，在许多领域中，行家运用到他们实践中的许多原理也是这样的”①。有一种普遍的趋势，那就是低估了默会知识的范围和重要性。事实上在技术知识中，除了容易编码的描述性知识和规定性知识外，还存在大量的具有主观性的默会知识，它们不容易被传递，但它们对技术活动的进行来说非常重要。这部分技术知识不可能组成学科。

最后，技术知识的教学内容并不是要传授给学生的一组信息，也不仅仅是各种事实、定律、理论和观念。技术知识是动态的，当个体在使用技术知识时，他要建构和重构技术知识的意义，不管这种知识是观念的、分析的还是操作的。理论、原则、技术格言和操作程序，只有当被应用于实践时才有意义。活动有助于个体知道知识是如何产生的，又是如何被传播的，并且是如何被用来分析和解决问题的。正是通过活动，学生才能了解技术知识的意义。有效教学应当能够让学生知道，技术知识是如何产生的，如何被应用的。技术在本质上是一个行动体系，不是像科学那样的符号体系。

但是，技术知识的这些特征，只能说明它们不能全部构成技术学科，以及不能采取数学、物理学等科学学科那种形式，但不能完全排除在技术知识的部分成分中建立具有自身特有形式的技术学科的可能性。要提高技术知识的教学质量，促进技术知识的生产，非常有必要构建技术学科。职业教育中虽然各专业均有专业理论课程，这些课程采取了学科课程形式，但这些理论课程的内容主要来自自然科学或者工程科学，并非真正的技术学科课程。随着职业教育朝更高学制层次发展，尤其是职业本科教育出现后，技术学科建设的重要性日益凸显。

如果希望技术教育在课程中获得与古典学科相同的地位，技术教育工作者就需要采纳学科课程的观点，把技术看作一门新的理智学科。德沃瑞认为，把技术看作学科有如下优势：通过被确定为理智学科，该领域能够被认为是教育中所有青年需要掌握的、有用的

① STEVENSON J. Vocational Knowledge and Its Specification[J]. Journal of Vocational Education and Training, 2001, 53(4).

学习内容;技术教育能够获得与其他学科相同的地位。[①] 瓦特扬也认为,“如果我们在头脑中不明确地拥有技术教育的理智领域,或者是一个要成为有技术基本素养的人应当达到的目标,我们如何才能使得父母等相信,应当把技术教育纳入到课程中,年轻人应当具有技术基本素养?”[②] 这些观点虽然是针对普通教育中的技术教育提出的,但结论适用于职业教育。

当然,技术学科建设目前还处于初步水平。艾里克森认为,在目前把技术看作学科仍然存在两个问题。① 技术教育的学科课程理论要求把课程划分成明确的、不同的学科。但技术是动态的、变化多样的、跨学科的。这样,就很难区分不同学科之间的边界。② 第二个问题涉及技术学者确认。学科是按照知识本身的逻辑组织的知识体系,这些知识由一代代学者所发展,因此要确定技术为学科,首先必须确定有哪些技术学者。那么,哪些是技术学科的学者?即使找到了一批学者,这些学者自己是否承认他们属于这一学科?[③] 艾里克森希望在以后几年甚至几十年中,通过努力能最终解决这一问题,使技术成为与物理学相同的学科。

技术学科建设要紧扣两个核心支撑点。① 以技术方法原理为基本内容。德沃瑞根据薛米斯所提出的理智学科的五个标准,判定技术知识也是学科,而在薛米斯的五个标准中,二、四、五这三个标准都涉及“思想”,可见,构成学科的内容主要是“思想”。但技术学科的理论知识是关于技术行动方法的理论知识,对它的研究要下移到技术方法层面,而不是简单移植自然科学和工程科学知识。② 以工作过程为技术知识组织的逻辑框架。技术知识以行动为目的,决定了技术学科不可能采取数学、物理学等学科那样的形式,而是要以工作过程为逻辑主线对技术知识进行组织。艾里克森担心由于技术的动态性、跨学科性,技术学科可能存在边界不清晰问题,从技术学科建设实践看,这一问题可以通过逻辑分析克服。技术知识性质可能导致的技术学科的内容不稳定、系统性不强、逻辑性弱等问题,也将随着技术知识的日益丰富得到解决。

二、技术知识的特征

技术知识与科学知识是两种不同类型的知识。“莱顿(Layton)和文森蒂都注意维护这样一种观点,即在许多方面,尽管科学和技术可能相互借鉴、相互依赖,但既然它们的目标不同,那么它们构成了不同的知识形式。”[④] 亚里士多德早已明确地区分了认识与实践这两种活动。他认为前者的目的主要在于“知”,在于理解世界;后者的目的主要在于“做”,在于改造世界。当然,作者并不认为二者是决然分离、相互对立的,但它们之间确实存在区别。

许多学者对技术知识的特征进行了探讨。如日本学者中村雄二郎就对科学性知识与

① EREKSON T. Technology Education from the Academic Rationalist Theoretical Perspective[J]. Journal of Technology Education, 1992, 3(2).

② WAETJEN W B. Technological Literacy Reconsidered[J]. Journal of Technology Education, 1993, 4(2).

③ EREKSON T. Technology Education from the Academic Rationalist Theoretical Perspective[J]. Journal of Technology Education, 1992, 3(2).

④ PITT J C. What Engineers Know[J]. Society for Philosophy & Technology, 2000, 5(3).

临床性知识（相当于技术实践知识）进行了比较，认为前者具有普遍性、逻辑性和客观性三个特征；后者具有固有性、多义性和交互性等特征。[①] 表 6-3 是对科学知识与技术知识的比较。

表 6-3 科学知识与技术知识的比较

比较维度	科学知识	技术知识
知识目的	理解：理解世界	功能性：完成技术任务
思维载体	语言逻辑思维：主要应用语言逻辑思维	思维具体性：需要应用语言逻辑思维、具体形象思维和直观动作思维多种思维，特别是具体形象思维和直观动作思维
内容特征	普遍性：适合所有现象	情境性：只适用于具体情境，需要运用判断知识决定哪个情境该应用哪条技术规则或经验
	简单性：追求简单，力图用公式、命题有逻辑地描述世界	复杂性：零碎、具体、复杂，无法用简单的几个命题或公式来概括
存在形态	命题型：以语言等符号为载体，以命题、公式形式记载，具有静态性	过程型：存在实践过程本身，具有动态性。虽然技术规则等也能运用语言进行描述，但只有在实践过程中才可能真正掌握技术规则
	内在逻辑：按照知识本身的逻辑进行组织	任务逻辑：以实践任务为核心进行组织

（一）技术知识的功能性

科学进步的核心是求知，技术进步的核心是获得更为有效的人造物制造手段；科学知识是描述性的，技术知识是功能性的。这是技术知识在性质上与科学知识的首要区别，几乎所有技术哲学家都承认这一点。比如罗伊在对科学和技术进行比较后认为，科学是“人类对自然的研究与理解”，技术是“使用人力与自然资源去达到所期望的目标”。技术哲学家们普遍认为：技术知识是关于如何做或者说制造物品的知识，而基础科学具有更为一般的认知形式。文森蒂对这一观点做出了反应，并促进了赖尔（Gilbert Ryle）对知道如何（技术）和知道什么（科学）所做的著名区分。[②] 克罗斯认为：“为了理解技术知识的性质（即区别自然物体的技术人造物的知识），需要发展一种技术功能的认识论。这种认识论必须解决功能观的意义问题。”[③] 按照这一观点，技术知识是一种达到目的的手段和方法知识，这是技术知识的核心特征。

技术知识的功能性在思维模式上体现为技术思维与科学思维之间的本质差异。技术思维“这种思维模式似乎更多地依赖人类行为学的启发式方法，而不是数学和科学的规

① 熊梅．综合性学习的理论和实践［M］．北京：教育科学出版社，2001：100.

② PITT J C. What Engineers Know［J］. Society for Philosophy & Technology, 2000, 5（3）.

③ KROES P. Technical Functions as Dispositions: A Critical Assessment［J］. Society for Philosophy & Technology, 2001, 5（3）.

则系统的方法”[①]。科学思维所追求的是真理性、准确性，而技术思维的主题是有效性，这是技术知识功能性的必然要求。有效性在不同的技术领域有不同的体现，比如测量学思维的特点就是测量的精确度。不论追溯测量学的发展过程，还是考察它的最新进展，都可以看出这一点。归根结底，精确度总是人们考虑其他问题的出发点。有时这一点并未直接而明显地表现出来，例如当人们研究两三种测量方法中哪种最经济或最有效时，这一点表现得就不突出。但是，即便在这种场合，也得有一个心照不宣的假设，这就是假定精确度不变，或者假定精确度的降低可以忽略不计，而经济效益——有时这可能是最重要的——则大得可观。因此，以不断提高测量精确度为目标，这就是测量学最突出的特点，间接地说，也包括在保持相同精确度的情况下降低费用、缩短工作时间。所以可以简要地说：土地测量学的思维的特点就是精确度。而土木工程思维的特点是耐久性；建筑学思维的特点是耐久性、美学性、实用性；按照效率要求来思考问题，是机械工程特有的思维方式。[②]

（二）技术知识的思维具体性

科学知识是理性思考和实验证实的结果。虽然在实验过程中人们也会运用形象思维和动作思维，但对科学知识来说，这些思维不起主要支持作用，起主要支持作用的是抽象思维。这是近现代科学知识的重要特征。对于技术知识来说则完全不同。技术活动中，除了需要运用抽象思维，还要运用大量形象思维和动作思维。比如当一位修理工查找一台机器发生故障的原因时，会把注意力牢牢盯住几个可疑部位的微小变化，听其声音，观其形状，细致检查其运行时的异常情况，并做出判断。车工生产时，必须随时观察车床、工件、刀具等物体的运行与状态变化。这些技术活动中，都需要形象思维和动作思维的大量参与。这说明，除了理性思维，形象思维和动作思维也是技术知识的重要载体。默会知识就是以动作思维为载体的知识。因此技术知识具有思维具体性。

为了给技术知识的这种特征提供一个解释性理论框架，贝尔德发展了物质主义认识论。他认为，“物性”是技术知识区别科学知识的重要特性。什么是物性？贝尔德说，“技术哲学家和技术史学家应当关注技术物体的‘物性’：这些技术物体要占据空间；有质量；由物质构成；会沾染灰尘、摇摆、加热和冷却；在真实的时间被制造，并在真实的时间发挥作用；人类应当安全地使用它们”[③]。这就是他所说的“物性”的内涵，在这一基础上他建立了物质主义认识论。

贝尔德物质主义认识论的建立基于这样一个基本观点，即制造与述说完全不同，制造的物体承载着与语句所表达的完全不同的知识；物质主义认识论的关键便是要理解思想与物体之间的差异。按照传统观点，知识在性质上是陈述性的，这些知识能够被保存在图书馆中，这就是柏拉图的真理信念。而物性认识论认为，物体也是关于世界的知识的载体，它等同于所使用的词语，自身也承载着知识。“物性”思维便是一种与特定物体相联系的特殊的思维形式。

---

① GAGEL C W. Literacy and Technology: Reflections and Insights for Technological Literacy[J]. Journal of Industrial Teacher Education, 1997, 34(3).

② 拉普. 技术科学的思维结构[M]. 刘武，等，译. 长春：吉林人民出版社，1988：91-104.

③ BAIRD D. Organic Necessity: Thinking about Thinking about Technology[J]. Society for Philosophy & Technology, 2000, 5(1).

在此基础上贝尔德断言，技术进步在根本意义上是在物质王国实现革新。大部分技术史就是这些物质的运动史，而不是逐步组合成真理的命题的历史。他写道："加工实物是工具发明的一个有机组成部分；在纸上设计并不是整个历史。这一点很重要，因为物体不是思想。如果我们不在头脑中公正地保持物体的物性，那么我们将误解技术。……事实上，我们未能完整地描绘技术；有时，把手放在物体上，是非常激动人心的。"[①]

克罗斯和梅杰斯对贝尔德的物性认识论做出了高度评价，认为"他对被称为'物性知识'的物质主义认识论的呼吁，在填补传统认识论空白的过程中，是一个有趣的起点"[②]。的确，传统认识论几乎都是基于科学实践的，物性认识论则是基于技术实践的。随着这个领域研究的深入，技术知识的性质也必将越来越明朗，而职业教育的课程理论也必将越来越清晰。

（三）技术知识的情境性

技术知识的核心是技术实践知识，实践知识具有情境性。这是当前关于实践知识的特征的普遍观点。就实践知识而言，"更多的注意力需要放在世界的复杂性上，放在有着自己的特性和理解的情境。这与理论世界不同。理解这一点对成功的行动同样重要"[③]。

并非所有知识都具有情境性。正如安德森等人所言："行动扎根情境必定是情境认知的核心观点。它意味着脱离了特定情境，行动的潜能便不能得到完整描述。我们完全赞同这一观点。但是，这一观点有时被夸大，以至认为所有知识都属于所要完成任务的特定情境，而更为一般的知识不能也不会迁移到真实世界的情境中。"[④] 有些知识是情境性的，有些知识则不是情境性的，比如哲学、数学等。这并非意味着知识可以划分为非情境性的和情境性的两类，知识所构成的应当是一个连续体。但实践知识必然是情境性的。

当然，技术知识中还包括技术理论知识。虽然技术理论知识在类型上属于理论知识，但在性质上与科学理论有本质不同，它也是情境化的。"按照曼盖姆（Manngeim）的观点，实践知识转化为行动需要理论知识呈现出情境特征，在这一情境中，实践知识作为一种特殊知识得到应用。"[⑤] 技术理论知识要对技术实践产生作用，必须经过一个"再情境化"的过程，因此技术理论知识也是情境性的。这样，便可以说技术知识是情境性的。技术知识的情境性使得它比科学知识更难迁移。

（四）技术知识的复杂性

人们通常认为技术知识比科学知识更为简单，这是对技术知识的误解。技术知识虽然缺乏科学知识那样的高度概括性，但正因为这个因素，它特别复杂。罗伊在对科学和技术进行比较后认为，技术要"受特定环境的强烈影响"，具有"模糊性"，它的"传播需要几

---

① KROES P, MEIJERS, A, MITCHAM C. The Empirical Turn in the Philosophy of Technology[M]. New York: Elsevier Science Ltd, 2000: 114.

② KROES P, MEIJERS A. The Dual Nature of Technical Artifacts-Presentation of A New Research Programme[J]. Society for Philosophy & Technology, 2002, 6(2).

③ MCCORMICK R, PAECHTER C. Knowledge and Learning[M]. Great Britain: Paul Chapman Publishing Ltd, 1999: 132.

④ SMITH P K, PELLEGRINI A D. Psychology of Education(Vol. Ⅱ)[M]. London and New York: Routledge Falmer, 2000: 25.

⑤ STERN D, STONE J Ⅲ, MCMILLION M, etc. School-Based Enterprise[M]. San Francisco: Jossey-Bass Publishers, 1994: 91.

年时间，并且只是针对特定群体”，“需要整个体系（即文化）去应用新的科学或技术”，不像科学那样只要单一个体掌握就够了。最后一点经济学家哈耶克（Friedrich August von Hayek）也深刻看到了，他认为“可以把全部的理论知识集中在几个专家的头脑中，因此可以被某个中央权力机构所利用，这也许并非不可想象之事。但是这种具体的知识，有关一时一地之情况的知识，除非分散在众多的个人中间，是不可能存在的”[①]。所有这些方面都使得技术知识比科学知识更为复杂。技术的复杂性包括以下方面。

首先，技术知识的成分十分复杂。科学知识由公式、命题构成，成分比较单一。从以上对技术知识成分的分析看，技术知识中不仅包括技术理论知识，而且包括大量各种类型的技术实践知识，这些知识虽然存在许多共性，但也存在许多差别。技术知识构成的复杂性，使得技术知识的整合成了职业教育课程与教学理论研究的重要课题。

其次，技术知识的结构十分复杂。分析技术知识结构时，可以把技术知识划分成不同的成分，但在技术实践活动中，这些知识相互作用，构成一个整体。不同类型的技术知识构成了一个十分复杂的结构。

最后，技术知识的存在情境十分复杂。技术知识是与情境紧密联系的，而情境是复杂的、多变的，这就决定了技术知识必然是复杂的。

技术知识的复杂性使得技术知识很难在短期内被熟练掌握，对情境依赖程度越高的知识越是如此。因此，也许可以在较短的时间内提高学生的数学成绩，却难以在短时间内提高学生的技术实践能力。高水平的技术实践能力必须经过长期实践与反思才能获得。

（五）技术知识的过程性

技术本质上是一种活动，正如科恩瓦克斯所说：“当我现在进一步研究技术的理论内核时，从科学哲学观点看，我想表明的是，这一内核不是罗泼尔所主张的系统理论，而是一种非常系统的行动理论。”[②]掌握技术知识的目的，是运用这些知识达到特定技术目的。因此，技术知识在本质上是过程性的，其真正的意义只有在技术活动过程中才能得到建构。尽管有些技术知识也能用语言、文字等符号进行表达，但在文字层面被掌握的知识并不是真正的技术知识，只有转化为个体技术活动，并在技术活动中得到理解的技术知识才是真正的技术知识。有些技术知识则只能存在于技术活动中。技术活动是技术知识最重要的载体。

当然，技术知识中也有静态的陈述性知识，如设备名称等，但这类知识只有在与过程性技术知识的联系中才有意义。从技术知识的总体结构看，技术活动中占主体地位、起关键作用的是过程性技术知识。过程性、动态性是技术知识的重要特征。

（六）技术知识的任务逻辑性

与科学知识不同，科学知识之间有着内在的严密逻辑关系，这些知识可以按照本身的逻辑进行阐述，无论自然科学还是社会科学，无论基础科学还是应用科学，均是如此。技术中则找不到这种逻辑。比如一位照明线路安装工，需要掌握关于电线种类、性能、价格的知识，也需要掌握操作规则知识，同时还需要掌握一定的电磁学知识等。这些知识之间

① 哈耶克．科学的反革命：理性滥用之研究［M］．冯克利，译．南京：译林出版社，2003：104.

② KORNWACHS K. A Formal Theory of Technology?［J］. Society for Philosophy & Technology，1998，4（1）.

的内在逻辑是什么呢？无法找到。这些知识能够综合到一起的唯一逻辑依据，是照明线路安装这一任务。正如费雷所说，“在非常重要的程度上，技术知识是由实践而不是理论所决定的”[①]。因此，任务逻辑性是技术知识的重要特征。

尽管可以把技术知识的特征区分为这六个方面，但在最根本的意义上，无论是功能性、思维具体性、情境性、复杂性、过程性还是任务逻辑性，它们都是技术知识实践性的体现，技术知识最本质的特征是实践性。

关键概念

技术哲学；技术；经验技术；理论技术；技术知识；技术知识的结构；技术思维；技术实践知识；技术理论知识；默会知识；技术学科

思考与讨论

1. 技术本质论对你理解职业教育内涵有什么启示？
2. 科学与技术是什么关系？混淆科学与技术为职业教育发展带来了什么阻碍？
3. 技术知识的结构理论对职业教育课程教学有什么启示？
4. 技术是不是学科？如果你认为是，那什么是技术学科？如何建设技术学科？
5. 技术知识的性质理论对职业教育课程教学研究有什么启示？

参考文献

[1] BAIRD D. Organic Necessity: Thinking about Technology[J]. Society for Philosophy & Technology, 2000, 5(1).

[2] BERNSTEIN J R. Praxis and Action[M]. Philadelphia: University of Pennsylvania Press, 1971.

[3] CHAIKLIN S, LAVE J. Understanding Practice[M]. Cambridge: Cambridge University Press, 1993.

[4] DE VRIES M J. The Nature of Technological Knowledge: Extending Empirically in Formed Studies into What Engineers Know[J]. Journal of the Society for Philosophy and Technology, 2003, 6(3).

[5] DURBIN P T. A Guide to the Culture of Science, Technology, and Medicine[M]. London: Collier Macmillan, 1980.

[6] EREKSON T. Technology Education from the Academic Rationalist Theoretical Perspective[J]. Journal of Technology Education, 1992, 3(2).

[7] FREY R E. Another Look at Technology and Science[J]. Journal of Technology

① FREY R E. Another Look at Technology and Science[J]. Journal of Technology Education, 1991, 3(1).

Education, 1991, 3(1).

[8] GAGEL C W. Literacy and Technology: Reflections and Insights for Technological Literacy[J]. Journal of Industrial Teacher Education, 1997, 34(3).

[9] GOROKHOV V. A New Interpretation of Technological Progress[J]. Society for Philosophy & Technology, 1998, 4(1).

[10] HERSCHBACH D R. Technology as Knowledge: Implications for Instruction[J]. Journal of Technology Education, 1995, 7(1).

[11] KORNWACHS K. A Formal Theory of Technology? [J]. Society for Philosophy & Technology, 1998, 4(1).

[12] KROES P, MEIJERS A. The Dual Nature of Technical Artifacts-Presentation of A New Research Programme[J]. Society for Philosophy & Technology, 2002, 6(2).

[13] KROES P, MEIJERS A, MITCHAM C. The Empirical Turn in the Philosophy of Technology[M]. New York: Elsevier Science Ltd, 2000.

[14] KROES P. Technical Functions as Dispositions: A Critical Assessment[J]. Society for Philosophy & Technology, 2001, 5(3).

[15] KROHN W. The Dynamics of Science and Technology[M]. Boston: D. Reidel Publishing Company, 1978.

[16] LADRIÈRE J. The Technical Universe in An Ontological Perspective[J]. Society for Philosophy & Technology, 1998, 4(1).

[17] LENK H. Advances in the Philosophy of Technology: New Structural Characteristics of Technologies[J]. Society for Philosophy & Technology, 1998, 4(1).

[18] MCCORMICK R, PAECHTER C. Knowledge and Learning[M]. Great Britain: Paul Chapman Publishing Ltd, 1999.

[19] MITCHAM C. Do Artifacts Have Dual Natures? Two Points of Commentary on the Delft Project[J]. Society for Philosophy & Technology, 2002, 6(2).

[20] PACEY A. The Culture of Technology[M]. Southampton: The Camelot Press Ltd, 1983.

[21] PITT J C. Philosophical Methodology, Technologies, and the Transformation of Knowledge[J]. Society for Philosophy & Technology, 1996, 1(3–4).

[22] PITT J C. What Engineers Know[J]. Society for Philosophy & Technology, 2000, 5(3).

[23] QUINTANILLA M A. Technical Systems and Technical Progress: A Conceptual Framework[J]. Society for Philosophy & Technology, 1998, 4(2).

[24] RAPP F. The Material and Cultural Aspects of Technology[J]. Society for Philosophy & Technology, 1999, 4(3).

[25] ROGERS G F C. The Nature of Engineering: A Philosophy of Technology[M]. London: The Macmillan Press Ltd, 1983.

[26] ROY R. The Relationship of Technology to Science and the Teaching of Technology [J]. Journal of Technology Education, 1990, 1(2).

[27] SHAPERE D. Building of What We Have Learned: the Relations between Science

and Technology[J]. Society for Philosophy & Technology, 1998, 4(2).

[28] SMITH P K, PELLEGRINI A D. Psychology of Education[M]. London and New York: Routledge Falmer, 2000.

[29] STERN D, STONE J Ⅲ, HOPKINS C, etc. School-Based Enterprise[M]. San Francisco: Jossey-Bass Publishers, 1994.

[30] STEVENSON J. Vocational Knowledge and Its Specification[J]. Journal of Vocational Education and Training, 2001, 53(4).

[31] WAETJEN W B. Technological Literacy Reconsidered[J]. Journal of Technology Education, 1993, 4(2).

[32] 雅科米. 技术史[M]. 蔓莙,译. 北京:北京大学出版社,2000.

[33] 哈耶克. 科学的反革命:理性滥用之研究[M]. 冯克利,译. 南京:译林出版社,2003.

[34] 拉普. 技术科学的思维结构[M]. 刘武,等,译. 长春:吉林人民出版社,1988.

[35] 拉普. 技术哲学导论[M]. 刘武,康荣平,吴明泰,译. 沈阳:辽宁科学出版社,1986.

[36] 熊梅. 综合性学习的理论和实践[M]. 北京:教育科学出版社,2001.

[37] 远德玉,陈昌曙. 论技术[M]. 沈阳:辽宁科学技术出版社,1986.

第七章
职业教育的心理学基础

学习提示

本章主要从心理学的视角理解职业工作与学习中的认知和行动，尝试构建职业教育的学习心理理论，服务于职业教育课程和教学的设计与优化。学习中要注意对心理学理论本身完整、系统的理解，从中汲取有用信息，构建起对职业工作与学习中认知、行动，以及认知与行动关系的系统化认知，并借鉴人工智能、工业与组织心理学、工程心理学、劳动心理学等领域的研究成果，理解和改善职业工作与学习。

心理学是研究人的心理和行为及其活动规律的科学，与教育关系密切，教育目标的设定以心理学为理论基础，课程制定与安排的基础是心理学，教师教学方法选择的依据也是心理学。目前职业教育课程与教学改革面临的诸多困境，也要回归到对职业学习心理的深入研究上。职业工作与学习具有社会性、复杂性和实践性等诸多特征。对职业工作与学习中认知和行动的理解，需要传统的个体层面认知心理研究，也需要社会认知和情境认知理论、实践认识论、行动调节理论等研究成果的支持。此外，心理学与计算机等学科交叉融合的人工智能、劳动心理学、工程心理学、工业与组织心理学等领域的研究成果也为理解、优化设计职业工作与学习提供了理论视角和学理支持。[①]

第一节 职业工作与学习中的基本理论及概念

除了职业教育研究者较为熟悉的教育心理学、学习心理学，心理学研究的其他分支，如心理学与计算机科学等的交叉学科人工智能、劳动心理学、工程心理学、工业与组织心理学等相关研究成果也为理解、优化设计职业工作与学习提供了理论视角和学理支持。

一、“从初学者到专家”的职业能力发展模型

德雷福斯兄弟（Hubert Dreyfus，Stuart Dreyfus）在研究人工智能的过程中，对传统的认知心理学研究者的观点提出了质疑。在一些传统认知心理学研究者，尤其是人工智能的研究者看来，通过分析人类思维和规则形成的方式，可以使机器模仿人脑。通过研究第二语言能力的习得过程，德雷福斯兄弟提出：“人类的理解是一种类似于知道怎样在世界生存的能力，而不是知道许多事实和规则。因此，我们理解的根本应该是‘知道怎样’而不是‘知道什么’。”他们将能力发展划分为从初学者到专家五个阶段。

（1）初学者阶段。初学者的行为受到一系列与能力相关的规则、客观事实和特征的指引，他们很少考虑情境因素。例如，新手司机在学习怎样驾驶一辆手动变速汽车时，被告知在什么速度上应该换挡，以及与前一辆车的车距，这些规则都不涉及行驶时的交通情况。通常没有人会教新手司机在什么情况下可以违反这些规则，而他们往往按照遵循这些规则的程度来评估自己的表现。

（2）高级初学者阶段。经历了在现实情境中运用规则的阶段后，他们开始意识到一些情境因素需加以考虑。例如，处于这一阶段的司机会结合换挡规则和发动机声音来决

① 本章部分内容参考周瑛仪博士学位论文《职业能力大规模测评的预测效度研究》。

定是否该换挡。

（3）有能力者阶段。随着经验的增加，合格的实践者学会处理冗余信息，会应用通用规则，也会考虑情境因素。他们现在能够根据具体情况进行判断，并且能区分信息的重要性。他们的表现以目标为导向，所以为了实现目标，能够有意识地做出计划翔实的决策。由于他们的决策是有意识的，他们感到要为自己的行为负责，也会在情感上关注结果，而初学者和高级初学者中很少有能做到这一点的。

（4）熟练者阶段。这一阶段的标志是实践者形成了知觉或者获得了“知道怎样”的知识，因为以往的经历使他们能够回想起曾经出现过的类似情景和采用过的有效方式，他们已经无须经过有意识的思考就能采取行动，具有“整体相似性”的识别能力，这是一种无须分解组成部分的特征就能识别出其中规律的直觉能力。但是需要特别指出的是，这一阶段的实践者一旦遇到根据他们的经验而被认定为重要的信息时，他们仍会进行分析性的思考和有意识的决策。例如，在雨天，熟练的司机会本能地意识到他在靠近弯道时开得太快，就会有意识地决定是否应该踩刹车或把脚从油门上挪开。

（5）专家阶段。这一阶段的标志是实践者能够凭直觉轻松自如地、流畅地操作。熟练的操作能力已经成为他们自身的一部分，已经不需要有意识地进行决策或解决问题，他们会根据经验采取可行的行动。除非结果非常关键，或者出现了新的情况，并且有足够的时间，专家才在行动之前进行思考。①

本奈尔（Patrick Benner）指出，德雷福斯模型中从初学者到专家的转变体现在三个方面：① 决策时由依赖具体规则转变为依赖过去的经验；② 由将情境视为分散的、各不相关的部分转变为将情境视为一个整体；③ 由事件的观望者或边缘参与者转变为事件的核心参与者。② 如表 7-1 所示。

表 7-1　德雷福斯五阶段职业能力发展理论

层次	决策与处理方式	对情境的知觉	对角色的知觉
初学者	遵循规则；需他人指导；运用结构	需在帮助下识别重要方面	认为自己与结果无关，失败不是自己的错
高级初学者	理解一些情景；依赖规则和结构；执行时需他人支持；对学习充满热情，精力充沛	能够识别一些熟悉的情境，但多数情况下仍须寻求帮助	对熟悉的情境开始产生一些责任感
有能力者	分析、系统、目标导向；理性解决学习负荷过重问题；编写手稿、设计策略以提高执行能力	多数时候能够在没有帮助的情况下通过分析识别重要方面；能组织情境信息	有更多的责任感；对成败投入情感；在一些情境中投入责任感
熟练者	能够快速执行；浸入环境并且高度情境化；依靠分析进行决策	迅速识别、组合重要方面；开始理解大局	投入责任感和同理心；形成更强的道德意识；开始觉察到冲突
专家	对重要方面有更深的、默会的理解；通过创新拓展实践；直觉地做出决策	直觉地意识到重要方面和合适的解决方案；理解长期目标	高度卷入；反思实践；解决冲突，走出困境

① DREYFUS L, DREYFUS E. Mind over Machine: The Power of Human Intuition and Expertise in the Era of the Computer[M]. New York: Free Press, 1986: 17, 22-23, 47.

② BENNER P. From Novice to Expert[J]. American Journal of Nursing, 1982(3): 402-407.

德雷福斯模型中有几个重要观点值得注意。① 专家是以“知道怎样”为特征的，专家所拥有的知识蕴涵于专家的行为之中，而不是一系列与行为相分离的规则知识。② 本能和直觉是专家决策的核心内容。③ 在能力的发展过程中，经验是关键，因为它是直觉产生的唯一途径。德雷福斯认为：“解决任何结构松散的问题时所需的高水平技能都基于丰富的实践经验。” ④ 大多数专家的行为是自动、不需思索的。只有当出现新情况，并且有足够的时间且决策相当重要时，专家才会在行动前进行有意识的思考。这种思考是对自己的直觉进行的批判性的反思。德雷福斯把它阐释为“对自己的直觉行为作出冷静而理智的观察，目的是挑战或提高直觉意识，而不是以初学者、高级初学者或者有能力者的基于纯理论的行为来取代直觉”。⑤ 专家的直觉或“知道怎样”是经验性的和缄默的，它难以用语言清晰地表达出来。

另外，通过分析还可以发现，德雷福斯模型中，专家所具备的是在真实情境中整体化地解决问题的综合能力，它与人种志研究取向对能力的理解一致。情感、动机被纳入能力发展的过程中，并对能力发展产生影响。德雷福斯模型是发展的、基于情境中的表现和经验学习的[①]，将能力获得划分为五个阶段更符合发展阶段性的客观事实，而且能够从质性方面对能力进行分阶段的描述，分阶段将更有利于深入研究各阶段能力的特点，在实践中，根据模型可以判断学习者能力发展的阶段，并有针对性地组织教学和学习。但需注意的是，德雷福斯模型中，能力获得是一个连续的过程，五个阶段之间彼此关联，而非各自独立。[②]

二、职业认同

职业认同不是对特定企业或雇佣者的忠诚，而是与职业强的关联，并对职业形成认同。[③] 职业认同影响着个体的职业工作满意度、效能感、职业倦怠水平及工作压力，是个体职业发展的心理基础，也是个体克服职业灵活性、成熟择业的心理铺垫。已有研究多关注从业者的职业认同，事实上，职业认同在学习者接受职业教育期间就已经开始发展。[④] 从职业教育的视角来看，职业认同之所以重要，是因为以下几点。① 在职业教育过程中，限制学生学习的最大因素是他们缺乏学习的动力。[⑤] 职业认同可以提供持续的

① BENNER P. Using the Dreyfus Model of Skill Acquisition to Describe and Interpret Skill Acquisition and Clinical Judgment in Nursing Practice and Education[J]. Bulletin of Science, Technology & Society, 2004(3): 188–199.

② DALEY B J. Novice to Expert: A Exploration of How Professionals Learn[J]. Adult Education Quarterly, 1999(3): 133–147.

③ RAEDER S. Vocational Identity[M]//RAUNER F, MACLEAN R. Handbook of Technical and Vocational Education and Training Research. Dodrecht: Springer, 2008: 496–501.

④ RAUNER F. Vocational Education and Training: A European Perspective[M]// BROWN A, KIRPAL S, RAUNER F. Identities at Work. Dodrecht: Springer, 2007: 115–144.

⑤ KIRPAL S. Researching Work Identities in a European Context[J]. Career Development International, 2004(3): 199–221.

内在动力,指导和保证学习者参与职业活动。[①] ② 在完成复杂、要求高的任务时,职业认同可以为学习者提供指引。没有职业认同,学习者自主地计划、实施和控制工作活动几乎是不可能的。[②] ③ 形成职业认同也是学习者进入劳动力市场、融入实践共同体、实现由学校到工作平稳过渡的重要途径。[③] ④ 在未来持续变化的工作世界中,工作者依然期望建立对职业的认同感,为他们提供一种目标、指引和控制感。职业认同影响工作者在职业领域内持续的技能累积和职业能力发展 ,也将影响工作者在岗位上的绩效和质量意识。[④]

从个人认同的视角出发,德国心理学家豪瑟尔(Karl Hausser)认为,个人认同是"个体自我反思的一个过程",在自我反思的过程中个体建构一个由个人经验组成的系统,同时在个人的不同经验之间建立联系,最终形成一个由经验构成的"关联结构"。基于这一对认同的基本理解,豪瑟尔提出了"认同"的理论结构模型,他认为个人认同包含三个维度,即"自我意识",如"我正确地认识自己";"自我评价",如"我感觉很好";"控制源",如"我有所成就"。职业认同则是个人整体认同的一部分,是整体认同指向职业和工作这一生活领域的产物。职业认同状况不依赖于年龄段,在人的一生中连续发展。职业认同是一种自我认识的知识,是一种自我认识的产生和反馈,而这种自我认识使个人职业经历连续起来。[⑤]

依据社会认同理论,职业认同是个体对于所从事的职业的目标、社会价值及其他因素的看法与社会对该职业的评价及期望的一致性,是个人对某个由职业特征所定义的社会群体的归属感。[⑥] 更确切地说,职业认同是个体如何将个性特征与职业的规范、实践进行协商和匹配,是个体对职业中社会结构的认识与自我认识之间的匹配。与心理学范畴基于个体认同理论界定的职业认同相比,社会认同理论将职业认同的发展置于社会背景下,明确了社会环境与职业认同之间的联系,既强调社会环境因素中职业与工作等对于个体认同的影响,又强调个体对社会环境中影响职业认同的因素做出回应,重塑对职业的认同。

在符合发展逻辑规律的职业教育过程中,职业认同的发展可以分为四个阶段。① 认识职业的概貌。职业工作任务在培训开始阶段会让学徒了解所选职业的主要内容是什么。② 理解职业,形成职业角色意识和能力。随着职业培训的不断深入,尤

---

① VIRTANEN A, TYNJÄLÄ P, STENSTRÖM M L. Field-specific Educaitonal Practice as a Source for Studnets' Vocational Identity Formation[M]//BILLETT S, HARTEIS C, ETELÄPELTO A. Emerging Perspectives of Workplace Learning. Rotterdam: Sense, 2008: 19-34.

② SCHAAP H, BAARTMAN L, DE BRUJIN E. Students' Learning Processes During School-based Learning and Workplace Learning in Vocational Education: A Review[J]. Vocations and learning, 2012(5): 99-117.

③ VIRTANEN A, TYNJÄLÄ P, STENSTRÖM M L. Field-specific Educaitonal Practice as a Source for Studnets' Vocational Identity Formation[M]//BILLETT S, HARTEIS C, ETELÄPELTO A. Emerging Perspectives of Workplace Learning. Rotterdam: Sense, 2008: 19-34.

④ RAUNER F. Entwicklungslogisch Strukturierte Berufliche Curricula: Vom Neuling zur Reflektierten Meisterschaft[J]. Zeitschrift für Berufs-und Pädagogik, 1999(3): 424-446

⑤ 聂磊.德国职业教育领域职业认同的研究现状及培养策略[J].职教通讯, 2009(9): 82-86.

⑥ RAEDER S. Vocational Identity[M]//RAUNER F, MACLEAN R. Handbook of Technical and Vocational Education and Training Research. Dodrecht: Springer, 2008: 496-501.

其是随着反思性工作经验不断丰富，这种职业形象逐步发展成为个体成熟的主观职业描述。学徒经过不断反思，逐步形成职业认同感，有了职业认同感，他便会将自己的职业角色与企业业务流程和组织发展过程对应起来。随着经验的积累和职业认同感的培养，学徒也具备了与其他职业的专业人员、各级管理人员和工作订单客户进行合作，并从具体情境的宏观角度去亲身体会自身工作的能力。这是一种辩证的关系，一边接受职业角色，另一边则能够从一定角色距离外进行反思。③ 认同并成为职业共同体的一部分。此时，学徒的职业认同感发展成为职业责任感和质量意识，职业责任感是工作投入的先决条件。④ 规划职业生涯。学徒对所学职业未来职业生涯进行规划。

德国学者进行了描述职业认同发展状况工具的开发研究，出版了《认同感与承诺：用以描述职业承诺与职业认同感发展的工具的开发》的研究报告。KOMET 职业能力测评项目开发的职业认同量表可以用来测量“从初学者到专家”的职业发展过程中影响职业能力形成的认知意向和情感意向，它包括三方面的内容：① 关心自己的工作活动在职业或企业关联中的地位（职业定向）；② 关心工作和技术的设计（设计）；③ 关心能否高质量地完成自己的工作（质量）。[①]

三、工作动机

工作动机是指一系列发起与工作相关的行为，并决定这些行为的形式、方向、强度和持续性的个体内部与外部力量。心理学家提出了丰富的动机理论，其中，具有代表性的有期望理论、目标设置理论、自我调节理论和工作设计理论。

期望理论起源于 20 世纪 30 年代，由弗洛姆（Victor Vroom）将其引入工作动机的研究中，是工业与组织心理学领域中应用最普遍的动机理论之一。期望理论是一个认知理论。它假设每个人都是理性决策者，能够理性地将精力主要投入到能够带来期望结果的活动上，并且个体知道他们想到从工作中获得什么，明白绩效表现会决定自己能否获得所期望的奖赏，以及个体付出和工作绩效相关。期望理论由五部分组成。① 工作回报指员工为组织工作后所获得的如工资、晋升和休假等正向回报，也包括解雇等负向回报，还包括他人肯定或取得成就等无形的回报。② 效价是员工对回报的感觉。如果员工对工作回报满意，则会对其进行积极评价。如果员工对工作回报不满意，回报的效价会是负的。如果员工对工作回报不在意，效价为零。③ 工具性是绩效和回报之间的关系程度，是员工所感知到的主观变量，在 -1 到 1 之间变化。工具性意味着个体现有的绩效能够带来多少的工作回报。④ 期望是感知到的努力和绩效之间的关系；期望为 0 则通过努力提高绩效的可能性为 0，期望为 1 则投入努力后会获得相应的绩效提升。⑤ 驱动力是员工被动机驱动的努力或者压力的量值，它是效价、工具性和期望的函数。驱动力越大，假定的动机水平越高。依据期望理论，动机的第一要素是对工作回报的价值评估；第二，个体必须感知到工作绩效和回报之间的关系；第三，期望是非常重要的，人们必须知道努力程度和绩效表现之间的关系。期望理论合理地揭示了人类动机。该理论被用于预测选择努力

① HEINEMANN L, RAUNER F. Identitaet und Engagement: Konstruktion Eines Instruments zur Beschreibung der Entwicklung Beruflichen Engagements und Beruflicher Identitaet［EB/OL］.（2009-07-12）［2022-01-05］. http://www.ibp.uni-karlsruhe.de/download/AB_01_08.pdf.

水平之外的决策情景，也用于解释人们的职业选择，以及人们为什么选择接受某个特定任务而不是其他任务。

目标设置理论将个体的努力集中于已设定好的目标之上。它的前提是理性思维决定个体行为。目标设置理论的关键是目标、意图和任务表现之间的关系。目标是个体力图达到的，尤其和未来相关的标准。目标是动机的基础并且指导个体的行为。个体根据目标决定在工作中付出多少努力。目标会影响到工作绩效。目标指导行为需满足两个前提：个体必须清楚地知道目标具体是什么；个体必须自愿接受该目标。根据目标设置理论，目标的难度越大，目标本身越具体，个体达成目标的动机就越强，任务反馈指明了个体是否在为正确的目标而努力，个体根据反馈决定其是更加努力还是原地踏步。

自我调节理论是一个有着共同理论基础的理论集合。在应用心理学领域中，自我调节理论已经成为理解动机的一个统治性理论。自我调节理论的核心在于目标，它被用来解释目标是如何被设定的，目标是如何影响行为的，目标是如何被修订的，以及新的目标是如何产生的等一系列过程。该理论假定，个体理性地设置了能够引导其行为的目标，还会自我觉察和评估目标的达成情况，并根据接收到的反馈进行改善。反馈信息表明当前状态和理想状态差距较小时，个体的自我效能感知增强，感觉到对自我和环境的可控性，从而增强自信，最终达成目标。相反，当二者差距较大时，个体自我效能感降低，信心减弱，个体也许会修改目标、降低目标难度，使其易于达成。

工作设计理论以可以让员工付出努力的工作特征或维度为基础。该理论认为，动机的控制源头不是员工本人，而是其所处的工作环境，工作的特征或特性可以促进工作动机的产生，如果对工作进行恰当的设计就可以改善员工的动机。以设计使工作获得这些特征的过程被称为工作丰富化。工作特征模型说明了能够激发工作动机的工作特征，包括：① 技能多样性，即完成一项工作所需要的技能和能力多样化水平；② 工作完整性，即工作在多大程度上需要被作为一个整体来完成；③ 任务的重要性，即在组织内和工作环境外，工作在多大程度上影响其他人的工作或生活；④ 自主，即工作任务在多大程度上允许自由、独立，以及在具体工作中个人制订计划和执行计划时的自主范围；⑤ 任务的反馈，即员工能否及时、明确地了解其所从事工作的绩效信息。工作特征模型提出的五个特征可以激发一种关键的心理状态，这种心理状态是使工作变得丰富且有意义的基础。上述工作特征的价值可以通过工作塑造得以实现，工作塑造使员工能对自己所做的工作做出调整，并通过社交技巧获得更强的自主性和更多的反馈，允许员工在工作时拥有灵活性，可以提升其心理健康水平。相对于影响和控制组织文化、组织结构、组织中的关系、技术，以及员工自身而言，管理者通常对工作设计有更强的影响力和控制力。因此，工作设计在组织情境中有很强的可操作性。①

四、工作负荷

工程心理学将工作负荷定义为单位时间内个体所承受的工作量，或个体完成任务所承受的工作负担与压力，以及个体所付出的努力与注意力的多少。工作负荷可以分为生

① 马金斯基．工业与组织心理学导论［M］．姚翔，等，译．北京：机械工业出版社，2014：238-249.

理负荷和心理负荷两大类。

生理负荷又称为生理工作负荷或体力负荷，指单位时间内人体所承担的体力活动工作量，由于人的体力活动主要通过人体肌肉、骨骼系统完成，生理负荷直接表现为肌肉、骨骼系统的负荷量及相应的肌肉活动水平。任何工作内容都伴随着一定的体力活动要求，根据所涉及的工作内容和性质，以及其对于肌肉活动的不同要求，可以对生理负荷进行不同的分类。① 基于工作持续时间的长短，可以将生理负荷分为瞬时工作负荷和持续工作负荷。前者是人体在短时间内承受的工作负荷。后者是个体在较长时间内承受的工作负荷，是日常工作生活中最为常见的负荷。② 根据工作所涉及的肌肉是大范围的全身肌肉还是某些特定部位的局部肌肉，可将生理负荷分为全身性生理负荷和局部生理负荷。③ 根据主要涉及的肌肉在工作时的活动状态，可以将生理负荷分为动力性负荷和静力性负荷。前者指肌肉为完成工作而不断进行收缩与舒张活动的负荷，后者指工作中为维持躯体的某种姿势或某种工作状态而使相应的肌肉处于某一种持续收缩状态的负荷。

生理负荷的内在影响因素主要为工作者自身特质，包括生理负荷的耐受性及训练水平等。外在影响因素主要指外界环境、任务要求等。工作任务的重复频次较大，同时进行的工作进程较多，工作姿势复杂及工作环境恶劣都会给工作者带来较大的生理负荷。工作环境中的工作空间尺寸、布局、噪声、振动及微气候等环境因素也间接影响着生理负荷的水平及效应。

生理负荷测量是对工作环境中，在单位时间内人体所承担的体力活动工作量的测量，其测量结果可以为进一步的工作安排与劳动保护提供可靠的依据。较为常用的测量方法有主观测量法和生理测量法。主观测量法多采用主观量表对生理负荷的水平进行评估，如美国空军开发的主观工作负荷评价技术（SWAT）、美国航空航天局开发的任务负荷指数量表（NASA-TLX）。生理测量法分为直接测量和间接测量，直接测量通过作业分析来评估确定工作的生理负荷，如生理负荷指数（PWI）；间接测量生理负荷的客观指标主要有心率、心率变异率，肌肉电活动等生理指标和乳酸、血红蛋白等生化指标。

对心理负荷至今尚无严格统一的定义，目前有四类观点：① 心理负荷是工作者在完成任务时所使用的那部分信息处理能力；② 心理负荷是工作者在工作中所感受到的工作压力；③ 心理负荷是工作者在工作中脑力资源的占用程度；④ 心理负荷是工作者在工作中的繁忙程度。概括以上观点，心理负荷包括两部分，一部分是脑力资源占用程度或所用信息处理能力等认知方面的负荷，另一部分是压力或负性心理应急等情绪方面的负荷。

影响心理负荷水平及其效应的因素主要有工作因素、环境因素和个体因素三类。① 工作任务的难度、任务类型、持续时间和单调性等工作因素直接决定心理负荷的水平。② 环境因素包括物理性环境和组织文化管理等社会性环境。物理环境中，噪音、环境的不确定性、工作设备性能、工作空间尺寸、布局、照明、温度、适度、振动及空气质量等都会影响心理负荷的水平及效应；社会环境中，亲朋好友的支持、同事间的人际关系、组织文化氛围、管理机制及激励机制等也会影响到工作者对工作和单位的情绪情感反应，进而影响其工作动机、工作效率及相应的心理负荷；③ 个体的知识技能水平、认知方式、健康水平、情绪管理应对能力、工作动机与责任心等都会直接影响心理负荷的水平及效应。

心理负荷常用的测量方法有量表测量法、行为测量法和生理测量法三类。① 量表测量法的量表主要有整体工作负荷量表（OW）和库博 - 哈博量表（CH）等单维度量表，也包括任务负荷指数量表、主观工作负荷评价技术和工作负荷情况指数排序（WP）等多维度量表。② 行为测量法通过对操作者典型任务操作的行为指标或者其变化来测量心理负荷，多采用单任务和双任务范式，行为指标多采用反应时、正确率等绩效指标。③ 生理测量主要有脑电图、事件相关脑电位、功能核磁共振成像等中枢生理指标，也包括心电、血压、呼吸率和皮肤电等外周生理指标，还包括唾液、尿液中免疫球蛋白和皮质醇水平等生化指标。[①]

第二节
认知心理学视角下职业工作与学习中的认知

传统的认知心理学关注个体层面的认知，为了解职业工作与学习中个体的认知提供了必要的基础。然而职业工作与学习发生于社会化的、真实的实践情境当中，需要借鉴社会认知和情境认知理论、实践认识论等获取对职业工作与学习中认知的全面理解。

一、格式塔心理学——"整体大于部分之和""顿悟"

韦特海默（Max Wertheimer）、科勒（Wolfgang Kohler）和考夫卡（Kurt Koffka）等为代表的格式塔心理学家强调经验与行为的整体性，主张以整体的动力结构来研究心理现象，认为整体先于且大于部分之和。他们将重点放在整体系统上，在这个系统中，各个部分是以一种能动的方式相互联系在一起的，也就是说，仅根据各个分离的部分，无法推断出整体。[②] 要创造性地学习和解决问题，必须让整体支配部分，即在关注问题的细节时，也绝不能忽视问题的整体，必须把细节放在问题的整体中，把它们与整体结构联系起来加以考察，以对问题有一个完整的概观。[③]

在认知活动中，人需要把感知到的信息组织成有机的整体，在头脑中构造和组织一个格式塔，从而对事物、情境的各个部分及其相互关系形成整体的理解，而不是对

① 葛列众，等．工程心理学［M］．上海：华东师范大学出版社，2017：256-273.

② 施良方．学习论［M］．北京：人民教育出版社，2000：140.

③ 乔纳斯，索尔蒂斯．学习的视界［M］．尤秀，译．北京：教育科学出版社，2006：38.

各种经验要素进行简单的集合。科勒进一步指出，这个过程不是渐进的试误的过程，而是顿悟，也就是通过对问题情境的观察，理解它的各个部分的构成及相互之间的联系，分析出制约问题的各种条件，从而发现通向目标的途径。个体之所以能够产生顿悟，一方面是因为明确了当前问题情境的整体结构；另一方面是因为心智本身能利用过去的经验痕迹。心智本身具有组织的作用，能够通过思维加工补充问题解决中实际缺失的条件。因此，在问题情境中，学习者构造和领会问题情境的方式非常重要，如果他们利用过去的经验，确实看清了问题情境，就会产生顿悟，找到解决问题的方法。①

根据格式塔心理学的主张，个人从问题的整体出发，借助过去的经验，并通过思维加工认清其中各个部分的性质、结构及它们之间的内在联系，形成对问题本质的认识。

二、认知的信息加工理论

加涅（Robert Gagne）的信息加工理论关注认知的内部过程，将人的认知系统看成一个信息加工的系统。感觉接收器把来自环境的信息传输到中枢神经系统，信息在感觉登记器中被暂时登记，然后转换成可识别的模式，进入短时记忆。短时记忆的信息经过语义编码过程的转换，进入长时记忆。长时记忆中的信息经过编码产生意义，形成记忆痕迹并被保存在大脑中。通过提取，信息又可以回到短时记忆，而且这些被提取出来的记忆痕迹也可以与其他的记忆痕迹联结，形成新的记忆痕迹，如图 7–1 所示。信息从短时记忆转到反应生成器后可转化为行为。② 一些认知心理学家认为，能否成功提取记忆痕迹取决于记忆痕迹的强度以及它与提示线索的联系。强度越大，记忆痕迹越容易被提取出来；提示线索与记忆痕迹的联系越紧密，记忆痕迹越容易被提取出来。

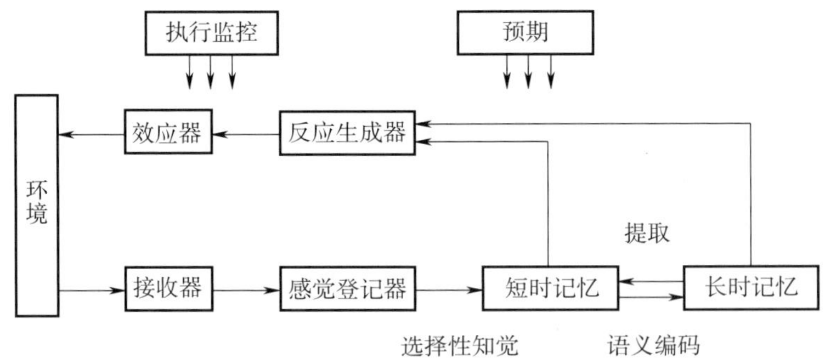

图 7–1　认知的信息加工模式

依据认知的信息加工理论，在解决问题时，人们首先要确认问题的成分，然后制定解决问题的计划，从长时记忆中提取策略，使计划得以执行。在按步骤解决问题时，必须将这些步骤储存起来，根据计划中提出的次级目标，使注意指向问题的某些成分，最后做出

① 陈琦，刘儒德．当代教育心理学［M］．北京：北京师范大学出版社，2007：157.

② 加涅，韦杰，戈勒斯，等．教学设计原理［M］．王小明，庞维国，陈保华，译．5 版．上海：华东师范大学出版社，2007：10.

必要的反应。

三、“反思的实践者”的实践认识论

舍恩将专业实践划分为“高硬之地”和“低湿之地”两个层次，前者所面临的问题情境和目标都是清晰的；后者所面临的问题情境是“复杂的、模糊的、不稳定的、独特的，而且存在价值冲突”[①]。他认为基于技术理性的实证认识论适用于应对“高硬之地”的挑战，却难以解决“低湿之地”的难题，因而提出了“行动中反思”的实践认识论。他用“反思的实践者”表达专家形象，“反思的实践者”通过“与独特而不确定的情境的反思性对话”，运用从经验中形成的“隐性知识”对问题进行“建构与重构”，从而寻求解决问题的方案。[②]

针对实践工作中问题情境的复杂性和不确定性，舍恩指出了“确认问题”这个环节的重要性。实践工作中面临的问题情境是复杂而不确定的，工作者一开始不知道如何解决问题，甚至不知道问题是什么。“与情境的反思性对话”是逐步明确问题情境的过程，是整个问题解决过程的开端。舍恩系统分析实践专家的行动后提出，“职业实践就是解决问题的过程，实践者从可供选择的方法中选出一个最符合自己愿望的方法去解决问题，或者制定解决问题的方案。由于强调解决问题，我们常忽略了‘确认问题’这个环节。事实上，在实际工作中，问题不会简单直接地呈现给工作人员。人们必须从那些令人困惑的、不确定的、难以处理的情境中勾画确认出具体问题。只有在确认问题的过程中，才确定了要做出的决定、要实现的目标，以及可选择的方法”[③]。

确认问题是“框定问题—与情境对话—获得环境回应”这一过程的循环。框定问题时，工作者并不知道解决问题的方式，也不确定他所框定的问题情境能否促成问题的解决。而他选择以这样的方式框定问题情境，依据的是过去的经验。舍恩认为，工作者建构了一个“资料库”，他能够把新事物看成资料库里的元素，因此能够理解它们的独特性，而无须将它们一项一项地归纳到以往既定的标准类型之中。[④]“相似地看待”允许工作者在面对不符合已知规则的新问题时，找到理解问题情境的突破口。[⑤]然而，仅“相似地看待着”并不足够，当实践者将一个新的情境视为他资料库中的元素时，他便能从一个新的角度来看待它，并且从中找到一个新的可能做法，不过他的新观点的适合性及效用，仍需行动才能印证。实践者的行动也是用来探索情境的方式之一。他们的动作激发情境的回

---

① SCHÖN D. The Reflective Practitioner: How Professional Think in Action[M]. London: Basic Book, 1983: 16.

② SCHÖN D. The Reflective Practitioner: How Professional Think in Action[M]. London: Basic Book, 1983: 19.

③ SCHÖN D. The Reflective Practitioner: How Professional Think in Action[M]. London: Basic Book, 1983: 34.

④ 舍恩. 反映的实践者：专业工作者如何在行动中思考[M]. 夏林清，译. 北京：教育科学出版社，2007: 115.

⑤ 舍恩. 反映的实践者：专业工作者如何在行动中思考[M]. 夏林清，译. 北京：教育科学出版社，2007: 112–113.

话。[①]工作者会思考这些回话，他们可能在情境中发现新的意义，凭借反思性对话的质量和方向，来判断问题该如何设定。在不断循环的过程中，工作者与情境相互作用，最后达成对问题情境的理解。[②]

在解决问题的过程中，工作者采用的可能是与先前类似问题同中有异的解决方式。正因为他把问题看成旧问题的类似题，因此他的新解决方法也是旧解决方法的变体。每一次行动中反思的经验，都会丰富工作者的资料库，以便在日后处理新情境时，创造出新的做法。[③]

概括地讲，舍恩关注实践工作中个体的认知。在面临实践工作中复杂的、模糊的问题情境时，工作者首先确认问题，确认问题的过程不是一蹴而就的，而是"框定问题—与情境对话—获得环境回应"这一过程的循环。工作者依据过去的经验对问题进行框定，实质是对问题情境所做的解释性理解，这种理解要通过行动进行检验。工作者的行动会引发环境的变化，工作者可以通过环境的变化判断其对问题情境的解释是否正确。如果正确，就达成了对问题情境的理解。如果不正确，则需要重新框定问题，直到最终达成对问题情境的理解。在明确问题情境之后，工作者用过去积累的相似经验，对当前问题"相似地解决"。这个过程中积累的经验，又可以成为以后解决类似问题的基础。

四、情境认知理论关于认知的基本观点

莱夫（Jean Lave）和温格（Etienne Wenger）构建的情境认知理论并不排斥个人的认知活动，它把个人认知放在更宏观的物理和社会的情境脉络中加以考察，认为情境是一切认知活动的基础，认知加工的性质取决于其所处的情境，认知只有在特定的情境中才有意义。[④]《MIT认知科学百科全书》将情境分为物理的或基于任务的、环境的或生态的、社会的或互动的三类。[⑤]与传统的认知观点不同，情境理论认为认知是处于人类社会和由人构建的情境之中的，因而它具有社会性；人类思维依赖于情境，因而认知具有情境性；物质条件和环境对于认知非常重要，因而它是具体的。[⑥]

认知是个体层次和社会层次之间的动态互动，对认知的分析要求理解这种复杂的动态交互作用。[⑦]如果只关注个体层次，并假设社会层次是常态的或可以预期的，就破坏了认知的社会性和情境性，这是因为我们的行为、思想和言行建立在我们作为一个社会成员的角色之上。认知工具包括社会中规范性的推理和论证形式，用某

① 舍恩．反映的实践者：专业工作者如何在行动中思考［M］．夏林清，译．北京：教育科学出版社，2007：125.

② 康晓伟．论舍恩反思行动的教师实践性知识思想［J］．外国教育研究，2014（4）：14-20.

③ 舍恩．反映的实践者：专业工作者如何在行动中思考［M］．夏林清，译．北京：教育科学出版社，2007：117.

④ 威尔逊，迈尔斯．理论与实践脉络中的情境认知［M］// 乔纳森．学习环境的理论基础．郑太年，任友群，译．上海：华东师范大学出版社，2002：63.

⑤ 王文静．情境认知与学习理论研究述评［J］．全球教育展望，2002（1）：51-55.

⑥ 刘革，吴庆麟．情境认知理论的三大流派及争论［J］．上海教育科研，2012（1）：37-41.

⑦ 扬，巴布拉，加勒特．行动者作为探测者：从感知－行动系统看学习的生态心理观［M］// 乔纳森．学习环境的理论基础．郑太年，任友群，译．上海：华东师范大学出版社，2002：135-136.

种方法使用一件工具，就意味着接受了关于该工具应该如何使用的文化信念系统。作为认知中介和基础的知识是个人和社会或物理情境之间联系的属性及互动的产物。①

莱夫和温格从人类学视角分析了情境中的学习和认知，他们将“实践共同体”理解为“并不是同时出现的、身份明确的团体，也不要求可以看得见的社会界限，但它意味着参与同一个活动系统中。在这个活动系统中，参与者共享理解，即对于他们所进行的行动在他们生活中的意义以及对实践共同体的意义的理解是一致的”②。实践共同体是知识存在的一个复杂条件，它提供了为其传承的东西赋予意义所必需的阐释性支持。任何知识都存在于文化实践中，参与到这种文化实践中是学习的一个认识论原则。这种实践的社会结构、权力关系及其成为合法的条件，都界定了学习的可能性。③

对新手来说，合法的边缘性参与使他们获得了对职业整体的认知。参与是学习（包括吸收与被吸收）“实践文化”的一种方式，长期的“合法的边缘性”为学习者提供了把实践文化纳为己有的机会。学习者从广泛的边缘角度逐渐对共同体实践的构成形成一个总的观念，他们逐渐明确“谁参与实践，他们做什么，他们的日常生活是什么样的，师傅们是如何讲话、走路、工作，以及总体上如何管理他们的生活，如何与那些不属于实践共同体的人打交道，其他学习者在做什么，要变成一个成熟的从业人员，学习者需要学什么”④。这种描述为新手提供了示范，在部分的、边缘的、琐碎的活动中所吸收的方方面面的认识形成了一个类似于实践共同体结构的骨架，以后学到的东西、各种各样的变化的观点，都可以通过逐渐转变这种轮廓性理解的各种方式来被安排和关联起来。温格等进一步指出，应从个体、共同体和组织三个宽泛的层次上看待参与。人们参与到行动中，并协商行动的意义，这些行动服务于一个相互协商的目的，这一目的就界定了他们所从事的事业，并在参与者之间创造了相互承担责任的关系。最后，个体参与事业的活动产生了共同体所有成员共享的具体事件、符号及人造物。⑤

关于情境认知，相关研究者还指出个体在解释当前的情境时，根据的是与此时此地有关的过去的情境，因而经验和隐性知识在情境认知中具有重要作用。⑥

---

① 高文．情境学习与情境认知［J］．教育发展研究，2001（8）：30–35.

② 莱夫，温格．情景学习：合法的边缘性参与［M］．王文静，译．上海：华东师范大学出版社，2004：55.

③ 莱夫，温格．情景学习：合法的边缘性参与［M］．王文静，译．上海：华东师范大学出版社，2004：47.

④ 莱夫，温格．情景学习：合法的边缘性参与［M］．王文静，译．上海：华东师范大学出版社，2004：43.

⑤ WENGER E，SNYDER W. Communities of Practice：the Organizational Frontier［J］. Harvard Business Review，2000（1–2）：139–145.

⑥ 威尔逊，迈尔斯．理论与实践脉络中的情境认知［M］// 乔纳森．学习环境的理论基础．郑太年，任友群，译．上海：华东师范大学出版社，2002：66.

第三节
行动调节理论视角下职业工作与学习中的行动

行动调节理论由德国德累斯顿工业大学工程心理学家哈克尔（Winfried Hacker）在提高劳动者劳动效率的研究框架下于1973年首先提出，随后德国柏林工业大学劳动心理学家弗尔佩特（Walter Volpert）、瑞士伯尔尼大学教育心理学家艾伯利（Hans Aebli）对其进行了发展。

行动调节理论是认识理论的发展，旨在探究可见的工作行动和不可见的思维活动之间的关系，试图回答在具体实施一个特定的工作行动的过程中，思维和学习活动是怎样发生的。行动调节就是形成实现某个行动的目标和亚目标的思维过程，正是这些目标（又称心理结构）控制和调节着外在的行动过程。

一、哈克尔：工作中的心理控制

哈克尔认为，每个行动顺序首先都是知识结构化的认知计划。计划的结构化在三个意识层面上被执行。行动将由操作系统映像在这些层面上进行调控。操作系统映像是相对固定的行动调控的心理呈现，包括行动的初始状态和实施条件，即将实施的子行动和措施，以及要达成的目标和结果。这就涉及一个能够解释有目的、有意识的行动的理论模型，为此，哈克尔提出了对于行动的三个思维调控层次：① 智力调节层次，包括有意识的启发式知识、策略和计划；② 感知概念调节层次，包括有意识的行动图式；③ 自动化调节层次，包括无意识的熟练操作和动作方案。如图7–2所示。

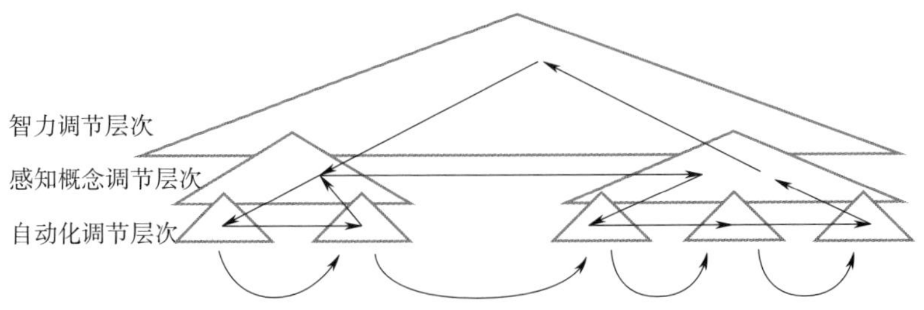

图7–2　等级化–顺序性行动模型与思维调控层次

在这三个思维调控层次的基础上，产生了等级化–顺序性行动模型。这三个思维调控层次分别对应了三个行动要素：循环单元、等级化结构和等级化–顺序性组织。

（1）循环单元。循环单元模型中的“Z”指的是行动目标；“T”指的是为达到目标必需的各个子行动。在此模型中存在两种行动方式：直线箭头表示的是思维行动；紧接其后发生的是实际行动（曲线箭头表示），即所谓的行动计划的实施，如图 7–3。

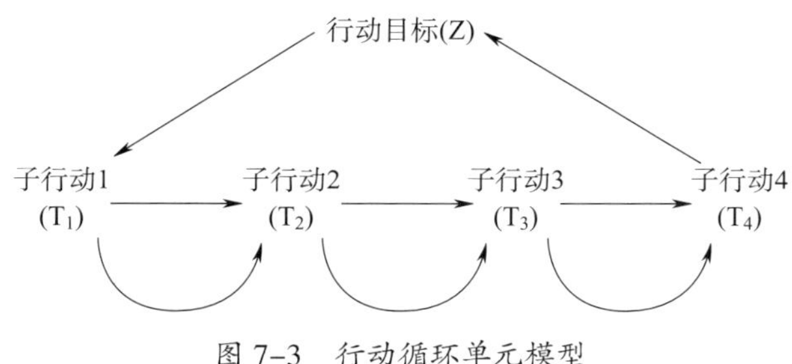

图 7–3 行动循环单元模型

（2）等级化结构。那么各个子行动又是如何完成的？每个子行动又是由下一级的各个循环单元组成的。也就是说，它们既是下一级单元各个步骤（子行动）要达到的子目标，又是上一级循环单元其中的一个步骤，因此就产生了行动单元嵌套形式的等级化结构模型，如图 7–4。

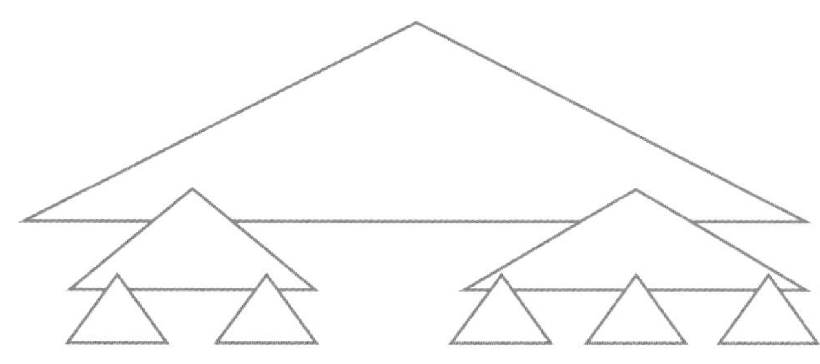

图 7–4 等级化结构模型

（3）等级化 – 顺序性组织。将等级化结构模型与循环单元模型所呈现的行动方式联合起来，就产生了每个行动单元典型的综合行动模型。从某个特定目标出发，首先在思维行动层面，而后在实际行动中为各个循环单元划分出各个子行动。如果这些子行动在不同的行动等级层面上都发生了，就完成了各个行动步骤的实施。因此，该模型是复杂的综合性行动情境的模型，如图 7–5。

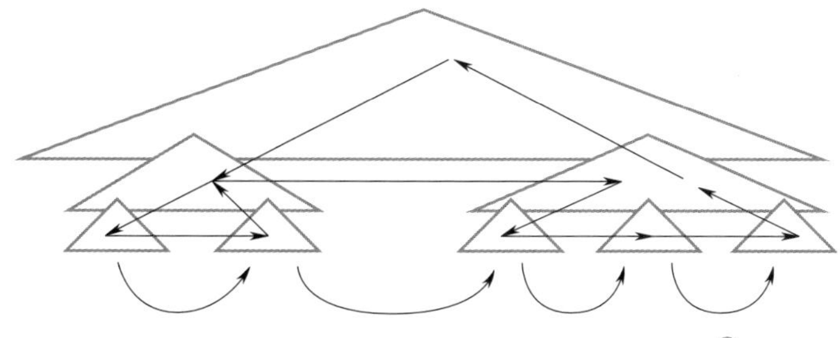

图 7–5 等级化 – 顺序性组织的综合行动模型①

行动模型的基本要素即三个思维调控层次对应的三个行动要素，它解释了行动的等级化和顺序性的特性。概括起来，该等级化 – 顺序性行动模型具有以下特点。① 行动

① HACHER W. Psychische Regulation von Arbeitstätigkeiten［M］. Kröning：Asanger Verlag，2015：35–44.

的出发点一般是某个行动目标,即目标指向性。② 行动可以划分为各个子行动,但它同时也建立在各个子目标的基础上。子行动在其他层面上又可以划分成更细的子行动。③ 行动组织的基础一般首先是必需的思维行动。在这个阶段,所要求完成的任务被划分成各个等级的思维子行动。④ 外部行动的实施是思维行动的结果。行动对象必须符合总的问题和任务目标,但也需明确子目标和计划好的各个子行动的解决途径。只有基于这样的基础,整个行动计划的完成才是可能的。

二、弗尔佩特的行动模型

弗尔佩特将行动定义为人类改造其所处客观世界的行为。[①] 在他的模型中,行动具有目的性、社会性、具体性和反馈性。

目的性是指每个行动对应一个目标。行动者从一开始就对目标有了一定的想法,初始活动的结果被认为是行动者的预期想法。实施过程是在认识了目标之后才开始的。实施和目标是一种双边关系。尽管目标需要通过实施来实现,但如果没有对实现条件的感知和反映,所有目标的拟定都是无意义的。目标必须是可行的并且是与行动相关的。[②]

社会性是指计划、实施和调控的过程都是存在于特定的社会条件下和社会关系中的。个体的行动不可能独立于社会关系和社会之外。社会发展改变了环境和行动的条件。行动者自身的发展过程也与社会环境息息相关。行动的动机受社会条件和技术条件的影响。随着社会条件的变化,需对形成目标的过程进行相应的调整。

具体性是指一个行动的发生与环境相互联系。人类和环境之间的相互作用是通过人类干涉和改变活动显现出来的,行动的内涵比纯粹的思考和被动的反应有更多的内容。行动的具体性也隐含着结果伴随着行动之意。

有目的的行动只有在被检验之后才能知晓其是否恰当,检验就是获得关于行动结果的反馈,并且将它与预期结果相比较。反馈包括比较过程和更正过程。在比较过程中,需要检测行动者是否已经达到了预期的目标。在更正过程中,需要评估用局部行动和改造环境的方式使目标在何种程度上得以实现,如果有差距,行动将持续下去。最后,行动者通过对目标的反馈来检验成果。比较和更正过程相互联系,比较过程并不是只发生在活动的结束阶段,也发生在活动过程中。[③]

在弗尔佩特的模型中,行动者和环境是行动的两极。行动者有意向、有能力去理解并达到行动的目标。行动是有可能变化的,而不是完全固定的。环境总是同各种难题和解决方案相联系,并且有它自身的规律,不能被预测,也不会轻易地受行动者的影响。在活动过程中,行动者形成和发展了一种灵活的稳定性并且不断地增强这种稳定性,以至于行

---

① VOLPERT W. The Model of the Hierarchical-sequential Organization of Action[M]//HACKER W, VOLPERT W, CRANACH M. Cognitive and Motivational Aspects of Action. Berlin: Hüthig Verlagsgemeinschaft, 1982: 35-51.

② VOLPERT W. Konstrastive Analyse des Verhältnisses von Mensch und Rechner als Grundlage des System-Designs[J]. Zeitschrift für Arbeitswissenschaft, 1987(3): 147-152.

③ VOLPERT W. Wie wir handeln—was wir können. Ein Disput als Einführung in die Handlungspsychologie[M]. Heidelberg: Asanger, 1992: 17-19.

动者和环境的关系变得稳定且具有可重复性。①

行动模型中存在两种行动方式，首先发生的是思维行动（用直线表示）；紧接其后发生的是实际行动，即所谓的实施行动计划，它是思维行动的结果（用曲线表示）（如图 7–6）。模型中包含了目标、计划和反馈过程，并假设行动者知道怎样达到他的目标及其中哪些计划是可行的。通往目标的道路是由简单的想法和假设发展而来的，行动的起点是在当前基础上可以通过具体的工作来实现的、独立的目标。计划和反馈过程将目标与行动联系在一起。初始转变（T_1）是从初始状态朝预期目标迈出的第一步。调整转变（T_2 与 T_3）是实现目标过程中的转变。转变的过程在 T_4 结束，此时将启动一个反馈程序来检验行动者是否达到预期目标，如果已经达到，行动就宣告完成。

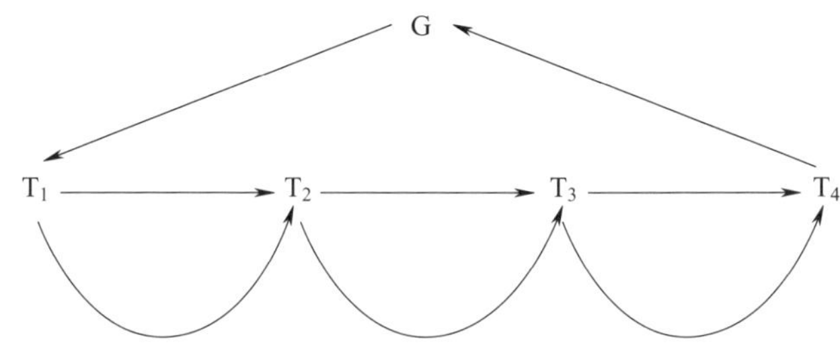

G：目标　Tn：实现目标的必要转变，其中 T1 代表初始转变，T2 和 T3 代表调整转变，T4 代表最终转变

图 7–6　弗尔佩特的行动循环单元模型

弗尔佩特认为个体的行动不能独立于社会关系和社会之外，社会发展改变了环境和行动的条件。行动的动机（如任务）则受社会条件和技术条件的影响。在形成目标的过程中，随着社会条件的变化需进行相应的调整，也就是说，在计划、实施和调控的过程中，都必须考虑到社会关系。②

三、艾伯利的行动模型

艾伯利指出人的行动体现了具有高级认知性和目的性的行动范围。当我们注意到认知性和目的性时，行动不可能再是孤立的，而是与思考和感知联系在一起的。他重点研究了认知和行动的关系。通过“思考来源于行动”的观点，明确地定义了行动和思考之间的联系。③ 他将行动划分为实际行动和口头行动，强调人类能够利用语言描述实际行动，思考和语言被理解为内在行动。艾伯利又指出理解是行动的关键，没有理解也就没有行动。④ 理解是行动过程的起点，在行动之前，分析情境、行动过程的必要条件和行动地点会发现哪里可以找到必要的元素，行动可以从哪里开始。在行动过程中，理解控制着行动，个体需解答诸如“参与者需要花费多少精力，需要循环重复

① VOLPERT W. Wie wir handeln-was wir können: Ein Disput als Einführung in die Handlungspsychologie [M]. Heidelberg: Asanger, 1992: 36.

② VOLPERT W. Wider die Maschinenmodelle des Handelns: Aufsätze zur Handlungsregulationstheorie [M]. Lengerich: Pabst, 1994: 20.

③ ABELI H. Denken, das Ordnen des Tuns: Kognitive Aspekte der Handlungstheorie [M]. Stuttgart: Klett-Cotta, 1980: 20.

④ ABELI H. Denken, das Ordnen des Tuns: Kognitive Aspekte der Handlungstheorie [M]. Stuttgart: Klett-Cotta, 1980: 163.

多少次来实施一个行动”或“要素之间是否存在一种最佳的关系”一类的问题。[①]行动完成之后，行动者需依据目标详细地检验和评估自己的行动过程。

艾伯利还把行动理解为会产生具体结果的、有目的的执行过程，将行动分成行动过程和行动方案两部分。行动方案是那些作为整体储存在记忆中的元素，它们可以被重新激活并应用到新的行动过程中。行动方案构成行动知识网络及相应的行动记忆。艾伯利给出了行动方案形成的两种途径，行动方案可以是实践行动的结果，也可以是纯理论概念的行动结果，尽管一个行动并不一定需要被实际实施，但有效的行动是针对具体对象实施的，学习者不仅需要构思行动，而且需想象行动对象。对具体对象的行动的理解会告诉学习者，他们是否正朝着正确的方向实施行动。[②]

根据艾伯利的理论，表述是行动中各种关系的结构（如图 7–7），它们可以在客观的条件或者其他形式的现实中物化，也就是说，会被转化成一种客观的形式。表述是思考的工具，“它不只是脑力活动的一部分，我们在其协助下工作，通过将它们应用到新的现象中，那些现象变得可以理解并有条不紊地进入我们的意识中”[③]。表述是现实的抽象，它描绘了现实的结构。表述和行动构成了一个整体，行动是表述形成的起源，表述是行动知识网络中的节点，或者说是知识网络的一部分。当重新建立行动方案的时候，表述拥有非常重要的地位，它们参与行动方案的重建并最终再一次构成行动。

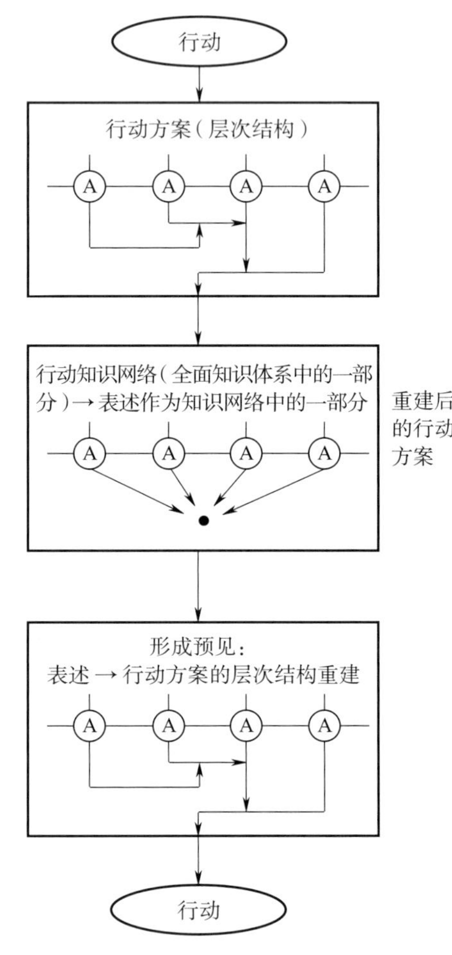

图 7–7 艾伯利的行动模型

行动调节理论作为德国职业教育行动导向教学范式的心理过程理论基础，主张根据完成某一职业工作活动所需要的行动、行动产生和维持所需的环境条件，以及从业者或学习者的内在心理调节机制，来设计、实施和评价职业教育教学活动。而学科知识的系统性和完整性不再是判断职业教育教学是否有效与适当的标准。

① ABELI H. Denken, das Ordnen des Tuns: Kognitive Aspekte der Handlungstheorie[M]. Stuttgart: Klett-Cotta, 1980: 166.

② ABELI H. Denken, das Ordnen des Tuns: Kognitive Aspekte der Handlungstheorie[M]. Stuttgart: Klett-Cotta, 1980: 185.

③ ABELI H. Denken: das Ordnen des Tuns: Denkenprozesse[M]. Stuttgart: Klett-Cotta, 1981: 145.

第四节
职业工作与学习中认知和行动的特征

在职业情境下，职业认知和职业行动在解决工作问题的过程中紧密联结，共同促成问题的解决。职业工作中的认知是职业行动的起点，并能在过程中控制职业行动。职业工作中的认知来源于职业行动。

一、职业工作与学习中的认知

职业认知能力是职业能力中的认知部分，是个体完成职业工作所需的认知能力，表现为能够在工作情境中明确任务，制订合理的行动计划，在行动过程中，依据实际情况调整行动计划，并对行动过程和结果进行反思。职业工作中认知的基础是工作经验和工作过程知识。以下将从职业工作与学习中认知的社会性和情境性、认知的基础，以及个体认知的过程和机制等多个方面深入探讨职业工作中的认知。

（一）职业工作与学习中认知的社会性、情境性

职业工作中的认知具有社会性，是因为职业本身具有社会性，而且个体所处的劳动组织是构成社会的基本单元，使得职业工作中的认知处在特定的社会情境中。职业是与劳动分工体系中某环节产生联系的劳动者获得的社会角色，是劳动者的社会标志。对个体而言，职业是其社会化存在的方式，规定了他作为职业人的行动模式和劳动内容。组织是一种以实体或非实体形式存在的社会的基本单元，个体以职业人的身份聚集在某一组织中，共同实现经过协商确立的目标，同时也受到组织中各种规范的约束。

职业工作中认知的情境性也可以从两个角度理解，一是认知发生在职业特定的工作情境中，因而具有情境性。另一种理解是认知的社会性决定其情境性，因为情境认知不仅仅适合局部情境下的具体学习，它强调的是真实行为所发生的社会网络和活动系统。莱夫曾明确指出："'情境'……并不意味着某种具体的和特定的东西，或是不能加以概括的东西，也不是想象的东西，它意味着一个特定的社会实践与活动系统中社会过程的其他方面具有多重的交互联系。"[①]

---

① LAVE J. Cognition in Practice: Mind, Mathematics and Culture in Everyday Life[M]. New York: Cambridge University Press, 1998: 12.

（二）职业工作与学习中认知的基础——工作经验

经验具有个体和社会两种属性。一方面，从个体层面来讲，经验是关于事实、事件和人际交往的个体化经历。但不是所有的情境都可供个人经历。另一方面，经历是个体化的，依赖于个体的主观认识，不能与一般的、客观的知识等同起来。经验和知觉的差异在于，知觉是依靠不同感官获得的关于对象的个别认识，如通过视觉获得对象的色彩；经验是基于知觉的，但不局限于知觉。它是个体带着意识、思想和情感去经历，从而获得的关于对象的整体性认识。从认知心理学的角度来看，获得新经验的过程是发现当前经历的事物与认知中关于它的形象之间的差异的过程。经历某对象的基本过程就是修改认识中关于它的形象，最终获得关于对象的新知识的过程。经验产生于主体和客体相互作用的过程中，对客体的理解是通过激活主体性而获得的。语言是经验中介，从社会层面来讲，语言是社会的中心部分，因此，经验不仅是被个体建构的，而且是被社会建构的。

经验并不是实践的辅助效应或伴随的结果，经验积累的一个前提条件是主体希望熟知一项事实，关注并应用它。对于合格的工人来说，经验是在实践中积累的，出于对行动的条件、行动本身及其结果的兴趣，工人会关注行动，全身心地投入，在心里重复并记住行动的步骤。

经验的内容通常可以被描述为“当某事件发生的时候，接下来会发生另一事件，那么某某事就被完成了。或者是，如果怎样，那么将会怎样”。这个过程周而复始，作为结果的“那么”会成为一个新的“如果”，也就是说一个阶段或过程的结果会是另一个阶段或过程的条件。经验的结果是关于行动的知识，可用来引导未来的行动。经验中包含引导行动的重要情景，专家会依据情景尝试开展解决问题的合适行动，这种尝试不单是通过对情境的解释和理解引出的，也不光是行动原则的简化，而是二者交织产生的。经验的内容只能在有限的程度上被说清楚，这不仅是因为经验是个体性的，而且是因为从事相同或相似工作的人具有一种“默契”。师徒之间经验的传递通常是以类似“你是否看到……？”“你是否意识到……？”“你是否听到……？”这样的话作为开端的。学徒能够从师傅的提示中获得不易被察觉的经验，通过这样的经验积累，他们逐渐形成解决问题的独特方法。[①]

经验不仅有助于对问题的理解，而且能使个体在工作中能将理论知识与实践行动结合起来。将认识、感觉和行动结合起来是经验的属性，这种属性与工作过程知识的获得与应用密切相关。[②]

（三）职业工作与学习中认知的基础——工作过程知识

理论知识并不能解释实践是如何发生的，因为人们可以找到骑自行车时保持平衡的物理学定律，在骑自行车时必须遵循这一定律，但是几乎没有人是通过运用这一定律学会骑自行车的。[③] 认知工程学认为程序性知识，也就是如何做的知识能够引导行动，专家比

---

① FISCHER M. Work Experience as an Element of Work Process Knowledge[M]// BOREHAM N, SAMURCAY R, FISCHER M. Work Process Knowledge. London and New York: Routledge, 2002: 124–127.

② FISCHER M. Work Experience as an Element of Work Process Knowledge[M]// BOREHAM N, SAMURCAY R, FISCHER M. Work Process Knowledge. London and New York: Routledge, 2002: 131.

③ FISCHER M, BOREHAM N. Work Process Knowledge: Origins of the Concept and Current Development [M]// FISCHER M, BOREHAM N, NYHAN B. European Perspectives on Learning at Work: The Acquisition of Work Process Knowledge. Luxembourg: Office for official publications of the European Communities, 2004: 118–121.

新手表现得更好是因为他们具备更多的程序性知识。然而,真实的工作世界充满复杂性和不确定性,仅仅用程序性知识难以完成各种问题情境不明确的复杂任务。社会人类学认为工作相关的知识不是个体的一种心理状态,而是通过工作场所中的交流建构起的一种共享的理解。但个体为工作所做的准备和他们的潜能被忽视了。工作过程知识揭示了工作所需知识的本质。

1. 工作过程知识的内涵

工作过程知识是工作过程直接需要的(区别于理论知识),在工作过程中自我获得的知识。工作过程知识是在成功地确立工作目标、制订计划、实施计划及评价工作成果的情境中积累的,可以通过经验学习获得,也可以是理论知识的应用,还可以是将工作中获得的经验与理论知识进行反思、整合得到的知识。它是主观与客观知识的结合。①

生产过程中的工作过程知识不同于工程师的设计和计划知识,也超越了受过培训的人员的单纯的服务知识,它不是关于某一单一工作的知识,而是关于各个单一工作在企业的整体运行之中的相互协调的知识。所以,工作过程知识并不是由学科系统化知识经过教学简化的间接知识,它有自己独立的地位。工作过程知识不是从理论知识中引导出来的,它与反映的工作经验相适应,并指导实际的职业劳动。工作过程知识是隐含在实际工作中的知识,包括显现的指导行为的知识(如程序化知识),也包括相联系的隐性知识,那些物化在工作过程中及产品和服务中的诀窍、手艺、技巧和技能等是最宝贵的工作过程知识。② 工作过程知识传递的是劳动组织形式相对固定的模式与企业内部互动式的实践之间的关系。工作过程知识使人们可以实践性和反馈性地感知职业工作任务,并从主观的、企业的和社会的角度了解工作对象、工作方法、劳动工具、劳动组织,以及对工作对象和劳动形式的要求。

工作过程知识是在工作过程,尤其是解决工作问题的过程中被建构的,建构工作过程知识的过程能够帮助工作者实现自己的工作目标。工作过程知识将组织的工作过程当作一个整体来理解,既包含关于企业的生产经营过程的知识,又包含关于个人的劳动过程的知识。工作过程知识是能够直接引导工作行动的非惰性知识,它像一个大口袋,凡是能够直接引导工作行动的知识都被收入其中,包括理论知识,以及对工作经验进行反思获得的知识,也包括存在于工作组织和其他工作者那里的难以言明的知识,乃至工作者的生活经验。但这并不意味着工作过程知识是没有边界的。一个职业之所以能够成为一个职业,是因为它具有特殊的工作过程,即在工作的方式、内容、方法、组织及工具的历史发展方面有它自身的独到之处。③

2. 工作过程知识的特点

本奈尔和劳耐尔(Felix Rauner)都曾在研究中总结了工作所需知识的特点,如敏感性、背景性、情境性等。工作过程知识除具备工作所需知识的共同特点外,还有自身独特的内涵。概括起来,工作过程知识有以下特点。

(1)敏感性。随着工作经验的增加,工作者在感知和理解工作情境时,对情境中的差异更加敏感,即更容易察觉出工作情境之间存在的差异。例如,一个有经验的汽车维修师能够根据发动机响声的不同,确定不同的故障原因。

---

① RAUNER F. Practical Knowledge and Occupational Competence[J]. European Journal of Vocational Training, 2007(1): 52-66.

② STEVENSON J. Working Knowledge[J]. Journal of vocational education and training, 2000(3): 503-519.

③ 赵志群.职业教育与培训学习新概念[M].北京:教育科学出版社,2003:53-54.

（2）背景性。背景性即共同的理解。在一个实践共同体内，由于成员的职业工作任务相同或类似，随着工作经验的增加，成员们将拥有更多相似或共同的经验。由语言、社会规范及特定职业工作构成的职业传统可引导成员建立相似的行动模式和价值观，因此，即使是面对非常复杂的工作情境，成员之间通过寥寥数语，甚至不必通过语言交流，就能够理解对方。

（3）情境性。工作过程知识包含对典型工作情境和工作步骤的假设与预期。经验性假设和预期能够引导对情境的知觉，它们与情境中的行为反应相互作用，构成具有微小差别的行动方案。对典型工作情境进行描述是一种表述工作者的情境假设、预期和态度的方式，也利于区分外显的与内隐的工作过程知识。工作过程知识的情境性使它有别于一般科学知识的价值中立，是价值负载的。

（4）范式性。范式性工作任务只包含那些主观上具有挑战性，客观上能够提供新的工作经验的工作任务，同时也是在过去的经验和知识的基础上，能够产生新的行动方案的工作任务。

（5）前瞻性。个体积累的工作过程知识可被用于解决新的、不可预知结果的任务。

（6）建构性。建构工作过程知识的目的是实现工作目标。工作过程知识建构的情境是职业工作的问题情境，建构的环境是实践共同体。建构的前提是对当前问题情境的分析。建构的基础是个体已具备的关于职业、工作组织的知识和过去解决问题的经验经过反思后积累的知识。个体在完成职业工作任务的过程中建构工作过程知识，经过工作过程中的反思和对工作过程的反思，形成关于当前问题情境的工作过程知识。

（7）整体性。工作过程知识具有整体性特征，因为工作过程是一个整体，通过工作过程整合起来的是一个针对特定问题情境的知识整体，不是针对某一个岗位技能的知识，也不是分散的理论知识和实践知识。[①②]

3. 工作过程知识的类型与存在方式

工作过程知识包含职业、组织和个体三个层面。职业层面的工作过程知识是关于职业工作的工具（智力的和物质的）、材料及其与职业相关的特性、方法与技术、规范（职业规范和社会规范）、职业工作设计和组织的知识。[③] 组织层面的工作过程知识包括以下内容。① 企业的组织形式和生产流程。② 对技术生产类职业来说，是关于企业独特的产品、生产技术和工艺的知识；对服务类职业来说，是关于企业特定服务对象和具体服务的知识。③ 显性化的个人或组织经验。④ 组织文化、个人及组织所掌握的隐性知识等难以言明的各种知识。个人层面工作过程知识是指个体针对具体问题情境，联结已有知识和学习新知识，建构起解决具体问题的知识结构的知识，包括"彼时彼地"的工作过程知识和"此时此地"的工作过程知识。"彼时彼地"的工作过程知识是指从过去工作经验中获取的关于某一工作过程的知识。当面对不明确的问题情境时，"彼时彼地"的工作过程知识可以帮助明晰问题的初始状态，以及制定针对问题情境的方案。"此时此地"的工作

---

① BENNER P. From Novice to Expert: Excellence and Power in Clinical Nursing Practice [M]. New Jersey: Prentice Hall, 2001: 4-12.

② RAUNER F. Practical Knowledge and Occupational Competence [J]. European Journal of Vocational Training, 2007(1): 52-66.

③ LINDBERG V. Vocatioal Knowing and the Content in Vocational Education [J]. International Journal of Training Research, 2003(2): 40-61.

过程知识是指应用于当前工作过程的知识。

比利特（Stephen Billett）的研究证明工作所需的知识包括职业、组织和个人三个层面。他选取在四个不同地点（三个在澳大利亚昆士兰，一个在英国伦敦）工作的十一位美发师为研究对象，了解他们的个人背景，并对他们的工作活动进行观察研究。研究发现，工作过程中所需的知识涉及美发师这一职业、沙龙和美发师个人三个层面。四个地点的美发师的行动模式是一致的，他们都会根据顾客的脸型和发质确定发型。但是由于每个沙龙的目标和特色不一样，同一个沙龙内的美发师选用的美发方案存在相似之处，而不同沙龙的美发师选用的美发方案之间则存在差别。当开始做发型的时候，同一个沙龙的不同美发师会根据个人的偏好和技艺专长完成不同的发型设计。比利特指出，美发师在设计发型的过程中，会按照美发师这一职业的规范、惯例工作，同时兼顾沙龙的具体情况，权衡自己的偏好和技艺，设计和实施美发方案。其中，美发师这一职业的规范或惯例属于职业层面的工作过程知识。沙龙的具体情况，如它独特的生产和经营流程，属于组织层面的工作过程知识。个人在具体的工作情境中，将职业、组织层面的知识整合起来，形成个人层面的工作过程知识。①

4. 工作过程知识获得的阶段性

从个体职业发展的角度看，几乎没有新手一开始就承担职业复杂的工作任务的，而是按照新手到专业的职业发展阶段，先完成职业定向的工作任务，再完成系统化的任务，然后完成蕴含问题的特殊任务，最后完成无法预测结果的任务。通过完成不同阶段的工作任务，个体获得了不同层次的工作过程知识。从初学者到专家的各个阶段，个体学习的工作过程知识依次是定向与概括性知识、关联性知识、具体与功能性知识、基于经验的学科系统化深入知识。

初学者通过完成职业定向的工作任务，获得定向和概括性的工作过程知识。通常，职业初学者已经具备一定的与其职业（在已有知识基础上）相关的经验和知识。在职业学习的初始阶段，应当首先接触并完成能促进职业整体认识的职业定向的工作任务。初学者依据先有的规则和质量标准处理问题。通过掌握职业定向与概括性知识，初学者能够从职业角度去理解所学职业的概貌，同时也能了解企业的生产过程、影响企业生产过程的诸多因素，这些是企业发展和创新过程的组成部分。

提高者通过完成系统的工作任务，获得关联性知识。对职业已有具体了解，并已掌握重要的基本职业能力的初学者，后续需要学习完成系统的工作任务，这些工作任务包含职业的关联性知识（系统性的结构）。机器与人的工作中间、技术与劳动组织之间的相互作用，都需要人们具有关联性思考的能力。系统地完成工作任务意味着要对技术与劳动（组织）结构进行整体化思考，在具体的工作情境中完成工作任务。

专业者通过完成蕴含问题的特殊工作任务获得具体与功能性知识。到该阶段，学习者已获得职业定向、概括和关联性知识，以及系统完成工作任务的能力，可以在该阶段尝试解决含有较多问题的特殊工作任务。要完成这样的工作任务，学习者仅仅依靠现成的规则和原有的问题解决方式是不够的，原有的解决策略可能也不再适用，必须首先分析任务、确定问题，才能制订好的工作计划。学生要能够独立地计划、实施、控制和评价职业工

① BILLET S. Constructing Vocational Knowledge: History, Communities and Ontogeny [J]. Journal of Vocational Education and Training, 1996(2): 141-154.

作。学习者的职业认同感在这一阶段发展为职业责任感和质量意识，职业责任感是工作投入的先决条件，质量意识则是在困难的工作情境中进行完整工作行动的必要条件。

专家通过完成不可预见结果的工作任务，获得基于经验的学科系统化深入知识。随着学习者对职业工作任务的认识逐步专业化，其问题意识也逐渐增强。他们可以参与解决在日常工作中少见的问题，获得相应的工作经验。由于不可预见的工作任务有极强的复杂性，人们无法在一个具体的工作情境中进行完整的分析，也很难系统化地完成它。这里，能力的基础是那些存在着类似因素的、已解决的困难或已完成任务中的知识，可能是行动过程，是高水平的专业理论知识和实践技能，也可能是产生于自身经验的直觉。这里的专业问题是在具体情境中解决的，不必对所有的条件和程序进行过于仔细的考虑。将对专业工作的反思与学科系统化的能力整合起来，可以为获得进一步的能力奠定基础。①

（四）工作情境中个体认知的过程和机制

真实的工作世界充满了复杂性和不确定性。通常情况下，个体并不能马上确定问题是什么，而是通过从情境中获取关于问题的关键信息，逐渐明确问题是什么，然后制订解决问题的方案。工作情境中个体认知的过程是“框定问题—与情境对话—获得回应”过程的循环，这与舍恩的说法有一些差别。舍恩提出要通过行动检验框定的问题是否适合和有效，实际上，并不是所有框定的问题都要通过行动来检验，有一些情况不具备行动的条件，如工作者面临紧急情况，需要快速做出决策时，可能会通过思维操作快速对框定的问题进行检验，获得的回应是思维操作的结果，而不一定是来自环境的回应。本研究把行动和思维操作两种方式都吸纳进来。个体的工作经验和工作过程知识帮助他们框定问题，也在问题情境明确时，帮助他们制订解决问题的方案。

下面将通过一个案例来分析工作情境中个体认知的过程和机制，该案例中个体通过“思维操作”对框定的问题进行检验。汽车检测与维修员面对的问题情境如下。

一位顾客从朋友那里获得了一辆二手车（2004 年 3 月生产的丰田花冠 GL-i 1.8AT；最后一次行驶是在五年前，以后就一直停放在车库里），因其朋友出国留学，该车已长时间未使用。目前这位顾客希望在四周内改善该车的技术状况，重新取得该车的行驶许可，以便夏季度假时用车。

汽车维修厂具有多年维修经验的师傅甲和他带的学徒乙分别陈述了他们的认知过程。甲从问题情境中获取的信息如下。

1. 基本信息

（1）车辆信息：该车为 2004 年 3 月生产的丰田花冠 GL-i 汽车，发动机排量为 1.8 L，配备自动变速器。

（2）使用情况：5 年前停放在车库后一直未动过，未着车启动过。

（3）客户要求：恢复成符合国家法规标准要求可上路行驶技术条件的车。

这里，甲将工作对象“丰田花冠 GL-i 1.8AT”解读为“丰田花冠 GL-i 汽车，发动机排量为 1.8 L，配备自动变速器”，就是在问题情境中对职业层面事实性知识的调用。

2. 仍需与顾客交流的问题

（1）了解顾客夏季度假的目的地，以更具体地对车辆进行检修操作，如南方还是北

① RAUNER F. Entwicklungslongisch Strukturierte Berufliche Curricula: Vom Neuling zur Reflektierten Meisterschaft[J]. Zeitschrift fuer Berufs-und Wirstschaftspaedagogik, 1999(3): 424-446.

方，高原还是平地，干燥还是潮湿多雨，尘土飞扬还是相对干净等。

（2）随行的人员的概况，如是否需要装儿童专用椅，是否需装车载冰箱等。

（3）了解5年前车辆是否进行过大修。

（4）是否有其他加装要求。

3. 仍需与车间主管交流的问题

（1）所需更换油液的品牌和标号。

（2）作业时间的分配和作业项目的安排，作业人手的安排。

初步了解关于工作对象的信息后，与顾客及车间主管交流体现的是职业典型的工作方法和方式，已经内化为从业者的职业习惯。而综合地考虑到与顾客交流的问题则体现出甲“彼时彼地”的工作过程知识。甲指出，他不久前曾经为一个打算去东北的顾客加装过防滑链，所以很自然地考虑到要询问旅行目的地的情况。加装儿童座椅和车载冰箱属于职业的常识。之所以询问5年前汽车是否进行过大修，是因为其会影响到现在的维修方案。甲认为这一点要有些经验的维修人员才能想到。

与车间主管交流的问题则基于甲的组织层面的工作过程知识。汽车所需更换油液的品牌和标号反映的是组织层面关于特定产品的知识，通用汽车的维修中心不会有丰田汽车应该使用何种油液的信息，特定的工作组织有它们独特的信息。关于作业的安排则是关于组织的生产服务流程和组织形式的知识。

甲制订的计划如下。

静置5年的车，所有油液均已过有效期，部分金属元件和总成已生锈，橡胶和皮毛已老化、破裂或腐烂，接头松动、腐蚀，线束部分老化，部分机械总成卡死不能运转，密封泄漏等。

1. 对车辆进行具体全面的检查，根据检查结果确定相应方案。先后顺序为动机传动系统、安全系统、舒适系统、车辆外观及附加功能增项，从维修、维护保养两方面来处理。

2. 根据客户目的地的实际气候条件、地理位置等给出相应的建议。

3. 安全和环保工作：配备手持泡沫灭火器2个、接油盘3个、废油收集桶3只（废油收集后送到4S环保处理中心）。

4. 作业项目与作业时间分配。

在这里，对动机传动系统、安全系统、舒适系统等的了解，以及检测方法已经内化到甲的头脑中，问题情境出现时，他会构建各种可能原因的组合。而随着这样的经验的增加，他已建立起多种问题和原因的组合，也就是能将职业和组织层面的知识依据不同问题情境组合。遇到问题的时候，甲能够根据直觉说出综合的处理意见，而不是回到问题的原点，一点一点地建构解决问题的方法。对学徒乙来说，甲的这种经验就是组织层面隐性的工作过程知识。

作业过程中，甲对计划方案进行调整，调用知识解决新出现的问题。作业完成后，甲反思维修作业时所用方法的效率，获取新的维修经验。而正是通过对当前工作过程的反思，甲建构起了“此时此地”的工作过程知识。其对工作的反思总结包括是否达到规定目标，解释说明方法是否正确，作业时相关方法的效率如何，有无获取新的维修经验。

无论是甲还是乙的方案，都提出了环保等方面的作业规范，这是职业的基本要求，通过共同体成员的相互影响，内化为每个人的作业规范。

甲注重整个作业过程是否体现以客户为本位，是否符合6S要求（整理、整顿、清扫、清洁、素养、安全）。乙指出，按《中华人民共和国环境保护法》的规定，液体必须用专门的器皿装容，以防溢出，用过的抹布应放到指定位置进行集中处理，汽车试验废气应进行集中排出，防止人吸入有毒气体。

对同一个问题情境，个体会有自己的理解，这与他们的不同背景经历有关。经验丰富的甲制定了详细的检修方案，而乙在制定检修方案之处，想到了如何将多年不动的车从车库拖出的问题。

由于车辆一直停在车库，而且长时间未开，所以无法运行，但检修必须在4S店内才能进行，这就需要将车辆想办法运到4S店内。运车到4S店有两种方案。一是将车辆内的发动机、变速箱等地方的废油放掉并清洗，加入新鲜的油液，给水箱加水，给蓄电池充电或更换新的蓄电池，然后启动汽车，如能启动，则将车辆驶出车库用拖车拖至4S店内。二是如汽车不能启动，则在车库内用千斤顶顶起车辆，把车轮上面安装4个便捷小轮，以便汽车在推力作用下移动，这样就可以借外力把车辆拉出或推出车库，然后再用拖车将车拖到4S店内进行检修。如果车库条件允许，可以直接用拖车拖到4S店内。

乙说，他想到拖车这个问题，是因为前段时间看到一个新闻，英国一名体重过大者生病，需要做手术，但他根本动不了，最后消防人员把他挪出了房间。乙的想法不仅说明了个体建构的差异性，而且说明个体建构工作方案时，已超出了职业和组织层面知识的范畴，调用了生活化的经验。

二、职业工作与学习中的行动

（一）行动的意向性

行动研究的语言哲学派代表性人物塞尔（John Searle）引入意向性这一概念，对行动与行为进行区分，行为不具有意向性，是一种单纯的肢体运用，而行动则具有意向性，二者之间的关系可简单概括为行动等于行为加意向性。①

意向行动由慎思、在先意向、行动中的意向、身体动作四个要素构成。慎思即反思目标及实现它的最佳方法。行动者在开始行动之前，要对任务情境进行分析，确定任务的目标及实现目标的途径，并从中选择出最佳的途径。

塞尔所说的在先意向，就是分析实现目标的多个可能途径，从中确定出一个途径，即“我有一整套的信念及愿望，并通过主动对这些信念及愿望进行推理，而得到一个意向”②。在先意向的特征是，行动者采取行动之前对采取什么行动及怎样采取行动进行思考与筹划，从而做出是否实施行动的决定。所以，在先意向的结果是做出决策。

然而，依据在先意向还不足以保证行动的顺利实施，因为在先意向仅是对采取什么行动及怎样采取行动的思考和筹划。在实施过程中，会遇到这样那样没有思考或筹划到的情况，影响行动的实施。这时就需要行动中的意向发挥作用，就是在实施行动的过程中，对遇到的情况进行思考和筹划，修正原有的行动方案或制订新的行动方案。

---

① 盛晓明，吴彩强．行动、因果和自我：塞尔行动哲学述评［J］．浙江大学学报（人文社会科学版），2007（3）：143-150.

② 史天彪．塞尔意向行动探析［J］．天津大学学报（社会科学版），2014（3）：275-280.

塞尔认为，行动必须由心理和物理两部分构成，缺一不可。心理部分就是前述的行动中的意向，而物理部分就是身体的动作。行动包括在行动过程中依据情况对方案进行调整或形成新的方案，还有实施行动的身体动作。

总结塞尔的理论，可以归纳出行动的意向性表现为两个方面，一是行动之前分析问题，寻找可能的解决方案，对方案进行比较，依据经验判断，做出最佳的行动决策。二是在行动过程中，遇到未曾预料到的状况或原定方案经过实施被证明不可行时，及时做出调整，修正原来的行动方案或制订新的行动方案。而且这种意向性只有在“作为它的满足条件的事件由它来引导的条件下才能得到满足”[①]，也就是说，制订方案、做出决策和调整方案都是由外部问题情境诱发的，而且此种问题情境正是通过此种方案才能得到解决。

（二）行动的社会语境性

柯林斯（Harry Collins）承认行动的意向性，他认为行为的概念是客观的，可以是观察者所观察到的其他人的活动，而行动的概念则是带有主观意识取向的。根据行动产生的意向性标准，可以将行动分为构成行动和非构成行动。构成行动就是存在于某个共同体中的相似的行动，这之外的都是非构成行动。但是仅从意向性进行分析，还不足以把行为与行动区分清楚，他又提出了行动具有社会语境性的主张。

柯林斯的理论是在温奇（Peter Winch）行动理论的基础上发展起来的。温奇从行动与行为产生的规则入手，主张不论是行动还是行为都要受到自身规则的制约，对行为的理解属于个人理解，即行为遵循的是个人规则；而是否可以将行动看成相同的，则取决于社会认同，即行动遵循的是社会规则。柯林斯将温奇所说的行动的规则明确为一种社会语境。行动具有社会依赖性，或者说行动不能脱离“生活形式”。[②]

从行动产生的社会语境标准上，柯林斯认为行动是某人在某个社会中有意识地做某事的过程。行为是一种单纯的物理运动，或是在行动过程中由意向性引导的物理运动，不需要考虑语境问题。行动等于行为加语境（或“生活形式”）。

柯林斯把生产线上的工人每天重复相同的拧螺丝，就好像机器人一样的行动，称为特殊行为行动或类机器行动，这是一种介于行动与行为之间存在的新的行动类型。从名称的意蕴和辨析度考虑，柯林斯后来用单态行动和多态行动分别代替类机器行动和常规的行动。单态行动是在不同情况下，人们试图或希望用相同的行为完成的行动；或者是不知道怎么行动的时候，照着别人的样子行动的行动。他将多态行动分为开放的多态行动、偶然的多态行动和好玩的多态行动。三者的区别在于语境和行动的开放程度，对开放的多态行动来说，语境和行动都是开放的。偶然的多态行动的语境是多样的，行动受到限制。好玩的多态行动的语境是给定的，行动是开放的。单纯依靠书面的规则是无法获得多态行动的，因为行动的获得过程也是行动主体学习的过程或者说是能力培养的过程，需要遵守书面规则和经验规则，这里所说的书面规则是对完成行动的过程的大致描述，经验必须在学习的实际过程或语境中才能获得。[③]

柯林斯的观点可以归纳为行动具有社会属性，是一定社会语境下的行动。这种社会

① 史天彪．塞尔意向行动探析［J］．天津大学学报（社会科学版），2014（3）：275–280.

② 张帆．意向性与社会语境：对行动的哲学分析［N］．中国社会科学报，2010–10–12（6）.

③ 张帆．科学、知识与行动：柯林斯的科学哲学思想研究［D］．太原：山西大学，2010：108–113.

语境可以是整个社会，也可以是组织或共同体，甚至是完成任务的过程。它们的规范约束着行动者的行动。具有相同或相似意向的行动者会自动聚集形成共同体，或加入到已有共同体中，这时他们所表现出来的行动，就可能是一种相似或相同的行动。多态行动有多种形式，可以是给定任务，但解决问题的行动是多样的；或者任务情境不明确，并且解决问题的行动是多样的。不同的任务可能引出相同或相似的行动。行动获得的过程也是能力培养的过程，需要遵守书面规则和经验规则，而经验必须在一定的学习情境中获得，如完成工作任务的过程。

柯林斯研究行动的初衷是为了探索隐性知识是如何获得的。他指出获取隐性知识的两种有效途径，一种是在规则不明确的情况下，通过行动实践获得隐性知识；另一种是在社会规则的指导下，将隐性知识转化为明确的知识，也就是参与到共同体中，汲取其中的文化和知识。

（三）职业行动的特征

概括来讲，职业行动具有社会性，是在一定的社会、组织或共同体内实施的，受到相应规范的约束。共同体内的成员会表现出相似的职业行动。职业行动具有情境性。行动是针对具体问题情境的，不同的问题情境会引发不同的行动。完整的行动包括制订行动计划，实施行动，在行动过程中依据实际情况调整行动计划，最终取得预期结果。

关键概念

职业能力发展理论；职业认同；工作动机；工作负荷；职业认知；职业行动；格式塔心理学；认知信息加工；实践认识论；情境认知；行动调节理论；行动模型；工作经验；工作过程知识；认知过程；认知机制

思考与讨论

1. 如何借助心理学相关理论理解职业中的认知？
2. 如何借助心理学相关理论理解职业中的行动？
3. 如何理解职业工作中认知与行动的关系？
4. 如何借助心理学相关理论和实践研究规划设计工作或学习任务、职业学习环境等？
5. 基于职业学习心理相关研究，反思如何改进职业教育课程和教学。

参考文献

[1] ABELI H. Denken, das Ordnen des Tuns: Kognitive Aspekte der Handlungstheorie [M]. Stuttgart: Klett-Cotta, 1980.

[2] ABELI H. Denken, das Ordnen des Tuns: Denkenprozesse [M]. Stuttgart: Klett-Cotta, 1981.

[3] DALEY B J. Novice to Expert: A Exploration of How Professionals Learn[J]. Adult Education Quarterly, 1999(3).

[4] BENNER P. From Novice to Expert[J]. American Journal of Nursing, 1982(3).

[5] BENNER P. From Novice to Expert: Excellence and Power in Clinical Nursing Practice[M]. New Jersey: Prentice Hall, 2001.

[6] BENNER P. Using the Dreyfus Model of Skill Acquisition to Describe and Interpret Skill Acquisition and Clinical Judgment in Nursing Practice and Education[J]. Bulletin of Science, Technology & Society, 2004(3).

[7] BILLET S. Constructing Vocational Knowledge: History, Communities and Ontogeny [J]. Journal of Vocational Education and Training, 1996(2).

[8] DREYFUS L, DREYFUS E. Mind over Machine: The Power of Human Intuition and Expertise in the Era of the Computer[M]. New York: Free Press, 1986.

[9] FISCHER M, BOREHAM N. Work Process Knowledge: Origins of the Concept and Current Development[M]//FISCHER M, BOREHAM N, NYHAN B. European Perspectives on Learning at Work: The Acquisition of Work Process Knowledge. Luxembourg: Office for official publications of the European Communities, 2004.

[10] FISCHER M. Work Experience as an Element of Work Process Knowledge[M]// BOREHAM N, SAMURCAY R, FISCHER M. Work process knowledge. London and New York: Routledge, 2002.

[11] HACKER W. Psychische Regulation von Arbeitstätigkeiten[M]. Kröning: Asanger Verlag, 2015.

[12] HEINEMANN L, RAUNER F. Identitaet und Engagement: Konstruktion eines Instruments zur Beschreibung der Entwicklung Beruflichen Engagements und Beruflicher Identitaet[EB/OL]. (2009-07-12)[2022-01-05]. http://www.ibp.uni-karlsruhe.de/download/AB_01_08.pdf.

[13] KIRPAL S. Researching Work Identities in a European Context[J]. Career Development International, 2004(3).

[14] LAVE J. Cognition in Practice: Mind, Mathematics and Culture in Everyday Life [M]. New York: Cambridge University Press, 1998.

[15] LINDBERG V. Vocatioal Knowing and the Content in Vocational Education[J]. International Journal of Training Research, 2003(2).

[16] RAEDER S. Vocational Identity[M]//RAUNER F, MACLEAN R. Handbook of Technical and Vocational Education and Training Research. Dodrecht: Springer, 2008.

[17] RAUNER F. Entwicklungslongisch Strukturierte Berufliche Curricula: Vom Neuling zur Reflektierten Meisterschaft[J]. Zeitschrift fuer Berufs-und Wirstschaftspaedagogik, 1999(3).

[18] RAUNER F. Practical Knowledge and Occupational Competence[J]. European Journal of Vocational Training, 2007(1).

[19] RAUNER F. Vocational Education and Training: A European Perspective[M]// BROWN A, KIRPAL S, RAUNER F. Identities at Work. Dodrecht: Springer, 2007.

[20] RAUNER F. Entwicklungslogisch Strukturierte Berufliche Curricula: Vom Neuling zur Reflektierten Meisterschaft[J]. Zeitschrift für Berufs-und Pädagogik, 1999(3).

[21] SCHAAP H, BAARTMAN L, DE BRUJIN E. Students' Learning Processes during School-based Learning and Workplace Learning in Vocational Education: A Review[J]. Vocations and learning, 2012(5).

[22] SCHÖN D. The Reflective Practitioner: How Professional Think in Action[M]. London: Basic Book, 1983.

[23] STEVENSON J. Working Knowledge[J]. Journal of Vocational Education and Training, 2000(3).

[24] VIRTANEN A, TYNJÄLÄ P, STENSTROM M L. Field-specific Educaitonal Practice as a Source for Studnets' Vocational Identity Formation[M]//BILLETT S, HARTEIS C, ETELÄPELTO A. Emerging Perspectives of Workplace Learning. Rotterdam: Sense, 2008.

[25] VOLPERT W. Konstrastive Analyse des Verhältnisses von Mensch und Rechner als Grundlage des System-Designs[J]. Zeitschrift für Arbeitswissenschaft, 1987(3).

[26] VOLPERT W. The Model of the Hierarchical-sequential Organization of Action[M]//HACKER W, VOLPERT W, CRANACH M. Cognitive and Motivational Aspects of Action. Berlin: Hüthig Verlagsgemeinschaft, 1982.

[27] VOLPERT W. Wider die Maschinenmodelle des Handelns: Aufsätze zur Handlungsregulationstheorie[M]. Lengerich: Pabst, 1994.

[28] VOLPERT W. Wie wir Handeln—was wir Können: Ein Disput als Einführung in die Handlungspsychologie[M]. Heidelberg: Asanger, 1992.

[29] WENGER E, SNYDER W. Communities of Practice: The Organizational Frontier[J]. Harvard Business Review, 2000(1–2).

[30] 陈琦,刘儒德.当代教育心理学[M].北京:北京师范大学出版社,2007.

[31] 高文.情境学习与情境认知[J].教育发展研究,2001(8).

[32] 葛列众,等.工程心理学[M].上海:华东师范大学出版社,2017.

[33] 康晓伟.论舍恩反思行动的教师实践性知识思想[J].外国教育研究,2014(4).

[34] 刘革,吴庆麟.情境认知理论的三大流派及争论[J].上海教育科研,2012(1).

[35] 聂磊.德国职业教育领域职业认同的研究现状及培养策略[J].职教通讯,2009(9).

[36] 盛晓明,吴彩强.行动、因果和自我:塞尔行动哲学述评[J].浙江大学学报(人文社会科学版),2007(3).

[37] 施良方.学习论[M].北京:人民教育出版社,2000.

[38] 史天彪.塞尔意向行动探析[J].天津大学学报(社会科学版),2014(3).

[39] 王文静.情境认知与学习理论研究述评[J].全球教育展望,2002(1).

[40] 张帆.意向性与社会语境:对行动的哲学分析[N].中国社会科学报,2010-10-12(6).

[41] 张帆.科学、知识与行动:柯林斯的科学哲学思想研究[D].太原:山西大学,2010.

[42] 赵志群.职业教育与培训学习新概念[M].北京:教育科学出版社,2003.

［43］马金斯基．工业与组织心理学导论［M］．姚翔，等，译．北京：机械工业出版社，2020.

［44］乔纳斯，索尔蒂斯．学习的视界［M］．尤秀，译．北京：教育科学出版社，2006.

［45］加涅，韦杰，戈勒斯，等．教学设计原理［M］．王小明，庞维国，陈保华，译．5版．上海：华东师范大学出版社，2007.

［46］莱夫，温格．情景学习：合法的边缘性参与［M］．王文静，译．上海：华东师范大学出版社，2004.

［47］舍恩．反映的实践者：专业工作者如何在行动中思考［M］．夏林清，译．北京：教育科学出版社，2007.

［48］威尔逊，迈尔斯．理论与实践脉络中的情境认知［M］// 乔纳森．学习环境的理论基础．郑太年，任友群，译．上海：华东师范大学出版社，2002.

［49］扬，巴布拉，加勒特．行动者作为探测者：从感知－行动系统看学习的生态心理观［M］// 乔纳森．学习环境的理论基础．郑太年，任友群，译．上海：华东师范大学出版社，2002.

第三部分

职业教育的设计与实施

第八章
职业教育体系

学习提示

本章主要讨论职业教育体系的概念与内涵、职业教育体系是如何形成与变迁的、国际上职业教育体系的典型模式有哪些、我国职业教育体系的现状如何、在类型地位确立背景下重塑现代职业教育体系面临什么问题,以及如何优化体系构建工作等议题。在学习中要厘清职业教育体系的概念内涵,注意仔细辨析容易混淆的各类概念;掌握当前世界各国在职业教育体系构建实践中所形成的典型模式和主要特点,深刻理解职业教育体系与经济、政治、传统教育等诸多因素的紧密联系;了解我国职业教育体系建设发展现状与取得的突出成就;理解职业教育类型属性确立与现代职业教育体系构建之间的关系,深刻认识我国当前重塑职业教育体系亟待解决的难题,思考如何实现职业教育体系内部的纵向贯通,以及外部的横向融通。

职业教育体系构建是现代职业教育建设的首要环节。职业教育体系是一个国家或地区教育体系的子系统。它受时代影响和社会经济制约,同时伴随教育发展和技术进步而不断完善。职业教育体系体现了一个国家对职业教育事业的宏观规划,对职业教育事业的健康发展具有深远影响,它也是职业教育各项事务顺利推进的实体依托和重要保障。本章理实结合,在阐明职业教育体系的概念内涵和系列理论问题的基础上,进一步聚焦我国职业教育体系建设实践工作,以期使学习者更深入、全面地认识和理解职业教育体系。

第一节
什么是职业教育体系

职业教育体系构建是一项涉及诸多因素的系统工程。它的概念内涵如何进行理解?含有哪些基本要素?经历了什么样的历史变迁?包括哪些典型模式?职业教育体系中的"单轨"与"双轨"之争是什么?对这些基本理论问题进行系统梳理有助于从宏观视角理解职业教育在整个大教育系统中的定位、功能与价值。

一、职业教育体系的概念与内涵

(一)概念界定

1. 体系与学制

体系,即由若干相互关联的要素构成,在其发展过程中有一定条理地组合而成的整体。职业教育体系是一个国家或地区各种类型、各个层次的职业教育学校系统和培训系统所构成的整体,是整个教育体系的重要组成部分之一,其本质内涵是与职业教育相关的各要素互相联系、有一定条理地构成的有机整体。

体系与学制是一对经常被混淆的概念。因此,在梳理、理解体系的概念内涵时,需要对其与学制进行深入辨析,以免造成对二者的误解和混用。

学制,最开始是对学校制度的简称,后其内涵拓展至指一个国家根据国民教育方针、政策,对各级各类学校的性质、任务、入学年限等所作的,用以规范各级各类学校的设置和组织的系统规定。由此,职业教育学制是国家根据国民教育方针政策、经济社会发展水平和需要制定的学校教育制度的重要组成部分之一,旨在规定各级各类职业院校的性质、任务、入学条件、学习年限及相互关系。职业教育学制的基本要素包括职业院校的类型、职业院校的结构和职业院校的级别。

可见,无论从概念内涵还是组成要素来看,体系和学制都有着明显的区分。具体而言，体系聚焦教育发展问题，从宏观层面设计、组织教育内部各个要素组成有机整体；学制则聚焦办学问题，从微观层面规定各级各类学校的设置原则和组织办法。从属关系上，学制属于体系的一部分。

2. 职业教育体系

职业教育体系有广义和狭义之分。广义而言，其涵盖了职业教育结构体系、学校职业教育的学制体系、职业教育的管理体系、职业教育师资培训体系、职业教育科研体系、职业教育的人才需求预测体系等与职业教育相关的各个体系。狭义而言，职业教育体系仅指职业教育体系的主体——职业教育结构体系，即职业教育承担机构的整体情况。由于广义的体系概念覆盖范围宽泛，因此本章所指的“职业教育体系”主要指后者。

（二）内涵规定

依据《中华人民共和国职业教育法》（2022）第二条规定：本法所指职业教育，是指为了培养高素质技术技能人才，使受教育者具备从事某种职业或者实现职业发展所需要的职业道德、科学文化与专业知识、技术技能等职业综合素质和行动能力而实施的教育，包括职业学校教育和职业培训。因此，目前体系中的职业教育主要包括两大形式：职业学校教育和职业培训，二者互相补充，不可替代。

（1）职业学校教育是职业教育体系的主要形式，在整个体系建设和发展中有着举足轻重的作用。职业学校教育是由专业人员承担，在固定的场所进行的目标明确、组织严密、系统规范的教育教学活动，强调专业的教学人员、统一的培养目标、系统的教学内容、规范的管理制度，能有规模地培养社会经济发展需要的技术技能人才。

（2）职业培训则是与实际生产过程结合紧密、针对某一具体工作岗位需要而进行相关知识、技能传授的训练。其强调操作性和经验性的培训内容、实用速效的培训方法，包括劳动预备培训、再就业培训和企业职工培训等种类。

与此同时，从个体职业生涯发展的角度出发，职业教育体系应该是一个完整、连续的有机整体，涵盖个体职前、职中和职后的各个阶段。因此，职业教育体系可大致分为职业启蒙教育、职业准备教育和职业继续教育三个阶段。首先，职业启蒙教育作为职业教育体系的根基，是基础教育的重要组成部分，这一阶段主要培养学生具备初步的职业认知、职业兴趣和职业信念，为未来的职业选择奠定良好基础；其次，职业准备教育是职业教育体系的主体内容，主要包括职业学校教育和岗前职业培训等，这一阶段培养学生掌握针对某一职业领域所需的专业知识技能；最后，职业继续教育是职业教育体系的重要补充，包括各式各样的职业再教育和培训，面向已经脱离正规教育并参加工作的成年人，这一阶段主要对技术技能人才进行职业知识的更新、补充、拓展，以及职业能力的提高，从而为其职业生涯的发展提供支持。

二、职业教育体系的形成

职业教育体系是一个复杂的社会适应系统，体系的构建和发展建立在适应外部生成环境（社会政治、经济、文化、技术等）的基础之上。因此，职业教育体系是社会发展到一定阶段的历史产物，具有鲜明的历史性和阶段性。在古代和中世纪，由于职业的分化和流动程度很低，人们对劳动技艺的保存和技能的培养主要通过“长带幼”的家传式或“师带徒”的学徒制等非正规方式进行。随着社会经济的繁荣发展，工商阶级逐步壮大，行会组织在职业教育方面发挥着越来越重要的作用，职业教育被视为关系到整个行业发展的公共事业。然而，由于缺乏正规的教学场所、系统的教学内容、专业的教员等，在这一时期并未形成真正意义上的体系化的职业教育。实际上，现代意义上的职业教育的诞生和发展与工业革命进程紧密相关。回顾近代世界职业教育发展的历史轨迹，其大致经历了两个重要阶段：一是多种办学模式相互补充；二是通过立法确立了正规的职业教育制度。

（一）多元化办学形式和主体的出现

自 18 世纪 60 年代起，机器生产逐渐成为主流趋势，工场手工业快速发展。随着技术运用的推广和普及，工业生产不再依赖人工的复杂技艺，只需要劳动者重复简单机械的操作。教育效率低下的传统学徒制难以适应规模化的机器生产，从而逐渐走向衰落。此外，生产力的发展对劳动者的能力素质提出了更高的要求，也为职业教育的规模发展奠定了一定的物质基础。

在 18 世纪到 19 世纪期间，政府、企业、社会组织团体、个人都参与到职业教育活动中，形成了多主体参与的多元化办学形式。首先是发展学校形态的职业教育成为各国共识，正规的职业学校应运而生。例如德国的实科学校、法国兼具初等教育和技术教育的工艺学校等。除了建立专门的职业院校，开展系统的学校职业教育，各国也探索出了职后培训、企业内职业工培训等多元办学形式。英国首倡的机械工人讲习所是职后技术培训的积极尝试，影响波及欧美。这种独立于学校教育之外的教育机构，大多由私人或组织创办，以有工作经验的职工为主要对象，教学内容和形式灵活，在当时对于技术工人素质能力的提高发挥了重要作用。虽然工业化时期多数企业都忙于追求利润，但也有少数雇主针对企业需要，为自己的工人开办企业内培训。例如，英国开办“工厂学校”、美国面向工程师和一般技术工人分别开展高级培训和初级培训、日本形成了制度化的企业职工培训等。

（二）职业教育制度的确立

从 19 世纪中叶开始，随着各国工业革命的普遍开展和完成，技术提升综合国力的作用日益凸显。因此，各国政府开始重视发展职业教育，先后通过立法建立起了正规的职业教育制度。1917 年，美国国会通过《史密斯 - 休斯法案》，具体规定了美国职业教育的门类和经费拨款安排，正式确立了美国职业教育的体系和制度。1919 年，法国通过《阿斯蒂埃法案》，该法案构建了法国职业教育的基本框架，规定建立初等、中等、高等三个层次的职业教育体系，并对法国职业教育的管理权责分配、课程设置、办学性质、经费开支安排等作出了规定。这部法案也被称为“技术教育宪章”，标志着法国国家职业教育制度的正式形成。日本则在学习移植西方模式的基础上以追赶之势大力发展职业教育，《实业补习学校章程》《学徒学校章程》《实业教育费国库补助法》等系列法令的颁布，大大推动了日本职业教育的发展。1895 年，日本颁布了全面的《职业学校令》，基本形成了有初等、中等、高等三个层次的职业教育体系。

综上，自 19 世纪中叶至 20 世纪初，各国加强国家力量干预职业教育，相继通过立法将职业教育纳入本国教育系统，职业教育迈上制度化发展之路。

三、职业教育体系的典型模式

职业教育体系没有唯一正确的模版范式，其组成要素按照不同的比例和构成方式组合在一起，就会构建出不同的体系。纵向来看，在一个国家发展的不同阶段，职业教育体系动态变化，使自身能适应经济社会的发展需求；横向来看，一个国家的职业教育体系植根并服务于本国国情，而各国的经济、政治、文化不尽相同。因此，虽然一些国家的职业教育体系可能具有某些共性，但总体来说仍呈现出多元化的特征，具体体现为各国职业教育体系的多元模式。

纵观世界各国的职业教育体系构建实践，基本可以将其归纳为四大类型：第一种类型是以德国、瑞士为代表的职业性－早分流，其特点是渗透性强、双向选择；第二种类型是以芬兰为代表的职业性－晚分流，其特点是灵活渗透、公平与终身学习；第三种类型是以新加坡为代表的学术性－早分流，其特点是渐进分流、入学渠道多元；第四种类型是以美国、日本为代表的学术性－晚分流，其特点是综合化、全民化、终身化。

（一）以德国、瑞士为代表的职业性－早分流类型

德国传统的职业教育与学术教育是两个相对独立和分隔的教育领域，在双轨制教育体系下，德国形成了学校职业教育和企业实践训练并重的双元制教育模式。在德国产业结构中，机械制造业占据较大比例，因此德国主要依托企业、社会组织等类似的实践型单位来为经济社会发展及产业升级培养高端技能技术人才。其教育体系中的职业性基因较多。德国学生在完成小学教育阶段共 4 年的学习后进入第一次分流，主要流向主体中学、实科中学、完全中学及综合中学四类学校，四类学校分别承担着不同的教育任务。在小学四年制义务教育毕业时，由教师给家长提供意见，根据孩子的个性、特长、行为表现等因素，建议孩子选择不同类型的中学就读，从小学就开始的定向培养是德国教育改革中的创新举措，有效地满足了不同社会背景、自身发展条件学生的学习需求，是集中体现早期选拔与分流的重要交汇点，其主要目标是使每个学生在初次分流后尽快确认自己的学习能力和兴趣方向（如图 8–1）。①

德国的中等职业教育内部分层较为多元，会针对学生的个性化需求，使其选择最契合自身发展需求的学校就读。德国教育体系具有较强的渗透性，能够在两类分隔的教育领域之间架立沟通的桥梁，消除二者之间的隔阂，使职业教育领域内的学生有机会进入学术教育领域，反之亦然。但需要注意的是，虽然普职之间互相转换的制度体系及法律保障已经具备，但并不是所有职业教育轨上的学生都能立刻转入学术轨，比如说双元制职业教育与全日制职业教育毕业生一般要在职业补习高中（专科高中、职业高中等）补习文化后才能进入学术型高等教育体系，或者在积累若干年的职业实践经验后，再进入局限于某些学科专业的职普融合式应用型高等教育机构，如应用科学大学、双元制大学、职业学院等。综上所述，德国职业教育体系总体上形成了内部衔接视角下相对独立的职业路径和类型协调视角下职普融合的教育路径。②

① 王晓燕．迈向“有差异的优异”：发达国家基础教育分流模式与特征［J］．教育研究，2019，40（9）：71–86.

② 谢莉花，唐慧．德国衔接、融通的职业教育体系建设的核心基础与实现路径［J］．高等教育研究，2021，42（6）：99–109.

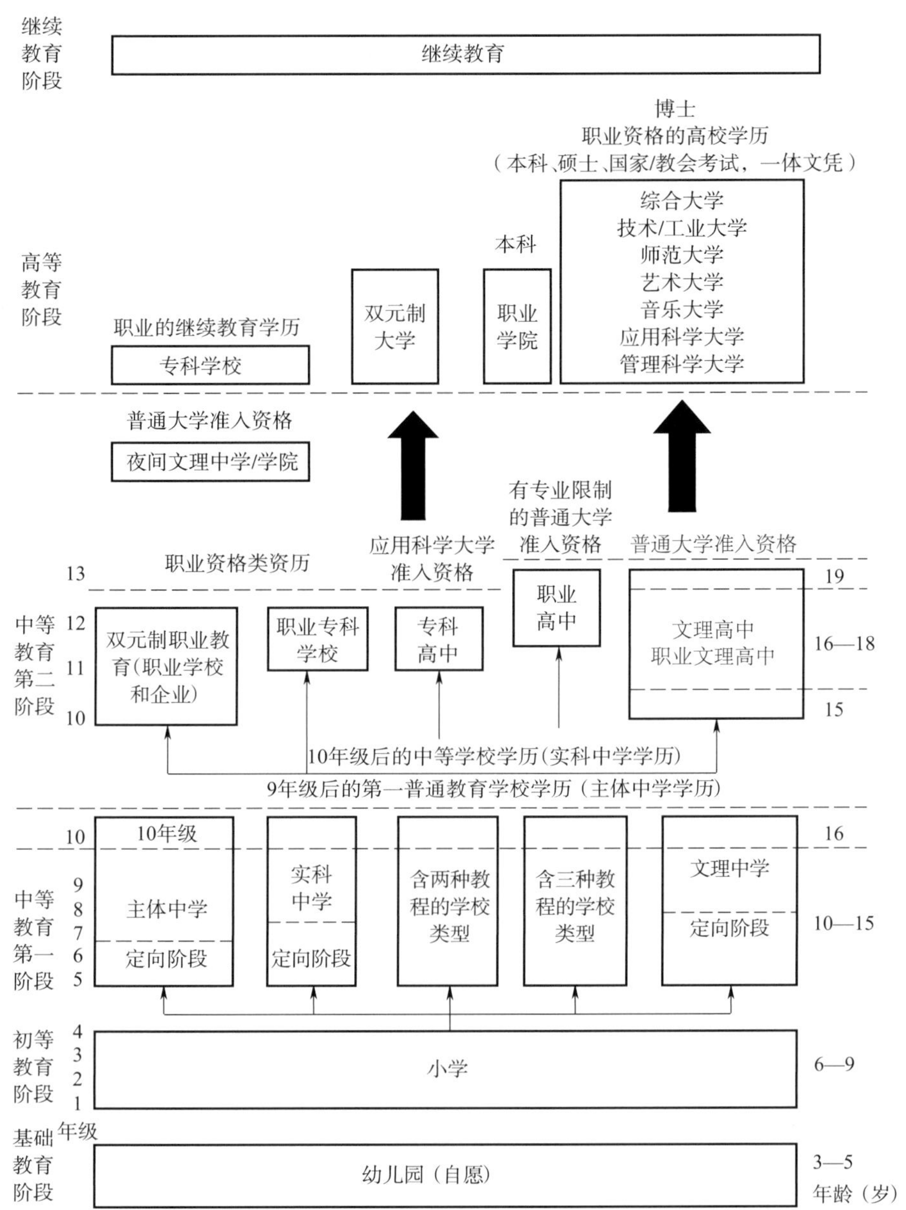

图 8-1　德国教育体系结构图

来源：本图为自制图，主要信息借鉴自德国州文教部长联席会议（KMK）教育体系图（2019）

瑞士同德国一样，目前，瑞士已建立了以职业教育和普通教育“双轨”运行为标志，以纵向贯通、横向融通为核心的现代教育体系（如图 8-2）。在高等教育领域，瑞士设有“高等学术教育”（A 类别）和“高等职业教育”（B 类别）两个轨道，赋予二者同等重要的地位。在整个教育体系中，高等职业教育是一个结构和功能完善的子系统，由高等专业学校、联邦考试实施，具有学校教育与职业培训并重的鲜明特色。《2022 年全球人才竞争力指数报告》显示，瑞士再次蝉联全球人才竞争力榜首，已连续 9 年被评为全球最具有人才竞争力的国家。此外，瑞士的竞争力在国际上持续排名领先。根据世界经济论坛（WEF）公布的《全球竞争力报告》，瑞士多年来名列前茅。根据瑞士洛桑国际管理发展学院（IMD）公布的《世界竞争力年鉴》，瑞士 2022 年排名第二。

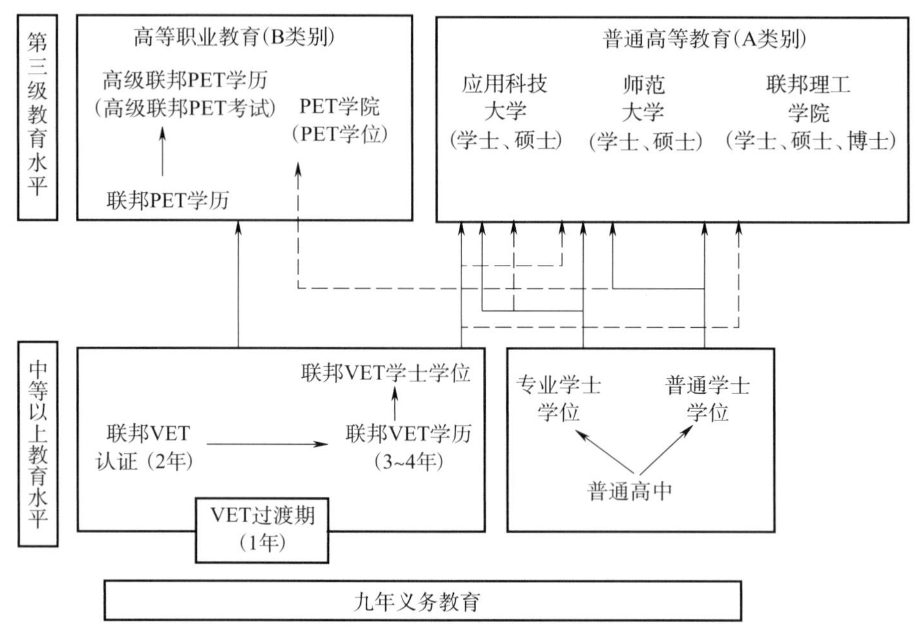

注:——► 表示可以直接进入　- -► 表示需要满足更多的条件才能进入

VET:职业教育与培训,在瑞士职业教育体系中指中等职业教育

PET:专业教育,在瑞士职业教育体系中指高等职业教育

来源:瑞士教育、科研与创新国务秘书处(SBFI)

图 8-2　瑞士教育体系结构图

瑞士教育体系的箴言是:无后续就业或学业,就没有毕业。这意味着,每个接受过职业教育的学生毕业后拿到的文凭都为下一个教育培训机会提供了基础,每个教育培训阶段拿到的文凭都可以获得后续学业课程的承认。瑞士三分之二的年轻人在义务教育结束后选择接受基础职业教育,通过职业教育培训获得岗位工作需要的关键技术及能力,生产出高附加值产品,充分提高在市场上的就业能力。此外,瑞士教育体系体现了以人为本的设计理念,其为初中毕业但尚未选定是上职业高中还是文理高中的孩子们设定了一个过渡教育(一年),学生在过渡教育中确认自己的兴趣取向和成长规划,然后再做出选择。其教育体系同德国一样,具有较强的渗透性及专业性。

(二)以芬兰为代表的职业性 - 晚分流类型

芬兰目前的教育体系建立于 2011 年,由幼儿教育、基础教育、高中教育与职业教育及高等教育等 4 个子系统组成,如图 8-3 所示。芬兰实行九年制一体化基础教育,全部在综合学校中进行,属于晚分流类型,芬兰的中等教育实行高中教育和职业教育双轨并行的教育体系。学生从综合学校毕业后,根据自身职业规划选择进入普通高中接受综合教育,或进入技术院校接受职业教育培训(VET)。在双轨衔接的教育分流之下,芬兰的学术型人才教育体系和技术型人才体系之间没有价值鸿沟,学生对学校的选择完全取决于自身兴趣和职业规划。芬兰的高等教育体系由大学和应用科技大学两类学校构成。芬兰教育体系的职业性体现在其层级分明、系统运作的特殊需求教育支持机制及践行教育公平理念的终身学习路径上。

芬兰根据社会的适应性需要和学习者的阶段性需求,建立了柔性的教育体系,同时注意消除每一教育阶段及不同教育系统之间的转换障碍,高中与职业院校之间、大学与应用科技大学之间没有壁垒。首先,芬兰教育体系具有高度渗透性,在通往高等教育的路径上不存在"死胡同"。其次,教育公平理念贯穿整个教育系统,社会各子系统和谐共生,充分满足各类人群的多样化教育需求及发展诉求。比如,综合学校除了设置1至9年级的常规学制,另外设置了10年级[①],帮助学生夯实专业知识、探寻职业方向,为进入中等教育做准备。

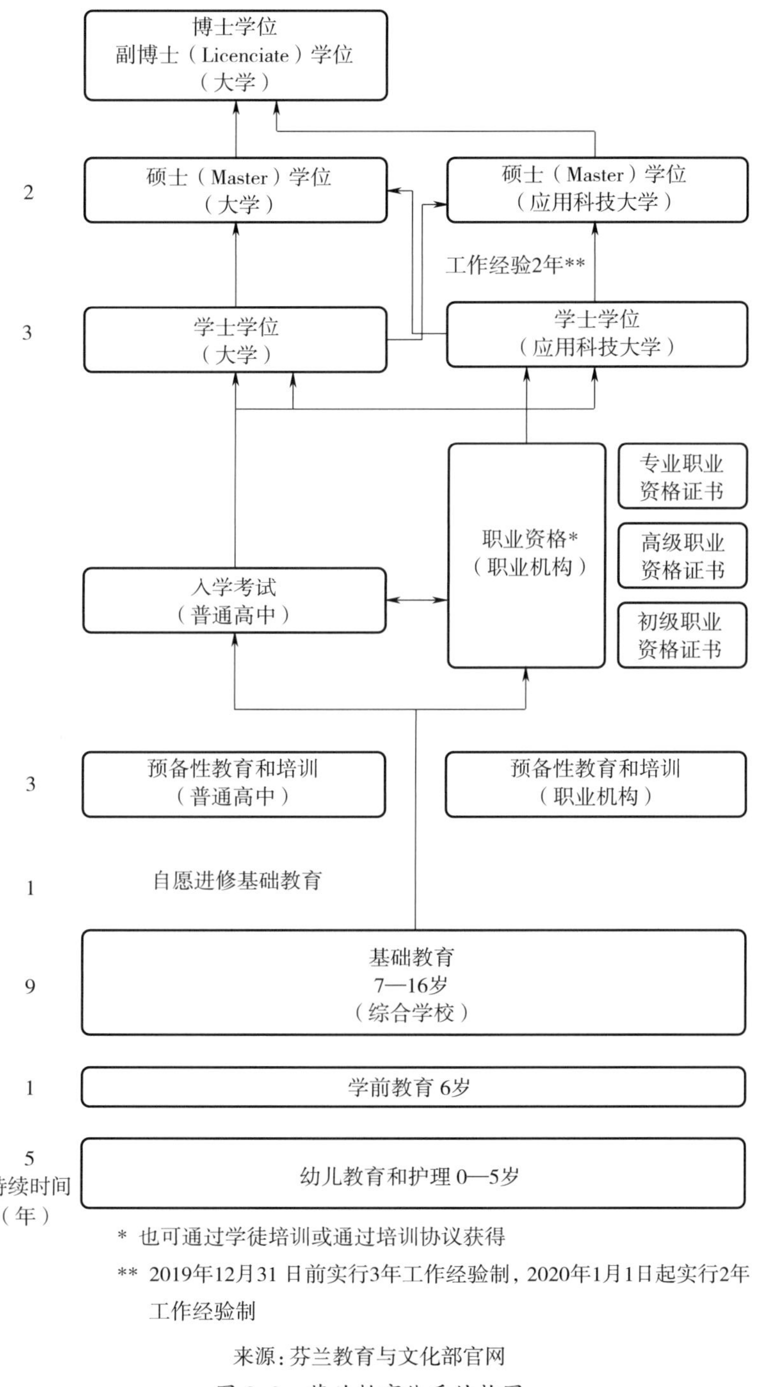

来源:芬兰教育与文化部官网

图8-3　芬兰教育体系结构图

① 宋丹,刘晏如,高树仁.芬兰教育体系的公平之维:历程、经验与启示[J].大连理工大学学报(社会科学版),2020,41(6):14-23.

（三）以新加坡为代表的学术性 - 早分流类型

建国后短短的数十年，新加坡从自然资源匮乏的落后岛国变为亚洲人均 GDP 排行首位的经济大国，并且新加坡国立大学连续多年在 QS 亚洲大学排名中稳占亚洲之首，这无疑源于其强大的技术与职业教育及培训体系。

新加坡的教育体系通过考试对学生进行三次分流。在小学离校考试后，学生根据考试成绩分别进入特别课程班、快捷课程班、普通学术课程班和普通技术课程班，前两种班级学制为四年，后两种班级学制为五年。在前种班级学习的学生在学制的第四年需要参加剑桥 O 水准考试，通过测试的学生可以根据自身的学习兴趣和个人职业规划进行选择，每年约有 45% 的学生进入理工学院学习，剩下的学生进入初级学院学习。在后两种班级学习的学生，在其学习的第四年需要参加剑桥 N 水准测试，第五年需要参加剑桥 O 水准测试，没有通过测试的学生进入新加坡工艺教育学院学习，通过测试的学生则进入理工学院学习。在工艺教育学院学习的学生，两年学成毕业后，可以选择直接工作，也可以选择再次参加剑桥 O 水准测试，通过测试的学生可以升入理工学院继续学习。理工学院的毕业生如果在学习阶段的综合考试中绩点排名前百分之二十，即可免试进入学术型大学或应用型大学继续深造。

人工智能及信息化发展浪潮的袭来，加之教育大众化的普及，使新加坡当局认识到原有的以高职为终点的职业教育体系既不能满足经济发展的需要，又不能满足受教育者对学历的追求，所以新加坡政府提出部分在理工学院学习并取得高绩点的学生可以直接升入大学进行学习。并且新加坡多次通过政府技能创新项目的载体功能，为劳动者进行职业指导和职业培训，在学生毕业后提升其技能水平，帮助毕业生寻求终身职业发展。在新加坡的职业教育体系中，接受每个层次职业教育的学生都可以拥有向上求学的通道，获得任何一种学历均不是整个学习过程的终点，接受职业教育的学生也可以取得硕士、博士等高学历，因此其教育体系属于学术性类型（如图 8-4）。

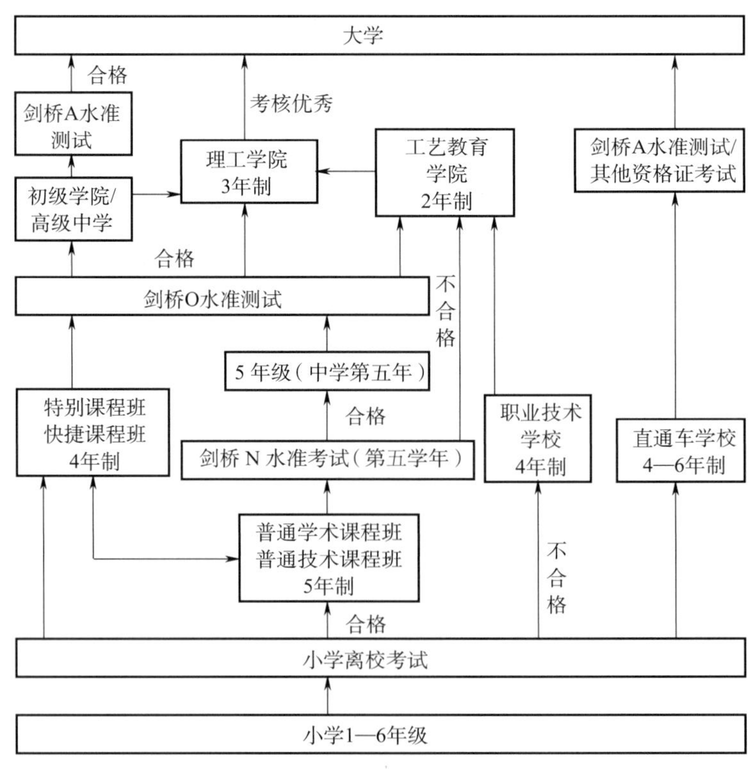

来源：新加坡教育部官网（MoE）

图 8-4　新加坡教育体系结构图

（四）以美国、日本为代表的学术性－晚分流类型

日本现行学制深受美国影响，是典型的“6–3–3–4”教育结构。从明治初期起步，经过100多年的改革、发展和完善，日本建立了一套与经济社会发展相适应，贯通中等职业教育和高等职业教育、职业教育和普通教育、学校职业教育和社会职业教育，由学校职业教育[包括专业高中、综合高中、专修学校（职业实践专门课程）、高等专门学校、专门学校（专门职大学和专门职短期大学）、技术科学大学和专业研究生教育机构]和社会公共训练（包括社会职业训练和企业内职业训练）构成多层次、多类型、高效的现代化职业教育体系。

如图8–5所示，在职业教育内部衔接方面，日本主要通过高等专门学校实现。高等专门学校是1962年日本在高中和短期大学基础之上创建的五年一贯制学校，招收初中毕业生，这是一种贯通中等教育和高等教育的新型职业教育机构。专修学校开设三级课程：专门课程、高中课程和普通课程。设有专门课程的学校称为专门学校（专科学校），招收高中毕业生，学制一般为两年，毕业生可获得等同于短期大学的毕业资格。设有高中课程的专修学校称为专修高中（高等专修学校），招收初中毕业生，修业三年后毕业生被授予高中毕业资格。设有普通课程的专修学校称为普通专修学校，入学资格不限，是实施终身教育的场所。专门学校的成立满足了产业结构变化而引起的对职业技术人才多样化的需求。

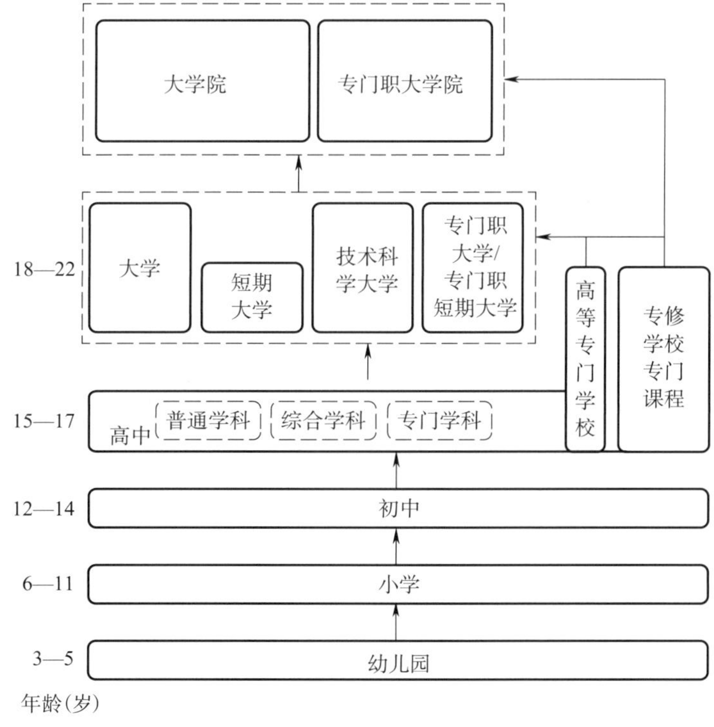

来源：日本文部科学省（MEXT）

图8–5　日本现行教育体系结构图

美国在教育上主张人人都有受教育权，人人都应该受到同等的教育培养。美国实施的是单轨制学制，职业教育并没有形成独立的发展体系，而是作为一种教育内容融入到普通教育之中。因此，几乎所有美国儿童都在综合性（兼具升学和就业的双重培养任

务，没有职业教育和普通教育分化倾向）的学校中接受统一的中等教育。而综合中学的一个主要目的也正是“帮助学生通过广泛多样的接触和经验来获得明智地选择他的教育和职业生涯的基础”。这就决定了美国教育既非通过成绩的考核实现单向的简单淘汰，又非根据个人的意愿实现校际间的互通、流动，而是让学生在校内通过学习各类综合性的课程内容，逐步形成自己的职业或学术倾向的模式。因此，美国的普职分流是基于美国特色的综合中学办学模式的一种分流模式（如图 8-6）。

在长期的去技能、低技能战略下，美国的产业结构也在不断发生变化，知识型服务业、高新技术产业所占比重不断扩大，商品制造业和农业比重不断降低，逐渐形成了以服务业为主体的产业结构。因此，美国职业教育主要以学校职业教育的形式开展，企业培训及现代学徒制的因素所占比例较小，其体系具有综合化、全民化和终身化的特点。

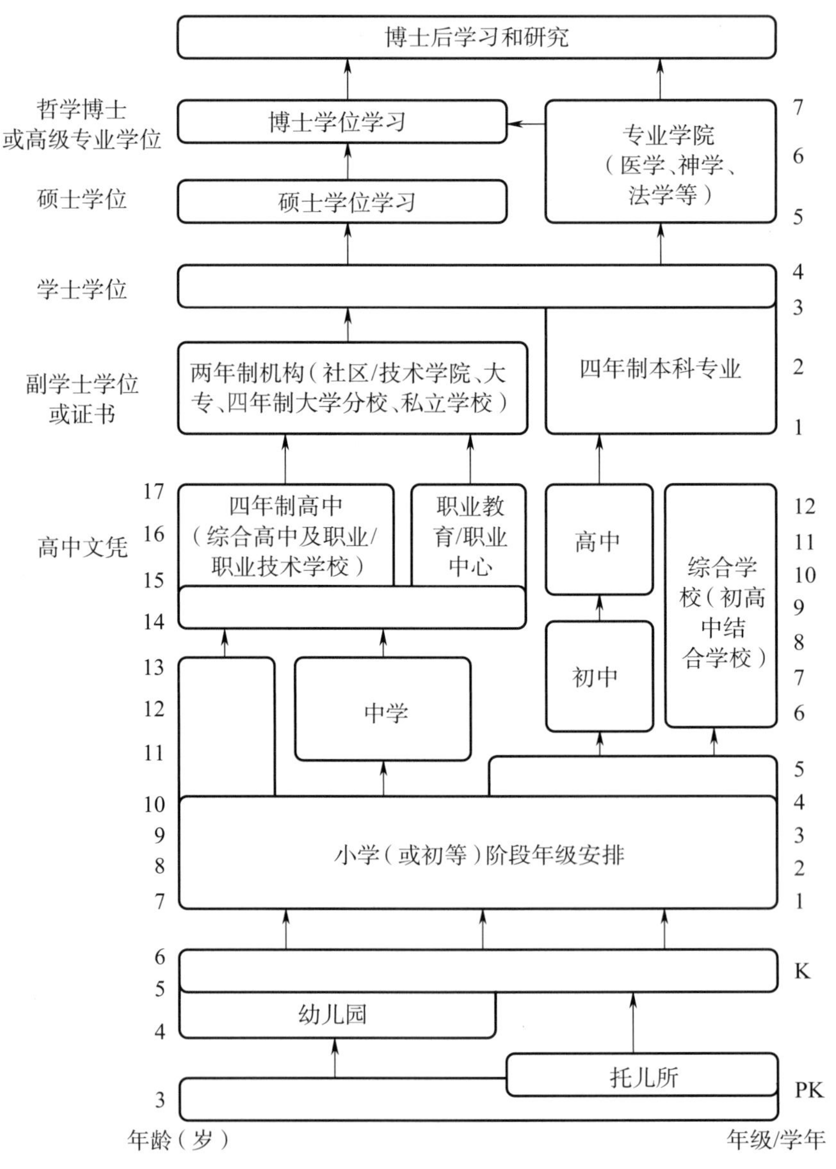

注：K：幼儿园；PK：托儿所

来源：美国全国教育统计中心（NCES）

图 8-6　美国现行教育体系结构图

四、教育体系的“单轨”与“双轨”之争

职业教育体系作为整个教育体系的重要子系统,不是孤立存在的,而是与其他子系统相互联系、相互作用,共同支撑教育系统的运转。在这一过程中,职业教育体系处于什么位置？承担什么角色？通过何种形式与其他教育体系产生联系、共同作用？各国在建设国民教育体系的实践中给出了不同的答案,其中最具代表性和典型性的两种类型是以美国为代表施行的“单轨制”教育体系和以英国为代表施行的“双轨制”教育体系。这在本质上体现了各国对职业教育体系和普通教育体系之间关系不同的理解和界定。事实上,关于教育体系的“单轨”与“双轨”之争,学术界也长期存在着分歧,而厘清这一问题,对于深入理解职业教育体系的内涵有着重要意义。

中世纪的欧洲受柏拉图、亚里士多德教育哲学的影响,对立闲暇与劳动、鄙夷劳动、排斥职业教育等观念在各国盛行。为固化阶级、维护秩序,传统的欧洲教育被划分为等级森严、互不联系的“双轨”,一轨为服务上层社会的自由教育,另一轨为服务下层社会的职业教育。在这一时期,职业教育与自由教育的“双轨制”体系只是统治阶级用以巩固统治的工具,职业教育并不受重视。随着追求民主、平等理念的兴起,加之经济社会的转型发展,职业教育的地位不断提高,其重要性被逐渐认可。有研究者基于科学管理和效率的视角,主张建立职业教育与普通教育相分离的“双轨制”教育体系。例如,普罗瑟分别从心理学基础、教育目的、教学内容、教学方法、服务对象、先后顺序六个方面详细论述了职业教育与普通教育的区别,认为二者无论是理论基础,还是具体实施都存在本质差异。因此,只有将职业教育体系与普通教育体系分离,建立“双轨制”,才能最大限度地保证职业教育的专业性和有效性。[①] 现在,越来越多的学者从类型定位的视角来论证建立普职“双轨”的必要性,即职业教育体系必须形成与普通教育体系相对应的独立一轨,构建起“纵向贯通、横向融通”的普职“双轨制”教育体系,从而使职业教育成为与普通教育等值的教育类型。[②③④]

另一部分研究者对上述观点则持不一样的看法,他们认为将职业教育体系和普通教育体系二元分离实际上是对等级教育制度的延续,限制了个体发展和选择的自由,不仅不能提高效率,相反会使两种教育都陷入狭隘和低效的局面。[⑤⑥] 因此,应该将职业教育和普通教育相融合,建立“单轨制”教育体系,以课程或项目为载体实现在“一所学校”里提供“两种教育”。[⑦] 我国也有学者基于学制的发展历史和社会转型对教育需求的变化,提

① PROSSER C, QUIGLEY T H. Vocational Education in a Democracy [M]. Chicago: American Technical Society, 1957: 37, 2, 215, 217, 10-11, 233, 234-235.

② 邢彦明. 从教育类型学观中国特色职业教育“类型”定位[J]. 中国职业技术教育, 2021(33): 24-30.

③ 匡瑛, 李琪, 井文, 等. 职业教育类型特征及其与普通教育“双轨制”“双通制”体系构建[J]. 苏州大学学报(教育科学版), 2021, 9(2): 27-34.

④ 唐高华. 基于大职业教育理念的现代职业教育体系构建[J]. 职业技术教育, 2011, 32(22): 19-22.

⑤ 杜威. 民主主义与教育[M]. 王承绪, 译. 北京: 人民教育出版社, 2019: 325-326.

⑥ BODE B. Why Educational Objectives [J]. School and society, 1924(10): 533-539.

⑦ GRANT V. Man, Education and Work: Post Secondary Vocational and Technical Education [M]. Washington: American Council on Education, 1964: 45.

出普通教育和职业教育从“双轨制”向“单轨制”转换是我国学制体系改革的应然选择和必然趋势的观点。①

目前国内外学界对于教育体系到底应该选择“单轨制”还是“双轨制”尚存争议，这一问题的实质在于如何理解职业教育，以及以何种形式发挥职业教育对经济社会和人的发展的重要作用。事实上，职业教育无论是在“双轨制”中作为独立体系存在，还是在“单轨制”中“不成体系”地存在，其作为与普通教育同等重要的独立的教育类型的地位都不可动摇。此外，国家教育体系类型的选择需根据本国传统教育体系、经济社会发展的实际情况而定。

第二节 我国职业教育体系的现状与问题

《国家职业教育改革实施方案》开宗明义地提出“职业教育与普通教育是两种不同教育类型，具有同等重要地位”。职业教育对类型特征的追求在当代的重点就是重塑我国现代职业教育体系，这既是当前我们亟待解决的理论问题，又是迫切需要直面的现实难题。本节将重点聚焦我国职业教育体系建设的现状，在介绍我国现行职业教育体系的基础上，总结我国体系建设已取得的主要成就，并分析体系发展中存在的突出问题。

一、我国职业教育体系的现状

党中央和国务院一直以来都十分关注和重视职业教育的发展，特别是改革开放以来，我国大力发展职业教育，使其体系化、系统化已然成为国家发展职业教育事业的关键战略部署。通过梳理我国在构建职业教育体系过程中颁布的重要政策文件和发生的标志性事件，可将我国职业教育体系建设历程大致分为以下四个时期：职业教育体系的初次提出与轮廓勾勒时期、职业教育体系法律地位首次确立时期、现代职业教育体系的提出与发展时期、现代职业教育体系高质量优化与完善时期。②

我国非常重视职业教育体系建设，并根据时代发展需求通过国家文件不断对我国职业教育体系建设做出规划，如表 8–1 所示。

---

① 杜文军，赵旋屹．普职教育双轨制向单轨制转换：学制体系改革的应然选择［J］．教育与职业，2018，（1）：5–9.

② 井文，匡瑛．改革开放四十年我国职业教育体系构建的历程、成就与展望［J］．机械职业教育，2019，（6）：1–4.

表 8-1 改革开放以来国家文件中对我国职业教育体系的目标表述

发布年份	文件名称	对职业教育体系的目标表述
1985 年	《中共中央关于教育体制改革的决定》	逐步建立起一个从初级到高级、行业配套、结构合理又能与普通教育相互沟通的职业技术教育体系
1991 年	《国务院关于大力发展职业技术教育的决定》	初步建立起中国特色的，从初级到高级、行业配套、结构合理、形式多样，又能与其他教育相互沟通、协调发展的职业技术教育体系的基本框架
1996 年	《中华人民共和国职业教育法》	国家根据不同地区的经济发展水平和教育普及程度，实施以初中后为重点的不同阶段的教育分流，建立、健全职业学校教育与职业培训并举，并与其他教育相互沟通、协调发展的职业教育体系
2002 年	《国务院关于大力推进职业教育改革与发展的决定》	初步建立起适应社会主义市场经济体制，与市场需求和劳动就业紧密结合，结构合理、灵活开放、特色鲜明、自主发展的现代职业教育体系
2005 年	《国务院关于大力发展职业教育的决定》	进一步建立和完善适应社会主义市场经济体制，满足人民群众终身学习需要，与市场需求和劳动就业紧密结合，校企合作、工学结合，结构合理、形式多样，灵活开放、自主发展，有中国特色的现代职业教育体系
2010 年	《国家中长期教育改革和发展规划纲要（2010—2020 年）》	要把职业教育摆在更加突出的位置，争取到 2020 年，形成适应经济发展方式转变和产业结构调整要求、体现终身教育理念、中等和高等职业教育协调发展的现代职业教育体系
2014 年	《现代职业教育体系建设规划（2014—2020 年）》	形成适应发展需求、产教深度融合、中职高职衔接、职业教育与普通教育相互沟通，体现终身教育理念，具有中国特色、世界水平的现代职业教育体系，建立人才培养立交桥，形成合理教育结构，推动现代教育体系基本建立、教育现代化基本实现
2017 年	党的十九大报告	完善职业教育和培训体系
2019 年	《国家职业教育改革实施方案》	完善学历教育与培训并重的现代职业教育体系，畅通技术技能人才成长渠道
2021 年	《关于推动现代职业教育高质量发展的意见》	到 2025 年，职业教育类型特色更加鲜明，现代职业教育体系基本建成，技能型社会建设全面推进
2022 年	《中华人民共和国职业教育法》（2022 年 4 月 20 日修订）	国家建立健全适应经济社会发展需要，产教深度融合，职业学校教育和职业培训并重，职业教育与普通教育相互融通，不同层次职业教育有效贯通，服务全民终身学习的现代职业教育体系
2022 年	党的二十大报告	统筹职业教育、高等教育、继续教育协同创新，推进职普融通、产教融合、科教融汇，优化职业教育类型定位

由此可见，随着类型教育定位的确立，我国职业教育从规模扩张走向追求质量，构建真正独立于普通教育体系、体现职业教育类型特征、符合职业教育发展规律的职业教育体系成为深化职业教育现代化改革的时代命题。2021 年，习近平总书记对职业教育工作作出重要指示，强调加快构建职业教育体系，为优化职业教育类型定位，增强职业教育适应性，培养更多高素质技术技能人才、能工巧匠、大国工匠提供体系保障。当前，我国现代职业教育体系框架已基本全面建成，加强制度体系和标准体系建设成为我国当下及将来完善职业教育体系的重要趋势，职业教育体系构建工作逐步迈入注重内部完善的提质优化阶段。

在国家政策和文件方针的引导下，我国已基本构建了具有中国特色、结构完整的现代职业教育体系。我国职业教育体系主要包括职业学校教育体系和职业培训体系两大类。其中，职业学校教育是指学历性的职业教育，分为中等职业教育和高等职业教育；职业培训是指非学历性的职业教育，包括职前培训、在职培训和职后培训等各种职业培训。

（一）职业学校教育体系

1. 中等职业教育

中等职业教育是高中阶段教育的重要组成部分之一，也是我国职业学校教育的主体部分，在职业教育体系中处于重要位置。中等职业教育的学校类型包括中等专业学校、职业高中、技工学校。其中，中等专业学校简称“中专”，源自 20 世纪 50 年代我国第一个国民经济五年计划期间对国家重点工程建设对各类中等技术人才的需要，发展伊始归行业主管，也为该行业培养专业技术员，主要分为普通中专和成人中专两大类。职业高中，又被称为职业高级中学，20 世纪 80 年代应中等教育结构调整的需要发展起来，大部分职业高中由若干初中或办学力量薄弱的普通高中合并改建而成。职业高中重视对学生职业知识、素养及操作技能的培养，在文化基础课方面，也要求学生达到普通高中水平。技工学校，简称“技校”，发展初期主要作为国有大型企业的一个部门，培养的责任由企业承担，以培养中级技术工人为主，其目标主要是为企业提供人力资源储备。随着 20 世纪 90 年代中期现代企业制度改革，技工学校规模严重萎缩，从企业剥离，归当地人力资源和社会保障部门管理。

中等职业教育的招生对象主要是初中毕业生和具有初中同等学历的社会人员，学制以 3 年为主，旨在培养与我国社会主义现代化建设需求相适应，在生产、服务一线工作的高素质劳动者和技能型人才。这一层次的教育除了传授高中文化知识，更关注职业岗位和职业任务的要求，有针对性地对学生实施职业知识和职业技能教育，以提高学生的适岗性和职业能力。从 2021 年全国教育事业统计数据看，我国共设立中等职业学校 7 294 所，专任教师 69.54 万人，招生 488.99 万人，在校生 1 311.81 万人。

2. 高等职业教育

目前我国职业教育体系中的高等职业教育主要分为两个层次，即高职专科和职业本科。

高等职业教育是改革开放后我国为适应经济社会发展需要所创建的，已成为我国职业教育体系的“半壁江山”。目前，我国高等职业学校主要是在改革原高等专科学校、职业大学和成人高校，升格优质中等职业学校的基础上发展起来的，主要招收高中毕业生和中等职业学校毕业生，其人才培养的定位是在高中阶段教育基础上培养数以万计的高技能技术人才。基于此定位，我国高等职业教育实行五年一贯制、中高贯通、中本贯通的多元人才培养模式，并形成了包括2年、3年、4年等在内的灵活丰富的学制选择。从2021年全国教育事业统计数据看，全国高职（专科）学校共有1 486所，实现招生552.58万人，在校生已达1 590.10万人。

为适应产业转型升级和技术变革对技术技能人才更高层次的需求、高等教育普及化的趋势，以及人们对高质量多样化教育的追求，我国高等职业教育实现了从专科层次到本科层次的跨越。2014年，国务院印发《关于加快发展现代职业教育的决定》，首次明确提及"探索发展本科层次职业教育"，将其视为发展高等职业学校教育的重要举措。职业本科以高层次技术技能人才为培养定位，其专业设置主要围绕国家和区域经济的重点产业领域，服务产业新业态、新模式。据《职业教育专业目录（2021年）》，目前我国职业本科共设立专业247个。自2019年启动实施试点改革以来，截至2021年，教育部已分批批准建设了32所职业大学，招生4.14万人，在校生12.93万人。当前，我国本科层次职业学校主要来源有三种：高职院校独立升格、高职院校与独立学院合并转设、独立学院转设。

（二）职业培训体系

职业培训是基于就业的目的，为提高相关从业人员从事某种特定职业所需的业务知识和职业技能水平所开展的一种教育活动。与职业学校教育相比，职业培训具有内容单一、时间灵活、门槛宽松、形式多样等特征。近年来，随着就业市场竞争激烈、经济转型导致专业人才缺口大以及就业人员自我提升需求增加，我国职业培训市场快速发展。艾媒咨询发布的《2021年中国职业培训市场研究报告》数据显示，2021年我国职业培训市场规模超2 300亿元，超五成用户参与过职业技能培训。全国职业院校面向高校毕业生、退转军人、失业人员、转岗人员开展以促进就业为导向的职业技能培训。2021年共组织补贴性职业技能培训3 218.4万人次和以工代训1 501.8万人。其中农民工培训1 174.2万人次，脱贫人口及脱贫家庭子女培训211.2万人次，失业人员培训100.7万人次，毕业年度高校和中职毕业生培训131.7万人次。一些高职院校针对产业转型升级中对专业技能人才的新需求，面向中等职业学校、技工学校、普通高中毕业生开办"全日制技能特色班"，以解决人才供给与需求层次失配的结构性问题。

目前，我国主要的职业培训机构包括职工培训中心、农民技术培训学校、就业培训中心、各级各类职业学校等。培训的内容主要是职业资格认证培训、就业培训（包括第一次就业培训、转岗培训和下岗再就业培训）、在职岗位培训、农民技能培训等。根据培训阶段和需要的不同，可将职业培训分为职前培训、在职培训和职后培训。

1. 职前培训

顾名思义，职前培训是指入职前的培训，是对即将从事某一具体岗位工作的人员所开展的培训。"先培训，后就业"是我国劳动人事制度中的一项基本原则。特别是对一些专业性、技术性和规范性较强的行业的从业人员而言，其必须接受职前培训，通过相关考核、获得资格证书后才可上岗就业。职前培训的周期较短，内容较基础，大致包括企业文化、团队协作、员工守则、工作手册、业务流程等。通过职前培训，可以有效提高劳动者的职业素养、基本操作技能、安全意识等，帮助他们更好、更快地适应工作岗位的需要。

2. 在职培训

在职培训，也称职工培训和在岗培训，是以提高在岗职工的工作能力为主要目的的培训活动，属于人力资本投资的重要形式之一。在职培训具有很强的针对性和目的性，即在不脱产的前提下，提高员工的职业能力水平，来解决当下或未来工作中的问题。培训的内容具有时效性和实用性，紧跟技术进步趋势，围绕工作任务升级的现实需要展开。当前，我国在职培训的形式较为丰富，有岗位培训、各种短期培训班、专题系列讲座、技术练兵等。

3. 职后培训

职后培训，又称为继续职业教育，是指对已就业劳动者开展的与职业知识、技能相关的培训活动。具体而言，职后培训主要包括针对失业、下岗人员的再就业培训，以及转岗培训等。职后培训的形式灵活多样，可以采取脱产培训形式，也可以采取半工半读、工学交替等形式。

二、我国职业教育体系建设取得的成就

（一）已经建成了世界上规模最大的职业教育人才培养体系

改革开放以来，我国职业教育体系建设取得了突出成就，在“十三五”期间，已经建成了世界上规模最大的职业教育体系。截至2020年，我国职业院校数量增至1.15万所，其中中等职业教育院校10 000余所，高职（专科）院校1 400余所，在校生近2 857.18万人。各级各类职业院校年招生数高达1 083.98万人，其中中等职业院校招生600.37万人，占高中阶段教育招生人数的41.70%，高等职业院校（专科）招生483.61万人，占普通本专科招生人数的52.90%。可见，职业教育已经占据我国教育系统的“半壁江山”，具备向社会培养和输送大规模技术技能人才的能力。当前，我国各级各类职业院校共开设专业1 000多个，覆盖了国民经济发展各个行业和领域，每年向社会输送技能技术人才约1 000万人，并承担了上亿次的各类培训。在现代制造业、战略性新兴产业和现代服务业等领域，70%以上的一线新增从业人员来自职业院校毕业生。大规模的职业教育体系为经济社会的发展准备了充足的人才供给。

（二）初步建立了多层次、开放式的职业教育体系

随着职业教育现代化建设的不断深入，我国逐渐开通各类职业教育“直通车”，并搭建起职业教育的“立交桥”，初步建成了多层次、开放式的职业教育体系。2014年，教育部等6部门联合发布《现代职业教育体系建设规划（2014—2020年）》，就构建现代职业教育体系的基本架构、重点任务、机制创新等进行了全面阐述，为构建现代职业教育体系指明了基本方向。在对体系的纵向贯通建设中，我国对中等职业教育结构进行了调整，并丰富了高等职业教育层次，建立起了涵盖职业中等教育—职业专科教育—职业本科教育在内的完整清晰的层次架构体系，并依托中、高职人才培养模式改革和纵向衔接制度体系建设，加强了职业教育内部各个层次的衔接性和连贯性；在与其他教育体系的横向沟通规划中，我国以建立职业教育与普通教育“双轨”为核心宗旨，通过不断健全普职融通制度、国家资历框架制度等关键制度，在职业教育和普通教育、继续教育之间搭建了互通的桥梁，促进了职业教育与其他类型教育的双向沟通。总之，纵向贯通、横向融通的现代职业教育体系在我国初步建立了起来。

（三）基本形成了较为完善的职业教育法规体系

1996年《职业教育法》的出台，标志着我国职业教育从此进入了有法可依的科学发

展阶段。2022年，新版《职业教育法》在十三届全国人大常委会第三十四次会议上表决通过。这是《职业教育法》26年以来首次大修，内容从原来的五章四十条丰富拓展至八章六十九条，不仅明确了职业教育的类型定位，而且就职业教育与普通教育的融合、企业在职教发展中的义务和责任、职教教师队伍建设等重要内容进行了规定。《职业教育法》的修订和相关法律法规、政策制度的完善为我国职业教育稳定发展营造了良好、有序的法治环境。经过多年以来的法制化建设，我国职业教育形成了以《职业教育法》为基础纲领，以《中华人民共和国教育法》《中华人民共和国教师法》《中华人民共和国劳动法》《中华人民共和国就业促进法》《中华人民共和国民办教育促进法》等相关法律为重要补充，以地方性法规和行业标准为关键配套的治理框架，基本形成了较为完备的职业教育法律法规体系。

（四）规范构建了较为系统的职业教育标准体系

我国职业教育已经迈入提质培优、以质图强的新征程，愈发重视标准在提升职业教育质量中的基础性作用，并着手健全相关标准。其一，我国不断修订职业教育的专业目录，增强职业教育的适应性。2021年，教育部印发《职业教育专业目录（2021年）》（以下简称《目录》）。新版《目录》按照"十四五"国家经济社会发展和2035年远景目标对职业教育的要求，在科学分析产业、职业、岗位、专业关系的基础上，对接现代产业体系，服务产业基础高级化、产业链现代化，统一采用专业大类、专业类、专业三级分类，一体化设计中等职业教育、高等职业教育专科、高等职业教育本科不同层次专业，共设置19个专业大类、97个专业类、1 349个专业，其中中职专业358个、高职专科专业744个、高职本科专业247个。其二，我国加强制定中、高职专业教学标准，规范专业建设，保障教学质量。2012年到2022年底，我国制定并公布了230个中等职业学校专业教学标准和410个高等职业学校专业教学标准。与新版《目录》相对应的专业教学标准也正在加紧研制。其三，我国重视制定顶岗实习标准，为组织开展专业顶岗实习提供基本依据。2016年到2018年，教育部组织制定了涉及30个专业（类）的共计136个职业学校专业（类）顶岗实习标准。除此之外，我国还制定并印发了《中等职业学校公共基础课程教学标准》《中等职业学校大类专业基础课程教学大纲》《职业院校专业实训教学条件建设标准（职业学校专业仪器设备装备规范）》等一系列文件。至此，我国构建起了较为系统、完善的职业教育标准体系，形成了以标准为引领的规范机制。

三、我国职业教育体系发展中的问题

（一）中职教育的定位转向问题

当前，我国经济产业快速转型发展，高等教育迈入普及化和大众化阶段，人才需求不断升级，中等职业教育发展的内外环境发生了剧烈变化，使中等职业教育面临重新定位的问题。

事实上，在长期就业导向的支配下，我国中等职业教育被简单理解为"就业教育"，只强调学生的技能培养与操作实践，这实际上是对中职教育功能定位和价值取向的窄化和片面化，在一定程度上弱化了中职的教育属性[①②]，其独特功能难以彰显，逐渐走向边缘。

① 李向辉，常芳．中职教育对"以就业为导向"的误读、危害与治理［J］．教育发展研究，2016，36（5）：31-34.

② 李久军．中等职业教育价值取向研究［D］．成都：四川师范大学，2021.

我国中等职业教育存在的价值受到质疑，生存空间被严重压缩。有部分学者主张减少，甚至停办中等职业教育，其观点的提出主要基于以下原因：一是中等职业教育升学路径狭窄、单一，无法满足民众日益高涨的升学需求和多样化的发展需要；二是中等职业教育难以满足劳动力市场对高素质技术技能人才的要求；三是中等职业教育的办学质量大多较差，人才培养价值不受认可。[①]

纵观世界各国经济社会的发展历程，中等职业教育在全人才链与产业链的衔接中始终承担着比例最大的培养任务。在我国社会新发展的时代背景下，无论是完善现代职业教育体系的建设目标，还是实现社会稳定和教育公平的现实需求，都呼唤着保持、巩固、加强中等职业教育的基础地位。[②③④] 由此可见，新时期我国中等职业教育所面临的并不应该是“要不要”的问题，因为这个答案是显而易见的：中等职业教育作为职业教育体系，乃至整个教育系统的主心骨，发挥着“承上”（上通高等职业教育）“启下”（下接基础教育）的关键作用，是技术技能人才培养体系中不可或缺的一环。如何强化基础性地位，重新调整功能定位才是我国中等职业教育在新发展格局下需要应对的挑战。简单来说，仅仅以就业为导向已然无法适应时代发展的需要。我国中等职业教育的功能定位需要从单一转向多元，即从服务就业转变为服务学生就业、升学、创业等多方面的生涯发展需求。[⑤⑥]

（二）高职高专的质量提升问题

2019 年，国务院印发的《国家职业教育改革实施方案》中明确提出启动实施中国特色高水平高等职业学校和专业建设计划（以下简称“双高计划”），同年，教育部、财政部印发了《关于实施中国特色高水平高职学校和专业建设计划的意见》，正式部署、实施“双高计划”意味着我国高等职业教育从追求规模扩张迈入了内涵式、高质量发展的新阶段。目前，我国已有 197 所学校（包括 56 所高水平高职学校）和 141 个高水平专业群作为“双高计划”首批建设单位参与了项目建设。

“双高计划”作为一项重大决策建设工程，指明了新时代我国高职院校发展的方向和前景——在立足本土实际的基础上接轨国际标准和世界水平，“中国特色”和“高水平”是理解“双高计划”内涵的两个重要关键词。可以说，“双高计划”的实施为高职院校的高质量发展带来了前所未有的机遇和蓬勃生机，例如提供优质的教育资源和服务保障、创新产教融合路径、树立具有中国特色的高等职业教育品牌、提升国际影响力等。[⑦⑧] 与此

---

① 徐国庆．中等职业教育的基础性转向：类型教育的视角［J］．教育研究，2021，42（4）：118–127.

② 姜大源，石伟平，邬宪伟，等．“中等职业教育发展问题”专家笔谈（一）［J］．中国职业技术教育，2018（25）：5–15.

③ 崔宇馨，石伟平．新发展格局下加强中等职业教育基础地位面临的问题与对策建议［J］．教育与职业，2021（12）：19–26.

④ 张健，张涵韵．现代职业教育体系建设背景下中等职业教育的功能定位与升学考试模式［J］．职教通讯，2022（3）：35–41.

⑤ 石伟平，郝天聪．走向工业 4.0 还需要中等职业教育吗［J］．职业教育（下旬刊），2017（5）：71–72.

⑥ 刘晓．技能型社会构建与中等职业教育的发展定位：再论新时期中等职业教育要不要发展？如何发展？［J］．中国职业技术教育，2022（4）：12–19.

⑦ 李响初，李依宸．“双高计划”视域下高等职业教育：机遇、挑战与对策［J］．继续教育研究，2021（11）：38–43.

⑧ 庄西真．中国特色职业教育“双高计划”：怎么看、如何干［J］．职业技术教育，2019，40（24）：8–11.

同时，由于“双高计划”尚处于起步探索阶段，高职院校在落实中国特色高水平建设的过程中也面临着显著问题与现实挑战。如何均衡、优化教育资源配置，如何平衡示范院校样板经验与非示范院校个性化发展的需要，如何应对传统高职院校双师师资队伍基础薄弱的问题……种种挑战都是“双高计划”背景下我国高职院校实现高质量发展需要面对的，而其中最为迫切和关键的是“双高计划”的重点任务之一——专业群建设。

专业是院校开展人才培养工作的重要载体，也是教育对接产业发展和劳动力市场需求的中间桥梁。而专业群作为专业发展的高级形态，被视为高职院校教学改革的重要内容。[①] 可见，专业群建设问题深刻影响着高职院校发展质量和水平，其重要性不言而喻。当前我国高职院校在专业群建设工作中存在专业群编组逻辑错误、专业设置同质化严重、与高端产业对接程度较低、专业群设置调整滞后等问题。[②③] 需要清楚的一点是，按照规则将相近专业简单地组合在一起并不意味着专业群建设的完成，高水平专业群建设是一个十分复杂的过程，包括从组群到持续运作的全过程，需要经历从外部推动下的合并到内部自发性的融合，具体体现在群内各专业教师跨专业合作程度、资源置换和整合程度、对专业群的认同度等方面。

（三）职业本科的基本定位问题

开办职业本科是我国社会经济产业发展的客观需求，也是 20 世纪下半叶世界各国高等教育分化及追求类型结构合理化的共同趋势。自 2019 年起，我国正式“开展本科层次职业教育试点”工作。

职业本科是职业教育延伸至本科层次的结果，其出现打破了过去职业教育学历的“天花板”。因此，职业本科教育与其他本科教育相比，属于同一层次、不同类型的高等教育范畴，兼具“职业性”和“高等性”。虽然它们在本质上有着类型属性的区别，但“高等性”是其永远一致的根本特性，并且在职业本科发展过程中，高等属性应先于职业属性。这是因为职业本科教育产生于职业发展中，逻辑起点是职业 / 岗位群的发展，遵循工作体系逻辑，是深深扎根于职业实践、围绕职业岗位变化需要进行人才培养的教育。[④] 因此，职业本科教育的发展路径并不是“重造的”，而是延续了职业教育的“原生基因”，“职业性”是其与生俱来的本质属性。当前，职业本科教育所面临的突出问题是如何凸显其在高等教育领域范畴的独特性，要区别于高等专科教育，也要区别于其他本科教育。要解决上述问题，必须弄清楚的是职业本科教育在整个本科教育中的定位，即其“高等性”体现在哪里。

从教育属性上来看，职业本科属于工程技术类教育和复杂技能类教育，指向岗位工作中劳动和技术复杂程度的发展。在培养目标定位方面，职业本科主要面向技术技能型职业的高层次技术技能人才培养，既重视对学生高水平专业技能和职业能力的培养，又重视对其高阶能力和创新素养的培育，保证所培养的人才兼具“职业性”（内隐为技能水平、职业能力等）和“高等性”（内隐为高阶能力、创新素养等）。[⑤] 此外，职业本科教育还

---

① 王惠莲．高职院校特色高水平专业群建设的逻辑解构、关键维度及实施向度［J］．中国职业技术教育，2020（32）：54-61.

② 孟攀．中国特色高等职业教育高水平专业群建设特征、问题与优化方略：基于 141 个中国特色高水平专业群建设项目的实证分析［J］．职业技术教育，2021，42（28）：31-36.

③ 徐国庆．基于知识关系的高职学校专业群建设策略探究［J］．现代教育管理，2019（7）：92-96.

④ 匡瑛，李琪．此本科非彼本科：职业本科本质论及其发展策略［J］．教育发展研究，2021，41（3）：45-51.

⑤ 匡瑛，李琪．适应劳动技能迭代需要发展职业本科［N］．中国教育报，2021-09-14（5）.

承担着技术传承创新和技能迭代的社会功能，侧重于基于现实需求改造世界，重在面向实践应用和市场需求的产教融合，以及工作导向的技术技能创新，从而不断推动技术创新和技能迭代。由此可见，职业本科的本质是高专业性技能教育，“高等性”与“专业性”密不可分。与高职高专相比，职业本科的“高等性”体现为更高层次的专业性；与其他类型本科相比，其“高等性”体现为聚焦职业能力和技术创新的专业性。由此可见，职业本科的“高等性”不体现在文化水平的高低上，而体现在职业所包含的工作任务和技术使用的复杂程度和难易程度上。因此，职业本科教育要区别于传统精英主义培养模式，在办学模式、专业设置、课程建设、培养内容等方面不仅要遵循职业教育的育人规律，更为重要的是要体现出高层次、专业化的高等属性。

第三节 我国职业教育体系类型地位的确立

在新一轮科技革命和产业变革影响下，我国经济发展进入新常态。党的二十大报告明确指出，我国要全面贯彻新发展理念，着力推动高质量发展。我国正处于转变发展方式、优化经济结构、转换增长动力的关键时期，各行各业对高技术技能人才的需求越来越强烈。可以说，我国经济结构的调整和产业的优化升级是以实体经济作为支撑的，这需要大批能工巧匠、大国工匠。能为技能型社会提供人力资源支持的职业教育体系愈发受到重视，加快构建现代职业教育体系成为建成技术强国和人才强国、推进经济提质增效的内生动力和必然选择。面对新形势和新要求，国家高度重视职业教育发展工作，已全面部署了加快建设高质量职业教育体系的新任务、新举措。新《职业教育法》明确强调了职业教育体系的类型定位，在其第二章，就具体建设一个什么样的职业教育体系作出了系统规范，明确提出“统筹推进职业教育与普通教育协调发展”。这标志着我国现代职业教育体系已然迈入法治化建设阶段，为职业教育类型定位的确立提供了法理依据和法律保障。虽然当前体系构建工作正如火如荼地开展，但也必须清醒地认识到，我国在构建纵向贯通、横向融通的现代职业教育体系过程中依然面临着诸多现实难点和困境。那么，我国现代职业教育体系建设与职业教育类型属性之间的关系到底是什么？职业教育体系重塑所面临的难题有哪些？如何解决？这是本节所要探讨的问题。

一、确立职业教育的类型属性是现代职业教育体系建设的根本需要

《国家职业教育改革实施方案》开篇首句是：“职业教育与普通教育是两种不同教育类型，具有同等重要地位。”这是这份文件中最为重要的表述，它揭示了当前我国职业教

育发展所面临的最为根本的问题，也表达出了我国职业教育领域工作者的共同理想。它背后所包含的观点是，职业教育不是专门满足无法继续接受普通教育的学习者求学需求的补充性教育，而是在社会、经济与个体发展中具有独特功能的一种教育，它是可供学习者选择的多种教育路径中的一种。而要求把职业教育看作一种教育类型，不仅强调职业教育与普通教育在性质上的差异，而且要求把职业教育建设成一个具有独立形态的体系，这才是职业教育类型属性最为完整的含义。

（一）职业教育对类型属性的追求的发展历程

1. 工业革命前："使之类别化" 阶段

职业教育对类型属性的追求从学校职业教育诞生之日起就开始了。工业革命以前的职业教育是以学徒制形式存在的，当时的学校主要是实施普通教育的机构。工业革命过程中，资本家为了获取数量充足的工人，瓦解了行会对工匠的控制，从而导致了行会学徒制的崩溃，职业教育的实施主体普遍或部分地转向了学校，学校职业教育诞生。学校职业教育提升了劳动者的文化程度与专业理论知识水平，提高了技能训练效率，但也使职业教育因受普通教育已经形成的固有模式的制约而在不同程度上偏离了自身规律，在很大程度上丧失了自身的独特性。对职业教育人才培养过程独特性的认识，使得学校职业教育自诞生以来便开始了追求类型属性的历程，以使自身成为不同于普通教育的另一种形态的学校教育。但严格地说，这一时期对职业教育类型属性的追求还只是处于使之类别化的阶段，还没有发展到使之类型化的水平。

2. 工业革命到 20 世纪 90 年代：局部化阶段

在局部化学校职业教育发展阶段，职业教育只停留于某一学制层次，如初等教育层次或中等教育层次，或是即使有了多个学制层次，也没有有意识地去构建各学制层次的内在联系以使职业教育成为体系。在局部化阶段，职业教育对类型属性的追求主要是在职业院校内部，即要求在课程模式、人才培养模式和办学模式三个层面体现职业教育作为一种教育类别的特殊性。从工业革命到 20 世纪 90 年代，大多数国家的职业教育均处于这一发展阶段。

3. 20 世纪 90 年代后期以来：体系化阶段

体系化是 20 世纪 90 年代后期以来国际职业教育发展的重要事件，其核心特征是职业教育办学层次高移，进而在各级职业教育之间建立联系并使之成为体系。20 世纪 90 年代后期以来，高等职业教育在我国得到了大规模发展，近年来还推动了技术应用型本科教育的发展。高等职业教育、技术应用型本科教育的发展不仅增加了职业教育的学制层次，而且带来了在各级职业教育之间建立联系、形成职业教育体系的需要，进而产生了建设相应管理体系的需要。这一需要使得职业教育类型属性的内涵发生了重大变化，即对类型属性的追求从单个学校层面上升到了职业教育体系层面，这是职业教育类型属性的真正内涵。《国家职业教育改革实施方案》中所说的职业教育是一种教育类型，就是针对职业教育体系而言的。

（二）体系化阶段职业教育类型属性追求的特有问题

不成体系的职业教育难以称为现代职业教育。基于体系构建的类型属性追求对职业教育来说不仅更为迫切，也更为复杂；而所追求的这些内容，也就构成了职业教育类型属性在当前的内涵。这一体系不仅包括职业教育实施机构体系，而且包括管理体系。

1. 要求在政策和制度层面稳定职业教育招生比例

职业教育迫切要求被认可为一种教育类型，首先是希望通过对类型属性的认可获得对自身存在价值的认可，从而在政策和制度层面稳定职业教育招生比例。招生难、比例不稳定、所招收的均是被普通教育淘汰了的学生，一直是职业教育的办学之痛。这种状况的形成，有人们关于职业教育价值的传统观念的原因，也有政策和制度上的原因。比如有的行政领导会仅仅依据个人的认知宣布大幅度降低中职招生比例等。

当职业教育开始形成体系后，这一需求要强烈得多。因为只有当这个体系中的各个组成部分处于较为稳定的状态时，整个体系才能处于稳定状态，任何一个组成部分变弱都会导致整个体系的崩塌。进入 21 世纪后，中等职业教育招生规模一直起起伏伏，近年来这一问题还有扩大之势。在这一背景下，国家提出确认职业教育的类型属性，其政策指向是很明确的。

2. 要求职业教育学制层次结构完整、内部进路通畅

构建职业教育体系这一目标，对我国职业教育改革发展提出了两个基本诉求。① 职业教育的学制层次结构要完整。职业教育不仅要有中等教育层次、专科教育层次，而且要有本科教育层次，甚至是专业硕士教育层次，有时还要根据专业人才培养需要实施五年制教育。只有在学制层次上完整了，职业教育才能成体系。② 各学制层次职业教育之间要建立通畅的进路，使低一级学制的毕业生能升入高一级学制进行学习。这是通过长学制培养高水平技术技能人才的需要，也是形成职业教育体系的需要。

3. 要求形成符合职业教育特点的国家制度框架

职业教育体系的形成，还对更加复杂的国家职业教育制度框架的构建提出了要求。这一制度框架的构建除了要进一步理顺学校职业教育内部管理体系，更为重要的是还要：① 构建产教融合、校企合作国家制度框架；② 构建多元化办学国家制度框架；③ 构建国家资历框架。这些方面都是职业教育相对于其他类型的教育所特别需要的国家制度，是特别能凸显职业教育办学规律的制度。

总而言之，把职业教育看作一种教育类型，不能仅仅看到职业教育与普通教育在特征上的差别，而且要看到它对独立形态职业教育体系建设的需求。独立形态体系建设与类型属性确立是辩证关系，独立形态的职业教育体系建设需要以类型属性的确立为前提，而类型属性的最终确立又要以独立形态的职业教育体系建设为物质基础。自学校职业教育诞生之日起，人们便开启了追求其职业化属性的历程。时至今日，把这一追求从类别化上升到类型化有着深刻的原因，即智能化时代职业结构的变化产生了职业教育的体系化发展需求。因此，确立职业教育的类型属性是现代职业教育体系建设的根本需要，职业教育类型属性确立的实践策略设计需要在这一辩证关系中去寻求。

二、我国职业教育体系重塑必须直面的三大难题

（一）职业教育轨内部“对轨”难

当前，我国职业教育内部的不同层级教育面临“对轨难”危机。一方面，当前的职教轨主要停留于专科层次，没有更高层次的职业高等教育，也就是“无轨可对”；另一方面，在片面追求升学率影响下，高一级职业院校愿意招收低一级职业轨的学生，但招考时更看重文化知识考试，这在一定程度上引发了低一级学校人才培养普通化、应试化。考察职校生现有的升学途径可以发现，不论是普通高考、自主招生、三校生高考，还是中高贯通、

中本贯通，都只是面向少数学生的局部化、临时性的升学方式。中等职业教育与高等职业教育之间看似建立了联系通道，实则仍是割裂的，出现一根轨道粗、一根轨道细，难以“对轨”的怪象。此外，职业教育各层次之间缺乏一体化的专业目录，导致学习内容错位、重复、不连贯，技术技能人才缺乏贯通、完整的成长通道。

职业教育轨内部衔接不畅直接导致各层次人才培养难以形成准确定位。层级之间梯度差别不明显，人才培养目标定位模糊，甚至出现了交叉重叠的混乱情况。20 世纪 90 年代末，随着高职专科教育的快速发展，高等职业教育与中等职业教育人才培养目标的区分问题备受关注。随着职业教育以就业为导向政策的推出，“应用型人才”这一概念很快被放弃，国家使用了“高技能人才”这一概念来定位高职专科教育的人才培养目标。这一概念虽然一直被用于指导高职院校人才培养，但对它的争议也一直存在，主要反对观点认为把高职教育人才培养目标定位于技能人才，缺乏理论知识含量，不利于办出高等教育水平，而且“高”的含义比较模糊，在实践中很难操作，难以使高职专科教育的人才培养目标与中等职业教育区分开来。随着职业本科教育办学的深入开展，“高层次技能人才”的概念在人才方案编制中已开始显得支撑力度不够，主要问题在于难以真正表达出职业本科教育人才培养目标的内涵。综上，我国现代职业教育体系已形成了中、高、本三个办学层次，非常需要含义更加清晰的概念来表述三级职业教育的人才培养目标，使三级职业教育人才培养目标之间既有明确区分，体现它们不同的办学定位，同时又有内在逻辑联系，在职业教育体系内部搭建学生连续学习的路径。

（二）职业教育与普通教育之间“转轨”难与普职协调发展

1. 职业教育外部不同类型教育“转轨”难

我国职业教育体系与普通教育体系之间互通却不畅、有桥却单向。一方面，职业教育与普通教育之间的转换是单向的。在现有的教育体系和社会文化氛围下，职业教育吸引力较弱。想要获得较高的社会认可度和社会地位，获取学历和学位成为人们的第一选择。因此，普职之间虽说可以互转，但现实是常常从职业教育转向普通教育，几乎没有人会主动选择职业教育。另一方面，学生在普职分流后的发展路径是单向的。鉴于我国一次性的分流制度，学生选择普通教育后基本确定了未来走学术型发展道路，难以再回到职业教育轨道，反之亦然。普职“立交桥”实则是“独木桥”，有去无回，难以满足人们对教育的多元需求。

2. 从普职分流走向普职协调发展

我国职业教育因长期以来受到普通教育固有模式制约而偏离了自身发展规律，在很大程度上丧失了独特性，甚至一度被视为普通教育的有效补充或次等教育。虽然对职业教育类型属性的追求已达成共识，但在实践层面，职业教育作为独立类型教育的地位并未完全确立。这也导致我国职业教育体系的建设工作在开展过程中难以沉降到职业教育根本属性和特征的视角，教育类型特征不明。新《职业教育法》中对普职关系的描述从过去的“分流”变成了“协调发展”。此提法的变化意味着我国职业教育迈向从“类别之分”到“类型追求”的全新发展格局，体现国家对职业教育作为与普通教育同等重要的类型教育的认识不断深入，即不仅强调外部环境对职业教育类型定位的认同和形式上类别差异的体现，更侧重从教育系统内部出发，通过协调普职关系及对职业教育进行系统化的体系设计，使职业教育自然而然地呈现出不同于普通教育的独特作用和本质属性。简而言之，职业教育体系建立的逻辑起点是类型地位的确立，优化职业教育类型定位的前提是完善体系建设。

值得注意的是，“协调发展”不等同取消“分流”。部分媒体和专家在解读新《职业教育法》时，认为新《职业教育法》中没有“普职分流”的提法就意味着取消普职分流，所有初中毕业生都将进入普通高中学习。这实际上是陷入了过度解读和理解偏差的误区。从历史发展来看，普职分流是自教育体系形成之日起所遵循的基本逻辑；从现实需求来看，在教育大众化背景下，平衡社会人才结构和个体个性化发展差异需要对人们的发展方向进行分流。① 继续实施普职分流政策的现实意义不言而喻。事实上，从“普职分流”到“普职协调发展”提法的变化，是对普职关系采取了一种更富柔性和弹性的表达。这意味着职业教育与普通教育之间不再只是冰冷的普职比例和对立，而是相互融通、有机联系的。② 这实际上也是将普职置于同等地位，不存在轻重、主次之分的体现。③ 总而言之，类型地位的确立不意味着职业教育体系是孤立存在的，其与其他教育类型之间依然是相互联系、畅通融合的。

（三）现代职业教育体系外部保障远未成型

职业教育体系是一个复杂的社会适应系统，具有明显的跨界特征。外部支持系统是职业教育体系构建不可或缺的重要内容。职业教育体系若作为单纯的人为设计产物，只能存在于理论层面，从理论设计走向实际运行并不是自然而然、顺理成章的过程，而需要在复杂的外部环境下进行变革。构建现代职业教育体系，解决教育体系从宏观规划、中观设计再到微观实际运行的问题，势必需要一系列完善的国家制度加以支持。但我国在构建职业教育体系的过程中常常就体系论体系，鲜有从外部环境解析入手的，且对职业教育与其外部生成环境（政治、经济、文化等条件）之间的复杂联系，更是缺乏抽丝剥茧的审视和全盘统筹的视角。从现实而言，我国当前未能形成彰显职业教育类型特征、支撑职业教育体系构建和运行的配套支持系统，在国家职业教育制度体系方面的建设尤为欠缺。

1. 职业教育产教融合的制度化问题重重

职业教育产教融合的制度化存在着制度体系不完备、实体组织不作为、合作机制不高效、制度环境不友好等问题。

（1）在制度体系方面，职业教育产教融合制度不完备、不协同，政策引领作用开始发生反向偏移。职业教育产教融合制度化的基础是产教融合制度体系不断完备、不断健全，充分发挥制度体系的引用作用。然而，当前职业教育产教融合制度体系建设还停留在颁布政策、出台办法层面，非正式制度建设相对滞后。在“自上而下”的政策法规引领中，职业院校日益从区域发展的子系统转变为全国性职业教育体系的一部分，“迎合政策”办学取代服务区域经济的产教融合，政策效用开始出现反向偏移。在“迎合政策”和“服务区域”之间的博弈中，产教之间的融合没有实现政策预期的目标，甚至部分职业院校的行业特色逐渐消失，校企双方的“血缘关系”渐行渐疏，双方的“共融点”越来越少。

（2）在实体组织方面，职业教育产教融合组织不够用、不作为，实体嵌入制度逐渐走向奖项竞赛。一是职业教育产教融合的实体足够不够多、不够用。虽然国家遴选了一批产教融合型城市、产教融合型企业，也在逐步推广产业学院，但是，相对于职业教育产教融

① 徐国庆．“普职分流”不是取消而是协调发展［N］．中国青年报，2022-05-06（6）．

② 郝天聪．普职协调发展不等于取消普职分流［J］．职教通讯，2022（5）：18-19.

③ 郝云亮．新职业教育法背景下普职融通的必要性、现实意义和实现路径［J］．当代职业教育，2022（3）：4-7.

合的辐射面来说，目前的产教融合实体组织相当有限，根本不够用。相对全国县级以上城市 600 多个、规模以上企业 50 多万家、中职学校 9 800 多所、高职 1 400 多所的情况，目前的产教融合型城市、企业与产业学院建设都还是“星星之火”，远远没有形成“可以燎原”的规模效应。二是职业教育产教融合实体组织不作为，运行机制的形式主义严重。在实践中，职业教育产教融合大多停留在合同或协议的层面，校企合作项目以“短平快”居多，“订单培养”“跟单培养”“企业奖学金”等是当前职业教育产教融合的普遍深度，产教融合型城市、产教融合型企业还没有发挥实体嵌入的作用。三是职业教育产教融合的实体组织从组织制度逐渐走向奖项、竞赛。产教融合型城市、产教融合型企业、产业学院、集团化办学等是落实职业教育产教融合的重要制度单元，也是职业教育产教融合实体嵌入的枢纽组织。但是，在实践中，职业教育产教融合的实体组织从组织制度逐渐走向奖项、竞赛，各地逐渐开始以产教融合型城市、产教融合型企业的多寡为衡量产教融合成效的指标，把产教融合的实体嵌入变成了资源争夺与关系链接，违背了产教融合型城市、产教融合型企业的设置初衷。

（3）在合作机制方面，职业教育产教融合方式不高效、不经济，互动共享机制中间出现传递失灵。一方面，自上而下的政策制度传递中“加码”与“过滤”并存，政府参与往往陷入“解铃—系铃”的治理困境，“政府悖论”的问题相当突出。另一方面，校企双方的平行互动之间，因为制度、利益分配等，出现了横向传递失灵。中国职业教育历经资源整合、管理归属与行业“脱离”、各院校走上综合性发展道路的过程。如今，在标准化的体系建设中，各办学主体的行业特色逐渐消失，地域性特色越来越少。

（4）在制度环境方面，职业教育产教融合环境不友好、不积极，文化 - 认知行动多陷入漏斗式格局。国家层面高度重视职业教育产教融合，然而，地方或者具体组织单位相对缺乏参与产教融合的热忱；学校领导、企业领导积极参与产教融合，但是，职业院校的教师、企业职工则往往不如领导们那么积极参与产教融合；理论界积极倡导产教融合，然而，实践界面临着产教融合的各种困境。所以，职业教育产教融合的文化 - 认知陷入了“漏斗”格局，边缘但相对较高层的部门与群体非常认同产教融合，中心但底层的部门与群体并不热衷或者认同产教融合。

2. 职业教育多元化办学的内部治理体系不完善

尽管多年来我国致力于推动职业教育实现多元化办学，例如探索混合所有制、股份制等办学体制的改革，但由于缺乏相关法律的保障和支持，很多探索在实践中“夭折”，真正“开花”的只有高职产业学院。高职产业学院是由院校、企业、政府等双方或多方主体参与组建、联合投资、共同管理的新型办学组织，它既保持产业学院内各参与主体的平等地位，同时又不依附某一外部组织而独立存在。各主体的参与贯穿高职产业学院从建设到管理、从顶层设计到日常运行的全过程，由此可见，高职产业学院正是职业教育领域探索现代化多元办学行之有效的新模式。因此，以高职产业学院内部治理结构研究为抓手，可探寻职业教育多元化办学和现代化治理的突破口。当前绝大多数高职产业学院尚未形成独立健全的内部治理结构，还有待进一步完善和改进。

（1）资源投入的产权归属难界定，治理主体权益保障不足。高职产业学院的内部治理权力源于资源的依赖，显然，资源配置的实践问题对高职产业学院内部治理结构建设已经构成了潜在威胁。高职产业学院在资源的投入方面具有出多样化、持续化的特征，需要各主体在整个过程中给予支持。具体来说，企业投入了资金、设备、技术、场地、管理等资源，政府投入了资金、场地等资源，院校投入了人员、知识等资源，而除资金外的资源投入通常会出现难以独立核算和分割的问题，即各方主体共同投入的资源归属难以明确。[①] 因此，治理主体权益得不到保障的问题时有发生，严重挫伤了各主体参与治理的积极性和能动性，阻碍了高职产业学院内部治理结构的完善。

（2）多元主体间的权力分配失衡，导致部分治理主体缺位。由于主体的多元化，当前我国高职产业学院主要采取董事会制度或董事会制度。在理论层面，这将推动高职产业学院内部治理结构的现代化建设，但在实操中，也暴露出了权力分配失衡和治理主体缺位的典型问题。多元主体间的权力协调与分配难以达到平衡状态，无法真正实现共同治理的利益共享。就院校主体而言，若其权力过大，压制了企业等主体参与治理的权力，将企业的主动参与拒之门外，企业依然未实质性地参与产业学院的治理，便使多元化治理结构流于形式，教育与市场再次被割裂。就政府主体而言，若其权力过大，则容易忽视院校、企业的办学效益，进而导致其他治理主体缺少话语权，形成实际的行政化治理格局。相应地，若政府主体的权力过小，使高职产业学院失去了政府参与治理的特色，难以协同多元主体共治，政府主体的缺位容易带来治理机制的脱节。就企业主体而言，若其权力过小，那么只能发挥辅助协同的作用，若其权力过大，则容易使高职产业学院在人才培养过程中缺少系统化的理论指导，最终对高职产业学院的育人质量产生较大影响。

（3）治理机构和制度保障不健全，特别是缺少内部监督机构。当前我国高职产业学院内部治理机构混乱，内部监督保障机制缺失。具体而言，高职产业学院内部治理机构设置混乱主要表现为各主体与产业学院的机构设置重叠，办公地点也通常直接沿用各治理主体原组织的办公室。由此可见，高职产业学院内部治理结构尚未实现空间布局上的独立，相关机构的独立运行更难得到保证。此外，尽管所研究的产业学院群体已是高职产业学院建设的优质代表，但是在其相关的治理制度中也鲜少提到内部监督治理的内容，仅有个别产业学院较为详尽地提出构建内部质量保障体系。由此可见，高职产业学院内部治理中的监督评价与保障环节仍旧薄弱。

（4）内部治理结构仍过于行政化，缺乏现代化的治理机制。当前高职产业学院内部治理结构过于行政化，缺乏系统性的现代化内部治理机制。具体来说，第一，高职产业学院长期沿用公办院校的行政管理模式，没有改革治理模式和树立多元共治理念，制约了高职产业学院内部治理结构向现代化、扁平化的转变。第二，高职产业学院受行政干预严重，缺乏独立性。高职产业学院有着多元化的资源要素支持，其中不乏来自企业的现代管理要素，理应能够形成独立运行的治理机制。然而在高职产业学院的现实实践中，产业学院执行重大决策时仍会出现相关行政部门过分管控与干预的情形，在进行日常事务工作时也会时常有院校管理者越权管理，使产业学院缺乏独立性。第三，高职产业学院尚未形成刚性治理机制。高职产业学院是校企合作的突破形式，因此多数高职产业学院是由校企合作项目嫁接而来，过度依赖契约式的共同治理。而这种契约式治理往往难以化解多元主体在共同治理中产生的矛盾，容易导致组织的治理结构变得松散，使内部治理结构变得不稳定。[②]

① 段明．基于产教融合的高职产业学院治理模式、问题与路径［J］．教育与职业，2021（16）：28-35.

② 郝天聪，石伟平．从松散联结到实体嵌入：职业教育产教融合的困境及其突破［J］．教育研究，2019，40（7）：102-110.

3. 尚未在国家层面统一建立起资历框架

近年来,我国对国家资历框架的试点实践在统筹进行中。2016年印发的《中华人民共和国国民经济和社会发展第十三个五年规划纲要》中明确提出构建国家资历框架,将其列入我国建设终身教育制度的关键任务。部分机构、地方通过试点项目也开始进行局部、有益的实践尝试,如广东省终身教育学分银行、国家开放大学学习成果框架、上海市终身教育学分银行等。但目前相关试点工作的推进并不顺畅,更多关注认证工作,而对各类资历互转互通的实践探索较少,且尚未在国家层面建立起统一、完整的资历框架。要从根本上打通教育"立交桥",从地方试点转向国家层面资历框架的开发迫在眉睫。

制度的建立无法一蹴而就,必然要经历不断摸索、抓大放小、逐渐完善的漫长过程。国家资历框架要在我国实现从无到有,需要先聚焦重难点,一一解决"牛鼻子"问题。当前,构建国家资历框架迫切需要解决三大关键问题。

(1)标准体系问题。我国尚未从国家层面建立起统一资历基准体系,尤其是资历通用等级标准的缺失,导致各资历标准体系无论是在设计之初还是运行过程中,都缺乏沟通联系、协调整合的共同参照,只得"各行其是",多元资历标准体系分立。其问题突出体现在两个方面,一是学历资格标准与职业资格标准之间的割裂;二是大部分现有区域性资历框架标准之间尚未进行衔接对应。作为资历框架建设起步较晚的国家,我国在进行资历标准体系构建时主要以学习国外先行做法和经验为主,建设工作呈现出明显的经验主义依赖倾向。加之我国目前大多从终身学习理论、人力资本理论、教育公平理论等出发,探究资历框架建设的必要性和可能性,对于如何构建缺乏系统的理论研究,致使资历标准体系在建设过程中缺少严谨的学理依据。

(2)资历互认问题。我国的职业学校教育属于学历教育,因此,职业教育与普通教育在学历等级已经实现了对应。事实上,一直困扰我国资历互认的问题主要是学历教育和职业培训之间的等值关系尚未建立,主要体现在职业资格等级证书、技能水平证书、其他培训证书之间,以及它们与学历学位证书之间的等值互认关系上。可见,资历之间并未完全建立起等值关系。此外,资历互认的范围局限在正式学习领域,并未针对非正规、非正式的学习成果形成一套成熟完善的认证程序,是否所有的非正规、非正式学习成果都可以被认证,哪些应该被纳入认证的范畴,以及如何准确科学地认证,这些都是当前我国在构建国家资历框架,开展广泛资历互认时需要解决的"老大难"问题。

(3)质量保障问题。目前我国并未在实践层面正式开展国家资历框架的建设工作,因此无法就框架本身的质量保障问题进行探讨。学分银行作为构建国家资历框架的基础性工程之一,在建设和运行过程中有探索质量保障建设的相关工作,并积累了一定实践经验。但是,由于学分银行在我国也只处于起步阶段,质量评估和保障工作尚未完全展开,并已呈现出诸多问题。其在试点过程中暴露的问题可警示我国国家资历框架质量保障的建设。当前,我国学分银行的质量保障建设主要存在以下三个问题:组织架构缺乏系统设计、机构部门职能复杂交叉、系统之间缺少交流合作。

三、我国职业教育体系构建的优化举措

在全面建设社会主义现代化国家新征程中,职业教育前途广阔、大有可为。当前,我国虽然已基本建成中国特色现代职业教育体系框架,但加快构建高质量的现代职业教育

体系仍然是我国职业教育提质培优阶段的核心目标和主要任务。只有将职业教育体系放在大教育体系中，厘清职业教育体系与其他类型教育的关系，才能实现现代职业教育体系建设的稳步推进和高质量发展。为此，需要聚焦当前我国职业教育体系构建的现实难点，针对职业教育作为独立“一轨”难、职业教育内部不同层级教育“对轨”难、职业教育外部不同类型教育“转轨”难，以及忽视对体系外部制度环境的营造等问题，设计我国职业教育与普通教育“双轨制”“双通制”体系如下图 8–7 所示。

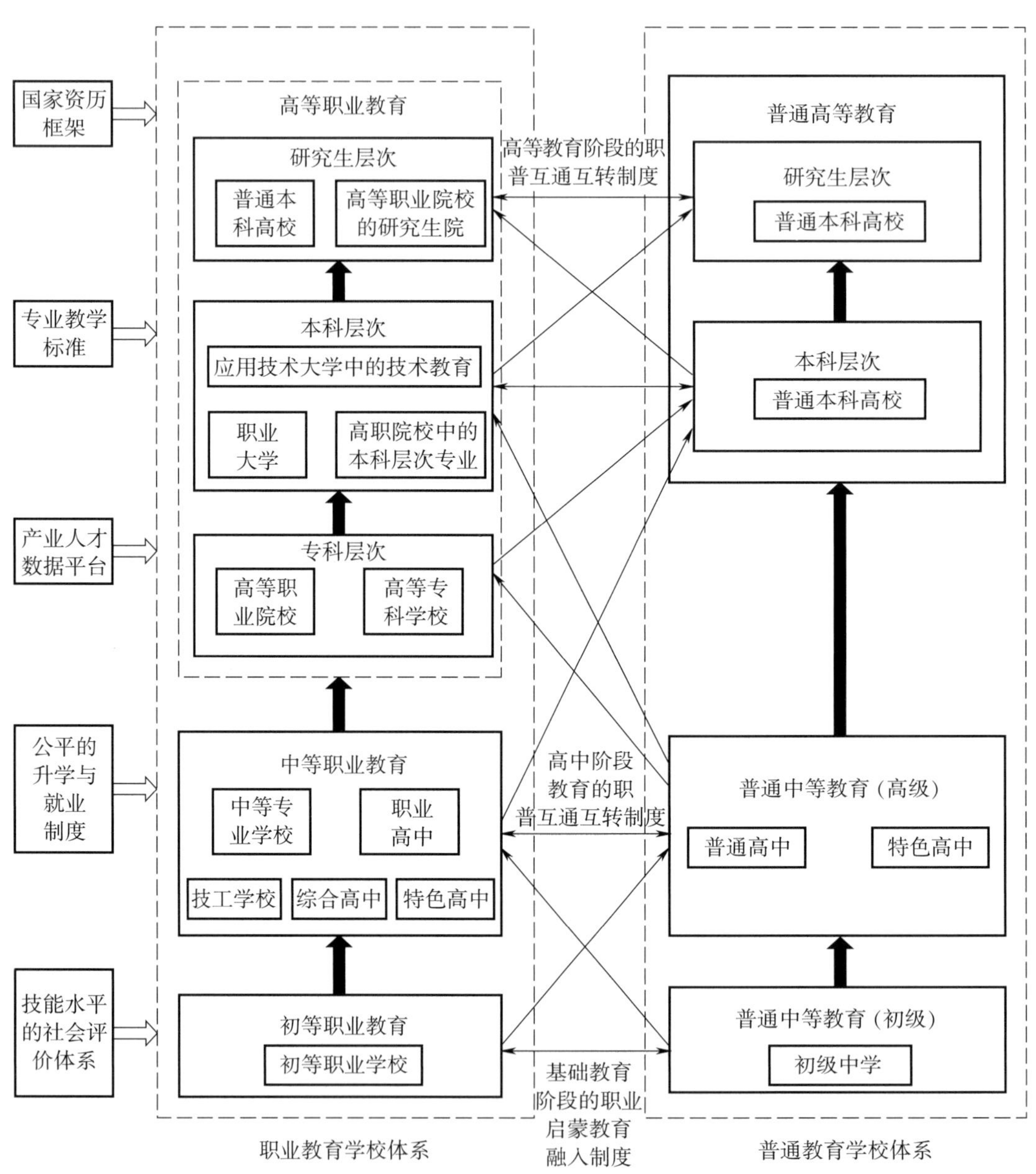

图 8–7　我国职业教育与普通教育“双轨制”“双通制”体系

如图所示，我国现代职业教育体系应该是贯通初等—中等—高等三个层次的完整的人才培养体系。其中，中等职业教育包括中等专业学校、职业高中、技工学校、综合高中以及特色高中；高等职业教育则涵盖专科、本科和研究生三个层次。职业教育学校体系与普通教育学校体系之间要建立起互转互通的“立交桥”，需要进行系统的关键制度设计，包括基础教育阶段的职业启蒙教育融入制度、高中阶段教育的职普互通互转制度，以及高等教育阶段的职普互通互转制度。此外，我国要构建起现代职业教育体系，解决职业教育体系从宏观规划、中观设计再到微观实际运行的问题，还需要一系列完善的国家制度和外部保障加以支持，具体包括国家资历框架、专业教学标准、产业人才数据平台、公平的升学与就业制度、技能水平的社会评价体系等。由此可见，构建现代职业教育体系是一项复杂的工程，要实现上述“设计蓝图”，可采取的优化举措如下。

（一）架构晚分流、一体化的现代职业教育体系

技术技能人才的职业能力发展具有阶段性和连续性特征，技术技能人才的培养是一个连续的技术技能累积的过程，需要一个有序的、有机衔接的一体化培养体系。因此，要构建符合技术技能人才成长规律的现代职业教育体系，首先，需要不断完善学制层次结构，建立一个涵盖职业中等教育、职业专科教育、职业本科教育、专业学位研究生教育的完整培养体系，打破职业教育止步于专科层次的“天花板”，实现与普通教育体系等值并行，从而打破过去部分的、表面的“双轨”，走向完全的、深层的“双轨”。体系构建要充分遵循教育认知规律和技术技能人才成长规律，从关注专业转到关注岗位、从关注新生劳动力培养转向到关注技术技能人才成长、从关注学校职业教育到关注职前职后一体化培养。由结构功能理论可知，职业教育体系作为教育系统乃至社会系统的重要组成部分之一，其内部结构和模式都源于教育发展和社会发展的需要。基于我国经济、社会、文化等基本要素的考量，构建具有中国特色的普职“双轨制”体系将朝着兼顾学术性和职业性－晚分流的方向迈进。

（二）打通招考关节，开通精准对轨的内部“直通车”

立足职教轨的完整性和独立性，精细设计职教轨内部不同层面纵向贯通、衔接的制度体系，注重制度之间的耦合性，以及新建制度与已有制度之间的兼容度等问题，从而保证体系的独立性和技术教育的贯通发展。因此，要实现职业教育内部纵向衔接贯通，必须打通招考的各个关节，实现中等职业教育与高等职业教育之间、专科职业教育与职业本科教育之间的有效衔接。

第一，建立技术技能人才类型化升学通道。要扩大技术技能人才接受更高一级教育的机会，提供继续学习、提升技术技能的路径，稳步发展职业本科，为学生提供通畅的类型化升学通道。与此同时，提高高一级职业院校招收低一级职业院校毕业生的比例，特别要强化高职专科主要招生中职毕业生，职业本科主要招生中职毕业生和高职毕业生的制度设计，从而使其成为一种稳定的类型化升学通道。

第二，系统设计不同层次的人才培养定位。在新专业目录框架下，系统设计不同教育层次、不同培养模式的培养目标定位，按照专业类别梳理技术技能人才的职业发展路径，从职业岗位、工作范围、技术知识水平和职业能力要求等方面区分不同教育层次的培养目标和人才规格，使得各层次的培养目标定位有区分度，同时能相互衔接。

第三，一体化开发专业教学标准。推进中职、高职专科、职业本科专业教学标准的一体化开发，遵循技术技能累积的规律，明确各级教育教学内容水平要求及其衔接关系，系统解决技术技能人才培养的内容体系衔接问题。

第四，建立健全符合技术技能人才选拔的招考制度。最具有制度意义的衔接机制就是职教高考制度，迫切需要在国家层面统一规划建立职教轨内部招考制度。构建职教高考制度需突破的难点有开发职教高考科目的课程标准、科学设计考试方案、合理确定考试内容与标准、建立与普通高考成绩的等值关系等。

第五，持续深化职前职后一体化改革。职业技术教育不再是满足就业需求的“为了职业的教育”，而已成为实现生涯发展的“通过职业的教育”。习近平总书记指出，要“建设‘人人皆学、处处能学、时时可学’的学习型社会”。现代职业教育体系的构建必须是开放的、面向人人的。如澳大利亚、英国分别依托 AQF（澳大利亚学历资格框架）和 RQF（英国资格框架），实现了职业教育与其他类型学习成果转换衔接，构建起终身教育体系。因此，强化职教体系内部制度供给还要从顶层设计的高度，加快建立国家资历框架制度，以此为依据开展学分银行建设（而不是像现在那样反过来），从而实现各类资历互认互转，连接教育系统和工作世界，激励个体终身学习和实现职业生涯发展。

（三）搭建普职“立交桥”，完善互通互转的顶层制度设计

长期以来，职业教育体系外部横向融通并不充分。究其根本，在于我国普职融通目前只积累了局部试点经验，而未能从体系构建的层面通盘考虑强化普职之间互通互转的顶层制度设计。因此，要从操作层面对普职间横向关键制度进行精细设计，具体包括基础教育阶段的基于职业体验课程的职业启蒙教育融入制度、高中阶段普职课程互认与互通制度、基于国家学分银行的学分积累和转换制度等。通过强化制度建设打破普职间的壁垒，为学生提供多元的选择机会，让个体能按照自身意愿在多种选择中获得自己心仪的、适合的教育。在这一过程中，职业教育的社会认可度和吸引力不断提高，就能吸纳更多优质生源。职业教育将不再是“兜底”的“被迫选择”，而成为高质量的“主动选择”。

高中阶段作为我国职业教育与普通教育的初次分流阶段，在推动实现普职融合方面起着承上启下的关键作用。针对我国高中类型单一、普职培养模式趋同的现状，可以以办学模式为切入点，积极创办多样化、个性化的高中。多样化高中可以主要包括两类，一类是综合高中，在校内给学生提供灵活多样的课程选择，实现课程层面的普职融合，并对学生进行配套的职业生涯指导，满足学生多元化发展的需要，给予学生多样选择的机会；另一类是特色化的专业高中，在高中阶段开设高精尖的特色专业，如新能源汽车、智能机器人、现代农业技术等，满足部分学生个性化、拔尖性的发展需求，为其后续职业选择和职业发展奠定坚实的基础。

（四）加强综合配套，统合多方力量支持

要构建起现代职业教育体系，不仅要加大财政投入力度，还势必要加强制度供给，构建、完善规范性、系统性、跨部门的国家层面的法律和制度保障，为提高职业教育的吸引力、完善现代职业教育体系营造配套的外部制度环境。具体而言，第一，完善职业教育法律体系。职业教育的规范、可持续发展离不开法律的保障，随着外部环境的剧烈变革和其内部的发展，原有法律法规已无法完全满足现实的需要。因此，在新形势下加快修订完善职业教育法及配套法规已成为当务之急，要通过法律明确各级政府部门的管理职责，规范利益相关者的权利和义务，并与其他各级各类教育法相呼应衔接，为我国职业教育提供良好的法律环境。第二，要遵循工程技术人才的成长规律，建立健全符合技术技能人才职业特点的荣誉制度。在我国，“搞技术”不如“坐办公室”的传统观念根深蒂固。要从评价制度入手，确立技术技能人才应有的社会地位，创造尊重技能人才的良好社会氛围。第三，恢复八级技工制度，在技工制度与薪酬分配制度之间建立对应关系。要扭转过去工资薪酬与学历、岗位级别挂钩的分配取向，坚持技高者多得的合理分配导向，提高技术技能人才的薪资待遇，鼓励人们立志做最优秀的技术工人。第四，摒弃具有人才类型歧视的人事就业制度，完善技术技能人才积分落户政策。当前我国存

在不少对技术技能人才的歧视性政策，导致职业院校毕业生落户难、就业难。通过用人方面的制度改革明确职业院校毕业生在落户、招聘、入职、晋升等方面享有与普通教育毕业生同等的地位，激励更多人加入技术技能人才大军。第五，建立产业技能匹配与岗位预测动态发布机制。针对我国存在的劳动力供给与劳动力需求结构性错位的问题，要以市场为导向，密切追踪产业布局调整情况，定期进行分等级、分行业类的岗位需求预测，及时了解人才需求变化。

（五）协调区域发展，加快农村职业教育体系建设

在从计划经济向市场经济转型的过程中，我国逐渐形成了城乡二元经济体制结构，城乡发展不均衡、乡村发展不充分已成为制约我国现代化进程的主要矛盾。对于职业教育而言，也存在着城乡发展不平衡的问题。在职业教育体系构建的初期，无论是政策制度的关注点，还是教育资源的分配都会向城镇倾斜，这导致城乡之间职业教育的差距被逐渐拉大。与城镇职业教育相比，我国农村职业教育发展存在“先天不足”和“后天发展不充分”的困境。目前，我国农村职业教育发展普遍存在教育经费匮乏、师资力量薄弱、实训基地设施陈旧等诸多问题。因而，我国在后续构建现代职业教育体系时必须全盘统筹，实现城乡一体化布局，加强对农村职业教育这一短板和薄弱环节的关注，加快建设和完善农村现代职业教育体系。

首先，合理分配城乡职业教育资源，这需要国家统一调整和优化资源配置，有意识地向职业教育发展程度较低、经济欠发达的农村地区投入更多资源，加大扶持力度，在一定程度上给予农村职业教育发展的空间和可能性，实现教育资源利用效率的最大化，从而保障职业教育体系各要素间的公平性。其次，随着乡村振兴战略的推进实施，农村职业教育体系服务于现代农业、职业农民和现代农村的建设和发展，因此，必须区别于城镇职业教育体系，体现并满足我国现代化农村经济发展的特殊特点和需求。现代农村职业教育体系应该形成以职业培训为主体的新型结构，通过搭建教育与培训一体化发展平台，形成以职业院校为主体的职前培养与以乡镇成人教育中心、农业广播电视学校等为主体的在职培训相平行的多主体广泛参与的职业培训体系，打造“特色鲜明、产教融合、适应需求、充满活力”的多功能、多元化办学格局，开展并提供各式各类教育培训，推动农村现代职业教育体系与终身教育体系接轨、与学习型社会融合，实现农村人力资源的充分开发和农村人口整体素质的提高。

关键概念

职业教育体系；职业学校教育；职业培训；体系构建；新制度主义；单轨制；双轨制；类型特征；普职融通

思考与讨论

1. 一个国家或地区应当如何构建符合自身所需的职业教育体系？具体需要考虑哪些因素？

2. 如何理解教育体系的“单轨”与“双轨”之争？在你看来，我国更适合哪一种模

式？为什么？

3. 职业教育类型地位的确立对构建现代职业教育体系有什么影响？

4. 除本章讨论的职业教育体系建设难题外，要架构中国特色普职“双轨制”“双通制”体系还面临哪些现实困难？

参考文献

[1] BODE B. Why Educational Objectives[J]. School and society, 1924(10).

[2] GRANT V. Man, Education and Work: Post Secondary Vocational and Technical Education[M]. Washington: American Council on Education, 1964.

[3] PROSSER C, QUIGLEY T H. Vocational Education in a Democracy[M]. Chicago: American Technical Society, 1957.

[4] 杜威. 民主主义与教育[M]. 王承绪，译. 北京：人民教育出版社，2019.

[5] 崔宇馨，石伟平. 新发展格局下加强中等职业教育基础地位面临的问题与对策建议[J]. 教育与职业，2021(12).

[6] 杜文军，赵旋屹. 普职教育双轨制向单轨制转换：学制体系改革的应然选择[J]. 教育与职业，2018(1).

[7] 段明. 基于产教融合的高职产业学院治理模式、问题与路径[J]. 教育与职业，2021(16).

[8] 郝天聪，石伟平. 从松散联结到实体嵌入：职业教育产教融合的困境及其突破[J]. 教育研究，2019，40(7).

[9] 郝天聪. 普职协调发展不等于取消普职分流[J]. 职教通讯，2022(5)：18–19.

[10] 郝云亮. 新职业教育法背景下普职融通的必要性、现实意义和实现路径[J]. 当代职业教育，2022(3).

[11] 姜大源，石伟平，邬宪伟，等."中等职业教育发展问题"专家笔谈(一)[J]. 中国职业技术教育，2018(25).

[12] 井文，匡瑛. 改革开放四十年我国职业教育体系构建的历程、成就与展望[J]. 机械职业教育，2019(6).

[13] 匡瑛，李琪，井文，等. 职业教育类型特征及其与普通教育“双轨制”“双通制”体系构建[J]. 苏州大学学报(教育科学版)，2021，9(2).

[14] 匡瑛，李琪. 此本科非彼本科：职业本科本质论及其发展策略[J]. 教育发展研究，2021，41(3).

[15] 匡瑛，李琪. 适应劳动技能迭代需要发展职业本科[N]. 中国教育报，2021-09-14(5).

[16] 李久军. 中等职业教育价值取向研究[D]. 成都：四川师范大学，2021.

[17] 李响初，李依宸."双高计划"视域下高等职业教育：机遇、挑战与对策[J]. 继续教育研究，2021(11).

[18] 李向辉，常芳. 中职教育对“以就业为导向”的误读、危害与治理[J]. 教育发展研究，2016，36(5).

[19] 刘晓．技能型社会构建与中等职业教育的发展定位：再论新时期中等职业教育要不要发展？如何发展？[J]．中国职业技术教育，2022(4).

[20] 孟攀．中国特色高等职业教育高水平专业群建设特征、问题与优化方略：基于141个中国特色高水平专业群建设项目的实证分析[J]．职业技术教育，2021，42(28).

[21] 石伟平，郝天聪．走向工业4.0还需要中等职业教育吗[J]．职业教育(下旬刊)，2017(5).

[22] 宋丹，刘晏如，高树仁．芬兰教育体系的公平之维：历程、经验与启示[J]．大连理工大学学报(社会科学版)，2020，41(6).

[23] 唐高华．基于大职业教育理念的现代职业教育体系构建[J]．职业技术教育，2011，32(22).

[24] 王惠莲．高职院校特色高水平专业群建设的逻辑解构、关键维度及实施向度[J]．中国职业技术教育，2020(32).

[25] 王晓燕．迈向"有差异的优异"：发达国家基础教育分流模式与特征[J]．教育研究，2019，40(9).

[26] 谢莉花，唐慧．德国衔接、融通的职业教育体系建设的核心基础与实现路径[J]．高等教育研究，2021，42(6).

[27] 邢彦明．从教育类型学观中国特色职业教育"类型"定位[J]．中国职业技术教育，2021(33).

[28] 徐国庆．"普职分流"不是取消而是协调发展[N]．中国青年报，2022-05-06(6).

[29] 徐国庆．基于知识关系的高职学校专业群建设策略探究[J]．现代教育管理，2019(7).

[30] 徐国庆．中等职业教育的基础性转向：类型教育的视角[J]．教育研究，2021，42(4).

[31] 张健，张涵韵．现代职业教育体系建设背景下中等职业教育的功能定位与升学考试模式[J]．职教通讯，2022(3).

[32] 庄西真．中国特色职业教育"双高计划"：怎么看、如何干[J]．职业技术教育，2019，40(24).

第九章 职业教育基本制度

学习提示

本章主要从内部和外部两个角度，按照“制度是什么—制度的功能—职业教育制度内容”的逻辑主线，详细介绍了与职业教育相关的制度。这些制度涵盖了职业教育内部的各类规范，以及职业教育作为社会子系统与社会其他子系统之间的互动关系。学习中要注意分辨制度、法律、政策等概念之间的区别和联系，了解制度在职业教育治理中的意义及功能，明晰制度的形成机制及制度间匹配的重要性，并能够用相关理论对具体制度进行分析。

正如哲学家德谟克利特（Democritus）所言，“凡事必有规矩”。在现代社会中，制度发挥着规范约束、鞭策激励的作用，让社会各子系统之间按照预期的方向互动和发展。职业教育的高质量发展同样离不开制度，且由于复杂的办学模式和人才培养模式带来了多元主体的介入，职业教育迫切需要健全的制度体系以协调不同利益相关者的行动。中国近现代职业教育的发展过程，某种程度上可以被视为在国家制度体系框架下，通过制度匹配和创新满足产业变革和人民群众对高质量教育需求的过程。本章将从制度的内涵和价值分析入手，介绍制度对于职业教育发展的重要意义，并在分析职业教育制度需要解决的问题的基础上，具体介绍我国职业教育制度体系的内容。

第一节 制度的内涵和价值

制度在现代社会中无处不在，它通过有形和无形的方式规约着人们的行为，形塑着现代社会治理的基本逻辑。职业教育的现代化和高质量发展，离不开内外部制度的保障。

一、什么是制度

（一）制度的内涵

作为大众经常使用的日常概念，“制度”一词在大多数情况下无需做特殊的解释。但是在经济学、社会学、管理学等学术研究领域内，“制度”一词因为不同的假设、逻辑和社会主张而被赋予了不同的意义。[①] 旧制度主义的代表人物凡勃伦（Thorstein B. Veblen）在1899年将制度定义为“个人或社会对某些关系或某些作用的一般思想习惯……从心理学的方面来说，可以概括地把它说成一种流行的精神态度或一种流行的生活理论”[②]。康芒斯（John Rogers Commons）则把制度解释为“集体行为控制个体行为”[③]。旧制度主义让国家或国家制度居于研究的中心地位，以静态制度层面的政治机构和法律条文为研究对象。[④] 它太注重政治制度方面的研究，忽略了从个体层面的行为关注制度现象，因而受到

① 秦海．制度范式与制度主义［J］．社会学研究，1999（5）：38–67.

② 凡勃伦．有闲阶级论［M］．蔡受百，译．北京：商务印书馆，2018：139–140.

③ 康芒斯．制度经济学［M］．于树生，译．北京：商务印书馆，1962：87–89.

④ 李永洪，毛玉楠．理解制度：对政治学中制度研究范式的再思考：兼论新旧制度主义政治学的差异［J］．社会科学论坛，2010（3）：31–37.

行为主义的批判和纠正。

新制度主义是在批评行为主义放弃对制度研究等缺陷的基础上发展而来的，其内部的不同派别则因为学理资源、研究假设和分析方法的不同，产生了关于制度的不同认识：① 以马奇（James G. March）、奥尔森（Johan P. Olsen）为代表的规范制度主义学派认为制度不必是正式的结构，而最好是被理解为一种规范、规则、协定和惯例的集合，且最重要的是“惯例”。“适当性逻辑”是规范制度主义的核心概念，即制度具有影响行为的适当性逻辑，组织内的成员会更多地考虑自己的行为是否符合组织的原则而非行动导致的结果。正因为如此，在处理制度和个体之间的关系时，规范制度主义认为有效的制度会让对制度的认可和执行通过社会化的形式内化到个体心中。在这种情况下，制度会竭力地自我延续，形成逐渐固化的形态。② 理性制度主义学派则把制度理解为规则和动机的结合，是个体运用的规则边界。从理性的个体行为中产生出集体理性是这一派别定义制度的逻辑起点。个体能够从制度的安排中感受到积极或消极的回馈，从而对个体的行为产生影响。因此，理性制度主义学派认为制度是设计的而非历史生成的，制度会因设计者的需求而被设计成特定的形态；相反，制度中的个体也会对已有的规则形成反作用，从而改变制度的内容。③ 对于历史制度主义学派而言，制度可被视为一种“中间体”，是“嵌入政体或政治经济组织结构中的正式或非正式的程序、规则、规范和惯例……是与组织和正式组织所制定的规则和惯例相连的”①。历史制度主义关注国家与社会制度的整体范围是如何影响着政治行动者确定其利益的，以及构建他们同其他团体的权利关系的。② 在该学派看来，制度的变迁是一个渐进的过程，“均衡断裂”“关键节点”是用来分析制度变迁的两个核心工具。

尽管不同学派对制度的内涵各有界定，但总的来看都认为制度的本质在于“规范”，在于对组织内的个体产生行动上的约束和引导作用。它涉及人们在社会生产和社会生活过程中形成何种关系、扮演何种角色及做出何种行为。③ 此外，制度是以执行力为保障的，无法付诸实施的制度仅具有名义上的合法性，不具有实际影响力。制度可以根据不同维度分为不同类型：① 根据制度的起源可以分为本源性的社会制度和派生的社会制度，其中本源性的社会制度指的是那些起源于人类生存与发展早期的、与形成于人类生活基本领域的制度（如经济制度、婚姻家庭制度），而派生的社会制度源于这些本源制度（如科学制度、政治制度、教育制度）；② 根据制度形成的方式，可以将制度分为内生的制度和设计的制度，前者是人类社会的自发形成，后者则通过立法等手段设计和实施；③ 美国社会学家萨姆纳（William Graham Sumner）以社会制度的性质为依据把制度分为社会自存制度（如财税制度、统治制度）、社会自续制度（如婚姻制度、继承制度）、社会自足制度（如礼仪、惯习）、宗教制度；④ 根据制度自身的正式性，可以把制度分为正式制度和非正式制度，前者指的是那些有意识创造的、明文规定的制度，最典型的正式制度就是法律，后者则是约定俗成的、无意识的约束和规范，如道德观念、伦理规范等。

---

① 豪尔，泰勒，何俊智．政治科学与三个新制度主义［J］．经济社会体制比较，2003（5）：20–29.

② 杨福禄．关于历史制度主义［J］．山东师范大学学报（人文社会科学版），2006（4）：8–12.

③ 彭和平．制度学概论［M］．北京：国家行政学院出版社，2015：31

（二）制度与相关概念的关系

1. 制度与法律

法律和制度存在紧密的关系。① 法律一般指的是由社会认可、国家立法机关制定，并由司法机关、执法机关等国家强制力保证实施的特殊制度。因此，法律被视为制度的一种，是具有国家强制力、维护国家稳定和促进各项事业蓬勃发展的强有力武器，是捍卫人民群众权力和利益、维护统治者地位的基本手段。[①] 法律体现了统治阶级的意志，具有预防、明示、矫正等作用。法律的制度化预示着社会文明程度的进步，它强化了制度的正式性、严密性、强制性和系统性等特征，是所有制度中最为突出的形态。与职业教育相关的法律主要包括《中华人民共和国教育法》《职业教育法》等。我国首部《职业教育法》由1996年第八届全国人民代表大会常务委员会第十九次会议通过，并于2020年左右启动了对法律的修订，新修订的《职业教育法》于2022年4月20日的十三届全国人大常委会第三十四次会议上通过，于同年5月1日起正式实施。② 制度是普遍意义上的“社会游戏规则”，一切对成员具有主动或被动约束功能、规范功能的约定均可被视为制度。它不仅包括国家层面的强制性的法律，而且包括组织内部强制性或非强制性的制度、规则，例如企业内的员工行为规范、学校内的各类教学管理制度等。

2. 制度与政策

政策，顾名思义即“政治策略”或“政治谋略”，是治理国家、规范民众的谋略或规定。[②]《现代汉语词典》中对“政策”的定义是“国家或政党为实现一定历史时期的路线而制定的行动准则”。可以看出，制度和政策都具有规范性这一基本属性，都为了达到一定目的而对特定群体的行为实施一定的引导或约束，都体现了群体内的成员共同的行动准则。在特定情况下，政策的内容可能会转变为具有更强稳定性和共识性的制度。例如《国家职业教育改革实施方案》中提出的“建立职教高考制度”政策就逐渐转化为各地建立的省域职业教育高考制度。但两者仍然存在一定的差别。① 政策一般会体现统治阶级或制定者的执政目的和思想，而制度并不都具有政治性和阶级性。② 政策的稳定性往往相较于制度更差，制度形成的群体内的认同感和行为约束力更强，对制度进行变革遇到的“路径依赖”效应会更强；而政策则可以根据环境或制定者的需求随时变更，充分体现了制定者的主观意志。③ 政策往往是明文规定的正式内容，由统治阶级通过不同方式公布和实施；而制度则包括正式制度和非正式制度，非正式制度往往并不会以明文规定的方式公布和实施，而是对个体进行潜移默化的影响和规约。④ 政策往往是目的性的设计和实施，而制度则存在内生和设计的两种形成方式。

3. 制度与体制、机制

制度、体制和机制这三个词经常一起出现，且经常被混淆和误用。实际上，体制、机制与制度之间均存在一定的关系，三者均属于制度的范畴，但是三者之间在内涵和使用场景中仍存在差别。① 体制是渗透了某种意识形态或价值观念，在相关领域或组织间形成的一种基本的整体关系框架[③]，是保障制度实施的组织架构。制度具有一定的稳定性，体

---

① 唐坚．制度学导论［M］．北京：国家行政学院出版社，2017：16.

② 刘涧南．政策定义辨析［J］．理论探讨，1992（1）：52–56.

③ 李松林．体制与机制：概念、比较及其对改革的意义：兼论与制度的关系［J］．领导科学，2019（6）：19–22.

制则具有一定的灵活性，一种制度可以通过不同类型的体制得以表达和实施。例如职业教育办学体制可以是政府办学，也可以是行业或企业办学。我国的职业教育办学体制也由过去的一元办学向多元办学的方向转变。② 机制就是遵循和利用某些客观规律，使相关主体间关系得以维系或调整，实现预期的作用过程。[①] 机制是制度的转化形式，它通过制度系统内部组成要素按照一定方式的相互作用实现其特定的功能，是关系范畴的概念。例如职业教育多元评价制度的落实，需要一个统筹相关主体的评价机制，协调各方在评价中的权责关系。这个评价机制会因为评价目的、评价对象等的不同而有所不同。③ 体制和机制的形成，一般都要有制度的背书或推动，而体制和机制也会巩固和发展已有的制度。

二、制度的社会功能

为什么要有制度？现代社会治理为什么需要制度？回答这些问题，需要回到制度作为上层建筑的本质属性。经济基础和上层建筑的矛盾是推动经济社会发展的根本动力，生产力的发展必然要求生产关系某些环节的调整和变革，而制度建设正是推动生产关系与生产力、上层建筑同经济基础相适应的关键策略。制度在完善生产关系的过程中主要体现出以下几个主要的功能。

（一）降低社会交易成本

交易成本产生于生产力发展和社会分工带来的交换行为。自给自足时代的家庭可以依靠自身满足各类需求，而当生产力发展带来剩余产品后就会产生交换的需求。由于交换双方彼此存在信息的不对称，这种交换就必然会存在风险，如坑蒙拐骗或投机取巧。因此，交易双方都会花费精力采取一些方式以规避这些风险，这就带来了交易的成本问题。这种交易成本常见于企业和企业、企业和政府、企业和消费者等主体之间，一般情况下，一种组织和制度的交易成本越高，这种组织的运行效率或制度的优越性就越弱，相反则越强。而如果交易成本无限制地提高，则会损害市场主体的竞争优势和发展动力，进而损害整个市场的运行秩序并导致严重的社会不良后果。

制度设计的重要目的就在于降低交易成本。威廉姆森（John Williamson）就曾指出资本主义的各种经济制度的主要目标和作用都在于节省交易成本，如果不把节省交易成本置于重要的中心地位，就不可能对资本主义的各种经济制度做出准确的评价。制度设计的核心目的就是降低各方之间的信息不对称程度，遏制人们的机会主义行为，让各方在彼此相对信任和可预见的环境中完成交易，并由此营造一个良好的市场交易环境，以创造出更多的财富。一旦一方违背了事先规定的义务，那么制度将给予其必要的制裁。也正是制度的这种强制力，让降低社会交易成本成为可能。最常见的制度便是各类法律，这些法律依托国家暴力机关赋予的强制力，明文规定了各类主体可以和禁止从事的行为，使各类行为具有远超承受能力的违约成本，从而实现对个体行为的影响。此外，由国家的权威性背书的各类政策等也可被视为降低社会交易成本的举措。在职业教育领域，这种降低交易成本的行为十分常见，例如国家颁布和修订《职业教育法》，其根本目的就在于为职业教育领域内的各项事务提供最基本的行为准则和行动框架，从而为各方发展职业教育提

① 李松林．体制与机制：概念、比较及其对改革的意义：兼论与制度的关系［J］．领导科学，2019（6）：19–22．

供可预期的参照。再例如国家发布了高水平高职院校和专业群建设项目，并明确了项目建设的要求和绩效考核的标准，也可被视为明晰学校奋斗的目标和主要任务，避免资源的无序投放和低效使用的举措。

（二）提升资源配置效率

资源配置指的是对相对稀缺的资源在各种不同用途上加以比较，做出选择。“配置”是一种具有主观目的的资源使用行为，它源于人们在不同时期对发展目标的定位和任务轻重缓急的判断。资源本身不会做出选择，而是使用资源的人根据对环境的分析和判断，使有限的资源通过合理的分配产生最大的效益。其中“如何分配”就涉及制度的问题。因为如何分配体现的是分配者的价值观念，且分配也很难做到完全的平均，或者平均主义并不符合资源效率最大化的目标，因此就需要制度为资源的分配提供原则和操作上的规范和指导。这是以组织或群体名义提升资源配置效率的方式。

资源配置的两种基本方式是计划配置和市场配置，选择何种配置方式取决于政府和市场主体间的博弈。研究认为，资源配置效率与经济制度结构之间有着内在的必然联系，经济制度主要通过影响经济总量、影响运行机制、影响管理和交易费用三种形式影响资源配置的效率。[①] 一些实证研究也发现，制度可以通过激励机制的改善提高企业内部的资源配置效率，也可以使投入要素更多地由低生产率企业流动到高生产率企业，从而改善资源在企业间的配置效率，减少资源误置现象。[②] 可见，依靠制度进行资源配置的行为无处不在，从国家制度到企业制度，每种类型的制度都致力于提升其所辖资源的使用效率，但同时也存在制度不合理而导致资源配置低效的情况。

在职业教育领域，通过制度提升资源配置效率最典型的表现莫过于混合所有制改革。为了解决多元主体参与职业教育办学的动力问题，从党中央、国务院到地方各级政府均出台了鼓励实施混合所有制的政策[③]，以及涉及国有资产监管等方面的制度。而学校则依据政府的政策方向制定了学校资产参股方式、混合所有制实体运营方式等系列制度。这些制度的核心目的在于鼓励和引导市场资源进入职业教育，充分利用市场在信息、资源、技术等领域的优势改善职业教育人才培养质量，并提升职业院校内部公有资源的使用效率，将职业院校升级为服务区域产业发展的平台。它是一种将计划配置（学校控股或拥有关键问题否决权）和市场配置（给予市场主体股份、话语权等）有机结合的尝试。但总的来看，目前的混合所有制在产权分配、股权激励、资产监督等方面仍然存在制度障碍或瑕疵，仍需要进一步完善基本法律和配套的执行制度。

（三）营造各方合作条件

在社会分工的大背景下，生产和服务目标的达成总是需要拥有异质性资源的不同主体间的合作。也正是由于合作的存在，社会资源的流动和价值的创造才能实现。经济发展、社会和谐、政治稳定都需要合作行为。然而信息不对称、心理预期不一致、环境的不确定性、人的有限理性等因素往往会阻碍双方的合作。如何提升合作双方的合作意愿，促进

---

① 王国平．资源配置效率与经济制度结构［J］．学术月刊，2001（2）：46–51.

② 马光荣．制度、企业生产率与资源配置效率：基于中国市场化转型的研究［J］．财贸经济，2014（8）：104–114.

③ 雷世平，乐乐，郭素森，等．职业教育混合所有制办学政策的现状、问题与对策［J］．职业技术教育，2021，42（19）：34–39.

可能发生的合作行为，就成为制度需要解决的问题。从博弈论的视角来看，制度可被视为人们在社会分工与协作过程中经过多次博弈而达成的一系列契约的综合。博弈论认为，制度实际上就是一种博弈的规则，制度设计的本质就是把预期目标作为博弈的结果，并试图找到能够实现这一结果的一系列约束条件。只要各方理性地遵循这些规则的约束，那么预定目标就可以实现。例如拍卖市场的规则就可以被视为对各方理性博弈分析后的制度设计，拍卖市场针对不同类型拍卖品的特点设计不同的竞拍规则，从而最大程度维护卖家的利益。也有学者把制度解释为不断重复的社会环境中的博弈规则，这种规则存在于参与人的意识之中，是人们认同和遵守制度的信念。

除了上述提到的学校和企业之间围绕混合所有制的权责分配而产生的博弈制度，政府和学校之间也存在博弈的关系。分税制改革背景下产生的“项目制”就可以被视为政府和职业院校之间达成合作的制度设计。项目制是政府运作的一种特定形式，即在财政体制的常规分配渠道和规模之外，按照中央政府意图，自上而下地以专项化资金方式进行资源配置的制度安排。[①] 政府希望通过“项目制”委托职业院校提升职业教育服务地方经济社会发展的能力。为了规避与职业院校之间存在信息不对称等带来的合作风险，政府利用了职业院校获取项目带来的资金、权力等的动机，鼓励一大批职业院校按照政府的要求行事，并通过对项目的竞标式设计、过程式监督、终结式评价等方式建立项目获取的门槛和绩效评价的标准。同样，职业院校为了通过获取项目获得成绩、影响力等，也会按照政府的要求制定项目、完成计划，并借助自身在信息不对称中的优势地位，通过“明暗制度”“合法寻租”“权变执行”等策略获得“剩余控制权”。[②] 这套制度内部充满了政府和职业院校之间博弈的规则，动态维持着各方的权责关系。

三、职业教育制度建设的现实价值

作为社会子系统，职业教育本身就是一种社会制度，对内产生规约作用，同时也与社会其他制度产生交互影响。[③] 因此，职业教育制度建设的本质可被视为构建职业教育内部的行动规范体系，以及与外部各主体间的互动机制和方式。它是职业教育作为教育类型的特征体现，也是作为社会子系统与其它子系统互动的保障。

（一）制度能够协调职业教育与经济社会发展的关系

新制度主义认为，制度的一大功能在于降低组织间的交易成本。制度的存在，规定了交易双方的权责关系，为双方提供了行动的预期。作为与经济社会发展密切相关的一类教育，职业教育依托人才培养、技术研发、社会服务和文化传承四大功能，凭借人力资源这一核心载体，与社会的不同子系统（主要是人力资源的使用主体）形成互动关系。这就需要制度在互动关系中建立各方认可且便于沟通和交易的准则，为各方的资源投入和交流提供可预期的行动方案。职业教育和社会子系统之间的互动成本主要包括以下几方面。

---

① 李政．我国高等职业教育项目制治理模式的变迁逻辑：基于历史制度主义的视角［J］．江苏高教，2021（5）：103–109.

② 李政．项目制下的高职院校同质化：作用机制、问题表征与改革路径［J］．高校教育管理，2022，16（2）：100–109.

③ 许竞．试论职业教育的制度环境［J］．教育与经济，2014（4）：44–51.

（1）职业教育人才培养和市场需求间的匹配带来的信息成本。职业教育的核心职能是人才培养，通过结构化、系统化的教育为学习者提供进入企业的人力资本。为了提升学校人才培养与市场人才需求之间的匹配度，学校会建立与市场主体间的信息沟通渠道，尽可能地将市场中的信息传导至学校内部，形成人才培养内容的主要来源。这一沟通过程会带来信息沟通的成本，例如信息来源的有效性和真实性、信息质量、信息的可持续性等。为了降低沟通中的信息成本，职业教育需要建立规范化的沟通制度，明确沟通主体的选择、沟通方式、沟通结果的效力等问题。

（2）学校职业教育和市场主体间治理模式的不同所带来的交易成本。学校和企业属于两类不同性质的组织，尤其是中国目前的公办职业院校占所有职业院校的 70% 以上，彰显了我国职业教育准公共产品的基本属性。而学校作为社会组织的存在方式、发展目标、运行逻辑和治理模式与市场主体间存在较大的差别，前者更多表现出公益导向，而后者则是显著的市场导向。两者较大的治理模式差异就带来了双方在接触过程中的交易成本问题，且主要是时间成本和资金成本。学校自上而下的官僚体系和稳定导向的考核机制满足了组织治理的合法性需求，但也带来了信息传递的滞后性、改革的保守性等问题，这与企业因逐利而追求信息传递和执行效率、寻求体制机制层面的创新突破等构成了潜在的矛盾。因此，必须通过制度解决两类组织对话、合作和快速响应的问题。

（3）各级各类职业学校和政府部门之间的互动所带来的信任成本。各国的职业学校均受教育主管部门的管理，与政府部门有着较为紧密的互动，尤其是当学校的主要收入依靠政府财政拨款时，学校的发展将显著受到政府部门的影响。政府部门希望通过财政拨款影响学校的办学方针和人才培养，从而实现政府对人才供给的预期。政府一般会通过常规拨款和项目制拨款两种方式实现对职业学校办学的影响。而项目资源往往是学校争取额外控制权、获得更大办学自主权的重要方式。在“拨款—执行”的关系中，政府和学校之间的互动就产生了信任成本，即学校究竟是否会按照政府所设定的目标完成任务。政府与学校之间存在的信息壁垒，使得政府必须要建立一定的制度，对受资助学校的办学过程进行监督，并根据绩效决定资金的分配①，为双方之间的“委托—代理”关系提供保障。

（二）制度能够规范职业教育的人才培养过程

学校职业教育的出现，标志着职业教育开启了标准化、结构化、公共化的变革，尤其是将职业教育纳入国民教育体系，意味着职业教育办学成为公共领域的事务，这是事关公民权益和社会发展的重要领域。智能化时代带来了对技术技能人才工作模式的五个根本性影响，即工作过程去分工化、人才结构去分层化、技能操作高端化、工作方式研究化及服务与生产一体化②，这就对传统的学校职业教育人才培养模式提出了更大的挑战，尤其是在面对更复杂的工作情境、更多元的市场需求和更高的技术门槛时，职业教育呼唤质量观和发展观的重塑。建立职业教育人才培养过程的相关制度，能更好地提升政府教育资源投入的效益，维护学校人才培养质量的底线，促进学校教育制度的现代化发展。制度规范职业教育的人才培养过程，主要通过规范和兜底两种方式实现。

① LI Z, ZHENG J, XIONG J. Examining Project-Based Governance of Higher Vocational Education in China: A Case Study[J]. Higher Education Policy, 2021: 1-20.

② 徐国庆．智能化时代职业教育人才培养模式的根本转型[J]．教育研究，2016，37(3): 72-78.

（1）制度的人才培养规范功能。人才培养的过程涉及人才培养目标的设定、课程标准的开发、教学设计的编制等不同环节。为规范职业教育办学的政治方向，协调不同地区职业院校的办学行为，政府会通过若干制度规范学校的人才培养过程，例如通过制定指导性的专业教学标准和课程标准，引导职业院校开展专业建设。一些制度具有强制性的功能，如公共课的课时比例、思想政治课的开设、专业目录中规定的专业名称及内涵的相关制度。规范的目的是宏观调控人才培养的结构和质量，体现统治阶级在教育事业发展中的意志。

（2）制度的人才培养兜底功能。除了规范功能，一些制度还起到质量兜底的功能，即规定人才培养过程中涉及的若干指标的最低标准，划定人才培养质量的底线。例如关于中等职业教育生均经费的管理制度、关于职业本科学校办学条件的规定等。制度的兜底体现了国家办教育的基本责任，是教育作为国家事权的体现，也是保障区域教育质量公平的举措。

（三）制度能够规范职业教育办学过程中的多元主体利益

职业教育办学，离不开政府、行业、企业和学校的共同参与。然而受组织性质的影响，这些主体参与办学的利益诉求存在一定差异：政府期望通过对职业教育的投资，为地区产业发展提供高质量的人力资源，并承担一定的维护社会稳定的责任；对于学校而言，尽管学校希望通过引进行业企业深度参与人才培养，但确保学生权益不受损害、学校公有资产不流失、办学整体稳定是底线任务。学校有限的办学资源要在人才培养、技术研发、社会服务等职能中进行平衡；而企业等用人主体则会本着趋利的目的，尽可能地通过参与职业教育，利用学校资源为企业带来更快、更好的收益，包括产品生产、员工队伍建设、技术合作等方面的收益；行业则把持着标准制定、技能水平认证、企业联络等特殊权力，并试图通过参与职业教育的办学，巩固和提升行业在企业内的协调权力。此外，社区、事业单位等不同组织都会因其自身的利益诉求，和职业院校产生各类关联，其中包含十分复杂的利益关系。这些利益的协调中，有通过隐性制度（如市场潜规则、私人感情）进行的情形，但更多地是通过建立显性的正式制度的形式，规范各方的权责利关系，以制度的可信承诺，为多方合作提供稳定的保障。

制度建设是一个恒久的过程，这是因为制度所处的环境不断变化，环境对制度的形式和内容的需求也会变化。职业教育的发展深受产业形态、经济发展模式、政治制度、社会文化等多方面因素的影响，其制度建设必然是与其他社会子系统交叉嵌套，形成一种动态匹配的关系。1949 年以来，我国职业教育的制度建设经历了政治体制、经济体制、文化氛围等多方面的冲击，对其的认识也逐渐从教育问题的视野扩展到社会问题的视野。尽管我国职业教育制度建设一直在进行，但由于对制度建设认识不深刻，以及前期将更多的资源投入院校建设，制度问题逐渐成为掣肘职业教育发展的关键问题。因此，有学者指出，当前我国职业教育发展中的关键问题是国家基本制度不健全①，职业教育的发展重心应该从院校建设转向制度建设。这是我国职业教育体系初步建成、多轮院校建设项目实施后，需要下大功夫解决的问题。

① 徐国庆．职业教育实现现代化的关键是完善国家基本制度［J］．华东师范大学学报（教育科学版），2021，39（2）：1–14.

第二节
职业教育制度建设需要解决的问题

在职业教育发展的过程中，制度建设究竟需要解决哪些最核心的现实问题？回答这一问题，需要首先认识职业教育作为社会子系统的位置，及其与其他子系统之间的互动关系（如图 9-1）。职业教育作为一个子系统，本身处于教育系统之中，受教育系统内部制度的约束。此外，职业教育又与社会中的人力资源系统、分工系统、文化系统等多个系统产生关联，这些关联主要是以技术技能人才为纽带产生的，形成于技能从形成到评价，再到使用和保护的各个环节中。因此，职业教育的制度建设，至少需要解决三个层面的问题。

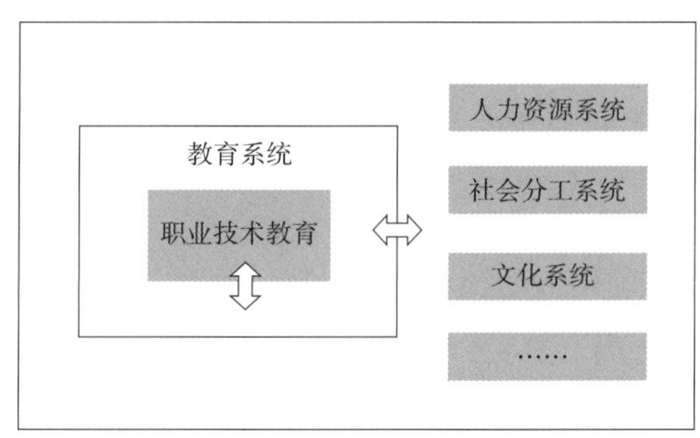

图 9-1　职业教育与其他社会子系统的关系

一、职业教育的内部问题

职业教育作为教育体系内的子系统，其制度建设需要解决两个问题：人才培养的体系化和规范化的问题。这两个问题决定了职业教育作为一种教育类型的本质特征和合法性，是职业教育发展质量的最直接决定因素。

（一）人才培养的体系化问题

体系化是职业教育作为教育类型的本质需求，也是其类型地位得以确立的保障。早在 1985 年的《中共中央关于教育体制改革的决定》中就提到了要建设一个“从初级到高级、行业配套、结构合理又能与普通教育相互沟通的职业教育体系”。2005 年的《国务院关于大力发展职业教育的决定》中明确表示要“建立和完善适应社会主义市场经济体制，满足人民群众终身学习需要，与市场需求和劳动就业紧密结合，校企合作、工学结合，结构合理、形式多样，灵活开放、自主发展，有中国特色的现代职业教育体系”。2010 年的《国家中长期教育改革和发展规划纲要（2010—2020 年）》则突出了建设现代职业教育的战略目标，强调“到 2020 年，形成适应经济发展方式转变和产业结构调整要求、体现终身教育理念、中等和高等职业教育协调发展的现代职业教育体系，满足人民群众接受职业教育的需求，满足经济社会对高素质劳动者和技能型人才的需要”。2014 年的《国务院关于加快发展现代职业教育的决定》强化了对体系建设目标的要求，即“形成适应发展需求、产教深度融合、中职高职衔接、职业教育与普通教育相互沟通，体现终身教育理念，具有中国特色、世界水平的现代职业教育体系”，并提出了发展本科层次职业教育。2019 年的《国家职业教育改革实施方案》提出了“开展本科层次职业教育试点”，拼齐了职业教育体系的最后一块版图。2021 年的全国职业教育大会提出，新一阶段职业教育改革的总体任务是全面贯彻党的教育方针，落实立德树人的根本任务，打造纵向贯通、横向融通的现代职业教育体系。可见，构建纵向贯通、横向融通的现代职教体系，一直贯穿于党和国家发展现代职业教育的事业之中。

目前我国已经初步建成了从中等职业教育到职业专科教育，再到职业本科教育的学校职业教育体系。然而，体系框架的建立并不意味着体系建设效果的实现，很多与体系相关的基本问题仍有待回答和解决，例如具有类型特征的职业教育体系应该表现出何种现代性特征；“纵向贯通、横向融通”的体系结构与现代职业人的培养之间存在何种联系和作用机制；智能化时代，如何发挥学校职业教育体系纵向贯通的人才培养优势；横向融通的体系设计主要解决现代职业人培养的哪些关键问题，应该实现何种层次或形式的融通。[①] 更关键的是，体系之间的流动、一体化的育人效果等问题目前并未得到根本性的解决。职业教育尚缺乏一个统领各个层次教育的指挥棒式的选拔机制，各层次之间教育的过渡性、接续性、进阶性仍有待加强。从过去的“断头教育”到如今的体系教育，职业教育不仅要搭建起从中等教育到高等教育的上升框架，更要构建学生自下而上的上升机制，并通过课程的制度化建设实现中高本的一体化衔接。

（二）人才培养的规范化问题

职业教育人才培养质量的提升，需要拥有一套科学的、规范化的标准体系做支撑，它在办学理念、目标、内容等调整优化、转型升级方面起着“度量衡”和“指南针”的作用[②]，是政府规范办学行为、提升办学质量的手段，也是专业人士延伸权力、影响政策的重要媒介。职业教育标准体系的构建，不仅能为课程设计、课堂教学及学业评价提供依据，而且能增强职业教育与培训内容的一致性，从而促进工人的就业流动，并提升职业教育的质量和社会吸引力，因而通常被作为职业教育发展基础中的基础而置于战略地位。[③] 此外，随着我国职业教育国际化水平的不断提升，职业教育国际化已经由过去的“引进来”向“引进来”和“走出去”并举的方向发展，职业教育面向“一带一路”沿线国家的输出力度和深度都在不断提高，这些都在客观上对我国职业教育人才培养的规范体系和标准体系提出了更高的要求。面向未来国际合作的职业教育需要促进企业调研和教学产品的标准

① 李政．谋高质量发展　为现代化奠基：我国职业教育“十三五”回顾与“十四五”展望［J］．中国职业技术教育，2021（10）：5-10.

② 陈放．我国现代职业教育标准体系建设：逻辑、困境与进路［J］．现代教育管理，2021（6）：115-122.

③ 徐国庆．美国职业教育标准体系的构建及启示［J］．比较教育研究，2012，34（6）：58-61，71.

化，教师素质的标准化，教学工具、方案、进度和实习内容的标准化，以及学生职业资格证书制度的标准化。①

我国职业教育的规范化制度建设由来已久，在1985年的《中共中央关于教育体制改革的决定》中，就提到了“一切从业人员，首先是专业性技术性较强行业的从业人员，都要像汽车司机经过考试合格取得驾驶证才许开车那样，必须取得考核合格证书才能走上工作岗位”，这开启了改革开放后职业教育规范制度建设的进程。此后，以国家层面的专业目录、专业教学标准、中职高职办学标准等，以及省域层面的专业核心课课程标准、双师型教师认定标准等为代表的职业教育两级规范化人才培养制度体系逐渐建立，在保障职业教育人才培养质量中起到了关键作用。2019年颁布的《职业教育改革实施方案》中明确指出要“建成覆盖大部分行业领域、具有国际先进水平的中国职业教育标准体系……将标准化建设作为统领职业教育发展的突破口……建立健全学校设置、师资队伍、教学教材、信息化建设、安全设施等办学标准，引领职业教育服务发展、促进就业创业”②，同时围绕教育教学工作，特别提出要“发挥标准在职业教育质量提升中的基础性作用”，建设包括中高等职业学校设置标准、教师和校长专业标准、专业目录、专业教学标准、课程标准、顶岗实习标准、实训条件建设标准等一系列教学标准体系。然而，目前职业教育的标准体系仍不健全③，一些涉及人才培养核心环节的标准可操作性不强，参照性和指导性不足，标准应该发挥的规范、兜底功能并未显现，其一线使用的权威性、普及性仍有待提升。一些标准开发的科学性有待加强，对标准的功能定位、呈现形式、作用方式和更新机制等关键问题的思考还不够成熟。人才培养的规范化制度建设任重道远。

二、职业教育和其他类型教育的关系问题

（一）职业教育学习成果与其他类型教育学习成果的转换问题

对于职业教育而言，学习成果转换的意义主要有二。一是满足学习型社会建设的需求。早在20世纪60年代中期，时任联合国教科文组织成人教育局的局长保尔·朗格朗（Paul Lengrand）就在相关著作中比较系统地提出了终身教育的思想。④自1972年埃德加·富尔（Edgar Faure）发表了《学会生存：教育世界的今天和明天》报告以来，终身教育的理念和学习型社会建设成为不少国家教育事业的重要指导思想和发展目标。终身教育和学习型社会建设的提出，实际上超越了制度化教育对传统教育的定义和规约⑤，让教育和学习成为无处不在、每时每刻的行为，让每个人都能充分享受各种学习带来的成果，并以此促进人的全面发展。学习在时空范围上的拓展，带来了对各类学习行为和成果认定的需求。接受职业教育的学习者同接受其他类型教育的学习者一样，都有认定学习成果

① 董宏建，蒋志湘，秦彩霞，等．以国际合作带动职业教育的标准开发和质量提升：全球化视野下国际职业教育标准研讨会综述［J］．世界教育信息，2011，25（1）：75–77.

② 中华人民共和国中央人民政府．国务院关于印发国家职业教育改革实施方案的通知［EB/OL］．（2019–02–13）［2021–01–05］．http://www.gov.cn/zhengce/content/2019-02/13/content_5365341.htm

③ 方勇．职业教育标准的建设与管理［J］．职教论坛，2017（28）：20–23.

④ 徐辉，李薇．迈向学习型社会的重要宣言：写在《学会生存》发表40周年之际［J］．教育研究，2012，33（4）：4–9.

⑤ 朱敏，高志敏．终身教育、终身学习与学习型社会的全球发展回溯与未来思考［J］．开放教育研究，2014，20（1）：50–66.

并获得等值效力的权力。二是职业教育类型地位确立和提升的需求。职业教育类型地位的确立和自成一体，并不意味着职业教育要与其他类型的教育相脱节。相反，职业教育地位的提升，必须实现学习成果与其他类型教育的通用和转换，从而提升学习成果的价值尺度和流通功能。① 欧盟、东盟等和澳大利亚、新西兰等国家都依托国家资历框架建立了不同类型教育成果转换的基本架构，在职业教育和其他类型教育之间架起了四通八达的“立交桥”。

学习成果的转换受目的、成果类型、教育内容等多种因素的影响，不同类型学习成果的认定和转换问题十分复杂。其核心难题在于某一学习成果是否能够代表，以及如何代表学习者所具备的学习能力。这一问题典型表现在职业教育考试成绩是否能够用于普通高等学校的入学上，职业资格证书的获取、岗位从业经历、职称的评定能否作为对相应学历、学位条件的等值代换上等。有学者提出了职业教育学习成果与其他类型教育的转换方式，包括体验式教育转换、考试式教育转换、注册式教育转换、学分式教育转换。② 但最重要的转换方式仍然是学分银行。现有的资历框架、学分银行制度虽然是按照这一思路设计的，但是在实施层面是否能实现这一效果，仍值得进一步思考和探索。总的来看，我国尚未出台全国统一的资历框架及其配套制度，促进资历框架建设和落地的思想观念障碍、制度障碍等仍然存在，学分银行建设也面临学分认定主体不清、学分累积能力不济、学分转换需求不足的三大困境 ③，这些问题都有待通过制度设计和完善予以解决。

（二）职业教育与其他类型教育的资源共享问题

职业教育和普通教育在人才培养的目标上有着显著差异，这就导致两类学校拥有不同类型的办学资源，例如普通教育的学校拥有较为优秀的基础课教师资源，而职业学校则有着大量专业教育的教师资源及实习实训资源。从促进学生全面发展和立德树人的角度来看，这两类教育之间存在着一定的资源互补性，在满足学生职业体验、社会实践、课程学习需求等方面可形成一定的协作关系，而这就需要教育主管部门在制度层面进行顶层设计，促进二者资源优势的互补。此外，综合高中也被作为职业教育和普通教育资源融通在组织层面的解决方式，由各地试点举办。其目的在于破解两类组织在体制机制上融通的困难，在统一的组织内部解决资源共享的问题。

目前职业和普通教育资源融通的制度尚未在全国层面建立起来，更多地是政府颁布鼓励资源融通的政策，并由各地根据实际情况建立地方制度。但是鉴于各地秉持的职业教育和普通教育办学理念的差异、职业学校和普通学校教学安排协调的困难、职业教育自身办学条件的欠缺等，这种资源共享的问题并未实现制度化的解决。综合高中在我国的试点成效也并不理想，存在的问题包括发展定位不清、考试评价制度落后、课程独立不综合等。④ 甚至有学者认为我国目前举办的综合高中还称不上真正的综合高中。⑤ 如何明晰职业教育和普通教育资源融通的目的，在制度层面消解二者资源共享的障碍，或通过组

① 李政．我国高职分类考试招生：价值意蕴、问题表征与改革路径［J］．中国考试，2021（5）：40–47.

② 庄西真．论现代职业教育体系中的教育转换［J］．职教论坛，2013（34）：16–20.

③ 周晶晶，孙耀庭，慈龙玉．区域学分银行建设的困境与思考［J］．开放教育研究，2016，22（5）：55–60.

④ 刘丽群．我国综合高中发展的现实问题与路径选择［J］．教育研究，2013，34（6）：65–71.

⑤ 曾凤琴，庞学光．综合高中：一个备受争议的实践性论题：我国学者的相关研究述评［J］．中国职业技术教育，2020（36）：31–37.

织创新的方式促进资源的共享，都是亟待解决的问题。

三、职业教育与经济社会发展的关系问题

（一）职业教育人才培养和企业人才需求间的匹配问题

能否解决人才供需的匹配问题，是职业教育能否凸显其社会价值的关键因素。职业教育产教融合、校企合作的办学模式，决定了职业教育必须注重对接市场的“适应性”，在人才的数量和结构上满足社会需求。因此，这就产生了人才供需匹配的制度建设需求，即如何通过一个科学、有效的制度设计，让职业院校和企业之间能够形成较为精准且动态的人才供需匹配关系。人才供需匹配问题并非简单的数量上的匹配，由于工资水平的刚性状态，以及专业性劳动力供给弹性的高低，在任何一个时间点上，短缺和冗余这两种相悖的状态都同时存在于劳动力市场中。因此，人才供需匹配是一个动态的、缓慢的、持续的过程，这需要充分扎根于对地方产业形态、人力资源市场、劳动力供给条件等的调查研究，运用科学的研究方法给出相应的建议。

近年来，一些实证研究开始关注我国职业教育的人才供需匹配问题，例如有研究对我国 2011 年以来高技能人才的产业需求结构、就业结构和高职专业供给结构进行了对比分析，发现我国高技能人才就业结构的产业协调性较好，供给结构的产业协调相对滞后，供给结构的产业协调性从 2016 年开始连续降低，农林牧渔业、制造业、水利环保业和财经商贸类的高技能人才供给不足。① 此外，国家也通过人社部门进行了人才供需的监测，并通过每年的《人力资源和社会保障事业发展统计公报》对外公布。但总的来看，目前我国尚缺乏区域层面的人才供需匹配制度及配套实施方案，匹配行为更多地存在于学校内部的、点对点式的对接之中，尚未触及制度建设问题。一些已公布的人力资源供需分析结果过于简单，无法为职业院校的专业调整和内涵建设提供有价值的指导。学校内部基于专业建设所开展的区域人才供需调研在设计的科学性、调研对象分布的有效性、数据来源的可靠性、结果分析的合理性等方面都存在问题，大部分学校也不具备开展区域岗位人才供需情况调研的基本条件。因此，人才供需匹配的研究和公布，应被视为政府作为国家人力资源市场建设的基础性工程，提升职业教育办学质量的公共工程和关键制度设计。

（二）职业教育人才培养质量的社会评价问题

职业教育的人才培养质量是否达到行业和企业的期待，需要具有权威性的评价制度予以认证。人力资本理论认为，劳动者获取职业资格证书的过程是其积累人力资本的过程，人力资本的积累使劳动者可以在劳动力市场上获得更多的工资回报。因此，各类证书是人才在外部劳动力市场竞争中发出的重要信号。接受职业教育的学习者，不仅需要学历和学位证书提供信号功能，更需要各类职业资格证书或技能等级证书提供信号功能，且对一些岗位而言，后者的重要性强于前者。这里就涉及如何对技术技能人才的学习成果进行认证，以及认证的效力和适用范围的问题。职业资格和技能水平的社会评价问题受本国人力资源市场的整体发展模式和产业形态影响，同时也会在很大程度上影响技术技能人才的供给模式。

人才质量的评价主要涉及三个最基本问题。一是谁来评价。评价权不仅意味着专业

① 王佳，盛立强．我国高技能人才供需结构的产业差异性及协调性分析［J］．教育与职业，2021（11）：35-41.

领域的权威性问题，其背后还隐藏着对劳动力市场、市场影响力等的把控，是专业主义延伸至社会其他领域的体现。有些评价由国家背书认证，而有些评价则长期被行业团体把控，有些评价领域甚至存在多个评价主体。这其中就蕴含着十分复杂的政治、经济等的权力博弈关系，集中体现了行业、区域乃至国家内部人力资源供给模式的历史演变。二是评价什么和怎么评价。评价内容和方式的选择事关评价的信效度和公信力，尤其是职业教育领域内的评价更为复杂，对大规模技能评价的客观性、公平性的质疑长期存在。此外，评价内容和方法的选择也并非一个完全客观的过程，其内部渗透着显著的价值观倾向。同时由于评价具有高利害的属性，评价内容和方式的选择也关乎社会公平。三是评价后的结果具有何种效力。学习者接受评价的核心目的在于获得人力资本的增值，并向劳动力市场发出信号。那么市场是如何决定信号的大小和价值的，劳动者如何权衡学习成本和信号价值之间的关系，这些都是建立评价制度需要充分考虑的问题。

（三）技术技能人才的社会地位问题

社会学家认为，社会地位是指社会或某一群体中成员所取得的特定位置，其特点是：社会地位是由社会承认或公认的；任何一个成员要获得某一地位都必须具备相应的能力；一定的地位是人的一定权力、责任的象征。[①] 我国独特的工业化进程和社会发展历史，使我国社会内部产生了异于西方工业社会的社会地位生成逻辑，例如体制内外的地位分殊、城乡社会空间的地位等级化、重生存逻辑而轻道德逻辑等。[②] 因此，讨论技术技能人才的社会地位问题，必须充分基于我国社会变革的历史脉络、社会结构的基本特征和民族秉性，用动态的、历史的视角分析问题。

技术技能人才在进入人力资源市场后，究竟能获得什么样的社会地位（如经济地位、政治地位），决定了职业教育在人民大众中的吸引力。揆诸历史不难发现，二十世纪七八十年代，中专技校往往成为很多学生梦寐以求的去处。毕业生工作包分配且能够被认定为干部身份。这是计划经济体制下人事管理制度、教育制度、经济制度综合作用下形成的结果。然而随着市场经济改革的不断推进、国家大力发展科学技术，以及高等教育的大规模扩招，职业教育毕业生逐渐失去了其原有计划经济体制内的身份优势和学历优势。加之职业教育自身办学质量的下滑，使职业教育逐渐被定位于层次教育、中低技能教育。职业教育的毕业生也被很多人贴上了“中低技能岗位工作者”“低收入群体”“学历教育的失败者”等标签，技术技能人才的社会地位大幅下滑。然而随着智能化时代对高素质技术技能人才需求度的提升，技术技能人才逐渐摆脱了“低技能劳动力”的社会标签，在诸多产业的关键岗位上扮演着重要的技术技能支撑角色。而与之不相称的，便是职业教育人才较低的社会地位。这里有文化层面的因素，更有学历社会“唯学历不唯能力”的制度因素。因此，社会应建立起与职业教育不同类型和层次人才相匹配的待遇制度，让从职业院校走出的人能够真切获得与其劳动相匹配的社会地位和尊重。

（四）职业教育的文化认同问题

中国历来就有“重文轻技”的文化传统。早在春秋时期，齐国宰相管仲就提出了“士、农、工、商”四民分业的社会分工。工匠作为排名第三的手工业生产者，在中国长期

---

① 昝宝毅．社会地位与角色［J］．社会，1987（1）：7–9.

② 周兆海，邬志辉．社会地位的内涵、演进及其类型：兼论我国当代社会地位的生成逻辑［J］．理论月刊，2015（7）：142–145.

重农抑商的环境中地位低下。周武王声讨商纣王的一条罪名即“郊社不修,宗庙不享,作奇技淫巧以悦妇人”,这一观点及其政治效应,一定程度上影响了中国科学技术发展的进程。汉武帝的“罢黜百家,独尊儒术”更是将儒学对技术的消极思想发挥到了极致,在制度层面制约了职业教育的发展。“万般皆下品,惟有读书高”和“学而优则仕”的传统择业观念,以及工业文明价值观的缺失,导致民众在文化层面对职业教育的认同水平低,进而对职业教育的发展也产生了很大的阻碍,这种影响时至今日仍然存在。尽管近年来政府加强了对职业教育和大国工匠的宣传,然而文化领域内系统性的认知偏见,难以通过运动式的宣传扭转。对工匠精神、师徒传承、器物文化等与职业教育相关的文化要素,更多地仍是在职业教育体系内部的“孤芳自赏”,没有在全社会层面形成对职业教育价值观的集体认同。因此亟待在全社会重塑与职业教育高质量发展相匹配的“社会想象”[①],通过制度建设营造优良的技术文化氛围。

第三节 职业教育基本制度的内容

解决职业教育发展过程中遇到的内外部问题,需要根据外部环境的发展不断变革已有制度,破除制度中长期存在的顽瘴痼疾,扫除阻碍职业教育发展的制度障碍,同时还要审时度势地进行制度创新,发挥制度在优化资源配置、激励主体行为的正面效果。基于制度的功能定位,可以大致将相关制度划分为职业教育内部运行制度和外部支撑制度。在此基础上,根据技术技能人才培养和使用的流程,我们大致可以按照入口、过程和出口三个环节将制度划分为五个类别:职业教育办学制度、职业教育人才培养制度、职业教育评价制度、职业教育升学制度、职业教育外部支撑制度(如图 9-2)。

一、职业教育办学制度

办学制度指的是支撑职业学校办学的制度,它体现了职业学校作为一类社会组织如何定位和实现其社会功能。职业教育办学制度有很多,其中最主要的是产教融合制度和普职融通制度。

(一)产教融合制度

产教融合的目的在于为学校办学引入产业要素,包括企业的设备、人员、物料、信息、

① 孙帅帅,李政. 中等职业教育的社会想象及重塑路径[J]. 中国职业技术教育,2022(7):23-29.

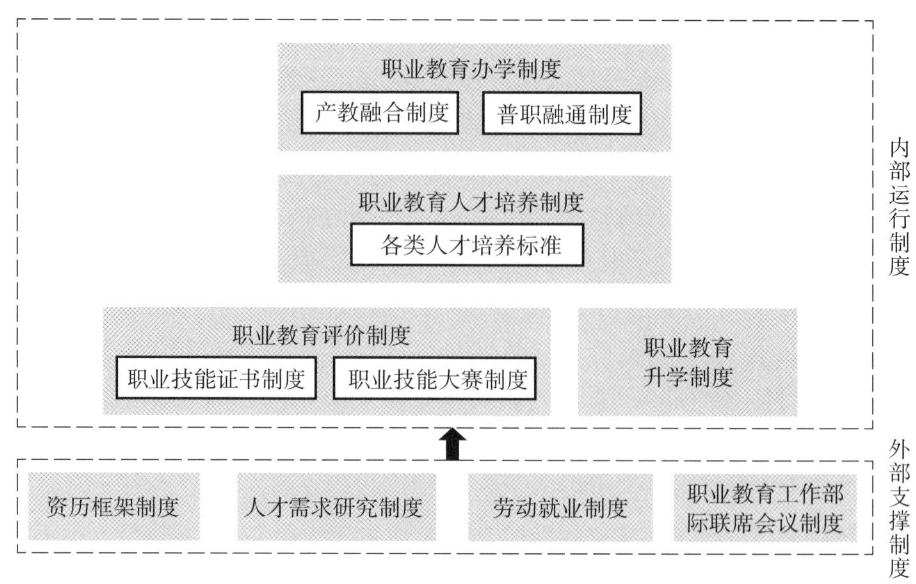

图 9–2　职业教育基本制度体系

市场资源等，通过二者的优势互补和供需匹配，围绕人才培养、技术研发、社会服务等多个职能形成利益共同体。制约职业教育产教融合的问题主要在于政府权力边界模糊与角色定位不清、管办评关系不清且中间性组织作用淡化、横向融合缺乏纵向发展体系的配合、缺乏系统长期的产教融合法律和政策协同机制，以及产教融合中出现了"学术漂移"的现象[①]，而这些问题出现的根源在于尚未形成一个有利于产教融合、校企合作的外部制度环境。产教融合制度构建的重点在于消除二者融合时可能存在的制度障碍，在法律框架内，为打通二者的优势资源互补提供更宽松的机制和环境，实现从松散联结向实体嵌入的过渡。[②]

产教融合、校企合作一直是我国发展职业教育的核心理念和指导方针，2002 年《国务院关于大力推进职业教育改革与发展的决定》、2005 年《国务院关于大力发展职业教育的决定》、2014 年《国务院关于加快发展现代职业教育的决定》等文件中都有明确表述。近年来和产教融合密切相关的政策文件包括 2017 年国务院办公厅印发的《关于深化产教融合的若干意见》和 2018 年由教育部等六部门印发的《职业学校校企合作促进办法》。这两份文件为未来一段时间我国职业教育产教融合校企合作工作的开展提供了方向和具体安排，同时也规划了产教融合、校企合作制度化的路线图。2019 年的《国家职业教育改革实施方案》中则提出要构建"产教融合型企业认证制度"。2021 年中共中央办公厅、国务院办公厅印发的《关于推动现代职业教育高质量发展的意见》中提出了一系列与产教融合制度建设相关的政策举措，如"将产教融合列入经济社会发展规划。以城市为节点、行业为支点、企业为重点，建设一批产教融合试点城市，打造一批引领产教融合的标杆行业，培育一批行业领先的产教融合型企业。积极培育市场导向、供需匹配、服务精准、运作规范的产教融合服务组织"。2022 年修订的《职业教育法》中也多处提到了职业教育产教融合的重要意义和功能定位，例如"坚持产教融合、校企合作"成为国家发展职业教育

① 李政．职业教育的产教融合：障碍及其消解［J］．中国高教研究，2018（9）：87–92.

② 郝天聪，石伟平．从松散联结到实体嵌入：职业教育产教融合的困境及其突破［J］．教育研究，2019，40（7）：102–110.

的基本方针，同时规定了“对深度参与产教融合、校企合作，在提升技术技能人才培养质量、促进就业中发挥重要主体作用的企业，按照规定给予奖励；对符合条件认定为产教融合型企业的，按照规定给予金融、财政、土地等支持，落实教育费附加、地方教育附加减免及其他税费优惠”。《职业教育法》中关于教师、实习实训、学徒培养等的多个条款也都涉及了产教融合的相关表述。

建立产教融合制度，应从企业和学校两大主体的组织属性出发，通过破除两类组织合作过程中的各类制度障碍，推动学校和企业的产教融合实体化进程。① 从企业的角度来看，鼓励产教融合型企业建设是值得探索的制度建设方案。产教融合型企业是指“具备良好的资质基础，能够独立举办或参与举办教育事业，负责人才培养培训，承担教育实训内容，承建或参与校企公共实训基地建设，积极履行社会责任，主动发挥企业办学主体作用，整合多方资源的，经政府和相关权威机构审核认定的有引导性、推广性和示范性的各类企业”[①]。遴选产教融合型企业的优势在于能充分利用单一组织内部交流成本低的特点，直接借助企业内部的资源和制度进行教育功能的挖掘。但这一制度发挥的效果取决于遴选机制的有效性，以及过程管理的及时性。② 从学校的角度来看，通过学校和企业共建产教融合的实体，目前正成为学校寻求制度突破的主要抓手。所形成的独立法人实体通常由学校和企业双方共同出资，具有独立经营和管理的组织架构、目标设定、财务体系和制度安排。尽管成立实体的确能解决产教融合过程中的利益分配、责任分担、产权归属等问题，但由此带来的政治风险、社会舆论风险、组织稳定风险、国有资产流失风险等都可能让很多公办学校在成立实体的问题上有所顾忌，而这些顾忌应该通过制度建设（如制定产教融合的清单机制）明确权责关系，在已有法律框架内营造促进产教融合的制度环境来消除。

（二）普职融通制度

某种程度上，“普职融通”是政治角力下的产物，体现了社会成员对教育领域内公平、民主与人权价值的呼唤。人们希望通过普职融通的方式，为公民提供更多元的高中教育机会，尽可能地减少普通教育和职业教育的分野而造成的社会阶层分化与单一人才培养的情形。[②] 普职融通涉及各个学段，然而重心仍在高中阶段。高中阶段学生的发展开始具有专业性的倾向，通过制度化的普职融通能够更好地帮助学生明确未来的发展方向，并更好地认识到所学知识的社会价值，实现对抽象知识的内化。普职融通既是世界各国高中教育改革的普遍诉求，是高中教育逐步普及后的必然走向，又是解决我国当前普职分离带来系列问题的必然选择。[③]

1949 年后，普职融通的国家制度建设可以追溯至社会主义建设时期的“教育和生产劳动相结合”，但这一政策并未涉及普通教育和职业教育作为两种教育类型的融通问题。改革开放以后，中央深化教育体制改革关注到了中等教育结构长期存在的问题，《关于中等教育结构改革的报告》提出改革中等教育结构，“普通高中要逐步增设职业（技术）

① 刘晓，段伟长．产教融合型企业：内涵逻辑与遴选思考［J］．中国职业技术教育，2019（24）：9-14.

② 李政．职业教育类型属性下的普职融通：特点、使命与行动［J］．职教通讯，2020（9）：21-25.

③ 刘丽群，彭李．普职融通：我国高中阶段教育改革与发展的整体趋向［J］．湖南师范大学教育科学学报，2013，12（5）：64-68.

教育课”[①]。1991年的国务院《关于大力发展职业技术教育的决定》提出“在普通教育中积极开展职业指导，因地制宜地在适当阶段引进职业技术教育因素，在不同阶段对学生实行分流教育”[②]。2010年颁布的《国家中长期教育改革和发展规划纲要（2010—2020年）》则提到要“鼓励有条件的普通高中根据需要适当增加职业教育的教学内容。探索综合高中发展模式。采取多种方式，为在校生和未升学毕业生提供职业教育”。这一提法在2014年颁布的《国务院关于加快发展现代职业教育的决定》中被延续。2019年颁布的《国家职业教育改革实施方案》提出要“鼓励中等职业学校联合中小学开展劳动和职业启蒙教育，将动手实践内容纳入中小学相关课程和学生综合素质评价”，这一提法明确了普职融通在现阶段的切入点，以及通过评价这根指挥棒提升普职融通的效力的期望。2022年新修订的《职业教育法》在第二章第十四条也明确了要建立“职业教育与普通教育相互融通”的现代职业教育体系。在地方层面，2016年起，江苏、四川、福建、山东、浙江等省陆续出台普职融通的政策和制度，推行普职融通改革试点，主要措施包括制定高中阶段普职融通工作方案；推动普通高中课程体系改革，将职业教育相关课程纳入普通高中教学安排，实现高中阶段职业教育课程全覆盖；通过举办综合高中试点校、试点班等形式，在综合高中办学标准设置、招生方式、学籍转换、课程方案、毕业考核等方面推动试点改革，创新普通高中与中职互融互通方式等。但现阶段我国普职融通的实施效果总体并不理想，其典型表现是综合高中试点的失败。导致这一问题的根本原因在于劳动力市场对人力资本信号的选择，以及人作为理性个体对未来发展的判断。未来普职融通制度的建设，应从以下几个方面入手。一是建立制度化的职业启蒙合作机制。区域行政部门应根据本区中小学发展的基本需求，在盘整区域内公办职业教育资源的基础上，构建区域职业启蒙教育体系及其落实方案，并建立资源投入和长效保障制度。二是试点发展特色综合高中。与过去的综合高中相比，特色综合高中的核心特征不在于推迟分流，而是在已有的高中阶段学制框架内实现二者教育内容的融合，包括以某项技能为办学特色的普通高中（如烹饪特色的普通高中、STEM特色的普通高中、足球特色的普通高中）和以某项职业技能为特色的综合高中（如机械教育特色的综合高中）。对于综合高中的发展前景而言，第二种特色综合高中是比较理想的目标，但是其成功办学的前提在于高考制度的改革（如部分专业教育内容可以作为普通高考的选考科目），以及从中职到本科的职业教育体系的建立。

二、职业教育人才培养制度

职业教育人才培养制度旨在通过制度设计约束人才培养的各个环节，实现人才培养的规范化和标准化。标准化是职业教育治理现代化的基石[③]，人才培养的标准化旨在解决人才培养质量保障的问题，通过标准化的制度规范学校人才培养的行为，尤其是人才培养内容的开发和实施问题。目前我国大致建立了国家和省级层面的两级人才培养标准化

① 国务院批转教育部、国家劳动总局关于中等教育结构改革的报告[J].中华人民共和国国务院公报，1980（16）：491–496.

② 国务院关于大力发展职业技术教育的决定[EB/OL].（2004–06–18）[2022–03–12].http://moe.gov.cn/jyb_xwfb/gzdt_gzdt/moe_1485/tnull_12730.html.

③ 陈向阳.标准化：职业教育治理现代化的基石[J].江苏教育（职业教育版），2016（3）：1.

制度体系，以专业教学标准、公共课课程标准、专业目录为代表的国家标准体系和以主要专业核心课程标准、双师型教师认定标准等为代表的省级标准体系，在开发和应用上已经取得了不错的效果。

标准化的功能是规范和兜底，但在规范的过程中容易出现标准化和自由度之间的矛盾，即标准的规范性可能限制学校人才培养的特殊需求、掩盖学校办学的特色。解决这一矛盾需要遵循两个基本原则。一是对标准强制性进行区分，要根据标准规范对象的特征确定标准的强制性或引导性，例如对办学条件的标准化关系到学校办学的最低质量，应设定为强制性标准；而对于专业课课程标准的开发和推广应定位于引导性标准，为学校课程标准的特色化开发提供必要的空间。二是在标准的开发范式中为规范性和灵活性保留对接的空间。例如专业教学标准的开发可通过建立能力模块库的形式，由国家或省级层面开发各专业大类的基础能力模块库，并允许学校在基础模块库中增添校本特色模块库。

专业教学标准是人才培养标准化的基础制度，它是“描述专业教学的内容与学习标准，以及相关课程设置要求的文件，其核心内容是职业能力标准，也可包含普通文化课程与专业基础课程的内容与学习标准”①。之所以称之为基础性制度，是因为专业教学标准的开发技术性很强、难度很大，其开发需要教育行政部门、行业企业、教科研机构与职业院校的共同参与②，单一的职业院校通常不具备开发能力，低质量的专业教学标准会影响学校课程的建设质量。因此，专业教学标准应该在国家和省级层面组织专业化力量进行开发和建设工作。国家层面的专业教学标准开发工作于 2011 年前后正式启动，2012 年教育部颁发了 19 个专业大类 410 个高等职业学校专业教学标准，2015 年教育部颁发了 19 个专业大类 230 个中等职业学校专业教学标准，并制定了定期更新机制。在地方层面，上海早在 2006 年就启动了专业教学标准的建设和应用工作，目前已经累计开发完成汽车运用与维修、护理、制药技术等 60 余个专业点的国际水平教学标准，并将国际通行的行业技术标准贯穿于课程理念、教学模式、教学评价方法等各方面。其中数字媒体、机电应用等国际水平专业教学标准及课程资源已被荷兰、芬兰等国借鉴、采纳。2021 年上海市还开发并公布了首批 22 个中高职贯通教育专业教学标准。此外，天津、广东、江苏等省市也开发和应用了一批地方专业教学标准。

三、职业教育评价制度

评价能检验学习者在不同时期的学习效果，为个体发展提供动态的信息参照，同时还发挥着十分重要的指挥棒功能。职业教育评价制度包括学校内部各专业建立的以课程、课时为单位的评价制度，还包括国家和社会层面实现学习成果认可和流通的评价制度。

（一）职业技能证书制度

职业技能证书制度旨在在教育和劳动力市场之间架设可信的人力资本认证渠道，为用人单位提供有效的人力资本信号。同时它还是提升学习者技能学习的积极性、保证企

① 徐国庆．国家专业教学标准建设是实现职业教育现代化的基础［J］．中国职业技术教育，2019（7）：62–66.

② 杜怡萍．论职业教育专业教学标准建设的标准化［J］．中国职业技术教育，2016（23）：43–47.

业参与技能形成的质量、提高生产安全与产品质量的制度基础。[①] 一个国家实施何种职业资格制度,与该国的劳动力市场特征有着紧密的联系。[②] 新修订的《职业教育法》明确规定“实施职业教育应当根据经济社会发展需要,结合职业分类、职业标准、职业发展需求,制定教育标准或者培训方案,实行学历证书及其他学业证书、培训证书、职业资格证书和职业技能等级证书制度”。职业技能证书制度一般包括从业资格和执业资格,其中从业资格指的是从事某一专业(工种)的学识、技术和能力的标准,是水平评价类的资格体系;执业资格则是对那些专业性较强、职业责任较大、社会通用性强、关系公共利益的专业技术工作实行的准入控制。我国的技能评价制度大致经历了计划经济时期的“技术工人等级制度”和市场经济体制建设时期的“专业技术人员职业资格制度”两个发展阶段。[③] 目前我国主要存在三个技能水平的认证体系——由人社部主持的职业资格认证体系(包含从业资格和执业资格)、由教育部主持的职业技能等级证书体系,以及由人社部门会同行业协会实行的专业技术人员职业资格认证体系。虽然三者均具有技能水平认证的功能,但前两者属于国家取向、中心主义的认证模式,而后者则是行业取向、分布化的认证模式。

总的来看,我国的技能证书制度尚处于发展和完善阶段,且在建设过程中出现了一些问题:一是证出多门,管理混乱,尤其是目前教育部门的技能等级证书和人社部门的职业资格证书体系之间存在重复建设的问题,“X”证书也面临权威性、通用性、针对性等三个方面的挑战[④];二是考证过程不规范,缺乏有效监督;三是部分证书的权威性和市场信号功能缺失。因此,国务院曾在过去的十多年间相继清理了大量职业资格和上岗证,但这并不等于否认技能评价制度的重要性。技能评价制度改革涉及的利益面广、成本高昂[⑤],未来我国技能评价制度的完善需强化其背后的法律基础,从证书的权威性、专业性和通用性出发规范证书考取和发放的全过程,并建立管办评分离的职业资格证书治理体制[⑥]。

(二)职业技能大赛制度

职业技能大赛是以职业能力表现为载体开展的竞赛,其核心目的是通过结构化赛题的完成,选拔相关专业或岗位的拔尖人才。因此,职业技能大赛制度既是一种评价制度,又是一种基于评价的选拔制度。我国目前存在“国家—省—市—县/区—校/单位”等多层级的职业技能大赛,其中国家层面的职业技能大赛以教育部举办的“全国职业院校技能大赛”和人社部举办的“中华人民共和国职业技能大赛”最具影响力,此外还有其他各部委结合相关行业举办的行业技能大赛,以及由企业内部举办的各类技能赛事。“世界技能大赛”目前为最高层级的世界性职业技能赛事,每两年举办一次,被誉为“世界技能奥林匹克”。2005 年 10 月,国务院《关于大力发展职业教育的决定》提出了“定期开展全国性的职业技能竞赛活动”的要求。自 2008 年起,教育部和天津市人民政府联合部分部

① 徐国庆.职业资格证书体系的重要作用[J].职教论坛,2016(36):1.

② GAMBLE J. ‘Occupation’, Labour Markets and Qualification Futures[J]. Journal of Vocational Education and Training, 2020(1): 1-22.

③ 曹晔,盛子强.我国职业资格证书制度的历史、现状与趋势[J].职教论坛,2015(1):70-75.

④ 彭振宇.我国职业资格证书制度的历史回溯及述评[J].中国职业技术教育,2021(19):29-36,81.

⑤ 李红卫.我国职业资格证书制度矫正难的原因及完善策略[J].职业技术教育,2012,33(7):47-52.

⑥ 彭振宇.技能型社会建设背景下我国职业资格证书制度改革前瞻:基于国际比较的视角[J].中国职业技术教育,2021(33):11-16.

委、部门主办由中职、高职学生参加的职业院校技能大赛，从此拉开了我国职业院校技能大赛的帷幕。[①]

职业技能大赛制度作为一种面向优秀群体选拔的评价制度，在人才培养的过程中发挥了“指挥棒”的作用。它引领了职业教育观念、培养模式、专业课程设置、课程内容与课程结构的转变，引领了“双师型”教师队伍建设，提升了职业教育的社会美誉度，改变了公众职业教育观念，促使社会各界与职业教育深度合作，推动学生评价标准的改革，同时还拓展了企业的招聘方式。[②]由于技能大赛的结果与学校荣誉和资源、学生个人的升学和就业机会挂钩，对职业技能大赛的过度重视也带来了“以赛替教”“为赛而赛”等现象，甚至影响到了职业院校内部常规的教学秩序和安排。因此，未来应充分考虑各级各类技能大赛在相关评价中的权重和影响方式，以促进学生技能发展为中心，推动“岗课赛证融通”[③]，合理发挥技能大赛的指挥棒效应。

四、职业教育升学制度

职教高考制度是职业教育升学制度的核心和改革重点。职教高考制度是优化职业教育类型定位，实现职业教育体系内部纵向贯通的必然路径。[④]通过对职业教育考试升学政策的梳理发现，我国高职考试招生经历了1985—1999年“事业初创、建章立制”、2000—2006年“适度改革、制度完善”、2007—2009年“制度深改、内涵挖掘”和2010年至今“统筹改革、模式升级”四个阶段。[⑤]在“职业教育高考制度”首次在《国家职业教育改革实施方案》中提出之前，我国主要实施的是高职分类考试招生制度，这一招生制度正式形成于《国家中长期教育改革和发展规划纲要（2010—2020年）》颁布之时，但根源于高职院校逐步提升的考试招生自主权，以及各地区扎根本土的实际探索。2022年新修订的《职业教育法》也进一步明确了“国家建立符合职业教育特点的考试招生制度……高等职业学校可以按照国家有关规定，采取文化素质与职业技能相结合的考核方式招收学生；对有突出贡献的技术技能人才，经考核合格，可以破格录取”。

尽管与职教高考制度具有相似功能的职业教育分类考试已在我国实施多年，各省市根据自身条件和需求，针对分类考试的方式、内容等进行了独特的设计，试图通过突出考试的类型特征，实现职业教育考试招生的类型化，然而，职业教育分类考试还不能被认为具有与高考制度相似的功能：首先，职业教育分类考试是在职业本科教育尚未出现的情况下设计的考试招生机制，不具有体系化设计的背景和动机，无法发挥现代职教体系动力机制的关键作用；其次，职业教育分类考试重在把学生输送到高一级的职业院校中，没有形成职业教育体系内部人才培养质量的“指挥棒”功能；最后，职业教育分类考试过于注重与普通高考的区别，尤其是强调技能考试占比，然而技能考试能否作为职业教育考试招生的主要内容存在很大争议，尤其是未来要提升职教高考成绩的认同度、科学性和流通功

① 贾桂玲．关于职业院校技能大赛的分析与思考［J］．中国职业技术教育，2018（1）：55-59，74.

② 李艳梅．关于职业技能大赛对职业教育的导向功能［J］．职教论坛，2012（14）：14-15，18.

③ 曾天山．“岗课赛证融通”培养高技能人才的实践探索［J］．中国职业技术教育，2021（8）：5-10.

④ 陈子季．优化类型定位　加快构建现代职业教育体系［J］．中国职业技术教育，2021（12）：5-11.

⑤ 姜蓓佳．高等职业教育考试招生政策的变迁历程与发展特点：基于政策要素与政策工具的二维分析［J］．中国职业技术教育，2021（7）：31-40.

能，技能评价结果使用不当，可能会影响考试结果的公平性。

自“职教高考”这一概念提出以来，诸多学者围绕该制度的功能定位及建设内容进行了多维度的探讨。一些研究认为，职教高考制度的建立能有效化解职业教育与企业之间的供需矛盾①，构成现代职业教育体系自下而上的动力机制②，是人才强国战略的时代需要和高职人才选拔的客观诉求③。而关于该制度如何建设，大致存在效率派和公平派两派：效率派认为，职教高考建设的核心任务是确保其类型属性和特色定位，必须和普通高考在内容上有显著区分，突出表现在对技能考试设计的重视；而公平派则更加关注职业教育高考作为选拔人才机制的公平性，要求谨慎处理考试的类型化和公平性之间的关系，对于技能考试的占比和效力持保留态度，且职业教育高考未来改革的方向是强化考试成果的价值尺度和流通功能。④ 也有学者主张在二者之间实现一种动态平衡。⑤ 很显然，由于高考制度的利益关涉面太大，任何一个环节的设计都可能影响到不同类型利益相关主体的诉求，因此从目前各省启动的改革情况来看，大多省份的改革仍停留于多考合一和提升职业本科教育的招生规模上，在内容改革、机制改革等方面仍未走出实际步伐。

现代职业教育体系的建设，离不开职教高考制度的协调和指挥作用。但是职教高考制度如何定位，牵涉到对中等职业教育发展定位、学校职业教育办学方针等若干基本问题的判断，也涉及很多实操层面问题的解决，着实需要一个长期的过程。未来的职教高考制度应重点关注以下三个问题。

（1）做好职教高考的内容改革。对职业教育高考而言，其内容设计受到职业高等教育、技术知识体系和中等职业教育的影响。基于此，职业教育高考的内容设计可遵循“双扇形”模型，按照“基础性、关联性、思维性”的筛选机制，以及“体系化、定向化、结构化”的组织机制，选择和设计出科学合理，且平衡多方需求的考试内容。⑥ 同时还可以考虑构建省级层面的能力标准体系，以省级教育行政部门为主导，积极吸收行业企业代表广泛参与，参考人社部门开发的职业技能标准，以专业大类为单位开发具有教育功能的基础能力模块库。每条能力对应的技术理论知识和操作技能也应得到专业分析。职教高考的理论知识考试和技能考试内容，也应源于能力清单中的典型工作任务及其对应的职业能力。此外，还应建立能力模块库的开放使用平台和更新机制，切实将能力标准体系开发作为职教高考制度建设的基础性工程，为职业院校人才培养质量的“内循环”机制提供保障。⑦

（2）构建兼顾效率和公平的考试招生机制。瑞士的职业会考制度可以为我国高职分类考试改革提供一定的借鉴。瑞士通过“联邦职业教育证书＋职业会考证书”选拔学生进入更高层次的职业教育，其中联邦职业教育证书重点考查学生的职业操作技能，通过考试拿到职业教育证书的学生方可有资格参加职业会考。职业会考侧重于对理论知识进行

---

① 刘芳．百万扩招下的“职教高考”制度构建研究［J］．中国职业技术教育，2019（31）：25–29，87.

② 徐国庆．作为现代职业教育体系关键制度的职业教育高考［J］．教育研究，2020，41（4）：95–106.

③ 李木洲．职教高考的现实基础、理论定位与体系构建［J］．职教论坛，2021，37（6）：44–48.

④ 李政．促进公平还是激化不公？职业教育高考制度改革的“公平疑虑”及其消解［J］．职教通讯，2021（3）：22–30.

⑤ 吴根洲．职教高考的适应性与选拔性［J］．职教论坛，2021，37（6）：49–52.

⑥ 李政．我国职业教育高考内容改革：分析框架与实施模型［J］．职教论坛，2022，38（2）：31–37.

⑦ 李政．我国高职分类考试招生：价值意蕴、问题表征与改革路径［J］．中国考试，2021（5）：40–47.

考查，拿到职业会考证书的学生可升入本科高校就读。这一制度的核心特征和优势在于操作技能和专业理论知识分阶段评价，且前者仅作为门槛，大大提升了能力评价的可操作性。此外，我国部分省市实施的“中职学业水平考试 + 对口招生统考”组合模式与瑞士的职业会考制度有异曲同工之妙，它顾及了大规模集中职业能力评价可行性弱的问题，将表现性评价纳入学业水平考试的范畴中，同时还强化了对学生文化素质和专业理论知识的考查，较好地保证了分类考试招生制度的公平性和成绩的可比性。职教高考改革可参考这一组合模式，将基于能力本位的表现性评价作为学业水平考试的主要内容，由各地市在省级考试院的领导下同步实施，以降低统一考试的压力和风险。通过学业水平考试的学生可获得参加全省统一职教高考的资格，考试的内容为“3+X”，即语文、数学、英语和专业基础理论。①

（3）提升职教高考实施的建制化水平。目前的职教高考在考试、招生等环节没有形成规范化的操作程序②，未来职教高考的管理机制应由教育部统筹管理（负责考试招生过程的宏观调控），省级教育考试主管部门具体实施（负责考试招生过程的组织与管理）。应建立省级的考试机构，主要承担职教高考的组织管理，以及中等职业学校学业水平测试的管理及服务，下设招生处、考试处、科研处、命题中心等机构，对标负责普通高考的考试院。③

五、职业教育外部支撑制度

职业教育发展过程中面临的很多问题不仅是教育内部的问题，更是教育外部的社会问题。制度建设要关照职业教育与外部社会子系统之间的良性互动。与职业教育发展密切相关的外部制度包括资历框架制度、人才需求研究制度和劳动就业制度。

（一）资历框架制度

国家资历框架是人力资源开发和配置的制度体系，是对一个国家义务教育之后的各种学术、专业和职业教育与培训资格进行整合的资格体系。④开发资历框架的目的在于促进国家终身学习体系的建立和完善，促进人才的高效使用和流动。资历框架和学分银行是学习型社会的基本要素和基础设施，它的出现意味着每一种学习都是有价值的，每一刻学习都是宝贵的，每一次学习都是值得记录的，每一个学习成果都具有互换的可能。它使学习从目的性转向目的性和意义性并存，学习的目标从外在目标转向了个体需求。欧盟、东盟、澳大利亚、新西兰等国际组织和国家均已建立了不同形式的资历框架制度，依托该制度实现教育和劳动力市场的有效互通和衔接。

2022 年修订的《职业教育法》首次涉及了资历框架建设的内容，规定“国家建立健全各级各类学校教育与职业培训学分、资历以及其他学习成果的认证、积累和转换机制，推进职业教育国家学分银行建设，促进职业教育与普通教育的学习成果融通、互认”。在实践层面，我国资历框架建设也取得了一些进展。国家开放大学自 2012 年开始开展了以资历框架为核心的国家学分银行制度研究与实践，设计了 10 层级学习成果框架（资历框

① 李政．我国高职分类考试招生：价值意蕴、问题表征与改革路径［J］．中国考试，2021（5）：40–47．

② 凌磊．被赋予的多样性：我国“职教高考”制度的困境与出路［J］．中国高教研究，2022（1）：63–68．

③ 王笙年．职教高考考试模式及其制度体系构建探讨［J］．职教论坛，2020，36（7）：20–26．

④ 王立科．国家资格框架：模式、结构和运行［J］．教育研究，2017，38（7）：44–54，78．

架），联合行业研制了涵盖10多个行业的500多个能力单元，以能力单元为参照标准，实现了10多个行业的30种非学历证书与国家开放大学20多个学历教育专业（或课程）之间的转换。同时一些地方也开展了区域资历框架的实践探索。2017年3月，广东省发布《广东终身教育资历框架等级标准》，确定了七级的资历框架等级标准。目前，广东正基于资历框架开发行业标准，优化专业教学标准，建立资历评审机制，同时与香港资历架构对接，促进粤港澳大湾区资历互认。重庆等地已将广东资历框架应用于职业教育机构和社会人才培养。但我国国家资历框架的法律地位仍不明确，资历框架的组织、管理及相关制度尚未建立；国家层面尚未出台资历框架建设工作方案，地方开展实践缺乏行动指南；目前也尚未制定统一的国家资历框架及等级标准，广东等地及国家开放大学的实践经验难以在更大范围推广。总的来看，我国资历框架的建设目前仍处于区域试点和局地方案阶段①，并未形成国家层面的统一制度设计。

尽管诸多文件都将资历框架制度视为学习型社会建设、技能型社会建设、现代职业教育体系建设的重要内容，但是资历框架制度的实施受多方面因素的影响，其中最核心的因素在于当前人力资源市场判断人力资本的信号是什么。在人力资源供给总体供大于求的情况下，用人单位会从最有利于组织发展的角度制定人力资本的判断信号，尤其是偏向于那些具有更高适用性和接受度的传统信号（如学历、学位），以减少组织用工的风险。同时受全球专业主义的影响，尤其是对于那些专业性极强、专业壁垒高的行业而言，资历框架的效力和适用范围均存在一定的限度，学历和证书之间因为内容广度和深度的差异性，难以形成等价互换的基础。对于职业教育和其他类型教育学习成果的互换，应该充分基于本国国情，从体系化教育发展水平、行业人才需求特征、经济发展水平等多个维度出发，确定资历框架设计和实施的阶段目标。

（二）人才需求研究制度

人才需求研究制度旨在通过对劳动力市场供需的科学分析，缓解市场中的人才供需匹配矛盾。2022年修订的《职业教育法》第三章第二十三条对人才需求信息发布和预测制度做了明文规定，即"行业主管部门按照行业、产业人才需求加强对职业教育的指导，定期发布人才需求信息；行业主管部门、工会和中华职业教育社等群团组织、行业组织可以根据需要，参与制定职业教育专业目录和相关职业教育标准，开展人才需求预测"。人才需求的预测是一个科学严谨的过程，不仅需要真实数据的支撑，而且需要科学的模型构建和对分析结果的科学全面的解释。因此，人才需求的分析和预测需要跨部门的协作，并交由专业团队完成。

我国目前主要依托人社部开展人才需求的供给分析和信息共享，人社部每个季度会针对全国人力资源市场的供需情况出具分析报告，就行业、产业、区域、工种等方面的人才供需情况做分析。但有研究指出当前我国各行业发布的人才需求包括存在三个方面的问题：一是人才需求分析与预测难以支撑职业院校的发展；二是人才需求报告编写的协同性和合作性有待提高；三是科学合理的人才需求预测模型应该得到更加广泛的运用。②此外，目前我国产业人才需求研究工作主要由学校完成，但无论是条件还是能力方面，职业院校都不具备人才研究的基础，因此专业建设也就成为"无源之水"。我国的人才需求

① 张伟远，谢青松．资历框架的级别和标准研究［J］．开放教育研究，2017，23（2）：75-82.

② 和震，柳超．职业教育规划需要人才需求预测的优化［J］．现代教育管理，2021（1）：85-91.

研究制度应该被纳入国家智库建设行列，并在各个省份和行业建立分支研究机构，通过真实数据的采集和科学的分析，为职业院校专业布局和建设提供科学的依据。同时还应建立具有公信力的人才供需对接平台，通过“搭建数据资源、技术处理和对接服务三个层次模块，构建区域产业、岗位需求、人才供给、供需关联、供需调控和供需监控等六个数据库，以及数据聚合、语义引擎、智能分析和可视化技术等四项关键技术，为职业教育人才供需对接提供供需匹配、供需分析、供需调节和供需管理等四项服务”[①]。

（三）劳动就业制度

劳动就业指的是具有劳动权利能力和劳动行为能力并有就业愿望的自然人获得有劳动报酬或经营收入的职业。我国《宪法》规定“中华人民共和国公民有劳动的权利和义务，国家通过各种途径，创造劳动就业条件，加强劳动保护，改善劳动条件，并在发展生产的基础上，提高劳动报酬和福利待遇”。中华人民共和国成立至今，我国高等院校毕业生就业制度经历了从统包统分、双向选择到以市场机制为配置方式的自主择业的变迁。[②]劳动就业制度的变迁和我国经济制度的变革有着密切联系。2015 年修订的《中华人民共和国就业促进法》和 2018 年修订的《中华人民共和国劳动法》体现了我国现行的最基本的劳动就业制度，它们对工时制度、最低工资保障制度、劳动安全制度、劳动合同制度、就业促进制度、平等就业制度、劳动力市场信息发布制度、失业保险制度、失业预警和登记制度、劳动力调查统计制度、劳动预备制度、职业资格证书制度、就业援助制度等都做了原则性的规定。此外，我国人力资源和社会保障部门和各地相关机构也会针对劳动就业领域的新形势出台临时性的政策或制度，以缓解劳动力市场内出现的各类矛盾，如《人力资源市场暂行规定》《失业保险条例》《事业单位人事管理条例》等。

职业院校学生在择业和就业过程中享有与普通教育学生同等的权利。但在充分竞争的人力资源市场中，职业学校学生往往会因为学历的因素在就业上遭遇歧视，例如一些事业单位岗位的招考不允许专科生报名，专科生和本科生“同工不同酬、同岗不同酬”等。中国劳动和社会保障科学研究院的一项调研发现，制约技能人才工作积极性的主要障碍包括“工资收入低，与技能水平、实际贡献不匹配”（50%）、“工资收入与管理和技术人员相比不公平”（52.4%）、“社会地位整体偏低，缺乏职业荣誉感”（63.1%）、“技术工人考核评价制度不科学”（42.9%），以及“对企业经营和国家治理没有发言权，处于被管理的地位”（31%）。[③]这些问题出现的原因比较复杂，有岗位对人才要求的因素，但也的确存在人才评价标准单一、招录制度改革有“路径依赖”的问题。因此，构建公平对待职校生的劳动就业制度，是提升职业教育吸引力和社会地位的关键举措。

就业是民生之本。一直以来，历届政府均高度重视职业院校毕业生劳动就业合法权益的维护，多措并举提升职业院校毕业生的待遇水平和社会地位，其中的核心问题在于维护职业院校毕业生与普通院校毕业生在就业市场中的公平竞争权和与劳动相匹配的报酬获得权。我们有理由相信，随着现代职业教育体系和“技能型社会”建设的深入推进，以

① 张慧．职业教育人才供需对接平台设计与建设路径研究［J］．职业教育研究，2022（2）：62-66.

② 宋争辉．新中国高等院校毕业生就业制度变迁与就业公平［J］．河南师范大学学报（哲学社会科学版），2012，39（2）：252-255.

③ 提高技术工人待遇大家谈［EB/OL］．（2018-04-04）［2021-12-21］．http://www.mohrss.gov.cn/SYrlzyhshbzb/dongtaixinwen/buneiyaowen/201804/t20180404_291587.html.

及各项劳动就业制度的不断完善，职校生在就业市场中面临的各类歧视将逐步得到消解，技术技能人才的获得感将不断增强。

认真执行就业准入制度，对从事涉及公共安全、人身健康、生命财产安全等特殊工种的劳动者，必须从取得相应学历证书或职业培训合格证书并获得相应职业资格证书的人员中录用。……各级人民政府要创造平等就业环境，消除城乡、行业、身份、性别等一切影响平等就业的制度障碍和就业歧视；党政机关和企事业单位招用人员不得歧视职业院校毕业生。结合深化收入分配制度改革，促进企业提高技能人才收入水平。鼓励企业建立高技能人才技能职务津贴和特殊岗位津贴制度。

——节选自 2014 年印发的《国务院关于加快发展现代职业教育的决定》

积极推动职业院校毕业生在落户、就业、参加机关事业单位招聘、职称评审、职级晋升等方面与普通高校毕业生享受同等待遇。逐步提高技术技能人才特别是技术工人收入水平和地位。机关和企事业单位招用人员不得歧视职业院校毕业生。国务院人力资源社会保障行政部门会同有关部门，适时组织清理调整对技术技能人才的歧视政策，推动形成人人皆可成才、人人尽展其才的良好环境。

——节选自 2019 年印发的《国家职业教育改革实施方案》

打通职业学校毕业生在就业、落户、参加招聘、职称评审、晋升等方面的通道，与普通学校毕业生享受同等待遇。对在职业教育工作中取得成绩的单位和个人、在职业教育领域作出突出贡献的技术技能人才，按照国家有关规定予以表彰奖励。各地将符合条件的高水平技术技能人才纳入高层次人才计划，探索从优秀产业工人和农业农村人才中培养选拔干部机制，加大技术技能人才薪酬激励力度，提高技术技能人才社会地位。

——节选自 2021 年印发的《关于推动现代职业教育高质量发展的意见》

职业院校毕业生与普通高校毕业生同等享受艰苦边远地区基层事业单位公开招聘倾斜政策。乡村振兴重点帮扶县基层事业单位工勤技能岗位补充急需紧缺技能人才的，可面向职业院校毕业生专项招聘。

——节选自 2021 年印发的《人力资源和社会保障部关于职业院校毕业生参加事业单位公开招聘有关问题的通知》

（四）职业教育工作部际联席会议制度

2018 年 11 月，国务院发文同意建立“国务院职业教育工作部际联席会议制度”，替代 2004 年成立的“职业教育工作部际联席会议”。新的联席会议由国务院副总理担任召集人，由教育部部长和国务院副秘书长担任副召集人，教育部、发改委、财政部、人社部、农业农村部、国资委、税务总局和扶贫办等九部门副部长任成员。联席会议制度的主要工作有六项：贯彻落实党中央、国务院关于职业教育工作的重大决策部署；统筹协调全国职业教育工作，研究解决职业教育重大问题；研究审议拟出台的职业教育法律法规和重大政策，部署实施职业教育改革创新重大事项；听取国家职业教育指导咨询委员会等方面的意见建议；督促检查职业教育有关政策措施的落实情况；完成党中央、国务院交办的其他事项。[①]

部际联席会议制度是为了协商办理涉及国务院多个部门职责的事项，由国务院批准建立，各成员单位之间共同商定的工作制度。它致力于充分协同各部门之间的工作，更好地发挥各职能部门的作用，具有资源密集度低、权限约束性小、灵活性高的特点。[②]在国务院层面围绕职业教育发展成立部际联席会议制度，是职业教育国家治理体制改革的关键之举，充分顺应了职业教育办学复杂性、主体多元性的特点，对于协调和优化配置各方办学资源、破除传统制度和部门权责壁垒、推进职业教育改革工作具有重要意义。

关键概念

职业教育；制度；新制度主义；规范；法律；办学制度；人才培养制度；评价制度；职教高考制度；外部支撑制度

思考与讨论

1. 制度存在自上而下的设计模式和自下而上的生成模式，你如何看待这两种模式的优劣势？

2. 你还能举出哪些与职业教育发展相关的外部支撑制度？

3. 你能否举出几个职业教育政策上升为制度或法律的例子？

4. 为什么我国的职业教育治理需要职业教育工作部级联席会议制度？

参考文献

[1] GAMBLE J. ‘Occupation’, Labour Markets and Qualification Futures [J]. Journal of Vocational Education and Training, 2020(1).

[2] LI Z, ZHENG J, XIONG J. Examining Project-Based Governance of Higher Vocational Education in China: A Case Study [J]. Higher Education Policy, 2021.

[3] 豪尔，泰勒，何俊智 . 政治科学与三个新制度主义 [J]. 经济社会体制比较，2003(5).

[4] 曹晔，盛子强 . 我国职业资格证书制度的历史、现状与趋势 [J]. 职教论坛，2015(1).

[5] 曾凤琴，庞学光 . 综合高中：一个备受争议的实践性论题：我国学者的相关研究述评 [J]. 中国职业技术教育，2020(36).

[6] 曾天山 . “岗课赛证融通”培养高技能人才的实践探索 [J]. 中国职业技术教育，2021(8).

① 教育部 . 国务院职业教育工作部际工作联席会议制度建立 [EB/OL].(2018-11-28)[2022-06-04]. http://www.moe.gov.cn/jyb_xwfb/s6052/moe_838/201811/t20181128_361638.html.

② 朱春奎，毛万磊 . 议事协调机构、部际联席会议和部门协议：中国政府部门横向协调机制研究 [J]. 行政论坛，2015，22(6)：39-44.

[7] 陈放.我国现代职业教育标准体系建设:逻辑、困境与进路[J].现代教育管理,2021(6).

[8] 陈向阳.标准化:职业教育治理现代化的基石[J].江苏教育(职业教育版),2016(3).

[9] 陈子季.优化类型定位 加快构建现代职业教育体系[J].中国职业技术教育,2021(12).

[10] 董宏建,蒋志湘,秦彩霞,等.以国际合作带动职业教育的标准开发和质量提升:全球化视野下国际职业教育标准研讨会综述[J].世界教育信息,2011,25(1).

[11] 杜怡萍.论职业教育专业教学标准建设的标准化[J].中国职业技术教育,2016(23).

[12] 凡勃伦.有闲阶级论[M].蔡受百,译.北京:商务印书馆,2018.

[13] 方勇.职业教育标准的建设与管理[J].职教论坛,2017(28).

[14] 国务院批转教育部、国家劳动总局关于中等教育结构改革的报告[J].中华人民共和国国务院公报,1980(16).

[15] 郝天聪,石伟平.从松散联结到实体嵌入:职业教育产教融合的困境及其突破[J].教育研究,2019,40(7).

[16] 和震,柳超.职业教育规划需要人才需求预测的优化[J].现代教育管理,2021(1).

[17] 贾桂玲.关于职业院校技能大赛的分析与思考[J].中国职业技术教育,2018(1).

[18] 姜蓓佳.高等职业教育考试招生政策的变迁历程与发展特点:基于政策要素与政策工具的二维分析[J].中国职业技术教育,2021(7).

[19] 教育部.国务院职业教育工作部际工作联席会议制度建立[EB/OL].(2018-11-28)[2022-06-04].http://www.moe.gov.cn/jyb_xwfb/s6052/moe_838/201811/t20181128_361638.html

[20] 康芒斯.制度经济学[M].于树生,译.北京:商务印书馆,1962.

[21] 雷世平,乐乐,郭素森,等.职业教育混合所有制办学政策的现状、问题与对策[J].职业技术教育,2021,42(19).

[22] 李红卫.我国职业资格证书制度矫正难的原因及完善策略[J].职业技术教育,2012,33(7).

[23] 李木洲.职教高考的现实基础、理论定位与体系构建[J].职教论坛,2021,37(6).

[24] 松林.体制与机制:概念、比较及其对改革的意义:兼论与制度的关系[J].领导科学,2019(6).

[25] 李艳梅.关于职业技能大赛对职业教育的导向功能[J].职教论坛,2012(14).

[26] 李永洪,毛玉楠.理解制度:对政治学中制度研究范式的再思考:兼论新旧制度主义政治学的差异[J].社会科学论坛,2010(3).

[27] 李政.促进公平还是激化不公?职业教育高考制度改革的“公平疑虑”及其消解[J].职教通讯,2021(3).

[28] 李政.谋高质量发展 为现代化奠基:我国职业教育“十三五”回顾与“十四五”展望[J].中国职业技术教育,2021(10).

[29] 李政.我国高等职业教育项目制治理模式的变迁逻辑:基于历史制度主义的视角[J].江苏高教,2021(5).

[30] 李政．我国高职分类考试招生：价值意蕴、问题表征与改革路径[J]. 中国考试，2021(5).

[31] 李政．我国职业教育高考内容改革：分析框架与实施模型[J]. 职教论坛，2022，38(2).

[32] 李政．项目制下的高职院校同质化：作用机制、问题表征与改革路径[J]. 高校教育管理，2022，16(2).

[33] 李政．职业教育的产教融合：障碍及其消解[J]. 中国高教研究，2018(9).

[34] 李政．职业教育类型属性下的普职融通：特点、使命与行动[J]. 职教通讯，2020(9).

[35] 凌磊．被赋予的多样性：我国“职教高考”制度的困境与出路[J]. 中国高教研究，2022(1).

[36] 刘芳．百万扩招下的“职教高考”制度构建研究[J]. 中国职业技术教育，2019(31).

[37] 刘润南．政策定义辨析[J]. 理论探讨，1992(1).

[38] 刘丽群，彭李．普职融通：我国高中阶段教育改革与发展的整体趋向[J]. 湖南师范大学教育科学学报，2013，12(5).

[39] 刘丽群．我国综合高中发展的现实问题与路径选择[J]. 教育研究，2013，34(6).

[40] 刘晓，段伟长．产教融合型企业：内涵逻辑与遴选思考[J]. 中国职业技术教育，2019(24).

[41] 马光荣．制度、企业生产率与资源配置效率：基于中国市场化转型的研究[J]. 财贸经济，2014(8).

[42] 彭和平．制度学概论[M]. 北京：国家行政学院出版社，2015.

[43] 彭振宇．技能型社会建设背景下我国职业资格证书制度改革前瞻：基于国际比较的视角[J]. 中国职业技术教育，2021(33).

[44] 彭振宇．我国职业资格证书制度的历史回溯及述评[J]. 中国职业技术教育，2021(19).

[45] 宋争辉．新中国高等院校毕业生就业制度变迁与就业公平[J]. 河南师范大学学报(哲学社会科学版)，2012，39(2).

[46] 孙帅帅，李政．中等职业教育的社会想象及重塑路径[J]. 中国职业技术教育，2022(7).

[47] 唐坚．制度学导论[M]. 北京：国家行政学院出版社，2017.

[48] 王国平．资源配置效率与经济制度结构[J]. 学术月刊，2001(2).

[49] 王佳，盛立强．我国高技能人才供需结构的产业差异性及协调性分析[J]. 教育与职业，2021(11).

[50] 王立科．国家资格框架：模式、结构和运行[J]. 教育研究，2017，38(7).

[51] 王笙年．职教高考考试模式及其制度体系构建探讨[J]. 职教论坛，2020，36(7).

[52] 吴根洲．职教高考的适应性与选拔性[J]. 职教论坛，2021，37(6).

[53] 徐国庆．国家专业教学标准建设是实现职业教育现代化的基础[J]. 中国职业技术教育，2019(7).

[54] 徐国庆．美国职业教育标准体系的构建及启示[J]. 比较教育研究，2012，34(6).

[55] 徐国庆．职业教育实现现代化的关键是完善国家基本制度[J]. 华东师范大学

学报(教育科学版),2021,39(2).

[56] 徐国庆.职业资格证书体系的重要作用[J].职教论坛,2016(36).

[57] 徐国庆.智能化时代职业教育人才培养模式的根本转型[J].教育研究,2016,37(3).

[58] 徐国庆.作为现代职业教育体系关键制度的职业教育高考[J].教育研究,2020,41(4).

[59] 徐辉,李薇.迈向学习型社会的重要宣言:写在《学会生存》发表40周年之际[J].教育研究,2012,33(4).

[60] 许竞.试论职业教育的制度环境[J].教育与经济,2014(4).

[61] 杨福禄.关于历史制度主义[J].山东师范大学学报(人文社会科学版),2006(4).

[62] 昝宝毅.社会地位与角色[J].社会,1987(1).

[63] 张慧.职业教育人才供需对接平台设计与建设路径研究[J].职业教育研究,2022(2).

[64] 张伟远,谢青松.资历框架的级别和标准研究[J].开放教育研究,2017,23(2).

[65] 周晶晶,孙耀庭,慈龙玉.区域学分银行建设的困境与思考[J].开放教育研究,2016,22(5).

[66] 周兆海,邬志辉.社会地位的内涵、演进及其类型:兼论我国当代社会地位的生成逻辑[J].理论月刊,2015(7).

[67] 朱春奎,毛万磊.议事协调机构、部际联席会议和部门协议:中国政府部门横向协调机制研究[J].行政论坛,2015,22(6).

[68] 朱敏,高志敏.终身教育、终身学习与学习型社会的全球发展回溯与未来思考[J].开放教育研究,2014,20(1).

[69] 庄西真.论现代职业教育体系中的教育转换[J].职教论坛,2013(34).

[70] 秦海.制度范式与制度主义[J].社会学研究,1999(5).

第十章
职业教育学生

学习提示

本章主要讨论新时代职业院校学生的特征及其成因，包括不同年龄阶段职业院校学生的特点，职业院校学生的心理特征、学习特征、人际交往特征与家庭背景等。学习中要注意以现实案例联系理论内容，以理性、客观的视角看待职业院校学生；深入了解新时代职业院校学生的多样特征，能够从多维度、多视角分析职业院校学生的行为、思想；深刻思考职业院校学生与普通教育学生的不同特征；深刻理解职业院校学生行为与思想背后的成因；深刻理解职业院校学生面临的社会状况与自身状况，认识到结合职业院校学生的特征开展育人活动的重要性。

随着我国职业教育体系逐渐完善、成熟，职业教育规模逐步扩大。我国已建成世界上最大规模的职业教育体系，职业教育的在校生数量已具有相当大的规模。根据教育部2021年的统计数据，在校中职生约有1 300万人，在校高职生约有1 600万人，占据各层次、各类型教育学生人数的半壁江山，呈现数量多、来源广的总体特点。同时，职业院校学生群体类型多元，具有与普通教育学生不同的特征。因此，了解职业院校学生的基本情况，把握职业院校学生的年龄特征、心理特征、学习特征、人际交往特征和家庭背景等，对职业院校展开育人活动具有重要意义。按照大职业教育观的概念边界，职业院校学生既包括学校职业教育中的传统意义上的学生，又包括职业继续教育中的学生，前者是目前我国职业教育语境中的主体，而后者的年龄和背景分布极为复杂。本章主要针对前者进行研究、分析。

第一节 职业院校学生的年龄特征

有关职业院校学生年龄特征的研究多从心理学的视角出发，探讨职业院校学生的心理健康状况或道德水平等。一类观点认为，不同年龄阶段的职业院校学生由于面临的学习、生活状况不同，心理健康状况略有差别[①②]；一类观点则从职校生群体特殊性的角度出发，探讨不同年龄阶段的职业院校学生的道德发展[③④]。由此看来，职业院校学生的心理发展、道德水平、学习状况等多个方面的行为表现都受当前所处的年龄阶段的较大影响。这一观点也在心理学的相关理论领域中有所体现。如皮亚杰（Jean Piaget）的发展心理学理论将人的心理发展阶段按照年龄划分为感知运动阶段（0—2岁）、前运算阶段（2—7岁）、具体运算阶段（7—12岁）、形式运算阶段（12岁至成人）等，在不同的年龄阶段，人的心理发展水平与道德发展水平有所差异，行为表现也不同。对于职业院校学生来说，中职生、高职生、职业本科生的年龄层次存在差别，特别是高职扩招后，职业院校学生的群体规模日益扩大，群体类型日益多元，年龄差别的绝对值进一步加大。因此，把握中职生、高职生、职业本科学生的年龄特征，对职业院校开展教育活动意义重大。

一、中职生的年龄特征

中职生是特殊的学生群体，多处于15—18岁这一人生中的重要成长阶段。除普通中

① 崔景贵．当代职业学校学生心理发展的基本特征［J］．教育与职业，2008（8）：19-21.

② 戚桂彩，赵欣．职业学校学生心理特征与发展任务研究［J］．职业技术教育，2004，25（34）：59-61.

③ 刘国雄，李霞．两难情境下普通中学生和职校生的道德判断［J］．中国特殊教育，2013（9）：84-90.

④ 刘国雄，陆婷．青少年的道德推脱及其与家庭教养方式的关系［J］．中国特殊教育，2013（4）：78-84.

职生外，中职还面向特殊人群，如盲人、聋哑人等开设特殊专业。从整体来看，该阶段的中职生处于“萌芽初露”的黄金青年期、由少年向成人初步过渡的关键时期，也是人生角色即将由“学生”向“职业人”转型的关键时期。在该阶段，中职生的身体、认知、人格等多方面均表现出较大变化，具体表现如下。

（一）身体外表显著变化

在此阶段，中职生的生理机制逐步发育成熟，身高、体重等各项机能几乎与成人无异。多数中职生身高增加3~15厘米，体重增长5~7千克，这充分说明该阶段是中职生身体快速发展的阶段。根据2021年我国《第八次全国学生体质与健康调研有关情况介绍》，从身高来看，中职学生中男生身高较往年数据增长0.95厘米，女生身高较往年数据增长0.80厘米；从体重来看，中职学生中男生体重较往年数据增长2.52千克，女生体重较往年数据增长1.99千克。从数据看来，中职生的身体状况良好，速度、柔韧性、肺活量等表现数据较往年都得到了提升，体质与健康状况良好。但随着电子产品的普及化，中职生的近视率较往年也有所提高，加强体育锻炼、户外活动对该阶段中职生身体各项机能的发育意义重大。

（二）认知水平快速提高

根据皮亚杰的发展心理学理论，该阶段，中职生的认知发展达到了形式运算阶段，在该阶段，学生的思维形式摆脱了思维内容。形式运算阶段的个体能够摆脱现实的影响，关注假设的命题，可以对假言命题作出有逻辑和有创造性的反应。此外，个体还可以进行假设—演绎推理。假设—演绎推理是先提出各种解决问题的可能性，再系统地评价和判断出正确答案的推理方式。假设—演绎的方法分为两步，首先提出假设，提出各种可能性；然后进行演绎，寻求可能性中的现实性，寻找正确答案。[①] 该阶段，中职生的认知发展较初中阶段有了较大提升。首先，中职生接受知识的抽象水平较初中生更高，能够对操作性、陈述性知识的应用的正误作出判断，并且能在不同模拟工作情景中发现问题，试图找寻解决问题的方案。因此，该阶段中职生发现问题与解决问题的能力都较初中得到明显提高。而与普通高中生相比，中职生在操作性知识的学习与运用方面的能力更为突出。

（三）人格塑造处于黄金期

此阶段还是中职生的人格得到塑造而形成的黄金期。在该阶段，中职生的心理较为敏感、脆弱，对他人的话语、行为会格外在意，情绪可能会由于学业、亲友、生活等外界因素产生巨大变化；自尊心较强，面对家长、老师、同伴的批评，容易做出较大反抗。中职生还面临着特定的教育目标，即要面临择业、就业、升学的巨大压力，并且社会阅历相较普通高中生更为丰富，在种种因素的影响下，易产生特殊心理问题。此外，中职生作为新生代，思想与价值观念受网络传播影响较大，喜爱追逐潮流文化，生活、学习方式追求新奇、特别，凸显自我个性特征。在道德发展方面，该时期，大部分中职生能够分辨是非，识别不良行为，做到自律，约束自我行为，懂得换位思考；但少部分中职生易受社会、网络上不良风气的影响，以致出现不端行为。

（四）农村中职生“回流”导致年龄存在特殊性

此前，我国有相当一部分中职生成为辍学群体，原因有三。一是学习成绩差导致学生

① 游兰香．皮亚杰心理发展观的教育意义探析[J]．福建论坛（人文社会科学版），2007(S1)：172–173.

流失。部分中职生学生由于基础差，产生厌学心理。二是社会偏见和陈旧观念的影响。在人们的传统意识中，只有上普高才能考大学，学生才会成才。在这些社会偏见和陈旧观念的影响下，部分中职生产生退学念头。三是家庭贫困和疏于管教导致学生流失。虽然国家对农村中职生采取了多项救助措施，但传统观念的影响，以及部分家庭家庭贫困的现实，都要求中职生承担家庭责任，使他们想过早就业赚钱，造成学生流失。[①] 近些年，随着中职教育逐步开放，招生群体日益扩大，部分辍学的中职生再次回到中职校园，他们的年龄比正常入学的中职生大，导致中职生在年龄上具有特殊性。

二、高职生与职业本科生的年龄特征

近年来，高等职业教育学生的来源逐渐多元化，突破了原有的中职毕业生、普通高中毕业生的局限，拓展至多个社会群体，包括退伍军人、进城务工人员等。从整体来看，多数高职生与本科生身处 18—22 岁的青年期，生理各机能发育完全，精力、体力处于青年的旺盛阶段；心理上性格表现趋向稳定，行为方式具有独特性、稳定性。但部分学生来源于社会各类群体，生源结构的多样化导致其内部年龄特征存在一定差别。总的来说，高职生与职业本科生的年龄呈现以下四个特征。

（一）生理机能发育完全成熟

该阶段，多数高职生与职业本科生走入青春期末期，各生理机能发育完全成熟。从高职生与职业本科生的身体素质看来，根据《第八次全国学生体质与健康调研有关情况介绍》，高职生与职业本科生所属群体的身体形态整体向好，体型、身体成分、营养物质的摄入均超过世界平均水平，但肥胖比例较以往有所提高；从身体机能来看，高职生与职业本科生所属群体在身高、体重、50 米跑、引体向上等方面的表现有所下降；从身体运动素质来看，高职生与职业本科生所属群体在速度、柔韧、肺活量等方面的表现有一定程度的降低。[②] 其原因在于，高职生与职业本科生所属群体进入高等教育机构后，户外活动次数、体育锻炼次数下降明显，多数高职生与职业本科生消耗大量时间上网。因此，在当下，使高职生与职业本科生树立起健康生活观念，形成健康、积极的生活方式较为重要。

（二）思维发展走向理性

该阶段，高职生与职业本科生的认知发展更加完善，能够对事物发展做出较为全面、客观的分析与评价。在学习上表现为，高职生与职业本科生所学的知识的抽象程度、难度明显更高，高职生与职业本科生能够对项目的整个流程进行分析，并对流程的正误做出判断，整体思维更有逻辑。在对社会的认识上，高职生与职业本科生的社会化程度明显提高，对社会事件的判断更客观、理性。但由于“00 后”接触网络普遍较早、时间较长，习惯了在网络上表达意见，增加了高职生与职业本科生接触网络上偏激、有争议的观点的机会。因此，网络纷争在高职生和职业本科生所属群体中发生概率较大。在人生规划上，高职生与职业本科生多数能够根据实际情况，理性、客观地制订职业规划并进行择业。

（三）人格发展走向成熟、稳定

该阶段，高职生与职业本科生的人格逐渐稳定、成熟。多数高职生与职业本科生较为积极向上，拥有自己的理想与追求。但该阶段，由于高职生与职业本科生面临学业、家庭、

① 赵玉敏．农村中职生流失原因及对策浅析［J］．河南农业，2008（18）：18，21.

② 王晓峰，王祥全．大学生人口身体素质变动及其问题成因分析［J］．人口学刊，2018，40（2）：86-95.

就业等压力，较容易产生焦虑、抑郁心理。“00后”高职生与职业本科生在思想观念上更注重个性化的价值追求和个体的情感体验、个体享受，家庭观、交友观、婚恋观变得更加多样、开放；此外，个体意识显著增强，穿着、用具渴望突出个性，期望拥有较为独立的空间。在道德发展方面，“00后”高职生与职业本科生的道德水平较高，多数高职生与职业本科生愿意与人为善，能够主动规范自我行为，遵守并自觉维护社会秩序、学校秩序等。因此，在该阶段，需要加强价值引导、心理健康教育，提升高职生与职业本科生的自我调节能力，重视其心理健康发展，提升其道德水平。

（四）生源结构多样化导致年龄差异较大

2019年政府工作报告宣布高职院校扩招100万人。高职院校百万扩招改变了传统的高中应届生源结构，“1（中职学校毕业生）+3（退伍军人、进城务工人员和下岗职工）型生源”成为高职入学新主体。[①] 高职扩招无疑冲击了原有的生源结构，生源结构多样化的主要表现就是生源年龄存在差异，退伍军人、进城务工人员、下岗职工等年龄比一般高职生大，在心理状况、社交方式、学习方式等方面与一般高职生存在差异。而职业本科院校的生源来自“专升本”“对口单招”“普通高考”三种渠道，升学的多渠道也丰富了职业本科院校的生源结构。职业本科生年龄差异的绝对值较大。由于年龄差异，职业本科生的学习行为、生活方式等必然会出现差异，应针对高职院校、职业本科院校生源结构多样化、差异化的现实有针对性、精细化地开展教育教学活动。

第二节 职业院校学生的心理特征

从已有研究看来，有关职业院校学生心理的研究数量较多，总体可分为职业院校学生心理问题与解决策略、心理特征与教育活动两类研究。一类研究者通过访谈等调查方法了解职业院校学生的心理感受，并从职业院校学生的教育经历、家庭背景等方面挖掘原因，针对职业院校学生易出现的心理问题提出学校教育策略。[②③] 一类研究者从职业院校学生的年龄特征出发，结合其成长经历，客观总结出职业院校学生的心理特征，并提出要

① 张宏亮．百万扩招背景下高职生源结构变动与职业教育调适策略［J］．中国职业技术教育，2020（7）：54-60.

② 贺文瑾．中等职业技术学校学生心理问题分析［J］．教育与职业，2003（24）：29-32.

③ 崔景贵．解读职校生“习得性无助”现象：心理症结与教育策略［J］．中国职业技术教育，2013（12）：65-72.

针对职业院校学生的心理特征开展学校教育活动。[①②] 因此,把握职业院校学生的心理状况与特征,有助于推动学校开展科学、具有吸引力的教育教学活动。

从学术理论看来,可以从积极心理学的理论视角出发,深刻理解并解释职业院校学生的心理特征,促进职业院校学生的心理得到积极、健康的发展。积极心理学是心理学界的新兴研究领域。它是利用心理学目前已比较完善和有效的实验方法与测量手段来研究人类的力量和美德等积极方面的心理学思潮。首先提出积极心理学这一概念的是心理学家塞利格曼(Martin E. P. Seligman)。目前关于积极心理学的研究主要集中在研究积极的情绪和体验、积极的个性特征、积极的情绪对生理健康的影响,以及培养天才等方面。积极的情绪和体验是积极心理学研究的主要方面。关于积极情绪,弗兰克林(B. L. Fredrick)提出了拓延—建构理论,认为某些离散的积极情绪,包括高兴、兴趣、满足、自豪和爱,有拓延人们瞬间的知、行的能力,并能构建和增强个人资源,如增强人的体力、智力、社会协调性等。积极的人格特征也引起了越来越多的研究者的兴趣。研究者认为,积极的人格有助于个体采取更为有效的应对策略,从而更好地面对生活中的各种压力情景。积极的心理和情绪状态对保持和促进生理健康有很大的意义。积极的情绪状态(如乐观)可以增加人的心理资源,使人相信结果会更好。在面对压力事件时,常处于积极情绪状态的人更不易生病。随着积极心理学的兴起,关于创造力和天才培养的研究蓬勃发展。关于创造力是先天形成的还是后天培养的这一话题,埃里克森(Ericsson)通过研究提出了自己的观点:创造力是一种源于普通认知过程的能力,更多地是培养出的,而非与生俱来的才能。[③] 从积极心理学理论的角度出发,每个职业院校学生都蕴含着无限的潜力,要把职业院校学生积极的情感、情绪等充分调动起来,实现其身心的健康成长。

一、职业院校学生的心理发展特征

职业院校学生多数处于心灵与情感的"断奶阶段",个性鲜明、情感丰富是职业院校学生在该阶段的鲜明特征。在此阶段,职业院校学生处于活跃而丰富多彩的青年期,这是人生的重大转折时期,又是职业院校学生人格发展的黄金阶段,是心理发展最富特色的时期。一些心理学家称青年期为"狂风暴雨时期"和"第二次危机时期",是"心理上的断乳期"和"人生的第二次诞生期",这恰恰说明职业院校学生处于道德观与价值观塑造与形成的重要阶段,因此,需要对职业院校学生的情绪、情感与心理健康多加关注。

(一)开放性格与内隐心理冲突

与普通教育的学生一样,职业院校学生在"心理上的断乳期"呈现出开放性格与内隐心理并存的一面。对于新生代"00后"而言,敢于表达是其鲜明的特征,他们能够在学校生活中与同伴密切交流、交换想法。随着网络自媒体的发达,职业院校学生也乐意通过网络平台来表达自己的观点、想法,呈现出开放、外向的性格特征。除此之外,职业院校学生对新兴事物的接受度也较高。这是因为"00后"职业院校学生从小就身处一个各类创新产品不断涌现的时代,见证了许多新兴事物的诞生,比如网络支付、自媒体平台、各类高科

① 崔景贵.90后职校生青春期心理特征与教育策略[J].职教论坛,2010(9):77-79,85.

② 陈同清.职校生心理需要现状的调查研究[J].职业技术教育,2015,36(20):57-60.

③ 崔丽娟,张高产.积极心理学研究综述:心理学研究的一个新思潮[J].心理科学,2005(2):402-405.

技产品等，所以面对新兴事物，往往能以开放的心态去接受。但是，需要关注的是，进入青年期后，职业院校学生的内心世界不再像幼时一样毫无保留地向家人、朋友、老师开放，而是有了自己的秘密、自己的想法，并且把这些秘密、想法藏在心里，不愿意对外人诉说。他们更倾向于在自己的“秘密空间”内记录生活中的事件与自己的感受，并且希望这个“秘密空间”不被外界察觉。部分职业院校学生较少与教师、家长深入交流，表现出沉默少语的样子。为了保护自己的“秘密空间”，他们也不愿意与成人主动交流，这就导致他们在遇到心理问题时难以得到成人的帮助与指导。但是这并不意味着职业院校学生不希望得到成人的关心与帮助，部分学生认为家长、教师不能理解自己、不够关心自己，所以自己的内心世界就不对他们敞开，不愿意将真心话告诉成人，但内心仍是渴望得到成人的帮助、理解与关怀的。

（二）强烈冲动性与温和细腻性共存

情绪是心理健康的晴雨表。对于处于青春期阶段或者青年期的初始阶段的职业院校学生来说，他们与普通教育的学生相似，有“暴风骤雨似的情感”，他们容易因为成绩提升而兴奋不已，也可能因为一些挫折而沮丧、难过，表现出情感丰富且敏感的一面，思虑较以往更为复杂，少数学生容易感情用事、做事冲动，这要求我们时刻关注学生心理，及时开解、疏导学生的消极情绪。同时，职业院校学生心理逐渐成熟的一面也逐渐表现出来。比如职业院校学生越来越能够换位思考，面对遇到困难的同伴，往往具有较强的同理心，愿意施以援手；能够体谅父母，愿意在家中承担一些家务，在学校也希望表现得更好，以期未来能够减轻父母的负担等，表现出温暖、细腻的一面。因此，在教育教学、实习过程中，当学生表现出心理成熟的一面，我们要及时鼓励、表扬，使其心理发展更加健康、成熟。

（三）自卑感与自信心交织

在过去职业教育还未成为“类型教育”的状况下，社会上对职业教育存在一些偏见，职业院校学生身上被打上了略显消极的标签，被认为学习能力较弱。相对普通教育的学生来说，职业院校学生一直被以成绩为标准与同伴进行比较，他们身上“精益求精”“不怕苦不怕难”“动手能力强”等品质优点却被忽视，长此以往，容易造成部分职业院校学生产生自卑心理。但是，这一情况会随着现代职业教育体系的不断优化、职教高考的探索实践、评价体系的更加多元化等逐渐消失。此外，与普通教育的学生相同，职业院校学生所处的年龄阶段导致其心理较为敏感、脆弱，容易在家境、身高、相貌等方面将自己与同伴比较，当同伴在家境、相貌等方面具有明显优势时，部分职业院校学生易产生“容貌焦虑”等自卑心理，这就要求我们在教育活动中对学生进行正向引导，运用积极心理学，帮助他们正确认识自己，摆脱自卑。

职业院校学生的自信心也较强，对自身身份的认同感较高。如某项调研中显示，七成左右的中职生、七成左右的高职生和六成左右的职业本科生看好职业教育和所在学校的发展，能够自信地向别人介绍自己的职校生身份。这在调研的教师卷、家长卷和企业卷中也得到了佐证，大部分教师、学生家长和企业代表都认为职业院校学生喜欢在读学校，并看好职业教育的前景。这表明近年来国家对职业教育多方面的投资得到了实质性的收益，学生逐渐认识到了职业教育的重要作用，并且提升了自己作为职业院校学生的自信心、自豪感。[①]

① 资料来源于笔者参加的2022年全国职业院校学生思想状况调研课题。

（四）自主性与依赖性共存

与普通教育学生相同，职业院校学生多数为独生子女，从小在家人的关爱与呵护中成长，自我意识较为强烈，表现出强调个性、追求独立的心理特点，希望自己能够与众不同，彰显出鲜明的个性，并且得到家长、老师、同伴的认同，但不希望家长、教师过度关注或干涉自己的事情。此外，多数职业院校学生虽然在心理上渴望他人对自我的认同，追求独立自主，但是对家长的依赖仍然较强，在心理上仍处于“断奶”阶段，将父母视为“避风港”，认为家人是自己各方面最大的依靠。职业院校学生对于教师也有较强的依赖性，主要体现在学校生活中。职业院校学生虽然希望在学校中能够彰显个性并得到教师的认同，并且希望教师少一些“说教”，但是在学习、实习中遇到困难时，对教师的依赖仍然较强，渴望教师能够给予学习上的帮助或者心理上的疏导。因此，职业院校理应尊重学生的心理发展特点，给予学生自主发展的机会，在学生面对困难时，教师要能够及时发现，并且施以援手。

（五）社会化程度更高

随着职业院校学生年龄的增长，他们不断经历新的教育阶段，社会化程度也随之越来越高。相较于普通教育学生来说，职业院校学生对于社会经济发展趋势、产业技术迭代升级有着更为清楚的认知，对社会发展潮流更加了解。此外，职业院校学生由于参与实习、实训，提前接触了成人世界，与企业师傅、其他员工的交往相对较多，在交往过程中，不可避免地会接触成人世界的人情世故，相较于普通教育学生，职业院校学生在待人接物上能够展现更为成熟的一面，能够较快适应成人社会。当然，学校教育也加速了职业院校学生心理社会化的发展。通过与老师、同伴的交流、交往，以及知识、技能的学习，职业院校学生的认知程度较之以往有了较大的提升，能够对社会事件、周围生活做出自己的思考、判断，对社会、现实、人生等问题思考的深度和广度有所提高，对社会现实生活中的很多现象都很感兴趣，喜欢关注社会时事新闻，开始像成人一样对发生的事件与存在的问题进行正面或者负面的评价与判断，并且对参与社会活动抱有热情。

二、职业院校学生心理发展特征的成因

职业院校学生的心理发展具有开放性格与内隐心理冲突、强烈冲动性与温和细腻性共存、自卑感与自信心交织、自主性与依赖性共存、社会化程度更高等特点，其成因主要包括生理因素、个人成长经历、社会环境、学校教育四个方面。

（一）生理走向成熟为职业院校学生的心理发展提供基础

心理发展的年龄特征是指在一定社会和教育条件下，在个体心理发展的各个年龄阶段所表现出来的一般的、典型的、本质的心理特征。要把握职业院校学生心理发展的年龄特征，首先要了解他们的生理发展特征。职业院校学生正处在青春发育期或者青年初期，处于人生中身体发育的第二个高峰期。在这一时期，职业院校学生生理的各个方面都发生了急剧的变化，归结起来主要有三大变化：一是身体外形的变化，身高、体重增加迅速；二是内脏机能的逐步健全；三是性的成熟，三大性特征出现。生理上的这些发展又为他们的心理发展提供了基础。

（二）个人成长经历是职业院校学生心理发展的“助推器”

职业院校学生的原生家庭背景、地域环境各不相同，造成职业院校学生的成长经历各不相同。在职业院校学生心理发展的路径中，个人成长经历尤为重要。家庭因素是职业

院校学生个人成长经历的重要影响因素，家庭环境、父母教育方式深刻地影响着职业院校学生的心理形成。除此之外，职业院校学生先前的学习经历通常不令他们满意，也难以得到普遍认同，由于先前的学习经历并未为他们带来赞扬与荣誉，职业院校学生往往会出现自我否定的消极情绪，造成心理良性发展的障碍。职业院校学生的交友经历同样也会影响其心理发展。由于职业院校学生处在宽松的职业院校环境中，学习压力不大，人际交往活动日益增加，往往会形成自己的圈子，这个圈子内的同伴的言行会互相影响，在同伴的影响下，职业院校学生的价值观念、行为举止可能会发生改变，并影响其心理发展的走向。

（三）社会环境是影响职业院校学生心理发展的重要因素

职业院校学生处于身心由稚嫩走向成熟的关键阶段，即将成为“社会人”“职业人”。这就要求职业院校学生的心理发展更加成熟，逐渐完成心理的社会化。在这个时期，社会环境对职业院校学生的影响力巨大。在社会环境的影响下，职业院校学生的心理发展追求实用性，崇尚实用，体现出一种务实精神。此外，社会观念对职业教育的片面认识也会影响职业院校学生的心理发展。职业院校学生面对社会环境对自身的不认可，可能会产生自暴自弃、自闭、自卑心理，导致学习态度不认真，对生活丧失希望，这不利于职业院校学生的心理健康发展。

（四）学校教育是影响职业院校学生心理发展的关键因素

学校教育是职业院校学生成长、成才的关键，职业院校学生的学习、生活离不开学校教育。学校教育包含课程学习、实习实践、教师指导、校园文化浸润等各个方面，对职业院校学生的心理发展起着关键作用。在职业院校学生的学习过程中，教师指导是非常重要的。一名职业院校学生说：“当我刚步入职校，我对自己的前途感到很担忧。但是我的老师不断在学习上鼓舞我，慢慢地我就开始认真学习，心态也好了。”[①] 这充分说明，教师的正面鼓励、认真教导会帮助职业院校学生端正学习态度，逐渐树立对未来职业发展的信心，并且会呈现出积极的心理。此外，校园文化的浸润也十分重要，职业学校的德育工作对职业院校学生的心理发展意义重大。一名职业院校学生说：“我们学校抓纪律抓得很严，经常会有业界很出名的校友来学校做讲座。我觉得我的素质有所提升，出路应该也会光明。”[②] 这也从侧面说明，校园文化、德育工作的开展能帮助职业院校学生摆正价值观念，并且为其树立模范，为职业院校学生找准学习对象。在这样的校园文化浸润中，职业院校学生的心理发展更趋向积极，价值观念也向正确方向靠拢。

① 赵欣，詹富强，王同军．职校生与大学生认知风格差异的研究［J］．天津职业技术师范学院学报，2004（2）：49-52.

② 资料来源于笔者参加的2022年全国职业院校学生思想状况调研课题。

第三节
职业院校学生的学习特征

从现有研究来看，有关职业院校学生学习的研究中，一部分研究者从学生特征出发，探讨职业院校学生的学习行为等，并从职业院校学生的学习态度、学习方法与习惯等角度出发提出建议[①②]；一部分研究者则从职业院校学生心理状况出发分析职校生的学习表现，并提出使教育观念、教学方式等方面契合职业院校学生的心理发展与特征，从而优化职业院校学生的学习表现[③④]。学校学习是职业院校学生生活的重要构成部分，也是职业院校学生未来发展的基础，因此，应着重关注职业院校学生的学习表现，总结其学习特点，促进学校改善教育教学活动。

从已有的学术理论来看，学生的学习特点与学生的学习动机之间的关系十分密切，从学习动机的相关理论出发，能够更加深入、准确地理解职业院校学生的学习行为与表现。马斯洛（Abraham Maslow）的需要层次理论和罗杰斯（Carl Rogers）的自由学习理论是人本主义学习动机理论的两个典型代表。马斯洛是需要层次理论的提出者和代表人物。马斯洛认为，人有五种基本需要，即生理的需要、安全的需要、社交的需要、尊重的需要、自我实现的需要，其中自我实现的需要是最高级的需要，有两层含义：完整和丰满的人性的实现，个人潜能或特性的实现。人们进行学习，就是为了自我实现，因此，可以说自我实现是一种重要的学习动机。当代人本主义心理学的重要代表人物罗杰斯提出了自由学习理论，主要内容有：每个学生都有天生的、潜在的学习能力；只有当教材有意义且符合学生的学习目的时，学生才会学习；在教学过程中，教师要努力营造轻松的学习氛围，减少学生的心理压力和环境的威胁性；只有主动自发、全心投入地学习，才能产生良好的学习效果；让学生进行自我评价，可以培养学生的独立思维和创造力；除了要重视学生对知识的学习，还要重视学生对生活能力的学习；涉及学习者整个人（包括情感和理智）的自我发起的学习，是最持久、最深刻的学习；最有用的学习是了解学习过程，对经验始终持开放态度，并把它们融入自己的成长过程中。[⑤] 此外，职业院校学生的自我效能感也深刻地影响

---

① 王国光，田静．关于职校生学习力的调查报告［J］．职教论坛，2011（21）：88–90.

② 赵金周．对职校生学习习惯分析及培养模式的探讨［J］．职教论坛，2010（27）：58–59.

③ 陈璇，崔景贵．职校生学习力的心理分析与积极教学策略［J］．中国职业技术教育，2018（23）：29–34.

④ 刘勇，杜连森．职校生消极心态的质性分析与对策［J］．中国职业技术教育，2018（23）：42–46，70.

⑤ 罗杰斯，弗赖伯格．自由学习［M］.3 版．北京：人民邮电出版社，2015：164.

着其学习动机与效果。自我效能感这一概念是心理学家班杜拉（Albert Bandura）于1977年首次提出的。班杜拉对自我效能感的定义是“人们对自身能否利用所拥有的技能去完成某项工作行为的自信程度”，拥有技能与能够整合这些技能从而表现出胜任行为，二者是有很大差距的。即使个体拥有完成任务所必需的技能并知道如何去做，如果对自己的能力不自信、产生怀疑，也不可能表现出胜任行为。[①] 总的来说，理解学生的学习动机，才能真正理解职业院校学生的学习行为，才能针对其学习特点提出改善策略。

一、认识职业院校学生的学习特征

学习是职业院校学生的主要日常活动之一，同样也是职业院校学生掌握职业技能、知识、素养的关键途径，是其未来职业发展的基础，因此，专业学习对职业院校学生来说格外重要。职业院校学生多数正处在身心发展的转折与成熟时期，随着学习生活由普通教育向职业教育转变，发展方向由升学为主向就业为主转变，以及将直接面对社会和职业的选择，其专业学习必定与普通教育学生的学习不同，在学习动机、学习途径、学习心态等方面都表现出独有的特征。

（一）学习态度端正，持续性学习的动力有待激发

职业院校学生和普通教育学生一样，都渴望在学业上能有优秀的表现，并且为之努力。一项调研结果显示，七成左右的学生希望在学习上自己比别人做得好，总是努力争取第一。在访谈中，教师对学生积极进取的学习态度表示肯定。某位教师说：“从主流上来说，绝大多数同学的学习态度都是很积极的，对个人成才的期望值是比较高的。绝大多数同学都渴望通过大学的学习来丰富和完善自己。”这是因为职业院校学生大多承担着改善家庭境遇、提升家庭收入的重担，有一定的理想和抱负，对自己抱有期望，试图通过自身奋斗改变自己和家庭的命运、实现自身价值，在学习态度上积极进取、不怕困难、勇于争先。[②] 但少数职业院校学生可能会出现对学业发展认知不足，学业发展方向定位不清，学习目标不明，并且缺乏学业成就感的问题，出现焦虑、厌学情绪。在过去成绩导向的评价体系下，相比许多接受普通教育的同伴，一些职业院校学生看不到自己的潜力和优势，虽然努力学习，但是学习成绩仍然未能令自己、家长、老师满意，致使持续性学习的动力下降。部分职业院校学生慢慢变得不愿请教老师，或者处于被动学习的状态，这是职业院校学生持续性学习动力下降的内在因素。外在因素同样会导致部分职业院校学生学习动力不足，如课程安排不合理，课程内容普通化、学科化严重导致兴趣丧失等，极少数职业院校学生学习效果差，长此以往，学习动力自然会下降，甚至产生厌学心理。因此，职业院校理应及时优化教学方式，激发学生的学习兴趣，并且及时鼓励学生，提升学生持续性的学习动力。

（二）程序性知识学习能力更为优秀，陈述性知识学习表现稍显薄弱

安德森（Anderson）从信息加工的角度，把知识分为陈述性知识和程序性知识。[③] 陈述性知识是关于“是什么”的知识，是对事实、定义、规则和原理等的描述；程序性知识是关于“怎么做”的知识，如怎么进行推理、决策或者解决某类问题等。陈述性知识容易被

---

① 周文霞，郭桂萍．自我效能感：概念、理论和应用[J]．中国人民大学学报，2006(1)：91–97.

② 资料来源于笔者参加的2022年全国职业院校学生思想状况调研课题。

③ 梅立崇．试谈陈述性文化知识和程序性文化知识[J]．汉语学习，1994(1)：49–53.

人意识到，并且人能够明确地用词汇或者其他符号将其系统地表述出来。程序性知识被掌握后，反而无法被用语言描述出来。陈述性知识的学习需要的是理解和记忆，而程序性知识的学习在此基础上，还包括了模式识别和动作序列两个相互联系的部分。陈述性知识和程序性知识在实际的学习和问题解决活动中是相互联系的。在实际活动中，陈述性知识常常可以为执行某个实际操作程序提供必要的信息，而程序性知识的掌握也会促进陈述性知识的深化。在学习中，陈述性知识常常是学习程序性知识的基础，而掌握记笔记、阅读等程序性知识对学习陈述性知识也具有很重要的意义。① 对于职业院校学生来说，其对程序性知识的学习表现十分突出，擅长解决各类实践性、技术技能性问题，对于程序性知识的掌握往往较快。同时，不难发现，部分职业院校学生的陈述性知识学习表现稍显薄弱，对于英语、数学等传统学科明显兴趣不大，在缺乏兴趣的状况下，学生学习的投入度自然较低，在陈述性知识学习方面表现欠佳。因此，职业院校应该帮助职业院校学生扬长避短，充分挖掘职业院校学生的天赋与特长，因材施教。

（三）愿意解决学习难题，但易陷入“习得性无助”

新生代“00后”大多敢于直面问题，职业院校学生也不例外。多数职校学生遭遇学业困境时，是勇于主动解决学习难题的，能够付出相应的时间、精力，投入问题解决中。但是少数职业院校学生可能因为畏难情绪不愿解决学习难题，这是因为部分职业院校学生学习毅力较为薄弱，较少能调动自身特长，努力克服困难，容易出现灰心丧气、摇摆不定的心态。大多数职业院校学生面对学业压力时会以积极心态面对，但还有一部分职业院校学生难以以积极的心态去面对学习难题，极个别职业院校学生甚至会陷入沮丧，陷入“习得性无助”，心理学家塞利格曼在研究动物行为时提出了“习得性无助”的概念，认为“人对自我能力和自我环境控制力的知觉是从经验中习得的”②。他将这种个体在经历某种学习之后，在情感、认知和行为上表现出消极状态的特殊心理状态称为“习得性无助”。部分职业院校学生面临未解决的难题时，会对自己进行负面评价，认为自己的确是“学差生”，失去学习的信心与积极性。③ 可见，部分职业院校学生面对学习困境时难以克服困难，保持良好的学习心态，高质量完成课程内容的学习，长此以往，易陷入“习得性无助”，丧失学习积极性，对自己产生否定性评价。因此，职业院校需及时关注学生心理，给予其积极鼓励。

（四）偏好新媒体学习，学习途径更加多样

出生在网络时代的职业院校学生自小就见证了网络技术飞速发展、各类网络技术加速迸发的互联网繁荣景象，对各类自媒体平台、网络技术的运用十分熟悉。同时，各类自媒体平台的娱乐性较强，对于现阶段的职业院校学生具有较强的吸引力，且现阶段的职业院校学生多数为“00后”，年龄特点决定了多数职业院校学生更偏向新颖、个性化的学习途径。此外也需警惕，由于互联网的娱乐性较强，学生在学习时，注意力容易被繁杂的信息所吸引，造成学习效率降低，少数职业院校学生产生过度依赖互联网的问题。职业院校应在平时关注职业院校学生的自律性，发现沉迷问题时应及时加以约束。除偏好新媒体

① 苏彩仪．程序性教学策略的思政课实践［J］．思想政治课教学，2023，492（1）：39-42.

② 崔景贵．解读职校生“习得性无助”现象：心理症结与教育策略［J］．中国职业技术教育，2013，484（12）：65-72.

③ 余鹏．关于习得性无助的解释与教育干预［J］．当代教育科学，2004（9）：45-47.

学习外，学生的学习途径也包含日常课堂学习、图书馆学习、实习、参加技能比试等，学习途径较为多样。

（五）敢于创新、创造，能够结合专业展开“双创”

相较于以往的职业院校学生，“00后”的显著特点是敢于创新、敢于创造。大多数职业院校学生都渴望在未来工作中表现出创新的一面，如设计并制造出品质精良的产品，或创新服务方式。职业院校学生往往在学校生活、实习生活、日常生活中积累知识、技能，为创新、创造提供养分，能够贴合专业发展、工作需求不断创新。观察中国国际“互联网+”大学生创新创业大赛，职业院校学生在创造力表现方面往往能够别具一格，能够结合日常所学、所见，关注专业领域的创新点，对接工作需求，并对产品进行创新、优化。

二、职业院校学生学习问题的成因

根据上述学生学习特点，不难发现，部分职业院校学生在学习上存在学习投入度较低、持续性学习动力不足等问题，具体原因如下。

一是外部原因。比如教学未注重理实一体化，容易导致学生的学习兴趣不足。部分职业院校教师未考虑职业教育的特点及职业院校学生的学习特点，教学内容较少联系真实的任务情境，也没有设置挑战性的任务，教师只是生硬地“教教材”，未凸显职业教育“知行合一”的特色。由于教学内容脱离真实情境，学生的学习兴趣低，难以深刻理解课程内容，造成学习动力不足等问题。此外，教师的教学教法不太符合“00后”学生的学习风格，也会造成学生学习投入度不高。职业学校教师虽经历了网络时代的变迁，但是与自小就接触网络的职业院校学生相比，认知风格存在差异，部分教师较难改变原有的教学风格，教课方式难以吸引学生，导致课堂教学效果不佳。此外，虽然部分年轻教师的信息化程度较高，数字化教学能力较强，但是仍有部分中老年教师相关数字技能偏弱，教学方法仍停留在传统的以教师讲授为主的层面，甚少考虑到职业院校学生的学习特点与偏好，职业院校学生的兴趣难以被激发，注意力就难以集中。这就需要职业院校增强教材、教法的理实一体化设计，提高教师的信息化水平，根据学生特点及时优化教学能力，激发学生的学习兴趣。

二是内部原因。部分职业院校学生虽然学习态度较为端正，但是心智不够成熟，心态较为浮躁，容易急功近利，只对实用性较强的课程有兴趣，对于部分基础性较强但对于考证没有帮助的课程兴趣较弱。此外，部分职业院校学生因为先前的学习经历，对自身的学习能力较为自卑，甚至陷入了“习得性无助”，导致遇到学习困难时容易退缩，持续性学习动力不足。这要求职业院校组织教师开展积极心理学的学习，并且将其运用到教育教学当中，及时鼓励职业院校学生，激发其学习动力，增强学习的自信心。

第四节
职业院校学生的人际交往特征

从已有研究看来，有关职业院校学生的人际交往的研究数量较少，研究多将人际交往作为职业院校学生心理健康状况、生活状况的重要表现之一进行探讨。[①②] 由此可见，职业院校学生的人际交往表现可以作为衡量其身心健康发展水平的重要标准之一。从已有学术理论来看，要想了解职业院校学生，人际交往是需要注意的重要方面，可从人际交往理论（PAC）出发，深刻了解职业院校学生的人际交往表现的成因。该理论是在 1964 年由伯恩（Eric Berne）博士提出的。PAC 理论把个人的自我划分为交互存在的“父母”“成人”“儿童”三部分，也就是说，这三个部分构成了人类的多重天性。PAC 理论认为，个体的个性由“父母”“成人”“儿童”状态构成。Parent（父母）、adult（成人）、child（儿童）的第一个英文字母合起来即 PAC，所以该理论简称 PAC 理论。[③] 职业院校学生进行人际交往时会受父母、成人及自己先前经历的影响，在三者的共同影响下做出人际交往行为，并产生独特的交往特征。

一、认识职业院校学生的人际交往特征

职业院校学生从以往的普通教育学校环境中进入新环境，或者从工作环境再次重返校园后，人际交往成为其生活的重要组成部分。职业院校学生大多善于与人交往，无论是专业课教师、班主任还是校外访问者都能感受到，职业院校学生乐意与人打交道，并且善于与人打交道，不管是面对校长、教师等“权威”角色，新进入环境的同龄人，还是来校调研的学者，职业院校学生在交谈、交际过程中大多能表现得挥洒自如、从容不迫，与之进行热络的交谈。与接受普通教育的学生相比，职业院校学生更擅长体察别人的情绪，能够更及时地感受到别人的想法，表现出善解人意的一面。说他们善于交往，可以从两个方面来理解：一方面，他们乐于进行人际交往，交往频率高，交往能力强；另一方面，他们交往的对象更加广泛，突破了以往的社交圈层，不仅仅局限于老师、父母、同龄人。

---

① 贺文瑾．中等职业技术学校学生心理问题分析［J］．教育与职业，2003（24）：29-32.

② 张妍，孔繁昌，权珍桢，等．职校学生生活事件与应付方式的调查研究［J］．职业技术教育，2010，31（11）：83-86.

③ 刘晓华．高职学生心理危机干预策略研究：基于人际交往理论视域［J］．职教论坛，2016（5）：20-23.

（一）交往目的多样化

随着职业院校学生的成长，以及较多地接触到成人世界，他们的交往目的往往更加多样，主要体现在职业院校学生在人际交往时的情感与功利目的交织。职业院校学生相较普通教育学生来说，往往更先一步进入社会。同时，随着社会状况日趋复杂，各种价值观念互相碰撞，社会观念也影响着职业院校学生的交友动机。他们在交友时不仅关注情感的深度交流，而且考虑交友的“实用性”，即与自身利益的相关性，表现出一种情感性交往与功利性交往并重的趋势。一些职业院校学生在交往时注重对方的性格、人品是否令自己满意，还有一部分职业院校学生在交往目的上更加注重对方是否和自己“玩得来”。如一名职业院校学生表示：“进入新学校后，我觉得在交友方面大家都现实了一些，也比较喜欢和同学一起出去吃饭。”[①] 部分职业院校学生在学校学习、进行“社会化”的过程中，在人际交往上自然出现“社会化”倾向，人际交往伴随着一定的社会利益目的。

（二）交往对象多元化

职业院校学生相较于普通教育学生更早地进入成人社会，接触的对象不仅包括父母、老师、同学，还包括企业师傅等，在交往对象上表现出多元化的一面。此外，随着社会经济的发展，交往途径的丰富化也带来了其交往对象的多元化。比如，随着新媒体的发展，各类社交软件层出不穷，且对“00后”的吸引力较强。职业院校学生能够借助各类社交软件，走出原有的、固定的社交圈子，展开网络交友。同时，丰富的线下活动也拓展了职业院校学生的交往圈子。与普通教育学生类似，参加以兴趣相似为标准的社交活动也成为职业院校学生拓展交友圈的主要途径，职业院校学生可通过社团活动、阅读交流活动、技能比试活动来交友，丰富了交友对象。但是交往对象多元化也意味着职业院校学生能够接触到各类社会人员，其来路复杂。职业院校学生的心思较为简单、单纯，一些品德行为不端、来路不明的社会人员可能给职业院校学生带来消极、负面的影响。

（三）交往方式趋向成人化

由于职业院校学生较早开始实习、进入职场，所以其受成人世界的影响较大，在交往方式上也出现了成人化的特征。职业院校学生通过成人化的交往方式，待人接物变得更加成熟，也能够更快地融入未来的职场，但是不容忽视的是，受社会风气以及网络不良文化的侵袭，职业院校学生在逐步社会化的过程中，交往方式越来越呈现出成人化的消极特点。成人交往中相互攀比、互相送礼的风气在他们中司空见惯。一些调查中，部分职业院校学生表示他们对朋友过生日聚餐、节假日聚会、朋友间互赠礼物已经习以为常。[②] 如一名职业院校学生表示：“我们像成年人一样交际是有好处的，平时一起喝喝酒、聚聚餐，朋友间感情好，也觉得自己像个大人。”[③] 总之，在交往中，职业院校学生的物质往来较多，这反映了其交往方式成人化的特点。此外，职业院校学生中早恋现象普遍，这也是成人化特点的表现之一。

---

① 孙焱，朱薇薇．职校生心理健康状况成因及疏导途径：中职生人际交往障碍心理咨询案例分析［J］．连云港职业技术学院学报，2010，23（4）：31-33.

② 崔景贵．90后职校生心理发展的特征与多维评价［J］．中国职业技术教育，2009（6）：32-36.

③ 孙焱，朱薇薇．职校生心理健康状况成因及疏导途径：中职生人际交往障碍心理咨询案例分析［J］．连云港职业技术学院学报，2010，23（4）：31-33.

（四）交往对象的关系需要稳定

职业院校学生多数还处于心灵的“断奶期”，心理较为敏感、脆弱，情绪变化较大，所以在交往过程中存在较大的波动性。虽然职业院校学生进入学校后学习环境较为宽松，有了更多的自由支配时间，交友的时间、机会变得更加充裕、丰富，但研究者在调查时发现，部分学生认为自己没有可以交心的好朋友，甚至还有学生认为在交往时要带着防备之心。如一名职业院校学生说：“我不可能什么都对朋友说。每个人都是要有一些秘密的，万一被别人发现、说出去就不好了。”① 此外，在职业院校学生人际交往的过程中，一段关系的终止与否与他们当时的情绪息息相关。部分职业院校学生因为争吵、生气与自己的朋友不再往来，这表明职业院校学生的人际关系网络并不稳定，关系也并不深入，但是职业院校学生内心还是向往亲密、深入的朋友关系的。

二、职业院校学生人际交往特征的成因

职业院校学生的人际交往存在一系列问题，但是形成原因是多样的、复杂的，主要可以从家庭、学校、社会、个体身心发展、个体社会交往知识及技巧等方面进行分析。

（一）家庭因素

第一，部分家庭教育观念偏颇。部分职业院校学生是家里的掌上明珠，家长的溺爱可能导致他们形成一种自我意识过强、自私自利、唯我独尊的性格特点，表现出忽视他人感受、漠视集体利益的行为特征。此外，许多父母过度重视文化知识的学习，而忽视了对职业院校学生素质的培养，父母在职业院校学生面前表现出的素质不高，造成职业院校学生在人际交往中的文明礼仪素质不佳，或者不会社交。还有一部分父母教育的出发点出现偏差，引导子女去和“有本领”的群体交往，获得他人的“偏爱”，交往动机出现一种功利倾向。

第二，部分家庭教养方式失当。研究者调查发现，许多职业院校学生的家长的教养方式并不正确，表现出冷漠随意、粗暴专制等特点。一名职业院校学生表示：“我的父母对我很冷漠，他们对我不管不问，只想着如何挣钱。”还有一名职业院校学生表示：“他们除了打骂，还想操控我，我活得一点自由也没有。”② 这些极端的例子只是缩影，许多严厉、专制的职业院校学生家长会侵犯学生隐私，不给学生一点自由，严重的甚至还会打骂。另外一些冷漠、放任自流的家长则对学生不管不问，让学生感受不到家长的爱。这些教养方式都会导致职业院校学生对家庭环境产生恐惧、逃避、对立的心理，一部分职业院校学生为了凸显“叛逆”，以此报复父母，可能会结交不良青年，故意沾染不良习气；有些职业院校学生会为了找寻温暖结识社会青年，出现一些危险情况。

第三，部分家庭氛围不良。研究者在调查时发现，部分职业院校学生的家庭里，其父母出口成“脏”、喜好赌博，职业院校学生生长在这种环境中，也极易染上这些不良习气。此外，许多职业院校学生的原生家庭并不圆满，单亲家庭也越来越多，父母之间感情不和势必也会影响职业院校学生的心理健康发展，会让部分职业院校学生感觉没有安全感、失去依靠，进而产生一系列心理问题，导致人际交往出现偏差。

① 孙焱，朱薇薇．职校生心理健康状况成因及疏导途径：中职生人际交往障碍心理咨询案例分析［J］．连云港职业技术学院学报，2010，23（4）：31–33.

② 崔景贵．90后职校生心理发展的特征与多维评价［J］．中国职业技术教育，2009（6）：32–36.

（二）学校因素

学校是职业院校学生成长的关键空间，是职业院校学生提升知识水平、完善人格、发展未来职业能力的地方。因此，学校教育是影响职业院校学生未来发展的关键因素之一。在学校生活中，职业院校学生的社会人际交往也随之展开。在学校中，许多职业院校将技能、知识的培养放在首位，忽视了职业院校学生综合素质的发展，比如社交能力是职业院校学生所需养成的重要能力之一，但是在职业院校中较少有对其重视并进行培养与指导的。其原因主要有两个方面。第一，部分职业院校重技能、轻素养。这造成在人才培养过程中，综合素养培养长期缺位，在人才培养的实际过程中，对综合素养的评价难以落到实地，导致综合素质在人才培养中并不被重视。第二，部分教师的交往素质缺失。教师是学生的一面镜子，教师的言行举止能够深刻影响学生。但遗憾的是，少数职业院校教师更多关注的是如何把技能与知识传授给学生，忽视了如何教导学生正确交往，以及学生交往能力的提升。部分教师认为职业院校学生社交能力的提升不是在校园内实现的，而是在进入职场之后实现的，这就导致少数教师在日常教学中漠视学生社交能力的提升。此外，部分职业院校教师自身言行有失，不关爱学生，未在学生心中树立积极、正面的形象，并未带给学生正面的示范作用。

（三）社会因素

社会因素首先是社会不良因素的侵扰。在传统的社会观念里，职业教育并不被重视，职业院校学生被轻视，导致部分职业院校学生并不被社会大众所认可，他们的尊严得不到身边人的认同与保护，部分职业院校学生成为社会公众眼里的“混混青年”，成为教师眼里“不上进”的代表。职业院校学生敏感而脆弱的心灵自然能感受到外界不平等的眼光与恶意，他们不认同自己的身份，出现自卑、自闭的心理状态，甚至陷入浑浑噩噩的学习与生活状态。部分职业院校学生自暴自弃，想要以怪异、不道德的行动吸引家长、老师的注意力。同时，社交网络日益发达，网络上充斥着暴力、庸俗、拜金主义等消极、负面的价值观念与不良亚文化，这些极易诱导职业院校学生不分好坏、随意模仿。于是，部分职业院校学生开始模仿成人社交，出现互相送礼、喝酒、攀比等不良行为。其次是网络社交平台的发达。近些年，自媒体社交成为青年一代社交的重要方式，通过直播、交友匹配等功能，职业院校学生的社交范围大大扩张，但是这是一种虚拟社交，欺骗、隐瞒往往伴随出现。职业院校学生大多数心思单纯，社会经验少，易受到网络虚拟社交的欺骗与诱导，与不良人士结交。

（四）个体身心发展因素

职业院校学生的年龄大多在 15 至 20 岁之间，正值人生开始走向成熟的关键期，也是实现“心理断乳”的人格再构期。从生理上看，这一时期是职业院校学生身体发育的第二个高峰期，他们在身体方面发生着急剧变化，生理发育接近或达到成人标准。从心理看，他们正处于从儿童向青年转变的时期，具有半成熟、半幼稚，半独立、半依赖，即半儿童、半成人的特点。这种身心发展的不成熟和不平衡性，再加上职业院校学生的人生经历基本上是从校门到校门，缺乏必要的社会经验和实践锻炼，使学生容易产生各种心理矛盾与冲突。可以说，这是人生中烦恼最多、矛盾和冲突最激烈的时期。部分职业院校学生不能理智处理和妥善解决这些矛盾、冲突，在社会交往方面产生了一系列问题，如不善把握交往尺度，不会调解彼此纠纷，交往时情绪强、易冲动、自控力差，易出现孤僻、胆怯、依赖、自卑、妒忌等不良心理。[①]

（五）个体社会交往知识及技巧因素

有研究者调查发现，职业院校学生认为优秀的社交能力对当今及未来的生活都十分有用，但是往往认为自己缺乏社交知识，需要社交能力的培养与指导。如一名职业院校学生表示：“在学校，我感觉同学们都很外向，交流也很多，但是大家交流起来经常出现问题。有些人不照顾别人的感受，只想着自己把话说出来，说实话，我挺受不了的。”[②] 部分职业院校学生面临着社交困境，比如有些职业院校学生在聊天、对话时毫无顾忌，甚至不分场合，随意妄语；少数学生讲话不分轻重，语言不当，喜欢讥讽、耻笑他人；有些学生的社交方式令人难以接受，喜欢用打人、骂人表示关系好，这些方式令对方十分不舒适，但是难以反抗；还有一些学生在面对争执时，不知道如何挽回友谊。种种情形都表明，部分职业院校学生是缺乏社会交往知识与技巧的。

第五节
职业院校学生的家庭背景特征

从已有研究来看，有关职业院校学生家庭的研究多集中在教育选择与职业选择上，将职校生家庭作为重要的影响因子进行讨论、分析。在职业院校学生的教育选择上，已有研究从职业院校学生的父母职业、家庭收入、家庭住所、家庭结构、父母教育经历等方面探讨家庭背景对职业院校学生做出教育选择的影响。[③④] 在职业院校学生的职业选择方面，职业院校学生的家庭住所、家庭收入、教养方式等方面都被作为影响职校生就业的重要因素来进行探讨。[⑤⑥] 从对家庭背景的分类来看，父母职业、家庭收入、家庭住所等方面是影响家庭经济条件的重要因素；家庭中的子女数量及家庭组合组成了职业院校学生的家庭结

① 朱敏芳，何君丽．职校生社会交往的主要特点、存在问题及成因分析［J］．继续教育研究，2008（10）：107-109.

② 杨瑞琦．浅析如何做好职校生的班主任［J］．才智，2017（8）：159.

③ 沈有禄．谁上职校？为什么上职校？有何差异？［J］．教育学术月刊，2016（7）：57-66.

④ 隋海梅，宋映泉．留守经历影响中职学生的考学行为、辍学行为和升学意愿吗：基于浙江、陕西两省的跟踪数据［J］．北京大学教育评论，2014，12（3）：63-79，190.

⑤ 刘晓，童莉洁．谁在影响着中职生的职业选择：基于家庭社会经济地位、父母教养方式与学生职业生涯发展关系的研究［J］．职业技术教育，2021，42（10）：52-59.

⑥ 高凡修．中职毕业生能否成为高职院校重要生源实证研究［J］．职业技术教育，2015，36（25）：31-38.

构,同样作为影响因子被深入分析。[①] 父母的教育背景与其教养方式有一定的关联,二者对职业院校学生的教育选择或职业选择有一定的影响。总的来说,了解与关注职业院校学生这一群体,也需要关注其家庭背景,助力相关教育制度的制定与完善,促进学校教育教学活动的开展与完善。

从已有学术理论来看,社会学的理论常从学生家庭出发探讨教育现象。因此,理解职业院校学生的教育与职业选择,可以从社会学的理论视角出发。首先,有关教育和社会阶层的关系。杜尔凯姆强调教育的社会化功能,韦伯则重视教育的选择功能。这两种不同的认识导致了对教育和社会阶层关系的不同认识。其一是认为在现代复杂社会,教育是社会阶层的重整者;其二是认为教育并非社会阶层的重整者,而是社会阶层的复制者。这实际上构成了教育成层的功能理论和冲突理论的主要论点。功能理论认为在工业化社会中,阶层分配过程中对教育的要求是因各种职业地位对专门的技术的需求而产生的;冲突理论则认为,教育在社会成层中的重要性在于身份团体将其文化标准放进甄选程序以图垄断职位,教育在其间是作为文化选择的手段而存在的。[②] 不同的社会学理论视角有助于我们真正了解职业院校学生所处的家庭环境与成长经历,为职业院校学生实现自己的梦想提供公平、和谐的学校教育与就业环境。

一、家庭社会经济背景

研究表明,个体早期学业阶段的教育期望对其未来学业成绩和教育获得具有重要影响。[③] 虽然期望对于一个人的未来成就并不具有决定性作用,但作为激励性的心理能量,期望可以驱动年轻人积极谋求学业上的成功。例如,多米娜(T. Domina)等基于美国中学生的一项研究发现,学生的教育期望对他们在校期间学业上的努力具有明显的促进作用。[④] 同时,青少年阶段又是认同建立和观念形成的重要社会化时期。因此,探索青少年教育期望的影响因素和形成过程有助于引导个人在生命历程的早期阶段就形成良好的教育目标和教育规划,进而促进其成长与发展。家庭社会经济地位是青少年教育期望非常重要的预测性指标。一系列研究最初证实了家庭社会经济地位对子代学业成绩和教育期望的强烈影响,后来的大量经验研究也印证了二者之间存在非常显著的正向关联,即父母的经济状况越好、受教育程度越高,子女的教育期望就越高。[⑤]

家庭社会经济背景与学生选择入读职校,以及学生毕业后的选择、去向息息相关,很多研究都证实了这一观点,即职业教育往往被认为是弱势群体的无奈选择[⑥],家庭社会经

① 陈鹏,刘铖."三孩"何以赋能中职发展:多孩家庭的职校选择研究[J].中国职业技术教育,2022(4):5-11,32.

② 方长春,风笑天.阶层差异与教育获得:一项关于教育分流的实证研究[J].清华大学教育研究,2005(5):22-30.

③ 刘保中,张月云,李建新.家庭社会经济地位与青少年教育期望:父母参与的中介作用[J].北京大学教育评论,2015,13(3):158-176,192.

④ DOMINA T, CONLEY A, FARKAS G. The Link betwen Educational Expectations and Effort in the College-for-all Era[J]. Sociology of Education, 84(2): 93-112.

⑤ 刘保中,张月云,李建新.家庭社会经济地位与青少年教育期望:父母参与的中介作用[J].北京大学教育评论,2015,13(3):158-176,192.

⑥ 李源.谁更愿意读职校:家庭背景下的选择期望透视[J].当代青年研究,2019(4):12-18.

济背景直接或间接地影响着个人的教育经历与职业选择。对家庭社会经济背景，可从两个角度进行理解。一是父母的职业类型。父母的职业类型通常能够决定家庭经济收入与社会背景，而家庭经济收入与教育投资间呈正向关系，通常家庭收入越高，教育投资越大，而选择职业院校的学生所接受的家庭教育投资相对接受普通教育的学生为少。父母的职业类型所内含的社会背景与学生的教育经历、毕业后的去向的关联十分紧密，如家庭社会背景较好，学生毕业后入职的单位会相对较好，初始酬劳往往更高，选择会更加多样，而职业院校学生的家庭社会背景往往较差，社会人际关系比较简单，其毕业后去向往往比较单一，初始酬劳也较低。二是家庭收入。家庭收入很大程度上决定了个体选择入读职校及毕业后的选择。许多职业院校学生表示其家庭收入为普通或贫困水平，家庭所能够提供的教育投资并不多，所以其选择了教育成本更低的职业院校；就读职业院校的重要目的是及早就业，早日进入劳动力市场，减轻家庭的经济负担。

二、家庭结构

关于家庭结构与教育选择的话题，已有研究在不同程度上有所涉及。家庭结构是指在微观层面的具体家庭中，具有不同身份的家庭成员的数量及其分布状况。[①] 已有研究通常将家庭结构作为因变量，探讨社会变迁的不同因素与家庭结构变迁的关系；同样，也有很多研究将家庭结构作为自变量，探讨家庭结构与家庭经济、社会保障、子女学业发展等的关系。关于家庭结构与个体学业发展的关系，综合多项研究的结论可以发现，家庭结构与子女教育获得具有紧密联系。具体而言，家庭的规模会影响父母对不同子女的教育支出，也会影响父母的教养方式。例如，父母教育期望的差异、代际关系的断裂、子女参与有组织的休闲活动的程度等因素都能够进一步解释家庭结构对子女教育获得的影响。父母虽然并不一定会有意识地对某个孩子产生偏爱，但还是会潜在地形成次序偏爱和性别偏爱。关于性别偏爱，也有学者具体研究了多个子女的性别结构与家长教育投资、子女教育获得的关系，发现在新世代中，不同性别的子女间的教育差距缩小了。这也印证了另一个研究的结论：当只能选择让一个孩子读书时，绝大部分多孩家庭的父母会以成绩而非性别为标准进行权衡。以成绩为标准的事实也说明，子女的成绩又会反作用于家长的资源分配方式。但是，尽管如此，多项研究都在不同角度上证实，男孩还是会或多或少处于优势地位，尽管这种优势有时并不明显。除了上述因素外，父母的教育投入更大程度上是出于对子女的爱、期望，甚至从子女的教育层次提高中得到特殊的荣耀和满足。[②]

总之，子女的数量、性别结构、出生次序、成绩、爱和期望等因素都会影响父母对子女的教育选择。[③] 综上所述，已有研究在很大程度上证实了多孩家庭的父母在对不同孩子的教育期望、教养方式等方面确实存在差异，这会进一步对孩子的教育获得产生影响，但已有研究多基于量化研究的范式，对于多孩家庭的教育观念、教育期

---

① 邓泽民．为培养应用型人才探新路［N］．光明日报，2021-08-26（7）．

② 张锦华，吴方卫．梯度二元融资结构下中国农村家庭的教育选择：基于嵌套 LOGIT 模型的实证分析［J］．农业技术经济，2007（2）：4-10

③ 陈鹏，刘铖．“三孩”何以赋能中职发展：多孩家庭的职校选择研究［J］．中国职业技术教育，2022（4）：5-11，32.

望、情感分配、教育选择过程、日常生活样态等更为复杂的因素与图景仍缺乏一定的关注。

家庭结构内含家庭规模、子女数量、子女排序、家庭组合等要素。[①] 在子女排序方面，许多中职生为非独生子女，在子女排序中多位于第一或第二位。如一名中职生表示："由于自己是长兄，我十分需要尽早承担家庭责任，为父母分担经济压力。"[②] 这在很大程度上影响了他们的教育选择与就业选择，具体表现如为能够尽早就业选择职业院校，择业的重要影响因素为薪资。在家庭组合方面，职业院校学生的家庭组合也是影响学生从学校到工作过渡的因素之一。如一名职业院校学生表示，由于家庭氛围不好，父母对他的成长关注并不大，他没有归属感，并且学习成绩不够优秀，期望通过就读职业院校早日就业，实现经济独立。[③]

三、父母教育背景与家庭文化观念

父母教育背景与家庭文化观念是影响学生受教育的类型、层次及毕业去向的重要因素，许多文献也佐证了这一观点。如鲍尔斯（Samuel Bowles）和金迪斯（Herbert Gintis）认为，学生的职业期望和选择实际上也是家庭期望的结果，家庭文化与教育背景信息会对个人的职业期望产生显著的影响。[④] 一是父母教育背景。关于父母教育背景的信息大体上能够直接体现家庭教育的价值观念、对教育的重视程度，并间接透露家庭的经济信息。许多职业院校学生父母的受教育程度较低，对子女教育重视的程度不高，对子女的教育期望较低，所以这些职业院校学生在选择职业教育的过程中并没有受到父母的阻碍。二是家庭文化观念。如新浪新闻报道，部分职业院校学生与家长关系紧张，重要原因就是家长的文化观念与职业院校学生的文化观念之间产生了冲突。部分职业院校学生认为父母的观念传统、老旧，家庭中仍存在重男轻女、读书无用论等传统、迂腐观念，这导致其家庭教育投资不高，学生只能流向教育成本较低的职业学校。

父母是孩子的第一任教师，一个人从出生到成人，其接受最早、时间最长，对其影响最深的教育便是家庭教育。家庭文化观念与父母教育背景时时刻刻影响着职业院校学生的身心发展。文化程度高的家长教育意识强烈，教育方式趋向理性、开放，教育行为更加自主、独立，对教育的理解明确，眼光放得远。他们不仅关注孩子的学习成绩，而且关心孩子的精神需要和情感状态，希望子女拓展生活空间、开阔眼界，并且教会他们做人的道理。而文化程度较低的家长则重视孩子的学习成绩，忽视其发展需要，甚至文明行为习惯的培养，孩子感受到相当大的精神压力，却缺乏有效的具体行为指导。他们对子女的教育明显依赖于学校教育，对家庭教育的地位和作用认识不足。一些家长提出了在教育子女问题上的困惑：是教育孩子坦诚、友爱、谦虚、忍让、乐于助人，还是强调个人奋斗、适者生存？在教育方法上的困惑则具体表现为不知道如何指导孩子看电视、玩游戏，不知道为孩子推荐什么样的书刊，不知道用什么方法和孩子交流，等等。这些问题和焦虑正反映出家长

---

① 许申．高职在校生职业期望的影响因素分析［J］．中国职业技术教育，2010（33）：90–95.

② 陈鹏，刘铖．"三孩"何以赋能中职发展：多孩家庭的职校选择研究［J］．中国职业技术教育，2022（4）：5–11，32.

③ 沈有禄．谁上职校？为什么上职校？有何差异？［J］．教育学术月刊，2016，288（7）：57–66.

④ 许申．高职在校生职业期望的影响因素分析［J］．中国职业技术教育，2010（33）：90–95.

的素质亟待提高。鲁迅在谈到传统中国的家庭教育时曾经指出，中国的一般家庭教育孩子大抵有两种方法，其一是任其跋扈，一点也不管，他在门内或门前是暴主、霸王，但到了外面，便如失去了网的蜘蛛一般，立刻毫无能力；其二是始终给以冷遇或呵斥，甚至打骂，使他畏惧退缩，仿佛一个奴才，父母却美其名曰“听话”，自认为是教育成功，待放他外面去，则如才出笼的小禽，他绝不会跳跃。时至今日，少数学生家长依然在沿袭这两种有害无益的教育方法，要么溺爱、迁就、袒护、放纵，要么简单粗暴，施以拳头或棍棒。当学生的实际表现与家长的要求相悖、同家长的期望差距很大时，“恨铁不成钢”便成了家长们普遍的思想情绪。加上许多家长认为孩子是自己的，管教时用不着注意什么态度、讲究什么方法，在自己的权威之下，孩子只有服从，往往造成子女和家长在感情上、行为上的严重对立，导致家庭教育的失败，影响学生个性的发展。①

四、对职业院校学生家庭教育问题的思考

（一）切实加强对家庭教育的指导，引导家长转变教育观念

家长作为联系学校和学生的特殊纽带，家庭教育作为学生所受教育的重要组成部分，在学生的思想教育方面发挥着不可替代的作用。努力提高家长的教育水平不仅对子女的学习、成长有利，而且能与学校教育达成一种默契，充分发挥家庭和学校的作用，使两股力量形成合力，达到理想的联合效果。职业学校应重视对家庭教育的指导，可通过举办家长学校、定期召开家长会、班主任家访等方法，多形式、多渠道向家长传授教育科学知识，帮助家长端正教育思想，树立正确的教育价值观，掌握科学的教育方法。

（二）定期开展心理健康教育辅导，使家长成为子女心理健康的“保健医师”

随着社会的竞争态势日趋激烈，职业学校的学生常会产生自卑心理，他们普遍感到自己学历低，在人才市场的竞争中处于劣势，时常紧张和焦虑。而家长们只看重孩子的学习成绩和排名，对孩子的学习普遍要求过高，也给孩子造成了很大的心理压力。片面的家庭教育的结果是孩子智力发育良好，却自私自利、目空一切、缺乏自信心与责任感，从而影响了孩子健康人格的形成和发展。学校要定期组织对学生家长进行心理健康教育方面的辅导，通过讲座、经验交流会等形式，引导家长全面关心孩子的成长发育，使其成为子女心理健康的“保健医师”。

（三）时刻关爱特殊家庭学生的成长，让教育充满爱

对于单亲家庭或离异家庭的学生，学校要经常性地组织集体活动，创造条件，提供给他们施展才华的舞台，使他们饱尝成功的喜悦，并不失时机地引导他们乐观向上、努力进取，培养他们优良的品质、良好的生活习惯和健全的人格。对于那些特困家庭的学生，要提供机会，让他们通过劳动解决生活中的困难，并且要在全校形成互帮互助的氛围，通过社会捐助、学校设立特困爱心助学金等形式帮助他们完成学业，使这些境遇不好、性格内向的学生得到关怀、理解、同情和帮助。

（四）密切家校联系，加强教师、家长、学生间的沟通

学校教育和家庭教育对学生的作用都是直接的，二者的协调很重要，尤其不能出现互相排斥、互不认同的现象。就这一点来说，学校的教师，尤其是班主任要尽可能地促使家庭教育发挥良好功能，促使学校教育与家庭教育达到高度协调，形成教育的合力。学校要

① 吕艳芬．影响职校生教育的主要家庭因素及其思考[J]．职教通讯，2002(1)：53-54.

建立班主任、教师定期家访制度，架起学校和家庭间联系的桥梁，加强教师、家长、学生间感情的沟通与交流，为学生的教育构筑起立体的教育网络，使教育富于实效。①

第六节 职业院校学生的职业观与择业观

从概念上来说，职业观概念的范围较大，包含职业认知、职业情感、职业理想等，偏重于职业价值取向，并且职业观往往影响着学生的择业观。择业观是学生择业时对于择业的观念与看法。对于职业教育来说，学生就业是职业院校的重要工作之一，也是职业院校学生十分关注的话题，职业观、择业观的形成与发展对职业院校学生的未来就业影响较大，并且呈现出与普通教育学生较为不同的特征。因此，了解职业院校学生的职业观、择业观及其构成因素、形成原因等，可促进职业院校有针对性地开展就业指导与服务。

一、职业院校学生的职业观

职业观是个体对职业的认识、态度、观点，如对职业评价、择业方向等的认识，是择业者选择职业时的指导思想。职业院校学生正确的职业观，从根本上说就是为人民服务的职业观，就是结合自己所学的专业，更好地为国家做贡献的职业观。

职业观是个人在职业选择时体现出的价值取向，包含职业认知、职业情感、职业理想等内容。关于职业价值观的维度划分，国内外学者有不同的研究角度及看法，并没有形成关于维度划分的统一意见，职业观的概念决定了其结构和维度具有多样性。通过总结舒伯（Donald E. Super）的职业价值观量表（WVI）中的15项内容，参考宁维卫修改的WVI量表，以及周普强提出的“大学生职业价值观量表”，可以将职业价值观划分为薪酬待遇与社会保障、工作轻松自在、社会交往与尊重、地位名望、个体发展及社会贡献五个维度。②

从已有研究看来，有关职业院校学生的职业观研究大致包含就业问题与职业观、职业观测量、职业观教育等三个方面。在关于就业问题与职业观的研究中，学者们探析了职业价值观与就业问题的内部关系，提出在就业紧张的大环境下，学生应了解情况，合理、全面

① 吕艳芬．影响职校生教育的主要家庭因素及其思考［J］．职教通讯，2002（1）：53-54.

② 鄂柳．内蒙古地区高职院校少数民族学生职业价值观现状及其培养研究［D］．上海：华东师范大学，2018：41.

地考虑个体职业价值观，把重点从物质追求转向对个人成就和发展的关注。[①②]在关于职业观测量的研究中，学者们考察了职业价值观的内在结构，探讨了不同兴趣类型的职业价值观之间的异同，揭示了环境变化和专业兴趣类型对职业价值观的影响。研究发现，随着市场经济的发展，我国职业院校学生的择业标准不断变化，证明了“职业价值观是人们对各种人生需要的重视程度的反映”这一假设”。[③④]关于职业观教育，联合国教科文组织在《职业技术教育建议》报告中指出，职业教育是在普通教育和国民经济发展所需劳动力的基础上对就业人员进行的系统、有目的培训和教育；职业教育是一种专业教育，培养的人才不仅要具备专业知识和技能，还要具备行业要求的道德和价值观；职业价值观教育是职业教育的重要目标和内在要求，是职业教育不可或缺的有机组成部分。在《学会做事：在全球化中共同学习与工作的价值观》中，职业价值观教育被认为是职业教育的核心。职业价值观教育对当前的职业教育改革意义重大，职业价值观的培养是职业教育文化的核心，而实现人的全面发展是职业教育的终极目标。[⑤]

（一）职业院校学生职业观的整体特征

职业认知是个人对职业的认识，主要包括对自我、专业、行业及社会发展趋势等内容的认识与评价。职业认知度的高低决定着职校生职业规划的科学性、执行的有效性及职业抉择的适度性。客观、清晰、全面的职业认知能使学生增强自我认知、激发求职动机、提升职业能力，进而获得良好的求职结果。目前，多数职业院校学生的职业生涯规划较为清晰，超过九成的职业院校学生均表示了解或一般了解本专业的就业信息，教师卷中相同题目的调研结果也显示，超过九成的教师认为学生对本专业的就业信息非常了解，这表明多数职业院校学生的职业认知程度较高。[⑥]但是，不可否认，也有少数学生存在自我认识不客观、专业认识不全面、行业认识不清晰的情况，需要职业院校进一步优化职业生涯指导工作，增强学生的职业认知。

职业情感作为一种主观体验，是人们对自己所从事的职业所具有的稳定的态度和体验，内化于从业时的心情，外化于从业时的工作热情。有强烈职业情感的人能够从内心产生对自己所从事职业和岗位的无限热爱。目前，多数职业院校学生具有较强的职业情感，大约七成的职业院校学生赞同“认真敬业的态度比技术技能高超更重要”，教师卷中相同题目的调研结果也佐证了这一结论，表明大部分学生对职业道德具有正确的认知。然而，调研结果显示，23% 左右的学生处于摇摆不定的状态，选择“一般”选项，还有 3% 左右的学生不赞同这一观点，这表明职业院校应进一步加强思想政治教育工作中有关职业道德教育的内容的教育。[⑦]

职业理想是人们以个人条件和社会需求为依据对所从事职业的超前预设，是个人渴

① 凌文辁，方俐洛，白利刚．我国大学生的职业价值观研究［J］心理学报，1999，31（3）：342–348.

② 郑洁．阎力职业价值观研究综述［J］．中国人力资源开发，2005（11）：11–16.

③ 宁维卫．中国城市青年职业价值观研究［J］成都大学学报（社会科学版），1996（4）：10–12，20.

④ 郑伦仁，窦继平．当代大学生职业价值观的定量比较研究［J］．西南师范大学学报（哲学社会科学版），1999，25（2）：70–75.

⑤ 奎苏姆宾，利澳，联合国教科文组织国际教育和价值观教育亚太地区网络．学会做事：在全球化中共同学习与工作的价值观［M］．余祖光，译．北京：人民教育出版社，2006：2–129.

⑥ 资料来源于笔者参加的 2022 年全国职业院校学生思想状况调研课题。

⑦ 资料来源于笔者参加的 2022 年全国职业院校学生思想状况调研课题。

望达到的职业高度或境界。受个体、社会等因素的影响，职业理想呈现出个体差异性、发展性与时代性的特征，对个人的职业行为起着调节、导向和激励作用，并贯穿于择业、就业和创业的职业过程中。职业观包含维持生活、发展个性、承担社会义务三个基本要素，积极、健康的职业观应该是三个基本要素相互统一，并以承担社会义务作为最高境界与终极追求的。2022 年全国职业院校学生思想状况调研显示，中、专、本各教育层次的职业院校学生在求职过程中比较看重的方面具有一致性，最为看重的三个要素是"工资收入""职业稳定""符合兴趣爱好"，表明多数职业院校学生在职业选择时更重视工资收入、兴趣爱好、职业稳定等职业外在品质，对国家的需求关注较少。这说明多数职业院校学生的职业理想中，个人主义倾向较为明显，更加关注职业的外在品质，较少将职业选择与社会责任、时代发展紧密相连。因此，职业院校有关职业价值观的教育工作仍有待改善，需要对学生进行职业内在品质的倾向性引导。

（二）职业院校学生职业观的形成原因

1. 社会环境的影响

随着网络技术加速迭代，职业院校学生作为"网络原住民"，容易接触到网络上各类纷繁复杂的言论、观念。这一定程度上丰富了职业院校学生对社会、职业的认知，帮助他们了解技术及相关职业的发展变化。但是也需关注到，一些个人主义价值观念影响了学生的择业观，促进了职业院校学生个人主义倾向职业价值的形成。尤其值得警惕的是，外来不良世界观、人生观、价值观、政治观也会对职业院校学生的职业观产生影响，极端个人主义、拜金主义的思想容易使学生产生个人利益至上的想法，当社会终极目标与个人利益冲突时，只考虑物质利益得失及个人价值的实现，导致少数职业院校学生缺乏正确的择业观念。这要求职业院校在日常教育教学活动及就业指导中加强家国情怀、工匠精神等方面的教育。

2. 学校教育因素的影响

不论是学校专业课程学习还是学生校外实习，都是影响学生职业观形成的重要因素。目前来看，多数职业院校关注劳模精神、劳动精神、工匠精神等的培育，而且较为重视对学生的职业生涯指导，所以大多数学生的职业认知较为明晰，在实习实训中表现出的职业情感较强。但也不可否认，仍有部分学校存在"重技能、轻素质"的问题，更关注对学生技术技能的培训，而较少关注将职业观教育贯穿于教育教学当中。除此之外，部分专业课教师不能做到将职业观教育贯穿于专业教学当中，忽视了借助详尽的专业介绍让学生了解、正确认识所学专业，增强职业认识，进而促进其职业精神的养成与能力的获取。在学生实习的过程中，企业师傅的影响也格外重要。但是一部分企业师傅受教学能力所限，难以将劳模精神、劳动精神、工匠精神等融入实习实训中。此外，少数企业师傅的自身素质有待提升，没有做到以身作则，没有身体力行地向学生展现作为一名职业人应有的精神品质，学生自然难以向其学习，形成相应的职业理想、职业情感等。

3. 家庭环境因素的影响

家庭对职业的认同在一定程度上直接影响着子女的职业价值观。一些家长在进行职业教育时具有明显的功利性，忽视了对子女责任意识的培养，重智力、轻素质，对子女的期望值过高。一些父母的思想保守、僵化，他们的价值取向、教育方式和言行举止直接影响着孩子的价值取向和对职业的选择。[①] 此外，一部分职业院校学生来自农村，父母收入中

① 袁继道．论我国高职学生职业价值观［J］．继续教育研究，2011（7）：113–115.

等或者较低，需要他们较快通过就业改善家庭经济状况。因此，部分职业院校学生更为关注工作的薪资待遇和福利待遇，而忽视了职业的未来发展及时代需要等。

（三）树立正确的职业观

正确的职业观从根本上说就是为人民服务的职业观。追求美好的生活、理想的职业和个人的前程是正常的，但要清楚地认识到美好的生活来自奋斗，个人的理想和前途基于国家的前途、人民的事业。因此，职业院校学生要树立正确的职业观，要服从国家和社会市场的需求，懂得奉献；社会、人民需要什么，我们就去干什么；干，就要把它干好，也就是说，要树立为人民服务、为社会奉献、爱岗敬业的精神。在求职择业的过程中，每个择业者都会自觉或不自觉地用一种职业观指导自己。对于为什么要选择职业、选择什么职业、什么是好职业、个人适合从事什么职业等，人们由于生活环境、学习环境、思想认识水平不同，会产生不同的看法，因而也就产生了不同的择业态度、择业方向和职业行为。正确的择业方向和职业行为能使人们正确地选择职业并在职业劳动中成绩卓著，对社会做出贡献；不正确的择业方向和职业行为则会使人们进入误区，甚至做出错误的选择。因此，树立正确的职业观，用正确的职业观指导就业活动是非常必要的。

二、职业院校学生的择业观

择业观是个体的世界观、人生观、价值观在就业问题上的综合反映，是人们对就业目的和意义较为稳定的看法和态度。① 职业院校学生的择业观支配着他们的择业心态和择业行为，在他们今后的职业生活中发挥着关键性的指导作用，对于他们的工作态度、劳动积极性乃至长远发展都会产生深刻影响。职业院校指导学生结合自身实际，有效消除错误或不当认识，树立协调化、务实化和素质化相结合的科学就业观，实现顺利就业和逐步成长，具有十分重要的现实意义。②

从已有研究看来，有关职业院校学生择业观的问题大多被作为职业院校学生就业问题之一着重讨论。学者重点讨论了职业院校学生就业时出现的观念问题，从学生的就业认知、就业心态、就业意向、就业行为等多方面分析了职业院校学生在进行择业时易出现的盲目自信、人云亦云、自卑胆怯、好高骛远、急功近利等问题 ③④，并针对职业院校学生的择业问题提出了相应对策。

（一）职业院校学生择业观的整体特征

现今职业院校学生的择业观与之前的职业院校学生的择业观相比出现了新的特点。

首先，择业价值取向从“向钱看”到“向前看”，注重个人价值的实现。大多数职业院校学生出生在国家经济快速发展和科技迅速发展的时代，充分享受了改革开放带来的红利。依据马斯洛需求层次理论，人的需求可以按层次由低到高分为生理的需要、安全的需要、社交的需要、尊重的需要与自我实现的需要五个层次，这些需求是推动个人行为的根本力量。相较于上一代人，“00后”职业院校学生的成长环境和发展条件更加优越，物质条件较为富足，并且有家庭作为坚强后盾，多数人在职业选择中可以不将生理和安全需要

① 许琼娟．高职高专学生的就业观研究［D］．昆明：云南师范大学，2009：22.

② 王亮．当前职校生就业观存在问题及指导转化的研究［J］．市场周刊（理论研究），2011（7）：67–68.

③ 梅爱冰．职校生实现就业重在转变观念［J］．职业时空，2010，6（12）：135–136.

④ 王亮．当前职校生就业观存在问题及指导转化的研究［J］．市场周刊（理论研究），2011（7）：67–68.

作为职业选择时的优先考虑因素，转而追求更高层次的社交、尊重与自我实现需要，从而实现更高质量的就业。在择业价值诉求上，职业院校学生关注自我实现。职业院校学生更关注在岗位上的自我发展与提升，希望能够在工作中发挥自己所长、获得成长。同时，职业院校学生正处于学习的黄金时期，精力更为充沛，求知欲更为旺盛，在就业选择上更倾向于选择高成就感、高获得感的工作，搜寻与自身专业技能、兴趣和发展规划相一致的工作机会，投身其中，形成个人价值实现与企业长效发展的双赢局面。

其次，职业院校学生的择业诉求凸显自我意识，注重生活与工作的平衡。职业院校学生对于工作环境的舒适程度、工作过程中的个人体验、工作团队中的角色定位等方面有一定要求。他们关注工作和生活的平衡，不愿"为了生活而工作"，更多地表现出"既要有生活，也要有工作"的态度，呈现出物质追求与精神享受并重的特点，对于工作氛围等软性条件更为重视。"00 后"职业院校学生的择业导向不同于其他年代求职者的专业匹配导向，他们有着丰富的兴趣爱好，关注个人兴趣与岗位的匹配，更愿意将个人兴趣与工作结合起来。他们重视工作带来的体验感，希望从工作中获得乐趣和愉悦。很多职业院校毕业生遇到符合自己兴趣爱好的岗位时，都会倍加珍惜，愿意为工作付出精力和时间，从而创造更大的经济、社会价值。

最后，职业院校学生希望在职场中获得应有的权利与平等的地位。新生代职业院校学生是在物质、精神资源都较为丰富的新世纪成长起来的一代人，在成长过程中逐渐形成了独立、平等的意识，他们更认可专业知识，尊重法律和规则，懂得平等对待他人，对"溜须拍马""钻营取巧"等职场恶习有着天然的反感。他们有着强烈的维权意识和规则意识，勇于直面"职场 PUA"等问题，面对过度加班、职业歧视等不公现象，能够敏锐地察觉自身权利受到的侵害与剥夺，并通过多种渠道维护自己的合法权益。他们在职场中追求的是更透明的规则和更平等的职场人际关系，希望建立和谐的职场生态。①

（二）职业院校学生择业观的形成原因

1. 个人因素

个人因素是指职业院校学生在进行择业决策时受到的内部心理特征影响，与自我认知密切相关，包含个人兴趣、职业价值观、个人能力等，这些是职业院校学生就业决策中的主要影响因素。社会学研究表明，在就业决策时，选择和自身兴趣爱好、个人能力相符的职业的劳动者，其劳动生产率要比不相符的劳动者高 40%。职业院校毕业生能够在职场中取得突出成就或者获得职业幸福感，主要原因之一是从事了自己喜欢的职业。从价值观的分析来看，当代学生在择业时往往过于盲目，还未确立自己的价值观就进行了决策。所以，为了实现正确就业，职业院校学生在决策之前要确立自己的价值观。影响职业院校学生择业观的另一个重要因素是个人能力，在就业中，学生会基于自身能力做出职业选择。

2. 家庭因素

家庭是影响职业院校学生做出择业决策的重要因素，对于部分职业院校学生来说，甚至起着决定性作用。从目前的职业院校学生就业实践来看，其在进行就业决策时会受家长的影响。进行就业决策的前提是专业的选择，许多学生在高考后进行专业选择时就已经服从了家长的意愿，而在大学毕业进行就业决策时，也同样会受到家长意愿的影响。尤

① 马永霞."00 后"群体的择业诉求与价值取向［J］. 人民论坛，2022，744（17）：88–91.

其是学生在进行就业决策时可能会遇到意志薄弱和行动犹豫的阻力，这时家庭因素的作用就会放大，对职业院校学生的就业决策产生重要影响。

3. 社会因素

社会因素是职业院校学生择业观形成的外部原因之一，具体体现在三方面。

（1）工作地域。工作地域是学生就业决策的一个重要影响因素。总体来讲，市场化水平和经济增长水平相对较高的区域是学生就业的主战场，而经济欠发达地区和偏远山区则少人问津。

（2）职业声望。学生身处校园，并没有完全地进入社会生活和职业生活。社会上对各类职业的评价即职业声望常常通过舆论、习惯等各种渠道影响学生心理。在就业选择时，学生的心理也会受到影响。

（3）经济利益。经济利益在当今学生的职业选择中扮演着愈加重要的角色。一般来讲，学生通常会在其能力范围内追求较高的经济收入，以满足其生活需求。但是，毕业初期，在薪资水平相对较低的情况下，如果学生付出的劳动不能获得合理的经济报酬，会促使其重新选择职业。

（三）树立正确的择业观

1. 树立崇高的理想信念

理想信念是引领职业院校学生坚持不懈追求梦想的价值遵循，是激励他们超越自我、实现目标的精神动力。当前我国社会的主要矛盾已经转化为人民日益增长的美好生活需要和不平衡不充分的发展之间的矛盾。面对新形势、新使命、新任务，职业院校学生要始终坚持以马克思青年择业观为指导，以服务人民群众为最高择业准则，坚定社会主义和共产主义理想信念，以维护国家和人民利益为第一要务，以满足人民群众的美好生活需求为职业实践的最终目的，将人生理想置于新时代中国特色社会主义伟大事业的发展进程中，将实现个人价值与服务社会、报效祖国的社会价值有机统一起来，做新时代的奋斗者。

2. 实现自由而全面的发展

实现人自由而全面的发展，既是马克思主义的终极价值目标，又是马克思青年择业观的最高价值准则。① 这里所说的人自由而全面的发展，是人的能力、需求、社会关系等方面的全方位发展。青年时期是人生的“拔节孕穗期”，职业院校学生正处在人生“系扣子”的阶段，科学的世界观、人生观和价值观是职业院校学生实现自身价值和社会价值的充分必要条件，高尚的道德情操、优秀的道德品质是成就伟大事业的基石和保障。职业院校学生要深入学习马克思主义理论，形成科学的价值观和方法论，树立坚定的政治信仰，坚持不懈地批判历史虚无主义等错误思想，学会正确处理共同理想与最高理想的辩证关系，将个人的职业理想、人生理想融入中国特色社会主义共同理想中。职业实践是职业院校学生认识世界和改造世界的基本手段和重要途径。职业院校学生要积极投身职业实践活动，在实践中不断积累人生经验和社会阅历；在实践中认知国情、了解社情，将爱国情、强国志转化为自觉的报国行；通过实践解决生产、生活中的实际问题，不断提升自身的能力、素质；在此基础上，提升自身的职业荣誉感、职业成就感和职业获得感，不断满足更高层次的精神需求，最终实现自由而全面的发展。

---

① 刘海燕，杨连生．马克思青年择业观的内在意蕴及启示［J］．人民论坛，2021（9）：71–73.

关键概念

职业院校学生；学习特点；人际交往；家庭背景；积极心理学；心理发展阶段；习得性无助；职业观；择业观；需要层次理论；自由学习理论；PAC理论

思考与讨论

1. 请从不同角度分析新时代职业院校学生与普通教育学生的区别。
2. 如何理解积极心理学视角下职业院校学生的心理特征?
3. 如何科学、合理地引导职业院校学生形成良好的学习习惯?
4. 作为职业教育工作者,应如何正确看待职业院校学生?

参考文献

[1] MASLOW A H. A Theory of Human Motivation[J]. Psychological Review, 1943, 50(4).

[2] SWSELL W H, SHAH V P. Parents' Education and Children's Educational Aspirations and Achievements[J]. American Sociological Review, 1961, 33(2).

[3] 崔景贵. 当代职业学校学生心理发展的基本特征[J]. 教育与职业, 2008(8).

[4] 戚桂彩, 赵欣. 职业学校学生心理特征与发展任务研究[J]. 职业技术教育, 2004, 25(34).

[5] 刘国雄, 李霞. 两难情境下普通中学生和职校生的道德判断[J]. 中国特殊教育, 2013(9).

[6] 刘国雄, 陆婷. 青少年的道德推脱及其与家庭教养方式的关系[J]. 中国特殊教育, 2013(4).

[7] 赵玉敏. 农村中职生流失原因及对策浅析[J]. 河南农业, 2008(18).

[8] 王晓峰, 王祥全. 大学生人口身体素质变动及其问题成因分析[J]. 人口学刊, 2018, 40(2).

[9] 张宏亮. 百万扩招背景下高职生源结构变动与职业教育调适策略[J]. 中国职业技术教育, 2020(7).

[10] 贺文瑾. 中等职业技术学校学生心理问题分析[J]. 教育与职业, 2003(24).

[11] 崔景贵. 解读职校生"习得性无助"现象: 心理症结与教育策略[J]. 中国职业技术教育, 2013(12).

[12] 崔景贵. 90后职校生青春期心理特征与教育策略[J]. 职教论坛, 2010(9).

[13] 陈同清. 职校生心理需要现状的调查研究[J]. 职业技术教育, 2015, 36(20).

[14] 崔丽娟, 张高产. 积极心理学研究综述: 心理学研究的一个新思潮[J]. 心理科学, 2005(2).

[15] 匡瑛．今天，我们怎样做班主任：中等职业学校卷[M]．上海：华东师范大学出版社，2006.

[16] 赵欣，詹富强，王同军．职校生与大学生认知风格差异的研究[J]．天津职业技术师范学院学报，2004(2).

[17] 王国光，田静．关于职校生学习力的调查报告[J]．职教论坛，2011(21).

[18] 赵金周．对职校生学习习惯分析及培养模式的探讨[J]．职教论坛，2010(27).

[19] 陈璇，崔景贵．职校生学习力的心理分析与积极教学策略[J]．中国职业技术教育，2018(23).

[20] 刘勇，杜连森．职校生消极心态的质性分析与对策[J]．中国职业技术教育，2018(23).

[21] 罗杰斯，弗赖伯格．自由学习[M]．3版．北京：人民邮电出版社，2015.

[22] 周文霞，郭桂萍．自我效能感：概念、理论和应用[J]．中国人民大学学报，2006(1).

[23] 崔景贵，杨治菁．职校生专业学习心理与职校积极课堂教学的建构[J]．职教论坛，2015(7).

[24] 陈宏艳．中职生创造力表现与培养研究：以首饰设计与工艺专业为例[D]．上海：华东师范大学，2019.

[25] 张妍，孔繁昌，权珍桢，等．职校学生生活事件与应付方式的调查研究[J]．职业技术教育，2010，31(11).

[26] 刘晓华．高职学生心理危机干预策略研究：基于人际交往理论视域[J]．职教论坛，2016(5).

[27] 孙焱，朱薇薇．职校生心理健康状况成因及疏导途径：中职生人际交往障碍心理咨询案例分析[J]．连云港职业技术学院学报，2010，23(4).

[28] 朱敏芳，何君丽．职校生社会交往的主要特点、存在问题及成因分析[J]．继续教育研究，2008(10).

[29] 杨瑞琦．浅析如何做好职校生的班主任[J]．才智，2017(8).

[30] 沈有禄．谁上职校？为什么上职校？有何差异？[J]．教育学术月刊，2016，288(7).

[31] 隋海梅，宋映泉．留守经历影响中职学生的考学行为、辍学行为和升学意愿吗：基于浙江、陕西两省的跟踪数据[J]．北京大学教育评论，2014，12(3).

[32] 刘晓，童莉洁．谁在影响着中职生的职业选择：基于家庭社会经济地位、父母教养方式与学生职业生涯发展关系的研究[J]．职业技术教育，2021，42(10).

[33] 高凡修．中职毕业生能否成为高职院校重要生源实证研究[J]．职业技术教育，2015，36(25).

[34] 陈鹏，刘铖．“三孩”何以赋能中职发展：多孩家庭的职校选择研究[J]．中国职业技术教育，2022(4).

[35] 方长春，风笑天．阶层差异与教育获得：一项关于教育分流的实证研究[J]．清华大学教育研究，2005(5).

[36] 刘保中，张月云，李建新．家庭社会经济地位与青少年教育期望：父母参与的中介作用[J]．北京大学教育评论，2015，13(3).

[37] 李源．谁更愿意读职校：家庭背景下的选择期望透视[J]．当代青年研究，2019(4).

[38] 张锦华，吴方卫. 梯度二元融资结构下中国农村家庭的教育选择：基于嵌套LOGIT模型的实证分析[J]. 农业技术经济，2007(2).

[39] 许申. 高职在校生职业期望的影响因素分析[J]. 中国职业技术教育，2010(33).

[40] 吕艳芬. 影响职校生教育的主要家庭因素及其思考[J]. 职教通讯，2002(1).

[41] 鄂柳. 内蒙古地区高职院校少数民族学生职业价值观现状及其培养研究[D]. 上海：华东师范大学，2018.

[42] 凌文辁，方俐洛，白利刚. 我国大学生的职业价值观研究[J]. 心理学报，1999，31(3).

[43] 郑洁，阎力. 职业价值观研究综述[J]. 中国人力资源开发，2005(11).

[44] 宁维卫. 中国城市青年职业价值观研究[J]. 成都大学学报(社会科学版)，1996(4).

[45] 郑伦仁，窦继平. 当代大学生职业价值观的定量比较研究[J]. 西南师范大学学报(哲学社会科学版)，1999，25(2).

[46] 奎苏姆宾，利澳，联合国教科文组织国际教育和价值观教育亚太地区网络. 学会做事：在全球化中共同学习与工作的价值观[M]. 余祖光，译. 北京：人民教育出版社，2006.

[47] 袁继道. 论我国高职学生职业价值观[J]. 继续教育研究，2011(7).

[48] 许琼娟. 高职高专学生的就业观研究[D]. 昆明：云南师范大学，2009.

[49] 王亮. 当前职校生就业观存在问题及指导转化的研究[J]. 市场周刊(理论研究)，2011(7).

[50] 梅爱冰. 职校生实现就业重在转变观念[J]. 职业时空，2010，6(12).

[51] 翟彩宁，左旭晨，王一前，等. 高职学生择业观现状分析与影响因素研究[J]. 智库时代，2019(25).

第十一章 职业教育校企合作

学习提示

本章主要讨论职业教育校企合作中最基本、最重要的三个方面，即校企合作的价值与意义、校企合作的结构和校企合作的纽带。在学习中要将知识的学习与实践的思考相结合，准确理解校企合作对于国家、学校、企业和学生的重要性；正确掌握校企合作中的参与主体及其角色、合作内容和典型的校企合作方式，并且能辨析地看待问题；深刻理解政府、法律与制度、社会组织在校企合作中的纽带角色及其作用，并结合我国的实际情况思考如何发挥这些纽带的作用。

校企合作是指职业院校和企业界围绕着人才培养、技术服务、员工培训、资源共享、产品创新等内容，采用各种方式展开的互惠互利、互补互促的合作活动。校企合作是职业教育人才培养的基本方式，是办好职业教育的关键所在。这是职业教育的实践性、应用性、职业性、技术性等基本特性决定的，是世界各国开展职业教育的基本经验。如何开展高质量的校企合作一直是职业教育的重要研究内容，探索建立稳定的校企合作机制、深化校企合作内容、创新校企合作方式、形成面向不同职业领域的特色合作，对于提高职业教育办学成效、创新人才培养模式、深化职业教育改革具有十分重要的理论和实践意义。关于校企合作的研究由来已久，内容丰富，主题多样，本章主要选取了校企合作中最基本、最重要的三个方面进行系统的介绍和论述，即校企合作的价值与意义、结构与内容，以及校企合作的中介纽带。在本章中，校企合作的内涵广泛，既包括产教融合的办学模式和校企合作的人才培养模式，又包含工学结合的学习方式，是广义上的校企合作。

第一节 校企合作的价值

校企合作对于国家、学校、企业和学生都有非常重要的价值和意义。最早开展校企合作教育的德国，其最具代表性的“双元制”校企合作模式被誉为战后德国经济腾飞的“秘密武器”，可见校企合作对于经济、社会发展的重要性。对国家而言，通过深化校企合作，可以促进教育链、产业链、人才链和创新链的有机衔接，提高教育质量，扩大就业创业，赋能经济发展和促进社会公平。对学校而言，可以准确把握企业人才需求动向，形成与时俱进的人才培养体系，整合校企资源，推动师资队伍建设。对企业而言，可以降低人力资源成本，促进产品研发、工艺改进和技术创新，提高收益率。对学生而言，可以提升实践能力和职业发展潜力，形成清晰的职业规划，培养职业匠人精神。

一、国家层面的价值

德国政治经济学家马克斯·韦伯认为，“任何一个社会现象，都不要把它与经济、社会结构分割来看，要放在经济与社会发展的宏观视角中去审视”[①]。职业教育作为与经济社会发展关系最为直接的教育形态，为生产、建设、服务、管理一线培养高素质技术技能人才是其核心职能，而校企合作又是经济社会发展对职业教育提出的客观要求，是职业教育的基本办学规律，是将产业界与教育界两大领域对接的关键环节，对于国家的经济社会发展

① 韦伯．经济与社会：第 2 卷［M］．阎克文，译．北京：商务印书馆，1997：23.

具有十分重要的价值和意义。

（一）支撑经济高质量发展

经济与社会发展的客观需求是职业教育改革的“总开关”和“变速器”，引领并限定着职业教育变革的方向和速度。纵观国内外职业教育发展历程，顺应与匹配不同历史阶段经济社会发展诉求的时代特征和历史烙印尤为明显。深化产教融合、校企合作是促进产业创新发展和经济高质量发展的战略性举措。

随着我国进入新的发展阶段，产业升级和经济结构调整不断加快，各行各业对技术技能人才的需求越来越紧迫，职业教育的重要地位和作用越来越凸显。[①] 职业教育是我国经济社会发展的重要战略支撑，尤其在构建技能型社会中起着至关重要的作用。校企合作一方面可以在体制机制大方向的指引下，通过学校与企业自主合作，实现人才培养供给侧和产业需求侧在结构、质量、水平上的对接，面向市场和企业需求，培养具有高技术能力和高素质的职业人才。另一方面，校企合作能大幅提高劳动力的就业能力，提升劳动生产率来促进就业结构的改变，加快经济结构转型升级与经济发展。此外，校企合作有利于发挥企业在教育中的主体作用，有效解决“校企两张皮”“校热企不热”的问题。校企合作可以使学生在真实工作环境中发现自己的兴趣与特长，学习企业文化，树立职业精神，以工检学，以学促工，在学与做的循环往复中不断加强知识和技能储备，树牢职业精神和终身学习的理念，为企业输送高质量职业人才，从而促进社会经济的发展。

随着经济的快速发展，现代社会的职业结构日趋复杂，劳动力配置效率问题越来越突出，就业者需要了解职业需求情况和就业岗位的要求。用人单位通过提供实习岗位等，培养能够胜任岗位要求和与职业发展相适应的劳动者。校企合作不仅可以培养学生的职业道德、职业技能，而且可以最大限度地使劳动者个体特征与企业需求紧密结合，提高劳动力的配置效率，从而最大限度地提高人力资源的开发效果，更好地促进经济社会发展。

（二）促进劳动力稳定就业和社会公平

职业教育是提升社会流动性、防止阶层固化、保持社会活力的重要途径，在促进就业、满足人的多样化发展需求、推进社会协调发展上发挥着重要作用。“办好人民满意的教育”是当前我国职业教育改革发展的总方向与总要求。对于职业教育来说，“人民满意”的核心和关键在于人才培养和企业用人的结果。将职业教育打造为更加关注生涯发展、手脑并重的类型特色教育，需要紧密联系行业企业需求，健全职业教育联席会议制度，有效整合政、校、行、企各类资源，为产业提供一线人才。这一方面能为人的多样化发展提供通道，让更多学生就业有本领，发展有通道；另一方面也为高质量就业搭建阶梯，紧跟产业发展步伐，提升人才培养对岗位要求的适应性。德国“双元制”职业教育的经验表明[②]，通过校企合作通道，运用企业人才、技术、设备、资金等多元资源，深化“三教”改革，让学生在校企合作育人中“学知识、练技能、长才干、能出彩”，是提升职业教育满意度的最佳路径选择[③]。

① 赵婀娜．办好新时代职业教育［N］．人民日报，2021-07-25（5）．

② 谢莉花，彭程．德国“双元制”职业教育教材建设的特点及启示［J］．职教发展研究 2020（4）：71-80．

③ 潘海生，王佳昕．产教融合命运共同体的时代意蕴、路径选择与行动指南［J］．中国职业技术教育，2019（28）：22-27．

教育具有公平效益,这种效益同样存在于职业教育中。校企合作有助于增强职业教育的公平性,缩小贫富差距。职业教育的公平性指的是所有人接受职业教育的权利和机会的基本平等与对个体发展差异性的尊重。职业教育与普通教育具有同等发展机会、获得同等待遇和社会认可。[①] 我国自 2013 年至 2020 年,累计有 800 多万名贫困家庭学生接受职业教育,"职教一人,就业一人,脱贫一家" 成为阻断贫困代际传递见效最快的方式。

(三)提高人才资源开发质量

职业教育是国民教育体系和人力资源开发的重要组成部分,是广大青年打开通往成功成才大门的重要途径之一,肩负着培养多样化人才、传承技术技能、促进就业创业的重要职责。职业教育与其他类型的教育一样,培养人是其基本使命,注重促进人的全面可持续发展。校企合作贯穿人才培养全过程,有利于发挥企业重要主体作用,加大企业在教育中的投入和支持力度,促进人才培养供给侧和产业需求侧结构要素全方位融合,培养大批高素质创新人才和技术技能人才。

校企合作通过培养人才、选拔人才、分配人才等举措,实现专业结构、层次结构的优化配置,促进劳动力的合理流动。校企协同育人中,企业注重培养具有精深性岗位能力,有潜力成为能工巧匠、大国工匠的卓越人才,学校侧重培养具有创新性、复合性岗位拓展能力的现场工程师、卓越工程师。通过协同育人,在专业技能和创新能力等方面促进学生全方位提升。

校企合作有助于增强职业教育的开放性和针对性。校企合作在物理空间上打破了以学校作为主要教育场所的形式,把教育的方法和形式推广到企业和生产单位。师资也不仅限于学校的教师,还吸纳了企业中具有丰富实践经验和生产技能的一线技术人员,大大提升了职业教育的开放性。同时,校企合作还有助于缓解失业人群、进城务工人员转移培训等问题。特别是那些由于技术进步而被替代的低技能劳动力,通过校企间的合作,可以实现"工学结合、知行合一",努力助推他们获得新技能,重新走上工作岗位。

我国职业教育主动适应经济结构调整和产业变革,紧盯产业链条、市场信号、技术前沿和民生需求,设置 1 300 余种专业和 12 余万个专业点,覆盖国民经济各领域,近十年来,累计为各行各业培养输送 6 100 万名高素质劳动者和技术技能人才。在现代制造业、战略性新兴产业和现代服务业等领域,一线新增从业人员 70% 以上来自职业院校,职业教育为促进中国人口红利的释放与实现,推动先进技术和设备转化为现实生产力贡献了力量,为中国产业链、供应链保持强大韧性、行稳致远提供了基础保障和有生力量。

二、学校层面的价值

企业需求是市场的晴雨表,是职业院校人才培养的风向标。职业院校与企业联动合作开展职业教育,有助于构建以市场需求为导向的人才培养结构,形成与时俱进的人才培养体系,使专业设置、课程建设、教学实施等活动密切对接企业需求,还可以整合校企优质教育资源,促进双师型师资队伍建设。

(一)以市场为导向调整人才培养结构

人才培养结构主要是指在人才培养体系内各要素之间的比重和联系,主要包括专业结构、层次结构、布局结构、形式结构等。职业教育人才培养的结构直接受到区域经济社

① 褚宏启,杨海燕. 教育公平的原则及其政策含义[J]. 教育研究,2008(1):10-16.

会发展的影响。通过校企合作，职业院校可以适应区域经济转型升级和产业结构调整的要求，不断优化技术技能人才培养的结构，更好地为经济社会发展提供人才支撑。一方面，校企合作有助于学校调整办学规模和办学层次，提高服务产业发展的能力。区域经济发展的规模、类型和水平等特点直接影响职业院校的布局，如开办什么类型的职业院校，开办多少所职业院校，学校的规模有多大，开办什么层次的职业院校等。另一方面，校企合作有助于职业院校在第一时间了解劳动力市场需求动态，技术发展和劳动力市场人才结构分布，进而科学地调整专业布局，促进专业的品牌化、特色化发展，避免专业雷同、专业重复等现象的发生。

（二）形成与时俱进的人才培养体系

校企合作有利于职业院校创新教育组织形态，促进教育和产业联动发展。当前科学技术迅速发展，职业院校作为向学生传授理论知识和培养实践技能的场所也需要与时俱进。高职院校专业课程建设与改革是提高教学质量的核心，也是教学改革的重点和难点。目前通过校企合作共建项目化专业课程体系是职业教育课程改革的主要方向，对推进职业教育改革和提高技能型人才培养质量起着非常重要的作用。[①] 通过建立校企合作关系，可以实现教师和企业专家之间的双向流动，使教师及时了解企业的技术进步和技术需求，企业专家深度参与职业教育教学和管理，共同参与专业建设、课程改革、教学设计、教材开发、教学质量评价等活动，从而有效避免职业院校专业知识和技术滞后等问题，不断推进人才培养体系改革。

（三）优化教育资源布局

校企合作有利于教育资源的优化布局。[②] 校企在人才培养方面各有资源优势，深度合作有助于职业院校充分利用企业的各种有形资源和无形资源，如人力资源、技术资源、设施设备资源、文化资源等，这些是职业院校缺乏但是又非常重要的资源。例如，现阶段我国职业教育面临学生动手实践能力不足的主要问题。其中一个主要的原因是缺乏应用实践。学生主要借助一些技术手段，通过视频或者模拟的方式体验虚拟的应用场景，与实际操作和实践有很大差别。通过校企合作，企业定向对学校教师和学生开放真实的操作环境，让教师和学生准确地了解企业生产的实际场景和岗位要求，对激发学生的学习兴趣，培养学生的实际操作技能具有极其重要的作用。除了教学空间的扩展外，教育资源的优化还包括教学师资的扩充、企业教学经费的投入、专业的科学布局，这些资源都可以通过校企合作得到科学的优化与调整。引进企业导师，让具有丰富实践经验和生产技能的一线企业员工为学生授课，是对校内师资的有益补充，形成优势互补。企业通过提供一定的教学经费，改善学校教学设施和条件。学校根据企业需求合理优化专业和招生规模，使得资源配置最优化和充分利用，培养高质量的职业人才。[③]

（四）推进双师型教师队伍的专业化

校企合作是解决当前双师型教师匮乏问题的主要渠道。双师型教师指具有实际工作

① 徐作华．校企合作构建项目化专业课程体系：以机电一体化专业为例［J］．职教论坛，2015（30）：80–82，96.

② 岳敏敏，董同强．职业教育产教融合：桎梏与导引：基于布迪厄的场域理论［J］．职业技术教育，2021（1）：5.

③ 张健．试论高等职业教育资源优化配置的路径选择［J］．教育与职业，2006（35）：5–7.

经历、双职称、有应用性科研能力的职业教师。[①] 双师型教师缺乏一直是制约职业教育质量提升的瓶颈。校企合作是突破这一瓶颈的关键途径。通过校企双方人才资本的相互输出与输入，优势互补，促进职业学校教师队伍建设，提高教师队伍的综合实力。[②] 一方面，学校聘请企业一线的专业人员到学校指导工作，与职业院校教师共同开发课程，负责学生的技能训练指导，同时担任兼职教师为学生授课，加强教师队伍建设。另一方面，学校派专业教师到企业挂职学习，进驻企业生产现场，参与企业的技术革新、设备改造与新产品研发，承担企业职工培训任务，提高了自身专业的实践能力、专业研究能力和教育教学能力。这种校企人员的双向交流与互动机制，将是未来校企合作师资队伍建设的新生长点。

三、企业层面的价值

企业同样可以从校企合作举办职业教育中获益，最直接的体现就是获取人力资源，降低人才使用成本，提高企业收益率，还可以提升企业的品牌形象。

（一）降低人力资源成本

校企合作能够降低企业人力资源成本，在一定程度上解决人才荒的问题。如今不少企业发展困难的重要原因之一就是人才的缺失。随着企业的发展，企业对人才的需求量也不断增大，但是由于许多职校毕业生往往无法达到用人单位的岗位要求，上岗前需要企业对他们进行二次培训，大大增加了企业的人力资源成本。同时，由于企业人才的流动性很大，许多企业在付出了沉重的培训成本之后往往无法获得应有的收益。通过校企合作，企业参与到院校的人才培养体系中去，使得学生能够在毕业时达到其岗位要求，企业可以直接启用具有实习经验、与学校联合培养的学生。从企业方面来说节约了培训的时间成本和经济成本，有效地降低了企业的人力资源成本。[③]

（二）提升即用型高技能人才质量

校企合作助力职业院校成为企业即用型高质量人才的后方孵化基地。企业由于用人成本的限制，其人才贮备始终是有限的。而职业院校的优势在于可以源源不断地吸纳生源，在培养过程中因材施教，成为人才筛选与孵化基地。通过校企合作，高校和企业之间可以有效实现学生资源共享。企业根据用人需求联合学校开展定向培养，严格把控毕业和用人要求，提升学生培养质量，毕业即能上岗。校企可以共同建立校企合作专班，共同选拔优秀生源进行专班专门教学；设置理实一体化的课程，集中学校教师和企业工程师形成实施团队开展联合教学；根据教学需求，企业为学生有计划地提供真实生产车间顶岗轮训，更好地将理论与实践结合，提升学生的核心竞争力和持续竞争力。

校企合作还有助于人才梯队的建设。企业根据自身的发展规划和技术需求，与职业院校合作，培养并储备最需要的专业人才。通过三到四年的校企合作教学，有效解决学生工作经验不足的问题，扩大学生的工作视野，提升学生对企业的熟悉感、归属感、认同感，培养学生的职业精神，使他们比外面新招的员工更容易融入企业，与同事融洽相处。这批

① 唐林伟，董桂玲，周明星．“双师型”教师专业标准的解构与重构［J］．职业技术教育，2005，26（10）：45–47.

② 王玲玲．现代职业教育产教融合模式构建及实施途径［J］．湖北社会科学，2015（8）：5.

③ 张秉钊．校企合作“订单式”人才培养模式的实践探索［J］．高教探索，2005（4）：72–74.

人才具有较高的文化素质，也有一线的实践能力，比企业新招的员工更有发展潜力，以及更低的人才流失可能性。①

（三）树立企业形象与提升企业品牌价值

校企合作有助于企业形象的树立及企业品牌价值的提升。教育是一项公益活动，企业积极参与教育是企业具有社会责任感的主要体现，有助于提升企业在大众心中的形象，同时也增加了企业产品和生产理念的宣传机会，企业文化得到传播和推广。尤其是比较有朝气的年轻企业，更容易得到社会的接纳和认可。学生在三四年的学习过程中，不断接受企业文化的熏陶，能形成高度的认同感，企业形象被牢固地树立起来。②

（四）提高企业的收益率

校企合作有助于提高企业的收益率。成本和收益是企业参与职业教育的决定性变量。③企业参与校企合作的主要驱动力来自自身利益的追求。通过校企合作，企业可以以较低的成本获取优质的人力资源、科技资源和经济利益，最终提高企业的收益率。④首先，校企合作使得企业提前介入未来职工的筛选和培养，缩短新手职工的适应期和学习期，从而大幅提升了生产效率。同时，职工在接受企业培训和教育过程中增强了企业文化认同，降低了离职和跳槽的风险和比例，由此大大节省了人力开销，提升了生产质量和效率，从而提高了企业收益率。其次，企业参与校企合作间接引入了学校优质的智力和科技资源，通过聘任学校教师作为企业的技术专家，让教师有了理论联系实际的机会，并将自己的专业专长用于解决企业在生产和管理中的问题，促进企业的创新和发展。最后，校企合作还有助于企业获得直接的经济利益收益。为了鼓励企业积极参加校企合作，政府出台一系列优惠政策，例如减少税收、赋予更多的土地资源和增加知识产权分成等，从而提升企业的收益率。

（五）推动产品创新和技术研发

校企合作有助于企业的产品创新和新技术研发。⑤产业创新被视为“生产要素与生产条件的新组合”，这种新组合的应用带来的是创新主体相对于其他主体的“相对优势”，如新技术的应用、新管理方式的实施、新流程的开发、新市场的开拓等。校企合作为企业引入了职业院校老师和学生的新的智力资源。职业院校利用自身专业技术人才资源的优势，能为企业提供相关技术服务和产品研发服务，促进企业生产。学生在生产实操过程中能摆脱经验主义和思维定势的影响，能结合自己在学校中学到的理论知识，发现企业在管理、生产和服务等方面存在的问题，提出解决方案，不断提升新产品设计与开发能力、研发能力，推动企业在产品生产过程中的创新和新技术的发展。

四、学生层面的价值

学生是校企合作最大的受益者。校企合作的宗旨是提高育人质量。校企通过汇集双

---

① 贺艳芳．我国企业参与现代学徒制动力问题研究［D］．上海：华东师范大学，2018.

② 舒本平．论高职校园文化与企业文化的融合［J］．中国职业技术教育，2008（26）：22，28.

③ 潘海生，高常水．企业参与职业教育策略变迁机理及政策启示［J］．教育研究，2016（8）：64-69.

④ 马永红，陈丹．企业参与校企合作教育动力机制研究：基于经济利益与社会责任视角［J］．高教探索，2018（3）：5-13.

⑤ 林丽超，陈兴明．如何激发企业产教融合的内生动力［J］．中国高校科技，2019（7）：4.

方的优势教育资源和技术资源，在育人目标上达成一致，共同致力于培养优质的技术技能人才。学生在校企协同培养下，可以熟练地掌握实用型技术，锻炼实践能力，对自己的职业发展形成清晰的规划，并逐渐养成职业匠人精神与终身学习能力。

（一）培养实用型技术和实践能力

校企合作最直接的功能就是让学生掌握实用型技术，提高专业实践能力。① 通过校企合作，为学生提供长期的、反复的企业内实习、实训，有助于学生明确企业对未来职工的技能和素质要求，使得学生的在校学习更有针对性。同时，将学校学习的理论知识用于实际生产，有助于增加学生的获得感和认同感，激发学生对知识的进一步渴望，培养学生的主观能动性，让学生彻底摆脱应试、填鸭式的学习模式。另外，校企合作可以激发学生的创造力，培养学生的创新能力，增加学生的实践操作经验，做到理论与实践相结合，培养学生的质疑和批评精神，培养"敢为人先"的创新能力、"艺精技巧"的专业技能和"精益求精"的钻研能力。

（二）形成清晰的职业发展规划

校企合作可以帮助学生了解行业的要求，制订清晰的职业发展规划。建立校企合作关系，让学生走进企业，走上未来的岗位和职业场所，他们才能了解一个职业和一个岗位的需求、工作条件和岗位意义，从而提前分析他们适合和能胜任什么样的职业和岗位。只有对一个岗位或者职业有强烈的认同感，才能激发出学生的工作热情。② 学生可以根据岗位的需求加强相关的知识和技能储备，发现自身的不足之处，进行相应的训练与学习，增强自己的竞争力和可持续性发展能力，同时，对自己的职业发展规划和人生理想有了更为清晰的思考③，不会因为当前的工作条件或者待遇随意地跳槽或改行，从而避免人力资源的浪费和企业人才的流失。通过校企合作，可以根据学生的个体特征及其在职业方面的倾向性和适应性，将每个人合理地导向他们适合的职业和岗位。

（三）养成职业工匠精神与终身学习能力

校企合作有助于学生工匠精神的养成。工匠精神是指从业者在长期职业生涯中养成的职业风范、以产品为导向的价值取向和行为表现，主要表现为执着专注、精益求精、一丝不苟、追求卓越的精神理念。④ 培养和塑造学生的工匠精神，单靠职业院校的努力是无法完全实现的。职业院校虽拥有仿真的软、硬件，但虚拟的企业毕竟不是真正的企业，它的虚拟运营只能是短期的，也不具备企业生产经营中的全部真实环境，更缺乏浓浓的企业文化。工匠精神的培养，要靠长期工作实践的积累，还需要企业文化的熏陶。开展校企合作，让学生去企业实习，感受企业文化，是提高学生职业素养、培养工匠精神的重要方式。

校企文化对接是培养工匠精神的前提。"一流的匠人，人品比技术更重要"，匠人必先淬炼心性，保持激情，培养职业认同感；唤醒体内的一流精神，才能具备一流的技术。通过校企合作，建立现代学徒制，不仅注重师傅向徒弟的言传身教，更重视在师傅"传帮带"

---

① 胡伟卿．关于高职教育校企合作发展趋势的思考［J］．中国高等教育，2010（24）：39–40.

② 赵红．高职大学生职业规划教育模式探索：以南宁职业技术学院为例［J］．中国成人教育，2013（18）：79–81.

③ 刘金龙，冀振元，吴芝路，等．航天特色校企协同育人的探索与实践：以工业和信息化部校企协同育人示范基地为例［J］．中国高校科技，2020（8）：69–72.

④ 李梦卿，任寰．技能型人才"工匠精神"培养：诉求、价值与路径［J］．教育发展研究，2016，36（11）：66–71.

的过程中注入工匠精神，薪火相传，夯实人力资源的工匠基础；从以往侧重技术和理论的讲解向侧重技能型人才实践能力的培养转变，是服务产业转型升级和适应现代企业发展的内在要求。校企合作中的现代学徒制是培育工匠精神的有效形式，也是职业教育发展的大势所趋。

校企合作有助于培养学生的终身学习能力。[①] 在社会生产、建设、管理、服务一线岗位从事各项工作的劳动者中，大部分个体的终身学习主要是通过持续接受职业培训来实现的。因此大力发展职业培训，实现真正意义上的学历教育与职业培训并举，是终身学习视野下构建现代职业教育与培训体系的根本要求。校企合作为学生提供了校园学习和生产实践两种不同的学习环境，帮助学生形成长期的职业发展规划，培养学生无论在学习还是工作中都保持继续学习的习惯，提升自身的学习能力并逐渐形成终身学习的习惯。

职业教育的类型属性和跨界性决定了其教学活动离不开企业的深度参与。校企合作的最终目的是落实到人才培养上。尽管校企合作能够带来各种各样的附加价值，比如职业技术人才的储备、经济效益的提高、就业率的提高等，但是育人始终是校企所有合作活动和行为的核心目的。明确这一目的为判断校企合作质量提供了黄金标准，即人才质量的高低。

第二节
校企合作的结构

纵观我国校企合作的历史及国外校企合作的经验，职业教育校企合作的结构为多主体共同整合资源，互通有无，紧密协作，从而实现各主体的目标追求。校企合作的直接参与主体是学校和企业，通过选用适宜的校企合作方式，围绕人才培养、技术服务、员工培训和产品创新等内容，发挥学校和企业在校企合作中的不同角色和功能，实现校企双方的目标和追求。

一、校企合作的主体

职业院校和企业是校企合作的启动者和直接参与者，是合作目标、内容、方式的制定者，同时也是推动和保证校企合作顺利进行的核心成员。除了学校和企业双主体外，校企合作还需要政府部门、行业协会、社会组织等第三方中介纽带组织的深度参与。本节将重

① 石伟平，郝天聪．从校企合作到产教融合：我国职业教育办学模式改革的思维转向[J]．教育发展研究，2019，39(1)：1–9.

点介绍作为主导者的学校和企业的特点及其在校企合作中的角色和功能，并结合我国当前校企合作的现状进行分析和论述。

（一）职业院校

职业院校一般指正规的，获得国家政府部门批准的，以培养职业人才为目标，培养学生获得某种职业所需知识、技术技能和素养的专门学校。[①]职业学校兴起于18世纪末的欧洲，随着资本主义的发展，传统的学徒制逐渐瓦解，有些国家在中等教育阶段设立了职业技术学校。[②]在不同国家、不同历史时期，对于职业院校的称呼各异。以我国为例，对职业院校的称呼非常多，最早的职业学校称为实业学堂。随着中华人民共和国的成立，我国相继出现了多种类型的职业院校，包括职业技术学校、技术学校、职业学校、中等专业学校、职业中学、技工学校、职业技术学院、职业大学、职业技术大学等。这些职业院校按照等级可分为初等职业学校、中等职业学校、高等职业专科学校和职业本科学校，其中也包括了开展技工教育的技工学校、高等技工学校和技师学院。在我国当前的职业院校体系中需要特别指出的是职业本科学校，它是依据2019年国务院印发的《国家职业教育改革实施方案》设立的以开展本科层次职业教育的学校，旨在培养具有工匠精神的高水平技术技能人才，这类学校一般被称为"职业大学"或"职业技术大学"。截至2022年底，我国已经正式设立的本科层次职业院校32所，并被纳入现有的学士学位工作体系，使得职业本科和普通本科的学士学位价值等同。

各级各类职业院校是校企合作中的主导者，是其他所有参与主体的调动者和协调者，其作用贯穿校企合作的各个环节。职业学校在校企合作中发挥整合教育资源、开展教学和实施管理等核心主导作用。

1. 教育资源整合者

教育资源是指在教育过程中所占用、使用、消耗的人力、物力、财力等资源，是教育人力资源、物力资源和财力资源的总和。[③]"整合"一般是指将一些分散的东西通过一定的方法组织和衔接起来，使得原本价值不大的事物获得最大化的价值。所以，教育资源整合就是根据一定的教育目的，将已有的、潜在的各种人力、物力、财力资源以一定的原则进行组合，以实现教育目标的活动。职业院校在校企合作中的主体性地位体现之一就是整合学校、企业、政府等多元主体的教育资源。随着职业教育的发展和演变，尤其是学校职业教育的出现，在诸如德国、法国等西方国家中形成了发展职业教育以促进经济增长的共识，萌发了整合教育资源以改变成本效益的认知，由此进入了教育资源整合的阶段。不同主体间通过相互调配资源、更迭资源，维持着良性的合作共生关系，实现各参与主体的目标追求和利益诉求。[④]

学校是各种教育资源的直接整合者。这些资源主要包括三方面：一是学校现有的资源，主要有学校的师生、管理人员、教学的软硬件设施设备、固定资产，以及经费、财产等其他资产；二是企业的教育资源，主要包括企业中的专家、师傅等师资资源，设施、设备等教

① 顾明远．教育大辞典（上）[M]．增订合编本．上海：上海教育出版社，1998.

② 石伟平．比较职业技术教育[M]．上海：华东师范大学出版社，2001.

③ 顾明远．教育大辞典（上）[M]．增订合编本．上海：上海教育出版社，1998.

④ 符全胜，朝鲁，马丽．共生视角下德国职业教育资源整合实践及启示[J]．中国远程教育，2020（10）：61-66.

学实践资源，资金，以及其他创新性资源等；三是政府的资源，包括政府部门提供的教育经费、教育场地等资源。此外还包括行业协会提供的技能等级证书和资格认定等证书资源。学校整合利用有效、优质的教育资源，开发适宜的人才培养方案，设计对应的课程与教学模式，培养高质量的技术技能人才。

职业院校整合教育资源要符合三个要求。首先，要将经济社会发展需求和企业人力资源需求作为教育资源整合的方向，增强教育资源整合的适用性和实用性。其次，要以培养优质人才作为教育资源整合的根本目标，有效处理好学校的育人目标和企业的逐利目标，不偏离育人宗旨。最后，学校要和企业形成资源互补、自由合作、动态整合的相互关系，使得资源整合稳定、有序进行。《国务院办公厅关于深化产教融合的若干意见》指出，深化产教融合，“促进教育链、人才链与产业链、创新链有机衔接”。校企合作的基本原则是“面向产业和区域发展需求，完善教育资源布局”，并“建立紧密对接产业链、创新链的学科专业体系”。

2. 教学活动主导者

实施教学是职业院校最本质的功能和最关键的活动，是培养技术技能人才、传播知识与文化的主要手段。在职业教育校企合作中，遵循以校企为主体、以职业院校为主导的教学活动设计，可以实现校企双方的互补与统一。职业院校的教学主导地位是由职业教育的性质决定的。职业教育诞生之初就为企业、行业培养技术技能人才，而人才的培养必须遵循职业教育的一般教学规律，学校正是把握这种教学规律，利用各种教育资源，根据人力资源需求进行科学育人的场所。因而，在校企合作中，职业院校是教学全过程、全要素的主导者。

学校的教学主导地位包括了“主”和“导”两个方面，即学校在校企合作中主导地位的确定和指导功能的发挥。其中主导地位是前提，学校发挥主导作用是确保教学活动方向和质量的关键。一方面，职业院校将企业作为校企合作的主体，确立教学目标时以企业需求为主体，调整专业设置、课程体系时以培养实践能力为主体，培养专门技能时以实训基地为主体，根据企业的战略计划确定职业岗位能力、标准和培养规格。另一方面，学校在教学活动的全周期中处于主导者地位，以培养优质的高技能人才作为出发点和归宿，制定教学目标、课程体系、教学方案，开发对应的教材。在这一过程中，学校教学活动的主导地位必须服从于企业需求，是企业主体下的学校主导，二者互为补充、相互统一、不可分割。①

职业院校的教学主导者角色体现在两个方面。一是在理论教学上，尤其是专业课的基础理论知识教学上，学校承担着传播体系化知识的职责。随着科学技术的发展，学科呈现出交叉、融合的发展趋势，进行系统的、跨学科理论知识教学越来越重要。二是在实践教学上，无论是校内的实训还是校外的岗位实践活动，虽然依托企业的师资和资源，但是学校都是整个技能教学的主导者，影响着技能教学的方向和效果。学校作为教学活动的主导者，要根据实际需求，将教学中的理论教育与技能教学相统一，确保人才培养的质量。

3. 学校经营管理者

学校经营管理即对学校自身的管理，是学校生存的必然要求。职业院校的经营管理

① 叶鉴铭．校企共同体：企业主体学校主导：兼评高等职业教育校企合作“双主体”[J]．中国高教研究，2011(3)：70–72.

是一项复杂的工作，范围广，内容多，涉及学校管理、教学管理、综合管理等方面。职业院校在产教融合的办学模式下，承担着学校的经营和管理主体职责，要利用一切资源提高教学质量，改善教学环境，专注人才培养，实现学校的健康、稳定、持续发展。具体来说，学校经营管理涉及学校的教育、教学、科研、后勤、师生员工等工作的计划、组织、控制和协调活动。通过管理，学校将各项工作及要素组合起来，发挥整体功能，实现工作目标。吸纳并协调多元主体参与学校管理和治理是深化校企合作的新探索，可以提高企业参与积极性，确保校企合作稳步持续推进。

探索发展混合所有制、股份制办学模式的职业院校是深化职业教育改革、实现多元主体深度参与职业教育办学的尝试，是在管理机制和治理模式上的重大创新。鼓励公私资本根据各自需求，自由混合。在混合所有制、股份制职业院校的管理和治理方面，需要注意三个方面：一是校企双方订立合作协议，约定各参与主体的权责，保证公有资本占主导地位，私有持股，相互制衡，兼顾教育的社会服务性、公益性和营利性之间的关系；二是完善法人治理结构，明确治理权限，制定混合所有制办学的章程，约定各主体的权力与职责，采用党委领导、校长负责制，各参与主体依照章程规定，参与管理和办学；三是稳定师资队伍，落实灵活用人机制。新型职业院校可根据办学规模和专业布局建立健全考核机制，根据核定的需要聘任教学所需的各类人才，开展师资专业实践能力培训，并对各级各类人才进行考核评价，还可灵活向学校、企业、社会自主招聘教师和管理人员。

（二）企业

企业是按照一定组织规律有机构成的经济实体，一般以营利为目的。《辞海》将其解释为"从事生产、流通或服务活动的独立核算经济单位"。由此可见，企业是主要从事经济活动，为社会提供服务和产品，以取得收入为目的社会组织。企业类别繁多，参照不同标准，有不同的划分。如按照企业所有制形式划分，有全民所有制企业、集体所有制企业、外商投资企业和私营企业；按照企业在社会生产过程中的职能划分，有工业企业、商业企业、建筑企业、金融企业等；按照企业规模划分，有大型企业、中型企业、小型企业和微型企业。企业是职业教育的另一参与主体。校企合作是职业院校与各种类型的企业建立的一种合作模式，利用双方的优势资源，解决职业院校教育脱离企业实际，企业技能人才数量不足、质量不高等问题，实现校企双方的目标和诉求。

作为市场经济主体的企业与职业院校在校企合作中发挥的角色和功能各有侧重，但在职业人才培养中具有同等主体地位。企业的主体地位决定了其参与职业教育的程度，进而又决定了职业教育能否真正承担起为社会培养高素质、高水平的生产、服务、管理一线的技术技能人才的教育使命。企业在校企合作中主要扮演三大角色，即学生技能培训者、课程教学合作者和办学管理参与者。

1. 学生技能培训者

企业在校企合作中最直接的作用是为学生提供真实的岗位实习和技能培训机会，使学生将所学专业知识应用到实际的生产和创造中去，积累职业经验，提升职业素养，树立生涯规划意识。企业主要通过两类活动开展学生技能培训。一类是利用实习实训资源开展技能实践教学，主要在校内或特定的实习实训基地进行。另一类是顶岗实习，即让学生进入真实工作情境，进行技能操作。一般要求学生在基本完成基础理论知识学习之后，到对口企业直接参与生产过程，综合运用专业知识和技能，完成一定生产任务。企业通过选派工程技术人员、技师、管理人员担任兼职教师，把企业生产、经营、管理及技术改进等方面的最新情况传授给学生；还可以选派专家到职业院校以定期或不定期举办学术讲座等形式开展教学。企业和学校各自发挥资源优势，形成互补，提高技能人才培养质量。例如传统的“订单班”“冠名班”就是典型的企业参与学生技能培训的活动方式。企业参与实践教学可以消除职业教育重理论轻实践的弊端，将理论联系实际，提高技术技能人才培养的适用性和实用性。

以“现代学徒制”和“双元制”为典型的校企合作模式均把学生技能培训放在重要位置。“现代学徒制”非常注重技能的传承，由教师和企业师傅共同承担教学活动，通过充分利用各种生产性实习实训基地和设备，工程技术研究中心、协同创新中心、大师工作室等平台，发挥校企双方在人员、资金、场地、设施设备等方面的优势，吸纳新工艺、新技术、新规范，形成共建、共享、互补的教学体系。例如，按照企业生产实际和学生生活实际，实行弹性学习管理，育训结合，工学交替，在岗培养，着力培养学生的职业匠人精神，提升其职业素养、职业技能和就业创业能力。“双元制”是德国典型的职业教育模式，双元制下的学生具有学校学生和企业学徒双重身份，学生的技能形成实践全部在企业内完成。

2. 课程建设合作者

企业参与职业院校课程建设是校企合作深入融合的体现。企业深度参与职业院校的专业与课程建设至关重要，这是职业院校必须始终面向市场需求的本质特征决定的。首先，校企合作进行专业设置。企业根据自身发展和用人需求，职业院校结合人才培养目标和劳动力市场需求，双方共同协商、论证专业设置的必要性与可行性、专业名称、人才培养目标。其次，校企共同开发专业建设标准、课程体系、教学大纲、评价标准、教材及教学辅助产品，共同开展专业建设。以现代学徒制为例，企业需要协同学校共同设立规范化的课程标准、考核方案，制订现代学徒制专业人才培养方案。企业还需要分担一部分学校人才培养成本，完善教学运行与质量监控体系，规范人才培养全过程。

职业教育作为一种教育类型，其校企合作要求专业课程设置与岗位职业标准一致，从而使学生的专业职业能力与行业、企业岗位能力要求相适应。一般来说，职业院校组建校企合作课程开发专业委员会，由教育专家、教师、企业专业人员等组成，通过市场调研，确定专业面向的就业岗位及岗位工作职责、工作过程和工作任务，在详细分析就业岗位所需知识、能力和素质的基础上，制定专业职业能力标准，即专业职业能力理论知识标准、专业职业能力和职业技能标准，然后进一步开发与专业职业能力体系标准对接的工学结合、校企合作专业课程体系，实现专业人才培养与行业、企业实际需求的契合。

3. 学校管理参与者

学校是职业教育办学的直接管理者，而作为参与主体的企业同样参与相关管理工作，通过提供职业教育办学所需的资本、知识、技术、设施、设备和管理等要素，深入办学的各环节。在国外，职业教育校企合作的发展较为成熟，围绕企业、学校和学生在校企合作中的权利与义务都做了明确规定。德国的《职业教育法》中对整个联邦的企业培训做了规定，各相关部门、地方也出台了配套的条例和实施办法，保障企业参与学校管理的相关权利。① 英国、法国、美国、日本、韩国和新加坡等国政府也都通过立法明确企业有权参与学校的经营与管理工作。

值得注意的是，在深入推行职业教育产教融合、校企合作时，需要警惕职业院校相比企

① 郑琼兵. 中外职业教育产教结合模式的比较研究[J]. 中国电力教育，2008(7)：3.

业在人才培养上的“强势性”地位和话语主导权优势。当前,我国的职业院校普遍存在着对人才培养环节的优势掌控,使得企业在学校的发展规划、人才培养方面的参与空间十分有限,主体地位难以维持,更多是扮演参与者的角色。这加剧了职业院校人才培养的“环境差”“标准差”问题。究其原因,是由于职业院校存在着过度行政化管理的问题,公办财政无偿给予院校各种支持,降低了职业院校吸纳企业参与办学的迫切性,将更多心思放在处理各种行政关系上,忽视了对企业等主体的关注,进而使得企业等社会办学主体因办学资质等问题难以参与到职业教育办学中去,无法享有真正的主体地位,不能合理地享有管理权。①

二、校企合作的内容

随着经济技术的飞速发展和校企合作的逐步推进,校企合作的内容在不断拓展和深化,由人才培养逐渐发展到技术服务、员工培训、资源共享和产品创新等方面。其中,人才培养是最重要的内容和最根本的任务,其他内容作为校企合作增值服务,对于维系高质量校企合作同样具有重要作用。

(一)人才培养

2018 年 2 月,教育部等六个部门联合印发的《职业学校校企合作促进办法》中明确了校企合作的中心目标为“共同育人”。“坚持育人为本,贯彻国家教育方针,致力培养高素质劳动者和技术技能人才。”由此可见,人才培养是校企合作的重点。这里的人才培养是指企业以主体的地位和身份参与职业院校的专业设置,专业标准研发,课程体系开发,教学标准及教材、教学辅助用品开发,专业建设等工作。人才培养的根本任务是以满足社会需求为目标,优化专业结构,加强专业建设,配置师资队伍,强化课程体系建设,教授专业理论知识,培养实践应用能力,提升学生的综合素质。

校企构建起双主体合作机制,共同育人。职业院校与企业进行资源交互,可以使企业的运营机制、岗位需求同学校的人才培养体系、人才培养目标相结合,通过协调、互动和分享等长期合作模式,无缝对接职业院校人才培养方案与企业人才需求。②同时,职业院校应重视职业师资人才的培养,鼓励专业教师到企业一线实践,将教学内容与企业实际相联系,创新教学手段和模式,提升教学质量和效率。企业积极参与校企合作的整体规划,从企业视角与学校共同制订培养计划,开发培养方案,搭建实训基地,建设师资队伍,评价合作效果。其中,企业实训是企业承担育人的重点内容之一,能够有效提高学生的实践能力,直观反映校企合作的育人成效。

(二)技术服务

技术是企业发展的核心。职业院校利用教师专长为企业提供技术服务受到很多企业的青睐,是校企合作的内容之一。技术服务主要是指职业院校利用自身专业技术人才资源的优势,为企业提供相关技术服务,促进企业生产的活动。一般来说,校企双方通过订立技术合作协议的方式,在双方平等自愿、协商一致的基础上,就技术服务目标、内容、方

① 潘海生,韩喜梅,何一清.竞争与规制:职业院校混合所有制办学的治理逻辑[J].教育发展研究,2019,38(9):63-70.

② 毛照昉,刘新领.供给侧结构性改革下的校企合作战略规划与实施策略[J].天津大学学报(社会科学版),2022,24(4):349-356.

式、期限、报酬等内容进行约定。提供技术服务一方面可以使企业直接收益，调动校企合作的积极性；另一方面有利于提升职业院校教师的专业水平，使其准确了解和掌握行业发展的前沿知识和先进技术，还能获得一定的经济收益。实践证明，以技术服务为内容之一的校企合作更稳定、更持久。

（三）员工培训

员工培训通常是指职业院校发挥自身专业师资优势，为企业员工提供技术技能培训的活动。开展员工培训是校企合作的重要动力，可以有效增进企业和学校之间的合作，是企业和学校互惠互利的一项举措。一方面，企业可以充分利用职业院校的智力资源，提高企业人力资源的技术技能水平，降低人力资源开发的成本等。另一方面，职业院校可以有效拓展社会服务功能，推动双师型教师队伍建设，同时提高企业对于学生实习实训的接纳度和投入度，深化校企合作。一般来说，校企双方经过充分沟通和协商，共同制订员工培训方案，就员工培训的内容、方式、周期等方面达成约定，联合开展培训活动。员工培训有两种类型：一种是为在职员工提供技能提升培训，提高其业务能力；另一种是为新录员工开展岗前技能培训，帮助他们了解岗位职责和内容，更好地进入工作领域。校企合作开展员工培训是当前的趋势，可以将职业院校的公共服务资源有效运用于地方社会和经济发展中。

（四）资源共享

职业院校和企业作为人才培养的两大优势资源主体，对人才价值有共同的利益诉求，可以在知识、能力、素养等人才培养要点上发挥各自不同的功能。加强校企合作，促进双方资源有效共享和利用是校企合作的主要内容之一，也是提升人才培养质量、满足社会需求、促进社会经济发展的客观要求。校企可以共享的资源很多，在形态上分为有形资源、无形资源。[①] 其中，有形资源包括校企工作人员、各种实习实训场地、教学和生产设备、资金等；无形资源主要有校企的文化、制度政策、合作理念等。目前，我国校企合作存在资源互通机制缺失、资源投入与产出不对称的现象，导致资源整合效率低，影响着校企合作的效果。这是由于职业院校和企业作为不同属性的组织，价值取向不同。校企共建资源共享平台，可以有效促进双方资源之间的协调、合理利用和相互渗透。首先，应寻求校企双主体的利益结合点，逐渐建设资源共享平台。其次，应以校企双方人才培养为抓手，实现资源的有效共享。围绕学生培养、教师培养和企业员工培训等主要工作，开展校企资源共建共享工作。最后，应及时了解和追踪人才的工作岗位表现和可持续发展能力，优化资源配置，促进平台建设。

（五）产品创新

产品创新是企业的发展动力。产品创新需要技术创新，而技术创新需要人才和平台。职业院校具备职业技术人员和科研平台优势，能为企业提供技术创新服务，协助解决生产中的实际问题。职业院校具有人才培养、科学研究、服务社会和文化传承四大职能。其中，校企合作研发产品是产、学、研结合的重要方式，也是学校履行职能的重要体现之一。校企通过互派互聘机制，或建设企业工作站、教师工作站等形式，通过教师团队、专业团队和名师工作室等模式，对企业设备升级、产线优化、工艺设计等做出积极探索，促进双方人员的互联互通，共同致力于技术研究和产品开发，服务于企业生产。这同时也有助于提升

① 贾绪红，姜作鹏．高职院校校企资源共享平台构建路径研究［J］．现代职业教育，2020（10）：68-69.

教师的产品研发能力和成果转化能力。目前，我国校企合作进行产品研发的“含金量”不高成为校企合作进行产品创新的瓶颈。这表现为校企人员尚未完全融合成为开发团队，存在各自为战的现象。这主要是由于教师自身不太有把握。他们虽具有系统的专业知识和技能，但是产品开发能力和经验有限。积极探索新形式的校企共同研发模式，发挥校企研发各自的优势，是校企深度合作的研究课题之一。

值得注意的是，开展校企合作，要将学生培养放在第一位，让学生成为最大受益者。切实保护好学生的合法权益，不能偏离育人目标。近年来，我国教育部门对学生实习实训管理问题非常重视，定期对违规实习实训问题进行通报，提出整改要求。2021 年 5 月 14 日，教育部办公厅又印发了《关于进一步做好职业院校实习实训有关工作的通知》，对假借校企合作名义违规收费、实习管理主体责任履行不到位、实习实训管理不规范损害学生权益、学生管理不到位等违规问题做出通报。围绕是否以校企合作等名义违规收费，是否违规通过中介组织实习活动，是否安排学生从事有较高安全风险的实习项目或节假日实习、加班，实习岗位是否与学生所学专业对口或相近，是否合理确定了实习报酬并按时足额支付给学生等问题，建立工作台账，层层落实责任，保证检查到位、整改到位、长效措施落实到位。[①]

三、校企合作的典型方式

校企合作的方式多种多样、灵活多变，较为典型的方式有岗位实践、订单式人才培养、校企共建产业学院、职教集团化办学和建设产教融合型企业。每种合作方式都有其特定的产生背景、内涵和作用机制，在有效发挥校企双方的主观能动性、创新合作模式和内容、充分考虑校企双方需求、保障学生和合作双方的权益等方面进行广泛探索，有效提升职业教育人才培养质量。

（一）岗位实践

为职业院校学生提供岗位实践是校企合作的最基本方式和要求，也是职业教育的主要教学活动之一。岗位实践包括两种类型。① 校内生产性实训。这是借鉴新加坡教学工厂的做法，在校内建设生产性实训基地，辅助进行实践教学。这种校企合作开展实践教学具有稳定性强、工学交替便利的特点，在电气自动化技术、数控技术等专业领域取得了较好的办学效果。但是这种方式同样存在不足，如很多专业受自然条件和经费等限制，无法在校内建设生产性实训基地，设备运行成本高，使得校内生产性实训无法成为校企合作的主导形式。[②] ② 校外企业顶岗实习。这是一种让学生去合作企业进行岗位实习的活动，是在真实的生产情境下进行的学习。这种方式适用于所有专业的学生，但是多数企业并不欢迎，出现了“剃头挑子一头热”的现象。这一方面是由于部分职业院校的教学活动与企业实际需求脱节，企业对职业教育人才培养兴趣不高，更倾向于从市场中直接招聘人员。另一方面，许多学校为了响应政府要求或应付检查、考核等，被动进行校企合作，或注重形式，舍本逐末，华而不实。此外，部分企业不关注实践教育，仅将实习生作为廉价的劳动力，获得经济效益。因此，当前的顶岗实习亟待建立相关规范和配套制度，提高企业积极性，保证实习质量。

① 杨玉泉．关于深化校企合作的几点思考［J］．北京政法职业学院学报，2021（2）：87-91．

② 崔发周．工学结合人才培养模式的基本功能与实现形式［J］．工业技术与职业教育，2015（4）：17．

（二）订单式人才培养

订单式人才培养是指企业与学校签订用人协议，共同制订人才培养计划，利用双方优势资源进行人才培养，实现预定的培养目标，最后由企业按照协议约定安排学生就业的一种校企合作方式。这种方式源于国外的合作教育。早在20世纪初，美国的大学就开始采用这种联合教育方式。订单式教育首先由企业按照自身发展需求，向学校下订单，学校按照企业的要求培养人才。在整个培养过程中，学校和企业共同选拔学生，制订教学计划，组织教学活动，进行培养质量评估。这种方式最大的特点是校企联合办学，实现人才培养的定制化，提高人才培养的实用性和针对性。一方面，订单式人才培养以人才培养为目标，实现学校、企业和学生三方共赢，保障了学校的教育质量和学生就业，解决了企业人才资源短缺等问题。另一方面，学校和企业之间以彼此信任为基础，以紧密合作为表现形式。

订单式人才培养是一种高效、快捷的校企合作方式，是市场经济条件下企业人才资源开发的必然选择。这种联合招生、共同培养、定向就业的方式能充分彰显企业的主体性地位，调动企业参与职业教育的积极性，大力提升学生培养质量，满足企业在较短时期内的用人需求，但同时也存在一些问题。企业的市场导向使其用人计划具有变化性和临时性，这与学校教育的稳定性、长期性之间存在一定矛盾，导致人才培养出现不匹配现象。定向就业可以保障学生的就业，但同时也会使得就业选择面较窄，容易出现学生转岗困难等问题。此外，订单式人才培养尚且缺乏完整、系统、科学的培养规范和标准，使得培养质量参差不齐。[①]

（三）校企共建产业学院

产业学院是以提升职业院校服务区域产业能力为目标，通过整合地方政府、职业院校、行业协会、龙头企业和产业园区的资源，建立的以人才培养为主，兼顾学生创新创业、技术创新、科技服务、继续教育等多主体、多功能深度融合的新型办学机构。[②] 产业学院源于英国教育与就业部策划的产业大学，主要利用现代网络技术向企业和个人提供开放式远程学习，提高企业的生产力和个人的就业能力。[③] 产业学院是我国当前职业教育最有效的产教融合、校企合作方式之一，是教育链、人才链与产业链、创新链有机衔接的结果。[④]2020年《现代产业学院建设指南（试行）》（教高厅函〔2020〕16号）的出台，标志着产业学院建设进入新阶段。

以我国为例，为了培养适应和引领现代产业发展的高素质应用型、复合型和创新型人才，我国在一些特色鲜明、与产业紧密联系的职业院校建设了若干地方政府、行业、企业等多元主体共建、共享、共管的产业学院。目前正在探索的产业学院主要有四种运行模式。[⑤] ① 政府主导型，即由地方政府牵头，高校与行业企业共同参与组成理事会的模式。② 由龙头企业牵头，一所或多所职业院校参与共建的模式。③ 由职业院校牵头，一家或

① 黄家林，朱现平，黄小萍．高职院校订单式培养标准化建设研究：以地铁运营行业为例［J］．职业技术教育，2018，39（14）：6–11.

② 蒋新革．产教融合视域下产业学院治理体系建设研究［J］．职业技术教育，2020，41（24）：5.

③ 郑琦．产业学院：一种利益相关者共同治理的高职办学模式［J］．成人教育，2014（3）：62–64.

④ 郑荣奕，蒋新革．现代产业学院建设：发展历程、组织特征与改革路径［J］．职业技术教育，2021，42（30）：14–19.

⑤ 尹辉，苏志刚．国内现代产业学院的发展与思考：内涵模式协同机制创新［J］．中国高校科技，2021（11）：5.

多家企业参与共建的模式。④ 由行业协会牵头，多所职业院校与多家企业参与的模式。不同的政、产、学、研合作举办机制形成了不同的创新模式。产业学院的创新性核心在于使产教融合、校企合作有效、深入、持久地开展，形成包括主动对接、分担投入、资源共享、协调沟通、利益共享等一整套合作流程和机制。

（四）职教集团化办学

职业教育集团是职业院校、行业、企业等组织为实现资源共享、优势互补、合作发展而组成的教育团体，是近年来我国加快职业教育办学机制改革、促进优质资源开放共享的重要模式。职业教育集团的组成主体包括政府机构、行业组织、企（事）业单位、职业院校、研究机构和社会组织六类。推进职业教育集团化办学，有利于整合多方力量，推动现代职业教育体系建设；有利于建立健全政府主导、行业指导、企业参与的职业教育办学机制；有利于深化职业教育校企合作，系统培养技能型、高端技能型、应用型人才，提高人才培养质量。2015 年国务院发布《教育部关于深入推进职业教育集团化办学的意见》（教职成〔2015〕4 号），对职教集团化办学的意义、办学形式、保障机制等方面做了明确的规定。

根据我国职教集团建设的实践经验，借鉴德国、新加坡等发达国家的职教成功经验，具有中国特色的职教集团具有以下基本作用。① 聚集资源。利用职教集团平台，可以有效整合学校教育资源和企业生产资源，用于理论教学与生产性实习，充分发挥各自优势，避免资源浪费。② 开发资源。利用职教集团，中高职院校可同时对接行业、企业，联合开发教学资源，系统设计技术技能人才的培养方案，促进中高职纵向衔接。③ 配置资源。职教集团既可以使企业的生产性资源直接用于教育，又能使教育资源间接用于生产，从而保证了产教融合。④ 资源利用评价。职教集团将多个成员单位集合在一起，通过多元评价，充分发挥和利用各成员单位的优势，确保资源配置的合理性，实现职教集团的增值效应。总而言之，职教集团最基本的功能就是提高资源利用效率，以尽可能少的资源获得尽可能多的成果。职教集团的功能不是成员单位功能的简单叠加，而是将原来的各单位的局部功能加以放大、整合或转化，实现了分散状态下无法实现的功能，这正是职教集团的价值所在。[①]

（五）产教融合型企业

产教融合型企业的出现是应对制造业转型升级、职业教育内涵式发展要求和技能型人才短缺等现状的策略。为了彰显企业育人的主体地位，使人才链、产业链和教育链有机融合，2019 年，国家发改委、教育部联合发布了《建设产教融合型企业实施办法（试行）》，明确提出了产教融合型企业的建设培育条件、建设实施程序和管理措施。产教融合型企业一般指深度参与产教融合、校企合作，在职业院校办学和改革中发挥重要主体作用，行为规范，成效显著，能创造出较大社会价值，对提升技术技能人才培养质量，增强吸引力和竞争力，具有较强带动、引领、示范效应的企业。获得产教融合型企业认证的企业将享受“金融 + 财政 + 土地 + 信用”组合奖励，并享受相关税收优惠政策。我国对探索举办产教融合型企业建立了规范的管理办法和动态调整更新机制。各级政府形成企业认证名录清单，定期跟踪，跟进服务，考评不合格的企业将被取消资格。

作为探索校企深度融合新产物，产教融合型企业凸显了企业在职业院校人才培养中

---

① 崔发周 . 职教集团的基本功能和内涵发展指标［J］. 职教论坛，2016（25）：5.

的主体作用，其本质是将企业生产与职业教育与培训融为一体，企业既进行产品生产，又从事人才培养与教育，具备生产和教育双重功能。获得认证的企业具备两个特点。一是企业自身能提供较为完整的教育要素和教育功能，能举办或参与举办职业院校，或承担"1+X"证书试点、现代学徒制试点工作，能接收学生开展规范化、规模化实习实训。二是企业能开展实质性校企合作，构建校企命运共同体，包括投入资本、知识、技术、设施设备、管理等要素，通过捐赠设备、订单式人才培养、共建实训基地、共享知识产权等方式，发挥企业的重要办学主体作用。产教融合型企业能有效嵌入职业院校教育质量保证体系，全程参与育人，在提高职业教育质量方面发挥着重要作用。首先要提升校企双主体融合的紧密度。产教融合型企业在实训、课程、研发等方面要与职业院校办学的诸方面环环相扣，紧密参与到投资职业教育、学生实习实训、教师挂职企业、构建实训基地等活动中。其次，要提升企业对职业院校办学质量的关注度，使其成为培养实用性技术技能人才的主阵地。最后，要树立具有社会责任感的企业典范，面向社区开展就业培养，举办技能比赛，与职业院校构建共建共享机制。当前，产教融合型企业建设仍处在初级阶段，还存在一些问题，包括认证制度和标准不完善，校企诉求存在逻辑困境，校企合作培养人才示范效应不明显，评价和监督机制尚不健全，亟待进一步从制度层面和实施层面加以探索。[①]

第三节
校企合作的纽带

纽带是对职业教育校企合作相关行动者结合关系的抽象表述，不同时期、不同情境下，维系关系的纽带也有所不同。在古代学徒制中，师徒关系是一种血缘关系的延伸，因此出现了"师徒如父子"的纽带关系。进入工业社会，学校成为职业教育的主要教育机构，纽带的形式也发生了改变。当前，维系职业教育产教深度融合、校企持续合作的纽带主要有政府部门、法律制度和社会组织。它们分别通过发挥自身的功能和角色，在校企合作中起着重要的中介作用。

一、政府部门

政府部门作为国家的行政机关，通过颁布行政命令、制定政策措施等方式对社会经济进行宏观调控。这种直接、快速，且具有一定强制性的行政手段，可以有效干预企业参与

① 陈志杰，徐兰，李玉春．产教融合型企业建设的价值趋向、现实问题及路向选择［J］．教育与职业，2021（23）：12-19.

职业教育的行为，是校企合作关系得以维系的关键纽带。

（一）政府部门的角色定位

在传统行政模式中，政府对教育进行一种全方位的干预，其本身同时扮演着生产者、经营者和管理者的角色。然而，随着新公共管理理论的兴起，各国政府从20世纪70年代中后期起纷纷开始职能转变的改革，其在教育干预中的角色、作用和权利也被重新界定。根据新公共理论的基本思想，政府的角色定位应该是“掌舵者”而不是“划桨者”。[①] 自此，全能型、管制型的政府理念逐渐被冲破。

政府在教育中不再是大包大揽的管理者，而是服务者、推动者，即相关利益的协调者、发展方向的引导者、过程成果的监督者和评估者。例如德国政府在1998年《高等学校总纲法》第四次修订后，开始减少对高校的细节干预，转为宏观调控。[②] 英国政府在1992年颁布《继续教育和高等教育法》后，高等教育从生产者主导模式向消费者主导模式转变，政府也转变为社会活动的统筹者和监控者。[③] 我国《关于深化高等教育领域简政放权放管结合优化服务改革的若干意见》（教政法〔2017〕7号）等文件的颁布也意味着政校分开，管、办、评分离。

（二）政府部门的作用方式

各国政府部门在校企合作中的作用方式并不相同。德国政府部门在双元制中主要负责协调统筹和制度设计；美国政府以资金作为校企合作的“发动机”；澳大利亚政府利用资格框架、培训包和质量培训框架，保障校企合作质量。我国是典型的政府主导模式，形成了政府多部门联合推动的校企自主合作机制，即各级政府统筹协调教育、人社、财政、税务、发改、工信等多个部门构成联动机制，强力推动职业院校与企业通过沟通自主建立合作关系，独具特色和优势。

我国政府行政驱动的首要工具是各类政策措施。例如教育部、原国家经济贸易委员会、原劳动和社会保障部联合发文提出了集团化办学模式；国家发展改革委员会和教育部共同提出了产教融合型企业的实施办法；教育部办公厅与工业和信息化部办公厅联合印发了校企共建产业学院的指南。地方层面的政府部门也利用联动机制，不断推动“校中厂”、产学研中心等机构的建立。

我国政府行政驱动的另一工具是全国行业职业教育教学指导委员会、教育部职业院校教学（教育）指导委员会。它们为职业院校和行业企业举办了上百场对话、论坛、研讨会等活动，同时，落实278个现代学徒制试点项目，校企共建281个生产性实训基地、99个职业能力培养虚拟仿真实训中心、134个应用技术协同创新中心等，制定了70个职业学校专业（类）顶岗实习标准及19个专业仪器设备装备规范。

总体来看，我国校企合作的快速发展得益于政府的强力推进。各部门在政策引导、财政投入、平台建设等方面提供大力支持，由此构建了我国独具特色和优势的校企合作模

---

① 奥斯本，盖布勒．改革政府：企业家精神如何改革着公共部门［M］．上海市政协编译组，译．上海：上海译文出版社，1996.

② 孙进．政府放权与高校自治：德国高等教育管理的新公共管理改革［J］．现代大学教育，2014（2）：36-43，112-113.

③ 卢乃桂，张永平．全球化背景下高等教育领域中的政府角色变迁［J］．北京大学教育评论，2007（1）：138-149，191.

式。目前，校企合作已经有了较大范围的实质性推行，合作关系的建立更加普遍，合作内容更加广泛，合作形式也更加多样。

二、法律制度

法律制度是行政管理活动开展的基础、前提和保障，提供了基本的规范程序，具有普遍约束力和严格的强制性。它为校企合作的开展提供法律依据和保障，并强制约束企业的参与行为，是维系校企合作关系的有力武器。

（一）法律制度的功能

通常，法律制度发挥着指引、评价、预测、教育和强制的规范功能。指引功能通过明确权利、义务、特定行为法律后果，让每个人的行为方向处于正确轨道；评价功能为人们判断他人行为是否正确提供了普遍准则；预测功能帮助人们事先评估某种行为可能带来的法律后果；教育功能旨在警告企图违法的人，并示范合法的行为做法；强制功能会制裁违法行为，并使受害者得到应有的补偿。在法社会学中，对法律制度功能形态的研究主要放在行为激励和利益调控上[①]，行为激励通过法律激发并鼓励个体的合法行为，让个体做出符合法律要求和预期的行为，从而产生理想的法律秩序；利益调控则通过利益表达、平衡和重整功能来实现。

在校企合作中，法律制度的功能主要体现在以下几个方面。首先，界定校企合作各主体的责任、权利与义务，从而理顺相互之间的行政关系、合同关系、民事关系。其次，明确校企合作职能机构的关系，规范教育执法。最后，保障各主体的权益，确保学生安全，明确企业参与校企合作的激励机制，如税收优惠、税前扣除等。

（二）法律制度的作用方式

不同国家法律制度的作用方式各有侧重。美国《莫雷尔法案》《史密斯－休斯法案》《帕金斯生涯与技术教育法》等强调对职业教育的财政支持；日本《职业训练法》《职业能力开发促进法》《职业能力开发促进法实施细则》等重视企业职业培训和劳动者职业能力；英国和澳大利亚侧重职业资格证书制度，如国家职业资格证书、全国统一的资格认证框架。其中，德国是依托法律制度纽带维系校企合作关系的典型代表。

德国双元制成功的关键就是其法制化的背景。[②]在《职业教育法》基本法的引领下，在《工商企业实训教师资格条例》等一系列配套法律的支持下，德国立法详细列出了职业教育各环节的不同要求，清晰地界定了各参与方的权利与义务，并针对那些违反职业培训条例的行为提出了惩罚措施。企业有法可据，有章可循，有序参与职业教育全过程，包括获得资质认定、与受教育者签订教育合同、为双元制投入资金、负责双元制招生工作、开展技能教育、组织评价等。

强制性规范能够发挥作用的根本原因还在于德国高度法制化与高度发达市场经济的并存。德国实行的是协调市场经济，也被称为社会市场经济，是一种完全法律化的经济体制。[③]经济各子系统都有一套严格缜密的法律体系，其活动开展都被纳入法律的范畴，如

① 付子堂．法律功能论［M］．北京：中国政法大学出版社，1999：68.

② 姜大源．职业教育立法的跨界思考：基于德国经验的反思［J］．教育发展研究，2009（19）：32-35.

③ 贾爱明．德国社会市场经济法律制度对完善中国社会主义市场经济法律制度的启示［J］．改革与战略，2015，31（1）：157-162.

《德国民法典》《雇员代表参加企业管理法》《联邦银行法》等一系列法律确立了劳资集体谈判制度、企业内部的职工委员会制度和劳资共决制度、长期融资制度、解雇保护制度等。教育与培训是经济运行中的一个子系统，与其他子系统，即劳资关系、公司治理、金融体系、企业间关系具有很强的制度互补性。[①] 例如，稳定的银行融资制度允许长期融资，使得雇主能够对技术工人的培养做出长期安全的可置信承诺，劳资集体谈判制度又减少了"挖墙脚"的诱惑，促进企业间的合作，这种合作反向增进企业的相互了解，使长期融资和一致同意的职业标准设定成为可能。

无论怎样，要想干预企业参与职业教育的行为，必然要遵循市场经济的运行规律。德国通过顶层设计将其融入整个经济运行构架，在制度互补和协调下，形成利好专用技能投资的网状制度结构，使企业参与逐渐成为一种制度化的行为。如果孤立地研究这个要素，很容易将其当作"政府立法 — 企业遵守"的简单线性活动。因此，只有从整个社会经济架构系统性、整体性地看待这个问题，才能把握法律制度在德国校企合作中运行的本质。

三、社会组织

在校企合作中，人们争论的焦点往往在政府、市场与职业院校的关系上，社会力量的参与在多大程度上改变校企合作的制度安排，还没有引起人们的广泛注意。但是随着 20 世纪 80 年代全球结社革命的出现，世界各国涌现出一大批社会性组织[②]，促使人们对这些政府和市场以外的组织加以认真思考。这些组织广泛分布在教育、文化、劳动、体育、卫生、科技、民政、环境等领域，其中不少社会组织特别注意将企业与职业教育机构联系起来，在校企合作中发挥着桥梁、纽带的作用。

（一）社会组织的内涵与类别

社会组织是区别于政府组织、企业组织的新的组织形态[③]，美国学者西奥多 · 莱维特（Theodore Levitt）最先将这类处于政府和私营企业之间的社会组织统称为"第三部门"[④]。非营利部门研究的国际专家和代表人物莱斯特 · 萨拉蒙（Lester M. Salamon）将其界定为"在本质上是私人性的组织，即在政府和机制之外的；不以从事商业为主，也不把利润在董事会成员或所有者之间分配；自我管理，以及人们可以自由加入或志愿参与的组织"[⑤]。第三部门和非营利部门是美国常用的概念，法国、比利时等国使用最多的概念是社会经济，英国和印度主要关注志愿组织，东亚最常使用社团的概念，一些转型国家比较追捧公民社会组织的名称，其他相似概念还有非政府组织、非营利组织、民间组织、草根组织、慈善组织、社会团体、人民团体、群众团体、社会中介组织、免税组织、自治组织等。我国在党的十六届六中全会上首次提出了"社会组织"的科学概念，并在《中共中央关于构建社会

① 霍尔，索斯凯斯．资本主义的多样性：比较优势的制度基础［M］．王新荣，译．北京：中国人民大学出版社，2017：22–26.

② SALAMON L M. The Rise of the Nonprofit Sector［J］. Foreign Affairs，1994（73）：109.

③ 王名．社会组织论纲［M］．北京：社会科学文献出版社，2013：1.

④ ROSENSTONE R A. Annals of the American Academy of Political and Social Science［M］//LEVITT T. The Third Sector：New Tactics for a Responsive Society（Book Review）.Philadelphia：A. L. Hummel for the American Academy of Political and Social Science，1974：245.

⑤ 萨拉蒙，索可洛斯基，等．全球公民社会：非营利部门国际指数［M］．陈一梅，等，译．北京：北京大学出版社，2007：2.

主义和谐社会若干重大问题的决定》(中发〔2006〕19号)文件中提出要健全社会组织,增强其服务社会的功能,完善相关法律保障。自此,社会组织成为党和政府表述此类组织的官方术语。

社会组织是一个巨大的制度空间,种类繁多且千差万别,分类标准不一。常见的国际分类标准有联合国国际标准分类体系、欧盟经济活动产业分类体系、美国慈善统计中心设计的免税团体分类体系、约翰斯·霍普金斯大学协调各国学者制定的非营利组织国际分类体系。它们按照组织服务内容可以被划分为教育、食品与营养、宗教、研究与开发、休闲与文化等不同的类别。

具体来看,美国社会组织分为会员性组织和公益性组织,其中会员服务型组织包括业主和专业组织、社交联谊组织、互助合作组织、其他组织,公益服务性组织包括资金中介组织、教堂、服务提供组织、社会福利组织等。德国法律则将其划分为私法社团、公法社团、宗教组织等会员型组织,以及公法机构、基金会和信托基金等非会员型组织。英国依据功能划分出四类组织,分别为服务型组织、互助型组织、压力型组织、中介型组织。法国的社会经济在法律上包括合作组织、信用合作社或合作银行、互助组织、社团组织。我国根据《社会组织登记管理条例》将其划分为三类,分别为各类民办学校、文艺团体、医院、体育场馆、福利院、科研院所、人才交流中心等社会服务机构(原民办非企业单位),各类协会、学会、联谊会、研究会、促进会、联合会、商会、委员会等社会团体,以及从事慈善活动的基金会。

(二)社会组织的功能

社会组织发挥着公益服务、社会协调、政策倡导等功能,在校企合作中主要发挥了以下几种作用。

第一,提供决策咨询。那些专业性强且影响力广泛的社会组织,例如德国行业协会,是职业教育地方一级的管理主体,在双元制相关法律、法规形成之前都要征求其意见。

第二,开展学术研究。美国社区学院协会强大的专家团队每隔十年就推出一项极具前瞻性的研究项目,2015年发起的全国性项目——指导路径项目引领着职业教育改革。

第三,加强沟通交流。这是社会组织作为中介的本职工作,通过年度会议、峰会、论坛、网络研讨会等方式为各方搭建交流平台,减少信息不对称,并创造新的合作机会。我国广东省产教融合促进会、山西省产教融合促进会,以及各类职教集团,通常会定期召集职业院校、企业、学术界、政府部门等相关人员,积极开展研讨会、座谈会等活动。

第四,提供专业服务,包括标准制定、课程开发、教学设计、教材开发、教师培训、评估认证、行为监督等。日本技术者教育认证机构就是为职业院校工程类专业课程提供认证的非政府的第三方机构。

第五,提供或筹措资金。美国加利福尼亚社区学院基金会安排上万名学生参加工作场所学习,为社区学院、学生、教师及员工筹集了上亿美元的新资金,并且为参与其中的学生提供了近1 000万美元的工资补助。国家劳动力解决方案基金在过去十年为美国40个区域的社会组织募集了3 000多万美元的赠款,与当地700多个社区资助者共同撬动了近3亿美元的资金,其中亚拉巴马州西部工作网络在当地学区建立了由社区学院、技术高中、机械车间和制造商会组建的制造业集群。

第六,开展宣传推广,通过各类媒介宣传校企合作的先进典型经验。加拿大社区学院协会有自己的信息管理途径,包括《加拿大学院》《ACCC内刊》《ACCC国际化》等,面向会员、国际社会等发布相关活动情况。

第七，提供企业服务。这是社会组织为引导企业参与提供的服务，涉及企业宣传、企业签约、企业培训、企业人事管理等各个环节。美国加利福尼亚社区学院基金会在“起飞路径”实习项目中，主动履行了所有必要的人力资源职能，包括完成学生的工资单处理、记录保存等后台管理任务；华盛顿航空航天联合学徒委员会同样提供一站式服务。

（三）社会组织的作用方式

通常，社会组织较多出现在政府购买服务中。其实，社会组织发挥作用的方式不仅局限于此，这在美国尤其引人注目。美国是世界上非营利组织最多的国家，也是“世界上最便于组党结社和把这一强大行动手段用于多种多样目的的国家”①。从 20 世纪 90 年代开始，美国在劳动力发展领域开始探索部门战略，即通过劳动力中介组织推动技能培训。②美国慈善事业的领袖、学者莫琳·康威（Maureen Conway）、罗伯特·吉罗斯（Robert P. Giloth）等人在《连接人们与工作：劳动力中介组织和部门战略》中详细介绍了这一策略在过去 30 年的发展。总体来看，有以下几种典型的模式。

第一，政府主导下的“补充式”参与模式。政府部门为了解决校企合作中的实际问题，会主动为社会组织的介入提供机会，辅助其开展相关活动。例如，纽约州立法机构、纽约州劳工部及儿童和家庭服务办公室为劳动力开发研究所这一非营利组织提供经费支持，要求其探索纽约州劳动力发展趋势、机会和挑战，以及区域伙伴关系的建立和劳动力问题解决方案的制订。美国南方 16 个州的州长和立法者共同创立了南部地区教育委员会，这一区域性州际非营利组织旨在改善从学前教育到博士学位的各个层次的公共教育。

第二，主动参与的自发模式。这是社会组织为了生存进行的有意识的选择，通过关系网络拓展、新项目引领、技术革新、权威认证等方式彰显组织在校企合作领域的影响力，保持组织的专业性和现代化。例如，证书引擎创造性地搭建了一个网络平台，将所有证书的要求、获取方式、对应的职业能力和岗位、评估、相互之间的关系等信息系统地呈现出来。美国国家职业能力测试协会争取到国际证书认证委员会的全面认可，成为全美生涯与技术教育领域行业证书和协会认证的主要提供者。

第三，企业推动的合作模式。华盛顿公立学校分类雇员学徒委员会就是由雇主和雇员共同组成的私人的非营利组织，致力于当地学徒计划的开展。此外，校企合作社会组织有很多企业的合作伙伴，它们会根据企业需求有针对性地进行校企联系，如沃尔玛公司向“实现梦想”提出建立零售类职业发展路径的需求后，“实现梦想”通过筛选确认了四所合适的社区学院与其合作。

第四，诱惑性投资的激励模式。政府经费、基金会等私人投资，以及公私混合资金，通过购买服务等方式诱导社会组织开展符合自己要求的校企合作行动。例如，爱荷华州政府为当地 15 所社区学院分别构建了 15 个社会组织中介网络，每年提供 145 万美元资助校企合作各类事项的开展。“技能工作：高效劳动力的合作伙伴”在波士顿市政府、波士顿基金等混合赠款的支持下，已经成为美国公认的劳动力发展首选资源，其融资越来越关注企业与社区学院合作的项目。

① 托克维尔．论美国的民主［M］．董果良，译．北京：商务印书馆，2019：229.

② CONWAY M, GILOTH R P. Connecting People to Work: Workforce Intermediaries and Sector Strategies ［M］.［S. L.］American Assembly, Columbia University, 2014: 8.

总体来看，美国社会组织并不强势，它们没有任何可以动用的法律手段强制企业参与，其构建的校企合作模式十分松散。但是它们胜在申请建立非常容易，数量众多，且足够灵活。一方面，社会组织更容易下沉到校企合作的具体事务中来，有大型组织统筹解决证书、资金的问题，有小型组织有针对性地解决某些问题，有组织网络解决实习、培训等普遍问题，有专业组织解决课程与教学的特定问题。另一方面，它们也更能基于当地实际情况和变动调整合作的模式和策略，并快速捕捉企业信息应对市场变化，从而将激励政策的效果做到最大化。

关键概念

校企合作；产教融合；工学结合；混合所有制办学模式；股份制办学模式；现代学徒制；岗位实践；订单式人才培养；职教集团；产业学院；产教融合型企业；社会组织

思考与讨论

1. 如何理解校企合作是职业教育的基本规律？
2. 如何看待“校热企不热、校企两张皮”的现象？
3. 职业院校的育人追求和企业的营利诉求如何统一？
4. 结合我国实际情况，谈谈如何构建校企合作稳定机制。
5. 在我国如何发挥社会组织在校企合作中的纽带作用？

参考文献

[1] SALAMONL M. The Rise of the Nonprofit Sector[J].Foreigh Affairs, 1994(73).

[2] CONWAY M, GILOTH R P. Connecting People to Work: Workforce Intermediaries and Sector Strategies[M].[S.L.]American Assembly, Columbia University, 2014.

[3] ROSENSTONE R A. Annals of the American Academy of Political and Social Science[M]//LEVITT T. The Third Sector: New Tactics for a Responsive Society(Book Review). Philadelphia: A. L. Hummel for the American Academy of Political and Social Science, 1974: 245.

[4] 韦伯. 经济与社会：第2卷[M]. 阎克文，译. 北京：商务印书馆，1997.

[5] 褚宏启，杨海燕. 教育公平的原则及其政策含义[J]. 教育研究，2008(1).

[6] 崔发周. 职教集团的基本功能和内涵发展指标[J]. 职教论坛，2016(25).

[7] 崔发周. 工学结合人才培养模式的基本功能与实现形式[J]. 工业技术与职业教育，2015(4).

[8] 奥斯本，盖布勒. 改革政府：企业家精神如何改革着公共部门[M]. 上海市政协编译组，编译. 上海：上海译文出版社，1996.

[9] 符全胜，朝鲁，马丽. 共生视角下德国职业教育资源整合实践及启示[J]. 中国

远程教育，2020（10）.

［10］付子堂．法律功能论［M］．北京：中国政法大学出版社，1999.

［11］贺艳芳．我国企业参与现代学徒制动力问题研究［D］．上海：华东师范大学，2018.

［12］胡伟卿．关于高职教育校企合作发展趋势的思考［J］．中国高等教育，2010（24）.

［13］黄家林，朱现平，黄小萍．高职院校订单式培养标准化建设研究：以地铁运营行业为例［J］．职业技术教育，2018，39（14）.

［14］贾爱明．德国社会市场经济法律制度对完善中国社会主义市场经济法律制度的启示［J］．改革与战略，2015，31（1）.

［15］贾绪红，姜作鹏．高职院校校企资源共享平台构建路径研究［J］．现代职业教育，2020（10）.

［16］姜大源．职业教育立法的跨界思考：基于德国经验的反思［J］．教育发展研究，2009（19）.

［17］蒋新革．产教融合视域下产业学院治理体系建设研究［J］．职业技术教育，2020，41（24）.

［18］萨拉蒙，索可洛斯基，等．全球公民社会：非营利部门国际指数［M］．陈一梅，等，译．北京：北京大学出版社，2007.

［19］李梦卿，任寰．技能型人才“工匠精神”培养：诉求、价值与路径［J］．教育发展研究，2016，36（11）.

［20］林丽超，陈兴明．如何激发企业产教融合的内生动力［J］．中国高校科技，2019（7）.

［21］刘金龙，冀振元，吴芝路，等．航天特色校企协同育人的探索与实践：以工业和信息化部校企协同育人示范基地为例［J］．中国高校科技，2020（8）.

［22］卢乃桂，张永平．全球化背景下高等教育领域中的政府角色变迁［J］．北京大学教育评论，2007（1）.

［23］马永红，陈丹．企业参与校企合作教育动力机制研究：基于经济利益与社会责任视角［J］．高教探索，2018（3）.

［24］毛照昉，刘新领．供给侧结构性改革下的校企合作战略规划与实施策略［J］．天津大学学报（社会科学版），2022，24（4）.

［25］潘海生，高常水．企业参与职业教育策略变迁机理及政策启示［J］．教育研究，2016（8）.

［26］潘海生，韩喜梅，何一清．竞争与规制：职业院校混合所有制办学的治理逻辑［J］．教育发展研究，2019，38（9）.

［27］潘海生，王佳昕．产教融合命运共同体的时代意蕴、路径选择与行动指南［J］．中国职业技术教育，2019（28）.

［28］石伟平，郝天聪．从校企合作到产教融合：我国职业教育办学模式改革的思维转向［J］．教育发展研究，2019，39（1）.

［29］石伟平．比较职业技术教育［M］．上海：华东师范大学出版社，2001.

［30］舒本平．论高职校园文化与企业文化的融合［J］．中国职业技术教育，2008

(26).

[31] 孙进.政府放权与高校自治:德国高等教育管理的新公共管理改革[J].现代大学教育,2014(2).

[32] 唐林伟,董桂玲,周明星."双师型"教师专业标准的解构与重构[J].职业技术教育,2005,26(10).

[33] 托克维尔.论美国的民主[M].董果良,译.北京:商务印书馆,2019.

[34] 雷明顿,杨钋.中、美、俄职业教育中的校企合作[J].高等学校文科学术文摘,2019,36(5).

[35] 王玲玲.现代职业教育产教融合模式构建及实施途径[J].湖北社会科学,2015(8).

[36] 王名.社会组织论纲[M].北京:社会科学文献出版社,2013.

[37] 谢莉花,彭程.德国"双元制"职业教育教材建设的特点及启示[J].职教发展研究 2020(4).

[38] 徐作华.校企合作构建项目化专业课程体系:以机电一体化专业为例[J].职教论坛,2015(30).

[39] 杨玉泉.关于深化校企合作的几点思考[J].北京政法职业学院学报,2021(2).

[40] 叶鉴铭.校企共同体:企业主体学校主导:兼评高等职业教育校企合作"双主体"[J].中国高教研究,2011(3).

[41] 尹辉,苏志刚.国内现代产业学院的发展与思考:内涵模式协同机制创新[J].中国高校科技,2021(11).

[42] 岳敏敏,董同强.职业教育产教融合:桎梏与导引:基于布迪厄的场域理论[J].职业技术教育,2021(1).

[43] 张秉钊.校企合作"订单式"人才培养模式的实践探索.高教探索,2005(4).

[44] 张健.试论高等职业教育资源优化配置的路径选择[J].教育与职业,2006(35).

[45] 赵婀娜.办好新时代职业教育[N].人民日报,2021-07-25(5).

[46] 赵红.高职大学生职业规划教育模式探索:以南宁职业技术学院为例[J].中国成人教育,2013(18).

[47] 郑琦.产业学院:一种利益相关者共同治理的高职办学模式[J].成人教育,2014(3).

[48] 郑琼兵.中外职业教育产教结合模式的比较研究[J].中国电力教育,2008(7).

[49] 郑荣奕,蒋新革.现代产业学院建设:发展历程、组织特征与改革路径[J].职业技术教育,2021,42(30).

[50] 霍尔,索斯凯斯.资本主义的多样性:比较优势的制度基础[M].王新荣,译.北京:中国人民大学出版社,2017.

第十二章
职业教育课程

学习提示

课程是职业教育实践的核心环节。课程理论流派繁多，开发技术复杂，职业教育课程开发技术掌握难度尤其大。本章从三个方面阐述课程论知识，即课程含义及其学术流派、能力本位课程发展历程，以及制度层面职业教育课程建设。学习中要注意充分借助实践案例，把对概念、理论的精准理解与对开发方法的详细掌握结合起来。要深刻理解课程及其衍生概念的含义，课程理论主要流派的核心观点，能力本位课程各分支模式的关键特征、开发技术及其演进逻辑，以及制度层面职业教育课程建设的核心问题，要积极探索智能化技术对职业教育课程带来的挑战，设计适应智能化时代的职业教育课程模式。

课程是教学活动实施的载体，是教育理想向教育实践转换的关键环节。职业教育人才培养质量提升，需要优质的教学设施、设备和专业化的师资队伍为基础，也需要有条不紊、扎实有效的教学过程为保障，这些功能的发挥都取决于是否有高质量课程作为前提，因为课程决定了教学的基本内容与实施框架。课程开发在教育体系建设中处于非常重要的地位，教育行政部门和职业院校通常都要投入大量财力、物力和专业力量进行课程建设。同时，课程开发又是一项非常复杂、专业性很强的实践，对职业教育课程开发来说尤其如此。掌握课程的一般概念、原理和职业教育课程特有的理论和方法，对于深入从事职业教育实践特别重要。

第一节
课程基本概念与理论流派

课程内涵既简单又复杂。说简单，是因为与教育制度、教育功能等概念不同，课程是直观可见的教育实践要素，比如教学科目、课程标准、教材、课程实施资源等。说复杂，是因为这些教育实践要素背后承载了许多非常复杂的教育理念，只有深刻理解了这些教育理念，才可能真正理解什么是课程，进而准确把握课程开发实践中的关键问题。

一、什么是课程

在英语国家，“课程“（curriculum）一词最早出现在斯宾塞《什么知识最有价值》（1859）一文中。它源自拉丁文“currere”，意为“跑道”。跑道赋予了课程最基本的含义。什么是跑道？它是“跑”这种运动的实施载体，为“跑”提供方向与路径。因此，课程在最本质的意义上就是师生展开教与学活动的载体，它规定教与学的目标、内容和结构。

在我国，“课程”一词最早出现在唐朝孔颖达为《诗经·小雅·小弁》中“奕奕寝庙，君子作之”作的疏中：“维护课程，必君子监之，乃依法制。”但这里的“课程”与今天理解的课程没有什么关系。现代意义上的“课程”最早出现在朱熹的《朱子全书·论学》中：“宽着期限，紧着课程”“小立课程，大作工夫”。前一句的含义是，对内容的掌握要严格要求，对内容掌握的期限可以宽松点；后一句的含义是，课程内容要精简，要多留时间让学生自己去学习。朱熹在这里论述了课程与教学的关系，这里的“课程”含义与今天的理解已经接近，即课业及其进程，也就是经过精心选择和组织的学习内容。

泰勒（Ralph W. Tyler）对课程的这一理解进行了具体化。他在名著《课程与教学的基本原理》中，归纳了课程开发的四个经典问题：① 学校应力求达到何种教育目标；② 如何选择有助于实现这些教育目标的学习经验；③ 如何为有效教学组织学习经验；

④ 如何评估学习经验掌握的效果。这四个问题可以简化为16个字,即课程目标、课程内容、课程组织、学业评价,这就是著名的泰勒原理。泰勒把教育目标制定看作课程开发的起点,重心是选择和组织课程内容,最后通过评估确定学生对课程的掌握程度,评估的参照点是目标。至此,可以把课程定义为根据教育目标开发的有组织的学习内容。与传统课程含义相比,泰勒原理多了“评价”这一个问题,从而使课程问题构成了一个闭环,其他三个问题与传统课程含义基本一致。

导致课程内涵不清晰的源头,主要在于课程与教学边界的划分。我国课程理论源自英美。20世纪80年代末英美课程论被引入之前,我国教育学理论框架主要源自苏联凯洛夫(Иван Андреевич Каиров)的《教育学》,凯洛夫的《教育学》中只有教学理论,没有课程理论,课程被看作教学内容。英美的课程理论则试图把教学理论的研究囊括到其范围之内。比如美国学者古德莱德(John J. Goodlad)把课程划分为:① 理想课程,基于理论研究构想的课程;② 正式课程,教育行政部门正式规定要实施的课程;③ 领悟的课程,任课教师领悟的课程;④ 实行的课程,课堂上实际实施的课程;⑤ 经验的课程,学生实际习得的课程。在课程的这五个层面,从领悟的课程开始,其实就已进入了与教学交叉的范围。另外,英美课程理论深受杜威教育思想的影响,强调学生活动的重要性,往往努力把课程的研究范围拓展到学习层面,比如在他们的课程理论中往往用“经验”一词来代替学习内容,这在强调学习结果在课程中的重要性的同时,也把课程研究范围拓展到了实施层面。当然,从后现代主义课程观角度看,课程在实施过程中的确还有进一步改造、深化和丰富的生成过程,但把课程界定为静态的有组织学习内容从课程开发来看更有实践意义。尽管人们广泛批评泰勒原理的封闭性,但它仍然是课程开发实践的主要指导理论。

在目标、内容、组织、评价这四个课程问题中,真正只属于课程的问题,或者说课程最核心的问题有两个,即内容和组织。课程内容选择是斯宾塞问题,即他的名言“什么知识最有价值”所表达的问题。斯宾塞提出这一问题的目的是呼吁学校重视科学知识的教学。他所处时代的西方,虽然自然科学研究已经取得了非常大的进展,但学校教学仍然以古典文科为主,排斥自然科学。斯宾塞问题给我们在更广范围内思考学习内容选择问题提供了思维支持。进入21世纪,课程研究之所快速发展起来,就是因为人类知识量迅速膨胀,学校教育到了必须依据理论对学习内容进行精心选择的时候。斯宾塞问题同时也包含了一层含义,即内容选择是课程最为基本的问题,课程研究者必须强烈意识到这一点。组织模式设计是杜威问题。杜威在实用主义教育思想基础上提出了活动课程理论。活动课程的价值不只在于强调活动作为一种教学方法的重要性,其重要得多的意义是,提出了以活动为中心组织学习内容的模式,这彻底打破了传统上以知识本身的逻辑为纽带组织课程内容的模式,大大拓展了人们对课程组织模式的想象,从而大大推动了课程理论发展。进行课程开发实践要意识到,学习内容与组织不是程序上严格前后排列的两个要素,而是相互影响的两个要素,学习内容变革往往要求课程组织模式作出变革,而课程组织模式变革也往往要求学习内容作出变革。

与泰勒时代相比,当代社会对课程内涵的理解需要增加两个维度。一是从单门课程拓展到课程体系。泰勒所论述的课程原理是针对单门课程而言的,但当代社会的人们越来越深刻地认识到,各级各类人才培养中的课程建设,既要关注单门课程,又要关注一组课程之间的组合关系,使之形成合力,更大限度地挖掘课程的人才培养功能。课程体系已成为当代课程论研究的重要问题。比如人才培养方案设计，其中的课程就是课程体系。专业群建设则把课程研究推进到了更大范围的课程关系。二是课程功能从规划内容拓展到了教育体系的联系纽带。当代社会的课程不仅承担着规划学习内容的功能，而且承担着把各级各类教育联系起来的纽带功能。“体系化”是现代教育发展的重要特点和趋势。把各级各类教育联系起来，仅有学制层面的规定是不够的，必须深入到课程层面。现代教育中，各门课程从小学一直到大学，各年级的内容界限明晰，内容难度与学生年龄增长基本同步，才使得教育体系真正成为体系。现代职业教育体系建设的当务之急，也是要在中职、职业专科、职业本科之间建立专业设置、课程设置的一体化关系，抓手是专业目录、专业教学标准、课程标准开发。

二、课程理论流派

课程理论流派非常多，纷繁复杂，学者们对其归类的逻辑也不一致。深入分析可以发现，不同流派形成的根源在于对课程功能理解不同，因此可以根据这一参照点对课程理论流派进行分类。

（一）知识中心课程理论

该流派强调知识的重要性，主张教育的首要目标是教给学生作为人类文化宝贵财富的知识，尤其是有严谨学术体系的学科知识。因此课程是从人类知识库中按照特定教育目标提取出来的，依据某种逻辑组织起来的知识集合体。用教科书系统、准确、清晰地阐述某一领域的知识是这种课程在形态上的显著特征。目前学校的课程大多数属于知识中心课程，如语文、数学、物理、历史、机械原理、旅游概论等。

这是最古老、最具主导地位的课程理论。古代教育中的学校课程是知识与能力并重的，一部分课程以知识学习为主，一部分课程以能力训练为主。比如我国古代的礼、乐、射、御、书、数六艺，欧洲中世纪的文法、修辞、辩证法、算术、几何、音乐、天文学七艺，都同时包含了知识中心课程和能力本位课程。知识中心课程开始在学校教育的课程体系中上升到主体地位始于近代，背景是人类的知识越来越丰富，知识的重要性越来越高。尽管人们仍然没有忘记教育的能力培养功能，但能力被视为知识掌握的结果，在这一理念支撑下，知识本位课程成了主导课程模式。

最早为这一课程模式提供理论框架的是夸美纽斯（Iohannes Amos Comenius）。他把教育目标划分为三个方面，即学问、德行和虔信。这三个要素中，基础和前提是学问，可见夸美纽斯对知识在教育中的地位的高度评价。他写道：“如果他知道一切事物的特性，他就配得上‘理性的人’这个称号。”[①] 他主张学校要提供广博的教育，当然这不意味着要让一个人掌握所有知识。他认为这是不可能的，也是没有必要的。他所说的广博知识是指“现存一切最重要事物的原理、原因和用途”[②]，也就是要根据重要性对知识进行筛选，目标是“使得没有人在一生的旅程中遇到任何他不知道的、因而不能对它作出健全判断的事情，不能将它用于正当的用途而不犯错误”[③]。这就是他的泛智主义教育思想，这一思想为知识在学校教育中核心地位的确立奠定了基础。

① 夸美纽斯．大教学论·教学法解析［M］．任钟印，译．北京：人民教育出版社，2006：36.

② 夸美纽斯．大教学论·教学法解析［M］．任钟印，译．北京：人民教育出版社，2006：69.

③ 夸美纽斯．大教学论·教学法解析［M］．任钟印，译．北京：人民教育出版社，2006：69-70.

一般认为，为知识中心课程理论正式确立做出关键性贡献的是赫尔巴特（Johann Friedrich Herbart）。赫尔巴特非常重视知识教学在教育中的价值，他认为不存在“无教学的教育”，也不存在“无教育的教学”，这就是他的教育性教学思想。他认为儿童的兴趣具有多方面性，因此应教给儿童广博的知识。但他认为多方面性不同于全面性，多方面性包含了某个方面与整体的关系。如何才能教给学生广博的知识呢？他认为如果教育者只关注某个知识，这种教学就很难实施，而且会侵占儿童参与其他活动的时间。解决这一矛盾的方法是建立局部知识与整体知识的关系。他写道：“一种保持孤立的事物是微不足道的，而且也没有什么作用，必须把它置于一系列其他教育手段的中间或首位，这样才能通过普遍性联系取得个别事物，并保持它的功效。”① 这就需要在知识之间建立整体性联系，“人类在业已经历过的旅程中已经积累了许多知识，我们的使命是把它们一个个连接起来。”② 赫尔巴特在夸美纽斯百科全书式课程观的基础上前进了一步，强调课程要建立知识之间的联系，为知识中心课程理论后面的发展奠定了基础。到赫尔巴特这个时期，科学知识已获得迅猛发展，只强调知识的全面性已不具备实践可行性。

知识本位课程理论中，主张学习广博的知识只是其中一个流派，另一个流派是要素主义和永恒主义。要素主义思想发端于裴斯泰洛齐（Johan Heinrich Pestalozzi）。他从教学方法研究出发，提出教育内容存在基本要素，要素又有简单和复杂之分，从而开创了要素主义教育思想。比如人的认识是从感觉开始的，然后发展到思维，感觉又建立在更简单的要素基础上，简单要素清楚了，复杂的感觉印象就会明了。他主张教学要先分离出教育内容的要素，然后从简单要素过渡到复杂要素展开教学过程，如体育的要素有关节活动，道德的要素有儿童对母亲的爱，智育的要素有数、形、词等。③20 世纪的要素主义和永恒主义是在反对杜威实用主义教育思想基础上提出的。要素主义的代表人物是美国学者巴格莱（William Chandler Bagley），他主张教育要给学生提供分化的、有组织的经验，最佳的这种经验是学科知识，因而主张要重视学科课程。永恒主义的代表人物是美国学者哈钦斯（Robert Maynard Hutchins），他提出学校教育要以更具理智训练价值的传统“永恒学科”为核心教育内容，永恒学科首先指经历了许多世纪而达到古典著作水平的书籍，因此他非常重视学生对名著的阅读。与泛智主义不同，要素主义不仅强调知识学习的重要性，而且强调知识学习要以经典学科知识为主。布鲁纳（Jerome Seymour Bruner）的结构主义本质上也属于要素主义，他强调学校教学的重心是教给学生学科知识的结构。他所说的学科知识结构其实就是学科知识的基本要素及其关系。他写道：“简单地说，学习结构就是学习事物是怎样相互关联的。”④ 他突出学科知识结构学习的目的是促进学习迁移。

要注意的是，知识中心课程并不主张单纯地教授静态知识，而是同时强调能力培养的重要性，但该流派主张教育的首要目标是掌握系统知识，无论教材形态还是课程所要求的教学方法，都体现出与把能力培养作为教学基本出发点的能力本位课程完全不同的特征，

① 李其龙．赫尔巴特文集・教育学卷一［M］．邓艳红，朱刘华，朱更生，等，译．杭州：浙江教育出版社，2002：17.

② 李其龙．赫尔巴特文集・教育学卷一［M］．邓艳红，朱刘华，朱更生，等，译．杭州：浙江教育出版社，2002：64.

③ 吴式颖，赵荣昌，黄学溥，等．外国教育史简编［M］．北京：教育科学出版社，1988：194.

④ 布鲁纳．布鲁纳教育论著选［M］．邵瑞珍，张渭城，等，译．北京：人民教育出版社，2018：24.

正是在这个意义上人们才把这种课程理论流派称为知识本位课程。这是识别知识本位课程的主要路径。事实上，现实中几乎不存在只学习知识不培养能力的课程，但无论从课程理论研究还是课程开发实践看，都需要把知识中心课程与能力本位课程区分开来。进入20世纪以后，尤其是20世纪80年代以后，尽管该课程模式受到了许多流派的抨击，但它在现代教育体系中的核心地位巍然不动，究其原因，在于知识在现代教育中的核心地位不可动摇。

（二）学生中心课程理论

该流派强调课程内容与学生成长的相关性在课程设计中的重要性。它认为教育的本质不是推动学生不断接近成人从其自身经验出发预设的目标，不是根据成人的设想给学生传授知识。教育的目的不是努力达到外部对受教育者提出的要求。教育的本质是个体自身的生长，每位学生都是独立的经验建构个体。教育的目的在于促进他们的生长，使他们的人生更有意义，即教育的目的在其本身。因而该流派主张教育要从学生成长的内在需求出发，选择对他们真正有价值的知识。

学生中心课程理论创立者是美国教育思想家杜威。杜威是在以经验为核心概念的实用主义哲学思想基础上提出这一课程理论的，因而该课程理论又称经验主义课程理论。杜威的“经验”概念不同于培根（Francis Bacon）的“经验”概念，因而不能把杜威的实用主义哲学与培根的经验主义哲学等同起来。培根的“经验”是人们对世界在感知觉层面的认知，而杜威的“经验”是个体借助活动这个纽带与环境相互作用的结果，因而杜威的“经验”是有充分的理性成分的。实用主义哲学家借助他们对经验的特定理解，打破了知识的普遍性原理，把知识定性为个体适应环境的工具，正所谓有用即真理。借助这一原理，他们特别强调教育内容对个体自身的意义，从而提出了学生中心课程理论。

学生中心课程在形态上体现为活动课程或项目课程，让学生围绕系列他们感兴趣的项目展开学习活动，这与系统学习人类认知成果的知识中心课程有显著区别。在杜威看来，分科课程中的知识是割裂的，项目活动中的知识才是整合的，它们以项目活动为聚焦点有机组织到一起。可见，杜威更看重的是知识在实践应用中的整合，而不是知识形式上的整合。项目课程是杜威的学生克伯屈（William Heard Kilpatrick）对其经验主义课程理论在实践层面进行操作化设计的成果，即把项目作为活动载体。项目的内容是什么呢？在杜威看来，是各种职业活动，如烹饪、缝纫、木工等，借助这些活动，杜威在学校与社会之间架设了一座桥梁。杜威的理想是把学校办成社会的雏形，而不是一种与社会无关的、专门按照某种理想训练人的机构。他写道：“学校的园艺、纺织、木工、金工、烹饪等活动，就是把上面所说的人类基本事务引用到学校课程中去。”① 基于这一认识，杜威认为职业不仅是谋生的手段，更是知识组织的纽带。用职业活动来组织知识，完全打破了按学科分类逻辑进行课程内容组织的模式。

要注意的是，杜威的活动课程不同于职业院校的实践课程，前者的目的是让学生通过活动体验获得认知发展，后者的目的是训练学生的操作技能。杜威的活动课程与普通学校目前在实施的活动课程也有区别，普通学校活动课程的主要目的是给学生提供锻炼、娱乐的机会。克伯屈的项目课程与职业教育中的项目课程也有区别，前者的目的是借助各种活动项目促进学生认知发展，后者的目的是培养学生的综合职业能力。

① 杜威．民主主义与教育［M］．王承绪，译．北京：人民教育出版社，1990：213.

自杜威以后，学生中心课程论还有两个重要流派，即存在主义课程理论和人本主义课程理论。存在主义课程理论以美国学者奈勒（G. Kneller）为代表，人本主义课程理论以美国学者罗杰斯（Carl Ransom Rogers）为代表。存在主义课程理论认为在规划课程时有一个重要前提，即要让学生本人为他自己负责，课程要根据学生的需要来决定，学生才是课程的主宰者。该学派反对固定的课程，认为它没有考虑学生对课程的态度，而知识要被有效地学习必须具有个人意义，要与人的生活相联系。存在主义课程理论特别重视人文学科，注重学生的情感责任和人生价值。人本主义课程理论强调学校教育要尊重学生的本性和需要，课程内容选择要贯彻"适切性"原则，即适合学生的需要，因此要将课程的重点从教材转向个人。罗杰斯把心理咨询模式迁移到教学策略，提出"非指导原则"。

（三）社会中心课程理论

社会中心课程理论强调课程培养学生理解和解决社会问题能力的重要性。它是社会改造主义者持有的课程观，主要代表人物有美国学者布拉梅尔德（Theodore Brameld），他是改造主义教育哲学倡导者。与知识中心课程理论和儿童中心课程理论主要关注课程满足个体发展需要不同，他们更强调从满足社会发展需要角度开发课程，认为课程的功能不仅要培养学生适应当前社会生活，而且要超越当前社会，培养学生改造社会、建立新的社会秩序和社会文化的能力。

强调课程与社会的联系、重视培养学生改造社会的能力是社会中心课程理论的核心要义。它不仅把课程开发视角从个体需要层面提升到国家和社会需要层面，凸显教育的社会担当，而且把教育内容选择和组织的关注点从知识掌握、认知发展深化到了能力培养层面。这一理论在课程形态上的体现是，打破知识中心课程理论的学科知识分类框架，以世界或本国的突出社会问题，如城市问题、交通问题、家庭问题、犯罪问题、就业问题等为中心来组织课程内容。这些问题要形成一个完整的体系。围绕这些问题的理解和解决方案制订提供跨学科的背景知识，培养学生应用批判思维明确问题本质、提出解决策略的能力。社会问题是社会中心课程的组织纽带，大大增强了学生对社会现实问题的感知、对知识实践应用途径和方法的理解，从而提升了学生应用知识解决社会问题的能力。

（四）能力本位课程理论

能力本位课程模式有广义和狭义之分。狭义的能力本位课程模式仅指20世纪80年代后期开始在欧美国家流行的CBE（能力本位）课程模式，广义的能力本位课程模式则是一个大家族，包括了多种在能力本位课程模式基本理念支撑下所建立的具有更加具体形态的课程模式，如MES（就业技能模块组合）课程、工作过程系统化课程、项目课程等。为了区分广义和狭义的能力本位课程模式，这里能力本位课程模式在广义上使用，狭义的能力本位课程模式则使用CBE课程模式这一概念来指称。

能力本位课程理论是能力本位课程模式的理论框架，它是各类专业教育中占主导地位的课程理论。它发端于19世纪中叶的职业教育。20世纪60年代美国在教师教育改革中发展了这一课程理论。当时的美国教育界在对教师教育工作进行反思时，认为其最大问题是教育内容脱离教师工作实际，因而提出要围绕教师的实际工作来组织课程。20世纪80年代后期开始，能力本位课程理论重新在美国、加拿大、英国、澳大利亚、韩国等国家的职业教育中盛行，形成了完善的理论体系和系统的开发方法，并在实践中得到了深入应用，如美国一些州的职业教育教学内容标准、英国的国家职业资格框架、澳大利亚的职业资格证书体系就是根据能力本位课程理论建立的。

知识中心课程理论和学生中心课程理论都不否定能力培养的重要性，社会中心课程理论更是把社会问题解决能力的培养作为课程的首要目标，那么能力本位课程理论在何种意义上还能作为一种独立的课程理论而存在？“能力本位”能够成为一种课程理论流派，不只是因为对能力培养重要性的突出强调，更为重要的是它建立了能力的独特解释、开发方法和培养路径，即主张以能力为课程内容的组织纽带，直接通过完成实践任务所需要的知识和技能的学习培养学生的做事能力。能力本位课程理论的核心观点包括以下三个方面，这三个方面使得它不同于一般的强调能力培养重要性的课程理论。

（1）课程要培养实际做事的能力。能力本位课程理论主张课程要培养做事能力，教育要培养称职的人。这种能力不是支撑个体未来发展的潜能，也不是素质意义上的能力，如思维能力、记忆能力等，更不是学术能力，而是直接从事工作的能力，即职业能力。这种能力的重要特征是，它必须能直接表现出来，而不能是潜在具备的。从这个角度而言，能力本位课程又可称为基于表现的课程。个体借助什么可以表现出具备某项能力呢？如何测量个体具备某项能力的水平呢？其依据就是工作成果。如果个体能按质量标准做出某项工作成果，就可认定他具备该项能力，而工作成果也成为测量个体具备某项工作能力的水平的依据。从这个角度，能力本位课程又可称为成果导向的课程。

（2）能力的内容来自实践工作。什么是做事的能力？如何获得和描述职业能力？能力本位课程认为职业能力是存在于工作体系中的能力，是个体胜任工作任务时表现出来的心理特征。为了获得职业能力，能力本位课程建立了工作任务分析法，通过对职业岗位从业者要完成的工作任务的系统分解来把握职业能力的内涵。工作任务分析是职业教育能力本位课程开发的核心技术，北美国家把这种方法称为DACUM（教学计划开发）法。①因而，能力本位课程中的能力是人的一般能力素质与工作任务相结合的产物。能力与任务既相联系，又有区别。能力是人的心理特征，其存在载体是人；任务是实践领域的内容，其存在载体是职业岗位。

（3）教学过程从能力出发。如何培养能力？能力本位课程的思路完全有别于其他课程模式的思路。几乎所有当代课程模式都强调能力培养，但它们的能力培养思路是先传授知识，然后通过知识的实践应用来培养学生能力。这些课程模式中，能力培养的逻辑起点是认知发展，即根据认知发展需要确定学生应该学什么，至于做事能力的形成，则是系统学习理论知识的结果。能力本位课程模式的思路与之完全相反，它建立了一种倒推的课程开发方法和人才培养路径，即先确定学生未来要做什么，要胜任这些工作需要具备哪些能力，然后根据能力要求倒推他们应该学习什么知识。在这里，能力成了教学的出发点，而不是知识学习的结果。

（五）后现代课程理论

“后现代”不是时间概念，而是一种为了解构“现代性”所产生的思潮。它发生于20世纪60年代的欧美，并于20世纪70、80年代盛行于西方国家，涉及艺术、社会、哲学等多个领域。后现代主义认为，近代科学发展所产生的知识是以宏大叙述为特征的，即期望用一种公式、学说来解释所有现象。这种知识在使人们获得对世界的深刻认识的同时，也挤占了其他知识的存在空间，甚至抑制了其他知识产生的可能。因此这种知识观内在

① 叶岚．加拿大职业能力本位观［J］．世界农业，2013（8）．

地包含了“控制”“追求确定性”等价值取向，这是现代主义的价值取向，属于工具理性。这种思想会使得世界走向封闭，变得非常乏味。后现代主义要求摒弃这种知识观，追求解放理性，主张开放性、相对性、过程性、批判性、多元化。正如美国学者多尔（William E. Doll Jr.）所写道的：“存在于稳定状态宇宙观之中的统一化标准概念是现代主义范式的核心；也是后现代主义范式通过各种形式予以挑战和排斥的概念。”①

多尔把后现代主义的思想应用于课程研究，对泰勒所建构的课程开发原理进行批判。他认为泰勒所构建的课程开发原理中，即确定课程目标、选择教育经验、组织教育经验和评价目标达成，其目标不是通过与经验“游戏”而生成的，而是预先设定的，课程的所有方面都要根据预设目标来制定，非常僵化、封闭、机械，其中包含了工具理性，属于现代主义。在批判泰勒原理的基础上，他把后现代课程的标准概括为“4R”，即丰富性、回归性、关联性和严密性。丰富性指课程的深度、意义的层次、多种可能性或多重解释。回归性是对先前学习内容的回溯、反思，它使得课程没有固定的起点和终点。关联性指课程内容的联系属性，包括教育联系和文化联系两个方面，教育联系即课程内容之间建立的联系，文化联系即课程与外部文化、宇宙建立的联系。严密性是“有目的地寻找不同的选择方案、关系和联系”②。他提出严密性标准的目的，是避免后现代主义课程陷入“蔓延的相对主义”或感情用事的唯我论，即使其具备现实的实践价值。

第二节
职业教育能力本位课程模式的演进

职业教育课程内容具有多样性，因而其课程模式也具有多样性。作为一种以职业能力为培养目标的教育，其主导课程模式必然是能力本位。能力本位课程模式发展可划分为四个阶段：① 早期能力本位课程模式，包括俄罗斯制和MES课程模式，它们确立了以技能训练为中心的能力本位课程模式；② 正式的能力本位课程模式，即CBE课程模式，它正式确立了“能力本位课程模式“这一概念；③ 整体取向的能力本位课程模式，包括工作过程系统化课程和项目课程，它们是根据整体职业能力培养需要建立的能力本位课程模式；④ 新能力本位课程模式，它是根据智能化时代职业教育人才培养需要对能力本位课程模式发展的成果。不同能力本位课程模式差异的关键点在于对职业能力内涵理解的不同，每一种新形态能力本位课程模式的出现，都赋予了对职业能力内涵更为复杂的理

① 多尔．后现代课程观［M］．王红宇，译．北京：教育科学出版社，2000：74.

② 多尔．后现代课程观［M］．王红宇，译．北京：教育科学出版社，2000：260.

解。实现更为复杂职业能力的培养,是职业教育课程发展的基本动力。

一、早期能力本位课程模式

早期能力本位课程模式包括俄罗斯制和MES课程模式。

(一)俄罗斯制

工业革命大大加速了学徒制崩溃。科技发展及其在工农业中的应用,导致熟练劳动力需求迅速扩大,这就要求建立系统的、有别于学徒训练的职业教育课程。1868年莫斯科帝国技术学校校长德拉·奥斯创立了俄罗斯制。

俄罗斯制抛弃了学徒通过模仿师傅来学习技术的方法,采取对工艺过程进行分割的方法设计课程,并对学生集体授课,开创了在学校实施职业教育的先河。它首先通过分析生产技术,把生产过程分解为几个要素,然后据此制订课程计划,指导学生通过工厂实习掌握这些技术。分解技术、班级授课是俄罗斯制最为突出的两个特征。俄罗斯制的这两条基本原理为在学校实施职业教育,大规模地培养技术与技能型人才提供了操作方案,在职业教育史上具有划时代意义。利用这些基本原则,德拉·奥斯分别在木工业、细木工业、铁匠和车工集聚区建立了实习工场,按照逻辑顺序和技术难度授课。

(二)MES课程模式

MES是英文"modules of employable skill"的缩写,可译为"就业技能模块组合课程",简称MES课程。它产生于20世纪70年代初,由国际劳动组织开发。国际劳工组织经过调查,发现职业教育课程存在以下五方面问题:① 教学大纲不能灵活地适应科学技术和产业的迅猛发展;② 教学大纲的内容已经不符合就业与雇佣的需求;③ 没有形成一个科学的职业教育系统;④ 没有体现个性教育、终身教育等现代教育思想;⑤ 教师缺乏合适的教学材料。国际劳工组织召集70多名专家,经过14年努力,终于开发出了这套课程体系,并于1983年开始推广。

MES课程的理论基础是系统论、信息论、控制论。它追求的目标是开发一套组织严密、结构系统的职业教育课程体系,这套课程体系既能够灵活地组合,又能够精确地控制课程实施的每一个细节,并能够与工作体系完全相匹配,从而达到严格、规范地培训技术工人的目的。基本理念包括以下三个方面。

(1)以工作分析为基础开发课程。MES课程主张彻底破除学科课程模式,围绕工作体系开发课程。通过逐级分解,获得工作体系的基本组成单位,即模块,以及完成每个模块所需要的学习单元,然后据此开发学习包。每一个学习单元包括完成相应工作任务所需要的六类基本知识。

(2)学习内容与结果操作化,以提高培训的实用性。MES课程要对工作任务进行五级分析,使最终获得的模块及其操作步骤非常具体、明确,如"画出安装轮廓线""在墙面和天花板上安装电器元件"。按照MES课程开发思路,模块是划分到不能再划分的工作体系的基本组成单位。学习单元中,MES课程对操作过程又做了进一步细分,如"用便携式电钻在砖石墙上钻孔"这个学习单元包括17个操作步骤和一个安全规范。这种划分最终使得工作任务行为化,学习内容与结果非常明确,可以达到规范训练技能、提高培训实用性的目的。MES课程尽管体系复杂,但设计严密有序,一环扣一环,井井有条,充分体现了系统论思想。

(3)课程模块化以实现灵活组合。模块化作为一种工业思想,最初出现在信息技术领域。这种设计思想把产品分割为可独立存在的模块,模块具有可灵活撤换、适时更新的特性,从而大大提高了产品更新效率,也使得产品组装、维修更加便捷。计算机软件、硬件采用模块化结构,不仅大大缩短了软、硬件产品的开发周期,降低了生产成本,而且能灵活地实现多功能需求。此后,模块化思想被广泛应用于其他工业领域。如机械制造领域运用模块化设计思想后,新产品不再由零件直接构成,而是由通用模块(占多数)和专业模块(占少数)组合而成。新产品设计主要进行专业模块设计。MES 课程吸收了这一工业设计思想,通过对课程内容的模块化处理,使课程可以灵活组合。

MES 课程是完全按照能力本位课程理论建立的职业教育课程模式。其最大特点是课程结构严密、技能描述精确、课程组织灵活。但这种课程模式以操作技能为培训内容,尚没有提出职业能力这一概念,更没有探索如何在工作任务分析基础上建立培养职业能力的课程。MES 课程是适应标准化作业模式下技能型人才培养需要的产物,随着工作过程弹性度越来越高,MES 课程的适应范围越来越小,人们需要探索新的职业教育课程模式。

二、正式的能力本位课程模式

正式的能力本位课程模式即 CBE 课程模式。CBE 是“competence-based education”的缩写。它盛行于 20 世纪 80 年代中后期至 90 年代末。它的产生与产业界强烈要求提高劳动者职业能力密切相关。企业界普遍反映,现行的职业教育课程只注重知识获得,而不注重职业能力形成,与就业需求不直接相关的现象十分严重。为此,CBE 课程建立了一套新的开发模式,即预先确定某个岗位或岗位群完整的职业能力标准,然后依据个人学习进度,引导学生进行相关知识、技能学习,达到行业精通水准,形成具体行为表现。CBE 课程完全打破了由学校教师根据知识系统性开发课程的思路,转向以岗位职业能力为依据开发课程。课程开发的主导权交由企业专家掌握,由产业界而不是学者来决定课程内容。它认为企业专家比学校教师更能准确地把握职业教育课程内容,因为某个岗位需要什么职业能力,只有长期从事该岗位工作、达到相当熟练程度的员工才最清楚。

与 MES 课程模式相比,CBE 课程模式明确提出了“职业能力”这一概念,这是它的进步之处,适应了 20 世纪 90 年代信息化技术推动下产业技术升级对技能型人才培养的需要。从内容上看,职业能力比技能更复杂,通过对 CBE 课程与 MES 课程教学材料的比较可以发现这一点。什么是职业能力? 深入分析 CBE 课程模式对职业能力这一概念的界定,是准确把握其内涵的关键切入点,也是看到其不足的关键抓手。

对职业能力这一概念的理解在 CBE 课程研究者中差别比较大。英国学者曼斯菲尔德(B. Mansfield)认为,这些不同理解可归纳为两种基本观点,即“输入的能力观”与“输出的能力观”[①]。输入的能力观强调个人具有的知识、技能和态度倾向这些个体的心理要素,往往把实际操作水平理解为一个个独立要素或实际操作的内容,强调通过有组织的输入来获得职业能力,这种观点在美国比较流行。输出的能力观又称基于结果的能力观,它注重工作角色,强调从输出的角度来界定能力,能力是整个工作角色或实际操作的整体结果,不限于对个体应具有的知识和技能的描述。

比如盖勒(L. Gale)和波尔(G. Pol)在《能力:定义与理论框架》一书中这样界定

① BURKE J. Competency-Based Education and Training[M]. London: The Falmer Press, 1989.

职业能力："胜任一定工作角色所需的知识、技能、判断力、态度和价值观的整合就是能力。" 1984 年英国继续教育处在《走向能力本位体系》中对职业能力做了如下界定："能力是为胜任社会工作角色的要求所必须拥有的充分的技能、合适的态度和经验。" 这是输入的能力观。另有 CBE 课程专家这样定义职业能力："这种能力常常被称为专项能力，可视为完成一项与工作有关的可观察到并可度量的活动或行为" ①，"能力本位教育把岗位工人的工作任务表作为课程的首要资源" ②。这是输出的能力观。

输入的能力观与输出的能力观在 CBE 课程开发中并不存在矛盾，它们可以被整合起来，形成一套完整的 CBE 课程开发方法，即先采用输出的能力观，通过对职业岗位的分析获得从业者要胜任的工作任务，然后采用输入的能力观，分析胜任这些工作任务需要掌握的知识、技能和态度。这些知识、技能和态度构成课程内容。

CBE 课程材料中，经常会见到一些相互矛盾的表述。比如它的经典材料 DACUM 表中包括两个栏目，而这两个栏目有时称能力领域和专项能力，有时则称职责和任务，其内容实际上是工作任务，见图 12-1。这个课程开发逻辑似乎非常完善，但实际上存在一个重大缺陷，即把工作任务直接等同于职业能力，没有把工作任务与职业能力区分开来。

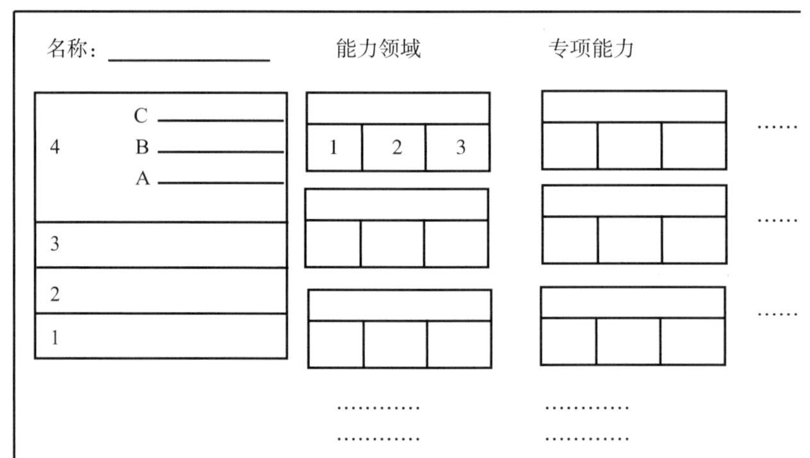

图 12-1　DACUM 表的格式

注：1 表示顺序，2 表示操作频率，3 任务完成要求

与 MES 课程模式相比，CBE 课程模式明确提出了 "能力" 概念，强调能力形成要综合知识、技能、价值观等多种心理要素，在课程开发方法上也没有像 MES 课程那样对工作体系做过度分解，而是只进行了能力领域和专项能力两级分解，使得分析结果具有概括性，有利于挖掘出更多形成能力所需要的心理要素，课程内容具有更多理论知识成分，以培养更加复杂的职业能力。然而职业能力是不能与工作任务等同起来的，因为工作任务的存在载体是职业岗位，而职业能力的存在载体是人，只有把职业能力从工作任务中分离出来，作为单独的要素进行分析，才能深入挖掘其内涵，获得更具教育价值的课程内容，使能力本位课程能适应更高产业技术背景下的技术与技能型人才培养要求。把职业能力等同于工作任务，会使对职业能力的开发完全受制于工作任务的内容，大大降低能力本位课程的教育价值。这正是 CBE 课程模式在我国推广时遇到巨大阻力的原因。20 世纪 90 年代

① 中国 CBE 专家考察组 . CBE 理论与实践[R]. 中加高中后职业技术教育合作项目出版物，1993：19.

② 徐国庆 . 实践导向职业教育课程研究：技术学范式[M]. 上海：上海教育出版社，2005：7.

人们产生对职业能力的这一理解，一方面是由于能力本位课程模式的研究本身还有待深入，另一方面与当时的产业技术水平有关，即产业技术形成的工作过程的弹性还不够大，几乎可以把工作任务等同于职业能力。

三、整体取向的能力本位课程模式

进入 21 世纪，随着产业技术进一步升级，以及高等职业教育的发展，CBE 课程模式已完全不能适应新时期职业教育课程开发需求。两种课程模式应运而生，即项目课程和工作过程系统化课程，成为支撑 21 世纪以来中国职业教育课程建设的主导模式。

（一）项目课程

项目课程可追溯到 17 和 18 世纪，它与自然科学家的实验、法学家的案例研究、军事参谋的沙盘演习属于同一类型的课程模式，只是在内容上项目课程不是经验的、解释的或战略研究，而是建造（即设计房屋、修建运动场，或者制造机器）。[①] 它最早出现在意大利罗马的建筑师学院中。当时“项目”的含义是学院中为了培养优秀的建筑师而开展的建筑设计竞赛。1671 开始，巴黎的建筑师们改变了建筑设计竞赛的规则，建筑设计竞赛举行的频率也增加了，它使得人们开始关注通过项目开展学习活动。18 世纪末，欧洲各国以及美国纷纷设立了工业学校和职业学校，项目方法也从欧洲传播到了美国，从建筑业迁移到了工业，这对项目方法的理论发展有重要的影响。美国华盛顿大学的奥法龙工业学院院长武德华德（C. M. Woodward）把“项目”当作一种“综合练习”，使“教学”成为“产品制造”。

中国的职业教育项目课程是在借鉴项目课程这些思想的基础上，根据中国职业教育人才培养需要提出的，其动因可以归纳为两个方面。① 加强职业院校的实践教学。进入 21 世纪后职业教育的这一需求显得特别迫切。20 世纪 90 年代的 CBE 课程改革，以“工作任务”这一概念为纽带，在职业院校课程与岗位工作内容之间架设了桥梁，在提升职业院校课程内容的实用性方面发挥了一定作用。但随着课程应用的推进，人们发现，要培养学生实践能力，实施“做中学”教学模式，仅有“工作任务”这一概念不够，因为实施“做中学”必须有能够产生产品的载体，而工作任务只是一种过程。② 培养学生的整体职业能力。这里指的是整体职业能力，不是综合职业能力，因为整体职业能力更能表达其内涵。整体职业能力强调的是能力的完整性、关联性，而综合职业能力强调的是能力的抽象性。CBE 课程开发以对工作任务的拆分为基本方法，它不可避免地带来了职业能力的碎片化，但工作组织的扁平化发展已成为一种不可逆转的趋势，它要求劳动者具备整体职业能力。这就要求在课程中寻找到一种能把单项职业能力整合起来的载体。在这一探索过程中，人们找到了“项目”这一概念。

职业教育项目课程在秉承一般项目课程基本理念的同时，在两个方面形成了自己在理论与方法上的特色。① 实践导向职业教育课程理论。研究者意识到，实施项目课程的目的是推进实践教学，然而对中国职业院校的教师们来说，他们往往并不否定实践的重要性，他们在教学中不能真正落实“做中学”教学模式的根源在于，其思想深处认为实践只是理论应用的结果，只有学好了理论才能进行实践，而只要学好了理论，就可以很轻松地

① KNOLL M. The Project Method: Its Vocational Education Origin and International Development［J］. Journal of Industrial Teacher Education, 1997（34）.

进行实践。在这一理念支撑下，学科课程模式在职业院校坚如磐石。为此，研究者深入阐述了理论与实践的合理关系，论证了实践相对理论的独立性，构建了职业情境中以职业活动为中心的职业知识结构。[①] ② 以工作任务为课程设置与内容选择的参照点。研究者意识到，项目课程是一种在各类教育中均有广泛应用空间的课程模式，职业教育项目课程必须坚持一个开发原则，即其课程设置与内容选择的参照点是工作任务，而不是项目，否则项目课程就会在结构上脱离工作体系，只能培养学生一些孤立的职业能力，甚至这种职业能力可能偏离专业教学方向。项目只能是在确定了课程设置与基本教学内容的基础上，将其转化为实施的课程时进行使用。因此扎实的工作任务与职业能力分析必须成为项目课程开发的重要基础。基于此，项目课程仍然应归入能力本位课程模式这个大家族中。

（二）工作过程系统化课程

工作过程系统化课程源于 20 世纪 90 年代的德国。当时全德进行了一场大辩论。面对知识社会的挑战、企业职业教育现代化进程的加快、学习与工作一体化趋势的增强、企业继续教育日益扩展等情况，职业学校教育该如何跟进成为许多德国学者思考的问题。职业教育界许多人士认识到，德国职业学校 20 世纪 70 年代的课程大多数是以科学性和基础性的学习为出发点的，这一模式使得行业和企业意见纷纷，认为职业学校培养的学生脱离企业实际需要，学非所用。通过激烈辩论，具有思辨传统的德国社会各界，包括教育、经济、科技领域及工会、雇主协会最终达成共识：德国职业教育面临着自 1969 年颁布联邦“职业教育法”以来“第二次教育改革”的压力，要使双元制职业教育在新世纪仍然具有强大生命力，职业学校教育必须改革。

21 世纪初我国学者把工作过程系统化课程引入到国内，并对之进行了发展。同一时期从德国引进的职业教育课程概念有两个，即工作过程系统化课程和学习领域课程，这两个概念交叉使用，研究者们未对其含义的差别进行过深入讨论。其实它们是同一课程模式的两个不同侧面。学习领域课程概念更为强调的是打破学科知识界限，以工作任务为中心组织课程，形成跨学科的学习领域；工作过程系统化课程概念则更为强调课程内容中工作过程的完整性、逻辑性，让学习者掌握完整的职业能力。从依据这两个概念所开发的职业教育课程材料看，学习领域课程与 CBE 课程无太大区别，工作过程系统化这一概念则对 CBE 课程有一定发展。因此，工作过程系统化课程这一概念更能代表这一流派的观点。

“工作过程”是工作过程系统化课程的核心概念。根据不来梅大学技术与教育研究所以劳耐尔教授为首的职业教育学专家的研究，所谓工作过程是“在企业里为完成一件工作任务并获得工作成果而进行的一个完整的工作程序”“是一个综合的、时刻处于运动状态但结构相对固定的系统”[②]。这一定义的问题在于没有区分工作过程与工作步骤，以致运用它进行课程开发时，人们往往刻意寻找工作步骤或工作程序，忽视了工作任务的实质内容，使得课程内容出现了形式化倾向。事实上，“工作过程系统化课程”的真正价值在于系统，而不是过程，即通过完整的工作任务的学习让学习者掌握整体职业能力。但这一课程模式仍然存在一个问题，即非关键性的、不具有教育必要性的工作任务是否需要被纳入职业院校课程。

① 徐国庆．职业教育课程、教学与教师［M］．上海：上海教育出版社，2016：87.

② 赵志群．职业教育与培训学习新概念［M］．北京：科学出版社，2003：97.

人们非常关心职业教育项目课程与工作过程系统化课程的异同,这是因为它们都把矛头指向学科课程模式,且同时成为职业院校课程建设的主导课程模式。它们的相同之处在于,无论项目课程还是工作过程系统化课程,都只应被看作能力本位课程模式的一种具体形式,而非一种全新的职业教育课程模式。因为它们的核心理论支柱仍然属于能力本位,即以来自职业岗位的工作任务为课程的核心内容,培养学习者胜任职业岗位的能力。它们的提出是为了解决传统能力本位课程的一个关键问题,即任务碎片化所导致的整体性职业能力培养缺失。但是,解决这一问题时,项目课程和工作过程系统化课程采取了不同路径。项目课程解决问题的切入点是教学载体设计,即用具有整体性的项目载体来整合被分割为模块的任务;工作过程系统化课程的切入点是教学内容设计,即主张教学内容要包含完整工作过程中的各个模块。

四、新能力本位课程模式

(一)能力本位课程模式的当代意义

能力本位课程模式在我国的应用是在研究者质疑和实践者偏好交互作用中推进的。反对能力本位作为职业教育课程核心模式的争议包括两个阶段,即 20 世纪 90 年代能力本位课程模式刚被引入我国的时期和 21 世纪初职业专科教育大规模发展时期。第一个阶段研究者们反对在中等职业学校实施能力本位课程模式,认为该课程模式过于功利,与职业学校教育以人的培养为核心使命的追求不符。尽管学术界反对声音强烈,教育行政部门对该课程模式的认同度却很高,他们从实用角度出发,认为该课程模式对于解决当时职业学校课程内容与职业岗位需求脱节的问题非常有价值,因而积极地在职业学校推进能力本位课程改革,其中上海和江苏推进得最为深入。第二个阶段研究者们反对在职业专科院校实施能力本位课程模式,他们认为职业专科院校人才培养具有高等性,能力本位课程模式极不适合。但是他们的反对声音很快被职业专科院校对能力本位课程的强烈偏好所掩盖,尽管他们的担心随着职业专科院校办学的深入展开被证明并非多余。原因在于高等性虽然是职业专科院校办学必须解决的问题,但在当时如何使高职教育体现职业属性,使之能够区别于普通高等教育,确立其在高等教育中的独特地位,从教育行政部门到职业院校都把它看作首先要解决的问题。

职业教育发展到今天,能力本位课程模式还能作为职业教育课程的主导模式吗?其中有三个问题需要探讨。

(1)对中等职业教育的适合性问题。中等职业教育的发展正面临严峻挑战,甚至出现了主张废除中等职业教育的声音。其中许多观点存在不专业、过于偏激的现象,但它们或多或少反映了中等职业教育发展中面临的深刻问题,即随着职业教育学制层次高移和现代职业教育体系建设推进,中等职业教育办学定位要发生根本变化,逐步从就业导向教育转向职业基础教育。[①] 这意味着中等职业教育课程体系构建的逻辑出发点将不是胜任职业岗位工作的需要,而是高等职业教育对中等职业教育的基础性需要,即在中等教育阶段如何培养学生接受高等职业教育需要具备的基础。这是一个很复杂的问题,有两点是明确的,一是要大幅度加强公共基础课程教学,二是要加强专业理论知识教学。在这一改革背景下,能力本位课程模式在中等职业教育中的地位何在?

① 徐国庆.中等职业教育的基础性转向[J].教育研究,2021(4).

（2）对职业专科教育的适合性问题。现代职业教育体系中，职业岗位胜任能力培养的主要载体是职业专科教育，因而能力本位课程最适合的职业教育学制层次是职业专科教育。但职业专科教育毕竟是一种高等教育，其要培养的职业能力具有综合性[①]，人才培养必须体现高等性。过去 20 多年的发展中，能力本位课程模式支撑了职业专科教育职业性的体现，能否继续支撑职业专科教育高等性的体现？尤其随着智能化技术的迅猛发展和应用，规则性操作正在大幅度减少，工作内容大量转向产品与工艺研发、现场工作状态维护和问题解决，能力本位课程模式能支撑新的工作内容的课程开发需求吗？

（3）对职业本科教育的适合性问题。职业本科教育是职业教育体系中一种新的办学形态。已经有 30 多所职业技术大学通过各种途径创办起来。国家已经确定稳步发展职业本科教育的政策方向，职业本科教育的专业目录也已成功编制。对一种教育来说，其实践开展的首要问题是课程开发。与职业专科教育过去 20 多年的发展历程一样，职业本科教育发展中的课程建设也必须重点解决两个问题，即作为类型的职业性和作为水平的高等性。支撑职业本科教育课程建设的主导模式是什么？能力本位课程模式可以支撑职业本科教育职业性的体现，但本科教育是一种具有很强综合性、学术性的教育，能力本位课程模式具备这一潜力吗？根据人们的传统理解，能力本位课程是以模块化任务为内容的课程，这种课程很难达到本科教育水平。

职业教育是一种教育类型，无论中等职业教育、职业专科教育还是职业本科教育，其首先要体现的属性必须是职业性。脱离了职业性，其层次属性就没有了意义。所谓的职业性，就是要把职业对人的要求作为教育展开的逻辑起点，而职业能力是联系职业要求与教育内容的纽带，这是职业教育区别普通教育的根本所在。能力本位课程模式的基本理论框架就是根据职业教育的这一本质特征建立的。因此，从理论建构的方向看，将能力本位课程模式作为职业教育课程核心模式不应受到质疑。

然而，能力本位课程模式以上问题又切实存在。解决这一矛盾的根本办法不是抛弃，而是发展能力本位课程模式。[②] 切入点是对能力本位课程模式的两个基本概念，即工作任务和职业能力及其关系做出重新解释。20 世纪 90 年代末德国开发学习领域课程时，便意识到了英美等国家能力本位课程模式存在把职业能力与工作任务混淆，导致职业能力任务化问题，并提出了整体性、内隐性等关于职业能力特征的主张[③④]，但由于其对问题本质分析不够深入，最终开发的学习领域课程仍然高度任务化。

（二）能力本位课程模式在当代的发展路径

能力本位课程模式在当代的发展应沿着以下三条理论路径进行。

1. 从操作性任务到概括性任务

什么是工作任务？如何获取工作任务？工作任务虽然是能力本位课程模式的核心概念，但其内涵并不确定。能力本位课程模式要适应当前职业教育课程的开发需求，需要对其内涵进行改造。导致能力本位课程模式在当代的适应性困难，不是其基本思路，而是对

① 闫宁．高等职业教育能力本位的重构［J］．现代教育管理，2012（5）．

② 朱秋月．“能力本位”应用型人才内涵、特征与实现路径［J］．教育学术月刊，2019（8）．

③ 徐涵，梁丹．德国能力本位学习领域与澳大利亚能力本位培训比较研究［J］．职业技术教育，2015（25）．

④ 薛栋，潘寄青．对德国职业能力本位观的解读［J］．中国职业技术教育，2010（27）．

工作任务的行为化理解，即把工作任务理解为特定职业岗位上内容非常明确、可直接操作的职业活动。这一理解的优势是使得工作任务的内容非常清晰。就职业培训课程开发而言，这一理解是实用的，但对职业学校教育课程开发而言，它会导致课程内容过于狭窄，缺乏足够的教育性，内容的广度、深度和可迁移性不够。

从职业学校教育课程开发需求角度看，工作任务应当理解为跨职业岗位的具有较高概括度的工作范围。这种工作任务是从职业岗位的具体活动中概括出来的，能够发挥职业教育课程与职业岗位要求的桥梁作用，支撑课程开发按照职业教育人才培养的基本逻辑进行。它有比较高的概括性，能够为课程开发和教学实施提供比较高的灵活度，很好地化解上面所提出的能力本位课程模式的当代适应问题。比如能力本位课程对中等职业教育的适应性问题，如果抬高工作任务的分析层次，延展分析范围，就可使其内容具有足够的教育性。对职业本科教育来说同样如此。应用工作任务分析技术进行职业本科教育课程开发的实践表明，它是明确职业本科教育人才培养目标非常重要的技术支撑，缺乏这一技术，职业本科教育人才培养目标就会陷入无结果的概念争论中。对职业本科教育所面向职业岗位的工作任务进行分析，可以较为精准地把握住职业本科教育的人才培养目标。在应用这一技术开发职业本科教育课程时，要特别注意只能对工作任务做框架性分析。

能力本位课程模式应放弃过去针对特定职业岗位的穷尽式工作任务分析法，把工作任务分解到不能再分解的职业行为，建立以职业岗位群为对象的工作任务三级分析法。从这个角度看，《中华人民共和国职业分类大典》中的职业能力标准不能直接作为职业教育课程开发的依据，只能作为职业教育课程开发的内容参考。因为《中华人民共和国职业分类大典》中的职业能力标准是以具体职业为单位进行开发的，其功能是对个体是否具备从事特定职业的能力进行评价和认定，并提供相应的培训支持。而职业院校课程设计要充分考虑的维度是教育性，其工作任务分析要求是跨职业岗位的、概括性的。因此，职业教育课程建设需要根据职业院校人才培养要求建立专有的职业能力标准，它是专业教学标准的核心内容。

2. 从工作任务中心到职业能力中心

框架式工作任务分析为提高能力本位职业教育课程模式在当代的适用性提供了重要前提，但对能力本位课程模式的发展不能仅仅停留于此。过去的能力本位课程在理论上有个重要缺陷，即它虽然自称“能力本位”，在课程开发技术上却没有把“职业能力”作为一个独立的要素进行分析，而是把工作任务与职业能力混淆在一起，认为工作任务就是职业能力。“这种能力常常被称为任务，可视为完成一项与工作有关的可观察到并可度量的活动或行为。”① 比如，能力本位课程开发的基础材料 DACUM 表，其分类框架或者是职责与任务，或者是能力领域与专项能力，其内容则完全一致。在其课程开发过程中，没有把职业能力作为一个独立的要素进行开发。究其原因，大概是能力本位课程模式产生的产业技术条件是标准化、流水线作业，在这样一种作业环境下，工作任务与职业能力可以等同起来。如果个体能够很好地完成操作过程，便可认定他具备了相应职业能力；个体只需学习技能操作，便可达到职业岗位对能力的要求。

智能化时代职业岗位性质的变化，对工作任务与职业能力的关系带来了深刻影响，它们之间不再是直线式的连接关系，而是弹性、综合的连接关系。这意味着以下两点。

① 中国 CBE 专家考察组. CBE 理论与实践[R]. 中加高中后职业技术教育合作项目出版物，1993: 19.

① 个体仅仅学习完成工作任务的操作方法，不足以很好地胜任工作任务，还需要基本素质、文化知识和专业理论知识支撑其职业行为。这为学习内容开发提供了广阔空间。② 完成工作任务所需要的职业能力在水平上弹性很大。标准化生产线上，个体要学习的只是完成操作的基本方法，当不同个体按要求完成操作后，达到的结果基本接近。智能化技术条件下，人附属于机器的关系转变成了人使用机器的关系，同样的工作任务，不同能力水平的个体完成它所达到的质量水平完全不同。这也为在工作任务分析基础上进行职业能力开发提供了广阔空间。这两个方面均要求当代能力本位课程开发把工作任务与职业能力区分开来，把职业能力作为独立于工作任务的一项内容进行开发，并且把职业能力作为职业教育课程内容组织的最小单位，工作任务则作为课程设置和内容框架组织的依据。这样开发的课程是完全以职业能力为基本支架设计的课程，是真正的能力本位课程。

把职业能力作为独立的课程要素进行开发，有利于解决职业教育课程的内部逻辑问题。按这一思路开发的课程，将彻底改变目前职业教育课程体系中职业能力的地位。目前的职业教育课程没有实现以职业能力为课程内容的基本组织单位，而是以工作任务为课程内容的基本组织单位，使得职业能力在整个课程体系中仍然处于教学的结果位置，而不是教学的起点位置。在智能化时代，工作任务的性质已经发生了根本变化，在要求把工作任务与职业能力区分开来进行开发的背景下却没有把它们区分开来，导致目前职业教育教学实践中出现了工作任务与教学结果的脱节问题。教师只是把职业能力作为要求学生学习知识后通过应用知识达到的实践性要求，他们并没有建立起为了提升学生职业能力的教学逻辑。这种课程体系在工作任务与教学结果之间形成了一个真空区域，不仅使得课程体系在逻辑上出现了矛盾，而且使得职业能力没有得到充分开发，影响了职业教育课程质量。当前的职业教育课程其实是一种不彻底的能力本位课程，不能达到有效进行职业能力培养的目的。

把职业能力作为一种独立的课程要素进行开发，还有利于提升职业教育课程人的培养价值。能力本位课程模式的基本宗旨是架设职业领域与人才培养的桥梁，这座桥梁必须由两个环节组成，即工作任务与职业能力。工作任务的存在载体是职业岗位，职业能力的存在载体是人。它们之间既在内容上相互衔接，又在功能上相互独立。如果在职业教育课程开发中只突出工作任务分析，淡化职业能力分析，会出现完全按照职业岗位的任务操作要求进行人才培养的问题，这种职业教育会由于把人作为职业的工具进行培养而备受诟病。职业能力是人的心理特征，其开发一方面需要充分考虑工作任务的内容，另一方面需要充分考虑人的培养需要。经过开发程序产生的职业能力清单，是工作任务的胜任要求与人的培养要求整合的结果。它能大大强化职业教育课程的育人属性。

把职业能力作为独立的课程要素进行开发，还可以有效地架设职业教育课程与知识间的桥梁。按照传统能力本位课程模式的理论框架开发的课程，往往被批评缺乏教育内涵。重要原因是课程中的理论知识含量不够，根源在于直接把作为职业岗位内容的工作任务作为课程内容开发的依据。当直接依据工作任务进行课程内容开发时，能开发出来的知识只有与工作任务完成直接相关的知识，比如工作任务的操作步骤、方法、工具、材料、标准等知识。当然，课程开发者可以通过对工作任务完成所需要知识的拓展性联想获得一些理论知识，但其容量不会很大。以职业能力为支点来开发课程内容，则可挖掘出大量有实践价值的理论知识，从而大幅度强化职业教育课程的育人功能。① 职业能力标准的弹性化为知识开发提供了很大空间。职业能力作为对人的心理特征的要求,其本身在课程开发中是个弹性度很大的要素,当开发者提高对职业能力的要求时,课程内容的教育属性便可得到大幅度强化。工作任务则不具有这一功能,因为工作任务分析必须严格遵从工作场所的实际情况,其开发空间在于对具体任务进行概括的方式。② 职业能力形成过程的特征决定了它的知识分析空间很大。能力不仅有操作方面,还有认知方面,按照布鲁姆目标分类体系,操作方面和认知方面都可进一步划分成许多亚领域,尤其是在认知方面,高层级的认知可以达到非常复杂的水平,这就为知识分析提供了很大空间。而工作任务只能为知识分析提供“任务完成”这个单一维度。③ 职业能力的内容特征为知识分析提供了非常清晰的线索。职业能力分析只能在工作任务分析结果的框架中进行,但职业能力与工作任务是两个完全不同的课程要素。工作任务描述使用的动词是职业活动动词,而职业能力描述使用的动词是心理活动动词,这就决定了它们在知识分析中价值的不同。职业能力的表述方法为知识分析提供了比工作任务表述清晰得多的线索,从而能有效地支撑课程开发者的知识分析行为。

3. 从岗位化职业能力到教学化职业能力

能力本位课程模式有条基本信念,即职业教育的课程内容要由学习者的未来雇主决定。从课程开发技术看,就是要由正在从事该职业岗位工作的优秀员工确定课程内容,这种优秀员工一般被称为岗位专家。按照这一信念,岗位专家确定的内容具有绝对权威,不能更改。学校教师的任务只是实施好这些内容的教学。对工作任务开发来说,这一规则具有合理性和可行性。能力本位课程开发实践表明,岗位专家确定的工作任务基本上能客观反映职业活动实际情况,对分析结果的修正主要集中在逻辑理顺和文字表达处理上。把职业能力作为独立要素从工作任务中分离出来以后,职业能力分析技术还要遵循这一规则吗?要使职业能力在课程开发中的以上功能充分展示出来,需要调整这一规则。职业能力开发中必须增加一个重要环节,即对岗位专家完成的职业能力分析成果进行教学化改造,它是使得职业能力体系真正有效地支撑教学,从而使得能力本位课程模式彻底替代学科课程模式的关键环节。

在能力本位课程开发中,增加职业能力的教学化改造这一环节是基于以下原因的。① 职业能力的内容并不完全被岗位专家所掌握。岗位专家的优点是对职业岗位的工作内容非常熟悉,他们所表达的内容往往与工作实际贴合得非常紧密,但他们有一个很大弱点,即所表达的内容完全局限于目前的工作实际,他们不了解超越目前工作实际的职业能力。因此,当职业能力指导完全由他们提供时,就会大大削弱职业能力内容的弹性,难以培养出超越目前员工职业能力水平、适应未来工作需要的技术与技能型人才。② 职业能力的表达结构并非岗位专家所能完全把握的。职业能力是个体心理特征,它的内容源自工作任务,但它的要求源自对人的心理活动的分析。职业能力只有体现了心理活动要求,才能为教学实施提供基础。要科学地分析和描述职业能力,既要熟悉工作内容,又要具备能力心理学知识。在这两方面,岗位专家缺少能力心理学知识,他们描述的职业能力往往有过度岗位化的特征。③ 职业能力表达要合乎教学逻辑,这也并非岗位专家所擅长的。职业能力要能真正有效地支撑教学,其呈现要符合教学逻辑。比如其内容要清晰地包含教学要点;各条职业能力的教学内容要比较均衡,便于进行教学组织;各种职业能力之间的关系要符合教学逻辑,让学习者能够很好地理解学习内容,有效地实现能力累积。岗位专家通常缺乏教学经验,他们表达的职业能力达不到这一要求。

能够弥补岗位专家在职业能力开发中不足的角色是什么？是职业院校的专家型教师。熟悉职业院校学生和职业教育教学规律，是职业院校专家型教师在能力上的优点，在职业能力开发中应充分发挥他们的这一优点。他们在知识上可能存在不足的方面是能力心理学，但在课程开发专家有针对性的指导下，他们可以快速地克服这一不足。因此，职业能力分析这一环节应在岗位专家和职业院校教师的紧密合作下共同完成，合作方式是首先由岗位专家提供基于工作任务的职业能力初步内容，然后由职业院校教师根据教学逻辑对之进行教学化改造。整个过程应在职业教育课程开发专家的指导下完成。

第三节
职业教育课程基本制度建设

职业教育课程建设是个非常复杂的系统。仅仅从单门课程，或一个专业的课程体系出发不能完成职业教育课程建设，而是首先要构建职业教育课程的基本制度。基于这一制度，才能开展单门课程或一个专业的课程体系建设。这一基本制度包括三个层面，即职业分类体系、职业教育专业目录和职业教育专业教学标准。职业教育课程开发者应了解这三个层面的内容与开发原理。

一、职业分类体系建设

职业教育人才培养是以专业为单位实施的，而职业教育是面向职业的教育，其专业设置必须依据职业分类体系，因此职业分类体系是职业教育课程建设中最为基本的制度。人类社会发展至今，已形成非常复杂的职业体系，只有有了完善、科学的职业分类体系，才能建设目标指向清晰的职业教育课程体系。职业分类体系的开发任务一般由各国劳动部门承担。

世界上比较完善的职业分类体系有美国劳工部编制的《美国职业分类词典》中的分类体系等。在职业管理领域，美国一直处于国际领先水平。我国人社部也投入大量精力构建了适合我国情境的职业分类体系。最新一版《中华人民共和国职业分类大典》于2022年颁布。我国职业分类体系在科学性、细化程度方面还需要提升。从科学性上看，《中华人民共和国职业分类大典》（2022年版）中，职业分类体系包括8个大类，分别是：①党的机关、国家机关、群众团体和社会组织、企事业单位负责人；②专业技术类人员；③办事人员和有关人员；④社会生产服务和生活服务人员；⑤农、林、牧、渔业生产及辅助人员；⑥生产制造及有关人员；⑦军人；⑧不便分类的其他从业人员。这是从社会人员类别角度对职业做出的分类，并非从职业本身逻辑出发进行的分类。

从分类的细化程度看,《中华人民共和国职业分类大典》(2022年版)包括8个大类,79个中类,449个小类,1 636个职业,然而美国劳工部职业库中的职业多达30 000个。数量差别这么大,不是由于我国社会中的职业数量少。我国拥有悠久历史,人口数量远大于美国,产业种类比美国齐全,社会结构比美国复杂,按理说我国的职业数量应该比美国多。《中华人民共和国职业分类大典》中我国职业数量反而少的原因是职业细分程度不高。比如《中华人民共和国职业分类大典》中将教师职业划分为高等教育教师、中等职业教育教师、中学教育教师、小学教育教师、幼儿教育教师、特殊教育教师,而美国劳工部的职业库中,教师职业被划分成了几十个,如学前特殊教育教师、幼儿园与小学特殊教育教师、幼儿园教师、小学教师、中学英语与文学教师、中学后农业科学教师、中学后物理教师等。

在职业分类体系基础上,还需要开发职业标准体系。美国职业分类体系中对每个职业的描述内容多达十六项,包括职业工作内容描述;从业者心理条件描述,如技能、能力、兴趣、工作风格、工作价值等;教育要求、职业资格证书要求、工作与就业趋势描述;目前从业人员总体数量、工资分布等描述。这些内容对于职业院校更好地把握职业需求有重要参考价值。有些国家为了降低开发难度,只开发职业标准中最核心的一项内容,即职业能力标准,如英国、澳大利亚。为了促进职业培训与技能水平认证,我国人社部开发了国家职业技能标准,但其科学性有待提升。

二、职业教育专业目录建设

职业教育是以专业为单位实施人才培养的,专业目录是职业教育根本性人才培养制度,涉及人才培养口径确定与规格设计、毕业生就业方向,以及教育资源投入方向等重要教育问题。专业目录也是沟通职业院校人才培养与职业领域的桥梁,科学的专业目录是提升课程建设水平、保证人才培养质量的前提。

改革开放以来,教育部颁布的职业教育专业目录有:① 1993年印发的《普通中等专业学校专业目录》,其背景是中等职业教育在规模上得到恢复,人才培养结构与需求结构对接受到关注;② 1998年开始制定的《职业高级中学专业目录》,其背景是规范职业高中专业设置;③ 2004年印发的《普通高等学校高职高专教育指导性专业目录(试行)》,其背景是满足高职教育专业设置需要;④ 2010年印发的《中等职业学校专业目录(2010年修订)》,其背景是专业设置适应中等职业学校改革创新需要;⑤ 2015年印发的《普通高等学校高等职业教育(专科)专业目录(2015年)》,其背景是专业设置适应产业变化需要,以及推进高职专业与中职和本科专业的接续;⑥ 2021年印发的《职业教育专业目录(2021年)》,其背景是专业设置适应产业数字化升级与智能化改造需要,以及实现专业设置的中高本一体化,把现代职业教育体系建设推进到专业设置层面。

现代职业教育体系建设背景下的专业目录制定,需要处理好以下三方面问题。

首先是专业目录的纵向一体系化设计。这是现代职业教育体系建设任务提出后产生的新问题,极为重要,因为它是现代职业教育体系构建的基础。现代职业教育体系构建的难点,不仅在于形成高中阶段、专科阶段、本科阶段三个职业教育学制层次,更在于必须把三级职业教育根据学习内容的内在逻辑联系起来,使学习者可以在这个体系中实现技能的持续提升,培养出更高水平的技术与技能型人才。只有实现了各级职业教育之间内容上的衔接,一系列重大职业教育制度(如职业教育内部升学制度)的构建才有可能。中高本专业目录一体化设计在国际上有些经验可循，比如英国、澳大利亚以职业资格证书逐级提升为依据实现了学习层级的不断提升。我国职业教育以专业为载体展开教学，这一衔接关系构建需要探索自己的模式。其中要解决的一个关键问题是中职、职业专科、职业本科实施同一个专业分类体系。

其次是专业设置参照点设定。从职业分类体系中提取出专业分类体系，必须在技术上解决专业设置参照点设定问题。专业目录纵向一体化设计，还要求专业设置参照点设定充分考虑如何建立中职、职业专科、职业本科学习内容提升的内在逻辑。解决这一问题的常规方法是，中职以职业为参照点设置专业，职业专科以技术为参照点设置专业，职业本科以技术与工程的交叉领域为参照点设置专业。以技术为参照点设置专业要考虑职业教育中技术的具体内涵，即特定领域的应用技术，因此这类专业也应有明确的职业指向。严格地说，以技术为参照点设置专业，本质上也是以职业为参照点进行专业设置，只是其面向职业的性质不同。岗位工作任务的范围、复杂程度、责任程度是学习内容提升的核心逻辑。具体路径有叠加模式和阶梯模式。

最后是专业之间横向逻辑关系的构建。科学的职业教育体系需要有边界清晰、逻辑关系合理的专业目录为基础。专业目录制定要有系统思维，系统考虑专业之间的关系，专业目录中不能出现主体学习内容大幅度交叉、相互涵盖的现象。如果一个专业的学习内容，2/3 以上包含在其他专业中，则这一专业没有必要设置，只需在其他专业中设置一个专业方向就可解决相应人才需求问题。如果一个专业的学习内容完全涵盖了其他几个专业的学习内容，则它们之间的关系更需要理清，必须在子专业和母专业之间做出选择。即使专业之间不存在交叉、涵盖现象，如果专业之间逻辑关系不清晰，也会对学生知识结构的形成、专业教学资源的合理使用和学生的生涯发展产生严重影响，需要重新确立其专业分类逻辑。

专业设置中的逻辑关系设定是专业目录编制中科学性极强的环节，各个职业领域需要在基本原则的指导下，探索符合该领域实际情况的专业设置逻辑，在专业目录修订中严格遵循这一逻辑。专业设置横向逻辑关系不清晰，有的是专业设置初期缺乏对该职业领域专业设置逻辑的系统分析，以致后续设置的专业无法与现有专业形成逻辑关系；多数情况下则是增设新专业时，只考虑了新设专业本身的需求，没有考虑它与现有专业之间的相容关系，每次增加新专业都是打补丁的行为，使得专业设置缺乏逻辑。专业目录建设中要建立严格的专业变更机制，规避这一现象。

三、职业教育专业教学标准建设

与普通教育课程内容开发从课程标准开始不同，在职业教育课程内容开发中，职业领域中的知识绝大多数没有得到显性化叙述，因而其课程建设体系必须有一个极为重要的环节，即为院校层面课程开发提供权威性内容的专业教学标准开发。缺乏专业教学标准，院校层面的课程开发就不得不从源头开始，这样不仅难度很大，质量也难以提升。在大多数职业院校没有掌握完整课程开发技术的情况下，专业教学标准缺失会严重制约职业教育课程建设水平的提升，并且会重复开发，导致职业教育课程建设资源严重浪费。我国目前职业院校的课程建设正面临这一困境。尽管国家层面早在 2012 年就启动了专业教学标准开发工作，并且已经过了几轮修订，但由于所开发的专业教学标准没有深入到内容层面，其对职业院校课程建设的支撑功能远远没有发挥出来，目前发挥的主要是对职业院校课程设置的规范功能。专业教学标准开发可在国家层面、地方政府层面或行业协会等民间组织层面进行。

可以把专业教学标准定义为描述专业教学内容与学习标准，以及相关课程设置要求的文件。其核心内容是职业能力标准，也可包含公共基础课程与专业基础课程内容与学习标准。专业教学标准不同于人才培养方案，也不是人才培养方案内容的压缩。许多时候，人们仍然只是站在职业院校层面理解专业教学标准，把它定义为更加科学、严谨、规范的人才培养方案，其内容结构则与人才培养方案没有根本区别。这是对专业教学标准内涵的误解。这种误解不能回答一个问题，即专业教学标准为什么要在政府或行业协会层面进行开发。是否因为职业院校开发不好人才培养方案，政府或行业协会要代替它们进行开发？还是因为职业院校人才培养方案水平差异太大，政府或行业协会要规范对它们的基本要求？显然都不是。如果这样理解专业教学标准，就无法理解《国家职业教育改革实施方案》中这句话的深刻含义："巩固和发展国务院教育行政部门联合行业制定国家教学标准、职业院校依据标准自行制订人才培养方案的工作格局。"

专业教学标准概念的引入涉及职业教育专业教学管理体系改革。专业教学标准是人才培养方案的上位概念，它是填补我国职业教育专业教学管理体系制度性缺失的一个重要概念。构建人才培养方案的上位概念——专业教学标准，有助于更加清晰地界定教育部、地方教育行政部门和职业院校在专业教学中的职责，使各个层面的职能得到更加充分的发挥，从而达到提升专业教学质量的目的。理想模式是，教育部集中全国专家力量开发国家专业教学标准；地方教育行政部门根据地方职业教育教学的个性化需要开发补充性专业教学标准，并指导职业院校依据专业教学标准制定人才培养方案；职业院校面向人才市场，根据自身办学基础与人才培养的优势和特色，依据专业教学标准开发人才培养方案。如果缺乏专业教学标准这一概念，教育部、地方教育行政部门、职业院校在课程建设中的角色就不能清晰地区分开来。出现的情况很可能是，各方都在围绕人才培养方案的编制展开工作，职业院校是人才培养方案编制的实施者，教育部、地方教育行政部门是人才培养方案编制的指导者、组织者。这种工作模式一方面制约了教育部在专业教学中职能的充分发挥，使之不能集中精力解决职业教育专业教学中更具根本性的问题；另一方面也制约了职业院校作为人才培养主体的自主性的充分发挥，它们总是在被动地等待教育行政部门的指令，而不是积极地面向人才市场，探索人才培养的新需求与培养规律。这种模式使得职业教育课程质量难有根本性突破。当然，区分教育部、地方教育行政部门与职业院校在专业教学中的职责还有其他可借鉴模式。比如普通教育用课程管辖权划分解决这一问题，构建了国家课程、地方课程与校本课程三级课程，不同课程管辖权归属不同层级教育行政机构。但这一模式不适合职业教育，因为它无法支撑一份人才培养方案中课程体系的完整性。对职业教育来说，解决这一问题的最好思路是区分专业教学标准与人才培养方案。

职业教育专业教学标准开发有两种主要模式。① 把职业能力标准直接作为教学内容标准，比如英国、澳大利亚。在它们的体系中，职业能力标准就是教学内容，它们在构建国家职业资格框架的同时，完成了职业教育内容标准开发。② 参照职业能力标准开发独立的职业教育内容标准，这一模式以美国为代表。美国职业教育内容标准包含了职业能力标准，但又高于职业能力标准，它在职业能力标准的基础上增加了大量教育本身所需要的内容。其开发路径是首先研制核心素养，然后把核心素养内容渗透到职业能力标准体系中，使其更多地具备了教育属性。两种模式的差异源于不同国家对职业教育功能不同的定位，采取第一种模式的国家把职业教育功能定位为职业胜任力训练，采取第二种模式的国家则更多地强调职业教育的育人功能。第二种模式更适合我国。

关键概念

课程；泰勒原理；课程目标；课程内容；课程组织；学业评价；知识中心课程理论；学生中心课程理论；社会中心课程理论；能力本位课程理论；后现代课程理论；俄罗斯制；MES 课程模式；新能力本位课程模式；项目课程；工作过程系统化课程；职业岗位分析；工作任务分析；职业能力分析；职业分类；专业目录；专业教学标准

思考与讨论

1. 如何理解课程建设在当代职业教育发展中的核心地位？
2. 在课程开发中，如何整合知识中心课程、学生中心课程与社会中心课程？
3. 在职业教育课程开发中，如何合理采用能力本位课程不同分支学派的元素？
4. 职业教育课程与普通教育课程的根本区别是什么？
5. 职业教育课程开发属于工程问题还是技术问题？

参考文献

[1] BURKE J. Competency-Based Education and Training[M]. London: The Falmer Press, 1989.

[2] KNOLL M. The Project Method: Its Vocational Education Origin and International Development[J]. Journal of Industrial Teacher Education, 1997(34).

[3] 布鲁纳．布鲁纳教育论著选[M]．邵瑞珍，张渭城，等，译．北京：人民教育出版社，2018.

[4] 杜威．民主主义与教育[M]．王承绪，译．北京：人民教育出版社，1990.

[5] 多尔．后现代课程观[M]．王红宇，译．北京：教育科学出版社，2000.

[6] 李其龙．赫尔巴特文集·教育学卷一[M]．邓艳红，朱刘华，朱更生，等，译．杭州：浙江教育出版社，2002.

[7] 黄克孝．职业和技术教育课程概论[M]．上海：华东师范大学出版社，2001.

[8] 姜大源．德国主流职业教育教学思想研究[M]．北京：清华大学出版社，2007.

[9] 夸美纽斯．大教学论·教学法解析[M]．任钟印，译．北京：人民教育出版社，2006.

[10] 施良方．课程理论：课程的基础、原理与问题[M]．北京：教育科学出版社，2020.

[11] 泰勒．课程与教学的基本原理[M]．罗康，张阅，译．英汉对照版．北京：中国

轻工业出版社，2008.

[12] 吴式颖，赵荣昌，黄学溥，等. 外国教育史简编[M]. 北京：教育科学出版社，1988.

[13] 徐涵，梁丹. 德国能力本位学习领域与澳大利亚能力本位培训比较研究[J]. 职业技术教育，2015(25).

[14] 徐国庆. 职业教育项目课程原理与开发[M]. 2版. 上海：华东师范大学出版社，2016.

[15] 徐国庆. 职业教育课程论[M]. 2版. 上海：华东师范大学出版社，2015.

[16] 徐国庆. 实践导向职业教育课程研究：技术学范式[M]. 上海：上海教育出版社，2005.

[17] 徐国庆. 职业教育课程、教学与教师[M]. 上海：上海教育出版社，2016.

[18] 徐国庆. 中等职业教育的基础性转向[J]. 教育研究，2021(4).

[19] 薛栋，潘寄青. 对德国职业能力本位观的解读[J]. 中国职业技术教育，2010(27).

[20] 闫宁. 高等职业教育能力本位的重构[J]. 现代教育管理，2012(5).

[21] 叶岚. 加拿大职业能力本位观[J]. 世界农业，2013(8).

[22] 赵志群. 职业教育与培训学习新概念[M]. 北京：科学出版社，2003.

[23] 中国CBE专家考察组. CBE理论与实践[R]. 中加高中后职业技术教育合作项目出版物，1993.

[24] 钟启泉. 现代课程论[M]. 新版. 上海：上海教育出版社，2015.

[25] 朱秋月."能力本位"应用型人才内涵、特征与实现路径[J]. 教育学术月刊，2019(8).

[26] 佐藤学. 学习的快乐：走向对话[M]. 钟启泉，译. 北京：教育科学出版社，2004.

[27] 佐藤学. 课程与教师[M]. 钟启泉，译. 北京：教育科学出版社，2003.

第十三章 职业教育教学

学习提示

教学是职业院校的中心工作。职业教育教学既具备一般教学的特点，又有其自身的特殊性。本章首先分析了职业教育教学的特殊性，分别从育人宗旨、教学内容、教学过程和教学方法等方面详细论述了其独特的类型属性；其次，梳理了与教学、学习相关的经典理论，包括行为主义理论、认知主义理论、建构主义理论、多元智能理论和人本主义理论，并总结了每种理论对职业教育教学的核心启示；再次，从微观层面对职业教育教学设计进行了专门的介绍和论述，分析了设计原则和教学要素的设计要点；最后，对人工智能时代职业教育教学的机遇和挑战进行了分析，并提出了批判性思考。

教学是实现教育目的、达成人才培养目标的基本途径，是学校教育的中心工作。相较于普通教育教学的学科中心，职业教育教学具有类型特色，强调职业导向和技术中心，其逻辑起点是职业，教学的目标是培养学生的职业能力和素养。[①] 随着三教改革的深入推进，有必要重新审视教学在职业教育中的重要性，探索真正符合职业教育类型属性的教学规律，妥善处理好课堂教学、实践教学和技能教学之间的关系，使得教学活动更好地实现技术技能人才的培养目标。此外，在智能化时代，教育信息化手段的日新月异也给教学带来了机遇与挑战，如何有效运用这些新技术赋能教学活动成为一个需要深入研究的话题。本章立足于智能化时代下的职业教育教学，聚焦于学校职业教育教学，从对职业教育教学与普通教育教学的比较中阐释职业教育教学的特殊性，并尝试基于经典学习理论构建职业教育教学的相关理论和观点；继而，从职业院校教学的微观层面介绍职业教育教学设计，并对人工智能时代下教学的机遇和挑战提出了新认识和新思考。

第一节
职业教育教学的特殊性

教学是教育研究中最基本的概念，在阐释职业教育教学之前有必要对教学相关问题进行解释，以便更好地把握职业教育教学的一般性和特殊性。关于教学概念的界定与理解古今中外皆有之，归纳起来有广义和狭义之分。广义上的教学是指一切获得经验和传授经验的活动，包括学习、自学、教育、科研乃至生活本身等活动。这种理解将教学与学习、教育等概念混合在一起。狭义上的理解是将教学从教育中分离出来，特指发生在特定场所，以教师教和学生学为主要活动，以完成预定任务为目标的社会活动。[②] 这一概念具有以下特点：首先，教学是在教师引导下的师生间共同活动，教与学相互依存，缺一不可；其次，教学是为了实现一定的教育目标而专门组织开展的培养人才的活动；最后，教学要适应人自我完善的需要，是促进人身心发展的活动。

"教学"一词常被与课程、教育等基本概念相混淆，诸多著作和研究将几者混合使用，难以真正区分它们之间的差别。教学与教育是部分与整体的关系，教学特指在学校中由教师来承担的教育学生的活动，是众多教育活动中的主要途径。除教学外，还可通过生产劳动、社会活动等途径来对学生进行各种教育活动。课程是教育领域中最复杂的概念之一，其与教学紧密联系，又各有侧重。课程侧重于学习的内容与材料，教学偏重于内容传

① 徐国庆．职业教育原理［M］．上海：上海教育出版社，2007.

② 杨小微．现代教学论［M］．太原：山西教育出版社，2004.

递的方法和过程。课程与教学并非割裂和独立的关系，而是相互包含与影响的整合关系，二者的统一在本质上是经验的性质决定的。

职业教育教学的含义也有广义和狭义之分。其广义上是指在学校和企业中，根据一定的教育目标，在教师、师傅和学生之间开展的有计划、有组织的活动，包括各种校内外的教学活动。狭义的职业教育教学专门指在学校中开展的培养技术技能人才的活动。职业教育教学具备一般教学的特征，也是在学校中由师生间共同完成的活动，但是职业教育的本质属性决定了课堂教学不是它的主要教学模式，“经验学习”“实践教学”“技能教学”“工学结合”等概念在教学中被反复提及。这是由于职业教育教学是一个非常复杂的过程，既受到教育规律的影响，又受到外部环境的影响。

职业教育作为一种教育类型，与社会经济发展联系最为紧密，其教学活动的使命是促进个体从社会人成长为职业人，具备所从事职业需要的知识、能力、思维、情感和素养等职业特质。相较于普通教育教学活动，职业教育教学有其独特的内涵。对于职业教育教学而言，在场所上，既有校内学习，又有校外的企业实践，还有企业内的师徒帮带。总的来说，职业教育教学与一般的教学主要有五方面不同。① 教学目标不同。普通教育教学旨在培养学生的综合素质，而职业教育教学除了提高综合素质外，还注重学生实践能力的培养，突出职教特色，以职业为导向。② 课程体系不同。普通教育以学科论为导向，构建系统、全面的课程体系，而职业教育课程打破学科体系，以工作任务和职业能力为导向构建新型课程体系。③ 培养模式不同。职业教育主要采用工学结合的人才培养模式，以职业技术人才培养为目的，通过学校与企业的联合培养，将理论学习、技能训练和企业实践相结合，使学生具备全面的职业素养、技术应用能力。④ 学生考核方式不同。相较于普通教育采用试卷考试的形式进行考核，职业教育的考核范围更为广泛，不仅通过考试考查学生的知识掌握情况，而且通过专业技能考核，以及相关职业技能等级证书考试和职业资格证书考试等进行考查。这些不同之处充分体现了职业教育教学的独特性，要遵循这些特点和规律来开展教学活动，培养高质量、高水平的技术技能人才。从以上对于职业教育与普通教育教学之间异同的比较可以发现，职业教育教学有其特殊的规律，突出表现在育人宗旨、教学内容、教学过程和教学方法四方面。

一、职业教育教学以德技并修为育人宗旨

教学蕴藏着巨大的育人潜力，可以使学生形成世界观，发展社会的、道德的意识和态度。[①] 相较于一般教学活动是以实现立德树人，培养德、智、体、美、劳全面发展的社会主义接班人和高素质劳动者为目标，职业教育教学除了遵循这一目标外，尤其突出以德技并修为育人宗旨。德技并修有三层含义。[②] 首先是“德技融合”，即将德育与技能教育统一，融为一体，共同构成育人的有机整体。在技能教学中必须蕴含和渗透着德育元素，而不是单纯的技能训练。其次是以德育为根本，“以德驭技”。德育是学生培养的底蕴，是学生职业发展和获得人生价值的保障。技能是学生胜任工作岗位的硬核本领，其培养也是养成学生基本职业道德规范的基本途径。德技并修就是要将培养学生品德和价值观作为最高目标和根本宗旨。最后，“寓德于技”。德育并不是单独开设一门德育课，进行课堂教学。这

① 佐藤正夫．教学原理［M］．钟启泉，译．北京：教育科学出版社，2001：324.

② 赵蒙成．以德为本、寓德于技：职业教育德技并修的要义［J］．职业技术教育，2020，41（4）：1.

种割裂的教学无法有效培养学生的道德情感、道德意志和道德实践能力。德技并修要将德育融入具体的专业课程教学，让专业课教学成为德育的主阵地。

职业教育教学中德技并修的育人宗旨主要是指通过技能操作和操作中的学习，让学生在增长知识、技能的同时，形成正确的职业观、劳动观和价值观，树立起基本的职业态度、生活态度和社会态度。[①] 培养德技并修的技术技能人才是由产业发展的逻辑和职业教育发展的逻辑决定的。从产业发展的逻辑来看，随着产业的转型升级和技术的更新迭代，新职业不断涌现，人的职业活动不再是单纯的技能操作，而是变得复合化、多元化，需要更多的科学思维和智力参与。在此背景下，产业对于技术技能人才的要求也发生了变化，不仅需要具备高操作技能，而且需要有软技能，即较高的职业素养和职业道德。"德"与"技"成为技术技能人才的两翼。修德是成为合格的技术技能人才的第一步，练技是技术技能人才的基石和生存之本。

从教育逻辑上来看，培养德技并修的人才是对人的全面发展理念的回应。德技并修的育人宗旨是职业教育教学区别于其他类型教育教学的标志。[②] 职业教育提出德技并修不仅是对职业教育人才培养的期待，也是对当前教学改革的反思。在我国，长期以来，职业教育教学的"重技能、轻德育"一直受到诟病。将职业教育等同于就业教育，片面追求就业率，将教学活动理解为反复的技能训练，缺乏对于学生综合素养的教育，使得培养的学生缺乏软技能，阻碍了职业教育的高质量发展。在当今社会，培养德技并修的技术技能人才是职业教育教学改革的重要使命。德技并修就是要将德育课程融入专业课程教学、社团活动或其他课外活动，让学生在潜移默化中提升品德素养。

二、职业教育教学以岗位需求为内容

教学内容是为了实现教学目标，在教与学之间有意传递的主要信息和素材。职业教育教学内容的选择是一个复杂的问题，既要遵循科学的教学理论，又要考虑与学习直接相关的企业的实践需求。在一般的教学活动中，通常是根据实际情况和特定的原则来选择教学内容，并按照教育原理简化内容，形成完整的、体系化的学科知识，以符合学生的身心发展特点和接受水平。职业教育教学内容的选择同样如此，不同的是，职业教育教学是对职业教育的教与学的理解和适应，其教学的本质是让学生"在工作过程中学会工作"。所以，职业教育教学不仅是教育学的问题，而且和具体的工作领域、技术领域、劳动科学等知识和实践相关。对于职业教育教学而言，单纯的经验性学习、传授工具性的知识和技术还远远不够，在工作过程中学习"工作过程知识"的环节必不可少。"在高质量的职业教育教学中，学习过程、工作过程和技术过程是个一体化的系统，学生只有参与到技术和工作设计实践中，才能实现能力的全面发展，即通过'对工作和技术的设计'实现自觉。"[③] 总而言之，职业教育教学和工作岗位和技术直接相关，以岗位需求为内容，以岗位所需要的职业能力为核心。

基于岗位需求为中心的教学内容包括理论知识、职业技术技能和职业素养，形成了活动课程、学科课程和技术方法课程，选取符合学生学习特征和成长规律的间接经验，并根据技术的进步和职业的升级更新做出调整。不同内容通过合理组织形成完整的课程体

① 赵志群．职业教育教学论：职业教育研究重要的基础性学科［J］．中国高教研究，2022（2）：95–101.

② 庄西真．新时代职业教育德技并修的逻辑意蕴［J］．中国职业技术教育，2019（4）：21–24.

③ 赵志群．职业教育教学论：职业教育研究重要的基础性学科［J］．中国高教研究，2022（2）：95–101.

系。对于培养学生职业能力的活动类课程一般按照由易到难的顺序排列，以完成一个完整工作任务的过程为逻辑组织内容。学科课程主要是专业理论知识，为活动课程和技术方法课程提供学习基础。一般而言，学科课程是按照知识的逻辑框架来进行组织的，比较抽象，应以知识的应用逻辑来整合内容，与活动课程相衔接，以激发学生的学习兴趣，提高其学习效果。值得注意的是，职业教育教学内容的设置除了要遵循和适应技术岗位和职业发展需求的技术性逻辑[①]，还要关注技术伦理道德规范、技术审美、技术品质等人文性逻辑，培养学生的思维力、道德品行和复合型技能[②]。

三、职业教育教学过程以工作过程为依据

从一般的教学论来看，学生培养过程主要发生在校园、教室这样相对固定的学习空间，主要以教师的“教”和学生的“学”为主要活动。然而，职业教育教学过程远比一般的教学复杂，涉及多主体、多场所、多角色之间的切换。职业教育教学过程的设计以工作过程为依据，学生是在完成综合性学习任务的工作过程中学习和成长的。在这一教学过程中，涉及学校、企业、社会组织等多个学习场所，除了学校的老师外，还有企业的师傅和专家指导学习。学生是学习者，也是企业中的员工，承担着学习和工作双重职责。“基于工作学习”就是一个将工作与学习、创新紧密结合的教学过程，它在职业技术人才培养方面有巨大潜力，受到广泛欢迎。[③]

在当前的职业教育中，课堂教学已经不再是唯一的教学组织形式，其重要性和地位逐渐下降。反之，根据工作过程特点形成的以跨学科、跨空间为特色的综合化学习越来越受欢迎。反映企业的利益诉求和职业教育规律的综合性学习能使学生获得工作过程知识，培养职业能力。教学过程逐渐成为一个“技术实验”的过程，是为了尝试、验证和优化某些内容的探索性活动。[④]这里的技术实验设计来源于工作场所中的实践内容，是将工作过程与教学过程高度结合的结果。当前，对工作岗位的学习范围、工作过程的特点与规律及其对个人能力发展中的促进作用等内容的了解十分有限。这是因为基于工作的学习本身具有局限性，十分依赖于具体的工作条件和工作任务，有的工作岗位甚至无法实现与学习结合。此外，教育学和心理学对基于工作过程的学习理解不同。例如，在项目式学习中，学生根据事先设定的教学目标，通过完整参与行动过程，形成综合职业能力。但是，这个过程与真实的企业顶岗实习不同。高质量的教学过程设计并不是完全复制和重复工作过程，而是以工作过程为依据，根据教育规律，进行教学化处理。这可以降低学习难度，还能更好地帮助学生主动建构知识。

四、职业教育教学以“做中学”为方法

职业教育教学重在培养学生解决工作岗位上实际问题的能力，是以岗位需求为教学内容，依据工作过程来进行教学组织和实施的，这就必然要求职业教育教学方法不能采用传

① 肖凤翔，陈凤英．技术工具论视角下职业教育教学生态系统的困境与重构［J］．现代教育技术，2021，31（5）：52–58.

② 周驰亮，方绪军．人工智能背景下职业教育教学改革的三重逻辑：起点、挑战与路径［J］．中国职业技术教育，2022（20）：33–39.

③ 徐国庆．职业教育课程、教学与教师［J］．职业技术教育，2017（3）：63.

④ 赵志群．职业教育教学论：职业教育研究重要的基础性学科［J］．中国高教研究，2022（2）：95–101.

统的教授法，而是要采用“做中学”“学中做”的方法，工学结合，逐渐培养学生的职业能力和职业素养。这是职业教育的职业性、实践性决定的，是以能力为本位的职业教育教学的基本要求。这种“做中学”的方法突出表现在技能教学和实践教学活动中，最为典型的是在实习、实训、项目式学习等活动中。需要注意的是，“做中学”并不是简单的技能训练的方法，而是以做为基础的全面的学习活动，包括知识、技能、思维、判断力和素养等多方面的学习。“做中学”是基于以杜威等构建的实用主义知识理论的教学模式。这里的实用特指知识对于学生来说有价值和意义。单纯的理解或观察不能构建知识的意义，只有通过做，即让学生与环境相互作用并获得结果的体验才能获得真正有意义的知识。

职业教育教学之所以采用“做中学”的方法，是因为“做”是获得能力的唯一方法。[①]唯有先做才能达到会做。因此，职业教育教学活动必须采用“做中学”的方法。传统的知识传授教学方法固然可以在很短的时间内帮助学生学习很多知识点，然而，学生对于知识的学习多停留在表面，难以真正理解这些知识的内涵，从而使得学习效果不理想。以做为中心开展教学虽然比较慢，也可能遇到各种困难，但是教学的效果最佳，可以使学生获得直接经验，深刻理解所学知识，并能运用知识解决实际问题，培养学生的职业能力。当然，杜威提倡“做中学”的方法，并不是否定间接经验的价值。在他看来，那些通过纯粹理论教学培养出来的学者可以被归类为少数精英。然而，对于这个社会中的大多数人来说，“做中学”是最佳的学习方式。当前，职业教育教学中的问题是将适合于少数精英的理论教学方法运用到广大的职业院校学生群体上，这必然导致教学的效果不佳。职业教育的发展是教育普及化、大众化的结果，作为大众化群体的职业院校学生，采用“做中学”的教学方法是最适宜的。

职业教育教学除了具有以上四方面特殊性，作为教学活动中参与主体的教师和学生同样具有特殊性。教师和学生是教学活动中的参与主体，分别为教学活动中的主导者和主体者。职业教育教学中教师和学生的身份和角色更为复杂、多元。

首先，在学生层面，学生的来源多样，既有普通学校升学而来的学生，也有退伍军人、新型职业农民、失业人员等特殊社会群体。不同的背景使得他们对教育有着不同的需求，这使得教学内容的选择和教学方式的选用需要更具有弹性和灵活性，从而给教学活动带来了新的困难和挑战。不同学生的职业能力发展水平不同，明确学生的学习需求与学习任务特点是有效开展教学的基础。职业教育以培养学生职业能力为目标，根据职业能力发展水平理论，职业教育的学生可以分为初学者—高级初学者—有能力者—熟练者—专家五个层级，从下一层级向上一层级发展具有不同的学习范围。通过对学生现有职业能力发展水平与目标职业能力发展水平的比较分析，找到二者之间的差距，由此明确学习者的学习需要及学习任务特点，是有效开展职业教育教学的前提。

其次，在教师层面，由双师型教师、企业专家、普通教师等多主体组成教师队伍。职业教育教师作为教学中的主导者，不仅要具备专业知识，而且要准确掌握专业领域的发展动向，了解职业要求的变化、技术的发展。这就要求职业教育教师具有双师型素养，有一定的企业工作经历。随着校企合作的深入推行，职业教育的教学场域从职业院校逐渐拓展到企业、行业甚至整个社会，这就要求教师的能力素质同样具有“跨界性”，除了具备教学能力，还要具备扎实的专业理论知识及突出的专业实践能力。由企业的工程技术人员、高

① 徐国庆．何谓做中学［J］．职教论坛，2015（6）：1.

技能人才等组成的兼职教师是职业教育教师队伍的重要部分。

综上，职业教育教学与职业紧密联系，是直接面向职业、岗位的教学活动，这突出表现为教学目标以专业对应的岗位群、岗位、职业所需要的典型工作能力为基准，培养学生的专业能力、方法能力和社会能力。学校的专业设置要与职场需求相一致，教学过程要与职业工作过程相一致，教学环境设置要与实际工作情境相一致，以企业内完成一项工作任务的过程和内容作为教学设计的依据。但实际的工作过程往往十分复杂，应以系统、完整、全面的视角来分析工作过程，才能设计出有效的符合实际的教学活动。应实行以真实性评价为主的教学评价[①]，以真实情境或虚拟情境中学生运用所学知识、技能完成某项任务的情况作为考核标准判断学习效果。

第二节
职业教育教学理论

教学经典理论是职业教育教学理论的基础。我国经典的教学理论并不涉及职业教育的核心要素，如工作中的学习、有教育价值的工作岗位设计、以组织学习方式进行的技能培训等。在开展职业教育教学理论讨论时，首先要关注的问题是普通教学论原理在多大程度上可以解决职业教育的问题。要想提高职业教育教学质量，必须关注职业教育教学行为的特殊性及其对教学研究的影响。教育教学理论的发展随着心理学的发展而变化。应通过对20世纪心理学与职业教育共同发展历程的剖析，来重新审视和建构职业教育教学的基本理论。心理学中关于“能力观”的认识变化直接影响着职业教育领域关于教学理论的提法。尽管教学理论在不断发生变化，但是其始终是基于能力观的变化而逐渐发展和完善的。职业教育教学的出发点和目的始终是“以能力为本位”，旨在以最适宜的方式培养学生的“职业能力”。[②]本节重点介绍和梳理了五类与职业教育教学相关的经典教学理论流派，即行为主义教学理论、认知主义教学理论、建构主义教学理论、多元智能教学理论和人本主义教学理论，并基于能力观变化的视角来分析和讨论职业教育教学理论，为教学活动开展提供理论依据和实践启示。

一、行为主义教学理论

行为主义是心理学的一个流派，崛起于20世纪之初，其代表人物是古典行为主义心

① 张继玺．真实性评价：理论与实践［J］．教育发展研究，2007(2)：23-27.

② 米靖．现代职业教育论［M］．天津：天津大学出版社，2010：141.

理学家华生（John B. Watson）和新行为主义心理学家斯金纳（Burrhus Frederick Skinner）。华生认为行为是有机体用于适应外部环境刺激的各种躯体反应的组合；人类的行为都是通过后天习得的，并受环境的影响；学习的实质是通过建立条件作用，形成刺激与反应之间的联结，从而形成习惯的过程。[①] 这种经典条件作用理论被广泛应用于课堂教学，如针对学生对某科目学习焦虑问题，教师可将快乐的事件作为学习活动的无条件刺激，让学生产生愉悦、舒适的感受，并将这种感受泛化到对这一科目的学习上，从而使学生逐渐消除焦虑并重新建立学习兴趣。斯金纳进一步发展了华生的学说并提出了操作性条件反射作用理论。他认为行为发生变化是由于强化的作用；人的行为大多数是操作性的，行为的习得都与及时强化相关；强化可以提升反应的概率，是提升和保持行为强度的关键。[②] 如当教师预期的学生行为出现时，立即利用奖励来给予强化，再出现，再强化，直到发生预期行为的频率上升。这种理论至今深深影响着课堂教学活动。

行为主义教学理论认为，教师是教学活动的策划者和组织者，学生在教师创设的环境中被动接受知识，是接受者；教学活动即安排可能发生强化的事件以促进学生学习，其目标是提供特定的刺激以引起学生特定的反应，目标越具体越好；对教学内容和过程要以可观察、可测量的方式来进行具体说明；教学方法应采用程序教学法，即分步骤呈现学习资料，即时对学习者的行为反应给予反馈，遵循由简入繁、由浅到深、循序渐进的教学原则。

行为主义理论对职业教育的影响是催生了“能力本位”教学理论。[③] 早期的能力本位教学理论是基于行为主义能力观构建的，其代表模式为加拿大的 CBE/DACUM 模式，即认为能力就是操作技能，是一系列具体的、孤立的行为，可以观察、测量和分解。这些行为与被分解的一项项任务相联系，将能力等同于任务。基于行为主义能力观的职业教育教学理论主要有以下三点内容。

（一）教学目标的精细化与可测量化

行为主义主张教学目标的可观察性、可测量性和具体化、精细化。基于这种能力观的教学目标的建立过程是基于观察对某一岗位所需能力的陈述和甄别，再以特定的行为化目标陈述甄别出来的技能，然后按照由易到难的顺序来排列，最后形成一份详细的行为明细表。以此目标作为教学的顺序，帮助学生逐渐掌握行为化目标。

（二）教学过程的程序化

行为主义职业教育教学过程与程序教学法一致，主张根据能力标准中的每项能力开发学习模块，按照由简入繁、由易到难的顺序进行编排，指导学生按顺序完成每一个模块的学习，逐渐达到能力标准。在此过程中，对于学生的学习时间、学习途径不做限制，允许学生根据自身的情况自行决定学习进度，即自定步调学习。在教学过程中要遵循掌握原则、即时反馈原则和循序渐进原则。

（三）基于基本能力标准的教学评价

在教学过程中，行为主义理论主张按照能力标准进行自我评价。根据预先确定的详细的能力标准，逐一测量学生的操作行为是否达到标准。教学评价包括直接手段和间接手段，其中直接手段是指操作行为测量，即通过观察学生在完成任务过程中的操作技能表

---

① 陈琦，刘儒德．当代教育心理学［M］．修订版．北京：北京师范大学出版社，2007：133.

② 陈琦，刘儒德．当代教育心理学［M］．修订版．北京：北京师范大学出版社，2007：138.

③ 米靖．现代职业教育论［M］．天津大学出版社，2010：147.

现，推断其是否熟练掌握某项能力。间接手段是指对知识和理解能力的测量。

基于行为主义能力观的职业教育教学理论将能力与工作任务相联系，教学目标具体、可测量，教学过程和评价易于控制。但有学者对这种理论提出质疑，认为单纯以具体任务分解而来的能力缺乏完整性，容易忽视操作技能之外的基本素质的重要性，忽视在实际情境中员工的工作表现的复杂性，以及默会知识和判断力所起的作用；忽视不同任务之间的相互联系，单纯将任务分割为一项项能力，违背了系统的观点。此外，这种教学评价难以完整测量学生的整体职业能力，存在一定缺陷。①

二、认知主义教学理论

认知主义理论与行为主义理论相对，认为学习是学习者通过认知的过程，把各种资料加以储存和组织，形成自己的知识结构，强调学习者的内部心理过程和认知规律，而不是将学习看作应对外部刺激的被动反应。以布鲁纳为代表的认知主义教学理论主要有以下观点：教学目标是教授个体认知策略，使之能将知识迁移到不同的问题和情境中，具体包括能够理解不同人的观点，判断不同的观念，学会交流与合作的技巧，能够处理多元信息等；教学的环境应能够反映真实的生活情境，提供多元的外部刺激，激发学生的探索欲和好奇心，注重不同教学参与主体间的互动合作，并赋予学生主体性地位，鼓励自我监督与评价；学习的过程是个体问题解决的能力从初学者到专家水平的提升过程。教师在这一过程中扮演指导者的角色，以示范、解释和分析等方式引导学生掌握学习策略和技巧，实践这些技巧，还要评价学生的学习效果。教师与学生之间是合作的伙伴关系，教师要支持和鼓励学生。教学设计是按照新手到专家的知识状态、认识过程来开发教学步骤，并以专家型思维模式和认知策略作为标准进行教学评价，考察学生是否掌握了系统的认知策略，学会迁移知识以解决情境问题的活动。②

认知主义主张技能的习得是一个完整的过程，而非一个个片段，理解力、情感和价值观等影响着技能的形成。职业教育教学的目标就是将在某种职业能力方面的新手培养为专家。专家理论是认知主义的著名理论，由威廉姆·温（William Winn）和丹尼尔·塞德（Daniel Snyder）提出。他们指出人们在工作中是逐渐由新手向专家过渡的，在这个过程中，个体的认知图式不断发展，工作效率不断提升，成效变得更好。随着经验的积累和对各种情境中的问题的解决，个体的认知模式由最初的呆板单一变得灵活自如，最终能够做到随机应变，并对可能出现的问题产生预见性。

德雷福斯兄弟通过观察技能习得的过程，于 1986 年提出了著名的德雷福斯技能获得模型。在他们看来，个体习得技能的过程是从一无所知的新手发展成为无需思考即可熟练运用知识与技能的专家的过程。从新手到专家的过程并不是一蹴而就的，而是一个漫长的过程，分别经历了初学者—高级初学者—有能力者—熟练者—专家五个阶段，不同阶段的知识、工作质量、自主性、应对复杂问题和对情境的理解都不相同。在初学者阶段，由于对知识的理解比较单一、简单，严格遵守被传授的知识来进行操作，缺乏情境化理解，这时对情境的分析依靠理性的分析，缺乏背景知识参考。这一阶段的教学活动旨在给予学

① 米靖．现代职业教育论［M］．天津：天津大学出版社，2010：148.

② THOMAS R G. Cognitive Theory-Based Teaching and Learning in Vocational Education［J］. ERIC Clearinghouse on Adult, Career, and Vocational Education, 1992（349）: 39-40.

生详细的指导、可靠的知识和足够的图解，帮助其逐渐建立成就感和良性反馈。到了有能力者阶段，学生已经掌握了更多的规则和知识，开始积累经验，并形成基于知识的理解，能够基于背景知识做出整体的理性分析。但是这时其对于情境化的理解有限，主要基于外在的要求进行行动，是最危险的阶段。这一阶段的教学在于帮助学生体验多元化情境，积累足够经验，以帮助其形成能够胜任某些工作的能力。有能力者阶段的行动部分依据长远目标，能够有意识地制订规划，准确掌握常规性程序，并做出全面的理性分析。过渡到熟练者阶段，其对知识有了深度理解，已经能够自信地应对复杂情境，以全局观做出迅速的决策，并不断调整以适应新情境。最后到了专家阶段，其可以不依赖规则，依靠深度的隐性理解来对具体情境做出直觉的决策，善于随机应变，工作质量比较容易达到优秀。从有能力者到专家水平的过程往往是在学生走出校门，在不断的工作锻炼中逐渐历练而完成的。职业教育教学的这一过程需要遵循教育学和心理学的规律，以理论指导职业院校和职业培训。

认知主义理论对职业教育教学理论的发展产生了巨大影响，这是由于职业教育教学过程的特点与认知主义理论主张的观点一致，即培养学生的高认知能力和策略。职业教育教学与其他类型的教育不同，其教学本质是培养高素质技能型人才。职业教育教学以学生为主体，即学生主动实践以掌握某项技能，借助工具或器械，通过团队合作的方式进行互动式学习和交流，这个特点突出地表现在技能教学和实践性教学活动中。例如，职业教育教学活动并不局限于课堂，较少使用教材或工作手册，而是使用各种工具，从事某项具体的事务和工作，并以工作成果或表现来进行评价，在此过程中，往往需要团队协作和互动交流。基于职业教育教学与认知主义二者的一致性，可以从认知主义视角来更好地理解和实践职业教育教学活动。

三、建构主义教学理论

建构主义理论更为深刻地解释了人类认识和学习的本质，是继行为主义、认知主义之后的又一重要理论。建构主义认为人类的学习并不是消极地重复信息，而是积极建构知识，是将新信息与已有的知识结构建立某种联系，形成对新信息的理解，并不断地发展其知识体系的过程。建构主义认识论有以下四个原则：一是知识是积极认知的结果，而非被动积累而成的；二是认知是主体不断适应环境的结果；三是认知需要利用先前经验，是一种意义建构的过程；四是认知水平受个体生物水平和社会交往水平的影响。这种认识论促成了新的教学范式，即以传统的教师为中心转变为以学生为中心。① 相较于行为主义教学注重对规定材料的传授，建构主义教学鼓励学生积极质疑已有知识，自主建构自身的知识体系。教师是启发者和引导者，其角色是使学生发现知识，并为他们创造实践、运用、理解知识的情境和机会。教学过程的本质是培养学生自主建构知识的能力的过程。建构主义教学范式将学生的学习活动从机械的信息记忆转变为元认知，鼓励对于假设、价值等的批判性思考。建构主义教学范式带来了职业教育教学观的转变，包括师生关系、课程、教学模式和教学评价等方面。②

（一）以学生为中心

建构主义教学的重心由教师的“教”转为学生的“学”，学生是教学活动的中心。学生

① 陈琦，刘儒德．当代教育心理学［M］．修订版．北京：北京师范大学出版社，2007：185.

② 米靖．现代职业教育论［M］．天津：天津大学出版社，2010：163.

的学习兴趣、学习需求和个人背景受到高度重视。在以学生为中心的师生关系中，学生具有更大的学习自主权，不再是被动的知识接收者，而是自我管理、自我建构和社会交往中的主体。教师为学生创造真实的情境，以讨论或案例的方式不断促进学生自主建构知识、掌握技能。克卡（S. Kerka）指出：职业院校教师的职责在于帮助学生掌握知识和技能，提供示范和支持，应根据学生对技能掌握的熟练程度的提升逐渐减少指导。他还强调要与他人合作来建构知识。① 葛瑞森（J. A. Gregson）也主张教师是教育者的定位，视学生为积极的学习者，推动他们反思性学习、合作性学习和探索性学习，要将所学知识与将来从事的职业建立联系。②

（二）从知识解释到知识建构

建构主义认为个体是通过与环境之间的相互作用来建构知识的，因此职业教育提供给学生的知识需要在现实世界中得以验证和运用。学生不仅通过记忆事实来学习，而且要通过重构或重新组织所知道的知识来学习。这意味着学生的经验，包括个体的和文化的，是重要的学习资源。教学需要在要学习的内容与学生的背景知识、经验之间架起桥梁。课程整合是为了将职业教育从狭隘的以技能为本向宽泛的、面向岗位群学习转变，使教学不仅传授知识和技能，而且与广泛的情境建立联系。职业教育教学中的学术课程和职业课程的整合是为了加强职业课程的学术性和学术课程的职业性，打破学科领域常见的知识分割，建立学术知识与工作情境的联系。这种整合的主张有利于培养学生从事职业性技术性工作所需要的创新能力和批判性思维，有利于知识的迁移和转化。

（三）问题解决导向的教学模式

个体间的有效互动是构建认知的基本方式。问题解决导向的教学正是基于学生间的互动作用，共同学习、共同解决问题。这种教学模式常采用的方法有案例教学法、行动研究法、问题解决法等。布朗（B. L. Brown）提出的问题解决法教学的关键因素有：教师对教学内容、学生背景有深入的研究，以便随时提出符合学生水平的问题；提出的问题具有开放性，鼓励学生探索和尝试不同的方案；学生的主体性地位；教师的即时反馈与评价，以总结和反思问题解决的过程，帮助学生更好地学习。③ 职业教育教学尤其注重情境化，通过反复的实践，构建学生的知识体系和技能，并使学生将其内化为自身的能力。

（四）认知学徒制的教学方法

认知学徒制是指由经验丰富的专家指导新手进行学习的方法。这种方法是在真实的情境中，先由专家进行示范和讲解，新手观察和主动学习，在双方不断的互动过程中，帮助新手主动建构自身的知识。认知学徒制的方法有六种，包括建模、指导、脚手架的搭建与拆除、清晰表达、反思和探究，具有真实性、同一性、关联性、反思性、周期性和多媒介性等特点④，在具体运用中要综合考虑这些特点，选择合适的方法。认知学徒制对于职业教育

① KERKA S. Constructivism, Workplace Learning, and Vocational Education [J]. ERIC Clearinghouse on Adult, Career, and Vocational Education, 1997.

② GRESON J A, ASCHE M. Critical Pedagogy for Vocational Education: The Role of Teacher Education. [and] Response to Gregson: Critical Pedagogy—Dangerous Weapon or Useful Tool? [J]. Journal of Industrial Teacher Education, 1993, 30(4): 7–28.

③ BROWN B L. Using Problem-solving Approaches in Vocational Education: Practice Application Brief [J]. ERIC Clearinghouse on Adult, Career, and Vocational Education, 1998: 2002

④ 米靖．现代职业教育论[M]．天津：天津大学出版社，2010：166–167.

教学具有十分重要的意义和价值，是支撑职业教育教学的基本理论，如工作场所学习就是依据认知学徒制理论加以解释的。

（五）真实性教学评价

真实性评价是随着建构主义兴起而形成的一种新的评价模式，主张教师应根据学生在真实情境中对于知识和技能的掌握情况来评价其是否获得了设定的能力。这种评价以教学内容、教学设计和教学活动的真实情境性为前提，这样的评价结果才有价值和意义。职业教育教学中的真实性评价的目的是培养学生实际问题的解决能力，使其提前熟知职场使用知识和技能的方式，具备思维能力和创造性解决问题的能力。基于建构主义理论的职业教育教学观点体现了对职业教育诸多问题的重新审视和思考，也是当代职业教育研究中的热点，大大促进了职业教育教学理论的发展和进步。

四、多元智能教学理论

多元智能理论是由美国教育学家、心理学家加德纳（Howard Gardner）提出的一种全新的人类智能结构理论。该理论认为人类思维和认识方式是多元的。智能是解决某一问题或创造某种产品的能力，而这一问题或这种产品在某一特定文化或特定环境中被认为是有价值的。就其基本结构来说，智能是多元的。每个人身上至少存在七项智能，即语言智能、数理逻辑智能、音乐智能、空间智能、身体运动智能、人际交往智能、自我认识智能。智能的分类也不仅仅局限于这七项，随着研究的深入，会提出更多的智能类型或者对原有的智能分类加以修改，如加德纳于 1996 年就提出了第八种智能——认识自然的智能。多元智能理论对智力的定义和认识与传统的智力观不同。加德纳认为，智力是在某种社会和文化环境的价值标准下，个体用以解决自己遇到的真正难题或生产及创造出某种产品所需要的能力。智力不是一种能力，而是一组能力，智力不是以整合的方式存在，而是以相互独立的方式存在的。多元智能理论对职业教育教学有着深刻的影响，并衍生出以下教学理念。①

（一）积极的、平等的学生观

在多元智能理论看来，每个人都有独特的智力组合和表现方式，每种智力又都有多种表现方式。因此，很难用统一的标准去评价一个人是否聪明。只要有适当的外部环境刺激和个体自身的努力，每个人都可以发展和加强自己的任何一种智力。这种弹性的、多因素组合的智力观在教学中主张没有差生，只有差异。每个学生都有自己的智能优势和弱势，都是独一无二的。教育的功能在于充分挖掘学生的优势，使每个学生都能得到发展。在职业教育中亦是如此。职业院校的学生并非差生、次等生、落榜生。每个学生都有自己的智力特点、学习风格类型。学生的问题不在于是否聪明，而在于哪些方面聪明及是怎样的聪明。根据多元智能理论，每个学生都至少具有八种智能，都有自身的智力优势，只是组合的方式和发挥程度不同而已。转变传统的偏见，树立积极、平等的学生观，才能充分挖掘每个职校学生的内在潜力，提升其职业能力。

（二）全面的、多样化的人才观

社会的发展需要多样化、层次化和结构化的人才群体。每个学生都有一种或数种优势智能，只要进行合适的教育，每个学生都能成为某方面的人才，都有可能获得某方面的

① 钟志贤．多元智能理论与教育技术［J］．电化教育研究，2004（3）：7–11.

专长。学生的智力受到先天资质、个人成长经历和生活的历史文化环境的影响。这三种因素是相互影响、相互作用的。虽然人的先天资质对智力的类型起决定作用，但智力发展水平的高低更取决于个体后天的历史文化教育活动。传统的智力观偏重语言、数理逻辑智能培养的教学与评价，极大地抑制了多样化人才的培养，放弃了许多人才的潜质开发，必须迅速予以改变。人才的培养主要取决于后天的环境和教育作用。

（三）因材施教的教学观

每个学生都具有某一方面或几方面的发展潜力，只要为他们提供合适的教育和训练，每个学生的相应智能水平都能得到发展。因此，教育应该为学生创设多种多样的，有利于发现、展现和增进各种智能的情景，为学生的学习提供多样化的选择，使学生能扬长避短，激发潜在的智能，充分发展个性。在注重全面发展学生的各种智能的基础上，更加注重个性的发展，将“全面发展”与“个性发展”有机地统合起来。教学就是要尽可能创设适合学生优势智力发展的条件，使每个学生都能成才。由于不同的智力领域都有自己独特的发展过程和依托的不同符号系统，不同的教学内容需要运用不同的教学技术，以适应不同的智力特点。即使是对相同的教学内容，针对每个学生的不同智力特点、学习风格和发展方向，也应当采用丰富多样的、适应性的、有广泛选择性的教学技术。

（四）以评价促发展的评价观

多元智能理论主张通过多种渠道、采取多种形式、在多种不同的实际生活和学习情境下对学生进行评价。传统的教学评价多以标准的测试和学业成绩作为评价、考核学生学校效果的指标，忽视了学生学习的复杂性。多元智能教学理论坚持三大评价标准：展示个人的智能、具有发展的眼光，以及与学生的活动相关联。在职业教育教学中，教学评价是改进教学的手段，应从传统的书面测试走向多样化的作品评价，从注重结果的评价转向情境化的过程评价，考查学生解决实际问题的能力和创造出初步产品的能力。

五、人本主义教学理论

人本主义是20世纪中旬兴起于美国的一种心理学思潮，以马斯洛和罗杰斯为主要代表人物。人本主义理论中的学习观与教学观深刻地影响了世界范围内的教育改革，与程序教学运动、学科结构运动一起被称为20世纪三大教学运动。人本主义心理学家认为，行为主义将人类学习混同于一般动物学习，不能体现人类本身的复杂性；而认知主义心理学虽然重视人类认知结构，却忽视了人类情感、价值观、态度等最能体现人类特性的因素对学习的影响。[①] 人本主义理论主张，心理学应当把人作为一个整体来研究，而不是将人的心理肢解为不完整的几个部分，应该关注人的高级心理活动，如热情、信念、生命、尊严等内容。[②] 人本主义的学习理论从全人教育的视角阐释了学习者整个人的成长历程，以发展人性；注重启发学习者的经验和创造潜能，引导其结合认知和经验，肯定自我，进而自我实现。人本主义学习理论重点研究如何为学习者创造一个良好的环境，让其从自己的角度感知世界，发展出对世界的理解，达到自我实现的最高境界。[③]

---

① 车文博．人本主义心理学［M］．杭州：浙江教育出版社，2003.

② 陈琦，刘儒德．当代教育心理学［M］．修订版．北京：北京师范大学出版社，2007：203.

③ 施良方．学习论：学习心理学的理论与原理［M］．北京：人民教育出版社，1994.

人本主义的教学观建立在其学习观的基础上。罗杰斯从人本主义学习观出发，认为凡是可以教给别人的知识，相对来说都是无用的；能够影响个体行为的知识，只能是他自己发现并加以同化的知识。教师的任务不是教学生学习知识（这是行为主义者所强调的），也不是教学生如何学习（这是认知主义者所重视的），而是为学生提供各种学习资源，提供一种促进学习的气氛，让学生自己决定如何学习，培养具有主动性、灵活性和创造性的人，即个性得到全面发展的人。人本主义的学习观和教学论对职业教育教学理论和实践同样具有深刻的影响，突出表现在以下几方面。

（一）教学目的是促进自我实现

人本主义理论主张人的潜能是自我实现的，而不是教育的作用使然。虽然人的培养需要环境和教育的作用，但是诸如文化、环境、教育等只是“阳光、食物和水”，不是“种子”，自我潜能才是人性的种子。教育的作用只在于提供一个自由、安全、充满人文气息的心理环境，使人性中固有的优势潜能自动地得以发挥。人本主义教学理论重视教师对学生内在心理世界的了解，以顺应学生的特点、兴趣、需要、经验以及个别差异等，达到开发学生潜能的目的。人本主义重视创造能力、认知、动机、情感等心理因素对行为的制约作用，这对于职业教育教学变革与进步具有积极意义。职业教育教学应转变传统的工具主义思维，从片面追求工具性和效用性转向注重人的全面发展，培养学生内在的素质能力，这才是学生根本性的、更持久的竞争力，才能更好地帮助其应对职业变化。

（二）教学过程促进有意义的自由式学习

人本主义教学理论认为教学在于促进有意义学习的发生。让学生在好奇心的驱使下主动、自觉地吸收有趣和需要的知识，而不是教师填鸭式强迫学生被动、顺从地学习枯燥、呆板的书本知识。有意义学习“不仅仅是一种增长知识的学习，而且是一种与每个人的经验融合在一起的学习，是一种使个体的行为、态度、个性以及在未来选择行动方针时发生重大变化的学习”①。有意义学习具有四个特征：一是全神贯注，即整个人的认知和情感均投入到学习活动中；二是自动自发，学生是基于内在的愿望而主动去学习、探索和发现新事件的意义；三是全面发展，学生在行为、态度、情感、意志等方面获得全面发展；四是自我评估，由学生自行评估自己的学习需求和目标达成程度。这样的教学过程才能让学生的学习产生意义，并与已有的经验结合起来。职业教育教学过程应充分尊重学生的主体性地位和主人翁身份，将传统的被动、单向的教授转变为激发学生主动求知、自我完善的欲望，通过营造一种促进学习的气氛让学生自行决定如何学习。

（三）教师是教学的促进者

罗杰斯认为教师是学生学习的“促进者”，而不是传统的控制者。教师应在教学过程中着重承担起“促进者”的角色并履行相关职责。具体来说，教师主要发挥以下作用：一是帮助学生引出并澄清问题；二是提供各种类型的学习活动，并帮助学生组织材料；三是教师自身作为一种灵活的资源为学生服务；四是作为学习活动的参与者；五是主动与小组成员分享他们自己的感受。罗杰斯认为，要发挥促进者的作用，教师应处理好与学生之间的人际关系，因此，要求教师注意以下几点。一是真诚。与学生坦诚相见，畅所欲言，不要有任何虚伪的表现。二是接受。接受有时也称信任、奖赏。教师应分担学生碰到问题时产生的痛苦和压力，分享学生取得进步时产生的喜悦和欢乐。三是理解。作为促进

① 陈琦，刘儒德．当代教育心理学［M］．修订版．北京：北京师范大学出版社，2007：206.

者，教师需要站在学生的角度去体会学生的内心感受，而不是用教师的标准审视学生的一切。对于职业教育教师而言，促进学生学习的关键不在于教师的教学技巧，诸如专业知识、课程计划、教学方法等，而在于特定的心理气氛因素，即教师与学生之间的良好互动关系。

第三节 职业教育教学设计

高质量的职业教育教学活动离不开精心的教学设计。不同学者从不同视角对教学设计做出了各种解释。加涅等在《教学设计原理》一书中将教学设计界定为“一个系统化规划教学系统的过程，对教学资源和程序作出有利于学习的安排，旨在开发人的才能”[①]。帕顿（J. V. Patten）在《什么是教学设计》一文中指出：“教学设计是对学业业绩问题的解决措施进行策划的过程。”赖格卢特（Charles M. Reigeluth）在《教学设计是什么及为什么如是说》一文中指出：“教学设计是一门涉及理解与改进教学过程的学科，是关于提出最优教学方法的处方的一门学科，这些最优的教学方法能使学生的知识和技能发生预期变化。”[②]综上，教学设计即根据教学原理，对教学中“为什么学”“学什么”和“怎么学”等基本内容进行规划和设计，从而达到最优学习效果的活动。

教学设计是一个系统设计并实现学习目标的过程，它遵循学习效果最优的原则，是开展教学活动的关键所在。职业教育教学具有特殊性和复杂性，需要根据教学规律，对教学目标、教学内容、教学过程、教学方法、教学评价等基本元素进行系统化设计，以更好地实现高水平、高素质技术技能人才的培养目标。

一、职业教育教学设计的原则

教学原则是根据教学目标、教学规律制定的指导教学活动的基本要求。职业教育教学设计的原则除了要遵循一般的教学原则外，还有其自身的特定原则。从本章对于职业教育教学规律和特殊性的分析可以发现其教学设计有相应的原则，主要有以下五个方面。

① 加涅，韦杰，戈勒斯，等．教学设计原理［M］．王小明，庞维华，陈保国，译．5版．上海：华东师范大学出版社，2007：18.

② REIGELUTH C M. What is Instructional-design Theory and How is It Changing［J］. Instructional-design Theories and Models：A New Paradigm of Instructional Theory，1999（2）：5-29.

（一）职业性原则

职业教育的目标是培养技术技能人才，使学生成为符合职场需求的职业人，其职业面向性决定了教学的开展要遵守职业性原则，即教学活动的开展、内容和方法的选取、教学组织都以职业岗位的需求和就业为导向，养成学生良好的品德和职业素质。职业性体现在教学设计上，首先要求教师熟悉专业基础知识和职业岗位的需求。教师作为教学中的主体，不仅要具备专业知识，而且要准确掌握专业领域的发展动向，了解职业要求变化和技术发展动态。这就要求职业教育的教师具有双师型素养，具有一定的企业工作经历。其次，以岗位需求作为开展教学的依据。职业岗位所需的知识、能力和素质是设置教学内容的依据，应按照技能习得的方法来展开教学，以职业岗位的能力标准作为评价学习活动的指标。最后还要将教学与育人结合起来，培养学生的职业道德、合作意识、服务精神和社会责任感。

（二）实践性原则

职业教育以能力为本位、就业为导向，教学活动应以职业实践为出发点和最终目标。实践性是职业教育培养人才的内在要求，即将理论学习与实践操作相结合，学用一体，培养学生的问题分析与解决能力。在教学设计中，首先要求教师转变传统说教的教学方式，将一切教学活动外化至可操作、可体验的现实情境中，利用“做中学、学中做”来让学生体验知识，升华认识，并将其内化为认知。其次，教学应以培养学生的实践活动能力为目标。理论教学要根据实践教学的需要来设置和开展，实践教学要根据理论教学的指导来进行，二者统一于教学目标之中。最后，开展多种形式的实践活动，以加强学生对知识的理解与运用和对技能的掌握。诸如实训、见习、参观和实习等岗位实践活动、社会实践活动对职业教育教学尤为重要。职业院校应充分发挥实训基地、企业、车间等校内外实践教学场所的作用，以拓宽实践空间，开发实践活动资源。

（三）情境性原则

职业教育的人才培养质量是以职业能力作为衡量标准的，而职业能力是在一定的情境中，通过反复的实践逐渐形成的，因此职业教育教学要置于专业对应的职业、岗位或岗位群的典型活动的工作情境之中，才能真正实现职业能力的培养目标。教学的情境包括实际活动情境和问题情境。实际情境既可以是虚拟的，又可以是真实的工作环境，学生通过进入真实情境，真正理解和体验知识和能力。问题情境是指创造对应的情境，让学生在具体的情境中去思考问题，例如专业教学中的案例教学法就是典型的问题情境构建。在实际操作中要根据不同的教学目标、内容和主体创造不同的情境以达到更好的教学效果，同时要注重学生职业兴趣的激发和职业情感的培养。

（四）过程性原则

由于职业教育重视技能的形成，而技能的学习和掌握不是一蹴而就的，而是通过反复不断的操作完成的，操作的每个步骤和环节对结果的达成都会产生重要影响。因而在教学活动中，作为参与主体的教师要尤为重视学生完成学习任务的过程、思维的过程、操作的过程是否符合规范、是否符合岗位职业道德要求等。在教学中要将过程性评价和结果评价相结合，全面、综合地考察学生的学习情况。

（五）知识性原则

随着技术的进步和生产组织方式的转型升级，职业之间的边界逐渐模糊，工作任务也不断发生变化。传统的以工作过程为导向的教学设计面临挑战，以知识为导向的教学设计重新受到重视。这要求教学设计中的知识性，尤其是教学内容设计的知识性不断增强。职业教育教学的知识性内容包括具有基础性的理论知识、具有操作性的实践知识、具有灵活性的经验知识及具有发展性的德育知识等，各类知识既彼此独立又相互联系，共同对技术技能人才的职业能力进行塑造。它充分满足了产业升级对职业能力提出的新要求。只有从知识的角度出发，遵循其内部逻辑，才能使学生真正对知识进行内化，从而学到有力量的知识。

以上职业教育教学设计原则相互联系，缺一不可，共同构筑了完整的教学原则体系。

二、职业教育教学主要元素的设计及其要点

与普通教育教学一样，职业教育教学设计包括对教学目标、教学内容、教学方法、教学组织和教学评价等主要元素的设计。以下分别介绍每一种教学元素的设计内容及其注意要点。

（一）教学目标的确立

教学目标是一切教学活动的出发点和归宿，指引着教学活动向着预期的结果发展。职业教育教学目标除了满足个体发展和社会发展的需要外，还要满足职业发展的需要。其中职业发展表现在职业的迁移能力和职业特质的提升上。职业教育教学的目标由知识、技能与态度等构成。其中，技能是主要教学目标之一。[①] 综合加涅与弗·鲍良克（Vladimir Poljak）的理论，职业教育技能可以分为动作技能、智力技能、感知技能和表达技能。[②③] 根据约翰·安德森的理论，知识目标可以分为陈述性知识和程序性知识。[④] 教学的态度目标主要是指培养学生的职业素养和工匠精神，包括对职业活动的认知态度、情感态度和行为倾向。在新技术、新工艺不断发展的当下，职业更替加速，职业的数量、种类和结构不断发生变化，教学目标中的职业发展需要显得尤为重要。人工智能时代赋予了职业能力新的内涵，更强调培养信息化职业能力，提升学生的信息素养。

教学目标的设计要符合以下三个方面的要求。① 基于个体发展、社会发展和职业发展的教学目标设计要体现出方向性和层次性。将个体的兴趣、个性、智能结构与相关职业生涯的发展相匹配，以决定其到底适合什么职业。在此基础上对目标进行分层，包括知识目标、能力目标和素养目标。选取具有代表性和典型性的职业活动，以岗位工作任务和职业能力作为分析单位，详细列出某项职业活动的知识、能力和素养目标。② 教学目标设计是教学内容选取、教学方法选用、教学组织安排和教学评价的依据，要具有导向性，一切教学活动的设计和开展都要紧紧围绕教学目标开展，要开展目标导向的课堂教学活动和社会实践活动。③ 教学目标要注重育人的价值性。合理的教学目标设计要将知识、技能和素养等内容包含在内，德技并修，使学生能够理解知识并构建自己的知识体系，形成和具备可迁移的职业能力，并逐渐养成职业素养。

（二）教学内容的选取

职业教育的教学内容既有专业理论知识、技术技能知识，又有职业素养知识。合理

---

① 黄克孝．构建高等职业教育课程体系的理论思考［J］．职业技术教育，2004，25（7）：42–45.

② 加涅，韦杰，戈勒斯，等．教学设计原理［M］．王小明，庞维华，陈保国，译．5版．上海：华东师范大学出版社，2007：94–116.

③ 鲍良克．教学论［M］．叶澜，译．福州：福建人民出版社，1984.

④ 安德森．认知心理学及其启示［M］．秦裕林，程瑶，周海燕，等，译．7版．北京：人民邮电出版社，2012：221.

的教学内容设计就是选取符合学生学习特征和成长规律的知识，并根据技术的进步和职业的升级更新做出调整。不同内容通过合理组织形成完整的课程体系。对于培养学生职业能力的活动类课程，一般按照由易到难的顺序排列，以完成一个完整工作任务的过程为逻辑组织内容。学科课程主要是专业理论知识，为活动课程和技术方法课程提供学习基础。一般而言，学科课程是按照知识的逻辑框架来进行组织的，比较抽象，要以知识的应用逻辑来整合内容，与活动课程相衔接，以激发学生的学习兴趣，提高其学习效果。

职业教育教学设计中对于教学内容的选取要考虑到职业的特点、知识的特点和学习的特点，突出表现在两个方面。① 教学内容的选取要注重知识性，尤其是系统化、结构化的知识。教学内容包括具有精深性的原理知识、实践知识、经验知识及德育知识等。各类知识既彼此独立又相互联系，共同对技术技能人才的职业能力进行塑造。② 教学内容要与学生已有的经验相联系，以更好地帮助学生建构起知识的意义。学习效果的提升有赖于学生对教学内容的深入钻研，而教学内容也必须在某种水平上对他们来说有意义，不管这种意义是深深扎根于个体的，还是纯粹学科的。因此必须激活学生的背景知识与经验，以使教学内容对他们有意义。例如复习可以帮助学生激活相关知识，针对学生校外经验的提问或讨论使他们只借助少量的学科知识就可钻研并理解教学内容。这些策略给拥有不同背景和需要的学生提供了与教学内容建立联系的机会，并促使其进入学习。

（三）教学方法的选用

教学方法是根据教学目标为完成教学任务而采用的教与学的方法、手段。职业教育除了采用传统的方法外，主要以行动导向为指导思想来选用方法。职业教育的职业性、实践性和过程性等本质特征决定了其教学的活动性，即主张学生“做中学”，不断构建自身的知识、能力和经验。职业教育中常见的教学方法有项目教学法、案例教学法、模拟教学法、合作教学法、小组教学法等。针对不同课程要灵活采用适宜的方法以发挥最优的教学效果。依据学生的身心发展规律、课程性质和已有的教学条件，可联合采用多种教学方法，创造性地设计出特定方法，以调动学生的学习自主性和积极性，培养其职业技能和素养。

职业教育教学方法选用的关键点有两个。① 以学生为主体，充分考虑到学生的参与性。教学方法是教师构建学习活动的各种方式。方法涉及的是教师做什么，活动涉及的是学生做什么。学习活动可能包括大群体活动、小群体活动或个体活动。进行学习活动设计时要考虑如何促进学生参与，并提升其学习经验，不管形式是教师讲授、教师主导的讨论、结构化的小组工作、同伴教学、程序教学，还是其他形式。在选择教学方法，以及选择或设计教学活动时，教师应考虑的主要因素是教学目标和学生喜欢的参与方式。例如有些内容适合在班级范围内讨论，有些内容则适合小组研究。同样，有些学生独立学习时效果更好，有些学生则喜欢合作学习。无论活动是教师自己设计的，还是选自教学参考资料，教师都应能灵活选用。② 教学方法的选用要注重发展学生的思维能力。“思维”一词在这里的含义较为广泛，教学设计要鼓励学生发展独立思维能力、创造性思维能力和批判思维能力，并让他们对自己的这些能力拥有信心。学生虽然可以通过简单的、机械的传授来进行认知和学习，例如记住核心概念，或者学会某项操作技能，但是更多情况下，教学的方法设计要使学生超越事实，通过建立事件之间的联系、预测事件的结果，或者找到其他解决问题的方法来扩展他们的思维。教师要使用多种多样的教学技巧来帮助学生扩展思维，例如提出开放性问题，给学生足够的时间思考问题答案，或者设计可用多种方法完成的任务，帮助学生创造性地解决问题，发展思维能力。

（四）教学组织的安排

教学组织过程通常包括准备阶段、实施阶段和评价阶段，它们共同构成了一个完整的过程，缺一不可。职业教育教学过程是根据知识的特点、能力形成与发展的过程来开展的，其特殊之处主要体现操作技能教学方面，即除了课堂教学，专业课教学都设计有实践环节，包括实训操作、认识实习、生产实习、毕业实习等，让学生在真实情境中动手操作，以更好地实践和掌握技能。实训操作是在理论知识学习基础上，利用一定的器材、设备，进行技能训练，促使理论与实践相结合，培养操作能力的活动。认识实习是指根据教学要求，走进专业对口的工作场所参观，了解工作，体验真实的工作情境的活动。生产实习是安排学生进入职业环境，通过生产劳动、技能操作，将课堂上习得的知识、技能用于解决实际工作中的问题的活动。

对于教学组织的设计同样也有两点需要注意。① 合理安排教学密度。这意味着教学的进度安排要符合学生的特点和要求，避免反复的、简单的无意义操作。合理安排教学进度，使教学所花费的时间与教学内容、学生特点与情境相符合。如果教学进度过快，部分甚至所有学生可能不能完全理解教学内容。如果教学进度过慢，学生可能会厌烦，学习的投入度会下降。② 提高教学时间的利用率。有效利用时间意味着把时间花在必须的地方，并使非教学过程最小化。例如教师提前完成了教学任务，可以在剩余的教学时间给学生安排有意义的相关活动。教师需要快速处理非教学事务，如点名、分发教学材料，把更多课堂时间用于学习活动。当教师获得了这些技能时，他对恰当的教学进度的感觉会更加精确，处理非教学事务的效率会得到提升。

（五）教学评价的设计

有效的教学评价可以实现教学的诊断和反馈，起到评定、预测、激励和选拔的功能。职业教育的教学评价策略必须与教学目标相一致并体现教学目标。职业教育教学评价的设计应该是基于学生真实的学习过程和结果进行评价，并遵循以下两方面要求。① 采用多元的评价方式，以评价促进发展。教学的评价计划可以以多种形式进行。例如，教师可以自制一种评价策略表，也可以从教学材料中挑选一些测试方法进行学生评价，或是采用学生自我评价或同伴评价等方法。评价方法的选用应灵活多样，评价的内容要系统、合理。也就是说，评价的结果应能够给教师提供关于教学目标达成程度的有用信息，帮助教师理解评价结果并为后续的教学活动开展提供参考。单一评价方式难以形成完整的学生评价画像，容易片面化。教师应根据不同学生的特点和背景，采用多种评价方式相结合的评价策略。② 评价策略必须适合学生。首先要明确教学评价的目的，收集和了解学生学习的情况。通过为学生创造各种机会，展示他们的学习情况，从而收集相关信息。评价方法的适恰性包括评价的范围和时间。例如，教师需要分析出某一单元中用于组织知识的关键概念，并用评价策略判断学生是否在建构这些概念。评价的频率部分取决于这些关键概念出现的频率。又如，有时候对学生进行快速评价是合适的，但有时教师需要获得更加全面的信息，以便对学生理解的深度和差异有足够洞察。例如，不同家庭背景、职业背景的学生在进入学校时对呈现知识的方式有着不同的理解。如果教师没有充分洞察这些情况，很有可能对学生的表现产生误判。

第四节 人工智能时代职业教育教学的机遇与挑战

人工智能技术带来了新一轮工作革命，给与就业、市场密不可分的职业教育带来了巨大变化。应对工作革命，必须启动教育革命。教学作为职业教育的中心工作，首当其冲，面临着变革和挑战。随着人工智能技术的发展，个性化学习、自适应学习、深度学习、精准化教学、智能教学管理等成为可能。职业教育教学必须顺势而为、乘势而上，让教学与科技同步，让专业与生产同步，才能顺应技术发展变化，利用技术进步机遇，应对社会转型和产业结构调整对职业教育提出的新要求。与此同时，职业教育教学还要突破狭隘的“工具论”，回归“以人为本”思想，打造以学生为中心的未来课堂，让学生的素养发展与社会发展同步，将数字智能与工匠精神相统一，培养德艺双馨、敬业乐业的技术技能型人才。

一、人工智能时代职业教育教学的新变化

2019 年 2 月，国务院印发《国家职业教育改革实施方案》，指出职业教育要适应“互联网 + 职业教育”的发展需求，运用现代信息技术改进教学方式方法，推进虚拟工厂等网络学习空间的建设和普遍应用。该方案强调将信息技术与职业教育教学改革结合起来，探索全新的教学空间。增强现实、虚拟现实等人工智能技术广泛运用于教学领域，颠覆了传统的课堂教学模式和技能教学模式，为教学空间设计、教学手段选用、教师队伍建设、学校管理等一系列活动提供了发展的新模式、新思路，拓展了教学空间和教学场景，丰富了职业教育资源，完善了职业教育管理体系，促进职业教育向智能化、终身化方向发展，培养出更加适应时代进步需要的技术技能人才。

（一）全面感知的智能化学习空间

人工智能技术的运用使学习空间变得可感知、智能化。学习空间是学习发生的环境，包括正式的学习场所和非正式的学习场所。传统的学习空间有教室、图书馆、校园、社区、家庭等。随着技术的进步，学习空间的范围不断扩大，边界逐渐模糊，已不再是传统的物理空间概念，而成为印证学习发生的地方。通过运用人工智能技术可以打通学习空间的物理壁垒，实现互联互通，让学习者随时随地快速获取学习资源。以汽修专业的教学为例，由于汽车是一个高度机电一体化的产品，内部结构非常复杂，单纯靠教师的讲解而没有实践环境的支撑，学生很难了解汽车的机构和运行原理，难以感知汽车的故障和表现，导致学生学习兴趣低、教学效果不佳等问题。利用先进的 IT 技术，使用虚拟汽车教学培

训系统，以 3D 互动的方式直观展现汽车的结构和工作原理，利用 AR / VR 技术，虚拟故障汽车，创造全面感知的智能化教学空间，可以加深学生对故障的感知，帮助学生更好地理解和掌握专业知识。

智能化职业教育教学能实现学生学习资源需求、学习状态、技能学习过程的实时分析，为开展学习评价和设计个性化教学服务提供参考依据。随着深度学习的开放，多模态人工智能技术和大数据技术的崛起，人可以通过声音、肢体语言、信息载体、环境等多个通道与计算机进行交流，充分模拟人与人之间的交互方式。在职业教育教学活动中，这种新技术能够赋能学习空间和智能导师，实现对学生资源需求、学习状态和技能学习过程的深度感知，提供个性化学习服务。首先，在学习环境方面，智能化学习环境能够实时感知学生的资源需求，并根据学生的学习状态和需求为其提供资源支持。其次，在学习状态方面，智能学习空间能基于面部表情识别技术、脑电技术、眼动技术感知学生的专注度和投入度，全面掌握学生的学习特点，并为学生提供精准的学习分析报告。为出现注意力不集中、沮丧、多动等负面学习状态的学生及时提供个性化支持。最后，在技能学习过程感知方面，基于大数据技术，可以实时分析学生技能学习过程中的情况，了解学生的技能优势与不足，从而为其提供个性化的学习路径规划和知识服务。①

（二）自适应调整的智能化教学模式

发明家、未来学家雷・库兹韦尔（Ray Kurzweil）说过，“不断减轻人类痛苦是技术持续进步的主要动力”。人工智能技术的研发就是为了将人们从简单、机械、繁杂的工作中解放出来，使之从事更有创造性的工作。对于教育来说也是如此，智能化教育可以将学生和教师从简单的重复学习、固化的操作性学习和机械的教学中解放出来，使之把更多时间和精力用于有意义学习、个性化学习、创新教育内容、变革教学方法，让教育变得更美好。如通过图像识别技术可以将教师从大量、重复的阅卷工作中解放出来；语音识别技术和自然语言处理技术可以帮学生纠正发音，改进语言表达，还可以辅助教师进行口语测评；虚拟和增强技术可以让学生进行技能学习。

职业教育教学模式随着人工智能技术的发展而变化。传统的操作性知识学习和被动适应课堂的学习已经无法适应时代需要，取而代之的是以问题为中心的学习。以问题为中心的学习通过让学生处理真实情境中的真实问题来提高沟通能力、应变能力和问题解决能力，变“学以致用”为“用以致学”。自适应调整的智能教学模式打破了传统的学科界限、学校与社会界限，通过为学生创造丰富而真实的智能学习环境，实现以资源推荐为主的自适应学习，其最终目的是帮助学习者在智能学习环境中实现以问题解决为中心的技能学习。② 自适应学习是教育人工智能的内核。它是一种以计算机为教学工具，自动根据每个学生的独特需求，对人力和媒体化的教学资源进行安排以实现个性化的学习的教学模式。为了达到这种教学效果，教学过程中通常需要借助自适应学习工具。

自适应调整的智能教学模式主要有三大特征。一是打破学科专业壁垒。传统学科中

---

① 王洋，顾建军．智能职业教育：人工智能时代职业教育的发展新路向［J］．现代远距离教育，2022（1）：83-90.

② 王洋，顾建军．智能职业教育：人工智能时代职业教育的发展新路向［J］．现代远距离教育，2022（1）：83-90.

心论的教学模式不适用于学生系统技能的培养，而以职业能力为本位的教学充分考虑到技能知识的系统性和问题解决能力，强调学生通过综合运用跨学科的专业知识，进行探索性学习，从而解决工作中的问题。二是与生活实践相结合。无论是以问题解决为中心的学习、以学生为中心的学习，还是以知识为中心的学习，都离不开生活实践。脱离生活实践的学习难以激发学生的兴趣和积极性。自适应调整的智能教学模式可以模拟真实生活情境，让学生在真实情境下探索问题的解决方法。虚拟仿真技术可以帮助学生实现时时、处处的有意义学习，不受客观条件的限制。三是以资源推荐为主的自适应学习。基于人工智能技术的自适应学习以学生为主体，可以为不同认知水平、认知风格的学生提供个性化服务，优化学习资源服务，促进个性化学习的发展。[①] 通过分析学生的学习特点、兴趣爱好、技能水平和实践经验等方面的数据，在专业技能知识库中匹配和推荐对应资源，可以为学生提供个性化的自适应学习服务，促进学生的技术技能的形成。值得注意的是，自适应调整的教学模式并不是取代或削弱了教师的作用，而是打破了教师的职业围墙，突破了对教师的传统认知，依据学生需要因材施教。

（三）灵活创新的智能教学管理模式

人工智能技术的应用促进了职业教育管理的灵活化、智能化，有利于建设智慧化校园。智慧校园将校园的物理空间与信息空间有机衔接，使得人人、时时、处处都能便捷地获得资源和服务。人工智能技术给职业教育管理带来了的巨大变革，突出表现在教学管理、资源管理和生态管理三方面。

第一，实现教学过程的动态化管理。人工智能技术可以基于教学过程中收集的文本、行为、肢体语言、情感等多模态数据，来对教学内容、教学活动、教学行为、教学评价等活动进行管理。例如运用数据挖掘、关联分析等方法实现教学资源的自适应调整；利用多感官共建、启发性学习、自适应学习等活动提升学生的学习效率和学习兴趣，进行教学活动管理；利用眼动追踪、异常监测等技术及时反馈学生的投入度。

第二，实现学习资源的自适应服务。利用人工智能技术，可以根据学习者模型、专业知识与技能模型、自适应模型等分析结果，为学生个性化的学习服务。其中，学习者模型是智能化教学管理的起点，是计算机和学生之间的桥梁。构建学习者模型包括智化设计、建模和实现。学习者模型根据学生在学习时与外界交互过程中的心理特征及其相互关系来分析学习者的本质特征，作为建模的目标，再依据学习理论和建模理论将学习者的模型设想通过数字化的手段开发出来，根据这一模型，为学生提供个性化的学习内容、学习方法和学习活动，提升学习效果。专业知识与技能模型是学生学习的方向。专业知识与技能模型通常基于职业教育专业能力标准构建专业知识技能库，包括知识技能所属的类别、知识点及与知识点相关的学习资源。自适应模型是基于学习者模型和职业知识技能模型之间的差距展开分析的，根据当前学生的知识技能水平推荐相应的学习方法。此外，人工智能技术还可以根据学生的学习风格、兴趣爱好推荐学习同伴，让学生学习和借鉴同伴的学习方法，由此实现学生的自适应学习、个性化学习。[②]

① 童名文，师亚飞，戴红斌，等．智慧学习环境中自适应学习系统动力机制研究［J］．电化教育研究，2020，41（2）：68–75.

② 王洋，顾建军．智能职业教育：人工智能时代职业教育的发展新路向［J］．现代远距离教育，2022（1）：83–90.

第三，构建全员参与的职业教育治理生态。职业教育需要多元主体的共同参与、协同管理。利用人工智能技术可以建设智能化管理系统，建立学校、企业、学生、家长、政府等多元主体协同的沟通机制。这也是推动全社会参与职业教育管理、提高教育质量和教育满意度的基础。利用智能管理系统，可以完善反馈机制。虽然目前人工智能技术在职业教育乃至教育中的应用尚处于起步阶段，但是随着技术的不断进步和发展，其未来在职业教育领域的应用将会持续加深，应用空间越来越大。

二、人工智能时代职业教育教学的新要求

技术赋能教育。然而，技术与教育之间是何关系？如何处理好这个关系？怎样充分发挥技术在育人方面的价值？随着技术的发展，这些问题都迫切需要重新思考。为了回答这个问题，首先就需要回答教育的终极目标是什么。很多教育先贤进行了探索。从苏霍姆林斯基（Васи́лий Алекса́ндрович Сухомли́нский）的“教育——这首先是人学”，到陶行知的“千教万教教人求真，千学万学学做真人”，无不印证了人才是教育的起点和终点，教育是为了培养人的好奇心、求知欲、创造力和终身学习的能力。好的教育在于充分挖掘学生的潜能。技术作为手段，赋能教育，让学习更高效，以更好地帮助学生体验和发展人的最重要品质和才能。同时，也要看到，技术给社会生活带来了变革，给教学带来了新变革，也对人的能力提出了新要求。首先要具备终身学习的能力。在智能化时代，知识和技能的获得贯穿整个职业生涯和生命周期，每个人都需要持续学习，不断学习和更新知识和技能。其次要具备个性和创造力。随着重复性、标准化的工作逐渐被人工智能所替代，只有具备高度专业能力和创造能力的人才能立足于职场。再次要具备较高的人文素养。最后要成为人工智能时代的“原住民”，学会和智能机器打交道，具备利用人工智能技术的能力，发挥自身优势，高效地工作。

新技术的发展同样给职业教育教学带来了新挑战，提出了新要求。一方面是技术的可塑性大大增强，同样的技术可以发展出不同的工作形式和服务方式，这使得过去的“让学生掌握已有技术知识”的教学目标变得过时，有必要重新定义职业、职业岗位和职业学习等核心概念。另一方面，现有的数字化教学资源利用率低，呈现形式单一①，无法有效支持教师的教学与学生的自主学习②。这就需要加强教学理论研究，更新学习范式，改变职业学习生态，建设高质量数字化教学资源。值得注意的是，无论技术如何变革，工作世界如何变化，职业教育的育人宗旨不会变。职业教育教学需要更加关注人和主观因素的影响，“既要为学生创造自主学习机会，又要保持学习作为实践共同体集体活动的特征”③，可从以下几方面做出努力。

（一）注重整体化学习，培养复合型人才

职业教育的学习内容广泛，涉及职业工作、社会道德等多个方面。通过采取理论和实践相结合的整体化学习方式可以促进学生独立意识、决策能力和责任心的发展，促进学生的成长和职业成熟。首先，在人才培养目标上，要培养具备数字智能和工匠精神的复合型人才，重视培养学生的实践创新能力，同时又要关注数字身份、数字竞争力和数字创造力

---

① 尹导．职业教育数字化教育教学资源平台浅析［J］．中国职业技术教育，2012（17）：70–75.

② 成军．职业教育专业教学资源库的功能定位及其实现路径［J］．中国高教研究，2016（10）：107–110.

③ 赵志群．职业教育教学论：职业教育研究重要的基础性学科［J］．中国高教研究，2022（2）：95–101.

等数字智能的培养。[①] 其次，在人才培养模式上，构建智能化的学习空间，通过学生的自主探究式学习过程，使其培养专注力，训练科学思维，养成好的行为习惯。与此同时，将爱岗敬业、精益求精等职业精神融合到学习环境中，培养德技并修的技术技能人才。最后，还要构建复合型人才培养生态，充分调动各主体的积极性、能动性，关注数字智能培养，搭建技能展示的平台，利用人工智能技术，营造良好的教育生态。

（二）以学生为中心，注重学生的自我管理

自我管理式学习可以激发学生学习的积极性，实现个性化教学。教师创设以学生为中心的学习环境，根据学生需要设定教学内容，确定教学资源，选择合适的教学方式，并自我评价学习结果。在促进学生自我管理方面，首先要为学生营造虚实结合的学习空间。基于数字化、智能化技术的全面感知的教学空间可以为职业教育教学活动提供丰富的学习情境。如在课堂教学环节，师生通过大数据、云计算等技术实现个性化课堂教学。在技能教学环节，通过虚拟仿真技术为教学提供真实场景，加深学生对知识的理解，提升学习的趣味性和学生的投入度。其次，提供多样化和个性化的教学资源服务。通过利用人工智能技术，对学生的学习行为、知识结构、认知风格等进行分析，构建学生学习模型，匹配个性化的学习路径，实现因材施教。在教学过程中，以学生为中心，以问题为依托，融合课程内容，基于人工智能相关技术，探索开展翻转课堂、混合式教学等模式，开展个性化学习。最后，提供基于教学过程的精准化教学评价。利用智能化技术对教学过程进行跟踪，分别从学习投入度、认知建构、创新实践能力等方面实施多主体支持的学习分析，诊断教学效果。

（三）以技术为支持，倡导行动导向的情境学习

情境学习理论认为学习是在人际互动中通过社会性协商进行知识建构的过程。[②] 职业教育的学习情境是真实的工作环境、真实的工作任务和完整的工作过程。通过运用人工智能技术，可以模拟和再现真实的工作场景，将复杂的工作情境转变为学习者可以驾驭的学习情境，突破时间和空间的限制。可以通过设计开放性综合学习系统，搭建由跨职业、多学习场所的学习性工作任务组成的平台，利用展示事实性知识的教学软件，为教师和学生提供在教与学的过程中自我建构知识的机会和空间。作为教学过程的促进者，教师要注意学生学习的内外部活动，促进学生思维、想象和创新能力的发展。

核心概念

教学；职业教育教学；技能教学；教学目标；教学内容；教学方法；教学过程；教学设计；教学组织；教学评价；教学媒体；行动导向教学；行为主义教学理论；认知主义教学理论；建构主义教学理论；多元智能教学理论；人本主义教学理论；人工智能；人工智能时代；情境学习

① 祝智庭，徐欢云，胡小勇．数字智能：面向未来的核心能力新要素：基于《2020 儿童在线安全指数》的数据分析与建议［J］．电化教育研究，2020，41（7）：11–20.

② 莱夫，温格．情境学习：合法的边缘性参与［M］．王文静，译．上海：华东师范大学出版社，2004：4.

思考与讨论

1. 职业教育教学的哪些方面体现出其独特的类型属性？
2. 如何评价行为主义教学理论对职业教育教学的影响？
3. 如何处理好职业教育教学的知识性原则和实践性原则的关系？
4. 在中等职业教育以升学为导向的背景下，教学设计应该做哪些调整？
5. 人工智能时代对职业教育教堂教学有哪些影响？传统的课堂教学还有必要存在吗？

参考文献

[1] BROWN B L. Using Problem-solving Approaches in Vocational Education: Practice Application Brief[J]. ERIC Clearinghouse on Adult, Career, and Vocational Education, 1998.

[2] GREGSON J A, ASCHE M. Critical Pedagogy for Vocational Education: The Role of Teacher Education. [and] Response to Gregson: Critical Pedagogy—Dangerous Weapon or Useful Tool？ [J]. Journal of Industrial Teacher Education, 1993, 30(4).

[3] KERKA S. Constructivism, Workplace Learning, and Vocational Education[J]. ERIC Clearinghouse on Adult, Career, and Vocational Education, 1997.

[4] REIGELUTH C M. What is Instructional-design Theory and How is It Changing[J]. Instructional-design Theories and Models: A New Paradigm of Instructional Theory, 1999(2).

[5] THOMAS R G. Cognitive Theory-Based Teaching and Learning in Vocational Education[J]. ERIC Clearinghouse on Adult, Career, and Vocational Education, 1992(349).

[6] 加涅，韦杰，戈勒斯，等. 教学设计原理[M]. 王小明，庞维国，陈保华，等，译. 5版. 上海：华东师范大学出版社，2018.

[7] 鲍良克. 教学论[M]. 叶澜，译. 福州：福建人民出版社，1984.

[8] 车文博. 人本主义心理学[M]. 杭州：浙江教育出版社，2003.

[9] 陈琦，刘儒德. 当代教育心理学[M]. 修订版. 北京：北京师范大学出版社，2007.

[10] 成军. 职业教育专业教学资源库的功能定位及其实现路径[J]. 中国高教研究，2016(10).

[11] 黄克孝. 构建高等职业教育课程体系的理论思考[J]. 职业技术教育，2004，25(7).

[12] 莱夫，温格. 情境学习：合法的边缘性参与[M]. 王文静，译. 上海：华东师范大学出版社，2004.

[13] 米靖. 现代职业教育论[M]. 天津：天津大学出版社，2010.

[14] 施良方. 学习论：学习心理学的理论与原理[M]. 北京：人民教育出版社，1994.

[15] 童名文，师亚飞，戴红斌，等. 智慧学习环境中自适应学习系统动力机制研究[J]. 电化教育研究，2020，41(2).

[16] 王洋，顾建军. 智能职业教育：人工智能时代职业教育的发展新路向[J]. 现代远距离教育，2022(1).

[17] 肖凤翔，陈凤英. 技术工具论视角下职业教育教学生态系统的困境与重构[J]. 现代教育技术，2021，31(5).

[18] 徐国庆.职业教育原理[M].上海:上海教育出版社,2007.

[19] 徐国庆.职业教育课程、教学与教师[J].职业技术教育,2017(3).

[20] 徐国庆.何谓做中学[J].职教论坛,2015(6).

[21] 杨小微.现代教学论[M].太原:山西教育出版社,2004.

[22] 尹导.职业教育数字化教育教学资源平台浅析[J].中国职业技术教育,2012(17).

[23] 安德森.认知心理学及其启示[M].秦裕林,程瑶,周海燕,等,译.7版.北京:人民邮电出版社,2012.

[24] 张继玺.真实性评价:理论与实践[J].教育发展研究,2007(2).

[25] 赵蒙成.以德为本、寓德于技:职业教育德技并修的要义[J].职业技术教育,2020,41(4).

[26] 赵志群.职业教育教学论:职业教育研究重要的基础性学科[J].中国高教研究,2022(2).

[27] 钟志贤.多元智能理论与教育技术[J].电化教育研究,2004(3).

[28] 周驰亮,方绪军.人工智能背景下职业教育教学改革的三重逻辑:起点、挑战与路径[J].中国职业技术教育,2022(20).

[29] 祝智庭,徐欢云,胡小勇.数字智能:面向未来的核心能力新要素:基于《2020儿童在线安全指数》的数据分析与建议[J].电化教育研究,2020,41(7).

[30] 庄西真.新时代职业教育德技并修的逻辑意蕴[J].中国职业技术教育,2019(4).

[31] 佐藤正夫.教学原理[M].钟启泉,译.北京:教育科学出版社,2001.

第十四章
职业教育德育

学习提示

本章主要讨论职业教育德育的任务与内容、主流德育流派和模式，以及职业教育德育的现状、问题与优化策略等内容。学习中要注意辨析职业道德、职业伦理、工作伦理、劳模精神、劳动精神、工匠精神、职业精神等容易混淆的职业教育德育的关键概念；认识到德育目标的多样化和重要性、德育内容划分与选择的逻辑性；认识到职业教育德育过程的规律和特殊性；全面、深刻理解三全育人和课程思政的内涵；重视德育工作在职业院校学生权益保护中的作用；区分不同德育模式的特色；认识到当前职业教育德育存在的主要问题与优化策略。

教育是党之大计、国之大计。培养什么人、怎样培养人、为谁培养人是教育的根本问题。党的十八大首次提出“把立德树人作为教育的根本任务”,习近平总书记在党的二十大报告中再次强调“育人的根本在于立德”,并提出要“努力培养造就更多大师、战略科学家、一流科技领军人才和创新团队、青年科技人才、卓越工程师、大国工匠、高技能人才”。这是党中央的报告首次明确将“大国工匠”和“高技能人才”纳入国家战略人才行列,对职业院校的人才培养目标提出了新的更高要求。一直以来,我国职业教育坚持以习近平新时代中国特色社会主义思想为指导,全面贯彻党的教育方针,将立德树人根本任务贯穿于职业教育的全过程、各环节。可以说,职业教育德育伴随着职业教育的发展而发展起来,同职业教育一样具有独特特征,并随着时代发展而体现出鲜明的时代特征。本章对职业教育德育的主要任务与内容进行梳理,在此基础上厘清当前职业教育德育面临的问题,并提出对策、建议,以便职业院校深入理解并实践职业教育德育,进一步落实立德树人根本任务,切实提高职业教育的育人质量。

第一节 职业教育德育的任务与内容

立德树人是职业院校人才培养的根本任务,职业教育德育在落实这一根本任务上发挥着重要作用。“德育”是近代以来出现的名词。就西方而言,在18世纪70、80年代,德国哲学家康德就把遵从道德法则培养自由人的教育称为“moralsche erziehung”(道德教育,简称德育)或“practische erziehung”(实践教育)。我国古代有德育事实,但无“德育”这个名词,往往用“教”“学”“德”“道”等词语代替。如《大学》开宗明义指出:“大学之道,在明明德,在亲民,在止于至善。”职业教育德育与普通教育德育有何差异?其开展的重点是什么?具体的目标、内容、过程、途径又是怎样的?这些问题的解决直接关系到职业教育育人的质量和水平。

一、德育的概念

德育一般可分为广义的德育和狭义的德育。广义的德育指有目的、有计划地对社会成员在政治、思想与道德等方面施加影响的活动,包括社会德育、社区德育、学校德育和家庭德育等。狭义的德育专指学校德育。学校德育是指教育者按照一定的社会或阶级要求,有目的、有计划、有系统地对受教育者施加政治、思想和道德等方面的影响,并通过受教育者积极的认识、体验与践行,使其形成一定社会与阶级所需要的品德的教育活动,即教育者有目的地培养受教育者品德的活动。

二、职业教育德育的概念

职业教育作为教育的一种类型，具有区别于普通教育的特点。职业教育是面向人人的终身教育，是面向市场的就业教育，是面向能力的实践教育，是面向社会的跨界教育。同样，职业教育也具有区别于普通教育的德育概念，如职业道德、职业伦理、工作伦理、职业精神，以及工匠精神、劳模精神、劳动精神等。

（一）职业道德、职业伦理、工作伦理与职业精神

首先，最容易混淆的概念就是职业道德和职业伦理。2019 年，中共中央、国务院印发《新时代公民道德建设实施纲要》，对职业道德所涵盖的主要内容作出明确规定，即爱岗敬业（最低层次要求）、诚实守信、办事公道、服务群众、奉献社会（最高层次要求）。职业道德有着丰富的内涵，国内外学者对于其含义有多种理解。在西方，比较有代表性的是米勒（Miller）和科蒂（Coady）提出的观点：职业道德是指信仰、价值观和原则，它们指导个人在其工作环境中的任何时间理解他们的工作权利、职责，并采取相应的行动方式。[①]

职业道德要协调个人和他人间、个人和工作环境间的关系，如解决在工作场所中所遇到的道德冲突问题，提高个人的工作质量，重点突出个人在问题解决过程之中的主体性和主动性。国内学者对于职业道德的理解也不尽相同，兹举两种。其一，职业道德是指一定职业范围内的特殊道德，它是道德在人们职业生活中的具体化，是人们在从事某种职业活动时所必须遵循的伦理规范。[②] 其二，职业道德是从业者在职业活动中必须遵守的本行业的道德准则与行为规范，是从业者在职业劳动中体现的观念、操守和德性品质。职业道德是一般社会道德在职业活动中的具体体现，同时又具有具体行业、职业的特殊性，它主要以社会舆论、传统习惯和内心信念等形式来调节从业者个人与劳动对象的关系，以及行业与社会整体的关系。[③]

其次是道德和伦理的区分。20 世纪中叶，西方哲学界开始出现将道德和伦理区分开来的倾向，但“这个区分的价值仍处于争论之中”[④]。法国社会学家杜尔凯姆关于职业伦理提出了一套理论，主要是围绕社会分工和社会整合展开的。他认为，为了重新建构新的社会秩序，实现社会整合，应该建立起一套完整的规范体系，职业伦理的建立有利于社会的和谐。黑格尔（Georg Wilhelm Friedrich Hegel）则将伦理道德视为精神的重要组成部分，认为伦理是一种“活的善”，“是成为现存世界和自我意识本性的那种自由的理念”。“伦理的善不是抽象的，而是强烈的、现实的。”他认为道德、伦理是精神的体现，因此可以得出精神高于道德、伦理的结论。韦伯认为，以道德、伦理为根源的资本主义精神构成了现代企业伦理的精神，从而推动着资本主义经济发展。我国学者刘京军认为，“职业伦理包括工作观和专业伦理两个方面，工作观即工作目的。专业伦理是指社会中各行各业所必

① MILLER P F, COADY W T. Vocational Ethics: Toward the Development of An Enabling Work Ethic[J]. Springfield: Illinois Department of Adult Vocational and Technical Education, 1986: 53.

② 汪刘生，施兰芳．职业教育学[M]．上海：立信会计出版社，1998：185.

③ 赵蒙成．工业 4.0 时代我国职业道德教育的嬗变与未来走向[J]．河北师范大学学报（教育科学版），2021，23（3）：73–81.

④ 布宁，余纪元．西方哲学英汉对照词典[M]．北京：人民出版社，2001：311.

须遵循的行为规范”[①]。工作观需要解决为什么工作和工作有什么意义的问题，专业伦理则需要解决每个职业领域应具备各自的职业规范制度的问题。

从哲学领域来看，精神涵盖了道德和伦理，那么职业精神应该也应涵盖职业道德和职业伦理。在概念上，职业精神与职业道德、职业伦理的关系是上位和下位的关系；在层次上，职业精神与职业道德、职业伦理是包含和从属的关系。同时，职业道德和职业伦理也会反作用于职业精神。职业道德、职业伦理与职业精神的本质区别，就是职业精神作为“精神”所具备的本质特点，“认识到自己既是一个现实的意识同时又将其自身呈现于自己之前的那种自在而又自为地存在着的本质”[②]。可见，职业道德、职业伦理和职业精神都具有自身的属性和概念，三者的侧重点不同。在涉及职业精神的具体含义的时候，需要借助职业道德和职业伦理加以辅助说明。三者的具体关系如图 14–1 所示。

<table>
<tr><td colspan="3">职业精神</td></tr>
<tr><td colspan="2">社会层面</td><td>个人层面</td></tr>
<tr><td colspan="2">职业伦理</td><td rowspan="2">职业道德</td></tr>
<tr><td>工作观</td><td>专业伦理</td></tr>
</table>

图 14–1 职业精神与职业伦理、职业道德的关系

（二）劳模精神、劳动精神、工匠精神与职业精神

党的二十大报告指出：“统筹推动文明培育、文明实践、文明创建，推进城乡精神文明建设融合发展，在全社会弘扬劳动精神、奋斗精神、奉献精神、创造精神、勤俭节约精神，培育时代新风新貌。”党的十八大以来，以习近平同志为核心的党中央始终关心劳模和劳模工作，礼赞劳动创造，讴歌劳模精神、劳动精神、工匠精神。在 2020 年的全国劳动模范和先进工作者表彰大会上，习近平总书记对劳模精神、劳动精神、工匠精神作出了全面、系统、深刻的阐述，强调劳模精神、劳动精神、工匠精神是以爱国主义为核心的民族精神和以改革创新为核心的时代精神的生动体现，是鼓舞全党全国各族人民风雨无阻、勇敢前进的强大精神动力。

劳动是人类的本质活动，是推动人类社会进步的根本力量。劳动是财富的源泉，也是幸福的源泉，人世间的一切成就、一切幸福都源于劳动和创造。马克思指出：“任何一个民族，如果停止劳动，不用说一年，就是几个星期，也要灭亡。”劳动光荣、创造伟大是马克思主义劳动观的基本观点，是对人类文明进步规律的重要诠释，也是深深植根于中华民族血脉中的精神基因。习近平总书记多次强调劳动的重要性，指出：“劳动创造了中华民族，造就了中华民族的辉煌历史，也必将创造出中华民族的光明未来。”新时代劳动精神的内涵被高度凝练为“崇尚劳动、热爱劳动、辛勤劳动、诚实劳动”。同时，习近平总书记对劳动教育提出殷切期盼，提出“要在学生中弘扬劳动精神，教育引导学生崇尚劳动、尊重劳动，懂得劳动最光荣、劳动最崇高、劳动最伟大、劳动最美丽的道理，长大后能够辛勤劳动、诚实劳动、创造性劳动。要采取适应当前环境和条件的有效措施，加强劳动教育，组织好形

① 刘京军．韦伯的资本主义精神与中国现代职业精神的塑造［J］．科技情报开发与经济，2007（4）：149–151.

② 黑格尔．精神现象学（上卷）［M］．贺麟，王玖兴，译．北京：商务印书馆，1979：6.

式多样的劳动实践，让学生在实践中养成劳动习惯，学会劳动、学会勤俭”。2020 年，中共中央、国务院印发《关于全面加强新时代大中小学劳动教育的意见》，要求把准劳动教育价值取向，引导学生树立正确的劳动观，崇尚劳动、尊重劳动，增强对劳动人民的感情，报效国家，奉献社会。[①] 同年，教育部关于印发《大中小学劳动教育指导纲要（试行）》的通知要求“强化劳动观念，弘扬劳动精神。将劳动观念和劳动精神教育贯穿人才培养全过程，贯穿家庭、学校、社会各方面。注重让学生在学习和掌握基本劳动知识技能的过程中，领悟劳动的意义价值，形成勤俭、奋斗、创新、奉献的劳动精神”[②]。

劳模在广大劳动者中起着劳动模范带头作用，是劳动群众的杰出代表，是最美的劳动者。新时代劳模精神被高度凝练为“爱岗敬业、争创一流、艰苦奋斗、勇于创新、淡泊名利、甘于奉献”，这二十四个字揭示了其成为劳模的根本原因。爱岗敬业是本分，争创一流是追求，艰苦奋斗是作风，勇于创新是使命，淡泊名利是境界，甘于奉献是修为。守本分、有追求、讲作风、担使命、有境界、有修为，是每一位劳模的精神风范，更是每一位劳动者应该追求的目标。习近平总书记指出：“劳动模范和先进工作者是坚持中国道路、弘扬中国精神、凝聚中国力量的楷模，他们以高度的主人翁责任感、卓越的劳动创造、忘我的拼搏奉献，为全国各族人民树立了学习的榜样。”可见，主人翁意识是新时代劳模精神的内在本质。所谓主人翁意识，就是以当家作主的态度从事生产劳动、参与管理集体和国家事务的心理。“把国事当家事，把自己当主角。”正是因为有自觉的、强烈的主人翁意识，劳模才会以车间为家、以厂为家、以企为家、以单位为家、以国为家，才会具有积极主动的岗位意识、职业意识、进取精神和创新精神，才能够扎根基层、淡泊名利、服务企业、奉献社会，才能够在平凡的岗位上取得不平凡的工作业绩，才能够在本职工作中充分发挥积极性、主动性和创造性，自觉把人生理想、家庭幸福融入国家富强、民族复兴的伟业之中，最终建构起个人与集体、个人梦与中国梦、个人家庭与国家民族融合统一的发展共同体和命运共同体。“中国梦是民族的梦，也是每个中国人的梦。”也正是在此种意义上，劳模精神本质上体现为“我要劳动”的精神，体现为“自己为自己劳动、自己管理自己、自己成就自己、自己通过劳动实现自己”的精神。[③]

时代发展需要大国工匠，迈向新征程，需要大力弘扬工匠精神。工匠精神是每一位不甘于平庸的劳动者在平凡的工作中不断对自己提出更高的要求，并不断自我超越、自我提升、自我完善，始终追求做更好的自己时所表现出的工作态度、工作境界、工作习惯及整体工作精神面貌。推动中国从制造大国向制造强国转变、实现高质量发展的新时代对广大劳动者提出的新的更高要求，就要不断提高技术技能水平，不断弘扬“执着专注、精益求精、一丝不苟、追求卓越”的工匠精神。工匠精神自古就有，它伴随着古代的工匠技艺发端。早在《诗经》中，就有“如切如磋”“如琢如磨”之语；宋代朱熹为此集注为“言治骨角者，既切之而复磋之；治玉石者，既琢之而复磨之；治之已精，而益求其精也”。总体而

① 中华人民共和国教育部．中共中央　国务院关于全面加强新时代大中小学劳动教育的意见［EB/OL］．（2020-03-20）［2023-03-25］．http://www.moe.gov.cn/jyb_xxgk/moe_1777/moe_1778/202003/t20200326_435127.html.

② 中华人民共和国教育部．关于印发《大中小学劳动教育指导纲要（试行）》的通知［EB/OL］．（2020-07-09）［2023-03-25］．http://www.moe.gov.cn/srcsite/A26/jcj_kcjcgh/202007/t20200715_472808.html.

③ 彭维锋．习近平关于劳模精神的重要论述研究［J］．山东社会科学，2019（4）：154-163.

言，工匠精神是指从业人员在自身岗位上将职业精神表现到较高水平，在制造和服务的每一个环节，都以消费者至上为宗旨，注重细节，运用精湛的技能，对自己的作品精雕细琢、精益求精、追求完美和极致的生产经营理念，指那种不惜花费时间、精力，孜孜不倦，反复改进作品，对产品质量严谨苛刻、不懈追求的态度[①]，是“择一事，终一生”的执着专注、“干一行，钻一行”的精益求精、“偏毫厘不敢安”的一丝不苟、“千万锤成一器”的追求卓越。无论从事什么劳动，都要干一行、爱一行、钻一行。在工厂车间，就要精心打磨每一个零部件，生产优质的产品；在田间地头，就要精心耕作，努力获得丰收；在商场店铺，就要笑迎天下客，童叟无欺，提供优质的服务。只要踏实劳动、勤勉劳动，在平凡的岗位上也能干出不平凡的业绩。

劳动精神是合格劳动者的精神，工匠精神是优秀劳动者的精神，劳模精神是榜样劳动者的精神，三者之间具有内在联系。劳动精神是劳动者劳动意识、劳动理念、劳动态度、劳动习惯的集中展示，弘扬劳动精神强调正确认识劳动是人类的本质活动。工匠精神不仅是大国工匠具有的精神，更是广大技术工人心无旁骛钻研技能的专业素质、职业精神，弘扬工匠精神强调在追求卓越中超越自己。劳模精神反映了劳动模范在生产实践中的职业素养、职业能力、职业品质，弘扬劳模精神强调用劳模的先进思想、模范行动影响和带动全社会。劳动精神是劳模精神、工匠精神的根基，离开劳动精神，劳模精神和工匠精神就是无源之水、无本之木。劳模精神和工匠精神是劳动精神向更高水平的发展、在更高层次的升华。

职业精神与职业活动紧密联系，并渗透在职业活动的方方面面，包括职业态度、精益求精、职业良心、职业规范和理想信念等。其既有专注坚守、追求卓越、合作共赢、勇于创新等与工匠精神相似的内涵，又包括了对每个从业人员的基本要求，例如遵守规章、认真负责、诚实守信等。职业精神和工匠精神的关系如图 14–2 所示。

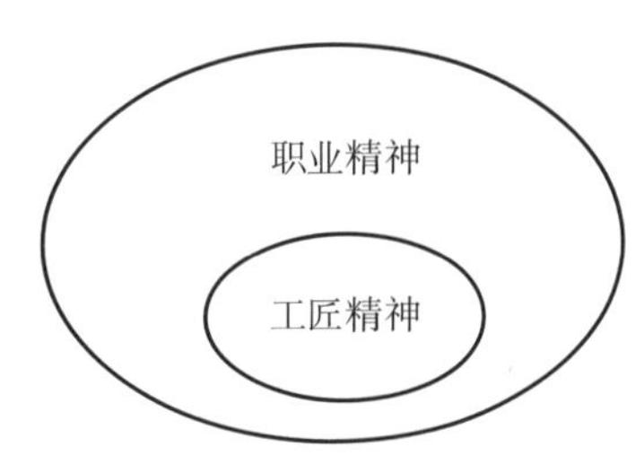

图 14–2　职业精神与工匠精神的关系

职业精神和工匠精神是一组彼此包含的相容的种属关系概念。职业精神是外延大的概念，叫属概念，也叫上位概念，工匠精神是外延小的概念，叫种概念或下位概念。它们的关系是包含关系，即属概念的外延完全包含种概念。就是说，职业精神包含工匠精神，因为工匠也是一种职业；而工匠精神不等于职业精神，因为职业精神的外延更广，非工匠精神所能包容。

劳动者素质对一个国家、一个民族的发展至关重要。习近平总书记对广大劳动者弘扬劳模精神、劳动精神和工匠精神提出了新的更高要求：“技术工人队伍是支撑中国制造、中国创造的重要力量。我国工人阶级和广大劳动群众要大力弘扬劳模精神、劳动精神、工匠精神，适应当今世界科技革命和产业变革的需要，勤学苦练、深入钻研，勇于创新、敢为人先，不断提高技术技能水平，为推动高质量发展、实施制造强国战略、全面建设社会主义现代化国家贡献智慧和力量。”

三、职业教育德育目标

德育目标是对德育活动所要达到的效果的预见，对德育活动具有导向、调控和评价作

① 刘志彪．工匠精神、工匠制度和工匠文化［J］．青年记者，2016（16）：9–10.

用。关于德育目标的研究大致有以下几种。

（一）德育目标的分层化

为了使学校德育目标更加具体、清晰，学者们开始探索分层制定德育目标的标准，主要有以下几种分层方式。一是依据从属关系分层，将德育目标分为总目标和分目标，总目标是学校德育的灵魂和核心，是整个德育工作的出发点、总方向与归宿。分目标是总目标的具体化，相比总目标而言更加聚焦，便于在实践中操作。二者是从属关系，总目标决定分目标，分目标服务于总目标。① 二是依据学段分层，即依据学生发展的不同阶段在德育认识、情感、意志和行为等方面表现出来的不同的年龄特征，制定出与之适应的学校德育目标。② 根据我国教育的现状，一般把德育目标划分为小学德育目标、中学德育目标和大学德育目标，构建大中小学德育目标一体化体系。三是依据学校不同的德育内容分层，将德育目标分为思想教育目标、政治教育目标、法纪教育目标和道德教育目标。③ 四是依据不同的德育对象分层，即依据思想品德状况将学生分为后进生、中等生和先进生三个层次，针对三个层次学生的实际状况，制定适合他们思想品德发展水平的德育目标。④

（二）德育目标的分类化

德育目标的设定具有浓厚的价值色彩，在不同的价值取向、不同的理解下会形成不同的德育目标。几乎所有的德育家或教育家都会对德育目标有自己的理解。

按照品德的构成要素，关于德育目标主要存在三要素说和四要素说。三要素说即将德育目标划分为“知”“情”“行”三部分，“知”即“道德认识教育目标”，从事某种道德行动，一般须先具备相应的认识，“知善方能为善”。尽管具有某种认识并不能表明一个人的品德，但一般而言，遵从道德准则或行为规范行事，首先要对准则或规范有所认识。因此，使学生掌握必要的道德知识，形成一定的道德观并确立价值准则是德育的首要目标。“情”即“道德情感教育目标”，道德情感是个人关于自己或别人的行为举止及道德事件是否符合自己的需要或道德准则的内心体验。道德情感是品德的构成要素之一。从理论上讲，它是相对独立的，可以专门培养。但由于它是在道德认识形成过程和道德行动过程中产生并逐步丰富起来的，并且是在道德认识和道德行动中表现出来的，是道德认识的“催化剂”和道德行动的“动力机制”，在评价时只能结合道德认识和道德行动来进行。基于这种认识，在确定道德情感教育目标时，我们主要以由道德情感引起并表现在道德认识和道德行动中的倾向性作为目标类别。“行”即“道德行为教育目标”，一个人的道德面貌是以行为举止表现的，其品德优劣是由行动说明或证明的。道德行动是最能表明一个人品德的因素，故使学生的道德认识转化为相应的行动并形成习惯，是道德教育最重要也是最终的目标。⑤ 四要素说即将德育目标划分为“知”“情”“行”“意”四部分，在三要素说的基础上增加了“意”，即道德意志，这是为实现道德行为所做的自觉努力，是人们通过理智权衡解决思想道德生活中的内心矛盾与支配行为的力量。⑥ 三要素说认为“意”与“行”在

① 冯文全．学校德育目标的分层研究［J］．教师教育研究，2004（6）：29-33.

② 蒋有慧．对学校德育目标的几点思考［J］．江西教育科研，1989（3）：27-29.

③ 冯文全．学校德育目标的分层研究［J］．教师教育研究，2004（6）：29-33.

④ 冯文全．学校德育目标的分层研究［J］．教师教育研究，2004（6）：29-33.

⑤ 刘要悟．采用“中国化”之策略试构我国德育目标分类系统［J］．西北师大学报（社会科学版），1995（5）：82-87.

⑥ 赵玉英，张典兵．德育原理［M］．济南：山东人民出版社，2008：136.

人的品行中是融为一体的，没有必要将二者截然分开。而四要素说认为“意”是驱动道德行为的杠杆，是思想认知、情感转化为信念的关键，不能与“行”融合在一起。[①]

此外，德育目标的分类化还体现在不同类型的教育上。不同类型的教育的培养目标有所不同，同样，德育领域的培养目标也因教育类型的不同而有所区分。由党和国家根据时代要求、社会稳定发展的历史任务，以及受教育者可持续发展的需要所提出的总目标，对同一时期的普通学校学生和职业院校学生而言是完全一致的，具有明显的统一性。对于职业院校来说，除需将统一的德育目标一以贯之外，还具有区别于普通学校的德育目标。

中等职业教育德育目标的具体要求如下：

1. 树立实现中国梦的远大理想，牢固树立中国特色社会主义道路自信、理论自信、制度自信、文化自信，热爱祖国，热爱人民，热爱中国共产党，拥护党的领导。

2. 培育和践行社会主义核心价值观，勤学、修德、明辨、笃实，使社会主义核心价值观成为自己行为的基本遵循，内化于心，外化于行。形成科学的思想方法。

3. 养成良好的法治意识和文明行为习惯，提高道德素质和法律素质，增强公民意识，依法办事，待人友善。

4. 树立正确的职业观和职业理想，提高综合职业素质和能力，热爱劳动，崇尚实践，奉献社会。

5. 养成自尊、自信、自强、乐群的心理品质，提高心理健康水平和职业心理素质，人格健全，乐观向上。

6. 树立安全意识、环保意识、节俭意识、廉洁意识，珍爱生命，尊重自然。

对高职院校而言，除了建立普通高校德育目标外，还应特别注意培养学生的职业理想、职业道德、职业精神和职业行为，引导学生深刻理解并自觉践行各行业的职业精神和职业规范，增强职业责任感，培养遵纪守法、爱岗敬业、无私奉献、诚实守信、公道办事、开拓创新的职业品格和行为习惯。

［资料来源：根据教育部关于印发《中等职业教育德育大纲》（2014 年修订）的通知和教育部关于印发《高等学校课程思政建设指导纲要》的通知整理］

（三）三全育人

有了目标之后，还需要有相应的理念指导德育工作，落实立德树人根本任务，实现德育目标。2017 年，中共中央、国务院发布的《关于加强和改进新形势下高校思想政治工作的意见》提出了“三全育人”要求，即要求坚持全员、全过程、全方位育人，把思想价值引领贯穿于教育教学全过程和各环节，形成教书育人、科研育人、实践育人、管理育人、服务育人、文化育人、组织育人长效机制（图 14-3）。[②] 三全育人是对德育工作的整体要求，也是实

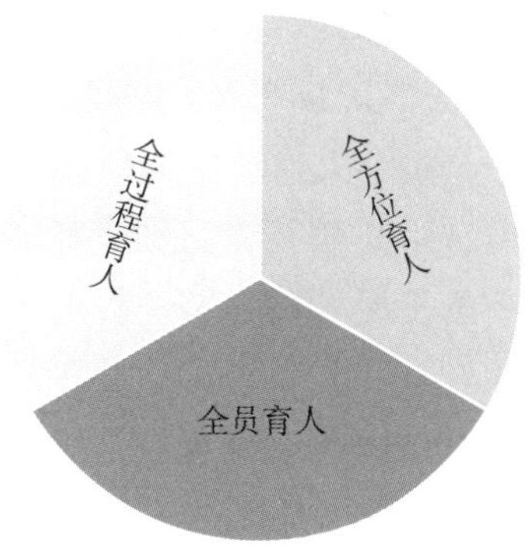

图 14-3 三全育人格局

① 仇春霖．德育原理［M］．北京：中国青年出版社，1993：167.

② 新华社．中共中央 国务院印发《关于加强和改进新形势下高校思想政治工作的意见》［EB/OL］．（2017-02-27）［2023-03-24］．http://www.gov.cn/xinwen/2017-02/27/content_5182502.htm.

现德育目标的理念指引。

全员育人即要求职业院校包含后勤人员在内的全体教职工都成为教育者，担负起引导学生思想道德发展的责任，使教师这一育人单一主体向育人共同体转变。落实全员育人要立足立德树人总体要求，结合职业院校教职工不同的工作属性、内容范畴、服务对象，建立具有针对性的育人责任清单，并建立相应的考核机制，以调动全员育人的积极性。

全过程育人的实质是将育人工作贯穿到学生从入学到毕业的各阶段，覆盖全校各班级，融入教育教学全过程与学生学习、生活的各方面。落实全过程育人要求育人工作由“碎片化”走向“系统化”，需要职业院校各教职工协同配合，共同挖掘育人元素，汇聚协同育人的智慧，推进教学、管理、服务等部门协同联动，形成育人合力。

全方位育人即要求育人工作面面俱到，涉及线上与线下、课内与课外，以及家庭、企业、社会、学校多个领域。落实全方位育人要求思想政治课程与其他各类课程同向同行，线上课程与线下课程正向互动、有效衔接，大力推进学校、企业、家庭一体化育人，丰富家庭教育资源，充分利用企业教育资源，达到全方位合力育人的效果。

四、职业教育德育内容

德育内容是德育目标的体现和具体化。德育内容是指在学校开展德育时，用以教育学生的政治思想、道德准则及思想体系。在不同的社会历史条件下，德育的性质、指导思想和目标要求是不同的，因而德育内容也是不同的。改革开放以后，学者们开始系统研究德育内容体系。依据不同标准对德育内容进行划分，主要可以将其归纳为以下几种。

（一）按内容层次划分德育内容

依据内容层次划分主要有以下三种方法。一是将德育内容分为基本文明习惯和行为规范的教育、基本道德品质的教育、公民道德或政治道德品质的教育，以及较高层次的道德理想教育，即“信仰道德”的教育四个层次。[①] 二是将德育内容分为道德理想教育、道德原则教育、道德规则教育三个层次。这三个层次的教育对学生的道德行为具有不同的规范功能：道德理想教育主要起激励作用，道德原则教育主要起主导作用，道德规则教育主要起约束作用。[②] 三是将德育内容分六个层次，即家庭道德、社会公德、职业道德、阶级道德、民族道德、文化道德。[③]

（二）按个人道德发展轨迹划分德育内容

按个人道德发展轨迹划分德育内容主要有两种。一是按个体思想品德发展轨迹，即由日常文明行为习惯开始到伦理道德，再到政治思想，最后上升到世界观和人生观这样一条发展、提高的轨迹，把德育内容分为文明行为习惯培养和社会主义人道主义教育，劳动教育和爱护公共财物教育，集体主义教育，自觉纪律教育和民主、法制教育，爱国主义教育和国际主义教育，社会主义初级阶段基本路线教育，理想教育和世界观、人生观教育等。[④] 二是以个人一生道德发展完善的纵向、横向活动空间为范围，从六个维度区分

① 檀传宝．学校道德教育原理［M］．北京：教育科学出版社，2000：93–96.

② 黄向阳．德育原理［M］．上海：华东师范大学出版社，2000：109–110.

③ 冯增俊．当代西方学校道德教育［M］．广州：广东教育出版社，1993：149，433.

④ 胡守棻．德育原理［M］．北京：北京师范大学出版社，1989：144.

德育内容，即自我道德发展完善的德育内容维度、家庭德育内容维度、与他人交往活动的德育内容维度、职业劳动的德育内容维度、社会活动的德育内容维度和科技生态伦理维度。[①]

（三）按内容稳定性划分德育内容

按照德育内容的稳定性，可以将其分为两个部分。一部分为基本的、相对稳定的内容，即根据教育目的、学校德育目标，以及学生品德发展、年龄特征确定的学校德育内容。可以用纲要的形式将其规定下来，以保持德育内容的系统连贯性、相对完整性和稳定性，保证德育工作的科学性和实效性，减少主观随意性、低效性，甚至负效性。另一部分为灵活安排的、可变的内容，即根据一定时期的新形势、新任务和学生品德实际情况确定的学校德育内容。这一部分内容难以用大纲形式规定下来，应由学校和教师根据当时的形势、任务和学生的具体品德情况因时因地、因人制宜地加以确定，以便有针对性地进行德育，从而保证德育工作的实际效果。[②] 因此，学校在实际教授这一部分的德育内容时，要根据国家形势发展需要进行时事政策教育。

教育部发布的《中等职业教育德育大纲》将等职业教育德育内容规定为理想信念教育、中国精神教育、道德品行教育、法治知识教育、职业生涯教育和心理健康教育六大类，具体包括：

1. 理想信念教育包括中国特色社会主义和中国梦教育，倡导“富强、民主、文明、和谐，自由、平等、公正、法治，爱国、敬业、诚信、友善”的社会主义核心价值观教育，马克思主义哲学教育，立足岗位、奉献社会的职业理想教育。

2. 中国精神教育包括以爱国主义为核心的民族精神教育、以改革创新为核心的时代精神教育、中华优秀传统文化教育、中共党史与国情教育。

3. 道德品行教育包括社会公德、职业道德、家庭美德、个人品德教育，学生日常行为规范、文明礼仪教育与训练，生命安全、艾滋病预防、毒品预防、环境保护等专题教育。

4. 法治知识教育包括宪法法律基础知识教育、职业纪律和岗位规范教育、校纪校规教育。

5. 职业生涯教育包括职业精神教育、就业创业准备教育、终身学习和职业生涯可持续发展教育。

6. 心理健康教育包括心理健康基本知识和方法教育，青春期心理健康教育，职业心理素质教育，心理咨询、辅导和援助。

除以上各系列教育内容外，学校还要根据国家形势发展需要进行时事政策教育。

对高职院校而言，中共中央、国务院印发的《关于加强和改进新形势下高校思想政治工作的意见》中强调：高职教育是高等教育的一种类型，高职院校应坚持把德育放在首位，深入开展中国特色社会主义和中国梦宣传教育，大力加强社会主义核心价值观教育，帮助学生树立正确的世界观、人生观和价值观；建设学生真心喜爱、终身受益的德育和思想政治理论课程；加强法治教育，增强学生法治观念，树立法治意识；统筹推进活动育人、实践育人、文化育人，广泛开展“文明风采”竞赛、“劳模进职校”等丰富多彩的校园文化

① 张忠华．中国德育内容体系构建的反思与探索［J］．教育导刊，2006（10）：36–39.

② 赵玉英，张典兵．德育原理［M］．济南：山东人民出版社，2008：110–111.

和主题教育活动，把德育与智育、体育、美育有机结合起来，努力构建全员、全过程、全方位育人格局。

［资料来源：根据教育部关于印发《中等职业教育德育大纲》（2014 年修订）的通知和中共中央、国务院印发的《关于加强和改进新形势下高校思想政治工作的意见》整理］

五、职业教育德育过程

职业教育德育过程是职业院校根据社会需要及德育对象的思想道德品质发展规律，针对职业院校学生的实际，对其施加有目的、有计划、有规律的影响，使得社会所期望的思想道德品质成为德育对象自身现实的思想道德品质的过程。具体来讲，职业教育德育过程的实质就是把一定社会的思想价值观念、道德规范要求转化或内化为受教育者的思想道德品质的过程。

德育过程具有一定的矛盾和规律。职业教育德育过程的基本矛盾是德育任务与受教育者现有的道德状况之间的矛盾，德育过程实质上就是这一矛盾从缓和到激化，又从激化到缓和这样一个循环往复、不断上升的过程。职业教育德育过程的规律就是德育过程中各要素之间稳定的、本质的、必然的联系，它贯穿于德育的全过程和各方面，从这个角度而言，认识德育过程的规律要紧密结合德育过程中的矛盾。

为顺利开展德育工作，增强德育工作实效，必须找到德育工作运行的基本规律。教育者应该在把握学生思想品德形成和发展规律的基础上，掌握德育过程的规律，有针对性地开展德育工作，使学生形成正确的政治观点，养成良好的道德品质。职业院校的德育工作者遵循德育过程的规律开展德育活动，是最终实现德育目标的关键。职业教育德育过程的规律主要表现在以下几个方面。

（一）职业教育德育过程是校企协同、个体与组织共同参与的过程

德育过程是培养学生知、情、意、行全面、协调、统一发展的过程。职业院校重点关注强化学生的认知和情感，即普遍的社会公德、家庭美德、法治知识、心理健康基本知识、爱国主义情感等；在职业教育人才培养方面，越来越倾向于校企合作、工学交替，例如采用现代学徒制、订单班培养等模式，在这些新实践中，职业精神的培养是校企协同完成的，且效果比较好，能够实现职业态度、理想信念、职业良心、职业规范和精益精神的有效衔接、持续提升，实现知、情、意、行的有机统一。因此，职业教育德育过程需要职业院校和企业的协同合作，共同培养学生知、情、意、行的协调发展。①

（二）职业教育德育过程不仅在学校场域，更为关键的是在工作场所开展

职业院校是实施职业教育德育的重要场所，学生在学校中接受社会公德、个人品德、职业道德等德育内容的教育，但职业精神需要通过在工作场所的长期实践才能培育。职业精神是在工作实践中不断体验、情感认同、行为应用、反思提升的循环往复的过程中逐渐积累而成的，是一种基于体验又高于体验的，知、情、意、行相互联系、相互作用的过程。学校场域由于学习性质、实践场地等局限，培养职业精神的效果明显受限；职业精神等与职业联系密切的德育内容培养的关键场所显然是工作场所。②

---

① 匡瑛．论职校生职业精神的培育［M］．上海：华东师范大学出版社，2020：259-260.

② 匡瑛．论职校生职业精神的培育［M］．上海：华东师范大学出版社，2020：259-260.

（三）职业教育德育过程不仅依托教育系统，更依赖社会系统的整体性支持

职业教育德育过程除了教育内部的改革与调整外，还必须拥有社会这一外部支持系统的配合。从支持系统的构建来看，其至少有三个方面。首先，社会价值导向是职业教育德育过程开展的外部土壤。譬如通过《大国工匠》《我在故宫修文物》等纪录片进行正面的价值引导和舆论宣传，这是非常有必要的。其次，物质是职业教育德育过程的保证。当前技术工人较低的薪酬待遇和社会地位与对他们高层次精神追求的期待之间存在鸿沟。倘若没有基本的保障，没有归属感和受尊重的体验，要求技术工人追求自我实现、具备工匠精神相当于纸上谈兵。最后，制度建设是弘扬职业精神的核心抓手。没有激励工匠的合理制度，其就不可能维持工匠精神。只有在合理的制度支持下，职业精神才有可能发挥长效性和持续性作用，且通过不断传承和发扬成为民族的基本品格与素养。①

六、职业教育德育的途径

德育的实施要依靠有效的途径和科学的方法。全面掌握德育途径和方法，才能对受教育者因材施教，达到事半功倍的效果。职业院校要充分发挥主导作用，与家庭、社会密切配合，积极拓宽德育途径，包括直接途径和间接途径。直接途径是思想政治课程教学，间接途径包括其他课程教学、实践育人、文化育人、心理育人、管理育人、服务育人、组织育人等。其中思想政治课程教学和其他课程教学属于课程育人的范围。

（一）课程育人

课程育人包含两大方面，一是思想政治课程教学，二是课程思政。

1. 思想政治课程教学

根据《中等职业学校思政课程标准》（2020 年版），中职学校的“德育”课程名称改为“思想政治”课程，与高职院校保持一致，因此，以下都将德育课程称作思想政治课程。

思想政治课程教学是学校开展德育工作和思想政治工作的主渠道，是学校实施素质教育的重要方式，也是德育的直接途径。中等职业学校的思想政治课包括“中国特色社会主义”“心理健康与职业生涯”“哲学与人生”“职业道德与法治”四门，其中“心理健康与职业生涯”“职业道德与法治”是职业教育特有的内容，彰显了职业教育特色。高等职业学校的思想政治课程包括“毛泽东思想和中国特色社会主义理论体系概论”“思想道德修养与法律基础”及“形势与政策”等必修思政课程。②

思想政治课教学应充分体现社会主义教育的方向和本质要求，充分反映马克思主义中国化的最新成果，全面反映中国特色社会主义理论体系的基本内容、社会主义核心价值观的基本要求；要紧密联系实际，坚持以价值观教育引领知识教育，改进教育教学方法，注重实践教育、体验教育、养成教育，做到将知识学习、情感培养和行为养成相统一，切实增强针对性、实效性和时代感。其他公共基础课和专业技能课等课程的教学要结合课程特点，充分挖掘德育因素，有机渗透德育内容，结合专业特点和岗位工作要求，寓德育于教学内容和教学过程之中，做到公共基础课、思想政治课和专业课共同推进、同向同行，切实起到育人效果。

① 匡瑛．论职校生职业精神的培育［M］．上海：华东师范大学出版社，2020：259–260.

② 关于深化新时代学校思想政治理论课改革创新的若干意见［EB/OL］.（2019–08–14）［2023–03–26］. http://www.gov.cn/zhengce/2019–08/14/content_5421252.htm.

2. 课程思政

落实课程思政是在新时代背景下提高思想政治教育实效性的一项新要求，要求将思想政治教育融入课程教学和改革的各环节、各方面，落实立德树人根本任务，实现潜移默化的育人效果。课程思政强调寓价值观引领于知识传授和能力培养之中，帮助学生塑造正确的世界观、人生观、价值观。其中价值、知识、能力这三个基本要素之间的关系是：在立德树人的工作中，价值比能力和知识更加重要；价值塑造是育人工作的第一要务，要将价值塑造的成分有机地融入能力培养和知识传授之中；要充分发掘各类课程所蕴含的思政要素，做到春风化雨、沁人心田，切实达到育人成效。

2014 年，上海高校率先进行课程思政实践探索，印发《上海高校课程思政教育教学体系建设专项计划》，提出构建思政课、综合素养课、专业课“三位一体”的课程体系。2016 年 12 月，习近平总书记在全国高校思想政治工作会议上提出“要用好课堂教学这个主渠道，把做人做事的基本道理、把社会主义核心价值观的要求、把实现民族复兴的理想和责任融入各类课程教学之中，使各类课程与思想政治理论课同向同行，形成协同效应”。2017 年 9 月，课程思政作为一种教育理念，被纳入中央《关于深化教育体制机制改革的意见》，要求健全全员育人、全过程育人、全方位育人的体制机制，充分发掘各门课程中的德育内涵，加强德育课程、思政课程，注重学科德育、课程思政。由此，课程思政从地方实践探索转化为国家战略部署。2017 年 12 月，教育部印发《高校思想政治工作质量提升工程实施纲要》，在全国部署推广课程思政。2018 年，教育部印发《关于加强新时代高校“形势与政策”课建设的若干意见》，在全国高校落实课程思政，推进协同育人。2019 年，《关于深化新时代学校思想政治理论课改革创新的若干意见》出台，将课程思政推广至中小学，并鼓励各高校建立课程思政研究中心，打造一批课程思政示范课。2020 年，教育部印发《高等学校课程思政建设指导纲要》，明确全面推进高校课程思政建设是落实立德树人根本任务的战略举措，对课程思政教学体系设计、如何推进课程思政建设及将其融入课堂教学全过程等方面进行了通盘规划与详细阐述，强调课程思政建设工作要围绕全面提高人才培养能力这个核心点，要紧紧抓住教师队伍“主力军”、课程建设“主战场”、课堂教学“主渠道”，让所有高校、所有教师、所有课程都承担好育人责任，守好一段渠、种好责任田，使各类课程与思政课程同向同行，将显性教育和隐性教育相统一，形成协同效应，构建全员、全程、全方位育人大格局。2022 年，教育部等十部门印发《全面推进“大思政课”建设的工作方案》，着重强调课程思政的育人效果和质量，意味着课程思政开始进入高质量发展阶段。

（二）实践育人

实践育人体现了职业教育的特点和规律，是职业教育德育的重要途径。实践是人类认识的源泉、动力和目的。只有通过实践育人，才能实现教育与生产劳动、社会实践相结合，提高技术技能人才的创新思维和实践能力。“空谈误国，实干兴邦”，职业院校学生要成长为国之栋梁，须读万卷书、行万里路，既读有字之书，又读无字之书，真正做到“知行合一”，既要注重学习人生经验与社会知识，加强磨练，也要增长本领，切实做到“实践出真知”。要通过实践育人，帮助学生认识国情、了解社会、提升自我，为学生的健康成长与全面发展确定时代坐标。

实习实训是职业院校教育教学的基本环节，也是实践育人的主要形式。学校要结合实习实训的特点和内容，抓住职业院校学生与社会实际、生产实际、岗位实际及一线劳动者密切接触的时机，进行以爱岗敬业、诚实守信为重点的职业道德教育，进行职业纪律和安全生产教育，培养学生热爱劳动、热爱劳动人民的情感，增强学生讲安全、守纪律、重质量、求效率的意识。企业要参与组织开展实习实训期间的德育工作，学校要安排专人负责实习实训期间的教学管理和德育工作。

志愿服务也是实践育人的重要方式。学校要把志愿服务纳入教育计划，依托各类青少年爱国主义教育基地、科技场馆等课外活动阵地，发挥学生的专业技能特长，组织学生深入社区、企业等，广泛开展各类志愿服务和社会实践活动。要把学雷锋活动和志愿服务结合起来，建立、完善志愿服务长效工作机制和活动运行机制，弘扬“奉献、友爱、互助、进步”的志愿精神，推动志愿服务活动广泛深入开展，把志愿服务活动做到社区、做进家庭，大力组织学生向道德模范、劳动模范、最美人物、身边好人等先进典型学习。

（三）管理育人

管理育人应始终坚持以学生为中心，在尊重学生、理解学生、关爱学生的基础上，把规范管理的严格要求和春风化雨、润物无声的教育方式结合起来，强化科学管理对德育的保障功能，发挥管理环境在职业院校学生思想政治教育中的育人作用，把社会主义核心价值观教育融入育人全过程。

班级是学校德育工作的基层单位，班主任是班级管理和德育的直接实施者。班主任应结合专业特点和学生实际，充分利用家长、用人单位、行业及社区等主体的资源，开展学生思想教育、班级管理、班级活动组织、职业指导、沟通协调工作，发挥学生的主动性、创造性，培养良好的班风、学风。学校各项管理工作要发挥德育功能，促进学生良好行为习惯的养成。学校要按照有关法律法规，建立健全学校班级管理、课堂教学、实习实训、社团活动、校园安全、后勤服务、突发事件应急等管理制度并严格执行。要强化全员育人理念，充分调动全体教职工言传身教、教书育人的自觉性，以良好的思想政治素质和道德风范影响、教育学生。

在“三全育人”新格局下，职业院校积极创新管理育人模式，如温州某中职学校建立校园学生自主管理模式，让学生全员参与学校管理，让优秀的学生成长为干部，进而继续引领新同学成长；将浙商文化融入职业素质教育，致力于培养具有“富有创意，善于创新，能够创业，勇于创造；学会生存，懂得生活，厚植生命，永续生态”核心素养的现代职业人。[①]

（四）文化育人

文化育人是职业教育德育实施的重要途径，要注重以文化人、以文育人，深入开展中华优秀传统文化、革命文化、社会主义先进文化教育，推动中国特色社会主义文化繁荣兴盛。另外，校园文化也是德育实施的重要环境，要优化校风、学风，繁荣校园文化，培育学校精神，建设优美环境，滋养师生心灵、涵育师生品行，引领社会风尚。

职业学校要凝练具有职教特色的办学理念和学校精神，建设体现学校特色的校园文化，形成优良的校风、教风和学风。要结合民族传统节日、重要节庆日、纪念日等，开展礼节、礼仪教育，开展特色鲜明的主题教育活动；结合技能竞赛、创新创业创意创效竞赛、“文明风采”竞赛等开展丰富多彩的校园文化活动。要积极推进优秀企业文化进校园，通过宣传学习行业劳动模范、学校优秀毕业生事迹等，培养学生的职业兴趣和职业精神，增强

① 资料来自广西教育厅评选的职业院校“三全育人”典型学校优秀案例。

就业创业信心。培育和弘扬劳动光荣、技能宝贵、创造伟大的时代风尚。

在当前文化强国建设蹄疾步稳、文化育人理念深入人心的大背景下，职业院校努力构建具有学校自身特色的文化育人模式。例如柳州某高职院校创新性地打造“匠心书院”文化育人新阵地、推出“匠心文化”系列精品力作、构建匠心“1+N”文化融合新平台，以“载体＋品牌＋平台”创新“三新”思路构建匠心文化育人新格局，打出高职特色“文化育人”组合拳，不断增强师生文化自信，培养大国工匠、能工巧匠，走出了一条中国特色高水平高职院校文化育人的新路。

（五）服务育人

服务育人要求把解决实际问题与解决思想问题结合起来，围绕师生、关照师生、服务师生，把握师生发展的需要，提供靶向服务，增强供给能力，积极帮助满足师生工作、学习中的合理诉求，在关心人、帮助人、服务人中教育人、引导人。例如在后勤保障服务中，持续开展“节粮、节水、节电活动”“节能宣传周”等主题教育活动，大力建设绿色校园，实施后勤员工素质提升计划，切实提高后勤保障水平和服务育人能力。在图书资料服务中，建设文献信息资源体系和服务体系，优化服务空间，注重用户体验，提高馆藏利用率和服务效率，开展信息素质教育，引导师生尊重和保护知识产权，维护信息安全。在医疗卫生服务中，制订健康教育教学计划，开展传染病预防、安全应急与急救等专题健康教育活动，培养师生的公共卫生意识和卫生行为习惯。在安全保卫服务中，全面开展安全教育，提高安保效能，培养师生的安全意识和法制观念。增强供给能力，建设校园综合信息服务系统，充分满足师生学习、生活、工作中的合理需求。进入新时代，广大职业院校正在探索构建服务育人体系，不断强化服务育人实效。

（六）网络育人

网络育人要求学校加强互联网等新媒体的建设与管理，优化校园网络环境，建设校园网络宣传队伍，加强正面信息的网络传播，杜绝不良信息在校园网上的传播，重点加强对校园网公告栏、留言板、贴吧等交互栏目的管理，发挥社交网站等对学生的教育引导作用。要培养学生良好的网络道德，帮助学生做到依法上网、文明上网，及时发现并主动帮助网络成瘾学生。

在“互联网＋”背景下，职业院校充分利用互联网阵地加强网络育人工作。例如宁波某高职院校围绕立德树人根本任务，秉承“三全育人”的工作理念，聚焦学生工作的难点、痛点、堵点，以“互联网＋思政”的思维，从“保障机制、六大平台、五微内容、特色应用”出发，搭建了四位“易”体的网络育人工作模式，以四位“易”体网聚合力，提升精准思政的实效，通过几年的探索实践，打造了以“易班”为依托的网络育人工作品牌，取得了良好成效。①

（七）心理育人

心理育人是职业院校教师从学生的身心实际出发，遵循人的心理成长规律和教育规律，通过多种方式实施心理健康教育，有目的、有计划地对教育对象进行积极心理引导，帮助其消除心理困惑，开发心理潜能，提升心理品质，促进人格健全，以实现培育有理想、有能力、有担当的时代新人这一目的的教育活动。心理辅导是心理育人的重要方式之一。学校要根据学生的生理、心理特点合理设置心理健康教育内容，针对学生在学习、生活和

① 资料来自浙江省职业教育“三全育人”典型学校之网络育人篇。

求职就业等方面可能遇到的心理问题开展心理辅导或援助，加强人文关怀和心理疏导，培养学生良好的心理素质，促进学生身心健康发展。要配置必要的心理健康教育专业人员，以及教育和服务设施。

职业院校正在积极探索心理育人的有效方式。例如宁波某高职院校秉承“仁爱、健康”的校训精神，其心理健康教育以“让每位学生青春阳光、健康幸福”为育人理念，以“幸福心学堂”育人平台为抓手，在原有教育教学、实践活动、咨询服务、预防干预“四位一体”工作格局的基础上，升级建设数智赋能的“五位一体”心理健康教育工作良好格局。经过多年的实践探索，该校逐步探索形成了以“课程健心”“咨询舒心”“解危护心”“朋辈暖心”“活动走心”为特色的“五心一体”心理育人模式，提升心理育人效力，促进学生理性平和、积极向上的健康心态的养成。[①]

（八）资助育人

资助育人以受助学生为主体，辐射全体学生，将资助与育人工作紧密结合起来。将资助育人融入思想道德教育、文化知识教育、社会实践教育等各环节，可以着力凝聚资助育人合力，不断强化资助育人成效，力争使每一名家庭经济困难的学生都能够享有平等发展的机会。把“扶困”与“扶智”、“扶困”与“扶志”结合起来，建立国家资助、学校奖助、社会捐助、学生自助的发展型资助体系，构建物质帮助、道德浸润、能力拓展、精神激励有效融合的资助育人长效机制，实现无偿资助与有偿资助、显性资助与隐性资助的有机融合，形成“解困—育人—成才—回馈”的良性循环，着力培养受助学生自立自强、诚实守信、知恩感恩、勇于担当的良好品质。

职业院校正立足服务学生全面发展，坚持以人为本，积极做好资助育人工作。江苏某高职院校将数据治理思维与方法应用于学生资助工作中，聚焦资助初心，精耕细作，攻克资助对象精准识别难点，打破资助数据信息孤岛，通过共建数据标准、构建认定模型、优化工作流程、绘制数据画像、实施赋能工程等具体措施驱动精准资助，由“点”到“面”，系统推进资助育人，成就学生出彩人生。学院的治理资助数据推动了资助工作精准化、标准化。学院建立了发展指标，探索出数据化资助育人新范式；利用“智慧学工”平台，拓宽了困难学生的成长成才之路。[②]

（九）组织育人

组织育人就是把组织建设与教育引领结合起来，强化职业院校各类组织的育人职责，增强工作活力、促进工作创新、扩大工作覆盖面、提高辐射能力，发挥学校党委的领导核心作用、院（系）党组织的政治核心作用和基层党支部的战斗堡垒作用，发挥工会、共青团、学生会、学生社团等组织联系、服务、团结凝聚师生的桥梁、纽带作用，使思想政治教育贯穿各项工作和活动，促进师生全面发展。

职业院校高度重视组织育人工作，不断提升组织育人实效。例如浙江某高职学校党委始终把党的政治建设摆在首位，实施党建融合共建行动，构建“六联”工作机制，努力打造形成“红动力＋同心轴”党建共同体新模式，提升党组织活力，建成了美康生物科技、革命烈士陵园等23个校地、校企党建联盟，释放党建辐射力效应，培根铸魂，开创大学生思政工作新局面。同时，该校深化基层党建内涵与特色，深入推进基层党组织标准化建设，

① 资料来自浙江省职业教育“三全育人”典型学校之心理育人篇。

② 资料来自江苏省学生资助信息化工作典型案例汇编。

常态化开展基层党建督查，强化基层党务干部培训，加强党员教育管理，扩大组织覆盖面，积极探索并创新性构建了区域协同、校校合作模式。[①]

（十）科研育人

科研育人就是让学生参与科研活动，并在这一活动过程中达到育人的目标。对职业教育来说，科研育人更多是针对高职院校，尤其是职业本科院校而言的。随着“统筹职业教育、高等教育、继续教育协同创新”“深化产教融合、职普融通、科教融汇”的新要求提出，高职院校科研育人功能亟待有效发挥。开展科学研究是高职院校的重要职能之一，从教师方面讲，教学与科研是他们的日常工作。从学生方面讲，他们也不只是简单地接受知识灌输和技能培训，而是要开展研究性学习，掌握科学研究的必要技能。科研和育人犹如学校的“车之两轮、鸟之双翼”，要互促共进、协同发展。践行科研育人，就要弘扬科学精神，坚持学术诚信，维护学术道德，规范学术行为，推动成果转化，促进学术创新与学术繁荣。

近年来，高职院校不断强化科研育人。例如宁波某高职加强科研要素整合，将其融入全过程人才培养，强化校企协同，打造科教融汇创新育人平台，夯实诚信基石，构建“全过程”学术诚信体系，鼓励科创实践，培育科学精神与创新服务意识，教研、学研相济，加强科学研究，提升科研育人水平。该校建立了系统化科研育人的长效机制，进一步培养学生的科学品格和科学精神，提升学生的科学素养、创新能力及创新服务意识。[②]

七、职业院校学生权益保护

近年来，校园霸凌、校园贷等违法、不良现象经常出现在职业院校校园里，这对职业院校，尤其是中职学校的德育工作提出了更高要求，即要重视学生的权益保护，落实对学生的全方位保护，这也是《中华人民共和国教育法》《中华人民共和国未成年人保护法》及《中华人民共和国预防未成年人犯罪法》为德育工作提出的重要任务。

（一）职业教育德育工作要重视保障学生的平等受教育权

每一名学生都平等地享有接受教育的权利，教师应平等地对待每一名学生，不能侵犯学生的平等受教育权。职业教育德育工作应重点关注贫困家庭学生、学习困难学生、留守儿童及随迁子女等特殊群体，保障他们享有平等的入学机会，平等地享用学校的教学设施、设备、图书、资料等教育资源，受到教师公平的对待，避免遭受其他学生的歧视。

（二）职业教育德育工作要重视保护学生的人身财产安全

当前全球的校园欺凌现象十分严峻。以下是我国某县职教中心学生田某的案例（来源于西安商网 2022 年 2 月 24 日发文）：

2021 年 12 月，某县职教中心的学生田某先后 5 次受到 4 名同学殴打，其中 4 次殴打是琐事引起的，1 次是该 4 名学生向田某要钱引起的。据田某的母亲介绍，2021 年 12 月 22 日，田某再次遭到殴打，她于 24 日带田某前往县医院就诊。医院诊断田某有创伤性损伤、脑震荡、面部损伤、多处皮肤浅表挫伤等症状。

由于田某 5 次被殴打的地点皆无监控设备，田某的母亲称，她找校方协调时，遭到校

① 资料来自浙江省职业教育“三全育人”典型学校案例。

② 资料来自浙江省职业教育“三全育人”典型学校案例。

方的推脱和否认。田某的母亲称，从始至终，殴打自己女儿的学生家长一直未出面，与校方协调也未果。此事造成田某无法正常上学，情绪易失控，心理压力大，还曾经割腕自杀未遂。

案例中，对霸凌者来说，他们不知道霸凌是一种错误行为，是对他人人权的侵犯。对被霸凌者田某来说，她不懂得如何依法保护自己的人身安全。对于旁观学生来说，他们没有制止霸凌的勇气，或不知道应对霸凌的方法。对于职业院校来说，其没有提出完善的处理措施。

因此，职业教育德育工作应加强对学生的法律教育，教给学生多种应对霸凌的方法，同时制定完善的校园霸凌和处理制度、措施，建立校园霸凌事件处置预案，明确相关岗位预防、处理校园霸凌事件的职责，积极履行管理与监督的义务。学校也应与学生家长进行及时沟通，以促进家校双方对校园霸凌现象的有效应对。

除校园霸凌外，校园贷也是职业教育德育工作中应该重点关注的问题。许多网上金融借贷平台打着“资助困难大学生”“支持大学生微创业”“零首付、免利息”等旗号为学生借款，背后却是作为变相利息的“服务费”和未及时还款产生的“滞纳金”。一些自制力较差的学生会借钱用于挥霍，如购买金额较大的电脑、手机等数码产品，而一些实在没有能力还款的学生在借贷平台的威逼利诱下，会通过微信、QQ、贴吧等多种渠道向身边的同学推荐此类贷款，甚至走向“裸贷”的深渊。因此，职业教育德育工作应加强对学生的消费观教育，使其避免养成冲动消费、攀比消费等不良消费习惯，养成正确的消费观，践行“节约最光荣”的传统美德。

（三）职业教育德育工作要重视学生的心理健康教育

除人身安全外，职业教育德育工作还应关注学生的心理健康。在处理学业、感情、人际交往、就业等问题时，部分职业院校学生容易出现焦虑、困惑、孤独、失落等不良状态。德育过程中，教师应有意识地关注学生的不良情绪，帮助学生积极排解，通过心理讲座、主题班会、团队活动等多种形式深入开展心理健康教育，积极做好学生的心理疏导和教育，推动建立学生心理状况报告制度，密切师生的沟通、交流，关注学生的心理健康状况。

（四）职业教育德育工作要重视实习过程中的学生权益保护

我国职业教育大力深化产教融合、推进校企合作，在这一过程中，越来越多的职业院校学生深入企业，参加岗位实习。对职业院校来说，除了关注学生在学校场域中的人身安全、财产安全、心理健康、权利与义务保护等，还要关注学生在企业实习过程中的权益保护。2021 年 12 月 31 日，教育部等八部门印发《职业院校学生实习管理规定》，对职业院校学生实习的行为准则、实习管理、实习考核、安全职责、保障措施等作出了明确规定。除此之外，职业教育德育工作要格外关注学生在企业实习过程中的工伤与法律保护。岗位实习与正式工作的内容几乎一样，对实习生来说，参加工伤保险很有必要。然而，很多学生没有意识到职业伤害的风险。根据《工伤保险条例》，工伤保险保障的是与用人单位建立劳动关系的职工的权利。职业院校学生若在岗位上意外受伤，由于未与企业建立劳动关系，将面临难以被认定为工伤的困境。如以下职业院校学生小鹏的案例（来源于 2021 年 10 月《中国青年报》）：

在湖南省临武县一家职业院校就读的小鹏被学校安排到一家新能源公司实习。在一次辊压机清洁中，他的右手手掌不慎被卷入机器压辊中。经手术，他的食指和中指因伤势过重被截肢，右手功能的恢复并不理想。小鹏受伤后，在手术、治疗等方面未与学校和企业达成一致。面对学校和企业的推诿，小鹏无奈之下选择曝光此事。在事件引发舆论关注后，校方表示会遵照医嘱为小鹏治疗，直到他满意为止，企业方则回应："他这就是工伤，我们一直在积极处理。"

虽然企业方称小鹏是工伤，但根据《工伤保险条例》，工伤保险保障的是与用人单位建立劳动关系的职工的权益。学生参加岗位实习，并未与用人单位建立劳动关系。因此，即便是因工作受伤，他们也无法获得工伤待遇。法律界人士指出，没有参加工伤保险的小鹏与实习公司之间存在实际雇佣关系，公司和学校应承担大部分责任。

因此，职业院校要与用人单位做好沟通，在实习协议中明确学生在实习期间的食宿、住宿安排、实习薪酬及支付方式、劳动保护和劳动安全、职业病危害防护条件等，坚决落实学生在实习过程中的权益保护。

第二节 主流德育流派和模式

当代德育流派很多，各种德育流派都形成了一定的德育模式，即在一定的德育思想理论指导下，经长期德育实践而形成的德育活动结构及配套的实施策略。本节主要介绍六种主流德育模式。

一、道德认知发展模式

道德教育的认知模式是当代德育理论中流行最为广泛、占据主导地位的德育学说，它是由瑞士学者皮亚杰提出，而后由美国学者科尔伯格（Lawrence Kohlberg）进一步深化的。该模式假定人的道德判断力按照一定的阶段和顺序从低到高不断发展，道德教育的目的就在于促进儿童道德判断力的发展及其行为的发生。科尔伯格利用道德两难故事法来诱发儿童产生道德认知冲突，引起儿童思考的主动性和积极性，从而促进儿童道德认识的深化和道德判断水平的提高。他编制了一系列道德两难故事，典型的故事是"海因兹偷药"：

有一位妇女因患罕见的癌症而濒临死亡，医生认为有一种可以救她的药，即该市一位药剂师最近发现的一种镭。药剂师以十倍于成本的价格出售该药。得病的妇女的丈夫海因兹向每一位熟人借钱，但总共只凑够了一半的钱。他告诉药剂师，他的妻子危在旦夕，请药剂师便宜售药，或是自己迟些日子付款，但药剂师拒绝了。海因兹绝望了，溜进药店，为妻子偷了药。海因兹是否应该偷药，为什么？

科尔伯格将儿童的道德发展分为六个阶段，这六个阶段又分为三种道德水平——前习俗水平、习俗水平和后习俗水平，每个水平包含两个阶段。此即三水平六阶段的道德发展阶段理论。

（一）前习俗水平（0—9岁）

1. 惩罚与服从定向阶段

这个阶段的儿童根据行为的后果来判断行为是好是坏及其程度。他们认为凡是能够避免受到惩罚的行为都是好的，遭到批评、指责的行为都是坏的。处于这一阶段的儿童对"海因兹偷药"的判断是：认为不该偷东西的理由是偷东西会被警察抓起来，受到惩罚；认为该偷东西的理由是他事先请求过药剂师，这种行为不算偷东西，不会受重罚。

2. 工具性的相对主义定向阶段

有人也把这个阶段叫作利己主义阶段或交易性阶段。这一阶段的儿童为了获得奖赏或满足个人的需要而遵从准则，偶尔也包括为满足他人的需要遵从准则。他们认为如果行为者最终受益，那么为别人效劳就是对的。人际关系被看作交易场中低级、相互对等的关系。处于这一阶段的儿童对"海因兹偷药"的判断是：认为不该偷东西的理由是，如果他不爱妻子，没必要冒险偷药，自寻烦恼；认为该偷东西的理由是，如果他爱妻子，她死了，他就失去她了。

（二）习俗水平（10—15岁）

1. 人际协调的定向阶段

这一阶段又称为社会期望的"好人"定向阶段。处于这个阶段的儿童、青少年认为判断一个人的行为是否正确，主要是看他是否受到别人的喜爱、是否对别人有帮助或是会受到别人的赞扬。他们希望保持人与人之间良好、和谐的关系，希望被看作好人，要求自己不辜负父母、教师、朋友的期望，与之保持相互尊重、信任。处于这一阶段的儿童、青少年对"海因兹偷药"的判断是：认为不该偷东西的理由是偷东西是小偷的行径，那会令自己及家人、朋友蒙羞；认为该偷东西的理由是救妻子是一名好丈夫应该做的，不管他是否爱她。

2. 维护权威或秩序的定向阶段

这个阶段的儿童、青少年开始意识到法律与秩序的存在，认为每个人都应当承担社会赋予的义务和职责。判断某一行为的好坏要看它是否符合社会秩序，只要遵纪守法就是好的。处于这一阶段的儿童、青少年对"海因兹偷药"的判断是：认为不该偷东西的理由是法律禁止偷窃，尽管他有义务救他的妻子；认为该偷东西的理由是偷东西是违法的，但丈夫有责任设法救妻子的性命。

（三）后习俗水平（15岁以后）

1. 社会契约定向阶段

在这个阶段，道德判断具有灵活性，个体认为法律是为了使人们和睦相处而建立的，如果法律不符合人们的需要，可以通过共同协商和民主的程序对法律加以改变。他们认为，反映大多数人意愿或最大社会福利的行为就是道德行为。处于这一阶段的个体对

“海因兹偷药”的判断是：认为不该偷东西的理由是尽管他应该尽力救妻子，但他没有偷药去救命的义务，这不是夫妻关系契约的组成部分；认为该偷东西的理由是法律禁止偷窃，但人命重于药剂师的财产权，如果有什么不对，需要改的是现行的法律。

2. 普遍道德原则的定向阶段

在这个阶段，个体认为应以适合各种情况的道德准则和普遍的公正原则作为道德判断的根据。一个人背离了自选的道德标准或原则，就会产生内疚或自我谴责感。道德原则已经被内化为自觉追求，规则已经不再是外在的判定标准，做决定的标准是自身的良心。处于这一阶段的个体对“海因兹偷药”的判断是：认为不该偷东西的理由是他竭力救妻子，无可厚非，但他不能以侵犯他人的权利为代价；认为该偷东西的理由是性命重于一切，其价值是唯一可能的无条件的道德义务的源泉，为救人而偷药是正义之举。

道德认知模式的特色在于：一是提出了以公正观发展为主线的德育发展阶段理论；二是建构了较为科学的道德发展观，提出了智力与道德判断力关系的一般观点；三是通过实验建立了崭新的学校德育模式。这一模式对职业教育德育也具有重要启示：职业院校学生的道德发展一般处于后习俗水平阶段，教师在实施道德教育时应尊重和遵循学生的道德发展水平，才能使德育有实效性和针对性。

这一模式的缺陷是过于强调道德认知能力的培养，忽视了道德行为的研究，只强调道德判断的形式，忽视了道德内容的作用。还有不少人批评这一模式忽视了道德发展中的情感因素。

二、价值澄清模式

价值澄清模式是在美国出现的最大的道德教育理论派别之一，对西方的道德教育产生了重大影响力，以纽约大学的路易斯·拉斯思（Louise Raths）、南伊利诺斯大学的梅里尔·哈明（Merrill Harmin）、马萨诸塞州大学的西米·西蒙（Sidmey B. Simon）为代表。该模式着眼于价值观教育，试图帮助人们减少价值混乱，并通过评价过程促进统一的价值观的形成。其目的是通过选择、赞扬和实践过程来增进赋予理智的价值选择。该模式认为，价值观从根本上而言是个人的而不是社会的，道德价值观念不能也不应该被传授给别人，教育不能强令个体具有某种价值观。学校道德教育的作用在于训练学生，使其掌握做出价值判断和价值决策的方法，通过分析和评价手段减少价值混乱，促进同一价值观的形成，从而发展学生理解和思考人类价值观的能力。该模式鼓励个体全面、审慎地思考自己的价值观及整个社会的价值问题。

价值澄清模式认为，人们的价值观并不是一种固定的观点或永恒不变的真理，而是建立在个体亲身经历的社会经验基础上的一种指南。因此，要形成自己的价值观，就必须经过选择、评价和按这些价值观行动的过程。人的价值观形成需要针对主体认知程序，同时也必须针对个人的生活实际，在分析、评价中生成、发展。这种表现潜在价值的原型被称为价值指示，分三个方面：① 有关目标、志向、抱负、态度、兴趣、情感、信念、活动、忧虑等的问题；② 个人面临的问题，包括爱情、友谊、性、工作、婚姻、忠诚等问题；③ 与个人有密切关系、对个人价值观有重大影响的社会问题，如社会贫困、言论自由、罢工权利等问题。他们认为，人生中的每一个问题都表示着人生价值的存在，但这些并不是价值，要使这些价值指示变为个人的价值观，必须经由澄清的完整过程。拉斯思在《价值与教学》中详细论述了如何发现这些指示并将其发展为价值。价值澄清模式将价值澄清过程分为从选择、珍视再到行动的三个阶段、七个步骤。

1. 选择

（1）自由选择。只有在自由的选择中，才能根据自己的价值观行事。

（2）从各种可供选择的项目中再进行选择，有利于个人对选择进行分析、思考。

（3）在仔细思考之后进行选择。在此过程中，个人在意志、情感及社会责任等方面都会受到考验，对各种选择作出理性的因果分析，并反复衡量利弊。

2. 珍视

（1）珍惜自己的选择，并为自己能有这种理性选择而自豪，将其看作自己内在能力的表现和自己生活的一部分。

（2）确认或向别人公布自己的选择，即以充分的理由再次肯定这种选择，并乐意公开与别人分享，而不会因这种选择而感到羞愧。

3. 行动

（1）依据选择行动。

（2）将其作为一种生活方式，并不断重复。

价值澄清模式的教学方法较丰富，包含以下类型。① 填写价值单法：教师提出问题，学生填写自己的价值观，再进行师生交流。② 澄清反应法：教师针对学生的言行作出反应，鼓励学生作进一步的思考。③ 价值连续体法：此方法被看作“极为有用的价值澄清方法”，适用于在大范围内对一些有普遍意义的问题进行讨论。师生共同确定所要讨论的问题后，确认两种极端的态度，并将其写在一条直线的两端（看上去像一个连续体），把处于两种极端态度之间的其他态度都写在直线（连续体）上。这种方法的实质就是鼓励学生慎重思考各种选择。除此之外，还有价值观投票、角色游戏、后果搜寻、填写名片、群体谈话、时光日记、书写、讨论等19种其他策略。这些活动既可在校内、校外、家庭等不同场合进行，又可组织全体学生、班级同学或单个学生进行，还可结合教学或娱乐活动开展，形式活泼多样，寓教于乐，便于操作。教师要利用专门设计的方法，创造一种没有威胁、非强迫性的对话环境。

价值澄清模式为职业教育德育实施提供了多种方法，且每种方法都有一套能为师生所掌握的可操作性程序，根据这一程序进行教学和评价，有章可循，易教易学。实施这种尊重学生的主体作用，注重发展个体道德意识、道德判断和价值观选择能力，注重现实生活，有很强的可操作性的道德教育模式，也是我国德育改革的趋向。

然而，该模式强调每个人都要有自己的价值，而且这些价值都是合理、值得尊重的，实际上已经陷入极端个人相对主义的窠臼。实践中，如果任凭以个人的价值观为标准来衡量和评价自身的社会行为，社会必然会变得混乱，甚至出现无政府状态，这是我们必须避免的。

三、社会学习模式

社会学习模式主要是由美国学者班杜拉等人于20世纪70年代创立的。该模式基于班杜拉等人提出的社会学习理论。① 强调人类的行为是个体与环境的交互作用的产物，人既能对刺激作出反应，又能主动地解释并作用于情境。② 强调观察学习的重要意义。班杜拉认为，观察学习是人类学习的一种重要形式，在社会环境里，人们通常是直接通过观察和模仿他人行为的模式而获得知识、技能和行为习惯的。这种观察和模仿是个人与个人之间进行的有关社会行为的学习，因而也称“社会学习”。③ 强调对道德判断、道德行为和自我调节的重视。道德判断、道德行为和自我调节包含了人类在对待善恶、是非等问题上所作的努力。道德判断是关于善恶、是非的评定，而道德行为和自我调节是个体道德判断和道德理想的实现。道德认知能力在道德判断过程中发挥着重要作用，一个人首先要知道什么是社会许可或赞赏的行为，然后才能够实施这种行为。但是，关于是否实施这种道德行为，个人的动机、期望和主观价值起着决定作用。

社会学习模式提供了几种主要教育方法，如模仿、榜样、抗拒诱惑、言行一致等。其中模仿是最主要的方法。社会学习理论认为，模仿学习对于个体道德行为的形成具有重要作用。通过模仿，个体可以学到新的行为，抑制和消除内隐的行为倾向，刺激内隐的行为倾向转化为外显的实际行为，还可以改变、消除或强化原有的行为模式。

模仿学习分为四个具体过程。第一个是注意过程。通过正确的知觉与选择，个体对模仿对象的行为进行注意和观察。第二个是记忆过程。个体把模仿对象的示范行为象征化，以印象或言语符号的形式保存在记忆中。第三个是复现过程。个体把象征性表象转化为适当的行为，即个体在行为实践中复现所观察、学习到的行为。第四个是强化与自我调节过程。个体通过某些方式对行为进行强化，激发和维持这种行为。如果个体在模仿他人的行为后受到了赞赏和奖励，就会强化这种行为；反之，就会减少，甚至不再模仿这种行为。

社会学习模式可资借鉴的地方在于：在探讨道德教育与行为形成方面，社会学习理论的许多成果值得借鉴，对我们加强道德知识教育和行为习惯培养有较大启迪作用；强调自我效能，注重个体自我评价能力的培养，努力引导学生学会自我强化；强调成人与环境对儿童、青少年道德行为形成的作用；强调动机的激发，以及动机对维持某特定行为的作用。但是，该模式忽略了儿童身心发展的成熟性和阶段性，且缺乏为学校教师提供的更具体、可操作的教育方法和策略。

四、关怀德育模式

美国教育家尼尔·诺丁斯（Nel Noddings）提出了具有时代特征的关怀道德教育理论，强调对学生生命的尊重、对学生体验和感受的重视，认为不能想象他人的内心世界，就无法拥有真正的道德。这一模式的基本主张是：① 每个人在人生的各个时期都需要得到人们的理解、接纳、尊重和认同，因此，关怀他人和被他人关怀都是人的基本需要。② 关怀不仅是一种美德，更是一种关系，它的维持和巩固既需要关怀方对关怀对象的需要作出反应，又需要关怀对象认可和接受对方的关怀行为。这样，关怀双方在关怀关系中就是平等互惠的。③ 道德教育应从培养道德情感入手。诺丁斯认为，人类的情感是激发道德的动机力量，理性服务于情感。④ 道德教育是关怀者与被关怀者互动的过程，在道德教育中，应重视个体性、具体性和学生真实感受的关怀性，使学生成为有责任感、有关怀意识和关怀能力的关怀者。

诺丁斯从关怀理论出发组织了整个关怀课程体系，包括对自我的关怀、对亲密的人的关怀、对陌生人的关怀，以及对动植物的关怀。我们由关怀自身出发，关怀自身之外的事物，在人与社会、人与自然、人与人、人与自身之间确立关怀关系。此外，诺丁斯还提出了关怀德育模式的四种方法：榜样、对话、实践和认可。首先，德育应重视教师的榜样作用，诺丁斯强调榜样在关怀德育中的重要作用，教师的榜样作用是学生学会关心的动力源泉和关键因素。教师的首要任务是重视学生、关心学生，与学生开展平等交流，用关怀去感染、熏陶学生，认可并鼓励学生去更广阔的世界中实践、体验、升华。其次，德育过程中应采用对话法，诺丁斯认为，在德育过程中，对话处于核心地位，对话的目的是让对话双方进行情感交流、彼此关心。对话双方是平等的，对话过程是开放的，可轻松，可严肃，可富有逻辑性，可随心所欲，但必须以传达真实感受为基础，以接纳关心为导向。再次，德育应注重实践教学，学校应给学生提供关心别人、爱护别人的各种实践机会，让学生练习关怀的技巧，在不断实践中积累关怀经验，培养关心能力，体验关心与被关心的情感，从而形成一种习惯。最后，关怀双方应建立相互认可的信任关系。认可的过程是建立在深厚关心基础上的爱的行为过程，是双方试图建立信任关系的过程。认可是教师与学生双方的相互认同。其中，教师在认可学生时，既不是教条式地命令，也不是只说学生爱听的好话或一味地表扬学生，而是应认真分析事情的来龙去脉，对学生正确的道德行为加以及时肯定，并指出其行为不当的后果，给予其合适的评价和指导。

关怀德育模式对职业教育德育实施具有重要启示：道德教育应该创造关爱的环境，包括课堂环境、实践实习环境、校园氛围等，注重环境育人的重要性，将以关怀为取向的道德性体现在教学、评价、管理等教育的每一个环节。同时，所有教师，包括企业师傅都要以身作则，为学生树立良好的榜样。

五、体谅模式

体谅或学会关心的道德教育模式形成于 20 世纪 70 年代，为英国学校德育学家彼得・麦克费尔（Peter Mcphail）和他的同事所创。该德育模式将道德情感的培养置于中心地位，假定与人友好相处是人类的基本需要，帮助学生满足这种需要是教育的重要职责。它以一系列人际与社会情境问题启发学生的人际意识和社会意识，引导学生学会关心、学会体谅。麦克费尔特别强调营造相互关心、相互体谅的课堂氛围，且教师应在关心人、体谅人方面起到表率作用。道德是富有感染力的，在关爱他人的人周围生活，学生自然会获得许多有益的东西。

麦克费尔等人编制了一套独具特色的人际 - 社会情境问题教材——“生命线”丛书，并采用角色扮演、观察学习、社会模仿等德育方法来实施体谅模式。这套教材是实施该模式的支柱，由三部分组成，循序渐进地向学生呈现越来越复杂的人际与社会情境。该教材的目的是鼓励对所有口头的或非口头的言语信号进行观察和理解，这些信号表达了人们的需要、兴趣和情感。体谅模式试图通过“生命线”丛书提高学生估计和预测行为后果的能力，以及与理解后果有关的获得科学知识的能力。可见，在体谅模式中，除情感外，理智和知识仍起着重要作用。“生命线”的三部分内容具体如下。

第一部分：“设身处地”。这一部分有三个单元——敏感性、后果和观点，围绕人们在家庭、学校和邻里中经历的各种共同的人际问题设计，目的在于发展个体体谅他人的动机。

第二部分：“证明规则”。这一部分有五个单元：规则与个性、你期望什么？你认为我是谁？为了谁的利益？为什么我应该这么做？这些单元从比较简单的有关个人的压力和冲突情境到比较复杂的群体利益冲突和权威问题，其目的在于帮助青少年形成健全的同一性认识，并把自己视为对自己所在的共同体做出贡献的人。

第三部分：“你会怎么办”。这一部分向学生展示以历史事实或现实为基础的道德困境，意图在于培养学生超越现实的社会道德观念，促进学生形成更深刻、更广泛的判断结构。这一部分包含六个单元：生日、单独的监禁、逮捕、街景、悲剧、医院的微风。每一单元都围绕一组不同的历史环境来编写，把历史知识学习、社会学习和英语学习结合起来，能成功激发学生的学习兴趣。

体谅模式的特色在于：有助于教师较全面地认识学生在解决特定的人际－社会问题时的各种可能反应；有助于教师较全面地认识学生在解决特定的人际－社会问题时可能遇到的种种困难，以便更好地帮助学生学会关心；它提供了一系列可能的反应，教师能够根据它们指导学生围绕大家提出的行动方针进行讲座或角色扮演。此外，体谅模式还提供了一套别具一格、设计有趣、内容逼真、引人深思、深受学生欢迎的德育教材，对职业教育德育教材的设计而言是一个很好的启示。

六、体验式德育模式

（一）体验式德育的理论依据

体验是多个学科共同的研究对象，人们在不同视域对体验有着不同的审视。在哲学领域，体验被放到了人类的基本生存方式的高度，指个体生命对与其人生意义和价值相关的生存事件的深切领悟，揭示人生存的价值和意义。按照马克思主义实践论的观点，人们对于客观事物，需要通过实践，通过主体体验，才能获得深刻理解。德育过程中的体验一方面与实践密不可分，实践是体验的基础和途径，从根本上说，离开实践，体验无从产生，更无法深化和发展；另一方面是为了进一步进行实践。体验的最终目的是使体验者，也就是受教育者以内化的情感和意义指导自己的行动，进行道德实践，实现道德外化。在心理学领域，体验被界定为情感、情绪体验，是形成受教育者良好思想品德的重要条件。体验的过程就是产生情感的过程。在体验的过程中，体验者与事物或情境直接接触，身临其境，容易产生情感。在教育学领域，体验被视为发展受教育者主体性的一个重要途径。在以往的教育过程中，教师讲得多，学生做得少，导致受教育者的主体性变成了一句空话。而体验则使受教育者的主体地位得到确认，在实践体验、心理体验、移情体验等各种体验过程中，受教育者是体验的主体，别人无法替代。

（二）体验式德育的理论研究

体验在道德教育方面也有着独特价值。在国内，已有一些学者对体验式德育进行了一定的理论研究。陶行知提倡教学做合一，认为个体通过体验直观感受现实生活世界，探寻生命的意义，叩问生活的本意，把握人与世界、交互主体间的良性互动，侧重于体验的行为层面。朱小蔓强调道德情感体验，情绪、情感通过不断的感悟、体验、积累，可以逐渐变成人的性格的一部分。[①] 刘惊铎从体验的哲学意义出发探讨道德体验的价值，他认为，体验是道德教育的本体，道德体验教育作为教育意识、教育思想渗透于整个学校教育之中，旨在强调道德教育要深入学校、家庭、社区、大社会生活和自然之境，向生活世界、自然之境和体验者的心灵世界全面开放，引起人的生命感动，诱发人的道德体验。[②]

（三）体验式德育的特征

体验式德育具有生活性、开放性、践履性、享用性等特征。[③] 生活性即强调道德教育要

---

① 朱小蔓．情感德育论［M］．北京：人民教育出版社，2005：2.

② 刘惊铎．道德体验论［M］．北京：人民教育出版社，2003：278.

③ 刘惊铎．道德体验论［M］．北京：人民教育出版社，2003：286-295.

源于真实的生活世界，要积极利用学校及其周边社区的各种社会环境、自然环境等作为德育资源，发现或创造真实的道德体验情境，让学生积累道德体验。开放性即学校道德教育要从书本、课堂等学校封闭环境中解放出来，面向实实在在的社会生活，面向未来的新生活。践履性即体验式德育是靠人的身体力行来实现的，强调学生和教师共同实践、共同身体力行，不能仅仅停留在书本、口头或单方面的行动上。享用性即体验式德育不仅具有育人的功用性价值，而且具有生命的享用性，教师和学生在共同身体力行的过程中，不仅都在提高自身的道德境界，而且都在享受生命、自然、生活带来的美好。

（四）体验式德育的实践

体验式德育一般包含生活阅历、理解、表达等一系列实践环节（图 14–4），体验者的实践活动总是在一定的时间、空间和文化环境下发生，这一过程强调教师对时间、空间和文化环境的创设，以及学生自主进行道德体验，实现道德认知、情感和行为的统一。

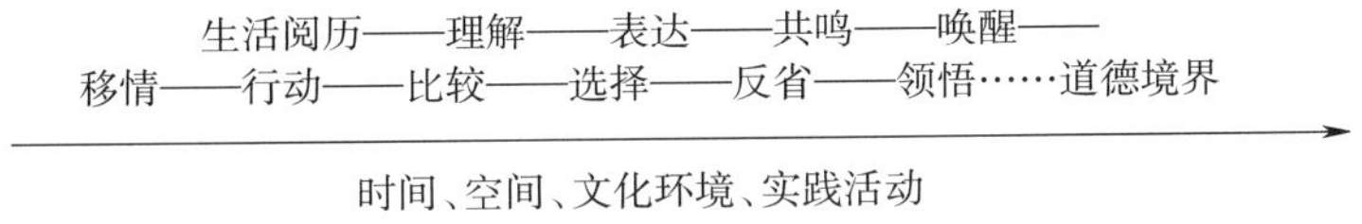

生活阅历——理解——表达——共鸣——唤醒——
移情——行动——比较——选择——反省——领悟……道德境界

时间、空间、文化环境、实践活动

图 14–4　体验式德育的实践环节[①]

体验式德育模式的特色在于：① 强调学生道德习得的自主性，无论是情境讨论的发起还是活动的安排都由学生自主开展，教师作为引导者起辅助作用；② 强调学生的道德发展基于实践经验，道德体验的过程让学生在德育中不只是看客，更设身处地地进行道德认知，亲身感受道德情感，最终形成道德行为；③ 将内在情感的影响放在首位，个体情感的触动将大大提高德育的有效性和感染力，真正实现德育的内化；④ 强调外部情境与个体内心的互动过程而非结果。

七、职业教育德育已有研究

国外有关职业教育德育的研究领域和内容主要集中于专业伦理、技术伦理和生涯教育上，具体如下。

一是对专业 / 职业伦理的研究，已经相当细致、深入，对于不同的专业，甚至岗位的道德规范做出了明确的界定。有专门的机构进行这方面研究，如美国伊利诺伊技术协会的专业 / 职业伦理研究中心、工程与科学伦理中心、电子与电气工程伦理委员会、工程伦理国家中心、社会伦理研究中心等。其研究成果公开发布，在美国、英国等国已经设立了专门的网站，以供人们查阅。但令人遗憾的是，它仅仅研究了不同专业 / 职业的伦理要求，但没有涉及如何教育的问题。

二是对生涯指导的研究，这是职业教育中除课程外的研究主流，世界发达国家和地区，如美、英、澳、德、日、中国台湾和中国香港等的学者纷纷探讨从学校到生涯的过渡途径，其内容包含了德育的内容。在这方面最具代表性的学者是舒伯，他从 20 世纪 70 年代就开始了这方面的理论研究和实践探索，发表了一系列论文和书籍，最早引起人们关注的是论文《关于生命长度和生命角色的生涯教育和生涯指导》，主要阐述了生涯发展理论，包括生命阶段、不同阶段的重点任务、生涯模式和个体差异，并据此提出了不同阶

① 刘惊铎．道德体验论［M］．北京：人民教育出版社，2003：283.

段生涯指导的目标、内容、课程、评价、结果等。随后,他进一步深化了生命阶段论,撰写了《生涯发展的生命长度、生命空间方法》,这是最能代表舒伯思想的经典篇章,也是目前被引用最多的。论文界定了生涯的含义,并根据这一含义提出了生命 – 生涯彩虹图。此后,他所做的研究更为细致,进行了实证调查和模式研究,如 1988 年同尼韦尔(Dorothy D. Nevill)合写的《大学生生涯成熟度和工作成绩》主要研究了职业成熟度和职业表现之间的关系,从性别、社会经济地位、大学水平维度对 372 名本科生进行调查。调查结果显示,职业表现同态度及职业成熟度的认知因素密切相关,性别和社会经济地位同职业成熟度无关。再如,《发展性生涯评价和咨询:C–DAC 模式》主要论述了职业生涯发展评价及咨询的模式,填补了生涯发展理论和生涯创新评价手段的空白,并开创了用咨询的方法来进行职业生涯指导的模式。到了 1995 年,他的研究趋于成熟,出版了《生命角色、价值观和生涯:工作重要性研究的国际成果》,重点探讨了在现代生活中工作本质的基本问题,涉及生涯教育、跨文化学习、文化影响、就业、生活满意度、工作满意度、角色冲突、工作态度和工作伦理等。除舒伯之外,其他人对该问题也有研究,其结论同舒伯的结论基本是一致的。

三是一个比较新的研究领域,即技术伦理。它是技术哲学研究到 20 世纪 70 年代后出现的伦理转向。有不少技术哲学的研究人员开始对不同领域进行技术伦理研究,如马尔库塞(Herbert Marcuse)在其名著《单向度的人》中,用犀利的语言批判了现代西方发达工业社会中科学技术的发展导致了人的单向度性、政治领域的单向度性和思想文化领域的单向度性,由此提出了伦理维度。他指出:“人们日益变成技术、物质资料的生产和消费的奴隶。人与社会的关系、人与人的关系、人与自身的工作关系相异化。一切社会关系变成了单一、片面的社会关系,个人自由的理性变成了技术理性,社会协调并统一了人的生产、消费和娱乐,排除了一切对立和反抗的因素。这样科技进步就造就了单向度的社会、单向度的人和单向度的思维方式。科学技术所带来的发达的工业社会是一个畸形、病态的社会。”①

第三节
职业教育德育的现状、问题与优化策略

近年来,职业教育战线坚持以习近平新时代中国特色社会主义思想为指导,全面贯彻党的教育方针,把立德树人根本任务融入思想道德教育、知识技能教育、实践活动教育各

① 李桂花,肖爱民.爱因斯坦与马尔库塞科技伦理思想之比较[J].吉林师范大学学报,2004(5).

环节，德育工作取得了显著成效。但面对百年未有之大变局，面对中国特色社会主义进入新时代，面对全面建成社会主义现代化强国的奋斗目标，职业教育工作，特别是职业教育德育工作还面临着新的挑战。

一、职业教育德育的现状

职业教育归根结底是培养人的。职业教育德育长期以来格外重视落实立德树人根本任务，在“三全育人”、思想政治教育改革等方面取得了显著成效，职业院校学生的理想信念、思想水平、道德品质、价值观等思想道德状况得到了明显改善。

（一）初步构建了职业教育“三全育人”新格局

在全面深化改革的背景下，职业教育领域也在积极推进“三全育人”，努力构建“三全育人”新格局。2022 年，教育部职成司组建专家队伍研定《职业院校“三全育人”典型学校建设指南》，遴选出 100 个“三全育人”典型案例，有力推动了全国职业院校“三全育人”工作的整体设计、系统建构、协同推进，落实落细立德树人根本任务。职业院校充分发挥党组织的战斗堡垒作用，充分发挥贴近产业的特色优势，把思想价值引领贯彻到教育教学全过程中，实现全员育人增强合力、全程育人高效衔接、全方位育人有机联动。

职业院校普遍加强了党委对德育工作和思想政治工作的全面领导，充分调动学校内部众多育人主体，全面统筹各领域、各环节、各方面的育人力量和育人资源，教育、引导职业院校学生增强爱党爱国意识，听党话、跟党走。中职学校通过举办班主任业务能力比赛、班主任工作室培育等活动持续深化“三全育人”综合改革，不断加强中职教师的育人意识和能力。高职院校通过建立辅导员职务职级“双线”晋升通道，推动辅导员专业化、职业化发展，不断强化高职教师的思想政治素质和职业素养。许多职业院校从企业中聘请劳动模范、技术能手、大国工匠、道德楷模担任兼职德育导师，打造了一支阅历丰富、有亲和力、身正为范的兼职德育工作队伍。

此外，各职业院校结合自身特色和优势，充分发挥能动作用，打造职业教育“三全育人”新平台。例如某中职学校在全国首发中职学生职业素养护照，以学生成长为主线，通过政、校、企、家四方协同，教育、教学、管理、服务四位一体，从目标、内容、途径、评价、队伍、机制等方面对学生的职业素养实施系统培养和过程性、增值性评价，通过素养云平台可视化、数据化、网络化呈现学生职业素养发展状态和轨迹，让学生的职业素养看得见、摸得着、用得上。

（二）思想政治课程改革不断创新

职业院校思想政治教育注重守好第一课堂主阵地，将课程开设与开展的质量作为第一要务，并且注重第二课堂的协同育人作用，二者有效配合，实现育人效果的最大化。

第一，职业院校的思想政治师资队伍发展与教研团队配备工作稳步推进，助推思想政治课程高质量发展。相关调研数据显示，目前，我国 80% 左右的职业院校教师认为学校的思想政治课教师配备非常充裕或比较充裕，超过 60% 的职业院校教师认为学校的思想政治课教研组建设非常完善或比较完善，整体呈现出对学校思想政治教师队伍建设的满意态度。[①] 第二，为实现思想政治理论课教师、教法与教材的创优，职业院校注重运用新媒体技术打造思想政治理论课资源平台和网络集体备课平台，开发、遴选学生喜闻乐见的课程资源。例如四川省某职业院校针对大学生身为“数字原住民”“网络原住民”的特点，

① 数据来源于 2022 年全国职业院校学生思想状况调研课题。

以高校网络文化研究评价中心推动思想政治教育工作的传统优势与网络应用有机融合。

（三）课程思政建设工作持续推进

课程思政工作是思想政治教育的重要一环。党的十八大以来，我国职业院校愈加重视课程思政工作的开展，初步建立了较为完善的课程思政工作体系，注重党组织对课程思政工作的全面领导，制定、印发具有学校特色的课程思政建设工作方案，建立课程思政示范引领机制，形成广泛开展课程思政建设的良好氛围，注重引导专业课教师加强课程思政建设，将思政教育全面融入人才培养方案和专业课程。

第一，职业院校教师课程思政意识强烈，且注重课程思政的践行。相关调研数据表明，超过 80% 的教师了解课程思政的具体内涵，超过 80% 的教师表示自己经常或总是开展课程思政教育。① 第二，职业院校关注课程思政开展的多元可能性。一些职业院校会制定思想政治项目激励机制，打造课程思政水平高的教师队伍，例如安徽省某职业院校会组织开展课程思政示范课的评选，定期召开研讨会、组织公开观摩课等。第三，职业院校课程思政工作的组织保障与制度保障不断完善。我国职业院校正在全面深化顶层设计机制、部门联动机制、教师考核评价及激励机制，全面推进课程思政建设，形成具有职业教育特色的课程思政工作格局。在上述调研中，安徽省某职业院校成立了课程思政建设领导小组，党委书记为直接负责人，各部门各单位与所有教师积极参与建设。

（四）日常思想政治工作有序开展

职业院校扎实开展日常思政教育活动，学校以重大纪念日、重大历史事件为契机，通过“学习新思想，做好接班人”主题教育、职教学生读党报、新时代先进人物进校园、论坛讲坛、讲座报告会等，组织专题“思政大课”。学校重视实践教育，把思想政治教育融入社会实践、志愿服务、实习实训等活动中。职业院校还坚持培育优良校风、教风、学风，创建具有学校自身特色的校园文化，持续开展文明校园创建活动。

相关调研数据显示，无论是职业院校教师还是学生，均有 80% 左右的比例表示学校开展职业精神、工匠精神、劳模精神等专题教育活动非常频繁或比较频繁，并且大部分学生对参与学校思想政治专题教育活动抱有期待和兴趣。② 在上述调研中，江苏省某中职学校开发针对学生身边小事的思想政治资源，运用生本资源建设微型德育课，挖掘校园中的思想政治元素，利用宣传标语、橱窗、校史馆打造思想政治育人的校园文化。

二、职业教育德育存在的主要问题

随着信息技术的快速发展，在纷繁的网络媒体信息影响下，职业教育德育面临更加复杂的育人环境，并且当下职业院校学生多为“00”后，是思想活跃、充满青春活力的群体，他们身处数字化信息时代，拥有最完备、最丰富的信息交换系统和复杂的人际交往关系，其思想状态及特点必然会发生变化。在新形势下，职业教育需要进行全面改革与创新，职业教育德育工作需要进一步增强针对性、实效性、时代感和吸引力，进一步突出德育在技术技能人才培养中的基础性、导向性、引领性作用。加强和改进新时代的职业教育德育工作，是适应新时代中国特色社会主义发展的必然要求，对于培养高素质劳动者和技术技能人才、培养担当民族复兴大任的时代新人具有重大战略意义。

① 数据来源于2022年全国职业院校学生思想状况调研课题。

② 数据来源于2022年全国职业院校学生思想状况调研课题。

（一）协同育人机制有待进一步优化，“三全育人”改革需持续深化

在职业院校“三全育人”的实际工作开展中，仍然存在学校、家长、企业、社会等主体职责定位不够清晰、育人资源不够整合、条件保障不够到位等突出问题。第一，主体协同机制仍需完善，各育人主体职责定位尚未明晰，尤其是企业在“三全育人”中的重要功能尚未得到有效发挥。学校、家庭、企业、社会并没有形成有效的联动育人机制，没有为学生营造一个良好的成长环境。第二，平台协同机制有待建立，缺乏“三全育人”大资源平台，各种育人资源没有得到有效的整合和利用；思政课、专业课、公共课等各类课程育人体系尚未形成，第一课堂与第二课堂相互配合、相互协调的协同育人体系还有待进一步完善。第三，场域协同育人机制尚需健全，网络、社交、学习、家庭、实践等场域通力合作、协同推进“三全育人”工作的机制尚未形成。第四，制度协同育人机制，党务、教学、科研等方面的管理制度有待建立，育人方面存在“碎片化”现象，制度协同的叠加效应尚未完全发挥。

（二）思想政治课程吸引力与实效性有待提升

部分职业院校思想政治课程存在亲和力不足、教学内容较为枯燥、教学形式较为单一等突出问题，无法适应职业院校学生思想品德的发展特点，铸魂育人实效有待提升。第一，思想政治课程的教学形式难以受到广大学生的青睐。相关调研结果显示，40% 左右的中职生认为当前学校思想政治课的课程内容枯燥乏味、教学组织形式单一，这表明学校需要在思想政治课程的内容、教学和评价等方面进行改善，思想政治课课堂教学质量还有待进一步提高。[①] 第二，仍旧存在思想政治课堂教学的实效性较短，难以达到预期的教学效果的现实问题。由于学生在思想政治课堂的获得感不强，且存在从理论到理论的现象，课程内容与现实生活相对脱节，学生感到学而无用、收获不大，自觉接受、消化、吸收的知识比较有限。

（三）课程思政教学设计与实施亟需优化，育人实效有待提升

当前，课程思政理念逐渐深入职业院校各专业教师的教学理念之中，开展课程思政俨然已经成为一种教学共识，许多教师开始有意识地开展课程思政，但部分教师尚未掌握有效开展课程思政教学的方法。在具体的课程思政教学过程中，主要存在以下几个方面的问题。一是思政元素挖掘难。一些教师由于缺乏对思政元素的深刻认识，难以挖掘体现专业特点、与课程内容充分结合的思政元素。二是思政元素融入难。课程思政要求寓价值引领于知识传授和能力培养之中，而一些教师在融入思政元素时较为刻意和生硬，最为突出的表现就是各种素材的堆砌，过于注重表面化的东西，过于追求片面化的操作技巧，缺乏实效，无法达到“春风化雨”“如盐入水”的隐性育人效果。三是课程思政教学评价难。由于课程思政偏隐性教育，教师在对学生进行课程思政教学评价时难以采用量化的考核评价方式，且难以准确切割课程思政与思政课程等其他途径的育人效果。四是课程思政整体规划难，学校层面缺乏对于课程思政的整体性规划与设计，没有明晰课程思政相关主体的责任，管理权责不清晰。

（四）日常思想政治教育工作仍需改进，“大思政”格局有待建立

职业院校管理、实践、心理、网络、文化、环境等育人功能有待进一步挖掘和发挥，思想政治课程、课程思政和日常思想政治教育全面推进的“大思政”格局有待建立。第一，智能化时代下思想政治教育工作面临如何扩大网络育人覆盖面的问题。网络信息的复杂性、自媒体和新媒体的舆情在无意中影响着学生的认知，进而对思想政治教育工作带来了

① 数据来源于 2022 年全国职业院校学生思想状况调研课题。

挑战。同时，在职业院校学生作为“网络原住民”的时代特征下，如何利用网络平台优势进一步发挥思想政治教育工作效果，减少复杂的网络信息对学生思想政治教育效果的影响，是亟待解决的问题。第二，思想政治教育工作的评价考核机制尚不完善，职业院校面临着如何将思想政治教育工作的评价考核标准化与量化管理的问题。第三，高职扩招的背景下，职业院校生源多元化，但仍缺乏具有针对性的育人方案。目前，我国高等职业院校不仅有五年一贯制的学生、来自高中的生源与三校生生源，还有退役军人、下岗失业人员、进城务工人员、高素质农民、在岗职工等不同生源，让各类学生有效适应学校管理、融入校园生活并在学校的育人环境中成长成为当务之急。

三、职业教育德育的优化策略

（一）夯实“三全育人”格局，构建协同育人机制

2023 年，《教育部等十三部门关于健全学校家庭社会协同育人机制的意见》出台，明确规定了学校、家庭和社会的职责定位，学校充分发挥协同育人主导作用，家长切实履行家庭教育主体责任，社会有效支持全面服务育人。职业院校要在此基础上进一步明确企业在协同育人中的职责定位，构建学校、家庭、企业和社会“四位一体”的协同育人机制，积极打造职业教育“三全育人”新平台，完善平台协同育人机制，拓展课堂教学、网络教学、实践教学等协同育人场域，实现各个育人系统的协同，实现“三全育人”的长效化建设。

要成立特色产业学院和协同育人中心，统筹各类育人资源，与企业共同开展党建和思想政治教育，对接产业标准和岗位需求，调整人才培养方案，优化课程开发，合力打造高端教学平台和优质教学团队。要快速回应新技术和产业变革需要，深度对接职业岗位场景，共同建设新专业、新课程，改造传统专业和课程，不断增强职业教育的功能性和价值性，持续激发学生的职业荣誉感和社会使命感。要培育工匠精神，丰富教育内容，把劳模精神、劳动精神、工匠精神有机融入思政课和专业课，培养学生热爱劳动、技高为荣、精益求精、追求卓越的精神品质。要成立工匠大师工作室和劳模工作室，组织师生访谈大国工匠，聘请大国工匠、劳动模范、技术能手担任兼职教师或辅导员，在传承技能的同时，激发学生知行合一、德技双修的热情。

（二）把握时代和学生特点，丰富思想政治课程教学方法

学生是思想政治教育的直接对象，学生的思想政治教育主要是通过教师对思想政治教育理论课的教学进行的。职业院校应围绕学生设计思想政治教育模式，贴近职业院校学生的思想特点，照顾到不同来源的学生，如高职扩招生、低收入家庭的学生，多与学生进行沟通，多了解学生，收集学生的困惑，结合学生的现实需要，分类进行具有针对性的思想政治教育，把思想政治教育融入故事讲解，用故事把道理讲清楚，用道理赢得学生的认可和信任，在关照学生、服务学生的过程中，以润物无声的方式不断提高学生的思想水平、政治觉悟、道德品质、文化素养。

要改变思想政治课传统的说教、灌输方式，以师生互动和参与为基础，把握好学生的心理特点和心理现象的发生、发展规律，主动走近学生、关爱学生，加强对其认知规律和接受特点的研究，了解学生的思想动态、价值取向、行为方式、生活方式，有针对性地进行教学内容的设计与教学活动的安排。要注重思想政治课的实践教学，达到理论与实践的统一，以提升学生的价值认同水平，达到铸魂育人的效果。

（三）强化教师课程思政认知和能力，加强课程思政建设

职业院校仍需全面推进课程思政建设，加强顶层设计和宏观管理，尤其需要加强教师对课程思政的认知及其课程思政教学能力。

一是深化教师对课程思政内涵的认识。教师对课程思政内涵的认识是提升课程思政教学效果的前提。教师必须全面而深刻地认识课程思政的本质内涵和价值意蕴，才能更好地进行课程思政教学设计与实施。首先，对教师而言，应加强思政理论学习，提升自身的思想政治素养。教师一定要坚定政治信仰，增强政治定力，以高度的理论自觉对学生进行隐性思想政治教育，以专业的理论素养为学生传道、授业、解惑。其次，学校应定期开展课程思政研讨会和培训班，对专业课教师、通识课教师、文化课教师等开展具有针对性的课程思政培训，强化各类教师对课程思政内涵的认识。

二是提升教师的课程思政教学能力。教师的课程思政教学能力直接影响着课程思政的教学效果。首先，要构建教学共同体，实现“三集三提”，即集中研讨提问题、集中培训提素质、集中备课提质量，促进专业课教师与思政课教师协同合作，共同提升思政元素挖掘和思政资源开发的能力。其次，要采用合适的教学方式将思政元素有机融入教学过程。在课程思政的教学实践中，教师要积极探索，不断创新和精心设计教学方式，促使学生有所体会和领悟。最后，要改变传统的以说教为主的单向灌输方式，探索多元化教学方式，并将各类方式加以灵活组合，使得思政元素的融入“如盐入水”，使学生在潜移默化中感受和体验社会主义核心价值观。

三是加强学校对课程思政的宏观规划和管理。学校应提高对课程思政的重视程度，在顶层设计层面对课程思政进行整体规划，从体制和机制上加强对课程思政的支持和指导。要认真研讨和落实国家教育部门的相关文件和要求，结合学校自身情况出台系列性举措，为开展课程思政提供支持。比如，构建协同育人的长效机制，落实课程思政主体责任，将课程思政内化到学校建设和管理的各个领域；设立相应课题，鼓励公共课教师和专业课教师申报；组织开展专业课教师课程思政素养的培训，请专家和校外教师介绍经验；发挥党支部的作用，加强党组织对课程思政的指导。

（四）统筹管理思想政治教育工作，建立“大思政”格局

职业院校要进一步加强对思想政治教育工作的统筹规划和组织架构，将思想政治教育工作纳入学校发展规划。首先，要重视“大思政”格局的构建工作，成立以党委书记为组长的学校思想政治工作领导小组，着力创新德育理念、探索德育模式、打造德育特色。要将师德师风纳入教师考评机制和制度，把政治标准放在教师考评的首位，在教师教学评价、职务职称晋升、评优奖励方面，看重教师的思想政治表现和育人功能。其次，要建立落实责任、内容一体化、标准健全、运行科学、保障有力、成效显著的思想政治工作体系，进一步完善思想政治教育工作的制度保障，在党员教育、学生道德教育方面全面抓好制度建设工作。通过打造党建工作品牌、形成优秀支部工作法等路径，充分发挥学校党建对思想政治工作的引领作用，保障党对学校思想政治工作的主导权。

关键概念

职业道德；职业伦理；职业精神；劳模精神；劳动精神；工匠精神；职业教育德育目标；

职业教育德育内容；三全育人；课程思政；道德认知发展模式；价值澄清模式；社会学习模式；关怀德育模式；体谅模式；体验式德育模式

思考与讨论

1. 职业精神与职业道德、职业伦理、工匠精神的联系和区别分别是什么？
2. “三全育人”的内涵是什么？
3. 你如何理解课程思政？
4. 六大主流德育模式分别具有什么特色？

主要参考文献

[1] MCPHAIL P, UNGOED T J R, CHAPMAN H. Moral Education in the Secondary School [M]. London: Longman Group Limited, 1972.

[2] NODDINGS N. The Challenge to Care in Schools: An Alternative Approach to Education. Advances in Contemporary Educational Thought: Volume 8[M]. New York: Teachers College Press, 1992.

[3] 胡守棻. 德育原理[M]. 北京：北京师范大学出版社，1989.

[4] 黄向阳. 德育原理[M]. 上海：华东师范大学出版社，2000.

[5] 匡瑛. 论职校生职业精神的培育[M]. 上海：华东师范大学出版社，2020.

[6] 匡瑛. 中等职业院校创新德育模式研究[M]. 北京：中国社会科学出版社，2013.

[7] 刘惊铎. 道德体验论[M]. 北京：人民教育出版社，2003.

[8] 孙卫平. 职业教育德育论[M]. 重庆：西南师范大学出版社，2014.

[9] 檀传宝. 德育原理[M]. 北京：北京师范大学出版社，2006.

[10] 檀传宝. 学校道德教育原理[M]. 修订版. 北京：教育科学出版社，2003.

[11] 汪刘生，施兰芳. 职业教育学[M]. 上海：立信会计出版社，1998.

[12] 王道俊，郭文安. 教育学[M]. 北京：人民教育出版社，2016.

[13] 袁桂林. 当代西方道德教育理论[M]. 福州：福建教育出版社，1995.

[14] 张东良，周彦良. 教育学原理[M]. 北京：北京理工大学出版社，2017.

[15] 钟启泉，黄志成. 西方德育原理[M]. 西安：陕西人民教育出版社，1998.

[16] 科尔伯格. 道德发展心理学：道德阶段的本质与确证[M]. 郭本禹，何谨，黄小丹，等，译. 上海：华东师范大学出版社，2004.

[17] 拉思斯. 价值与教学[M]. 谭松贤，译. 杭州：浙江教育出版社，2003.

第十五章 职业教育教师

学习提示

教师是办好职业教育的根本依靠，是影响职业教育质量的重要因素。本章从三个方面分析职业教育教师，包括职业教育教师角色、职业教育教师专业标准与资格、职业教育教师专业发展。学习中要注意理论与实践结合，深入理解教师研究相关概念与理论，并将之与职业院校教师发展实际结合起来；将国际视野与本土关注结合，了解其他国家和地区职业教育教师发展经验，聚焦我国的现实问题进行思考与借鉴；立足中国职业教育发展现实，寻求具有中国特色的职业教育教师队伍建设之路。

职业教育教师是具体实施教育教学活动的专业人员，是影响职业教育质量的重要因素，在职业教育中处于非常关键的地位。职业教育教师的职业角色与专业素质具有教师职业的一般特征，同时也具有独特性，研究职业教育教师时需要注意其共性与差异。教师研究相关理论是研究职业教育教师的重要基石，但是仍需把握职业教育教师的类型特征，建立研究职业教育教师的理论框架，以期为职业教育教师队伍建设提供指导。

第一节 职业教育教师角色

角色，原是戏剧用语，用于指代戏剧中的人物。20 世纪 20 年代，美国社会心理学家米德（George Herbert Mead）首先将其引入社会心理学，称为社会角色，指由人的社会地位决定的行为方式，包括三种含义：体现特定的社会角色的一套社会行为方式；个体在社会生活群体中所处的位置和身份；个体按照社会期望去履行责任和义务的行为规范。[①]由此，教师角色可被界定为一定社会历史条件赋予教师群体的社会地位、职责与行为规范要求。

一、职业教育教师角色嬗变

角色不是自我认定的，而是社会或群体赋予的，因而对同一角色而言，在不同社会、不同时代，其都有独特的行为规范。职业教育教师角色随着不同历史时期职业教育发展形态的变化而变化，形成了不同的角色规定和特征。从总体趋势上看，职业教育教师角色从非独立的社会角色演变为独立的社会角色，即从“官师合一”“师长合一”的兼职身份变为以教育为生、为业的专职身份。

（一）技术官授与“官”“师”合一

“官”和“师”两种原本不同的社会角色，被封建统治阶级同时赋予中国古代教师。统治阶级拥有控制学术与知识传播的权力，“学在官府”“学术官授”。学校作为官办的专门教育机构出现后，教师随之产生，并由统治阶级选出的官吏担任，即“以官为师”“官师合一”。“有官斯有法，故法具于官；有法斯有书，故官守其书；有书斯有学，故师传其学；有学斯有业，故弟子习其业。官守学业，皆出于一。”[②]自秦朝禁私学、以吏为师、以法为教等政策施行开始，及至汉朝实施“独尊儒术”文教政策，官学体系成为封建社会教育的显学，教师“官师合一”的身份一直延续下来，既是教师，又是学政。

① 车文博．当代西方心理学新词典［M］．长春：吉林人民出版社，2001：167.

② 章学诚．校雠通义通解［M］．上海：上海古籍出版社，2009：1.

封建统治阶级在奉行“学术官授”的同时,通过“技术官守”控制技术的传播。官府控制下官营手工业中的学徒制、通过专门学校实施的职官教育,均是“技术官守”的具体表现形式,其中担任教师角色的“工师”和职业官吏,体现了“工”与“师”、“官”与“师”角色合一的特征。如《礼记·月令》中记载“工师,工官之长也”“命工师令百工审五库之量”[①],工师须掌握某一技艺,同时兼具管理组织生产和传授技艺的职责。

（二）传统学徒制与师傅角色的演变

古代社会,学徒制是实施职业教育的主要模式。传统学徒制的共性特征是技术教育与人的教育同时并进。师傅不仅教授职业技术,而且要进行极其广泛的教育,从读、写、算的教授开始,直至道德教育、宗教教育。换言之,学徒制的教育内容包含了超出职业人以外的社会成员的教育。[②]师傅角色从最初基于血缘关系的父亲身份转化为基于依附关系的养父身份,再转化为基于契约关系的作坊主与传道授业者身份,进而转化为基于雇佣关系的雇主或同事身份。

1. 依附关系下师傅角色的萌芽

家传世学是古代社会技艺传承的重要渠道,一般是家庭的父辈在生产实践中,通过口传身授的方式向后辈进行生产劳动和生活技能经验的传递。“父”与“师”的角色是合一的,教育内容广泛,涵盖了关于道德、社交、生产与生活技能经验等内容的教授,尤其是生产劳动经验、技术技巧、方法态度等的传递。师徒关系既是血缘关系又是师生关系,师傅不仅承载技艺传授的职能,而且承担养育职责。

家传世学的技艺传授方式具有较强的封闭性,在保护家族秘技的同时,在一定程度上限制了技术的交流和革新,难以满足社会生产力发展的需要,因而,逐渐出现手工业匠人招收学徒,纳为养子,向亲缘关系以外的他人之子传授技艺,以扩充劳动力的现象。这一时期的师徒关系仍然是具有浓厚家庭感情色彩的养父子关系,师徒人身依附关系尤为明显,并且师徒之间的权责关系已开始受到私人合同性质的不成文约束。师傅既承担着教育学徒的职责,又兼有学徒的养育义务,即师傅、养父双重角色合二为一,向其后代或养子进行技艺传承,并承担监护和管理职责。

2. 契约关系下师傅角色的建立

随着师徒相授的制度化,学徒制演变成了制度化的技艺传承形式,师徒关系摆脱亲子关系或养子关系的束缚,转向以契约形式为基础的师徒分工合作生产关系。

在手工业行会学徒制中,家庭小生产作坊是社会手工业生产的基本单位,是行会基本的生产组织形式。师傅大都是手工作坊坊主,是身怀精湛技艺的技术能手,为了增加作坊生产量,提高生产质量,往往会带徒传艺。师傅同时扮演多重角色:作为坊主,师傅始终参与生产的全过程,扮演着作坊生产、管理者角色;作为技艺传授者,师傅以生产实践为主要教学途径,通过示范、指导、矫正完成技术传授;除此之外,师傅还担负着进行包括读、写、算、道德品质和宗教在内的普通教育、职业道德、行业规范、行话教育等[③],即道与技并行的教育,师傅作为“传道授业者”的角色在手工业行会学徒制时期被展现得淋漓尽致。从技术等级角度看,师傅具有绝对的权威,享有技术的霸权,对于解决作坊生产技术相关

① 礼记[M].陈澔,注.金晓东,校点.上海:上海古籍出版社,2016:180–181.

② 细谷俊夫.技术教育概论[M].肇永和,王立精,译.北京:清华大学出版社,1984:14.

③ 翟海魂.发达国家职业技术教育史[M].上海:上海教育出版社,2008.

的疑难问题拥有绝对话语权。

3. 雇佣关系下师傅角色的异化

资本主义经济萌芽出现后，师傅投身于资本争夺，学徒制度逐渐转变为雇主获取利益的工具，师徒关系逐渐走向了雇佣与被雇佣的对立关系。

随着生产方式由家庭作坊向手工工场转变，工场生产内部进行了简单分工，师傅开始招收更多的学徒或工匠，通过分工合作开展生产劳动。师傅越来越多地承担雇主角色，传授技术的教师角色逐渐弱化。师傅在招收学徒时，往往将其作为廉价劳动力，教学内容多为简单的岗位技能训练。学徒在劳动中通过观察进行学习，获得细致技术指导、获得普通教育和道德教育等全面指导的机会越来越少，师徒关系转化为具有利益冲突的雇佣关系。

（三）现代学校制度与教师角色的确立

工业革命对传统学徒制存续的社会、经济基础形成了毁灭性的冲击。出于资本主义经济发展和军备竞赛的需要，西方国家政府不同程度地参与或主办技术教育，推动了现代职业教育制度的建立。现代职业学校大量出现，教育实体、教育过程日益趋向制度化，推动教师成为一个独立的专门职业。

1. 教师角色的分化

随着现代职业学校成为实施职业教育的独立场所，教师不再具备官职，这在组织上推动了“官”与“师”的分离。同时，现代工厂取代手工作坊后，传统学徒制被现代职业学校教育取代，职业学校教师取代师傅成为专门在学校中实施职业教育的专业人员，师傅“多合一”的角色分化到不同类型的教师身上。

产教融合、校企合作是实施现代职业教育的本质要求。职业教育活动发生的场所包括职业学校和工作场所。依据活动发生的场所及教师雇佣关系，可以对实施职业教育的教师类型进行如下划分：在职业学校开展职业教育活动的专任教师包括公共课教师、专业课教师和实习指导教师，此外还有企业兼职教师作为重要补充；在工作场所开展职业教育活动的是企业师傅（表 15–1）。

表 15–1 职业教育教师的类型

类型	学校雇佣人员	企业人员
职业学校	公共课教师 专业课教师 实习指导教师	企业兼职教师
工作场所		企业师傅

公共课教师承担了文化素养教育的职责，专业课教师承担了专业教育的职责，实习指导教师、企业兼职教师和企业师傅共同承担了专业实践教育的职责。制度化职业教育实施模式导致角色分化，使得每一项职责的发挥都更专业化，但由以前的师傅一人负责转变为多位教师合作，势必引发整合、合作困难的问题。

在现代职业教育实施模式中，职业教育教师与学生之间的关系较之学徒制中师傅与学徒之间的关系发生了较大的改变：其一，班级授课制被引入职业教育后，职业教育的教学模式发生了根本性变革，相比于师傅在生产过程中的一对一或一对几的真实示范和指导，学徒在实际生产过程中通过“模仿—试误”进行学习，学校教学脱离实际生产过程，教师在课堂中面向整班学生传授技术，教师的讲授能力变得更加重要；其二，师生关系更强调民主、平等，相对于传统学徒制中的依附和雇佣关系，现代师生关系更强调人格的平等性、互动的民主性和相处的和谐性，以促进学生自主性和人格的充分发展；其三，突出学生的主体地位，教师的任务从传统的“传道、授业”的中心性工作逐渐转向辅导和组织等辅助性工作，而学生则承担了更多的自我管理的学习责任，教师成为学生学习的促进者、组织者和研究者。

2. “双师型”教师

现代学校职业教育制度带来教师角色的分化，不同类型的教师通过分工合作完成学生的培养，传统意义上的“师傅”角色由多位教师联合承担，由此引发了两个主要问题：其一，教师脱离生产实践，缺乏岗位实践能力，难以胜任实践教学；其二，由多位教师分工承担“师傅”角色会带来育人中的合作和协同难题。针对这些问题，1995 年，我国首次在官方文件中提出“双师型”教师概念，其成为此后我国职业教育教师队伍建设政策的关键概念，被沿用至今。

“双师型”教师的概念发源于职业教育发展的现实，形成于高职高专的教学实践中，借助政策与行政的力量得以推行。这一概念的提出主要针对职业教育师资队伍质量不高的问题：学校专任教师普遍缺少行业一线工作经验，缺乏实践操作技能，实践教学能力薄弱。1990 年 12 月，《中国教育报》刊载了上海冶金专科学校仪电系主任的文章《建设“双师型”专科教师队伍》，这是我国最早明确提出“双师型”教师概念的文献。1995 年，原国家教委印发《关于开展建设示范性职业大学工作的原则意见》，提出要“有一支专兼结合、结构合理、素质较高的师资队伍。专业课教师和实习指导教师具有一定的专业实践能力，其中有 1/3 以上的‘双师型’教师”，这是官方教育文件首次提出“双师型”教师概念。此后，“双师型”教师概念的适用范畴从对职业大学教师的要求进一步扩展到整个职业教育教师队伍。

实践中对“双师型”教师的理解和界定五花八门，有“双能”说、“双素质”说、“双证”说等，从不同角度进行操作性定义。2022 年 10 月，教育部下发了《关于做好职业教育“双师型”教师认定工作的通知》，发布了职业教育“双师型”教师基本标准，主要针对职业学校的专业课教师（含实习指导教师），在设定四条基本标准的基础上建立了分层、分类标准。这份标准体现了对教师“双师”素质的要求。“双师型”教师概念除了对教师个体素质进行规定，还对职业教育教师队伍整体素质提出要求，由此衍生出“双师型”教师队伍的概念，并体现在教师队伍建设文件中，如提出注意吸收企业优秀工程技术和管理人员到职业学校任教，加快建设兼有教师资格和其他专业技术职务的“双师型”教师队伍。“双师型”教师概念体现了职业教育教师角色从“融合”走向“分化”再走向“融合”的趋势。

二、职业教育教师角色的要求

美国人类学家林顿（R. Linton）提出，地位是对角色的客观属性的反映，当个体根据他在社会中所处的地位实现自己的权利和义务时，他就扮演着相应的角色。角色代表着一套有关行为的社会准则，这些社会准则规定了个人在充当某一特定角色时所应有的行为和活动方式。[①] 教师是人类社会文化发展中承前启后的中介和纽带，是以对受教育者的心灵施加特定影响为职责的人员，因而，社会期望教师成为理性的典范、道德准则的楷模、文化科学的权威、特定社会价值的维护者。[②] 职业教育教师角色既具有普通教师角色的共

① 时蓉华. 社会心理学词典[M]. 成都：四川人民出版社，1988：71-72.

② 叶澜，白益民，王枬，等. 教师角色与教师发展新探[M]. 北京：教育科学出版社，2001：32.

性要求，即韩愈《师说》提出的“师者，传道授业解惑也”，又需要符合职业教育的特殊性要求和教师职业发展的时代性要求。

（一）“传道者”角色的要求

自古以来，教师一直承担着传递社会传统道德、正统价值观念的使命。“尊师重教”和维护师道尊严的传统一直存续于历史长河中，“师”“道”依存体现了历史赋予教师的角色使命与地位。荀子提出“天地者，生之本也；先祖者，类之本也；君师者，治之本也”①，将教师的地位提到与天地、先祖、君主并列的高度；《学记》将师与道的关系阐述为“师严然后道尊，道尊然后民知敬学”②；韩愈的《师说》提出“道之所存，师之所存”的观点。重“师”对于兴“道”的工具价值在封建社会被反复强调。

进入现代社会后，居于社会主导地位的道德观、价值观同样需要通过教师的专业活动进行传递并影响学生，“传道者”角色是对所有教师的共性要求。对于职业教育教师而言，其“传道者”角色的要求至少包含两个方面：其一，教师要具备符合社会主流价值观的师德素养和思想政治素养，要遵循和倡导所在行业的职业道德要求，如《职业教育“双师型”教师基本标准》要求教师“具有良好的思想政治素养和师德素养”“弘扬劳模精神、劳动精神、工匠精神”；其二，教师要承担学生优良思想品德和职业道德的塑造者角色，通过教育教学活动中的言传身教，完成立德树人的使命。

（二）“授业、解惑者”角色的要求

职业教育教师是“授业、解惑者”，这要求教师掌握专业领域中经过长期社会实践积累的知识、经验和技能，具备相关领域的实践经验；基于行业发展需求与趋势、学生认知的特点与规律，进行教学内容的选择与组织，开展理论教学和实践教学，使学生掌握从事生产或服务劳动所需的知识与技能；发现并帮助学生解决学习中的问题，启迪学生的智慧，促进学生的个性化发展。

“授业、解惑者”角色对职业教育教师的要求超越对普通学校教师的要求，除了教学设计、教学实施、课程建设、学生教育等常规任务领域，还涉及专业建设、实验实训室建设与管理等职业教育特有的工作领域。③

（三）经济社会活动直接参与者角色的要求

经济社会活动直接参与者角色的要求是职业教育类型特征对教师角色的特殊要求。对师傅而言，经济社会活动直接参与者是其中心角色，师傅首先是优秀的行业从业人员，娴熟掌握行业技能，才能获得师傅的资格。而现代学校职业教育制度中，教师作为在学校任职的专业人员，教育者角色是其中心角色，是否要求教师承担经济社会活动直接参与者角色在不同历史时期、不同制度环境下存在差异。

20世纪80年代，我国职业学校开办了与本校所设专业相关的经济实体，教师直接参与经济实体的经营、管理和生产、服务，是直接参与社会生产和服务的劳动者。④此后，随着教育体制改革，学校职能调整，剥离生产性职能，对教师直接参与经济社会活动的要求弱化。直至《职业教育“双师型”教师基本标准》发布，将“具有较为丰富的企业相关工

---

① 孙培青，李国钧．中国教育思想史［M］．上海：华东师范大学出版社，1995：93.

② 学记［M］．高时良，译注．北京：人民教育出版社，2018：155.

③ 徐国庆．职业教育课程、教学与教师［M］．上海：上海教育出版社，2016：239-245.

④ 张家祥，钱景舫．职业技术教育学［M］．上海：华东师范大学出版社，2001：250.

作经历或实践经验，掌握本专业工作过程或技术流程”作为对“双师型”教师的能力要求，这一标准再次强调了职业教育教师作为经济社会活动直接参与者的角色要求。

（四）研究者角色的要求

马克思在论及职业选择时写道：“能给人以尊严的只有这样的职业，在从事这种职业时我们不是作为奴隶般地工作，而是在自己的领域内独立地进行创造。”[①]在相当长的历史时期中，教师被定位为“教书匠”的半专业职业角色：教师是既定知识的传授者，是教学程序的执行者；教师的教学过程是一种机械的操作活动，教师充当着知识的搬运工和教学操作员的角色。20世纪60年代，斯滕豪斯（Lawrence Stenhouse）提出了“教师即研究者”的观点，由此产生的系列研究和观点在世界范围内产生广泛影响，推动教师从半专业的“教书匠”角色向专业化角色转变。

将教师作为研究者的提法有很多，影响力较大的提法是“反思性实践者”。舍恩提出教师是“反思性实践者”，认为教育实践情境具有流动性、复杂性、价值冲突性，教师的行动无法根据既定的原理与技术进行，要不断框定问题情境，在与情境的互动过程中找出解决问题的途径；教育实践不是理论的应用，而是教师借助实践性知识与实践情境开展“反思性对话”，寻求问题的解决并丰富自己的实践性知识的过程；教师不是工具性的问题解决者，而是复杂情境中能动的探究者。[②]

研究者角色对职业教育教师而言尤为重要。一方面，教师需要关注教育实践情境中的变化性、复杂性，通过不断学习、反思和创新丰富自己的实践性知识，进而解决教育实践情境中的问题；另一方面，教师要关注行业的变化，要及时了解产业发展、行业需求和职业岗位变化，了解技术、工艺和规范的革新，并将这些变化和革新及时融入教学。

三、职业教育教师角色认同

社会角色本身并不具体决定一个人的行为和活动。个人的行为取决于他对角色的认识和掌握的程度，因此角色是通过个人的学习而实现的。[③]而角色认同对于个体更好地履行角色赋予的职责与行为规范具有重要作用。教师具备了高水平的职业认同，才能抵抗职业压力和外来冲突。高水平的职业认同意味着个体认同并热爱自己所从事的职业，全身心地投入其中，并享受工作带来的乐趣。

“认同”的概念最早可以追溯到弗洛伊德（Sigmund Freud）在解释超我形成时的“自居作用”，其后埃里克森（E. H. Erikson）提出“identity”（认同）一词，用来表示个体所体验到的自我的连续性、独特性和整合感。工作或职业认同“指的是一个人认为工作不仅是谋生的手段，还是一个人价值实现的需要，在工作中表现出敬业爱岗的精神”[④]。教师职业认同是指教师个体在将自己的职业角色内化为自我一部分的过程中，内化的职业角色和自我其他部分建立一致性关系的过程及其结果。

① 马克思恩格斯全集［M］. 中共中央马克思列宁恩格斯斯大林著作编译局，编译. 北京：人民出版社，1982：6.

② 舍恩. 培养反映的实践者：专业领域中关于教与学的一项全新设计［M］. 郝彩虹，张玉荣，雷月梅，译. 北京：教育科学出版社，2008.

③ 张焕庭. 教育辞典［M］. 南京：江苏教育出版社，1989：428–429.

④ 李素华. 对认同概念的理论述评［J］. 兰州学刊，2005（4）：201–203.

关于教师职业认同的研究已经形成了一个独立的研究领域，其内容主要包括教师职业认同的概念探析；教师职业认同的形成过程、特征、可能构成因素分析；教师自身对职业的感知及对教师职业特征的认识；可以呈现出教师职业认同的教师传记或者教师生活研究；教师职业认同对社会及教师自身的影响等。

教师职业认同的结构是指构成教师职业认同的诸要素及其相互结合、相互影响、相互作用、相辅相成方式的总称。克里默（L. Kremer）和霍夫曼（J. E. Hofman）认为，教师职业认同包括四个次认同：向心性，是指教师职业的重要性、意义；价值，是指教师职业的价值和吸引力；团结，是指与同事分享共同命运的准备；自我表现，是指被别人认同的教师意愿。[①] 布雷克森（S. D. Brickson）提出了教师职业认同的三因素模式，认为教师职业认同从理论上可以区分为个人的、集体的和相互的三大因素，每个因素中又包含了认知、情感、行为和社会四个方面。[②]

针对目前职业院校教师职业认同的研究发现，职业院校教师存在一定程度上的职业认同困境，社会、组织、家庭、个人方面的束缚和限制等成为影响教师职业认同的重要因素。要突破职业院校教师职业认同困境，需要认识职业教育重大使命，展示职业学校教师的角色与价值；创设支持性组织环境，提高教师的职业胜任力；转变传统的角色期待，为教师提供情感支持和帮助；强化个体职业成就动机，厚植教师的教育情怀。[③]

第二节 职业教育教师专业标准与资格

教师是专业吗？关于这个问题的讨论发端于19世纪的教师专业化运动，其从最初的工会斗争演变为由专业组织推动、政府逐步主导的社会运动，旨在通过提升教师的专业化水平，为学校教育提供高质量的优质师资。教师专业化运动引发的关于教师专业地位、教师专业标准的研究与实践，对职业教育教师专业化产生了深刻影响。各国对职业教育质量与竞争力的关注将教师推至改革中心，教师被看作影响职业教育质量的核心要素之一。作为确立教师专业地位、促进教师专业发展、提高教育质量的重要举措，制定教师专业标准，建立确保教师质量的资格证书制度正成为重要发展趋势。

① KREMER L，HOFMAN J E. Teacher's Professional Identity and burnout[J]. Research in Education，1981（34）：89-93.

② 沈之菲．近十年西方教师认同问题研究及启示[J]．上海教育科研，2005（11）：10-13.

③ 胡秀锦，周齐佩．中职学校青年教师职业认同困境：表现、归因与突破[J]．教师教育研究，2021，33（5）：34，50-56.

一、教师专业化

涉及教师专业化的研究，对教师专业化、教师专业发展、教师专业性等重要概念有不同的定义和理解。要特别加以区分的是教师专业化和教师专业发展两个概念。就广义而言，两个概念是相通的，均指加强教师专业性的过程；当将它们对照使用时，可以从个体、群体与内在、外在两个维度上加以区分，教师专业化主要强调教师群体的、外在的专业性提升，而教师专业发展则强调教师个体的、内在的专业性的提高。本节探讨的是教师群体的专业化发展，教师专业发展问题在第三节中讨论。

为了提升教师专业化水平，人们起初采用的是群体专业化策略，即着力于提高教学工作的专业化水平，存在两种不同的取向：一是侧重通过订立严格的专业规范制度提升专业性的“专业主义”取向；一是侧重通过谋求社会对教学工作专业地位的认可来获取专业性的“工会主义”取向。[①] 此后，教师专业化的研究重点由群体转向个体。教师个体的专业化也经历了重心转移的过程，先是强调教师个体的被动专业化，后来才转向强调教师个体的主动专业化，即教师专业发展（表 15–2）。

表 15–2　教师专业化研究维度划分

项目	个体	群体
外部	个人职业阶梯的上升和各种专业荣誉的获得等	专业地位的认可和社会地位的提升等（教师专业化：工会主义）
内部	内在专业素质的提高和专业实践的改进等（教师专业发展）	订立严格规范的资格许可证和任职制度等（教师专业化：专业主义）

1966 年，联合国教科文组织与国际劳工组织在《关于教师地位的建议》中提出：应当把教师职业作为专门职业来看待。1996 年，第 45 届国际教育大会以“加强变化世界中教师的作用”为主题，再次强调教师在社会变革中的作用，并建议从以下四个方面予以强化：通过给予教师更多的自主权和责任提高教师的专业地位；在教师的专业实践中运用新的信息和通信技术；通过个人素质和在职培养提高其专业性；保证教师参与教育变革及与社会各界保持合作关系。

二、职业教育教师专业标准

许多学者都基于教师职业提出衡量其是否为专业的标准，其中认可度较高的瑞恩（K. Ryan）和库珀（J. Cooper）的标准将“专业有一套专业伦理规范，以设定可接受的标准来引导其成员”[②] 设定为重要的衡量指标之一。教师职业专业地位的提升需要解决一个核心问题，就是如何确立准入性、排他性的专业标准。教师专业标准的提出从一开始就是作为教师专业化运动的一个组成部分而出现的，即便对教师是否一种专业仍在持续讨论中，但至少，专业标准的制定与实施，使得教师在很大程度上具备了大多数专业所必需的元素和条件。

教师专业标准制定的基本问题包括由谁来制定教师专业标准、专业标准的核心内容

① 荀渊，唐玉光．教师专业发展制度［M］．北京：教育科学出版社，2011：18.

② 荀渊，唐玉光．教师专业发展制度［M］．北京：教育科学出版社，2011：16–17.

是什么、专业标准针对的对象是什么,以及其作用是什么。围绕这些基本问题,形成了不同的开发路径与策略。

（一）标准开发主体

围绕由谁主导教师专业化过程,形成了两种典型模式:美国的教师专业化模式被称为专业中心模式,而欧洲大陆和亚洲国家的教师专业化模式被称为国家中心模式。

专业中心模式下,由教师专业组织承担教师专业标准的制定工作。随着对教师教学权力的重视,越来越多的教师参与到原来由教育学专家控制的教师专业标准的制定过程之中。国家中心模式下,由于教师职业地位和身份的获得主要是通过国家的训练与雇佣制度来实现的,由国家制定和颁布教师专业标准及配套的资格证书等制度框架。国家干预使得教师职业保持其职业优势,并为教师职业的专业地位提供保证。越来越多的国家开始强调政府对教师专业化的推动,制定相对统一的专业标准,以提升教师教学工作的总体水平。

1. 专业中心模式

美国是专业中心模式的代表,由专业组织开发职业教育教师专业标准。在美国,目前影响力最大的针对生涯与技术教育教师的职业能力标准是由全美专业教学标准委员会（NBPTS）开发的。此外,欧盟职业培训发展中心（CEDEFOP）下属的教师与培训师网络（TTnet）于 2006 年启动了对“职业教育与培训专业人员界定”的研究,在对 17 个成员国的职业教育相关从业人员进行访谈的基础上,形成了职教教师专业能力框架,于 2009 年正式发布,已获得了 21 个欧盟成员国的认可。

2. 国家中心模式

英国是国家中心模式的典型代表,由政府主导职业教育教师专业标准开发。2007 年,英国终身学习部门（LLUK）颁布了《终身学习部门教师、辅导人员和培训者的专业标准》,该标准于 2013 年被废止。[①] 2014 年,英国教育行政部门设立的教育与培训基金会重新制定并发布了《继续教育与培训教师和培训师专业标准》,并于 2022 年进行了修订。[②] 该标准成为引领教师专业发展的新依据。

我国采取国家中心模式开发职业教育教师专业标准。2013 年,教育部颁布《中等职业学校教师专业标准（试行）》,提出 3 个维度、5 个领域、60 条能力标准。2022 年,教育部发布职业教育“双师型”教师基本标准,对“双师型”教师专业标准提出了更明确、细化的要求。

（二）标准开发原则

教师专业标准开发原则需要处理教师专业标准的普遍性和特殊性问题:是制定一个基于教育或教学工作本身特殊性的、相对一致的专业标准,让教师和教师教育都以此为发展目标,还是基于教师教学工作和教师教育的实际情况,制定一个框架性的专业标准,允许不同类型、不同机构、不同层次、不同学科的教师和教师教育依据自身情况进行自主性的调整?

1. 普遍性原则

以英国为代表的部分国家遵循普遍性原则开发职业教育教师专业标准。英国的《继续教育与培训教师和培训师专业标准》关注职业教育教师相对一致的专业标准,围绕专业价值和态度、专业知识和理解、专业技能三个维度确定一致性要求。

---

① 涂三广．英国职教教师教育的改革与发展［M］．上海:上海教育出版社，2021:84-88.

② Professional Standards for Teachers and Trainers in the Further Education and Training Sector［EB/OL］.（2022-05）［2023-01-23］. https://www.et-foundation.co.uk/professional-standards/.

2. 特殊性原则

遵循特殊性原则开发职业教育教师专业标准较之普通教育更复杂，需要应对的特殊性问题包括不同专业教师标准的特殊性问题、不同发展水平教师标准差异的问题等。

美国的标准体现了不同专业教师标准的差异性。全美专业教学标准委员会在制定《国家专业教学标准委员会生涯与技术教育专业标准：面向 11—18 岁学生的教师》时确定了五条原则：第一，标准必须包含本行业基本的、连贯的重要知识；第二，每个专业标准的设置主体都必须为经验丰富的教师；第三，专业标准不能过于宽泛，以免有些专家不能做出正确的评判；第四，每个专业标准都要能很容易地与其他专业区别开来；第五，当前的生涯与技术教育的教师必须能在一个或多个行业中很好地发挥作用。基于此，生涯与技术教育标准委员会制定了 8 个专业集群的优秀教师标准。申请者可以根据标准中对 8 类教师的专业描述申请与自己专业教学最为相近的资格证书。

我国 2013 年发布的《中等职业学校教师专业标准（试行）》遵循的是普遍性原则，而 2022 年发布的职业教育“双师型”教师基本标准在兼顾普遍性要求的基础上，关注不同层次、不同发展水平教师标准的差异，分别确定了对中等职业学校和高等职业学校的初级、中级、高级“双师型”教师的要求。

（三）标准内容

在制定教师专业标准内容时，需要处理的问题是教师专业标准的学术性和实践性问题：是基于教育学自身的研究成果和专家意见制定兼具学术性、实践性的标准，还是基于教师教学实践本身的价值、经验并与教师合作，建立更关注教学实践本身的专业标准？

职业教育教师专业标准内容开发的学术性与实践性问题首先体现在分析逻辑的差异上。目前存在两种主要的分析逻辑：一种逻辑围绕教师的教育教学活动展开，体现实践性；一种逻辑围绕教师的能力要素展开，体现学术性。

采用第一种逻辑的案例有澳大利亚和美国。澳大利亚将教师专业标准划分为 7 个模块，包括学习设计、培训实施、运行高级学习项目、评价、培训咨询服务、国际教育管理和分析，并将持续发展能力应用到学习项目中，这是围绕教师工作任务展开的。美国标准从 4 个维度展开，包括营造高效的学习环境、促进学生学习、帮助学生向工作和成人世界过渡、通过专业发展改善教育品质。[①]

采用第二种逻辑的案例是英国。英国职业教育教师专业标准曾试图兼顾学术性与实践性，其 2007 年版专业标准把教师教学活动划分为六大领域，包括职业价值观与实践、学习与教学、专业学习与教学、学习规划、学习评价、学习进阶；在每个领域又从专业价值观、专业知识与理解、专业实践三个维度明确具体规范和要求。[②] 2014 年版专业标准选择按照专业价值和态度、专业知识和理解、专业技能三个维度进行分析。我国《中等职业学校教师专业标准（试行）》即采用此种分析逻辑。

就对职业教育教师专业标准内容的分析而言，不管采用何种分析逻辑，兼顾学术性和实践性都是总体趋势。以教师的教学活动为逻辑主线分析专业标准，并非就事论事地罗列教师的工作，而是基于教师活动在教育理论指导下进行深入分析；按照价值观、知识、

① 付雪凌，石伟平．美、澳、欧盟职业教育教师专业能力标准比较研究［J］．比较教育研究，2010，32（12）：81-85.

② 涂三广．英国职教教师教育的改革与发展［M］．上海：上海教育出版社，2021：84.

技能逻辑分析专业标准，也并非空洞地呈现理论观点与要求，而是在理论框架指引下结合教师工作实际进行综合分析。

三、职业教育教师资格制度

教师资格制度是在一定的历史条件下，国家或行业保护组织对从事教师职业、专业或教育教学活动的人所应具备的条件或身份的一种强制性的规定，是对教师实行的法定的职业许可制度与公民获取教师岗位的法定前提，也是对专门从事教育教学工作的人员的基本资格要求。[①] 实施教师资格制度是在制度层面保证教师专业水平、保障教师质量的重要举措。对教师资格制度的研究涉及三个主要问题：资格类别，即资格规定对象区分度问题；资格认定，包括谁来认定、如何认定、依据什么标准认定三个问题；资格变更，即资格的时效性问题。职业教育教师资格制度往往从属于教师资格制度的整体设计，需要注意的是如何体现职业教育教师职业的特殊性。

（一）资格类别

资格类别规定是教师资格制度的一个基本内容，反映了教师在学历、职务及任教年级、任教学科上的区别。不同国家对教师资格类别的规定各不相同，有的按职能分，有的按年限分，有的按学科分。

资格类别从横向上划分，需要体现职业教育教师资格与普通教育教师资格的区分度。1995 年国务院颁布《教师资格条例》，将我国教师资格分为七类，职业教育教师资格有两类，即中等专业学校、技工学校、职业高级中学文化课、专业课教师资格，中等专业学校、技工学校、职业高级中学实习指导教师资格，在此基础上区分专业。《教师资格条例》同时规定：取得教师资格的公民，可以在本级及其以下等级的各类学校和其他教育机构担任教师；高级中学教师资格与中等职业学校教师资格相互通用，高等职业院校教师资格按高等学校教师资格执行，没有充分体现职业教育教师的职业属性。

（二）资格认定

教师资格认定是教师资格制度的核心。教师资格认定主要包括教师资格认定机构、教师资格认定程序及教师资格认定标准三个主要内容。

认定标准是实施教师资格认定的基础。教师资格认定标准是审核教师资格并颁发教师资格证书的依据。各国教师资格认定标准总体上包括三类：基本标准、硬性标准和软性标准。基本标准主要指教师的年龄、健康状况等从事教师职业最基本的要求；硬性标准主要指的是学历及各种测试水平等易于量化的要求；软性标准主要是指教师的思想品德、职业素质和职业道德等不容易量化的要求。职业教育教师资格制度的认定标准包括与职业相关的工作经验、教育或学历要求、教师培训和教学实践三方面的内容，只有具备了这些条件，才能申请教师资格。

在教师资格认定方式上，是认定还是考试，抑或二者结合使用，主要取决于该国的教师教育制度，取决于教师资格申请人的教育背景。一般而言，若申请人受过严格的教师教育，则可以直接认定教师资格；若申请人没有受过严格的教师教育，则需要通过教师资格考试的方式进行资格认定。

美国职业教育教师资格认定有两条路径：一是传统路径，申请者接受过师范教育相

---

① 荀渊，唐玉光．教师专业发展制度［M］．北京：教育科学出版社，2011：42.

关的大学教育，在获得相应学历、学位和相关教学经验的基础上，可以申请成为职业教育教师；第二种是替代路径，主要是为了应对职教教师紧缺的局面，面向行业技能专家、实践经验丰富的企业人员等非师范专业的申请人，通过职教教师资培训、考核认证、资格证书颁发等准入程序，使合格的非师范专业申请人获得职业教育教师资格。

（三）资格变更

教师资格的变更主要是指教师资格的丧失及更新，涉及有效期问题。对教师资格丧失及有效期的规定是教师资格制度的重要内容，它对于保证教师资格证书制度的权威性和影响力有很大作用。取消教师资格证书的终身制，对教师资格证书有效期作出规定，是教师资格证书制度发展的趋势。美国职业教育教师资格证书的有效期为 5 年，每 5 年进一次证书更换，教师必须证明自己具备资格，这有效促进了教师专业能力的持续更新和提升。英国建立了分层级（从 3 级到 7 级）的职业教育教师资格证书系统，不同层级的职业教育教师资格证书的申请条件、培训形式、学习时长、学分要求、专业内容等各不相同，这为职业教育教师明确了专业发展的方向与路径。

第三节

职业教育教师专业发展

教师专业发展是指教师个体的、内在的专业性提升。对职业教育教师专业发展的研究，既要建立在教师专业发展理论的基础上，又要立足于职业教育教师的特殊性。

一、教师专业发展理论

关于教师专业发展内涵的界说纷繁。早期的研究主要从静态的角度对教师专业素质结构进行划定，比较典型的是划分为专业理念、知识结构、能力结构。[①] 随后，强调教师专业发展是一个过程的观点逐渐成为主流。佩里（P. Perry）指出，“就其中性意义来说，教师专业发展意味着教师个人在专业生活中的成长，包括信心的增强、技能的提高、对所任教学科知识的不断更新拓宽和深化，以及对自己在课堂上为何这样做的原因意识的强化。就其最积极意义上来说，教师专业发展包含着更多的内容，它意味着教师已经成长为一个超出技能的范围而有艺术化的表现，成为一个把工作提升为专业的人，把专业知能转化为权威的人”[②]。

---

① 叶澜，白益民，王枬，等. 教师角色与教师发展新探［M］. 北京：教育科学出版社，2001.

② 王守恒. 教师社会学导论［M］. 合肥：中国科学技术大学出版社，2011：30.

（一）教师专业发展模式的理论转向

目前对教师专业发展的研究逐渐形成三种研究维度：其一是“教师的思维研究”，其二是“教师的知识研究”，其三是“反思性实践的研究”。[①]“教师的思维研究”分析决定教学的核心要素——教师在教学活动中进行的选择与判断的思维活动；“教师的知识研究”关注两个方面：构建教师之为“专业”的“知识基础”，探索教师“实践性知识”的内容与性质；“反思性实践的研究”重构“反思性实践家”这一新型的专业形象，以重新界定教师活动及其专业性。[②]基于此，形成了三种教师专业发展模式：理智取向发展模式、实践—反思取向发展模式和生态取向发展模式。[③]

1. 理智取向的教师专业发展模式

此模式强调“知识基础”对教师专业的重要性，强调教师要进行教学，一要自己拥有内容（知识、技能、价值观等），二要帮助学生获得这些内容的知识和技能。这就是教师最基本的两类知识：内容知识和教育知识。此模式主张教师通过学习这些理论知识来提高其专业性。[④]对职校教师而言，其内容知识主要体现为专业理论知识，而教育知识则更具体地体现为职业教育教学的理论知识。

“知识基础”体现了一种外部赋予的知识获取方式，这使得理智取向的教师专业发展模式是一种外生型的教师专业发展模式。突出表现为教育行政主管部门通过法律、政策和教育规章制度等保障教师权益、规定教师义务，完善、规范的制度设计会有效保障职校教师的专业权利；教师职业资格、培训标准和培训方案由教育行政部门建立、实施和审查，教师只需要按照规定的标准和要求执行即可。

在这样的专业发展模式中，教师的权利得到了强有力的保障，但是这种保障是以牺牲教师专业发展自主权为代价的，教师在这种外部力量占据强势地位的发展模式中普遍处于“失语”状态。统一的发展模式较少考虑教师个体、学校及区域的差异，教师的真实发展需求没有得到充分的考虑，难以获得教师的认同。

2. 实践—反思取向的教师专业发展模式

实践取向的教师专业发展模式同样建立在“知识基础”之上，只是实践取向的知识强调教师个人的、实践的和专业的知识交织在一起。[⑤]对教师个人知识、实践性知识的研究正成为教师研究的重要组成部分。根据舍恩的研究，教师实践知识可分为三种具有反思特性的知识：行动中的隐性知识，强调成熟教师日常职业行为中的默会部分；行动中的思考，教师对问题的表征与探究解决，推动教学活动；对行为的反思，教师观察并思考自己的行为，提出有创见的问题解决方案，同时使自己的职业知识更加清晰化。

实践取向的教师专业发展模式中，教师的发展需求在于形成个体实践知识。教师自主、教师体验、反思是实践性教师专业发展模式的关键词。教师个体的体验与反思能够在理论与实践之间建立共生关系，使个体形成基于特定情境和现实状况的实践知

① 佐藤学. 课程与教师［M］. 钟启泉，译. 北京：教育科学出版社，2003.

② 佐藤学. 课程研究与教师研究［J］. 钟启泉，译. 全球教育展望，2002（9）：7–12.

③ 王建军. 课程变革与教师专业发展［M］. 成都：四川教育出版社，2004：71–72

④ 徐斌艳. 教师专业发展的多元途径［M］. 上海：上海教育出版社，2008：2.

⑤ 王建军. 课程变革与教师专业发展［M］. 成都：四川教育出版社，2004：79.

识。“只有把实践体验与知识反思结合起来，才可能真正发展出职业教育急需的专家型教师。”①

实践取向的教师专业发展可以分为个体行动模式和合作行动模式，个体行动模式的效果容易受教师个体状况的影响，教师的职业经验等会对专业发展的效果产生影响；而合作行动模式则能超越个体行动模式中教师个体经验的局限，学习共同体中成员的互动、合作，更有利于教师个体的专业成长。

3. 生态取向的教师专业发展模式

生态观下的教师专业发展与以上两者的最大区别在于：它超越了理智取向、实践—反思取向中主要关注教师本身的局限，转而关注教师专业的背景、专业图景中各因素的关系。在这一取向下，教师专业发展也超越了前两者强调的“教师”与“知识”的关系，而在更大的视野下看待这一问题。事实上，实践—反思取向的教师专业发展和生态取向的教师专业发展强调的都是“教师实践”，二者的区别在于前者强调个体实践，而后者强调基于合作教师文化的实践。

教师的发展根植于生活和工作的环境，如时间、资源、教学文化、学校领导、组织结构和社会环境等。教师所处的生态环境一方面影响着教师进行专业发展的动机，例如，教师缺乏优质的学习资源、没有学习的闲暇时间，学校领导的规训等都是消减教师学习动机的实际因素；另一方面也是专业发展的方式，合作的教师文化有利于教师专业发展。②

（二）教师专业结构

对教师专业结构的研究主要来自两方面，一是对“专业特质”的研究，二是对“教师素质”的研究。20世纪70年代中期以前，一些社会学家曾致力于建立一套具有普遍性的“专业特质”，以便把专业与其他职业区分开来。这类研究是从一般性的、专业的角度来考虑的，它主要适用于作为专业人员群体所应具有的特质，对专业人员个体专业结构的分析有一定的借鉴意义。本节从教育信念、专业知识、专业能力三个方面梳理教师专业结构的研究。

1. 教师信念

教师信念是理解教师专业发展的重要概念，是教师专业结构的重要维度。在认知心理学派的推动下，研究者开始关注和研究教师信念的组成要素和结构、教师信念对教学实践的影响、教师信念对教师个体变革的意义等。

教师的教育信念反映的是教师对教育、学生及学习等的基本看法，形成之后，在一段时间内保持相对稳定。在教师教育信念的组成因素方面，帕贾雷斯（M. F. Pajares）认为其包括关于学习者的信念、关于教学的信念、关于学科的信念、关于学习教学的信念、关于自我和教学角色的信念五个方面。③

研究者主要从特质理论和生态文化理论的视角研究教师教育信念。特质理论视角认为教师教育信念是基于教师个体的思维习惯、性格和其他个人因素的。生态文化理论的教师信念研究则把教师信念置于教师所在的即时社会环境中，研究教师信念与教学行为之间的互动关系：教师的信念产生于教师的实践和生存环境中，受制于环境文化和价值观；教师信念会影响、指导教师实践活动；教师在实践中进行的反思和积累的经验可以改变已有的

① 徐国庆．高职发展中的关键问题辨析［J］．高等职业教育，2010（1）．

② 赵明仁．教学反思与教师专业发展［M］．北京：北京师范大学出版社，2009：6．

③ 朱旭东．教师专业发展理论研究［M］．北京：北京师范大学出版社，2011：4．

信念。[①]

2. 专业知识

教师知识是国外教师研究中开始较早的研究领域之一。早期的教师知识研究,尤其是20世纪60、70年代的研究,在"过程—结果"研究范式下注重寻求与学生成绩或成绩提高之间有统计意义相关的教师知识,而不关心教师知识的结构或维度。舒尔曼(L. Shulman)提出了包括学科知识、学科教学法知识、课程知识、一般教学法知识、学习者的知识、情境的知识(教育目的)和其他课程的知识在内的教师知识分析框架。

近期研究认为知识不仅仅是前人总结出来的、普遍适用的"原理"或"规律",而且富有"个人特征"。知识的形成不仅是教师从别人那里直接接受的过程,而且对个人而言是一个发展、积累的过程,在很大程度上它反映着教师过去的经验、现在的行为及将来可能的表现。"个人实践知识"概念的提出进一步丰富、深化了人们对教师知识的理解,是对传统意义上教师知识结构的重要补充。教师不仅要吸收他人总结出来的已经获得确证的知识,而且要拥有"实践的智慧"。

目前较有代表性、影响较大的教师知识分类和结构如表15–4所示。

表15–4 不同学者对教师知识类型的划分[②]

学者	教师知识分类
舒尔曼	① 学科知识;② 学科教学法知识;③ 课程知识;④ 一般教学法知识;⑤ 学习者的知识;⑥ 情境的知识(教育目的);⑦ 其他课程的知识
格罗斯曼(P. Grossman)	① 学科内容知识;② 学习者和学习的知识;③ 一般教学法知识;④ 课程知识;⑤ 情境的知识;⑥ 自我的知识
考尔德黑德(J. Calerhead)	① 学科知识;② 机智性知识;③ 个人实践知识;④ 个案知识;⑤ 理论性知识;⑥ 隐喻和映象

3. 专业能力

与教师知识一样,教师能力也是教师专业结构中的一个重要组成部分。早在20世纪30年代美国学者就试图寻找"真正教师"的特征。研究者通过有效教学、高效能的教师或者好老师等来表述教师的能力结构,有的采取实证的手段,通过对优秀教师的个性特征、知识技能和人格品质等方面进行调查分析,提炼出教师应具有的能力结构。[③]

教师专业能力包括一般能力(即智力)和教师专业特殊能力两方面。教师在智力上应达到一定水平,它是维持教师正常教学思维流畅性的基本保障。在教师专业特殊能力方面,又可分为两个层次:第一个层次是与教师教学实践直接相联系的特殊能力,如语言表达能力、组织能力、学科教学能力等;第二个层次是有利于深化教师对教学实践认识的教育科研能力。

国内外关于教师能力结构的研究形成了不同的理论派别。米勒(D. R. Miller)等提出了十种教师个人素质能力和六项教学中重要的能力或技能;吉尔(B. Jill)等从学生发

① 朱旭东.教师专业发展理论研究[M].北京:北京师范大学出版社,2011:6.

② 朱旭东.教师专业发展理论研究[M].北京:北京师范大学出版社,2011:62–68.

③ 朱旭东.教师专业发展理论研究[M].北京:北京师范大学出版社,2011:99.

展需要的角度提出了五项教师核心专业能力。美国专业教学标准委员会提出的教师能力标准体现了教师能力结构理论的相关研究成果。国内关于教师能力结构的理论包括五维度说、三维度理论等,其中影响较为深远的是基于心理学研究的三维度教学能力结构模式,三维度即教学能力的智力基础,包括分析性思维能力、创造性思维能力、实践性思维能力;一般教学能力,包括教学认知能力、教学操作能力和教学监控能力;具体学科教学能力。①

此外,教师专业结构还会关注专业态度和动机、自我专业发展需要和意识。教师专业态度和动机是指教师专业活动和行为的动力系统,是直接关系到教师去留的重要因素,它涉及教师的职业理想、对教师专业的热爱程度(态度)、工作的积极性能否维持(专业动机)和某种程度的专业动机能否持续(职业满意度)等方面的问题。

(三)专业发展阶段

教师专业结构从横向研究教师专业发展的各个维度,教师专业发展阶段则从纵向研究教师专业发展的过程。对教师专业发展阶段的研究主要基于成人发展理论,从时间维度纵向划分教师专业发展的不同阶段,并分析不同阶段教师在专业方面的表现与特征。

富勒(F. Fuller)关于教师关注的研究开教师生涯发展阶段研究的先河。基于研究重心的变化,教师专业发展阶段理论研究的发展可以划分为三个时期:按照专业成熟路径或是按照时间路径划分教师专业发展阶段的一维线性研究时期、从组织与个人环境的影响角度分析教师专业动态发展过程的多维动态研究时期、把教师视为自我实现个体的关注个体能动性研究时期。②

1. 职业/生命周期研究及其分析框架

职业/生命周期研究在人的生命周期的框架下对教师职业成长过程进行描述。

在这类研究中,影响力较大的是费斯勒(R. Fessler)的研究。费斯勒借鉴一维线性研究成果和认为教师专业发展过程复杂多变的研究成果,以社会系统论为理论依据,建立了受组织环境和个人环境影响的职业生涯周期动态发展模型。费斯勒认为教师职业生涯发展受到个人环境因素和组织环境因素的综合影响,是一个动态发展过程。教师职业生涯周期包括职前期、职初期、能力建构期、热情与成长期、挫折期、稳定期、消退期、离岗等阶段。个人环境的影响因素包括家庭、积极事件、危机、个性、业余爱好、生活阶段,组织环境的影响因素包括规章、管理方式、公众信任、社会期望、专业组织和工会。③

2. 心理发展阶段及其分析框架

心理发展分析框架把教师作为一个成人学习者看待,研究建立在心理发展理论基础上。其研究假设是人的发展是心理结构改变的结果,人的内部心理过程随着年龄和发展阶段的不同而有所变化,这一变化过程有一定的顺序和层级。

利斯伍德(K. A. Leithwood)把自我发展、道德发展和概念发展相结合,综合描述教师

---

① 申继亮,王凯荣. 论教师的教学能力[J]. 北京师范大学学报(人文社会科学版),2000(1):69.

② FULLER F. Concerns of Teachers: A Developmental Conceptualization[J]. American Educational Research Journal, 1969, 6(2): 207-226.

③ 费斯勒,克里斯滕森. 教师职业生涯周期:教师专业发展指导[M]. 董丽敏,高耀明,丁敏,等,译. 北京:中国轻工业出版社,2005.

的发展阶段。他把教师的发展分为四个阶段：第一阶段，教师的世界观非常简单，判断带有非黑即白的倾向，坚持原则，鼓励顺从和机械学习，课堂由教师主导；第二阶段，教师的主要表现为“墨守成规”，课堂规则十分明确，学生必须严格遵守规则；第三阶段，教师有较强的自我意识，将规则内化，能够意识到依照具体情况灵活掌握规则的必要性，关注师生关系；第四阶段，教师较有主见，对于制定课堂规则的原理已经有所理解，所以在应用规则时显得更加灵活，同时又尊重课堂等社会情境中人际关系的相互依赖性，师生之间密切合作，强调有意义地学习。①

3. 教师关注阶段及其研究框架

20 世纪 50 年代，美国学者富勒在研究中发现教师的关注内容呈现阶段性特征，在访谈和“教师关注问卷”的基础上，提出了教师发展的“四关注阶段理论”，即职前关注阶段、入职初期的生存关注阶段、教学情境关注阶段、关注学生阶段。② 随着职业生涯发展，教师关注的焦点从自我到教学任务，再到学生。

在富勒研究的基础上，国内学者引入教学场概念，对职业教育教师专业能力发展阶段进行了划分，把课堂看作一个由教师、课程与学生三个要素构成的教学场。教师的教学能力水平可以根据教学场中处于中心的要素进行确定。研究者对教师专业能力发展阶段进行了划分，总的来说可以划分为三个主要阶段：新手型教师阶段、经验型教师阶段和专家型教师阶段。新手型教师，其教学场以教师自我为中心，教学过程中教师关注的主要是自己如何达到教学实施要求；经验型教师，其教学场以课程为中心，教学过程中教师关注的是课程目标如何得到有效实现；专家型教师，其教学场是以学生为中心，教学过程中教师关注的是学生的需求是否得到了满足，教学方法是否与学生学习风格相吻合，学生的能力、素质是否得到了实质性发展。要提升教师的教学能力，就是要把教学场的中心由教师自己转向课程，再逐步转向学生（图 15-1）。③

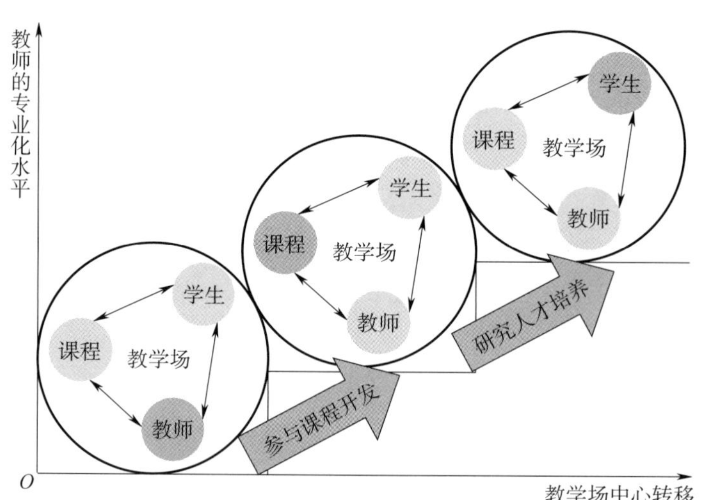

图 15-1　基于教学场的教师教学能力提升机制

① 教育部师范教育司．教师专业化的理论与实践［M］．北京：人民教育出版社，2003：69-70.

② FULLER F. Concerns of Teahcers: A Developmental Conceptualization［J］. American Educational Research Journal, 1969, 6（2）: 207-226.

③ 徐国庆．职业教育课程、教学与教师［M］．上海：上海教育出版社，2016：238.

教师自我发展的意识欠缺，工作模式固化、评价机制僵化是影响教师从经验型教师向专家型教师顺利转化的原因。通过诊断式培训提升自主意识、改变教师工作模式、创新评价机制可以促进教师关注中心的转换。

4. 基于教师个体能动性的阶段划分

斯蒂菲（Stefy）的研究要求管理者将教师看作一个自我实现的个体，通过教师赋权、合作和内部激励促进教师发展。斯蒂菲结合转化学习理论，认为教师进行批判反思实践、重新定义假设和信念并强化自我价值，就会出现正向的、不断的发展。他提出教师专业发展的若干假设：教师发展是由自身的改进需求所引导或驱使的；教学生涯的发展水平是由个人性格、学校背景、支持体系和充分的准备决定的；教学中探究的团队能鼓励教师和学生的学习；个人的学习能力、学术工作和成长的动力影响其教学水平；环境是成长或退缩的强有力的影响因素，而教师反思在其中起着重要作用。他由此将教师发展过程划分为新手阶段、实习阶段、专业阶段、专家阶段、杰出阶段和荣誉退出阶段。[①]

二、职业教育教师培养

职业教育教师培养旨在使准教师或教师具备基本的职业教育教学能力，能基本胜任职业院校教师岗位的工作。按照培养活动在入职前还是入职后，培养是在师范院校进行还是专业院校与师范院校合作进行，培养模式主要可以分为三种：职业技术师范教育模式、本科专业教育＋职前教师教育模式、职后教师教育模式。

（一）职业教育教师培养模式

1. 职业技术师范教育模式

法国从 2013 年 9 月 1 日开始在每个学区设立高等教师教育学院，代替教师培训学院，负责培养法国未来的教师。高等教师教育学院是学区大学的一部分，主要负责培养教育硕士，培养学生的学科能力和职业技能，实现理论教学和实践实习相结合。有志向成为法国中等职业院校教师者，可以在获得学士学位的前提下，注册高等教师教育学院的职业高中教师证书和技术教育教师证书相关学科的教育硕士，如职业高中教师证书经济管理专业的教育硕士，学习期限两年，共四个学期。学生接受学科、教学和科学等方面循序渐进的综合培训。[②]

改革开放后，我国建立了专门的职业教育师资培养机构和稳定的职业教育师资培养基地。从 1979 年到 1988 年，我国先后建立了 20 所独立设置的职业技术师范院校。这些职业技术师范院校在 1994 到 2000 年间经过合并、增补、改名，最终形成了 8 所规模相对稳定，兼具人才培养、职教研究、信息交流、服务咨询四大功能的职业技术师范院校，提供职业技术师范教育。

2. 本科专业教育＋职前教师教育模式

德国职业教育教师培养主要采取的是职前教师教育模式。该模式中的教师培养包括两个基本阶段：第一个阶段是在大学中进行持续 9 个学期的课程学习；第二个阶段是预备服务阶段，在公立教师培训学院或培训学校采取实习的方式完成教育实践训练。

2015 年 4 月，我国国务院学位委员会决定在“教育硕士”中新增“职业技术教育”专

① 朱旭东．教师专业发展理论研究［M］．北京：北京师范大学出版社，2011.

② 屈书杰，等．职业教育教师的国际比较［M］．北京：科学出版社，2016：66-67.

业方向，开展“教育硕士（职业技术教育）”专业学位研究生招生和培养试点工作，分专业大类招收相关专业本科毕业生进行 2~3 年的专业学位研究生教育，课程包括教育和职业技术教育基本理论、课程教学理论与方法等学术课程，以及企业实践和职业院校教学实践等实践课程。

3. 职后教师教育模式

美国采取的是职前师范教育与职后教师培训相结合的模式，仍然保留着从大学招聘学习过教育课程的毕业生担任生涯教育课程教师的传统，这条路径被称为传统路径；与此同时，几乎所有州都建立了直接招聘拥有 5 年以上工作经验的技术人员为教师的替代路径。由于无论来自哪条路径的教师都必须经过为期 4 年的在职教学能力训练后才能取得专业教师证书，且两种来源的教师的训练起点是一样的，即获得临时教师职业资格证书，美国职业教育教师培养模式本质上是倾向于职后教师教育模式的。英国传统上是招聘拥有对应技术证书和工作经验的人员为教师，然后采取教师职业资格证书或教育研究生证书的形式，给他们提供职后，而不是职前的教学能力培训。

（二）职前培养内容

1. 课程设置

职业教育教师培养课程一般分为三类：教育科学类课程（包括教学实习、教学实践等）、专业领域课程、通识教育课程。针对不同类型与来源的对象群体，课程的组合和重点不同。全日制培养模式的课程设置侧重教育与学习的理论及专业知识，在职培养模式的课程设置更强调教学论与教学法。

德国职教师资培养的课程包含三部分：教育科学（含职业教育学、职业性专业和第二专业的专业教学论、职业学校实践学习，共计 90 学分）、专业科学（含职业性专业和第二专业的专业科学，共计 180 学分）、学士论文和硕士论文（共计 30 学分）。大学课程学习结束后，学生需要到职业学校中完成独立教学、处理学生教育问题等实践任务。

美国传统的职业教育教师培养路径中，课程设置包括通识教育 / 人文教育课程、专业课程和教育学课程（包括独立教学实习和导师监督下的教学实践），其重点在于教学与学习的理论，以及专业知识。替代路径中，教师一边在职业学校中承担实际教学任务，一边在教师教育机构中接受培训，培训是以工作与学习相结合的形式进行的，更关注教学论与教学法方面的培训。

2. 教育实践训练

职教教师培养在培养内容上有一个共同的关注重点，就是教育实践能力的训练。在美国，传统的大学本位培养路径中，对所培养的候选人要求有至少一年的教学实践；替代性培养路径中对教学实践的重视更为凸显，职教教师需要先找到教职，保证自己能够一边进行教学工作，一边在培训机构中完成规定的课程，才可以申请临时资格证书，继续教师培养。

德国职业学校教师不仅在大学阶段就要完成为期 12 个月的专业实践，其预备服务阶段更是长达两年。在预备阶段，实习期为 24 个月，实习期专业实践（教育实习）可分为观摩、试教、独立教学、准备第二次国家考试四个阶段。第一阶段主要是观察教师如何组织管理教学，时间不少于 4 周；第二阶段主要在教师指导下进行教学和在研修班进行理论学习或研讨，时间为 3~5 个月；第三阶段，实习教师独立组织自己所任教的 2~3 个学科，时间为 1 个学期；第四阶段，准备第二次国家考试，时间为 1 个学期。

澳大利亚要求 TAFE（职业技术教育）学院教师的候选人除了必须具有丰富的专业

知识、实践经验外，还必须具备跨学科教学、编写教学计划、讲授理论课、运用现代教育信息与指导学生实践等教学实践能力。澳大利亚设计了系列“培训包”，包括准备教学材料、实施教学过程、反馈调查教学效果、准备培训及考评、实施考评、设计与宣传培训项目、保存考评证据材料等关于教育与培训的各个方面。

三、职业教育教师职后培训

职业教育教师专业发展是伴随其整个职业生涯的持续过程，要求教师持续进行专业学习与能力提升，职后培训的重要性毋庸置疑。

（一）职后培训制度

职后培训制度建设是保障职业教育教师职后培训工作持续推进和培训质量的重要基石。德国《职业教育法》《培训师资质条例》及其他相关培训条例对教师职业培训中的权利、义务等方面进行了严格规定。我国《中华人民共和国教师法》规定各级人民政府教育行政部门、学校主管部门和学校应当制定教师培训规划，对教师进行多种形式的思想政治、业务培训；《深化新时代职业教育“双师型”教师队伍建设改革实施方案》规定，全面落实教师以五年为一周期的全员轮训制度。

我国职业教育教师职后培训制度的发展从培训基地建设开始，逐步过渡到培训体系的整体建设与优化。1999 年，教育部正式启动全国重点建设职业教育师资培训基地的建设工作，选择能满足职教师资培养要求的理、工、农、医、师等类高等学校作为职教师资的培养和培训基地，1999—2012 年，我国共建成 101 家全国重点建设职教师资培养基地。2022 年，教育部开展国家级职业教育“双师型”教师培训基地建设工作，对国家级职教师资培养基地进行盘整、优化，明确其建设方向。其间，人社部门和各省也纷纷启动培训基地建设，基本形成了国家—地市—学校三级的培养机构网络，承担职业院校师资职后培训任务。2006 年起，教育部以五年为一周期实施“职业院校教师素质提高计划”，建立起了“国家示范引领、省级统筹实施、市县联动保障、校本特色研修”的四级培训体系。

（二）职后培训体系设计的关键问题

1. 培训目标设计

培训目标设计需要兼顾作为教师必须具备的知识、能力和素质目标，以及教师个体的专业发展需求。首先，所有教师都必须也有条件接受依据教师能力标准确定的全部模块的培训并满足同等要求。教师之间的能力差距应随着教师培训的全员覆盖而迅速缩小。教师培养不能满足于“数字上的辉煌”，而是要反思如何通过教师教育实现教师能力水平的整体提升，对职业教育来说尤其如此。职业教育的教师来源复杂，一部分教师来自大学，还有相当一部分教师来自各行各业。如何使不同来源的教师在教育学的训练上满足同样的教师专业要求，是师资培养体系建设中必须认真思考的问题。其次，教师个体专业发展需求是确定培训目标时需要考虑的重要维度。培训目标对于教师培训具有重要的指导意义，是方向和质量评价的准绳，将外部需求与教师个体发展需求有机结合，才能从起点保证培训的有效性。

2. 培训内容开发

职业教育教师培训内容开发需要兼顾系统性和专业性。

培训内容的系统性要求解决“培养什么”的问题，即通过教师能力标准开发建立职业教育教师培养内容体系。教师能力标准是教师培养体系不可缺少的要素，它既可起到规范教师培养内容、统一教师培养质量的作用，又可起到指导各培训机构开发培训课程、确定培训方法的作用。我国要整体性地提升职业教育教师的能力水平，必须开发职业教育教师的能力标准。

职业教育教师培训内容开发还需要解决专业性问题。我国职业教育教师在教育学知识方面存在基础性缺乏的问题，但更多的还是专业化的问题。要实现专业化，职业教育教师能力标准不仅要提升对教育学、心理学、社会学等学科的理论知识的要求，更要提升对教育学实践知识的要求。

3. 培训模式选择

从培训发生的场景来区分，教师培训模式可以分为在境培训与离境培训。在境培训是指在职业院校教师工作场景中进行培训与学习，基于学校的培训模式，强调以教师任教学校为中心、以教师个人教学能力发展需要为出发点，常见的形式有“师徒结对”、做中学、教研活动等。2019年，教育部启动全国职教教师教学创新团队建设工作，通过打造职校教师专业学习共同体，创新教师职后培训模式。离境培训是指职业院校教师离开工作场景进行培训与学习，包括到各类教师培训基地、高校、同类院校等进行培训，对于职校教师而言，离境培训还可以在企业岗位实践中进行。

从培训的主体关系来区分，教师培训模式可以分为接受式培训与参与式培训。接受式培训以培训师为主导，多采用讲授法进行理论知识的传授，受训教师往往处于被动接受的地位。参与式培训是使受训教师参与到培训活动中，与其他个体合作学习的培训。在教师培训中，通常使用的方法包括小组讨论、案例分析、听说评课、角色扮演、辩论讨论等。① 参与式培训在职校教师企业实践中尤为重要，教师只有真正参与企业实践过程，才能实现专业能力的真正提升。任务引领是让职业院校教师参与培训的重要抓手，培训者的活动设计与教师的学习活动都围绕着教师的真实任务展开。

4. 培训效果评估

培训质量评估是评估教师培训完成后能否充分运用培训所学知识，能否在实际教学中进行卓有成效的应用的活动。培训效果评估对于评价培训有效性、优化培训内容与模式有重要价值，但是，目前，职业院校教师培训效果评估机制欠缺。培训的效果具有滞后性，培训效果评估的内容包括培训活动在教师认知、行为与观念、态度等方面引发的即时性改变，更重要的是这样的改变是否会在教师后续真实的工作中产生持续影响。如美国俄亥俄州职业教育教师企业实践培训效果评估一方面对受训教师的学习结果进行及时评价与反馈，另一方面会在一年后继续追踪教师的变化及其对教学的影响。

关键概念

教师角色；师傅；教师类型；“双师型”教师；教师角色要求；职业认同；教师专业化；教师专业性；教师专业标准；专业中心模式；国家中心模式；教师资格制度；教师专业发展理论；教师专业结构；教育信念；专业知识；专业能力；专业发展阶段；职业技术师范教育；职后培训；专业实践共同体

① 陈向明. 参与式教师培训的实践与反思[J]. 教育研究与实验，2002(1)：66-71，73.

思考与讨论

1. 如何理解不同历史时期职业教育教师的角色演变？
2. 阐述我国开发职业教育教师专业标准的必要性与路径。
3. 运用教师专业理论分析职业教育教师专业结构。
4. 如何立足中国职业教育发展现实，寻求具有中国特色的职业教育教师队伍建设之路？

参考文献

[1] GROLLMANN P, RAUNER F. International Perspectives on Teachers and Lectures in Technical and Vocational Education[M]. Dordrecht: Springer Netherlands, 2007.

[2] KORTHAGEN F A J. Linking Practice and Theory: The Pedagogy of Realistic Teacher Education[M]. Mahwah, New Jersy& London: Lawrence Erlaum Association Publishers, 2001.

[3] KREMER L, HOFMAN J E. Teacher’s Professional Identity and Burnout[J]. Research in Education, 1981(34).

[4] LEITHWOOD K A. The Principal’s in Teacher Development[M]. London& Washington, D. C.: The Falmer Press, 1992.

[5] 陈桂生 . 学校教育原理[M]. 上海：华东师范大学出版社，2000.

[6] 冯塔纳 . 教师心理学[M]. 王新超，译 . 北京：北京大学出版社，2000.

[7] 费斯勒，克里斯滕森 . 教师职业生涯周期：教师专业发展指导[M]. 董丽敏，高耀明，丁敏，等，译 . 北京：中国轻工业出版社，2005.

[8] 傅建明 . 教师专业发展：途径与方法[M]. 上海：华东师范大学出版社，2007.

[9] 教育部师范教育司 . 教师专业化的理论与实践[M]. 修订版 . 北京：人民教育出版社，2003.

[10] 纳尔森，贝利 . 教师职业的 9 个角色[M]. 刘坤，译 . 北京：中国青年出版社，2008.

[11] 李方，钟祖荣 . 教师专业标准与发展机制：教师专业化国际研究译文集[M]. 北京：北京出版社，2004.

[12] 李婉玲 . 教师发展 ：理论与实践[M]. 台北：五南图书出版股份有限公司，2005.

[13] 麦克劳林 . 教师工作[M]. 王庆钰，译 . 兰州：甘肃文化出版社，2005.

[14] 卢乃桂，操太圣 . 中国教师的专业发展与变迁[M]. 北京：教育科学出版社，2009.

[15] 马克思恩格斯全集[M]. 中共中央马克思 . 列宁 . 恩格斯 . 斯大林著作编译局，编译 . 北京：人民出版社，1982.

[16] 屈书杰，等 . 职业教育教师的国际比较[M]. 北京：科学出版社，2016.

[17] 沈之菲 . 教师的职业生涯[M]. 长春：东北师范大学出版社，2001.

[18] 石伟平 . 比较职业技术教育[M]. 上海：华东师范大学出版社，2001.

[19] 孙培青，李国钧 . 中国教育思想史[M]. 上海：华东师范大学出版社，1995.

[20] 舍恩 . 培养反映的实践者：专业领域中关于教与学的一项全新设计[M]. 郝彩

虹，张玉荣，雷月梅，译．北京：教育科学出版社，2008.

[21] 王建军．课程变革与教师专业发展[M]．成都：四川教育出版社，2004.

[22] 乌兰．教师专业化与教师教育研究综述[M]．北京：中国文联出版社，2002.

[23] 细谷俊夫．技术教育概论[M]．肇永和，王立精，译．北京：清华大学出版社，1984.

[24] 徐斌艳．教师专业发展的多元途径[M]．上海：上海教育出版社，2008.

[25] 徐国庆．职业教育课程、教学与教师[M]．上海：上海教育出版社，2016.

[26] 荀渊，唐玉光．教师专业发展制度[M]．北京：教育科学出版社，2011.

[27] 叶澜，白益民，王枏，等．教师角色与教师发展新探[M]．北京：教育科学出版社，2001.

[28] 翟海魂．发达国家职业技术教育史[M]．上海：上海教育出版社，2008.

[29] 钟启泉．我国教师教育制度创新的课题[J]．北京大学教育评论，2008(3).

[30] 佐藤学．课程与教师[M]．钟启泉，译．北京：教育科学出版社，2003.

[31] 陈向明．参与式教师培训的实践与反思[J]．教育研究与实验，2002(1).

[32] 涂三广．英国职教教师教育的改革与发展[M]．上海：上海教育出版社，2021.

[33] 俞启定．中等职业学校教师资格制度研究[M]．北京：北京师范大学出版社，2013.

[34] 张家祥，钱景舫．职业技术教育学[M]．上海：华东师范大学出版社，2001.

[35] 朱旭东．教师专业发展理论研究[M]．北京：北京师范大学出版社，2011.

第十六章
职业教育管理与领导

学习提示

本章围绕教育管理这一主题，首先辨析教育管理及与其相关的常用概念，如教育管理、教育行政、教育领导力、教育政策及治理；其次从宏观教育管理与微观教育管理两个方面介绍相关教育管理理论 / 模式；最后结合教育管理的常用概念及教育管理的模式，介绍中国职业教育管理中的一些重要议题。学习时需注意对概念与理论的理解，并联系实际加以反思。

中国职业教育管理的现状亟待改善,管理体制不顺、协同合作程度低、权限分配不合理、督导体系未落实、社会参与度不够等都是现实存在的问题。那么,究竟什么是教育管理?教育管理有无模式可以借鉴?本章梳理与介绍教育管理相关概念及理论模型,以期引发读者对中国职业教育管理的现实及其问题的反思。

第一节 教育管理的常用概念

教育管理研究与实践中的许多概念来自英文语境。为了便于教育管理研究人员和实践者准确理解和使用,有必要对教育管理常用的关键概念进行探讨并加以辨析。本节所讨论的概念主要有教育管理、教育行政、教育领导力、教育政策和治理。

一、教育管理、教育行政管理和教育领导力

教育管理、教育行政和教育领导力在意义上是重叠的,然而取决于应用的情境,它们存在定义上的差异。[①] 广义的管理可以被理解为"一系列旨在高效利用组织资源以实现组织目标的活动"[②]。按照托尼·布什(Tony Bush)的说法,管理一词在欧洲和非洲使用广泛,而行政管理则在美国、加拿大和澳大利亚等国更受欢迎。不同于早期对应用于工商业管理原则的借鉴,随着教育管理成为一个学科和研究领域,教育管理也基于院校等教育情境逐渐形成自己的理论。不同于普适意义上的管理,教育管理呈现出复杂性,因为它还涉及其他一些重要的概念及维度,如道德、文化和截然不同的教育体系所呈现出的多样性。有学者对教育管理的总体目标做了描述,即"在教育机构内有效地创造和维持环境,以促进、支持和维持有效的教与学"[③]。教育管理必须集中关注教育的目的或目标。这些目的或目标为教育实践与发展提供了至关重要的方向,这是教育机构管理的基础。管理旨在实现某些教育目标。如果管理层没有自己的目标或价值观,盲目追求效率可能会成

① LYNCH R, ASAVISANU P, RUNGROJNGARMCHAROEN K, etc. Educational management[C/OL]// Oxford Research Encyclopedias. (2020-05-29)[2022-11-29]. https://doi.org/10.1093/acrefore/9780190264093.013.701.

② SAPRE P. Realising the Potential of Educational Management in India[J]. Educational Management and Administration, 2002, 30(1).

③ LYNCH R, ASAVISANU P, RUNGROJNGARMCHAROEN K, etc. Educational management[C/OL]// Oxford Research Encyclopedias. (2020-05-29)[2022-11-29]. https://doi.org/10.1093/acrefore/9780190264093.013.701.

为管理的使命和目标。这样一来，就会导致目标和管理之间的联系变得不明确、不密切，进而陷入"管理主义"的危险，即"以牺牲教育目标和价值观为代价强调程序"。同时需要指出的是，教育管理目标的设定及实现目标的手段又因教育系统、层级及教育文化而大不相同。[①] 基于韦伯对科层制的论述，有学者指出管理通常与组织的等级制度有关，而在等级制度中，处于较高管理位置的人比处于较低管理位置的人拥有更多的权力并担当更多的责任。从这个角度而言，为了组织的效率，那些在管理阶层中地位低下的人受到地位较高的人的监督和控制。学者们也因而指出，教育管理为什么被消极地看待。因为其内涵是"控制和支配那些被认为是地位较低的人，注重效率而牺牲机构的目标和宗旨"[②]。以学校人事制度为例，教师就会被认为被更高层次的人所控制和支配，如有地位和特权的校长 / 院长。

另一个概念"行政管理"包括全面确定政策、设定主要目标、确定一般目的，以及确立广泛的计划和项目。[③] 尽管有学者一直试图将教育管理与教育行政管理进行区分，但很难在本质上辨明，因为这两个概念是相互交织的。有些国家则直接使用管理代替行政管理。相对教育行政管理，教育管理是一个更宽泛的概念。教育行政管理主要侧重于教育管理中与教育管理机构和组织相关的管理活动，如国家教育部、省教育厅及地方教育主管部门对教育工作的管理。教育管理中常讲的管理体制其实就是教育行政管理体制。它是一个国家的教育行政组织系统或国家对教育的领导管理的组织结构形式和工作制度的总称，主要由教育行政组织机构的设置、各级教育行政机构的隶属关系及相互间的职权划分等构成。教育行政管理体制是国家行政体制中的重要组成部分。所谓国家行政体制就是指中央和地方各级政府的行政组织系统和工作制度。它为社会的政治、经济所决定，一旦建立就制约着国家的政治与经济走向。因此，教育行政管理体制将随着社会政治、经济的发展变化、国家行政体制的发展变化而发展变化。[④⑤] 同样地，为杜绝"管理主义"，行政管理应该被看作一种功能，支持而不是取代学校教育目的。[⑥]

教育管理在指导有计划的变革的同时，必须对社会结构和文化的快速变化，以及数字技术的进步所带来的非计划的、破坏性的挑战做出反应。这时，指导和引导整个教育管理和行政过程的教育领导力要素就显得尤为重要。领导力包括管理者和教师的职业道德，并在各种教育道德领导力理论中得到体现，以应对不同社会的文化需要。[⑦] 亦有学者指

① BUSH T. Crisis or Crossroads? The Discipline of Educational Management in the Late 1990' s[J]. Educational Management and Administration, 1999, 27(3): 239–52.

② CONNOLLY M, JAMES C, FERTIG M. The Difference Between Educational Management and Educational Leadership and the Importance of Educational Responsibility[J]. Educational Management Administration & Leadership, 2019, 47(4): 508.

③ HAIMANN T, SCOTT G W, CONNOR E P. Managing the Modern Organization[M]. 3rd ed. Boston: Houghton Mifflin, 1978.

④ 张斌贤. 现代国家教育管理体制[M]. 上海：上海教育出版社，1996.

⑤ 游忠泳. 教育行政学[M]. 成都：成都电讯工程学院出版社，1988.

⑥ BUSH T. Leadership and Management Development[M]. London: Sage, 2008: 41.

⑦ LYNCH R, ASAVISANU P, RUNGROJNGARMCHAROEN K, etc. Educational Management[C/OL]// Oxford Research Encyclopedias. (2020-05-29)[2022-11-29]. https://doi.org/10.1093/acrefore/9780190264093.013.701.

出，管理被视为一种维系活动，而领导力则与变化联系在一起。[①] 如果说教育管理含有消极意义，那么教育领导力则通常被认为是积极的。按照康纳利（Michael Connolly）等人的观点，"教育领导力"一词主要有两个用途。首先，它被用来描述那些在教育机构的组织结构中担任高级职务的人。这种用法已经占据主导地位并且无处不在。[②] 其次，"领导力"一词被用来描述领导的实践。近年来，学界对"领导力"的兴趣与日俱增，对教育领导力的研究也随之激增。世界各地的研究有助于人们从教育机构的领导和管理方式中获取丰富的经验。需要指出的是，教育领导力并不是在真空中存在的——它是在政策背景下发挥作用的，由历史和文化所形塑，与社会中更广泛的政治、经济、文化和意识形态相联系。

二、教育政策

政策研究可以追溯到20世纪50年代，西方一些国家为发展公共政策而寻找社会科学的支撑，以此取代早期直观的、临时的政策制定方法。[③] 莱文森（Bradley Levinson）和萨顿（Margaret Sutton）认为，教育政策概念的出现是"大型公共事业管理朝着更具合理性和效率趋势的一部分"[④]。有学者进一步指出，"政府做了什么，他们如何做，以及有什么后果，都会因公共政策随时间推移而发生巨大变化"[⑤]，所以"政策研究（也）与变化过程有关"[⑥]。在当代，教育已经成为公共政策围绕的中心之一，教育政策研究也得到学者及研究人员的关注。但是如何定义教育政策是极具争议的。尽管如此，一些学者认为"政策问题太复杂，无法用简单的技术主义方法解决"[⑦]，并提出政策是一个过程的理念，即意识到问题之后通过政策形成、执行、调整这样一个过程而做出政策上的反应[⑧]。类似地，有学者指出政策是一个过程而不是一个产物，但这个过程包含了甚至可能是官方决策机构之外的不同团体之间的协商、争议与斗争。[⑨] 此外，有学者认为政策研究更加需要扎根于历史

---

① CUBAN L. The Managerial Imperative and the Practice of Leadership in Schools[M]. Albany: State University of New York Press, 1988.

② CONNOLLY M, JAMES C, FERTIG M. The Difference Between Educational Management and Educational Leadership and the Importance of Educational Responsibility[J]. Educational Management Administration & Leadership, 2019, 47(4): 504-519.

③ RIZVI F, LINGARD B. Globalizing Education Policy[M]. London: Routledge, 2009: 1.

④ LEVINSON B A U, SUTTON M. Introduction: Policy as/in Practice-A Sociocultural Approach to the Study of Educational Policy[M]//SUTTON M, LEVINSON A U. Policy as Practice: Toward a Comparative Sociocultural Analysis of Educational Policy. Westport: Greenwood Press, 2001: 4.

⑤ BROOKS S, MILJAN L A. Public Policy in Canada: An Introduction[M]. Don Mills: Oxford University Press, 2003: 11.

⑥ RIZVI F, LINGARD B. Globalizing Education Policy[M]. London: Routledge, 2009: 1.

⑦ TAYLOR S, RIZVI F, LINGARD B, etc. Educational Policy and the Politics of Change[M].London: Routledge, 1997: 24.

⑧ TAYLOR S, RIZVI F, LINGARD B, etc. Educational Policy and the Politics of Change[M].London: Routledge, 1997: 24.

⑨ OZGA J. Policy Research in Educational Settings: Contested Terrain[M]. Philadelphia: Open University Press, 2000: 2.

情境[①]，还有学者谈及公共政策的政治文化，认为“政策文件是这些动态平衡的话语表现，因为其反映了某一特定时间点上的社会关系。正因为如此，它们所包含的话语构成形成了一种高度政治化的公共修辞方式，及待解码的符号系统”[②]。因而，“政策具有政治属性，它关乎决定做什么的权力。它规定了谁受益、目的何在，以及由谁承担。它触及了教育哲学的核心——教育的目的是什么？为了谁？谁来决定？”[③]

此外，泰勒（Sandra Taylor）等人进一步就政策研究建构了情境—文本—结果的分析框架。情境指的是制定特定政策的前情，需要对导致摆上政策议程的问题的经济、社会及政治因素加以分析。不仅如此，还要对压力团体和社会运动在其中的作用加以研究，因为压力团体和社会运动可能会促使决策者首先要对解决某个问题作出反应。除此之外，还需关注与先前政策经验的关联。这样的分析可以在不同层面进行，例如国家或机构层面。文本泛指政策本身的内容。政策是如何表述和制定的？该政策的目标是什么？政策中包含哪些价值观？是显性的，还是隐性的？该政策是否需要采取行动？如果需要，采取什么行动？由谁采取行动？泰勒等人认为对政策文本的分析不是一项简单而直接的活动。即使是在最明确的政策中，也有相当大的解释空间，识别“沉默”（未声明的内容）及明确和公开表达的内容同样重要。就后果而言，如果政策文本对实践者的不同诠释持开放态度，则有可能导致执行上的差异。随着机构层面普遍存在的个殊条件进一步影响政策的实施，这种差异将进一步扩大。在实施过程中会出现扭曲和差距，导致“政策折射”。在此基础上，有学者进一步优化了政策分析框架，即基于主导话语的政策产生的社会政治环境，以及制定其总体指导原则的社会政治环境；源自社会政治环境的战略方向，它从广义上定义了政策，并确立了适用于教育等活动领域的成功标准；组织原则，指明在这些活动领域执行政策的参数；以及基于组织原则的运作，是在机构一级执行政策并将政策执行转化为机构程序和具体行动方案所需的详细组织安排。[④]

尽管概念各式各样，但政策所呈现的内容都包括一个意图声明、一个行动计划，以及一套指导方针。[⑤]综上所述，再加上我国改革开放四十多年以来所颁布的教育政策及实施，本章将教育政策视为为国家政治服务的教育行动指南。因此，教育政策研究应该结合各国国情来开展，主要包括政治、经济、文化、历史与社会传统等。同时，本章也建议审视教育政策时，可以反思这样一些问题：其教育路径是什么？与课程、评估和教学相关的价值观是什么？提案是如何组织的？它们如何影响资源配置和组织结构？我们为什么采取这种政策？这项政策是根据什么条件采取的？为什么？这些选择的理由是什么？为了谁的利益？相互竞争的利益是如何被协商的？为什么这个政策在这个时候出现？其后果是

① OLSSEN M, CODD J A, O' NEILL A. Education Policy: Globalization, Citizenship and Democracy[M]. London: Sage, 2004.

② OLSSEN M, CODD J A, O' NEILL A. Education Policy: Globalization, Citizenship and Democracy[M]. London: Sage, 2004: 2.

③ BELL L, STEVENSON H. Education Policy: Process, Themes and Impact[M]. London: Routledge, 2006: 9.

④ BELL L, STEVENSON H. Education Policy: Process, Themes and Impact[M]. London: Routledge, 2006.

⑤ BELL L, STEVENSON H. Education Policy: Process, Themes and Impact[M]. London: Routledge, 2006: 23.

什么？特别是，对过程（专业实践）和结果的影响是什么？[①]

三、治理

治理，简言之，意为统治的模式或实践。具体而言，治理可以被理解为政府和非政府实体以正式和非正式的方式进行干预，以塑造组织和个人的行为方式。这些干预旨在促进某些类型的变化（个人行为或组织结构的变化）或限制变化的可能性，以维持现状。在这两种情况下，治理的目的是改善影响或限制变化的条件，以达到不同的政治、经济和环境目的。[②] 治理研究通常将权力视为不同于或超越现代国家中央集权的权力。治理一词可以专门用来描述 20 世纪 80 年代和 90 年代公共部门改革后国家性质和作用的变化。通常，这些改革导致了从科层制向对市场、准市场和网络的更多使用的转变，尤其在公共服务的提供方面。全球变化加剧了改革的影响，包括跨国经济活动的增加和欧盟等区域机构的崛起。因此，治理表达了一种普遍的信念，即国家越来越依赖其他组织来确保其意图、实施其政策和建立一种统治模式。[③]1995 年，联合国全球治理委员会在《我们的全球伙伴关系》中指出，治理是各种公共的或私人的个人和机构管理其共同事务的诸多方式的总和，是使相互冲突的或不同的利益得以调和并且采取联合行动的持续的过程。它有四个特征：① 治理不是一整套规则，也不是一种活动，而是一个过程；② 治理过程的基础不是控制，而是协调；③ 治理既涉及公共部门，又涉及私人部门；④ 治理不是一种正式的制度，而是持续的互动。[④]

有学者专门对治理在教育领导力研究中的应用和价值进行了探讨，使用工具的 - 理性的治理和激进的 - 政治的治理这样两种特殊视角探究教育领导实践。在他们看来，治理在实用意义上可以被理解为一个蓝图或模式，以产生“公共问责”（狭义上）的学校——适当的审计和监督、高绩效、财务上的可持续性、遵守法律等。从这个意义上说，治理可以被认为是对学校组织领导和管理的一个技术的、非政治层面的纬度，它关乎以满足某些战略和运作优先事项，提高学校的质量和标准。这便是一种工具理性的治理方式。然而，作为治理的一种表现形式，教育领导力被深深地政治化了。透过激进的 - 政治的治理视角，质疑所谓的政治中立的目标和治理修辞，以及开辟分析空间，将治理的政治化性质连同隐含的教育领导力，以及其所服务和排斥的不同利益揭示出来，也是非常重要的。[⑤]

---

① TAYLOR S, RIZVI F, LINGARD B, etc. Educational Policy and the Politics of Change [M].London: Routledge, 1997.

② GOBBY B, WILKINS A. Governance and Educational Leadership [M]//COURTNEY S, GUNTER H, NIESCHE R, etc. Understanding Educational Leadership: Critical Perspectives and Approaches. Bloomsbury: London, 2021.

③ BEVIR M. Governance [C/OL].(2021-12-22) [2022-08-28]//Encyclopedia Britannica. https: //www.britannica.com/topic/governance.

④ 北京师范大学中国公益研究院 . 治理的由来 [Z/OL]. [2022-11-29]. http: //www.bnu1.org/show_927.html.

⑤ BEVIR M. Governance [C/OL].(2021-12-22) [2022-08-28]//Encyclopedia Britannica. https: //www.britannica.com/topic/governance.

第二节 教育管理与领导模式

一、教育的宏观管理模式：教育行政管理中的集权与分权

集权与分权是教育宏观管理的普遍模式。简言之，集权意味着权力集中于行政管理系统的最高层，分权则将权力下放至行政管理系统的下级层次上。集权与分权的问题是围绕着行政管理系统中决策权的位置而展开的。[①] 早在 20 世纪 70 年代，有学者在对集权和放权的概念和理由的思考中，认为任务（职能）、价值和组织结构是相关的，没有明确的价值概念，权力就不可能被下放，并指出分权包括政治权力下放和行政权力下放这样两条路径。[②] 分权可以通过不同的形式来进行。马克·贝磊（Mark Bray）总结了三种主要形式：① 分权通常涉及任务和工作的转移，但不是权力的转移，而是转移到组织中的其他单位；② 授权是指将决策权从较高层次的单位转移到较低层次的单位，但该权力可由授权单位酌情收回；③ 放权是指将权力转移到一个可以独立行动的自主单位，或一个不首先征求每一个人的意见就可以行动的单位。[③]

谈及现代国家的集权与分权，必须要考虑来自全球化的影响。莫家豪在对全球化与现代国家治理的阐述中指出，自 20 世纪 90 年代初人们开始关注全球化在经济、社会、政治和文化方面的影响，许多人认为诸多治理问题非民族国家所能解决。一些激进的全球主义者认为现代国家的权力为跨国公司所挑战，也使一些学者更加关注“跨国化”。此外，近些年来新自由主义意识形态主导了全球化话语和政策，现代国家不仅会为了国家利益规范资本活动，而且会为了国家利益被迫创造一个良好的商业环境。市场规则和做法越来越多地被运用于管理公共部门，国家干预的形式也被重新定义。[④] 需要指出的是，分

① MARUME S B M, JUBENKANDA R. Centralization and Decentralization［J］. Journal of Research in Humanities and Social Science, 2016, 4(6): 106–110.

② PORTER D, OLSSEN A E. Some Critical Issues in Government Centralization and Decentralization［J］. Public Administration Review, 1976, 36(1): 72–84.

③ BRAY M. Control of Education: Issues and Tensions in Centralization and Decentralization［M］//ARNOVE R F, TORRES C A. Comparative Education: The Dialectic of the Global and the Local. Lanham: Rowman & Littlefield, 1999.

④ MOK K H. Centralization and Decentralization: Changing Governance in Education［M］//MOK K H. Educational Reforms and Changing Governance in Chinese Societies. Hong Kong: Hong Kong University Press, 2003.

权治理是全球化的一个重要特征。自 20 世纪 80 年代以来，诸多国家简政放权，在教育领域推动改革，将教育决策权和责任从中央转移到地区和地方系统。而推动这一变革的原因至少有：通过机构的现代化来加速经济发展；提高管理效率；财政责任的重新分配，例如，从中央到外围；通过放松管制加强地方管控；引入以市场为导向的教育；化解相互竞争的权力中心，如教师工会和政党；提高教育质量。①

二、教育的微观 / 校内管理模式：托尼·布什的学校管理与领导模式

如前文所述，教育管理极具复杂性，在努力实现教育管理目标的过程中，教育管理者通过对管理原则的深思熟虑和实际应用，争取和组织社会资源，以实现政治领导人所制定的教育目标。因此，教育系统各级教育管理者必须对社会所设定的各种教育目标作出回应。随着社会经济条件的变化，以及作为管理工具的数字技术的快速发展所带来的挑战，这些目标又是可能发生变化的。教育管理必须对全球和地方的变化做出反应，因为技术的发展通过教学和评估实践方面的课程变化直接影响到教与学。有效和创新地管理应对变革是地方、区域和全球教育管理在未来几十年面临的主要挑战。

教育管理的复杂性很难用一种包罗万象的教育领导理论来解释。这在一定程度上也反映了教育机构的惊人多样性，从乡村小学到城市里的大学和学院，以及不同的国际背景。这还与院校所面临问题的不同性质有关，需要不同的方法和解决方案。最重要的是，它反映了教育领导和管理理论的多种性质。因此，多种观点可能同时有效。② 当前关于微观层面的教育管理与领导模式的研究与探索颇为丰富。因其将教育管理模式与领导模式联系起来，本节选取长期从事教育管理研究的英国学者托尼·布什总结的六种教育管理模式加以介绍和梳理。具体来说，布什基于四个要素，包括对目标的认同程度、结构概念、环境影响程度和教育组织内最合适的领导策略，将教育管理模式分为六大类，即正规模式、合议模式、政治模式、主体模式、模糊模式和文化模式，并将这六种模式与教育组织背景下的九种不同领导模式联系起来。这九种领导模式是管理模式、参与模式、变革模式、人际模式、交易模式、后现代模式、权变模式、道德模式和教导模式，见表 16-1。③

（一）正规模式

布什认为正规模式是一个概括性术语，包含类似但又不尽相同的诸多模式。这一模式强调组织的官方与结构要素，因此强调组织的等级制度，在这个制度中，管理者使用合理的手段来追求拟定的目标。负责人因其在组织内的正式职位而拥有合法化的权力。④ 具体而言，正规模式一般具有以下特点。① 视院校组织为系统，而系统由相互联系的要素构成。比如，学校内部层级管理之间存在系统的联系。因此，等级制度代表了领导者对其员工的管理手段。② 突出院校组织的官方结构。官方结构通常用组织结构图来表示，它显示了机构成员之间的授权关系模式。③ 院校组织的官方结构通常是等级制的。④ 将院校描述为追求目标的组织。⑤ 院校管理决策是经由理性过程做出的；通常情况

① HANSON E M. Educational Decentralization: Issues and Challenges［Z/OL］.（1997）［2022-08-28］. https://www.researchgate.net/publication/44832286.

② BUSH T. Theories of Educational Leadership and Management［M］. London: Sage, 2003.

③ BUSH T. Theories of Educational Leadership and Management［M］. London: Sage, 2003.

④ BUSH T. Theories of Educational Leadership and Management［M］. London: Sage, 2003: 37.

下，决策依据组织的目标来考量和评估，然后选择最合适的方案，以达成目标。⑥ 院校领导者的权力是他们在院校组织中官方职位的产物，其只有在继续担任职务时才继续拥有权力。⑦ 强调院校组织对其支撑机构的责任。例如，大多数学校对学区负责。在诸多集权系统中，校长对国家或者州政府负责。而在分权系统中，校长则对校管理委员会负责。[①]

表 16–1　管理模式与领导模式类型

管理模式类型	领导模式类型
正规模式	管理模式
合议模式	参与模式
	变革模式
	人际模式
政治模式	交易模式
主体模式	后现代模式
模糊模式	权变模式
文化模式	道德模式
	教导模式

常见的结构模式、系统模式、科层模式、理性模式、层级模式都可以归为正规模式，布什认为它们或多或少地具备了上述七个特征。由于它们具有很强的规范性，如为组织成员提供了行为规范，这些正规模式被广泛应用于教育管理实践当中。正规模式中的校长往往是管理型领导。

虽然很受欢迎，但正规管理模式自身也有着不容忽视的弱点。① 将院校定格于目标导向的组织是不切实际的。确定教育机构的目标往往很困难，且教育是一个过程。② 由于很多时候人的行为是非理性的，将决策仅仅视为一个理性的过程是不合实际的。固然管理中会对方案进行评估并选择最优方案，但人的非理性不可避免地会影响教育决策的质量。③ 因注重作为实体的组织，正规模式忽视或低估了个人贡献。④ 正规模式的一个核心假设为权力存在于金字塔的顶端。校长们因作为机构的领导人而拥有权威。对官方权力的关注导致机构管理中自上而下的等级观点。如政策由高级管理人员制定，由较低层次的工作人员执行。

从正规模式的视角来看，院校应该是相对稳定的组织结构。然而在当代，对院校组织稳定性的假设是不现实的。一方面，正规模式促进了人们对作为组织的院校的理解，另一方面，对正规模式的批评也引发了学术界对其他替代模式的探讨。以下几个院校管理模式就是在人们对正规模式批评中产生的。

（二）合议模式

布什认为合议模式包括所有强调权力和决策应该由组织中的一些或所有成员分享的理论。这种模式认为院校通过讨论达成共识的过程来决定政策和做出决策。权力由院校

① BUSH T. Theories of Educational Leadership and Management［M］. London：Sage，2003：37.

中的部分或所有成员分享，这些人通常对院校的目标有共同的理解。[①]这一模式具有以下特点。① 具有很强的规范性。② 特别适合像院校这样拥有大量专业人员的组织。教师享有专业知识的权威，且有权利参与决策过程。这与正规模式中的职位权威形成对比。③ 专业人员们在其拥有的共同价值观指导下开展院校的管理活动，以达成共同的教育目标。④ 决策小组的规模在合议模式管理中起着重要作用。为了使每个人的意见都能被聆听，决策小组的规模必须尽量保持足够小。⑤ 决策是通过共识达成的。成员们共同的价值观和共同的目标使通过协议来解决问题成为可能并最终被采纳。促成共识决策的一个理由是建立在同事关系的道德层面上。把决定强加给员工在道德上是极令人反感的，而且有悖"同意"这个概念。由于成员数量多，决策过程可能会因为反复商议而被延长，但这通常是可接受的，因为人们的共同价值观和信仰得到了充分的保护。[②]由于政策是在参与性框架内确定的，校长应采取参与型领导策略。当影响力和权力在机构内广泛分布时，那种英雄式的权威领导模式是不合适的。变革型领导虽与合议模式一致，但其只有在校长和员工有共同的价值观和共同的利益的情况下才有效。[③]因此，与合议模式最相关的领导模式是参与模式。

作为一个长期以来深受欢迎的教育管理模式，合议模式也有着大家公认的局限性。① 有着很强规范性的合议模式常常被认为会掩盖而不是描述现实。② 由于人数多，合议模式的决策过程缓慢而烦琐。当政策建议需要一系列委员会的批准通过时，这个过程往往曲折而耗时。在问题得到解决之前，参与者不仅需要忍受许多冗长的会议，而且需要耐心和大量的时间投入。③ 合议模式是一个典型的民主模式。人们通常认为在这个模式中决定是通过协商一致达成的。辩论的结果应该是基于参与者的共同价值观的协议。但在实践中，各部门员工都有自己的观点，各自代表院校和校内不同组织的利益。这些不同部门的利益不可避免地会对委员会的工作产生重大影响。合议模式中的民主参与毫无疑问会放大各派别之间的分歧。④ 尽管民主参与决策是合议模式的首要特征，但决策的民主性与学校的结构性和官僚性部分同时存在。这种相互矛盾的管理模式往往会相互冲突。作为民主参与主体的专业人员，其所拥有的专业知识的权威性很难战胜官方领导的职位权威或外部机构的正式权力。院校里的合议进程更多取决于校长的态度而非教师的支持。参与性机制只有在校长的支持下才能建立，因为校长拥有管理学校的法定权力。于是有学者对这种对校长的依赖性提出了批判，认为这种依赖限制了合议模式的有效性。⑤ 院校决策的合议模式会因为校长要对各种外部团体负责而难以维持。例如，在维护那些在合议过程中产生的但没有得到外部团体支持的政策时，校长们可能会面临很大的挑战。⑥ 成员的态度是决定合议模式有效性的一个关键因素。成员们积极支持参与会促使合议模式的成功运作。相反，成员们若是冷漠或充满敌意的，则会导致合议模式的失败。

一些对合议制的批评集中于其为官方团体所拥护，以确保国家政策的实施上。布什指出有学者如安迪·哈格里夫斯（Andy Hargreaves）不仅批评了人为操纵的合议制，且认为其具有以下特点：行政规定而非自发；强制性的而非酌情行事；面向政府或者校长任务

① BUSH T. Theories of Educational Leadership and Management[M]. London: Sage, 2003: 64.

② BUSH T. Theories of Educational Leadership and Management[M]. London: Sage, 2003: 65-67.

③ BUSH T. Theories of Educational Leadership and Management[M]. London: Sage, 2003: 76.

的实施；在时空方面是固定的；被设计为具有可预测的结果。[①] 此外，合议制的观点低估了校长的官方权威，并提出了平淡无奇的共识假设，而这些假设往往无法得到证实。其他学者例如朱迪思·沃伦·利特尔（Judith Warren Little）基于研究发现合议制在现实中是非常罕见的。合议是一个难以捉摸的理想，但如果学校要成为一个和谐的、有创造力的组织，一定程度的参与是必不可少的。[②] 但也有学者曾指出，"目前的气氛……鼓励校长成为强有力的，必要时是操纵性的领导者，以确保商定的政策和做法得到足够的支持与维护"[③]。

在直面合议模式中存在问题的同时，布什认为合议模式对教育管理理论的概念化方面还是做出了诸多贡献，例如，他将合议制倡导的参与性路径视为正规模式所设想的僵化的等级制度的必要"解毒剂"。

（三）政治模式

政治模式包含了那些将决策描述为协商过程的理论。这种模式分析的重点是组织中权力和影响力的分配，以及利益集团之间的协商与谈判。在这一模式框架中，冲突被认为是存在于组织内的普遍现象，管理的目的是规范政治行为。这种模式认为在组织中，利益集团为追求特定的政策目标而发展并形成联盟。冲突被视为一种自然现象，且权力归属于占据优势的联盟，而未必是形式上的领导人的专利。[④] 有学者通过对美国大学的研究发现，政治模式更能体现出高等教育的现实。总体来讲，这种模式具有以下主要特点。① 倾向于关注群体活动而非整个机构，如院校。② 关注的是院校范围内的利益和利益集团。个人被认为拥有各种利益，并在组织内追求这些利益。③ 政治模式强调院校这一组织中冲突的普遍性。利益集团追求它们的独立目标，这可能与机构内其他子单位的目标形成鲜明对比，并导致它们之间的冲突。④ 政治模式认为院校这个组织的目标是不稳定的、模糊的和有争议的。个人、利益集团和联盟都有自己的目的，并为实现这些目的而行动。组织目标是通过联盟成员之间的协商而确定的。⑤ 政治模式中的决策是在复杂的博弈和谈判过程中产生的。⑥ 政治模式决策过程的结果是根据参与博弈的个人和利益集团的相对权力来决定的。权力的概念是所有政治理论的核心。与政治管理模式最接近的领导模式是交易模式。"交易型领导是指与教师的关系建立在对某些有价值的资源进行交换的基础上的领导。对教师来说，行政人员和教师之间的互动通常是偶发的、短暂的，而且只限于交换交易。"[⑤] 这种交换过程是一种既定的政治策略。例如，校长掌握着关键的奖励形式的权力，如晋升和推荐。然而，他们需要员工的合作，以确保对学校的有效管理。交换可以为安排的双方争取利益。这种过程的主要限制是，除了交易带来的直接收益外，它并没有让员工参与进来。交易型领导会带来的一个风险就是交易双方可能不

① HARGREAVES A. Changing Teachers, Changing Times: Teachers' Work and Culture in the Post-modern Age[M]. London: Cassell, 1994: 195–196.

② LITTLE W J. Teachers as Colleagues[M]//LIEBERMAN A. Schools as Collaborative Cultures: Creating the Future Now. Basingstoke: The Falmer Press, 1990.

③ WEBB R, VULLIAMY G. A Deluge of Directives: Conflict between Collegiality and Managerialism in the Post-ERA Primary School[J]. British Educational Research, 1996, 22(4): 448.

④ BUSH T. Theories of Educational Leadership and Management[M]. London: Sage, 2003: 89.

⑤ MILLER T W, MILLER J M. Educational Leadership in the New Millennium: A Vision for 2020[J]. International Journal of Leadership in Education, 2001, 4(2): 182.

会作出对学校领导所倡导的价值观和愿景的长期承诺。

布什指出，政治模式对利益和利益群体之间的冲突和权力的关注，为学校的决策过程提供了有效和有说服力的解释。然而，政治模式也同样有其自身的局限性。① 政治模式因沉浸在权力、冲突和操纵的语言上而忽略了组织的其他方面的标准。几乎没有人认识到，大多数组织在大部分时间里都是按照常规的官僚程序运作的。其焦点主要集中在政策的制定上，而政策的实施却很少得到关注。② 政治模式强调利益集团对决策的影响。其假设是，组织被分割成不同的团体，它们追求各自独立的目标。政治模式的这一方面可能不适合小学，因为小学可能没有政治活动的机构。机构层面可能是这些学校员工关注的重心，使政治模式对利益集团分裂的强调不适用于小学。③ 政治模式由于过于强调冲突，而忽视了专业合作导致一致结果的可能性。假设教师是在有计划地追求自己的利益，政治模式低估了教师为了学生的利益与同事和谐相处的能力。④ 政治模式主要是描述性或解释性的理论。其倡导者声称，这些方法是对院校决策过程的真实写照。政治管理模式不建议教师应该追求他们自己的利益，只是根据观察，评估他们的行为是否符合非政治性的观点。但政治模式的管理会受到教师的抵触，因为其过程中一些不太吸引人的方面可能会使许多教育工作者出于道德原因而无法接受。例如，在政治模式管理中，利益、冲突和权力都被明确承认是合法的。

布什对教育中的权力来源做了进一步的阐述，认为权力可以被视为决定他人行为或冲突结果的能力，并指出六种与院校相关的重要权力形式。① 职务权力。例如，在学校里，校长被认为是合法的领导者，拥有合法的权力。② 专业知识的权威。在专业组织中，拥有相应专业知识的人可以获得大量的权力储备。③ 个人权力。有魅力的人或拥有言语技能或某些其他特征的人可能会行使个人权力。④ 对奖励的控制。对奖励（如晋升、推荐、分配到有利的阶层或团体）有控制权的个人可能会在很大程度上拥有权力。⑤ 胁迫性权力。其表现为一种强制力，在制裁威胁的支持下，强制对方遵守。⑥ 对资源的控制。对资源分配的控制可能是教育机构的一个重要权力来源，特别是在自我管理的学校，因为对这些资源的控制可能会产生对那些希望获得这些资源的人的权力。

（四）主体模式

主体模式关注的是院校内的个人，而非整个机构或其下属单位，强调每个人对组织都有一个主观的、选择性的认识。事件和情况对机构中的不同参与者具有不同的意义。组织的复杂性反映了组织中的每个个体看待事物的众多意义。作为从参与者的互动中产生的社会结构，组织是个人的价值观和信仰的表现，而不是正规模式中所呈现的具体现实，如等级结构、校长权威等。主体模式认为，组织是其内部人员的创造物。参与者被认为会以不同的方式解释情况，这些个人的感知来自他们的背景和价值观。组织对其每个成员都有不同的意义，并且只存在于这些成员的经验中。主体模式主要有以下特点。① 关注院校中个人成员的信念和看法，而不是机构层面或利益集团。② 关注的是院校内人们相对于事件的看法和意义。重点是个人对行为的解释，而不是情况和行动本身。③ 不同参与者对情境感受到的不同意义是他们的价值观、背景和经验的产物，所以对事件的解释取决于组织中每个成员所持有的信念。④ 在主体模式看来，所有的组织结构都是人类互动的产物，而不是固定的或预定的东西。因此，正规模式的组织结构图在主体模式眼中只是一种虚构，因为它们不能预测个人的行为。在主体模式中，个人行为被认为反映了参与者的个人素质和愿望，而不是他们所扮演的形式角色。很显然，主体模式将重心从结构转移到对行为和过程的考虑上，这是前面所指出的正规模式的一个主要局限。⑤ 主体模式强调个人目的的重要性，认为组织只是其成员相互作用的产物。这种观点自然导致了目标是个人的，从而否认了组织目标的存在。

很明显，主体模式理论者更强调个人的品质，而不是他们在组织中的正式职位。主体模式的出现可以被视为对正规模式局限性的一种反应——对组织中以个人为具象主体的探讨，而不仅仅是对于组织外在形式结构上的关注。当然，主体模式也有其自身的局限性，主要在于：① 只能反映其支持者的态度和信念；② 由一系列与个人价值观和信仰相关的原则组成，而不是一个连贯的理论体系；③ 主体模式注重组织中个人的行为和对其行为的诠释，却忽视了组织自身的性质，进而忽视组织目标。

如前所述，主体模式理论者强调个体的意义，以至于有多少人就有多少种解释。在实践中，这些意义往往聚集成模式，这确实能够使参与者和观察者对组织做出有效的概括。主体模式认为，领导力是个人素质和技能的产物，而不是官方权威的简单自动结果。后现代领导模式与主体模式的原则紧密结合。后现代领导模式一般主张语言不反映现实；任何情况都可以有多种解释；要特别注意多样性。虽然与主体模式有着密切联系的后现代领导模式在概念上仍然有待被进一步明确定义，但毋庸置疑，领导者需要关注他们组织中的多种声音，发展出一种作为“平层权力”而非“于人之上的权力”的领导力。

人们普遍认为主体模式为教育管理理论提供了相当有价值的见解，是对正规模式的僵化特征的一种纠正，它打破了系统与结构理论的主导局面，有助于加深我们对院校管理的理解。[①]

（五）模糊模式

模糊模式强调组织中的不确定性和不可预测性，并将这两个特点视为组织的主要特征。与这个模式相关的理论认为，由于组织的目标不清楚，机构在安排其优先事项时会遇到困难。下级单位被描述为相对自主的团体，它们之间及与机构本身之间只有松散的联系。决策发生在正式和非正式的环境中，参与是流动的。布什认为模糊性是院校这样的复杂组织的一个普遍特征，在快速变化的时期可能会特别严重。由于机构的目标不明确，成员对决策过程的理解也不清晰。成员可以选择随时加入或退出决策过程，这直接导致决策参与的不稳定性。模糊模式的提出源于一些理论家对正规模式的不满，他们的理由是处于不稳定阶段的某些组织会存在混乱，尤其是在教育环境中。模糊模式具有以下特征。① 院校组织的目标不明确。许多院校组织被认为有不一致的和不透明的目标。② 院校组织被视为一个松散的、不断变化想法的集合。通过行动发现偏好，而不是基于偏好采取行动。教育机构被视为没有明确目标的典型，因为教师通常都是独立工作的。③ 院校组织的技术是有问题的，因为其过程没有被正确理解。以教育为例，正是因为不清楚学生如何获得知识和技能，教学过程为怀疑和不确定性所笼罩。④ 分散是院校组织的一大特点。院校被划分为若干小组织，这些小组织基于共同的价值观和目标而具有内部一致性。各组织之间的联系则比较脆弱和不可预测。教育所需的整合程度明显低于其他环境，这使得碎片化现象得以发展并持续存在。⑤ 院校组织中的流动性参与造成组织结构的不稳定。模糊模式要求专业人员做出个人判断，而不是按照管理规定行事，这导致了一种观点，即教育机构是在含糊不清的氛围中运作的。⑥ 来自组织环境的信号是模糊性的另一个来源。在

① BUSH T. Theories of Educational Leadership and Management[M]. London: Sage, 2003.

一个快速变化的时代，院校在解释来自环境的各种信息和处理相互矛盾的信号时可能会遇到困难。来自外部环境的不确定性增加了机构内部决策过程的模糊性。简言之，模糊性理论者强调了非计划性决策的普遍性。缺乏一致的目标意味着决策没有明确的重点。问题、解决方案和参与者相互作用，选择则是在混乱中产生的。模糊模式破坏了理性模式，因为后者在很大程度上依赖于投入和产出、手段和目的之间关系的信息可用性。如果模糊性占了上风，那么组织就不可能有明确的目的和目标。⑦ 模糊模式强调权力下放。鉴于组织的复杂性和不可预测性，人们认为许多决策权应该被下放给子单位和个人。在一些学者看来，当特定的子单元受到威胁时，权力下放能够使组织生存下去。

模糊模式的主要贡献在于它将问题和选择分离开来。决策是寻找问题解决方案的理性过程，这一概念被问题、解决方案和参与者的不稳定组合所取代，决策最终可能从中产生。模糊管理模式极大地挑战了传统的领导模式，因后者已无法适应这种管理类型，不过权变模式与之相契合，因为权变模式承认学校环境的多样性并根据特定情况调整领导方式，而不是采取“一刀切”的立场。当然，这种领导模式极大考验着领导者自身，因其需拥有大量的领导实践经验，并对形势不断地做出评估，以使自己的行为适应形势。布什认为，模糊模式为教育管理理论增加了一些重要的维度，如有问题的目标、不明确的技术和流动的参与等概念是对组织分析的重要贡献。模糊模式主要被视为分析性或描述性方法，而非规范性理论。它极大地挑战了教育管理中通过理性过程解决问题的观点。领导者通常需要从一系列备选方案中做出深思熟虑的选择，这也考验着领导者预测特定行动后果的能力。但模糊模式也有其自身弱点：① 模糊性观点很难与院校的惯性结构和程序相协调；② 模糊模式夸大了教育机构的不确定性程度；③ 从应用范围上来讲，模糊模式不太适用于稳定的组织或处于稳定时期的任何机构；④ 模糊模式不能对教育机构的领导者提供切实的指导。正规模式强调校长在决策中的领导作用，合议模式强调团队工作的重要性，而模糊模式只能提供更具体的领导。在布什看来，在实践中，教育机构的运作混合着理性和无政府的过程。内部和外部环境越是不可预测，模糊管理模式就越适用。

（六）文化模式

文化模式强调的是组织的非正式方面，其关注的是组织中个人的价值观、信仰和规范，以及这些个人观念如何凝聚成共同的组织意义。文化模式通过符号和仪式来体现，而不是通过组织的形式结构来体现。这种模式认为信仰、价值观和意识形态是组织的核心所在。个体的某些思想观念和价值偏好会左右个人的行为方式及对其他成员行为的看法。一旦这些规范成为共同的传统，并在群体中传播，它就会通过符号和仪式得到加强。布什指出大多数关于教育文化的文献都与组织文化有关，然而，也有一些新兴文献关心国家或社会文化这一更广泛的主题。文化模式引起了学术界在研究和分析教育系统和机构时对情境的重视。有学者对社会文化和组织文化进行了区分，指出社会文化主要是在基本价值观的层面上有所不同，而组织文化主要是在更高层次的实践层面上有所不同，体现在对特定符号、英雄和仪式的认可上。这使得组织文化可以被有意识地管理和改变，而社会或国家文化则更持久，只能在较长的时间内逐渐改变。[①] 在布什看来，学校领导必须既

① DIMMOCK C, WALKER A. School Leadership in Context-Societal and Organizational Cultures[M]//BUSH T, BELL L. The Principles and Practice of Educational Management. London: Paul Chapman, 2002.

考虑社会文化，又要与组织文化博弈。组织文化侧重于组织成员的价值观和信仰，并强调共享的规范和意义。一旦组织成员之间的互动最终形成了行为规范，这些规范就会逐渐成为院校的文化特征。文化模式虽然突出了组织中的某一占主导地位的文化，但就现实而言，同一个系统内可能还会存在不同的、相互匹敌的价值体系，进而导致多种文化的并存，或者亚文化的出现。另外，组织文化会假定存在体现组织价值和信仰的伟大人物或典型。文化模式认为领导者的主要职责是产生和维持文化，并在组织内部和向外部利益相关者传达核心价值和信念。校长在自身的专业实践中，常常持有自己的价值观和信念，但他们也被期望体现院校文化。不过，布什也指出，文化的改变通常是困难的。他认为与组织文化联系最紧密的领导模式是道德模式。这种模式倡导将领导力的关键放在领导者本身的价值观、信仰和道德上。布什认为道德领导力与组织文化是一致的，因为它是基于校长和其他教育领导者的价值观、信仰和态度。它的重点是教育的道德目的，以及在道德领域内运作的领导者所应具备的行为。它还假定，这些价值观和信仰凝聚成共同的规范和意义，形成或加强文化。与道德领导相关的仪式和符号支持了这些价值观，并支撑着学校文化。文化模式对教育管理与领导力的贡献主要在于其强调了管理中的人性方面，关注人的价值观和信仰，而非其结构性要素。另外，它对组织符号的强调对管理理论也做出了贡献，而道德模式诠释了什么是基于价值观的领导方式。

这六种管理模式代表了六种研究教育机构的方式。每种模式都提供了对教育管理本质的宝贵见解，但没有一种模式能够反映出组织的全景。尽管如此，布什认为这不妨碍这六种方法成为有效的分析途径。对每个事件、情况或问题都可以通过使用其中一个或多个模式来理解，但没有一个组织可以只用一种方法来彻底诠释，也没有一个单一的视角能够为我们理解教育机构提供一个总体框架。正规模式曾经主导了教育管理理论发展的早期阶段，形式结构、理性的决策和“自上而下”的领导被一度视为有效管理的核心概念。而其他五种模式则被视为针对“传统理论”的缺失而发展而成的。例如，合议制的吸引力在于其提倡教师参与决策，文化模式强调了价值观和信仰，主体理论模式则强调了个体之于组织的意义。布什认为这六个模式虽然在维度上有所不同，但综合起来，可以对教育机构的管理活动进行较为全面的描述。

第三节 中国职业教育管理中的重要议题

结合上述教育管理理论，本节从宏观与微观管理两个层面对中国职业教育管理中的一些重要议题进行介绍，以期引发读者对职业教育管理的关注与探索。

一、职业教育宏观行政管理：集权、分权、再集权

中国教育行政管理体制变革是围绕集权与分权的关系，即中央与地方教育行政权力、职责的划分进行的。自改革开放以来，中国职业教育的行政管理模式随着国家治理理念的发展而发展变化。在中国从计划经济向市场经济转变的过程中，职业教育宏观管理模式经历了从集权管理向分权管理及向再集权管理的转变和调整，主要有这样几个阶段：以统一管理与分工负责为核心（1978—1985）、以地方政府统筹协调为核心（1985—2000）、以国务院领导下多元参与为核心（2000年至今）。[①] 中央与地方管理权限的变化调整主要反映在中央与地方财政分配权力的变化与调整上。例如20世纪80年代发生的中央和地方政府的财政分配关系的重大改革的主要目的在于"实行对地方政府放权让利的财政包干体制，改变由国家统一管理财政收入和支出的'统收统支'的中央集权式财政体制，实行中央与地方分级管理财政收入和支出的'划分收支，分级包干'，各省'分灶吃饭'的中央与地方分级负责的新财政体制"[②]。20世纪90年代的一系列教育体制改革则进一步体现了中央简政放权的意图，由于中央对办学和投资责任的不断下放，地方政府投资教育的积极性得以激发，地方政府也分担了对各级各类教育的投资责任，为教育事业发展了更多的资源。然而，经济发展不均衡造成了地方财政的不均衡，使很多经济相对落后的地方一直面临着教育资金短缺的问题。这是分权管理带来的直接后果。尽管中央三令五申地要求职业教育通过多种渠道筹措资金，但由于职业教育在中国社会长期不受重视，总体办学质量不高，很难打通除学费以外的多条引资渠道。此外，作为职业教育的直接受益者，企业投资职业教育的积极性也不高。投入不足是职业教育发展长期以来面临的主要问题。

20世纪末至今，由于国家机构改革和财政改革的进一步推动，"中央与地方政府间高等教育的事权和支出范围发生了一些调整，其结果是在高等教育的事权和支出责任层层下移的同时，出现财权财力的层层上移"[③]。这一现象可以理解为再集权。对职业教育来说，2007年国务院颁布《关于建立健全普通本科高校高等职业学校和中等职业学校家庭经济困难学生资助政策体系的意见》是一个再集权的标志。这个学生资助政策体系建立在来自中央和地方政府的巨大资金投入上。对中等职业教育来说，再集权管理模式主要体现为中央财政投入实现了从为中等职业院校家庭经济困难的学生提供资助到为全体学生免除学费并提供国家助学金的转变。对高等职业教育来说，中央财政投入为高职院校经济困难学生提供了学生贷款、国家助学金、国家奖学金等多种助学措施。很显然，这种再集权管理模式极大地保障了职业教育中的教育机会公平。

再集权的调整变化也体现在国家对高等职业教育实施的项目治理过程中。从2006年至今，高等职业教育经历过四次项目治理，主要包括2006年教育部和财政部启动的

---

① 刘淑云，祈占勇．改革开放40年来我国职业教育管理体制改革探析［J］．职业技术教育，2018，39（13）：38-43.

② 丁小浩．李锋亮，孙毓泽．我国高等教育投资体制改革30年：成就与经验、挑战与完善［J］．中国高教研究，2008（6）：1-5.

③ 丁小浩．李锋亮，孙毓泽．我国高等教育投资体制改革30年：成就与经验、挑战与完善［J］．中国高教研究，2008（6）：1-5.

"国家示范性高等职业院校建设计划"，2010 年的"国家示范性高等职业院校骨干高职院校立项建设"，2015 年的"国家优质高职院校建设计划"，以及始于 2019 年的"中国特色高水平高职学校和专业建设"。高等职业院校项目治理实施情况的实证研究表明，通过项目治理，中央增加了对高等职业教育的投入，并加强了对高等职业教育的管理。[①] 人们普遍认为政府应注重对高等职业教育的宏观管理。[②] 也就是说，中央政府应该通过创造良好的环境提供指导，构建互动平台，制定政策提供必要的资金，并为高等职业教育机构的独立运营提供信息服务。

2022 年 5 月施行的《职业教育法》进一步明确职业教育的宏观治理方式，即"职业教育实行政府统筹、分级管理、地方为主、行业指导、校企合作、社会参与"。国务院在职业教育的治理中起着统筹协调作用，建立职业教育工作协调机制，其教育行政部门"负责职业教育工作的统筹规划、综合协调、宏观管理"。而各级地方政府则具体落实职业教育的发展。具体规定为"省、自治区、直辖市人民政府应当加强对本行政区域内职业教育工作的领导""各级人民政府应当将发展职业教育纳入国民经济和社会发展规划，与促进就业创业和推动发展方式转变、产业结构调整、技术优化升级等整体部署、统筹实施"。县级以上地方人民政府或有关部门拥有设立中等职业学校的审批权限，省、自治区、直辖市人民政府则拥有设立实施专科层次教育高等职业学校的审批权限，设立实施本科及以上层次教育的高等职业学校则由国务院行政部门审批。

该法律的颁布为职业教育发展提供了合法性保障。然而，职业教育在宏观管理层面仍然存在管理体制不完善的问题，例如管理体制不通畅，管理的协同合作程度低、权限分配不合理、督导体系未落实、社会参与度不够。[③]《职业教育法》表明职业学校教育体系包括中等职业学校教育和高等职业学校教育。但是不同层次的职业教育由不同教育主管部门负责。中职由教育部职业教育与成人教育司管理，而对高等职业教育的管理因其自身与职业教育和高等教育都有关联而变得复杂。专科高等职业教育在 1996 年正式确立之初之后很长时间内由教育部高教司负责管理。近些年来，有一种说法是，专科高等职业教育目前已划归教育部职业教育与成人教育司管理，但无官方文件明确表述。在教育部职业教育与成人教育司网站首页可以看到，其主要职责包括"承担职业教育统筹规划、综合协调和宏观管理工作；拟订中等职业教育专业目录和教学基本要求；会同有关方面拟订中等职业学校设置标准；指导中等职业教育教学改革和教材建设工作；指导中等职业学校教师培养培训工作；承担成人教育以及扫除青壮年文盲的宏观指导工作；指导各级各类高等继续教育和远程教育工作"[④]。教育部职业教育与成人教育司的职责范围中没有对高等职业教育的具体描述，但在教育部职业教育与成人教育司网站上能看到关于高等职业教育的政策信息，以及其下设的职业院校发展处和职业院校德育发展处。这是不是说

① LI Z, ZHENG J, XIONG J. Examining Project-based Governance of Higher Vocational Education in China: A Case Study [J]. Higher Education Policy, 2021.

② 丁小浩. 高等教育投资体制改革篇 [Z/OL]. (2009-06-05) [2022-08-20]. https://www.edu.cn/zhong_guo_jiao_yu/gao_deng/zhuan_ti/gj30years/200906/t20090605_382469.shtml.

③ 刘淑云, 祈占勇. 改革开放 40 年来我国职业教育管理体制改革探析 [J]. 职业技术教育, 2018, 39 (13): 38-43.

④ 中华人民共和国教育部. 职业教育与成人教育司介绍 [EB/OL]. [2022-08-20]. http://www.moe.gov.cn/s78/A07/.

明高等职业教育的管理权限正处于一种过渡和调整中？毋庸置疑，这种管理现状不利于职业教育的整体规划与发展。作为支撑机构，各级教育行政管理部门决定各级各类职业院校的教育资源配置，直接关系到职业院校的生存与发展。因此，尽快理顺高等职业教育的行政管理体制是当前职业教育宏观管理应该重点解决的一个核心问题。

二、职业院校内部管理：正规模式的校长负责制

新的《职业教育法》明确规定：公办职业学校实行中国共产党职业学校基层组织领导的校长负责制，校长全面负责本学校教学、科学研究和其他行政管理工作。校长通过校长办公会或者校务会议行使职权，依法接受监督。事实上，这种校长负责制广泛地应用于中国所有公立学校，包括高等职业院校的校内管理中。在布什总结的学校管理六模式中，正规模式与公立职业院校的校长负责制是高度一致的，即强调校长的职务权威和职业院校的等级结构。校长通过行使其职务权力担当权威的管理型领导角色。职业院校校长负责制的正规管理模式是这样的。首先，院校被视为一个追求实现目标的组织系统，而系统由相互联系的要素构成。院校内部各层级之间存在系统的联系，如校、学院、系这种专业层级系统。其次，用组织结构图来突出院校的等级结构。在这种模式中，教师对系主任负责，而系主任又就其部门的活动对学院院长负责，学院院长最终对分管教学的校长负责等。因此，等级制度体现了领导者对下属的监督和管理是自上而下的。此外，院校管理决策倾向于理性决策。通常情况下，决策依据院校的目标来考量和评估，然后选择最合适的方案，以达成院校的既定目标。另外，院校内领导者的权力由其所任官方职位加持，只有在其继续担任职务时才继续拥有权力。这就是布什总结的职务权威。还有，强调职业院校对其支撑机构的责任，如省教育厅、财政厅、人力资源和社会保障厅，国家教育部、财政部、人力资源和社会保障部等相关机构。这些机构一般通过资源配置对职业院校的发展给予支持。

校长作为负责人因其在院校的正式职位而拥有合法化的权力。根据布什的总结，与院校相关的重要权力形式主要可以归纳为两大类。① 职务权力。例如，在院校里，校长被认为是拥有合法的职务权力的领导者。类似的还有院校里的各级党政干部等。职务权力决定了对奖励的控制和资源的分配。② 专业知识的权威，即专业权威。在专业组织中，拥有相应专业知识的人可以获得大量的权力储备，如职业院校的双师型教育队伍等。正规模式下的校长负责制让校长通过使用职务权力来开展学校的管理工作。这种权威式的管理型领导方式凸显了校长的职务权威和职业院校的等级结构，而忽视了职业院校的专业权威与个人及人的价值观和信仰的作用。校长负责制的这些缺陷在职业院校的管理实践中已经显现出来。

首先，随着新的职业教育办学模式的出现，传统的正规管理模式和校长的权威式管理型领导力都受到了很大挑战。例如，混合所有制办学的建立就对传统的职业院校管理带来了新的挑战。混合所有制办学的过程中，行业、企业和职业院校等都会参与，带来职业教育投资和管理模式上的改变。“如何面对现行法律体系与职业教育混合所有制体制和机制不相适应问题，如何解决产权和各方利益分配问题，如何处理混合所有制职业院校多元化主体办学的结构治理与执行力等问题”都极大考验着职业院校的管理和校长的领导

力。① 这种混合办学模式符合布什总结的合议管理模式。与正规模式强调校长在决策中的领导作用不同,合议模式强调团队工作的重要性。在这个模式中,行业相关领导、企业相关领导和职业院校校长可以通过讨论达成共识的过程来做出决策。这些人对他们共同举办职业院校的目标是有共识的。

其次,有学者在研究产教融合办学模式对校长领导力的挑战中提出需要强调校长的个人领导能力,建议校长从前瞻力、感召力、影响力、决断力、控制力五个方面提升领导力,成为懂政治的教育行家、懂市场的内部管家、懂业务的理论专家。② 在职业院校与行业企业的融合办学过程中,校长在制定和实施学校发展战略、促进教职工协作等方面都发挥着核心领导作用。很显然,这个建议遵循的仍然是传统的正规管理模式,强调校长的职务权威,忽视了行业和企业专家的专业权威。产教融合需要行业、企业和职业院校的共同参与。在这种参与性框架内,校长的领导角色需要从权威式管理型转为参与型模式。

此外,高等职业院校正规管理模式中的等级结构主要表现为“校—学院—系”这种层级式的金字塔结构。在校长的领导下,各院系负责落实学校分配的各项任务。在这种大一统的正规管理模式中,各院系获得的职权非常有限,在管理上缺乏灵活性,从而限制了院系的特色发展。鉴于此,部分职业院校已经开始尝试二级管理模式,即校级领导适度放权,权力重心下移到院系,以期提升院系的办学活力,促进院系的特色发展。不过,在实施二级管理的过程中,仍存在诸多问题。有研究者基于在山东菏泽五所职业院校的实证研究,发现主要问题集中于二级管理责权不明、机制不顺、院校组织内部资源配置不合理、院校组织执行力缺失上,并分析了问题背后的原因,即管理观念落后、运行机制不健全及受制于原有正规模式的管理。例如,权责不明主要表现为在大多数职业院校的一级管理模式即正规模式下,权力相对集中于校级领导手中,学院能够获得的灵活管理度很小,限制了学院层面管理的创新性。机制不顺则表现为即便是在已经实施二级管理模式的职业院校中,日常管理仍大多参照以往的正规管理模式,遵循严格的层级管理,结果造成了机构臃肿、职能划分不清、人浮于事的局面。有些院校通过采用二级管理的模式增大了院系的管理权限,然因没有完善的监督机制,又导致权力滥用和决策错误,反而破坏了二级管理的优势,没有达到管理的效果。③ 这些问题应该可以通过布什总结的模糊模式得以解答。职业院校的二级管理其实就是模糊模式所强调的权力下放。模糊模式的管理中,决策是由专业人员作出的个人判断。院系二级单位的专业人员是符合这个决策角色的。采用模糊模式进行二级管理尝试的职业院校校长需要将自己的领导角色转变为权变型领导模式,即认同学校环境的多样性并根据特定情况调整其领导方式。

还有学者探讨了从示范高职到优质高职的发展过程,分析了高职院校内部管理观的嬗变,认为示范性高职院校建设虽然开启了中国职业教育内涵建设的新起点,但并没有完全摆脱量化思维和规模时代工具论的治理思想,过于强调高职院校规模、数量上的提高,具有功利主义倾向,而优质高职院校建设则呼唤人本性与公共性回归其内部管理。该学者还指出,职业院校管理的主体已从一元变为多元。行业、企业、社会力量在职业教育办

① 孙庆利,混合制办学共同体架构下的职业院校校长领导力探析[J].大众科学,2020(4).

② 陈樟楠.产教融合背景下职业院校校长领导力提升研究[J].时代人物,2019(35):50-51.

③ 侯陶然.职业院校二级管理中的问题与对策分析:以菏泽市职业院校为例[D].济南:山东师范大学,2018.

学主体中的地位日益明显，成为除了教师、学生等直接利益攸关者之外的利益相关者。在权力主体上，行政权力往往凌驾于学术权力和民主权力之上。而依据《关于进一步落实和扩大高校办学自主权完善高校内部治理结构的意见》（教改办〔2014〕2 号），学校需切实保障学术权力的独立行使，通过完善校内民主监督来完善高校内部管理结构。因此，学术权力要取代行政权力成为核心，在行政权力服务和民主权力监督下被独立行使。此外，还有管理内容上从碎片化到全面系统化的转变，管理形态与方式由科层式到平行网格式的变化，及管理目标与结果由人治向善治的转变等。[①] 这也是一个符合合议管理模式的情境。管理主体的多元性和突出专业权威在职业院校管理中的地位，都是采用合议模式的重要标志。

除此之外，一些学者还指出职业院校学生管理工作也面临一些问题。例如，针对职业院校学生特点的管理理念没有更新到位，管理效率低下。内部管理仍为行政性管理，使用统一管理模式，管理者与学生之间缺乏有效的沟通交流；学生教育管理工作队伍建设亟待加强，学校管理人员理论修养不高，且欠缺从事学生工作所要求的专业知识；辅导员工作定位模糊，职责混乱，难以专职等。[②] 有学者基于生本理念论述了职业院校学生管理的现状与不足，指出学生管理理念融合不完善、学生管理模式相对滞后等问题，提出了基于以生为本教育理念的职业院校学生管理途径。例如，基于正确的生本教育理念革新教育观念，以学生为本，强化自我管理，提高学生管理人员综合素质，关注学生，整合社会需要与学校教育。[③] 其实职业院校出现的学生管理的这些问题是因为传统的正规管理模式缺乏对学生个体的重视，主要表现为对学生个体的品质、价值观和信仰的忽视。主体模式和文化模式比正规模式更适合职业院校的学生管理工作。

很显然，正规模式的局限性使职业院校的校长负责制面临着诸多挑战。这些挑战主要来源于校长负责制管理模式的两个忽视：一是校长负责制只注重校长的职务权威而忽视了教师群体的专业权威；二是校长负责制只注重组织等级结构而忽视了个人的品质及其价值观和信仰。在布什总结的 6 种管理模式中，其他 5 种都是对正规模式的补充和完善。如前所述，这些学校管理模式及与其对应的领导模式可以为中国职业院校的管理现实和出现的问题提供合理的解释并提出解决问题的方法。因此，布什总结的学校管理 6 种模式可以与中国职业院校管理实践相结合，为中国职业教育管理实践提供相关理论依据。但需要牢记的是，职业院校是一个复杂的组织机构，任何一种单一的管理模式都不能全面地诠释和解决学校管理中的现象和问题。此外，由于根植于西方的教育管理思想和实践，布什的这些管理理论不能涵盖中国职业院校管理实践的所有内容。所以，借鉴西方教育管理理论时，须从中国国情出发，将之与中国职业院校管理实践相结合，以期发展出适合中国职业教育管理思想和实践的职业教育管理理论。

关键概念

教育管理；教育行政；教育领导力；公共政策；治理；集权；分权；正规模式；合议模式；

① 盖馥．从示范到优质：高职院校内部治理观的嬗变与提升策略［J］．职教论坛，2020（2）：31–37.

② 肉孜．职业院校学生管理工作面临的问题及应对措施［J］．中外企业文化，2022（2）：208–209.

③ 张询．基于生本教育理念的职业院校学生管理研究［J］．山西青年，2022（12）：157–159.

政治模式；主体模式；模糊模式；文化模式；管理模式；参与模式；变革模式；人际模式；交易模式；后现代模式；权变模式；道德模式；教导模式

思考与讨论

1. 你如何看待中国职业教育管理中的集权与分权？
2. 如果你是职业教育政策制定者，你会如何处理分权后的区域差异问题？
3. 中国职业教育财政投入方式有哪些？
4. 职业院校的校长需要具备怎样的领导力？
5. 与布什的学校管理6种模式相对应的领导模式是什么？你身边存在哪些领导类型？
6. 请用布什的学校管理6种模式中的一个或多个解释职业院校管理现象和问题。

参考文献

[1] BELL L, STEVENSON H. Education Policy: Process, Themes and Impact[M]. London: Routledge, 2006.

[2] BEVIR M. Governance[C/OL].(2021-12-22)[2022-08-28]. https://www.britannica.com/topic/governance.

[3] BROOKS S, MILJAN L A. Public Policy in Canada: An Introduction[M]. Don Mills: Oxford University Press. 2003.

[4] BUSH T, BELL L. The Principles and Practice of Educational Management[M]. London: Paul Chapman, 2002.

[5] BUSH T. Crisis or Crossroads? The Discipline of Educational Management in the Late 1990's[J]. Educational Management and Administration, 1999, 27(3).

[6] BUSH T. Leadership and Management Development[M]. London: Sage, 2008.

[7] BUSH T. Theories of Educational Leadership and Management[M]. London: Sage, 2003.

[8] CONNOLLY M, JAMES C, FERTIG M. The Difference between Educational Management and Educational Leadership and the Importance of Educational Responsibility[J]. Educational Management Administration & Leadership, 2019, 47(4).

[9] COURTNEY S, GUNTER H, NIESCHE R, etc. Understanding Educational Leadership: Critical Perspectives and Approaches[M]. Bloomsbury: London, 2021.

[10] CUBAN L. The Managerial Imperative and the Practice of Leadership in Schools[M]. Albany: State University of New York Press, 1988.

[11] HAIMANN T, SCOTT G W, CONNOR E P. Managing the Modern Organization[M]. 3rd ed. Boston: Houghton Mifflin, 1978.

[12] HARGREAVES A. Changing Teachers, Changing Times: Teachers' Work and Culture in the Post-modern Age[M]. London: Cassell, 1994.

[13] HANSON E M. Educational Decentralization: Issues and Challenges[Z/OL].(1997)

[2022-08-28]. https://www.researchgate.net/publication/44832286.

[14] LIEBERMAN A. Schools as Collaborative Cultures: Creating the Future Now[M]. Basingstoke: The Falmer Press, 1990.

[15] LYNCH R, ASAVISANU P, RUNGROJNGARMCHAROEN K, etc. Educational Management[C/OL]// Oxford Research Encyclopedias. (2020-05-29)[2022-11-29]. https://doi.org/10.1093/acrefore/9780190264093.013.701.

[16] MARUME S B M, JUBENKANDA R. Centralization and Decentralization[J]. Journal of Research in Humanities and Social Science, 2016, 4(6).

[17] MILLER T W, MILLER J M. Educational Leadership in the New Millennium: A Vision for 2020[J].International Journal of Leadership in Education. 2001, 4(2).

[18] MOK K H. Educational Reforms and Changing Governance in Chinese Societies[M]. Hong Kong: Hong Kong University Press, 2003.

[19] OLSSEN M, CODD J A, O' NEILL A. Education Policy: Globalization, Citizenship and Democracy[M]. London: Sage, 2004.

[20] PORTER D, OLSSEN A E. Some Critical Issues in Government Centralization and Decentralization[J]. Public Administration Review, 1976, 36(1).

[21] RIZVI F, LINGARD B. Globalizing Education Policy[M]. London: Routledge, 2009.

[22] SAPRE P. Realising the Potential of Educational Management in India[J]. Educational Management and Administration, 2002, 30(1).

[23] SUTTON M, LEVINSON A U. Policy as Practice: Toward a Comparative Sociocultural Analysis of Educational Policy[M]. Westport: Greenwood Press, 2001.

[24] WEBB R, VULLIAMY G. A Deluge of Directives: Conflict between Collegiality and Managerialism in the Post-ERA Primary School[J]. British Educational Research, 1996, 22(4).

[25] 陈樟楠.产教融合背景下职业院校校长领导力提升研究[J].时代人物，2019(35).

[26] 丁小浩.李锋亮，孙毓泽.我国高等教育投资体制改革30年：成就与经验、挑战与完善[J].中国高教研究，2008(6).

[27] 盖馥.从示范到优质：高职院校内部治理观的嬗变与提升策略[J].职教论坛，2020(2).

[28] 候陶然.职业院校二级管理中的问题与对策分析：以菏泽市职业院校为例[D].济南：山东师范大学，2018.

[29] 刘淑云，祈占勇.改革开放40年来我国职业教育管理体制改革探析[J].职业技术教育，2018，39(13).

[30] 孙庆利.混合制办学共同体架构下的职业院校校长领导力探析[J].大众科学，2020(4).

[31] 肉孜.职业院校学生管理工作面临的问题及应对措施[J].中外企业文化，2022(2).

[32] 游忠泳.教育行政学[M].成都：成都电讯工程学院出版社，1988.

[33] 张斌贤.现代国家教育管理体制[M].上海：上海教育出版社，1996.

[34] 张询.基于生本教育理念的职业院校学生管理研究[J].山西青年，2022(12).

关键概念索引

（关键概念后的数字代表所属章号）